KB240889

개별소비세법 해설과 실무

이은규 · 김경희 공저   고영일 · 배상록 감수

SAMIL | 삼일인포마인

첫걸음이 되길 바라며

1977년 7월 특별소비세법이 시행된 이래로, 개별소비세와 교통·에너지·환경세에 관한 이론과 실무를 아우르는 책을 출판하는 것은 이번이 처음입니다. 조세 분야의 논의 영역을 새롭게 넓히고, 보다 이론적으로 밝혀 보려는 마음으로 이 책의 발간을 준비하였습니다.

개별소비세와 교통·에너지·환경세는 그 계산구조가 단순하여 쉽게 여기기 쉬우나, 많은 조세전문가들조차 어려움을 겪는 분야입니다. 특히 과세 여부의 판정과 면세·미납세 절차를 잘 이해하지 못해 많은 세금을 부담하는 사례들을 접하면서 안타까운 마음이 컸습니다.

부디 이 책이 우리나라 핵심 산업에 대한 과세체계로서 우리의 소비생활에 깊숙이 영향을 미치는 소비제세를 이해하는 데 도움을 줄 뿐만 아니라, 소비제세 실무와 행정에 실질적인 도움을 제공하고, 이 분야의 연구와 토론을 촉진하는 출발점이 되길 바랍니다.

특히, 기후위기에 대응하기 위한 국제적인 탄소세 도입 논의와 관련하여 개별소비세와 교통·에너지·환경세가 새롭게 주목받고 있는 지금, 이 세금들의 과세요건과 집행 절차를 정확히 이해하는 것은 반드시 내딛어야 하는 첫걸음이라고 생각합니다.

이 책은 고급물품, 자동차, 석유제품, 담배뿐만 아니라 골프장, 경마장, 경륜장, 경정장, 카지노의 입장행위는 물론 과세유흥음식행위와 카지노 영업행위에 부과하는 개별소비세와 교통·에너지·환경세의 과세요건, 집행절차, 조세특례 및 해석사례를 법령의 취지와 함께 체계적으로 정리하고자 하였습니다.

또한 국세청 소비세과에서 오랫동안 개별소비세와 교통·에너지·환경세를 담당하며 수집한 방대한 자료와 치열한 고민을 바탕으로, '精益求精'의 마음을 담아 정성을 다해 준비한 산물입니다. 그러나 저자의 부족한 능력으로 더 알찬 내용을 담지 못한 아쉬움이 커서, 제한된 시간과 첫 발행이라는 점을 핑계 삼지 않을 수 없었습니다. 미흡한 부분에 대한 독자들의 비판은 겸허히 경청하고, 이 책을 보완해 가는 밑거름으로 삼겠다는 약속을 드립니다.

    마지막으로, 국세청 소비세과에서 함께 일하면서 이 책의 발간을 응원하고 지원해 주신 국세청 소비세과 한기준 팀장님, 정진희, 정혜원, 정우도 반장님과 한시도 열정을 내려놓지 않도록 독려하고 이 책을 감수해 주신 대구지방국세청 고영일 국장님, 국세청 소비세과 배상록 과장님께 진심으로 감사드립니다. 아울러 척박한 환경에서도 씨앗을 심는 심정으로 이 책의 발간을 위해 휴일까지 반납하며 도움을 주신 삼일인포마인의 모든 관계자분들께도 깊은 감사의 마음을 전합니다.

2024년 6월

명동에서 이은규·김경희

차례

제2장 소비세법 해설 / 53

차례

제**1**장

개별소비세 총설

제**1**절
총 설

개별소비세는 소비자에게 담세능력이 있다고 인정되는 특정한 물품, 특정한 장소의 입장행위, 특정한 장소에서의 유흥음식행위 및 영업행위에 과세하는 간접소비세로서 1977년 7월 1일 '특별소비세'로 시행된 후 2008년 1월 1일 '개별소비세'로 명칭이 개정되었다.

(1) 제정 목적

「개별소비세법」으로 명칭이 개정된 「특별소비세법」은 종래의 물품세, 직물류세, 석유류세, 입장세의 과세대상 중에서 보석 등 사치성 물품 24종과 경마장 등 입장장소 5종을 통합하고 '특별소비세'라는 단일세목으로 하여 1976년 12월 22일 제정(법률 제2935호)되었다.

「특별소비세법」은 간접세제의 전면적 개편의 일환으로 부가가치세를 도입하면서 조세부담의 역진성 등 부가가치세의 단일세율이 갖는 불합리성을 제거하고, 사치성 물품[1]의 소비증가로 발생할 수 있는 국민 경제의 불건전성을 통제하려는 목적으로 1977년 7월 1일 시행되었다.

---

1) 사치성 물품은 소득탄력성이 1보다 큰 재화이다. 소득탄력성은 소득의 변화율에 대한 소비의 변화율로 측정하는데 소득탄력성이 1보다 크면 소득의 증가 보다 소비의 증가가 더 크다는 의미이다. 경제학은 소득이 늘어나는 폭보다 더 많이 소비를 하는 재화를 사치재로 구분한다.

 참고자료

▶ 물품세법 [시행 1950.4.10.] [법률 제124호, 1950.4.10., 제정]

[신규제정] 물품을 종류별로 구분하여 사치성 물품 등에는 높은 세율을 적용하여 재정적자를 보전하려는 것임.

① 과세대상물품을 1종, 2종으로 구분하고 각기 갑, 을, 병류로 세분함.

② 세율은 물품의 종류에 따라 물품가격의 10퍼센트 내지 40퍼센트로 함.

③ 과세기준시와 과세대상자를 정함.

④ 물품세는 매월분을 다음 달 말일 이내에 납부하도록 함.

⑤ 면세대상품목을 규정함.

⑥ 정부는 대통령령이 정하는 바에 의하여 1종물품의 소매업자 또는 2종물품의 제조자에 대하여 단속상 필요한 사항을 명할 수 있도록 함.

⑦ 세무공무원의 질문검사 또는 처분한계를 규정함.

⑧ 부정행위로 물품세를 포탈하거나 포탈하고자 한 자는 5배에 상당하는 벌금에 처하는 등 이 법 위반자의 각종 벌칙을 정함.

⑨ 조선물품세령 및 법령 제148호를 폐지함.

▶ 직물류세법 [시행 1970.1.1.] [법률 제2156호, 1970.1.1., 제정]

[신규제정] 현행 물품세 과세품목으로 되어 있는 섬유류 원모, 반제원모 및 사류 등은 직물류의 원료로서 이들 물품 중에서 모직물의 원료인 원모, 반제원모 등에 대하여는 원료과세체제에서 모직물인 제품과세체제로 전환하고, 기타의 직물원료는 각기 특성에 적합하도록 구체적으로 규정하여 보다 합리적인 과세체제를 갖추기 위하여 직물류에 대한 과세를 독립세 종목으로 분리하려는 것임.

① 지금까지 원료과세하던 원모, 반제원모에 대한 과세를 모사와 동 직물류에 과세하는 제품과세로 전환하는 한편 생사, 견사를 과세대상으로 추가함.

② 세율은 직물류의 종류에 따라 100분의 10 내지 100분의 40을 적용함.

③ 납세의무자는 직물류를 제조하거나 수입하는 자로 함.

④ 과세표준은 제조장에서의 반출가격 또는 수입가격으로 함.

⑤ 납기는 국내제조업자에 대하여는 다음 달 말일까지, 수입하는 것은 수입면허시로 함.

⑥ 수출용 기타 특수용도에 사용되는 것에 대하여는 면세하도록 함.

⑦ 기타 사항은 현행 물품세법상의 제제도와 동일하게 규정함.

▶ 석유류세법 [시행 1962.1.1.] [법률 제825호, 1961.12.8., 제정]

[신규제정] 석유류에 대한 소비세는 현재 물품세법에서 이를 부과하고 있으나 그 세원이 풍부할 뿐만 아니라 과세방식에 있어서도 타물품과 상위한 점이 있으므로 그 특수성을

감안하여 과세의 철저와 조세체계의 정비를 기하고자 이 법을 물품세법에서 분리하여 제정하려는 것임.
① 휘발유의 세율을 200%에서 300%로 인상하고 중유 기타의 유류의 세율을 인하함.
② 항공용 휘발유는 비과세로 함.
③ 종전부터 시행하던 KOSCO판매과세제와 대리점판매과세제를 채택함.
④ 과세되지 아니한 석유류의 판매자나 소지자에게 과세하도록 함.

▶ **입장세법 [시행 1949.10.21.] [법률 제61호, 1949.10.21., 제정]**

[신규제정] 건국초기에 있어서 국가가 필요로 하는 재정적 수요를 충족시키기 위하여 이 법이 정하는 시설물을 이용하는 자에게 일정한 부담을 과하려는 것임.
① 입장세는 제1종장소인 연극·영화관 등, 제2종장소인 당구장 등으로 구분하여 세율을 정함.
② 제1종장소에 입장하는 경우에도 오락의 정도에 따라 제1호장소 연극·연예의 개최장소 등, 제2호장소 영화관 등, 제3호장소 경마장 등으로 구분하여 세율을 다르게 정함.
③ 입장세는 직접입장 또는 이용자로부터 징수하지 않고 그것을 경영하는 자로부터 징수하도록 함.
④ 이 법이 정한 바를 위반한 자에 대하여는 중벌에 처하도록 함.
⑤ 지방자치단체는 입장세를 지방세로서 과세할 수 없도록 함.
⑥ 조선입장세령은 이를 폐지함.

▶ **특별소비세법 [시행 1977.7.1.] [법률 제2935호, 1976.12.22., 제정]**

[신규제정] 제4차 경제개발계획을 뒷받침하고 세제를 더욱 근대화하기 위하여 간접세제의 전면적 개편의 일환으로 부가가치세제를 도입함에 따라 조세부담의 역진성등 부가가치세의 단일세율에서 오는 불합리성을 제거하는 한편, 사치성 물품의 소비를 억제하려는 것임.
① 과세대상은 과세물품과 과세장소로 대별하여 사치성 물품 및 행위와 소비억제물품·내구소비재 등 최종소비재로 함.
② 세율은 종전의 소비세법상의 세율을 기준으로 하되, 그 구조를 단순화하는 한편, 법정세율의 30%의 범위 안에서 대통령령으로 조정할 수 있도록 함.
③ 납세의무자는 과세물품에 있어서는 원칙상 제조자로 하되, 판매장에서 판매하는 물품을 과세대상으로 하는 물품에 대하여는 판매자, 수입하는 물품에 대하여는 보세구역으로부터 반출하는 자로 하고, 과세장소에 있어서는 경영자로 함.
④ 과세시기는 제조장으로부터 반출하는 물품에 대하여는 이를 반출한 때, 판매장에서 판매하는 물품에 대하여는 이를 판매한 때, 수입하는 물품에 대하여는 수입신고를 한 때로 하고 과세장소에 있어서는 이를 입장한 때로 하되 예외적으로 제조장소에 현존하면서도 비과세물품의 원료로 사용하거나 자가소비하는 경우와 부가가치세법상 공급으로 보는 경우에는 반출로 보아 과세함.

⑤ 면세제도를 요인별로 정비·개편하여 수출군납면세, 외교관면세, 외국인 전용 판매장 면세와 사후관리를 요하는 조건부 면세 및 사후관리를 요하지 아니하는 무조건부 면세로 구분하고 과세물품이 다른 과세물품의 원료 또는 수출용 원자재로 사용되는 경우에는 종전의 소비세제에서의 사전면세에서 사후공제 또는 환급으로 전환함.

⑥ 이 법 시행 당시 종전의 소비세법에 의한 세액의 환부는 원칙적으로 종전의 세법에 의하되, 환급받을 자의 신청에 의하여 이 법에 의한 특별소비세액에서 공제할 수 있도록 함.

(2) 교정기능 강화에 따른 법률의 명칭개정

「특별소비세법」은 그 도입목적에 맞춰 ① 과세대상을 과세물품과 과세장소로 구분하고, ② 사치성 물품 및 행위(특정한 장소에의 입장행위)와 소비억제 물품, 내구소비재 등 최종소비재를 과세물건으로 하여 운영하여 왔다.

그러나 경제발전에 따른 소득수준의 향상으로 고가 소비재의 소비가 대중화되면서 사치성 물품의 과세범위는 점차 축소되어 왔고, 외부불경제(external diseconomy)를 유발하는 자동차·석유류[2]·담배[3]·사행성 오락 등에 대한 과세를 강화하는 추세에 있다.

이러한 변화에 맞춰 사치성 물품에 대한 소비억제보다는 사회적 비용을 유발하는 자동차·석유류 등 일부 개별 품목 등에 부과하는 교정세[4]적 의미가 나타날 수 있도록 2007년 12월 31일 '특별소비세'를 '개별소비세'로 개정하여 법률의 명칭을 「개별소비세법」으로 변경하였다.[5]

여기서 조세의 교정기능은 경제학자 아서 피구(Arthur Cecil Pigou, 1877~1959)가 「Economics of Welfare」(후생경제학)에서 제안한 것으로 외부불경제가 발생하였을 때 정부가 경제주체에게 교정세(corrective tax)를 부과하여 사회적 비용을 부담하게 함으로써 이를 완화시키는 조세정책이다.

---

2) 1950년 「물품세법」에서 '석유 또는 석유제품'으로 과세하였고 1962년 '석유류세'로 독립하였으나 다시 1977년 특별소비세에 편입되었다. 기존에는 사치세 성격이었으나, 제1·2차 에너지세제 개편(2000년, 2007년)을 통해 외부불경제를 교정하는 환경세적 특성이 강화되었다.

3) 정다운, 「교정 기능 강화를 위한 소비세율 연구」(조세재정 브리프 통권 제115호, 2021년) p.2, 담배는 흡연자 본인에 대한 비용 발생은 물론 간접 흡연 등을 통해 사회적 비용을 유발하므로, 사회적으로 담배 수요 억제의 정당성과 필요성이 인정됨.

4) 김태일·고경훈, 「정책수단으로서의 교정세(부담금)의 특징과 현황」(2008년), 정부에서는 다양한 규제 정책에서 사람들의 행태를 바꾸기 위해 경제적 부담을 지우는 것을 교정세(corrective tax) 또는 교정부담금(corrective charge)이라고 한다. 조세 형태로 부과하면 교정세이고, 부담금 형태로 부과하면 교정부담금이다.

5) 「개별소비세법」 [시행 2008. 1. 1.] [법률 제8829호, 2007. 12. 31., 일부개정] 이유 참조

2 : 개별소비세의 특징

개별소비세는 단일비례세율을 적용하는 일반소비세(一般消費稅)[6]를 보완하기 위해 고가 사치재, 외부불경제를 유발하는 특정 물품, 비가치재(demerit goods)[7] 및 사치성 소비행위에 중과세(重課稅)하는 특별소비세(特別消費稅. special excise tax)[8]로서 다음과 같은 특징이 있다.

> 🌐 **관련판례**
>
> ■ **헌법재판소 2002헌바81, 2003.10.30.**
> - 강학상의 특별소비세란 일반소비세에 대응하는 개별소비세로서의 한 세목을 말하고, 실정법상의 특별소비세란 1977.7.1. 부가가치세법과 더불어 시행한 특별소비세법에 의하여 사치성 상품의 소비 및 사치성 행위에 과세하는 소비세를 말한다.

(1) 간접소비세(間接消費稅)

개별소비세는 입법자가 조세부담을 납세의무자 이외의 다른 사람에게 전가할 것을 예상하고 부과하는 간접세(indirect tax)로 납세의무자가 물품원가 또는 용역대가에 포함하는 방법으로 담세자인 최종소비자로부터 세금을 거래징수하여 과세관청에 납부한다.

이와 같이 「개별소비세법」은 납세의무자와 세금의 실질적인 부담자를 달리 규정함으로써 납세의무자가 실제로 과세대상을 소비하는 최종소비자로부터 개별소비세를 지급받아 납부하도록 하여 납세편의를 도모하였다.

---

6) 이종수, 「행정학사전」(2009. 1. 15.), 모든 재화와 용역에 대해 일률적으로 부과하는 조세로서 대표적인 것이 부가가치세와 일반판매세(general sales tax)다.

7) [한경 경제용어사전] 재화나 서비스 가운데 일부는 그것을 소비함으로써 얻어지는 효용 또는 쾌락은 과대평가되어 있는 데 반하여, 소비로 인한 비효용 또는 고통은 과소평가되어 있는 재화나 서비스를 말한다.

8) [매일경제 경제용어사전] 특별한 물품 또는 용역의 소비에 대하여 부과하는 소비세이다. 부가가치세를 포함한 일반매출세는 모든 재화 또는 용역 일반의 소비에 대하여 부과하는 일반소비세인데 특별소비세는 어느 특별한 물품이나 용역에 대하여서만 별도로 특별히 높은 세율로 과세하는 소비세이다.

또한 개별소비세는 특정 재화와 용역의 소비사실에 담세력을 인정하여 과세하는 소비세(excise tax)로 납세의무자인 과세물품의 제조자 등에게 부과하는 세금이 소비재의 가격에 포함됨으로써 조세의 이전(移轉)이 일어나게 되며, 이로 인해 최종소비자가 종국적으로 조세부담을 지게 되는 것이다.

(2) 물세(物稅)

개별소비세는 과세요건이나 과세절차를 정하면서 납세의무자의 소득수준이나 인적사정 등을 고려하지 않는 물세(real tax)이다. 개별소비세는 과세대상의 종류나 과세물품의 형태·용도·성질이나 그 밖의 중요한 특성에 따라 구분하여 부과하기 때문에 납세의무자의 인적사정에 따라 세금을 부과하는 인세(人稅, personal tax)와 구별된다.

이러한 물세 체계로 인해 개별소비세는 과세대상의 특성과 경제정책 목적에 따라 차등과세가 용이하다.

> **관련판례**
>
> ■ **수원지방법원 2011구합52, 2012.2.21.**
> - 개별소비세법은 승용자동차에 대하여 개별소비세를 부과하도록 하면서, 납세의무자로 승용자동차를 제조하여 반출하는 자로 규정하고 있는데(법 제3조),
> - 이와 같이 개별소비세법이 **개별 과세대상 물품의 납세의무자와 실질적인 부담자를 달리 규정**한 이유는 과세대상 물품을 실질적으로 소비하는 최종소비자가 개별소비세를 부담하여야 하나, 납세의 편의를 위하여 과세물품을 제조하여 반출하는 자가 **과세물품의 매수인으로부터 개별소비세를 지급받아 그 과세물품을 반출하는 시점에 납부**하도록 하고 있다.
>
> ■ **헌법재판소 2003헌바45, 56, 82[병합], 2004.7.15.**
> - 개별소비세와 같은 간접소비세인 부가가치세는 물세(物稅)로서 소득세나 법인세의 경우와는 달리 **납세의무자의 인적사항을 전혀 고려할 필요가 없기 때문**에 개인인 납세의무자의 소득세법에 의한 과세기간 또는 법인인 납세의무자의 법인세법에 의한 사업연도에 관계없이 모든 사업자에 대하여 역년에 의하여 1년을 2과세기간으로 나누어 매 6월마다를 1과세기간으로 하는 것이다.

(3) 국세 · 보통세(國稅 · 普通稅)

개별소비세는 국가가 과세주체인 국세이면서 일반적으로 국가의 일반적 재정수요에 충당하기 위해 부과하는 보통세로 목적세인 교통 · 에너지 · 환경세와 달리 세수의 용도를 특정하여 징수하지 않고 일반경비에 충당된다.

그러나 담배 및 승용차에 대한 개별소비세는 그 세수의 용도를 정하고 있다. 담배에 대한 개별소비세의 100분의 45는 「지방교부세법」 제4조 제1항 제1호에 따라 지방교부세의 재원으로 한다.

또한 승용차에 부과하는 개별소비세액은 「교통시설특별회계법」 제8조 제1항 제2호에 따라 교통시설 특별회계로 전입된다.

| 국세의 법정재원 배분[9] |

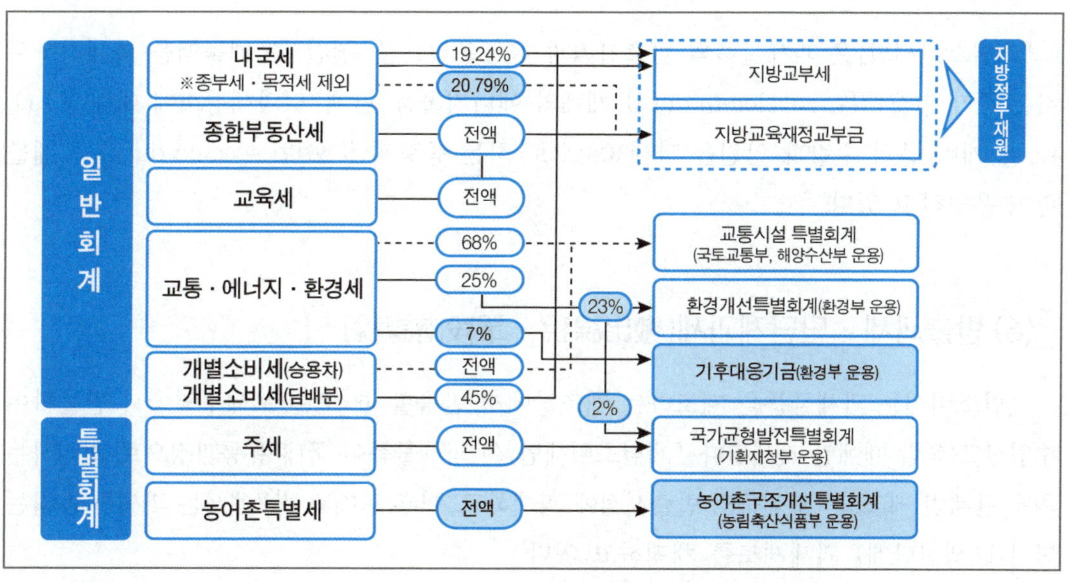

(출처 : 국세청)

---

9) 교통 · 에너지 · 환경세는 「교통시설특별회계법」 제8조, 「환경정책기본법」 제48조 및 「기후위기 대응을 위한 탄소중립 · 녹색성장기본법」 제71조에 따라 교통시설특별회계, 환경개선특별회계, 기후대응기금으로 전입되며, 당해 목적 외 지출이 제한된다.

(4) 열거주의 과세(列擧主義 課稅)

개별소비세는 모든 재화와 용역의 공급에 과세하는 일반소비세(一般消費稅, general excise tax)와 달리 세법에 제한적으로 열거한 특정 재화와 용역을 과세대상으로 하는 특별소비세(特別消費稅, special excise tax)이다.

따라서 「개별소비세법」 제1조와 [별표], 「개별소비세법 시행령」 [별표1]과 [별표2]에 구체적으로 열거된 물품과 행위만을 과세대상으로 한다.

「개별소비세법」은 물가, 소득수준, 소비의 대중화 및 소비제한의 필요성 등을 감안하여 새롭게 과세대상을 추가[10]하거나, 과세대상에서 제외[11]하기도 한다.

(5) 종가세 · 종량세(從價稅 · 從量稅)

「개별소비세법」은 과세물품의 반출가격과 유흥음식요금, 연간 총 매출액을 과세기초로 하는 종가세(從價稅, advalorem duty) 체계와 에너지물품, 담배[12], 과세장소에 대해 ℓ, ㎖, ㎏, g, 개비 등의 수량과 인원을 과세표준으로 하는 종량세(從量稅, specific duty) 체계를 함께 운영하고 있다.

(6) 반출과세 · 단단계과세(搬出課稅 · 單段階課稅)

개별소비세는 과세물품을 제조하는 제조장에서 반출할 때 또는 보세구역에서 반출하여 수입신고를 할 때에만 과세된다. 「개별소비세법」은 과세물품이 국내 유통과정으로 진입하는 최초 단계인 제조장 · 보세구역 반출시점에 과세하고, 이후 판매과정[13]에서는 과세하지 않는 단단계(생산단계) 과세제도를 채택하고 있다.

---

10) 대표적으로 에너지 자원 간 상대가격을 조정하기 위해 2014. 7. 1.부터 발전용 '유연탄'을 과세하였고, 흡연율 감소를 통한 국민건강 증진 목적으로 2015. 1. 1.부터 '담배'를 과세하였다.
11) 물가상승 및 소득수준 향상에 따라 보편적으로 소비하는 녹용, 방향용 화장품, 고급사진기, 로열젤리, 대용량 가전제품을 2016. 1. 1. 이후 제조장에서 반출하거나 수입신고하는 분부터 과세 제외하였다.
12) 담배에 종가세를 적용하면 고가(고급) 담배일수록 세금이 증가하여 저품질의 저가담배로 수요가 집중되는 경우 더욱 유해한 담배에 쉽게 노출될 수 있어 반출량에 따라 과세하는 종량세를 채택하였다.
13) 보석 · 귀금속 제품은 제조자뿐만 아니라 판매자도 특별소비세의 납세의무를 부담(다단계과세)하였으나 다른 과세물품 과세방식과의 형평 등을 감안하여 2016. 1. 1.부터 제조자만 납세의무를 부담하는 단단계 과세제도로 전환하였다.

따라서 과세물품을 제조장·보세구역에서 반출할 때에 개별소비세를 과세하고, 그 이후의 어떠한 행위나 거래도 이미 성립된 납세의무에 영향을 주지 않으며, 과세 및 면세물품의 원재료 등에 대한 세액공제를 제외하고 전단계의 부담세액을 공제하는 장치를 두고 있지 않다.

(7) 정책적 조세(政策的 租稅)

조세는 국가나 지방자치단체의 재정충당을 주된 목적으로 하면서도 재원마련을 넘어 납세의무자나 담세자의 소비행위를 교정하여 입법자가 바라는 일정한 방향으로 유도하기도 한다.

이러한 세금의 교정적 기능은 시장 메커니즘에서 인식하지 못하는 외부비용을 세금을 통하여 시장가격에 내재화함으로써 시장에서 사회적으로 최적수준의 소비와 가격이 결정되도록 유도하는 것이다.[14]

개별소비세는 국가재정 수요의 충당에서 더 나아가 사치세로서 사치성 소비억제, 교정세로서 외부불경제 완화 등의 적극적인 목적을 추구하는 유도적·형성적 기능을 지닌 정책적 조세이다.[15] 개별소비세 과세를 통해 불요불급한 사치성 소비행위를 억제하고 환경오염 등 사회적 비용을 유발하는 물품과 행위에 고율로 중과세하여 자원과 소득의 합리적인 재분배를 기대할 수 있다.

또한 「개별소비세법」은 물품 종류별, 장소별로 세율을 다르게 규정한 차등비례세율을 채택하고 있어 경제여건에 따라 특정 과세대상에 대해 선별적으로 정부정책을 반영하기에 적합하다.

개별소비세는 사치성 소비에 대한 응능부담을 실현하고 부가가치세의 단일비례세율이 갖는 역진적 부담을 보완하기 위해 추가 과세함으로써 소득 재분배 효과를 거두고 있고, 재정의 확보라는 기능을 넘어 「개별소비세법 시행령」에 위임한 탄력세율과 잠정세율로 내수경기를 조절하거나, 기술개발 및 환경친화적인 물품의 소비를 지원하는 등의 정책기능을 수행한다.

---

14) 이동규, 「미세먼지 저감과 관련하여 교정세로서 현행 유류세 제도의 한계」(지속가능교통 브리프 Vol.10, 2019) p.3
15) 헌법재판소 2011헌가8(2012. 2. 23.), 2006헌바112(2008. 11. 13.) 등, 판례집 20-2하 p.1, p.64 참조

(8) 소비지국 과세원칙(消費地國 課稅原則)

수출하는 과세물품은 개별소비세를 면제하고, 국내로 수입하는 과세물품은 수입신고를 할 때 세관장이 개별소비세를 과세함으로써 과세물품의 소비자는 해당 물품이 소비되는 국가의 세법에 따라 개별소비세를 부담한다.

또한 개별소비세가 납부된 물품을 수출하는 경우에는 수출물품에 대한 세부담을 경감시켜 가격경쟁력을 지원하기 위해 이미 납부한 세액을 공제 또는 환급하도록 규정하여 소비지국 과세원칙(destination principle of taxation)을 실현하고 있다.

> **관련판례**
>
> ■ **수원지방법원 2011구합52, 2012.2.21.**
> - 개별소비세가 납부된 물품을 수출하는 경우에는 **수출물품에 대한 세부담을 경감시켜 가격경쟁력을 지원하고, 소비지국 과세주의 원칙에 따라 이미 납부한 세액을 환급하도록 규정**하고 있는데(법 제20조 제2항),
> - 개별소비세의 환급을 신청하는 자는 개별소비세를 납부한 자와 연명으로 당해 개별소비세를 부과하였거나 부과할 관할 세무서장 또는 세관장에게 신청하되, 공제 등 신청인과 실제 개별소비세를 부담한 자가 다를 경우에는 실제 부담한 자가 개별소비세를 납부한 자와 연명으로 신청할 수 있다고 규정하고 있다(법 시행령 제34조 제2항).

3 : 교통 · 에너지 · 환경세법과의 관계

(1) 석유제품의 소비세 과세연혁

물품을 종류별로 구분하여 사치성 물품 등에 높은 세율을 적용하여 재정적자를 보전하려는 목적으로 1950년 4월 10일 「물품세법」[16]을 제정하면서 '석유 또는 석유제품'을 과세대상으로 규정하고, 휘발유·석유·연료유·듸-젤유·윤활유 및 윤활구리-스에 대해 물품가격의 25%의 물품세를 제조장에서 반출하는 제조자 또는 보세구역에서 인취(引取)[17]하는 자에게 부과하였다.

이후 석유제품은 다른 물품과의 과세방식 차이 등 그 특수성을 감안해 1961년 12월 8일 「석유류세법」[18]이 제정됨에 따라 「물품세법」의 과세대상에서 분리되었으나, 간접세제의 전면적 개편과정에서 1976년 12월 22일 다시 「특별소비세법」으로 통합되어 특별소비세가 부과[19]되었다.

(2) 교통 · 에너지 · 환경세의 도입

교통·에너지·환경세는 소비자에게 담세능력이 있다고 인정되는 휘발유, 경유 및 이와 유사한 대체유류에 과세하는 간접소비세이다.

도로 및 지하철 등 사회간접자본의 건설을 위한 투자재원의 조달은 수송부문과 관련된 석유류 제품을 세원으로 하는 것이 수익자부담 및 원인자부담의 차원에서 바람직하므로, 도로사업특별회계 및 도시철도사업특별회계에 전입되어 도로 및 도시철도건설에 사용되고 있는 휘발유 및 경유에 대한 특별소비세를 한시적으로 목적세로 전환하여 이를 교통시설투자에 전액 사용[20]하도록 1993년 12월 31일 「교통세법」을 제정하고 1994년 1월 1일부터 시행하였다.

---

16) 1950. 12. 1. 세법의 간소화를 도모하고자 종전의 「청량음료세법」, 「골패세령」과 1950. 4. 10.에 제정한 「물품세법」을 폐지하고 이에 대체할 「물품세법」을 새로이 제정하였다.
17) [우리말샘] 외국으로부터 도착한 물품이나 수출 신고가 수리된 물품을 우리나라에 들여오는 일(국립국어원)
18) 휘발유, 등유, 경유, 중유, 전기 절연유, 윤활유, 그리스와 미네알오일콤파운드를 과세대상으로 하고 항공용 휘발유는 과세제외하였다.
19) 1976. 12. 22. 「특별소비세법」 제정 당시에는 휘발유, 경유만을 과세대상으로 하였다.
20) 「교통세법」 [시행 1994. 1. 1.] [법률 제4667호, 1993. 12. 31. 신규제정] 이유 참조

「교통세법」은 그 도입목적에 맞춰 휘발유 및 경유에 대한 특별소비세를 한시적으로 목적세로 전환하고, 휘발유 및 경유 등을 제조하여 반출하는 자와 보세구역으로부터 반출하는 자를 납세의무자로 하여 반출되는 때의 가격 또는 수입신고를 하는 때의 가격을 과세표준으로 출고한 날이 속하는 달의 다음 달 말일까지 제조장 관할 세무서장(수입의 경우에는 관할 세관장)에게 신고하고, 당해 교통세를 납부하도록 하였다.

그러나 유가의 등락과 유가자유화에 대비하여 세수를 안정적으로 확보하고 사회간접 자본투자 및 교육투자를 원활히 하기 위해 1995년 12월 29일 법률개정으로 종가세에서 종량세로 전환[21]하였고, 교통시설의 확충뿐만 아니라 대중교통의 편의성 증진과 에너지 · 환경 관련 투자재원으로도 사용할 수 있도록 2006년 12월 30일 법률의 명칭을 「교통 · 에너지 · 환경세」로 변경하였다.[22]

석유제품의 물품세 과세는 사치세 성격이었으나, 「교통 · 에너지 · 환경세」 제정과 제1 · 2차 에너지세제 개편을 통해 외부불경제를 교정하는 환경세적 특성이 강화되었다.

이후 교통 · 에너지 · 환경세는 목적세로서 재정 운영의 경직성을 초래하고 유류에 대한 과세체계를 복잡하게 하는 등의 문제점이 있다는 이유로 교통 · 에너지 · 환경세를 폐지하고 개별소비세에 통합하기 위해 2008년 9월 26일 「교통 · 에너지 · 환경세법」 폐지 법률안이 통과되어 2010년 1월 1일부터 폐지하기로 결정하였다.[23] 그러나 「교통 · 에너지 · 환경세법」

---

21) 「2023 교통 · 에너지 · 환경세 실무」(국세청, 2023년) p.76, 「교통세법」 제정 당시에는 휘발유에 대하여는 물품가격의 100분의 150, 경유에 대하여는 물품가격의 100분의 20의 세율을 각각 적용하고, 당해 물품의 수급상 필요한 경우에는 그 세율의 100분의 30의 범위 안에서 대통령령으로 조정할 수 있도록 하였으나, 유가의 등락과 유가 자유화에 대비하여 세수를 안정적으로 확보하고 사회간접자본투자 및 교육투자를 원활히 하기 위하여 1995. 12. 29. 과세방식을 종량세 체계로 전환하였다. 이에 따라 등유 · 석유가스 등에 대한 특별소비세도 종량세로 전환하였다(1996. 1. 1. 이후 최초로 제조장에서 반출하거나 수입신고하는 것부터 적용).

구 분	'95.12.31. 이전	'96.1.1. 이후	'97.1.1. 이후
휘발유	150% (195%)	345원/ℓ	좌동
경 유	20% (26%)	40원/ℓ	48원/ℓ
등 유	10%	17원/ℓ	25원/ℓ
LPG	10%	18원/ℓ	좌동
LNG	10%	14원/ℓ	좌동

   * ( )는 탄력세율

22) 「교통 · 에너지 · 환경세법」 [시행 2007. 1. 1.] [법률 제8138호, 2006. 12. 30. 일부개정] 이유

23) 「교통 · 에너지 · 환경세법」 [시행 2010. 1. 1.] [2009. 1. 30. - 9346호] 폐지이유 ; 교통 · 에너지 · 환경세는 1994년부터 시행되어 왔으나 목적세로 운영되어 재정 운영의 경직성을 초래하고 유류에 대한 과세체계를 복잡하게 하는 등의 문제점이 있으므로 교통 · 에너지 · 환경세를 폐지하고 개별소비세에 통합하려는 것임.

부칙개정을 통해 「교통·에너지·환경세법」 폐지의 시행시기를 2025년 1월 1일로 연장[24]하여 현재까지 개별소비세의 목적세로 징수하고 있다.

| 교통·에너지·환경세법 유효기간 연장 내역 |

구 분	법안통과 연도	폐지시점
폐지 법률안 통과	2008년	2010년 1월 1일
1차 연장	2009년	2013년 1월 1일
2차 연장	2012년	2016년 1월 1일
3차 연장	2015년	2019년 1월 1일
4차 연장	2018년	2022년 1월 1일
5차 연장	2021년	2025년 1월 1일

참고자료

▶ **석유류세법 [시행 1962.1.1.] [법률 제825호, 1961.12.8., 제정]**

[신규제정] 석유류에 대한 소비세는 현재 물품세법에서 이를 부과하고 있으나 그 세원이 풍부할 뿐만 아니라 과세방식에 있어서도 타물품과 상위한 점이 있으므로 그 특수성을 감안하여 과세의 철저와 조세체계의 정비를 기하고자 이 법을 물품세법에서 분리하여 제정하려는 것임.

① 휘발유의 세율을 200%에서 300%로 인상하고 중유 기타의 유류의 세율을 인하함.

② 항공용 휘발유는 비과세로 함.

③ 종전부터 시행하던 KOSCO판매과세제와 대리점판매과세제를 채택함.

④ 과세되지 아니한 석유류의 판매자나 소지자에게 과세하도록 함.

▶ **교통세법 [시행 1994.1.1.] [법률 제4667호, 1993.12.31., 제정]**

[신규제정] 도로 및 지하철 등 사회간접자본의 건설을 위한 투자재원의 조달은 수송부문과 관련된 석유류 제품을 세원으로 하는 것이 수익자부담 및 원인자부담의 차원에서 바람직하므로, 현재 도로사업특별회계 및 도시철도사업특별회계에 전입되어 도로 및 도시철도 건설에 사용되고 있는 휘발유 및 경유에 대한 특별소비세를 한시적으로 목적세로 전환하여 이를 교통시설투자에 전액 사용하도록 하려는 것임.

① 현행 휘발유 및 경유에 대한 특별소비세를 한시적(10년간)으로 목적세로 전환하되, 휘발유에 대하여는 100분의 150, 경유에 대하여는 100분의 20의 세율을 각각 적용하고,

---

24) 「교통·에너지·환경세법」 부칙(법률 제4667호, 1993.12.31. 제정) 제2조(유효기간) 이 법은 2024년 12월 31일까지 효력을 가진다.

> 당해 물품의 수급상 필요한 경우에는 그 세율의 100분의 30의 범위 안에서 대통령령으로 조정할 수 있도록 함.
> ② 교통세의 납세의무자를 휘발유 및 경유를 제조하여 반출하는 자로 하되, 수입물품의 경우에는 과세물품을 관세법에 의한 보세구역으로부터 반출하는 자로 하고, 과세시기는 과세물품을 제조장으로부터 반출하거나 수입신고를 하는 때로 함.
> ③ 교통세의 과세표준을 휘발유 및 경유가 제조장으로부터 반출되는 때의 가격으로 하되, 수입되는 휘발유 및 경유의 경우에는 수입신고를 하는 때의 가격으로 함.
> ④ 납세의무자는 휘발유 및 경유를 출고한 날이 속하는 달의 다음 달 말일까지 제조장 관할 세무서장(수입의 경우에는 관할세관장)에게 과세표준을 신고하고, 당해 교통세를 납부하도록 함.
> ⑤ 수출하는 물품, 주한외국군에 납품하는 물품 및 외국공관에서 사용하는 물품 등에 대하여는 대통령령이 정하는 바에 따라 교통세를 면제하도록 함.

(3) 과세목적과 과세범위

교통·에너지·환경세는 환경오염과 같은 외부불경제를 유발하는 비가치재에 과세하는 간접소비세로서 개별소비세의 특징을 동일하게 갖추고 있다. 그러나 교통·에너지·환경세는 개별소비세의 목적세로서 과세목적에는 차이가 있다.

조세는 그 수입의 사용용도가 특정되어 있는지 여부에 따라 보통세와 목적세로 분류하며 개별소비세, 부가가치세 등은 조세수입의 사용용도를 특정하지 아니하고 일반경비에 충당하기 위한 조세로서 보통세에 속하는 반면, 교통·에너지·환경세는 도로·도시철도 등 교통시설의 확충 및 대중교통 육성을 위한 사업, 에너지 및 자원 관련 사업, 환경의 보전과 개선을 위한 사업에 필요한 재원(財源)을 확보하기 위한 목적세로서 당해 목적 외 지출이 제한된다.

「교통·에너지·환경세법」을 제정하면서 그 세원을 새로이 확충한 것은 아니고 「개별소비세법」이 과세대상으로 하는 휘발유·경유 등의 개별소비세를 목적세로 전환하여 징수할 수 있도록 하였다. 이를 위해 「교통·에너지·환경세법」 부칙 〈제4667호, 1993. 12. 31.〉 제9조는 「교통·에너지·환경세법」 시행 중에는 「개별소비세법」을 적용하지 않도록 규정하고 있다.

4 개별소비세의 조세특례규정 체계

개별소비세와 교통·에너지·환경세에 대한 조세특례의 시행에 대하여 일반적인 사항은 「조세특례제한법」, 「조세특례제한법 시행령」 및 「조세특례제한법 시행규칙」에 정하고 있다. 다만, 다음에 대한 조세특례에 대해 위임된 사항과 그 시행에 관하여 필요한 사항은 각각의 특례규정과 특례규정 시행규칙을 두고 있다.

(1) 농·임·어업용 석유류의 감면 규정

「조세특례제한법」 제106조의2에 따른 농·축산·임·어업용 석유류의 감면에 대해 위임된 사항과 그 시행에 관하여 필요한 사항은 「농·축산·임·어업용 기자재 및 석유류에 대한 부가가치세 영세율 및 면세 적용 등에 관한 특례규정」(약칭 : 영농기자재등면세규정), 「농·축산·임·어업용 기자재 및 석유류에 대한 부가가치세 영세율 및 면세 적용 등에 관한 특례규정 시행규칙」에 따로 규정하고 있다.

「영농기자재등면세규정」은 「조세특례제한법」의 개정(2001.12.29., 법률 제6538호)으로 농·어업용으로 공급하는 면세유류의 부정유출을 방지하기 위한 제도가 신설됨에 따라 「조세특례제한법」에서 위임한 환급 및 사후관리절차 등을 별도로 정한 것이다.

(2) 외국인관광객면세판매장 물품의 감면 규정

「조세특례제한법」 제107조 제2항에 따라 외국인관광객 등이 국외로 반출하기 위하여 외국인관광객면세판매장에서 구입하는 물품에 대한 개별소비세의 면제에 관하여 외국인관광객 등의 범위, 대상 재화의 범위, 구입·판매의 절차, 세액 환급, 그 밖에 필요한 사항은 「외국인관광객 등에 대한 부가가치세 및 개별소비세 특례규정」(약칭 : 외국인관광객 면세규정)에 정하고 있다.

면세물품에 대한 부가가치세 및 개별소비세에 관하여 「외국인관광객면세규정」에서 특별히 규정한 것을 제외하고는 부가가치세 및 개별소비세에 관한 법령이 정하는 바에 의한다.

(3) 제주도여행객 면세점 물품의 감면 규정

「조세특례제한법」제121조의13에서 정한 제주특별자치도 면세점에 대한 간접세 등의 특례에 관하여 위임된 사항과 그 시행에 관하여 필요한 사항은 「제주특별자치도 여행객에 대한 면세점 특례규정」으로 정하고 있다.

제주특별자치도 면세점의 면세물품에 대한 부가가치세, 개별소비세, 주세, 관세 및 담배소비세에 관하여 「제주특별자치도 여행객에 대한 면세점 특례 규정」에서 특별히 규정한 것을 제외하고는 해당 법령이 정하는 바에 의한다.

> **●● 참고자료**
>
> ▶ 농·축산·임·어업용기자재 및 석유류에 대한 부가가치세영세율 및 면세적용 등에 관한 특례규정[시행 2002.1.1.] [대통령령 제17465호, 2001.12.31., 전문개정]
>
> ◇ **제정이유**
>
> 조세특례제한법의 개정(2001.12.29., 법률 제6538호)으로 농어민이 농·어업용 기자재를 구입하는 때에 부담하였던 부가가치세를 사후에 환급하여 주는 제도와 농·어업용으로 공급하는 면세유류의 부정유출을 방지하기 위한 제도가 신설됨에 따라 동법에서 위임한 환급 및 사후관리절차 등을 정하려는 것임.
>
> ◇ **주요골자**
>
> 가. 농·어업용 기자재를 구입하는 경우 부가가치세의 환급대상이 되는 농·어민의 범위를 개인, 영농조합법인 및 농업회사법인, 축산업 주업법인, 영어조합법인 및 어촌계 등으로 함(영 제6조).
>
> 나. 농·어민의 부가가치세 환급업무를 대행해 주는 환급대행자가 업무수행비용에 충당하기 위하여 징수할 수 있는 수수료를 1회당 부가가치세 환급세액의 100분의 5에 상당하는 금액으로 하되, 1회당 5만원을 초과할 수 없도록 함(영 제13조).
>
> 다. 면세석유류의 부정유출을 방지하기 위하여 운행실적을 확인할 수 있는 장치를 부착해야 하는 농기계 등의 범위를 농업용 트랙터 및 콤바인, 10톤 이상의 선박 및 선외내연기관을 부착한 선박으로 함(영 제17조).
>
> 라. 농업기계에 대한 연간 면세유류 공급기준량은 기종별·규격별 연료소모량과 사용시간 등을 고려하여 농림부장관이 정하도록 하고, 선박·수산물 양식시설 및 수산물생산 기초시설 등에 대한 연간 면세유류 공급기준량은 해양수산부장관이 정하도록 함(영 제19조).

| 개별소비세와 교통·에너지·환경세의 조세특례 제도 |

구 분	조 문	조 세 특 례
과세물품	제107조	외국사업자 등에 대한 간접세의 특례
	제109조의3	여수세계박람회용 물품에 대한 개별소비세 면제 [일몰]
	제114조	군인 등에게 판매하는 물품에 대한 개별소비세와 주세의 면제
	제121조의3	관세 등의 면제
	제121조의13	제주도여행객 면세점에 대한 간접세 등의 특례
자동차	제109조	환경친화적 자동차에 대한 개별소비세 감면
	제109조의2	노후자동차 교체에 대한 개별소비세 감면 [일몰]
	제109조의4	자동차에 대한 개별소비세 감면 [일몰]
	제110조	외교관용 등 승용자동차에 대한 개별소비세의 면제
골프장	제112조	위기지역 소재 골프장에 대한 개별소비세 감면 [일몰]
	제121조의15	제주특별자치도 소재 골프장에 대한 개별소비세 감면 [일몰]
	제121조의18	관광 중심 기업도시 내 골프장에 대한 개별소비세 감면 [일몰]
석유류	제106조의2	농업·임업·어업용 및 연안여객선박용 석유류에 대한 부가가치세 등의 감면 등
	제111조	석유류에 대한 개별소비세의 면제 (군용, 도서자가발전용)
	제111조의2	자동차 연료에 대한 개별소비세의 환급에 관한 특례
	제111조의3	택시연료에 대한 개별소비세 등의 감면
	제111조의4	외교관용 등 자동차 연료에 대한 개별소비세 등의 환급 특례
	제111조의5	연안화물선용 경유에 대한 교통·에너지·환경세 감면[25]
	제111조의6	석유제품 생산공정용 원료로 사용하는 석유류에 대한 개별소비세 면제[26] [삭제]
감면절차	제113조의2	면세유 등의 공급에 대한 통합관리
	제113조	개별소비세의 감면절차 등

25) 환경규제 강화에 따라 중유에서 경유로 유종 전환한 선박들의 유류비 부담 증가를 한시적으로 완화하여 주기 위하여 내항 화물운송사업용 선박에 사용할 목적으로 공급하는 경유에 부과되는 교통·에너지·환경세, 교육세 등 유류세를 2021. 1. 1.부터 2025. 12. 31.까지 15% 감면한다. (2020. 12월 신설)
26) 코로나19에 따른 정제마진 하락으로 어려움을 겪고 있는 정유업계의 생산비용 절감 노력을 지원하기 위하여 석유제품 생산공정용 원료로 사용하는 석유류(중유)에 부과되는 개별소비세, 교육세 등 유류세를 2021. 1. 1.부터 2022. 12. 31.까지 2년간 면제하였다. (2020. 12월 신설)

5 교육세와 농어촌특별세의 납세의무

(1) 교육세 납세의무

교육재원을 지속적이고 안정적으로 확보함으로써 교육정상화의 재정적 기틀을 마련하기 위하여 1990년 12월 31일 「교육세법」 전부개정으로 종전의 한시세인 교육세를 영구세로 전환하는 동시에 특별소비세를 교육세 과세대상으로 확대하였다.

가. 과세대상

개별소비세와 교통·에너지·환경세를 교육세의 과세대상으로 한다.

나. 납세의무자

「개별소비세법」에 따른 개별소비세의 납세의무자는 「교육세법」 제3조 제2호에 따라 교육세를 납부할 의무를 진다.

다만, 다음의 물품에 대한 개별소비세의 납세의무자는 제외한다.[27]

1. 휘발유 및 이와 유사한 대체유류
2. 경유 및 이와 유사한 대체유류
3. 석유가스[액화한 것을 포함한다] 중 프로판(프로판과 부탄을 혼합한 것으로서 탄소수 3개인 탄화수소의 혼합률이 몰백분율 기준으로 100분의 90 이상인 것을 포함한다)
4. 천연가스(액화한 것을 포함한다)
5. 유연탄
6. 담배

「교통·에너지·환경세」에 따른 교통·에너지·환경세의 납세의무자는 「교육세법」 제3조 제3호에 따라 교육세를 납부할 의무를 진다.

다. 과세표준과 세율

개별소비세분 교육세는 「개별소비세법」에 따라 납부하여야 할 개별소비세액을 과세표준

---

27) 휘발유 및 이와 유사한 대체유류, 경유 및 이와 유사한 대체유류에 대한 교육세는 「교통·에너지·환경세」에 따른 교통·에너지·환경세의 납세의무자가 교육세를 부담한다.

으로 하여 100분의 30을 곱하여 계산한 금액을 그 세액으로 한다.

다만, 다음의 물품인 경우에는 100분의 15로 한다.[28]

1. 등유 및 이와 유사한 대체유류[29]

2. 중유(重油) 및 이와 유사한 대체유류

3. 석유가스 중 부탄(부탄과 프로판을 혼합한 것으로서 프로판에 해당하지 아니하는 것을 포함한다)

4. 석유제품 외의 물품을 제조하는 과정에서 부산물(副産物)로 생산되는 유류로서 「석유 및 석유대체연료 사업법」 제24조 제2항에 따라 산업통상자원부장관이 고시[30]하는 석유제품 중 등유를 대체하여 사용되는 부생연료유

교통·에너지·환경세분 교육세는 「교통·에너지·환경세법」에 따라 납부하여야 할 교통·에너지·환경세액을 과세표준으로 하여 100분의 15를 곱하여 계산한 금액을 그 세액으로 한다.

| 교육세의 세율 |

과 세 구 분		교육세의 세율
사행성 기구 및 총포류	투전기·오락용 사행기구·그 밖의 오락용품, 수렵용 총포류	30%
고가물품	보석 및 귀금속, 고급시계, 고급융단, 고급가방, 고급모피와 그 제품, 고급가구	30%
자동차	승용자동차, 이륜자동차, 캠핑용자동차	30%
석유제품	휘발유, 경유, 등유, 중유, 부탄, 부생연료유	15%
과세장소	경마장, 투전기 시설장소, 골프장, 경륜장, 경정장, 카지노	30%
과세유흥장소	–	30%
과세영업장소	–	30%

---

28) 「교육세법」 [시행 2001. 1. 1.] [법률 제6296호, 2000. 12. 29., 일부개정] 이유, 등유에 부과되는 특별소비세액에 대한 교육세 등 일부 교육세의 과세기간을 2000년 말까지에서 2005년 말까지로 5년간 연장(교통세액에 부과되는 교육세의 경우 2000년 말까지에서 2003년까지로 3년간 연장)하고, 2005년 말까지 한시적으로 석유가스 중 부탄 및 중유 등에 부과되는 특별소비세액에 대하여도 교육세를 부과하도록 하였다.

29) 「교육세법」 [시행 1996. 7. 1.] [법률 제5037호, 1995. 12. 29., 일부개정] 이유, 교육세의 납세의무자의 범위에 등유에 대한 특별소비세의 납세의무자와 교통세 및 담배소비세의 납세의무자를 각각 추가하고 그 과세표준과 세율을 15%로 하였다.

30) 「석유제품의 품질기준과 검사방법 및 검사수수료에 관한 고시」(산업통상자원부고시 제2019-67호, 2019. 4. 29.)

개별소비세액, 교통·에너지·환경세액 또는 주세액에 부과되는 교육세는 「개별소비세법」, 「교통·에너지·환경세법」 또는 「주세법」상의 과세표준에 산입하지 아니한다.

또한 교육세를 납부하여야 할 자가 교육세의 과세표준이 되는 세액을 납부하지 아니함으로써 당해 세액에 가산세가 가산된 때에는 그 가산세액은 교육세의 과세표준에 산입하지 아니한다.

개별소비세액, 교통·에너지·환경세액 또는 주세액에 부과되는 교육세의 과세표준을 계산함에 있어서 교육세가 부과되는 물품을 원료로 하여 제조·가공한 물품에 대하여는 그 제조·가공한 물품의 개별소비세 산출세액, 교통·에너지·환경세 산출세액 또는 주세 산출세액에서 그 원료에 대하여 납부한 개별소비세액, 교통·에너지·환경세액 또는 주세액을 공제한 것을 과세표준으로 한다.

라. 신고·납부

교육세의 납세의무자는 해당 세법에 따라 해당 세액을 신고·납부하는 때에는 그에 대한 교육세를 신고·납부하여야 한다.

교육세를 신고·납부하는 때에는 해당 세법에 따라 해당 조세의 신고·납부서에 해당 세액과 교육세액을 함께 적고 그 합계액을 기재해야 한다.[31]

마. 부과와 징수

개별소비세액, 교통·에너지·환경세액 또는 주세액에 부과되는 교육세는 납세지 관할 세무서장이 개별소비세, 교통·에너지·환경세 또는 주세의 부과·징수의 예에 따라 부과·징수한다.

바. 환급

개별소비세액, 교통·에너지·환경세액 또는 주세액에 부과되는 교육세로서 납부한 금액 중 잘못 납부하거나 초과하여 납부한 금액과 「개별소비세법」, 「교통·에너지·환경세법」 또는 「주세법」에 따라 개별소비세액, 교통·에너지·환경세액 또는 주세액을 환급하는 경우의 해당 세액에 부과된 교육세의 환급에 관하여는 「국세기본법」 제51조, 제51조의2 및 제52조부터 제54조까지의 규정과 「개별소비세법」 제20조·제20조의2, 「교통·에너지·환경세법」 제17조 및 「주세법」 제18조·제19조를 준용한다.

---

31) 「교육세법 시행령」 [시행 1991. 1. 1.] [대통령령 제13197호, 1990. 12. 31., 전부개정] 이유, 특별소비세법·주세법 및 지방세법의 규정에 의한 납세의무자가 교육세를 신고·납부하는 때에는 당해 세법의 규정에 의한 신고·납부서에 당해 세액과 교육세액을 병기하도록 하고, 교육세와 교육세의 과세표준이 되는 세액을 함께 징수하는 때에는 당해 조세의 납세고지서에 교육세를 병기하여 합계액을 고지하도록 하였다.

(2) 농어촌특별세 납세의무

우루과이라운드 협상의 타결에 따른 후속대책의 일환으로 추진되는 농어업의 경쟁력 강화와 농어촌산업기반시설의 확충 및 농어촌지역개발사업에 필요한 재원을 조달하기 위하여 농어촌특별세를 신설[32]하고 특정 개별소비세의 납세의무자는 「농어촌특별세법」 제3조 제3호에 따라 농어촌특별세를 납부할 의무 또한 부담한다.

가. 과세대상

① 투전기 · 오락용 사행기구 · 그 밖의 오락용품, 수렵용 총포류와 고급모피와 그 제품 · 고급가구에 대한 개별소비세와 ② 골프장 입장행위에 대한 개별소비세를 농어촌특별세의 과세대상으로 한다.

나. 납세의무자

① 투전기 · 오락용 사행기구 · 그 밖의 오락용품, 수렵용 총포류(「개별소비세법」 제1조 제2항의 물품 중 같은 항 제1호 가목 · 나목)와 고급모피와 그 제품 · 고급가구(「개별소비세법」 제1조 제2항의 물품 중 같은 항 제2호 나목 1) · 2)의 물품)에 대한 개별소비세와 ② 골프장 입장행위(「개별소비세법」 제1조 제3항 제4호)에 대한 개별소비세의 납세의무자는 「농어촌특별세법」 제3조 제3호에 따라 농어촌특별세를 납부할 의무를 진다.

다. 과세표준과 세율

개별소비세에 대한 농어촌특별세는 「개별소비세법」에 따라 납부하여야 할 개별소비세액을 과세표준으로 하여 다음의 세율을 곱하여 계산한 금액을 그 세액으로 한다.

① 투전기 · 오락용 사행기구 · 그 밖의 오락용품, 수렵용 총포류와 고급모피와 그 제품 · 고급가구에 대한 개별소비세의 경우 : 100분의 15
② 골프장 입장행위에 대한 개별소비세의 경우 : 100분의 30

개별소비세를 본세로 하는 농어촌특별세는 「개별소비세법」상의 과세표준에 산입하지 아니한다.

또한 본세를 납부하지 아니함으로써 본세에 가산세가 가산된 때에 그 가산세액은 농어촌특별세의 과세표준에 산입하지 아니한다.

---

32) 「농어촌특별세법」 [시행 1994. 7. 1.] [법률 제4743호, 1994. 3. 24., 제정] 이유 참조

개별소비세를 본세로 하는 농어촌특별세의 과세표준을 계산함에 있어서 농어촌특별세가 부과되는 물품을 원재료로 하여 제조·가공한 물품에 대하여는 그 제조·가공한 물품의 개별소비세 산출세액에서 그 원재료에 대하여 납부한 개별소비세액을 공제한 것을 과세표준으로 한다.

농어촌특별세의 세율		
과 세 구 분		농어촌특별세의 세율
사행성 기구 및 총포류	투전기·오락용 사행기구·그 밖의 오락용품, 수렵용 총포류	15%
고가물품	고급모피와 그 제품, 고급가구	15%
과세장소	골프장	30%

라. 신고·납부

농어촌특별세는 해당 본세를 신고·납부하거나 거래징수하여 납부하는 때에 그에 대한 농어촌특별세도 함께 신고·납부하여야 한다.

농어촌특별세를 신고·납부하는 때에는 당해 본세의 신고·납부서에 당해 본세의 세액과 농어촌특별세의 세액 및 그 합계액을 각각 기재하여야 한다.

농어촌특별세를 「국세기본법」 제45조 및 제46조의 규정에 의하여 수정신고 및 추가자진납부를 하는 경우 수정신고의 기한·납부방법, 가산세 경감 등은 당해 본세의 예에 의한다.

마. 부과와 징수

개별소비세에 대한 농어촌특별세의 납세의무자(물품을 수입하는 자는 제외한다)에 대하여는 세무서장이 해당 본세의 결정·경정 및 징수의 예에 따라 결정·경정 및 징수한다.

개별소비세에 대한 농어촌특별세의 납세의무자 중 물품을 수입하는 자에 대하여는 세관장이 관세의 부과·징수의 예에 따라 부과·징수한다.

농어촌특별세를 부과·징수하는 때에는 당해 본세의 납세고지서에 당해 세액과 농어촌특별세액 및 그 합계액을 각각 기재하여 고지하여야한다.

바. 환급

농어촌특별세의 과오납금 등에 대한 환급은 본세의 환급의 예에 따른다.

6 부가가치세법과의 관계

(1) 과세목적과 과세범위

「개별소비세법」는 일반소비세인 부가가치세의 단일비례세율이 갖는 조세부담의 역진성 등의 불합리성을 제거하고, 부가가치세의 과세대상 중 외부불경제를 유발하는 소비행위에 개별소비세를 추가 과세하기 위해 도입되었다.

한편, 「개별소비세법」은 「부가가치세법」의 비과세 대상인 카지노의 도박영업을 과세영업장소에서의 영업행위[33]로 정하고, 과세표준 구간에 따라 초과누진세율로 개별소비세를 과세하도록 규정하고 있다.

> ### ✸ 관련판례
>
> ■ **카지노사업 수입이 부가가치세 비과세 대상인지**(대법원 2004두13288, 2006.10.27.)
>   - 원심은, 원고의 이 사건 카지노사업의 수입은 고객으로부터 카지노 시설물 입장의 대가로 받는 입장료수입과 **카지노 시설물에 입장한 고객이 도박을 하기 위해 건 돈에서 고객이 받아간 돈을 제외한 도박수입**으로 대별될 수 있는데, 입장료수입은 부가가치세 과세대상에 해당하나 **도박수입은 부가가치를 창출하는 것이 아니어서 부가가치세 과세대상에 해당하지 아니하므로** 원고의 이 사건 카지노사업은 부가가치세 과세사업과 **부가가치세 비과세사업을 함께 하는 사업이라고 판단**하고, (중략)
>   - 위 법리와 기록에 비추어 살펴보면, **원심의 이러한 사실인정 및 판단은 정당하여 수긍**할 수 있고, 거기에 상고이유 주장과 같은 과세대상 재화와 용역의 판단에 관한 심리미진, 조세법률주의 및 근거관세의 원칙에 관한 법리오해 등의 위법이 없다.

(2) 사업자 등록 의제(부가가치세법 §8 ⑪)

사업자의 사업 수행과 관련한 신고 및 등록 절차를 간소화하기 위하여 개별소비세 또는 교통·에너지·환경세의 납세의무가 있는 사업자가 「개별소비세법」 또는 「교통·에너지·

---

33) 「개별소비세법」 제1조 제5항은 「관광진흥법」과 「폐광지역개발 지원에 관한 특별법」에 따른 카지노를 과세 영업장소로 규정하고, 같은 법 제8조 제1항 제7호는 총매출액(고객으로부터 받은 총금액에서 고객에게 지불한 총금액을 공제한 금액)을 과세표준으로 규정하고 있다.

환경세법」에 따라 다음의 구분에 따른 신고를 한 경우에는 해당 각 구분에 따른 등록신청 또는 신고를 한 것으로 본다.

1. 「개별소비세법」 제21조 제1항 전단 또는 「교통·에너지·환경세법」 제18조 제1항 전단에 따른 개업 신고를 한 경우 : 「부가가치세법」 제8조 제1항 및 제2항에 따른 사업자 등록의 신청

2. 「개별소비세법」 제21조 제1항 후단 또는 「교통·에너지·환경세법」 제18조 제1항 후단에 따른 휴업·폐업·변경 신고를 한 경우 : 「부가가치세법」 제8조 제8항에 따른 휴업·폐업 신고 또는 등록사항 변경 신고

3. 「개별소비세법」 제21조 제2항 및 제3항 또는 「교통·에너지·환경세법」 제18조 제3항 및 제4항에 따른 사업자 단위 과세 사업자 신고를 한 경우 : 「부가가치세법」 제8조 제3항에 따른 사업자 단위 과세 사업자 등록 신청 또는 「부가가치세법」 제8조 제4항에 따른 사업자 단위 과세 사업자 변경등록 신청

4. 「개별소비세법」 제21조 제4항 및 제5항 또는 「교통·에너지·환경세법」 제18조 제2항에 따른 양수, 상속, 합병 신고를 한 경우 : 「부가가치세법」 제8조 제8항에 따른 등록사항 변경 신고

이와 반대로 「부가가치세법」에 따라 사업자 등록 등을 신청한 자가 개별소비세 또는 교통·에너지·환경세의 납세의무자가 되는 경우에는 「개별소비세법」 제21조 또는 「교통·에너지·환경세법」 제18조가 정하는 바에 따라 별도의 개업·휴업·폐업·변경 신고 등을 하여야 한다.

(3) 부가가치세 과세표준

재화 또는 용역의 공급에 대한 부가가치세의 과세표준은 해당 과세기간에 공급한 재화 또는 용역의 공급가액을 합한 금액으로 한다(부가가치세법 §29 ①). 금전으로 대가를 받은 경우에는 그 대가를 공급가액으로 하며, 대금, 요금, 수수료, 그 밖에 어떤 명목이든 상관없이 재화 또는 용역을 공급받는 자로부터 받는 금전적 가치 있는 모든 것을 포함하되, 부가가치세는 포함하지 아니한다(부가가치세법 §29 ③).

부가가치세 공급가액에는 거래상대자로부터 받는 대금·요금·수수료 그 밖에 어떤 명목

이든 상관없이 실질적 대가관계에 있는 모든 금전적 가치가 있는 것으로서 개별소비세와 교통·에너지·환경세 및 주세가 과세되는 재화 또는 용역에 대하여는 해당 개별소비세와 교통·에너지·환경세 및 주세와 그 교육세 및 농어촌특별세상당액을 포함한다(부가가치세법 통칙 29-61…2).

재화의 수입에 대한 부가가치세의 과세표준은 그 재화에 대한 관세의 과세가격과 관세, 개별소비세, 주세, 교육세, 농어촌특별세 및 교통·에너지·환경세를 합한 금액으로 한다(부가가치세법 §29 ②).

> 수입분 부가가치세 과세표준 = 관세의 과세가격 + 관세 + 개별소비세 + 교육세 + 농어촌특별세

석유류 판매업자가 석유류 제조업자로부터 개별소비세 및 교통·에너지·환경세가 과세된 석유류를 구입하여 외교공관에 판매하고 「개별소비세법」 제16조 및 「교통·에너지·환경세법」 제14조에 따라 개별소비세 및 교통·에너지·환경세를 환급받은 경우 해당 환급세액은 제조업자의 과세표준에서 공제하고, 해당 제조업자는 판매업자에게 「부가가치세법 시행령」 제70조에 따라 공급가액을 수정하여 세금계산서를 발급하여야 한다(부가가치세법 통칙 29-61…5).

(4) 부가가치세 매입세액 불공제(부가가치세법 §39)

사업자가 자기의 사업을 위하여 사용하였거나 사용할 목적으로 공급받은 재화 또는 용역에 대한 부가가치세액과 수입하는 재화의 수입에 대한 부가가치세액은 매출세액에서 공제한다(부가가치세법 §38 ①).

그러나 「개별소비세법」 제1조 제2항 제3호에 따른 자동차의 구입과 임차 및 유지에 관한 매입세액은 매출세액에서 공제하지 아니한다(부가가치세법 §39 ① 5.). 다만, 운수업, 자동차판매업 등 「부가가치세법 시행령」 제19조 및 제78조에서 정하는 업종에 직접 영업으로 사용되는 재화의 매입세액은 매출세액에서 공제한다.

① 운수업
② 자동차 판매업
③ 자동차 임대업
④ 운전학원업

　⑤ 「경비업법」 제2조 제1호 라목에 따른 기계경비업무를 하는 경비업. 이 경우 법 제10조 제2항 제2호에서의 자동차는 「경비업법」 제16조의3에 따른 출동차량에 한정하여 적용한다.

　⑥ 위 ①부터 ⑤까지의 업종과 유사한 업종

(5) 재화 공급의 특례(부가가치세법 §10 ②)

「부가가치세법」은 다음의 어느 하나에 해당하는 자기생산·취득재화[34]의 사용 또는 소비를 부가가치세 과세대상인 재화의 공급으로 본다.[35]

1. 사업자가 자기생산·취득재화를 「부가가치세법」 제39조 제1항 제5호에 따라 매입세액이 매출세액에서 공제되지 아니하는 「개별소비세법」 제1조 제2항 제3호에 따른 자동차로 사용 또는 소비하거나 그 자동차의 유지를 위하여 사용 또는 소비하는 것

2. 운수업, 자동차 판매업 등 「부가가치세법 시행령」 제19조에서 정하는 아래 업종의 사업을 경영하는 사업자가 자기생산·취득재화 중 「개별소비세법」 제1조 제2항 제3호에 따른 자동차와 그 자동차의 유지를 위한 재화를 해당 업종에 직접 영업으로 사용하지 아니하고 다른 용도로 사용하는 것[36]

　① 운수업

　② 자동차 판매업

　③ 자동차 임대업

　④ 운전학원업

　⑤ 「경비업법」 제2조 제1호 라목에 따른 기계경비업무를 하는 경비업. 이 경우 법 제10조 제2항 제2호에서의 자동차는 「경비업법」 제16조의3에 따른 출동차량에 한정하여 적용한다.

　⑥ 위 ①부터 ⑤까지의 업종과 유사한 업종

---

34) 사업자가 자기의 과세사업과 관련하여 생산하거나 취득한 재화를 자기생산·취득재화라 한다(부가가치세법 §10 ①).

35) 이승헌·고대영·홍필성·김성근, 「부가가치세법」(국세공무원교육원, 2019년) p.88, 매입세액이 공제된 재화를 과세사업에 사용하지 아니하고 사업자 자신의 개인적인 목적으로 사용하는 경우 등에 대하여 부가가치세를 과세하지 않는다면 사업자라 하여 부가가치세를 전혀 부담하지 아니하고 재화를 사용·소비하는 결과를 초래하여 부가가치세의 본질적인 기능이 훼손되고 과세의 공평을 침해받게 된다. 따라서 특정내부거래 또는 외부거래에 대하여 과세형평과 조세중립성을 유지하기 위하여 재화의 공급으로 보아 과세하고 있는 것이다.

36) 이승헌·고대영·홍필성·김성근, 「부가가치세법」(국세공무원교육원, 2019년) p.91, 해당 업종에 직접 사용하지 아니하는 비영업용이란 영업용이 아닌 것을 말하며, 영업용이란 승용자동차에 의해 직접 수입금액이 발생하는 경우를 말한다.

(6) 간이과세 적용배제(부가가치세법 §61 ① 3.)

간이과세 적용 기준금액인 직전 연도의 공급대가 합계액 8천만원 미만에도 불구하고 「개별소비세법」 제1조 제4항에 따른 과세유흥장소를 경영하는 사업자로서 해당 업종의 직전 연도의 공급대가의 합계액이 4천800만원 이상인 사업자는 간이과세자로 보지 아니한다.

| 개별소비세법과 부가가치세법의 비교 |

구　분	개별소비세법	부가가치세법
과세대상	• 열거주의(개별소비세)	• 포괄주의(일반소비세)
과세표준	• 종가세 · 종량세	• 종가세
세율	• 차등비례세율 • 잠정세율 · 탄력세율	• 단일비례세율
납세의무의 성립	• 단단계 거래세	• 다단계 거래세
총괄납부	• 제조장 총괄납부 　– (주체) 과세물품 제조 · 반출자 　– (대상) 제조의제, 특정미납세, 　　가정용 부탄 환급대상자	• 주사업장 총괄납부 　– (주체) 주된 사업장 　– (대상) 신청에 제한 없음
사업자 단위	○ 사업자 단위 과세 사업자 신고 　납부 　– 신고 · 납부에 한정	• 사업자 단위 과세 　– 모든 납세의무
공급 · 반출 의제	• 제조의제 　– 제조장이 아닌 장소에서 판매 목적 　　으로 가치증가 가공 　– 중고품의 가치증가 대체 · 보완 　– 중고품으로 신품 가공 · 개조 • 반출의제 　– 제조장 내 사용 · 소비 　– 폐업 시 남아있는 재화 　– 공매 · 경매 · 환가	• 간주공급 　– 자가공급, 개인적 공급, 　　사업상 증여 　– 폐업 시 남아 있는 재화 　– 면세전용, 판매 목적 반출 　– 개별소비세 과세 승용차
소비지국 과세 농어업 지원	• 면세 　– 수출, 외화획득 　– 농임어업용 석유류	• 영세율 　– 수출, 외화획득 　– 농임어업용 기자재

7 관세법과의 관계

① 「관세법」에 따라 관세를 납부할 의무가 있는 자로서 과세물품을 「관세법」에 따른 보세구역(保稅區域)에서 반출하는 자와 ② 이 외에 관세를 징수하는 물품에 대해 그 관세를 납부할 의무가 있는 자는 「개별소비세법」에 따라 개별소비세를 납부할 의무가 있다(법 §3).

보세구역에서 반출하는 과세물품에 대한 개별소비세의 과세시기는 수입신고를 한 때로 하고, 이 외에 관세를 징수하는 물품에 대한 과세시기는 「관세법」에 따른다(법 §4).

관련법령

○ 관세법 제2조 【정의】

이 법에서 사용하는 용어의 뜻은 다음과 같다. 〈개정 2023.12.31.〉
1. "수입"이란 외국물품을 우리나라에 반입(보세구역을 경유하는 것은 보세구역으로부터 반입하는 것을 말한다)하거나 우리나라에서 소비 또는 사용하는 것(우리나라의 운송수단 안에서의 소비 또는 사용을 포함하며, 제239조 각 호의 어느 하나에 해당하는 소비 또는 사용은 제외한다)을 말한다.

○ 관세법 제154조 【보세구역의 종류】

보세구역은 지정보세구역·특허보세구역 및 종합보세구역으로 구분하고, 지정보세구역은 지정장치장 및 세관검사장으로 구분하며, 특허보세구역은 보세창고·보세공장·보세전시장·보세건설장 및 보세판매장으로 구분한다.

○ 관세법 제241조 【수출·수입 또는 반송의 신고】

① 물품을 수출·수입 또는 반송하려면 해당 물품의 품명·규격·수량 및 가격과 그 밖에 대통령령으로 정하는 사항을 세관장에게 신고하여야 한다.

(1) 관세법 우선 적용

수입물품에 대하여 세관장이 부과·징수하는 부가가치세, 개별소비세, 주세, 교통·에너지·환경세, 교육세 및 농어촌특별세 등 내국세 등(내국세 등의 가산세 및 강제징수비를 포함한다)의 부과·징수·환급 등에 관하여 「국세기본법」, 「국세징수법」, 「부가가치세법」, 「개별소비세법」,

「주세법」, 「교통·에너지·환경세법」, 「교육세법」 및 「농어촌특별세법」 등의 규정과 「관세법」의 규정이 상충되는 경우에는 「관세법」의 규정을 우선하여 적용한다(관세법 §4).

이와 같이 내국세 등의 부과·징수·환급 등을 함에 있어서 절차적인 사항에 관하여 「관세법」의 규정을 우선 적용하는 것은 관세에 관한 부과·징수·환급 등의 절차와 통일을 기하고 그 절차의 간소화를 통해 조세행정의 능률과 납세편의를 도모하기 위한 취지이다. 그러나 과세물건, 납세의무자, 과세표준, 세율 등 과세대상이나 세액 산정방법 등 실체적 과세요건까지 「관세법」의 규정을 우선 적용하는 것은 아니다.[37]

또한 과세물품을 「관세법」에 따라 수입신고 수리 전에 보세구역에서 반출하려는 자는 「관세법」으로 정하는 바에 따라 해당 개별소비세액에 상당하는 담보를 제공하여야 하며(법 §10 ④), 수입물품에 대하여 세관장이 부과·징수하는 내국세 등에 대한 담보제공 요구, 국세충당, 담보해제, 담보금액 등에 관하여는 「관세법」의 관세에 대한 담보 관련 규정을 적용한다(관세법 §4 ④).

(2) 사무관할(법 §28, 통칙 28-0…1)

보세구역에서 반출하거나 보세공장으로 반입한 물품에 대한 개별소비세의 부과·징수에 관한 사무는 보세구역의 관할 세관장이 처리한다. 과세물품을 제조하는 제조장이 보세구역 내에 소재하는 경우에도 관할 세관장이 개별소비세의 부과·징수에 관한 사무를 처리한다.

보세구역이 아닌 장소에 장치하기 위해 「관세법」 제156조 제1항에 따라 세관장으로부터 타소장치(보세구역이 아닌 장소에 장치)의 허가를 받는 경우에는 그 허가기간 동안 보세구역에 관한 규정을 준용하므로 보세구역으로 본다.

기본통칙

통칙 15-22…6 【자유무역지역에 반출한 물품의 관리】

 - 자유무역지역은 「자유무역지역의 지정 및 운영에 관한 법률」 제2조 제1호에 따라 보세구역의 성격을 띤 지역을 말하므로 동 지역에 반입한 미납세 또는 면세물품의 사후관리책임은 해당 지역을 관할하는 세관장에게 있으며, 동 지역에 반입한 물품에 대한 용도증명은 해당 지역을 관할하는 세관장이 확인하는 증명서로 한다.

---

37) 대법원 2005두10125(2006. 3. 9.)

> **관련법령**
>
> ○ **관세법 제156조 【보세구역 외 장치의 허가】**
> ① 제155조 제1항 제2호에 해당하는 물품을 보세구역이 아닌 장소에 장치하려는 자는 세관장의 허가를 받아야 한다.
>
> ○ **관세법 제155조 【물품의 장치】**
> ① 외국물품과 제221조 제1항에 따른 내국운송의 신고를 하려는 내국물품은 보세구역이 아닌 장소에 장치할 수 없다. 다만, 다음 각 호의 어느 하나에 해당하는 물품은 그러하지 아니하다.
> 2. 크기 또는 무게의 과다나 그 밖의 사유로 보세구역에 장치하기 곤란하거나 부적당한 물품

(3) 과세표준과 과세표준 신고(법 §8 ① 3., §9 ②)

「관세법」에 따라 관세를 납부할 의무가 있는 자로서 과세물품을 「관세법」에 따른 보세구역에서 반출하는 자가 보세구역에서 반출하는 물품의 과세표준은 수입신고를 할 때의 관세의 과세가격과 관세를 합한 금액 또는 수량으로 한다. 다만, 휘발유 및 이와 유사한 대체유류의 경우에는 보세구역에서 반출한 후 소비자에게 판매할 때까지 수송 및 저장 과정에서 증발 등으로 자연 감소되는 정도를 고려하여 「개별소비세법 시행령」 제10조의2에서 정하는 비율(1천분의 2)을 보세구역에서 반출할 때의 수량에 곱하여 계산한 수량을 반출할 때의 수량에서 뺀 수량으로 한다.

납세의무자가 보세구역 관할 세관장에게 수입신고를 한 경우에는 개별소비세 과세표준 신고를 한 것으로 본다.

관련판례

■ **수입물품에 대한 내국세의 부과 등에 관한 취지 및 내국세 가산세의 실체적 과세요건**

(대법원 2005두10125, 2006.3.9.)

- 구 관세법(2003.12.30. 법률 제7009호로 개정되기 전의 것, 이하 '구 관세법'이라 한다) 제4조 제1항은 "수입물품에 대하여 세관장이 부과 · 징수하는 부가가치세 · 특별소비세 · 교육세 등의 내국세와 그 가산세 등의 부과 · 징수 · 환급 · 결손처분 등에 관하여 **부가가치세법 · 특별소비세법 · 교육세법 등의 규정과 관세법의 규정이 상충되는 때에는 관세법의 규정을 우선 적용**한다."고 규정하고 있다.

- 이는 이러한 내국세나 그 가산세 등의 부과 · 징수 · 환급 · 결손처분 등을 함에 있어서 **절차적인 사항에 관해서는 관세법의 규정을 우선 적용**하는 것이 관세에 관한 부과 · 징수 · 환급 · 결손처분 등의 절차와 통일을 기할 수 있음은 물론이고 그 절차의 간소화를 가져올 수 있으므로 조세행정의 능률과 납세자의 편의를 도모하기 위한 취지에서 관세법의 규정을 우선 적용하도록 한 것으로 보이고, 더 나아가 그 **과세물건, 납세의무자, 과세표준, 세율 등 실체적 과세요건까지 관세법의 규정을 우선 적용하려는 취지를 규정한 것은 아니라고 풀이함이 상당**하다.

- 즉, 수입물품에 대하여 세관장이 부가가치세 등 내국세 본세를 부과 · 징수할 때 그 부과대상이나 세액 산정을 위한 실체적 과세요건에 관해 부가가치세법 등 개별 내국세법의 관련 규정이 적용되어야 하고 이와 관세법의 관련 규정이 상충된다고 하여 관세법의 규정이 우선 적용되지 않듯이, 그 **가산세에 대하여도 그 부과대상이나 세액 산정을 위한 실체적 과세요건에 관해서 부가가치세법 등 개별 세법에 정한 가산세 관련 규정이 적용되어야** 한다.

- 또한, 구 관세법 제4조 제2항이 "**관세법의 규정에 의한 가산세 등의 부과 · 징수 · 환급 등에 관하여는 관세법 중 관세의 부과 · 징수 · 환급 등에 관한 규정을 적용한다.**"고 규정하고 있는 것은, 관세에 관한 가산세 등의 부과 · 징수 · 환급 등에 관하여 본세인 관세의 부과 · 징수 · 환급 등에 관한 규정을 적용한다는 취지이지, **관세 이외에 세관장이 부과 · 징수하는 내국세에 관하여 개별 세법이 규정하는 내국세의 가산세에 관하여까지 관세에 관한 규정을 적용한다는 취지로는 보이지 아니한다.**

8 수출용 원재료에 대한 환급 특례

(1) 수출용 원재료에 대한 관세 등 환급에 관한 특례법 우선 적용

수출용 원재료에 대한 관세 등(관세, 임시수입부가세[38], 개별소비세, 주세, 교통·에너지·환경세, 농어촌특별세 및 교육세)의 환급은 수출용 원재료를 수입하는 때에 납부하였거나 납부할 관세 등을 수출자나 수출물품의 생산자에게 되돌려 주는 것이다.

수출용 원재료에 대한 관세 등을 환급하는 경우에는 「관세법」, 「임시수입부가세법」, 「개별소비세법」, 「주세법」, 「교통·에너지·환경세법」, 「농어촌특별세법」, 「교육세법」, 「국세기본법」 및 「국세징수법」의 규정에도 불구하고 「수출용 원재료에 대한 관세 등 환급특례법」을 다른 세법에 우선 적용한다.

「수출용 원재료에 대한 관세 등 환급특례법」은 수출물품제조용 수입원재료에 대한 관세·내국소비세 등의 사전면세 및 사후관리에 따른 번잡한 절차를 간소화하고 국산원자재의 사용과 개발을 촉진함으로써 능률적인 수출지원과 균형있는 산업발전을 도모하고자 수출물품제조용 수입원재료에 대하여 관세법·내국소비세법 등에 대한 특례를 정한 것이다.[39]

(2) 특례대상 수출의 범위

수출용 원재료에 대한 관세등을 환급받을 수 있는 수출등은 「관세법」, 「임시수입부가세법」, 「개별소비세법」, 「주세법」, 「교통·에너지·환경세법」, 「농어촌특별세법」 및 「교육세법」의 규정[40]에도 불구하고 다음의 어느 하나에 해당하는 것으로 한다.

1. 「관세법」에 따라 수출신고가 수리(受理)된 수출. 다만, 무상으로 수출하는 것에 대하여는 「수출용 원재료에 대한 관세 등 환급특례법 시행규칙」 제2조 제1항으로 정하는 수출로

---

38) 국제수지를 개선하기 위하여 수입수요를 긴급히 억제할 필요가 있거나 주요 교역국의 경제사정의 변동 등으로 국제수지 악화에 긴급 대응할 필요가 있는 경우 「임시수입부가세법」에 따라 관세 외에 물품에 부과한다.
39) 수출용 원재료에 대한 관세 등 환급에 관한 특례법[1974. 12. 12. - 2675호] 제정이유 참조
40) 「개별소비세법 시행령」 제2조 제1항 제1호와 「교통·에너지·환경세법 시행령」 제2조 제1호는 ① 내국물품을 국외로 반출하는 것과 ② 외국공공기관 또는 국제금융기관으로부터 받은 차관자금으로 물품을 구매하기 위하여 실시되는 국제경쟁입찰의 낙찰자가 해당 계약 내용에 따라 국내에서 생산된 물품을 납품하는 것을 수출로 정의하고 있다.

한정한다.

2. 우리나라 안에서 외화를 획득하는 판매 또는 공사 중 「수출용 원재료에 대한 관세 등 환급특례법 시행규칙」 제2조 제2항으로 정하는 것

3. 「관세법」에 따른 보세구역 중 「수출용 원재료에 대한 관세 등 환급특례법 시행규칙」 제2조 제3항으로 정하는 구역 또는 「자유무역지역의 지정 및 운영에 관한 법률」에 따른 자유무역지역의 입주기업체에 대한 공급

4. 그 밖에 수출로 인정되어 「수출용 원재료에 대한 관세 등 환급특례법 시행규칙」 제2조 제4항으로 정하는 것

(3) 수출용 원재료의 범위

관세등을 환급받을 수 있는 수출용 원재료는 다음의 어느 하나에 해당하는 것으로 하며, 국내에서 생산된 원재료와 수입된 원재료가 동일한 질(質)과 특성을 갖고 있어 상호 대체 사용이 가능하여 수출물품의 생산과정에서 이를 구분하지 아니하고 사용되는 경우에는 수출용 원재료가 사용된 것으로 본다(수출용 원재료에 대한 관세 등 환급에 관한 특례법 §3).

1. 수출물품을 생산한 경우: 다음의 어느 하나에 해당하는 것으로서 소요량을 객관적으로 계산할 수 있는 것
   ① 해당 수출물품에 물리적 또는 화학적으로 결합되는 물품
   ② 해당 수출물품을 생산하는 공정에 투입되어 소모되는 물품. 다만, 수출물품 생산용 기계·기구 등의 작동 및 유지를 위한 물품 등 수출물품의 생산에 간접적으로 투입되어 소모되는 물품은 제외한다.
   ③ 해당 수출물품의 포장용품
2. 수입한 상태 그대로 수출한 경우: 해당 수출물품

보세구역에 미납세로 반입한 수출물품 또는 보세구역에서 제조·가공한 수출물품을 반출하고자 하는 경우 「개별소비세 수출(군납) 면세 반출승인신청서」(시행규칙 제10호 서식)는 관할 세관장에게 제출하는 것이며, 수입할 때 과세된 물품으로 제조한 물품이 수출 등이 되는 경우로서 이미 납부한 수출용 원재료에 대한 세액 등을 환급받으려는 때에는 「수출용 원재료에 대한 관세 등 환급특례법」 제14조에 따라 관세청장이 지정한 세관에 환급을 신청하여야 한다(통칙 28-0…1).

● 수출용 원재료에 대한 관세 등 환급에 관한 특례법 제14조 【환급신청】

① 관세등을 환급받으려는 자는 대통령령으로 정하는 바에 따라 물품이 수출등에 제공된 날부터 5년 이내에 관세청장이 지정한 세관에 환급신청을 하여야 한다. 다만, 수출등에 제공된 수출용 원재료에 대한 관세등의 세액에 대하여 다음 각 호의 어느 하나에 해당하는 사유가 있는 때에는 그 사유가 있는 날부터 5년 이내에 환급신청을 할 수 있다. 〈개정 2011.12.31., 2022.12.31.〉

1. 「관세법」 제38조의2에 따른 보정(補正)
2. 「관세법」 제38조의3에 따른 수정 또는 경정
3. 제21조에 따른 환급금액이나 과다환급금액의 징수 또는 자진신고·납부

제2장

소비세법 해설

제 1 절

개별소비세법 해설

1 과세대상과 세율 (법 §1)

(1) 과세대상

개별소비세는 특정한 물품, 특정한 장소 입장행위(入場行爲), 특정한 장소에서의 유흥음식행위(遊興飮食行爲)[41] 및 특정한 장소에서의 영업행위[42]에 대하여 부과한다(법 §1 ①).

가. 과세대상의 규정 체계

「개별소비세법」은 과세대상이 되는 과세물품, 과세장소, 과세유흥장소 및 과세영업장소를 각 세율과 함께 「개별소비세법」 제1조와 [별표]에 규정하고, 과세물품(고급모피와 그 제품, 석유가스 중 부탄, 천연가스 및 담배[43]는 제외한다), 과세장소, 과세유흥장소 및 과세영업장소의 세목(細目)과 종류는 대통령령으로 정하도록 하였다(법 §1 ⑥). 세법의 위임에 따라 과세물품의 세목(細目)은 「개별소비세법 시행령」 [별표1], 과세장소의 종류는 [별표2]와 같이 한다(영 §1 전단).

개별소비세는 특정 재화와 용역을 과세대상으로 하며 모든 재화와 용역을 과세대상으로 하는 일반소비세와 달리 세법에 열거하지 아니한 물품이나 행위에는 부과되지 않는다.

---

41) 국민소득수준의 향상과 소비생활의 변화에 따라 사치성 물품 등 여유있는 소득층의 소비에 대하여는 중과함으로써 간접세 부담을 합리적으로 조정하기 위해 1981. 12. 31. 세법개정으로 「유흥음식세법」에 규정하던 유흥음식행위의 과세방법을 정하는 한편, 외국인관광객·재외국민·외국인선원·외국군인 및 주한외교관에 대하여는 유흥음식행위에 대한 특별소비세를 면제하는 것으로 규정하였다. (「특별소비세법」 법률 제3475호, 1981. 12. 31. 개정)

42) 사행산업에 대한 과세를 강화하고 신규세원을 통한 과세기반을 확충하기 위해 2008. 12. 26. 세법개정으로 카지노 영업행위를 개별소비세의 과세대상으로 신설하고 2012. 1. 1. 이후 최초로 영업행위를 하는 분부터 과세하였다(「개별소비세법」 법률 제9259호, 2008. 12. 26. 일부개정).

43) 「개별소비세법」 제1조 제2항 제2호 나목 1), 같은 항 제4호 바목·사목 및 같은 항 제6호

「개별소비세법」은 국민 소득 수준의 향상에 따른 소비의 대중화를 반영하여 과세대상을 축소하기도 하고, 외부불경제의 교정·국민후생의 증진 등 정책적 목적을 달성하기 위해 새롭게 과세대상을 신설하기도 하였다. 이러한 조세정책 목적의 달성을 위해 「개별소비세법」의 과세대상과 세율을 자주 개정하여 왔기 때문에 구체적으로 세법을 적용할 때에는 그 과세범위와 시행시기를 확인하여야 한다.

「개별소비세법」은 과세대상을 정함에 있어 다른 법률을 인용하는 경우가 많고 품목과 종류가 다양하여 개별 물품과 행위에 대한 자세한 내용은 '제4장 개별소비세 과세대상 해설'에 따로 기술하였다.

> ### ❋ 관련판례
>
> ■ **과세대상을 법률에 정하는 것은 입법자의 재량임**(헌재 2011헌가8, 2012.2.23.)
> - 골프가 이제는 더 이상 사치성 스포츠가 아니라는 인식이 일반국민에게까지 확립되었다 하더라도 **사회적 인식의 변화를 반영하여 법률의 개정시점을 정하는 것은 입법자에게 판단의 여지가 있다고 할 것이며**, 특히 개별소비세 부과와 같은 조세정책적 영역에 있어서는 입법자의 재량이 더욱 넓어진다고 할 것이다. 그간의 경제성장과 사회발전에 힘입어 소비문화가 고도화되고 골프인구가 늘어남에 따라 당초 입법취지의 타당성에 대해 의심이 든다고 하여 그에 대한 충분한 실증과 확신 없이 입법자의 판단이 잘못된 것이라고 섣불리 단정할 수도 없다.
>
> ■ **고급사진기의 포괄위임입법금지의 원칙 위반 여부**(헌재 2002헌바81, 2003.10.30.)
> - 사치성 소비재에 특별소비세를 과세함으로써 **부가가치세 부담의 역진성을 보완한다는 입법목적의 범위 내에서 사치성 소비재로 볼 수 있을 정도의 가격을 정하도록 위임**한 것이라고 할 것이므로, 어느 정도 위임의 범위가 한정되어 있다고 할 것이고,
> - 사치성 소비재로서의 사진기에 해당하는지 여부는 그때 그때의 국가의 경제사정이나 국민의 소득수준, 일반적인 사진기의 가격, 기술의 발전, '고급'에 대하여 느끼는 국민심리 등 제반 사정을 고려하여 결정하여야 할 것이므로 **미리 법률로 상세하게 정하기는 입법기술상 어려운 반면 시대상황 등에 능동적·탄력적인 대응을 하기 위하여 행정입법에 위임하는 것이 합리적**이며, 이 사건 조문의 위임에 의하여 대통령령으로 정하여질 기준가격의 허용범위는 위에서 본 바와 같이 한정된다는 점에서 위임의 구체성·명확성의 요건이 충족되었다고 볼 수 있으므로 이 사건 조문은 포괄위임입법금지의 원칙에 위반되지 아니한다.

나. 과세물품

「개별소비세법」 제1조 제2항, [별표] 및 「개별소비세법 시행령」 [별표1]에 열거한 개별소비세를 부과할 물품은 다음과 같다.

1) 담배

「개별소비세법」은 과세대상 담배를 ① '피우는 담배', ② '씹거나 머금는 담배', ③ '냄새 맡는 담배'로 구분한 뒤, '피우는 담배'를 다시 '궐련', '파이프 담배', '엽궐련', '각련', '궐련형 전자담배', '액상형 전자담배', '물담배'로 구분하여 각 세율을 정하고 있으며, 담배의 개비수, 중량 또는 니코틴 용액의 용량을 과세표준으로 하는 종량세 체계로 과세[44]한다.

담배(다음의 어느 하나를 말한다)에 대한 종류별 세율은 [별표]와 같다(법 §1 ② 6.).

1. 「담배사업법」 제2조 제1호에 따른 담배
2. 「담배사업법」 제2조 제1호에 따른 담배와 유사한 것으로서 연초(煙草)의 잎이 아닌 다른 부분을 원료의 전부 또는 일부로 하여 피우거나, 빨거나, 증기로 흡입하거나, 씹거나, 냄새 맡기에 적합한 상태로 제조한 것[45]
3. 그 밖에 가목과 유사한 것으로서 대통령령으로 정하는 것[46]

관련법령

● **담배사업법 제2조 【정의】**

이 법에서 사용하는 용어의 뜻은 다음과 같다. 〈개정 2020.6.9.〉
1. "담배"란 연초(煙草)의 잎을 원료의 전부 또는 일부로 하여 피우거나, 빨거나, 증기로 흡입하거나, 씹거나, 냄새 맡기에 적합한 상태로 제조한 것을 말한다.

---

44) 흡연율을 감소시키고 국민의 건강을 증진하기 위하여 담배를 개별소비세 과세 대상에 추가하고, 궐련의 경우 20개비당 594원의 세율로 개별소비세를 부과하는 등 담배의 구분 및 종류에 따라 일정 금액의 개별소비세를 부과하도록 하여 2015. 1. 1.부터 시행하였다.

45) 「담배사업법」 제2조에 따른 담배로 한정되었던 개별소비세 과세대상 담배의 범위에 잎이 아닌 연초의 다른 부분을 원료로 사용하는 경우 등 신종 담배 출시에 따른 과세 사각 지대 해소를 위해 개별소비세 과세대상 담배의 범위를 확대하였다(2021. 1. 1. 이후 반출 또는 수입신고하는 분부터 적용).

46) 향후 시장상황 변화 및 신제품 등장 여부에 따라 대통령령으로 추가할 계획이나 현재는 정하고 있지 않다.

구 분	세 부 내 역
제1종 궐련 20개비당 594원	잎담배에 향료 등을 첨가하여 일정한 폭으로 썬 후 궐련 제조기를 이용하여 궐련지로 말아서 피우기 쉽게 만들어진 담배 및 이와 유사한 형태의 것으로서 흡연용으로 사용될 수 있는 것
제2종 파이프담배 1그램당 21원	고급 특수 잎담배를 중가향(重加香) 처리하고 압착·열처리 등 특수가공을 하여 각 폭을 비교적 넓게 썰어서 파이프를 이용하여 피울 수 있도록 만든 담배
제3종 엽궐련 1그램당 61원	흡연 맛의 주체가 되는 전충엽을 체제와 형태를 잡아주는 중권엽으로 싸고 겉모습을 아름답게 하기 위하여 외권엽으로 만 잎말음 담배 * Cigar 또는 여송연
제4종 각련 1그램당 21원	하급 잎담배를 경가향(輕加香)하거나 다소 고급인 잎담배를 가향하여 가늘게 썰어, 담뱃대를 이용하거나 흡연자가 직접 궐련지로 말아 피울 수 있도록 만든 담배
제5종 전자담배 궐련형 : 20개비당 529원 기타유형 : 1그램당 51원 니코틴용액 : 1밀리리터당 370원	니코틴이 포함된 용액 또는 연초 및 연초고형물을 전자장치를 이용하여 호흡기를 통하여 체내에 흡입함으로써 흡연과 같은 효과를 낼 수 있도록 만든 담배
제6종 물담배 1그램당 422원	장치를 이용하여 담배연기를 물로 거른 후 흡입할 수 있도록 만든 담배
씹는 담배 1그램당 215원	입에 넣고 씹음으로써 흡연과 같은 효과를 낼 수 있도록 가공처리 된 담배

구 분	세 부 내 역
머금는 담배 1그램당 215원	입에 넣고 빨거나 머금으면서 흡연과 같은 효과를 낼 수 있도록 특수가공하여 포장된 담배가루, 니코틴이 포함된 사탕 및 이와 유사한 형태로 만든 담배
냄새 맡는 담배 1그램당 15원	특수 가공된 담배 가루를 코 주위 등에 발라 냄새를 맡음으로써 흡연과 같은 효과를 낼 수 있도록 만든 가루 형태의 담배

2) 과세물품

「개별소비세법」은 과세물품을 ① 사행기구, ② 수렵용 총포류, ③ 보석·귀금속제품, ④ 고가사치품, ⑤ 자동차, ⑥ 에너지물품으로 구분하고 각 구분별 세목(細目)을 「개별소비세법 시행령」 [별표1]에 열거하고 있다.

■ 개별소비세법 시행령 [별표 1] 〈개정 2023.2.28.〉

| 과세물품(제1조 관련) |

구 분	과 세 물 품
1. 법 제1조 제2항 제1호 가목에 해당하는 물품	**슬롯머신, 핀볼머신**(호스 스피너와 빙고를 포함한다), **룰렛머신, 카지노용 기구, 골패와 화투류**(마작·투전 및 트럼프류를 포함한다)
2. 법 제1조 제2항 제1호 나목에 해당하는 물품	**수렵용 총포류**(공기총은 제외한다)
3. 법 제1조 제2항 제2호 가목 1)·2)에 해당하는 물품	**가. 보석**[공업용 다이아몬드, 가공하지 않은 원석 및 나석(裸石)은 제외한다], **진주, 별갑, 산호, 호박 및 상아와 이를 사용한 제품**(나석을 사용한 제품을 포함한다) **1) 보석 및 보석을 사용한 제품** 　가) 보석(합성 또는 재생의 것을 포함한다) 　　다이아몬드, 루비, 사파이어, 알렉산드라이트, 크리소베릴, 토파즈, 스피넬, 에메랄드, 아콰마린, 베릴, 투르말린, 지르콘, 크리소라이트, 가넷, 오팔, 비취(연옥은 제외한다), 마노, 묘안석, 공작석, 터키석, 월장석, 청금석, 쿤자이트, 블러드스톤, 헤마타이트

구 분	과 세 물 품
3. 법 제1조 제2항 제2호 가목 1)·2)에 해당하는 물품	나) 보석을 사용한 제품 　　장신용구, 화장용구 **2) 진주 및 진주를 사용한 제품** 　가) 진주 　나) 진주를 사용한 제품 　　장신용구, 화장용구 **3) 별갑**(귀갑을 포함한다), **산호**(흑산호는 제외한다), **호박 및 상아와 이를 사용한 제품** 　가) 별갑(별갑 또는 귀갑을 피복한 것을 포함한다), 산호, 호박 및 상아 　나) 별갑, 산호, 호박 및 상아를 사용한 제품 　　장신용구, 화장용구, 끽연용구, 식탁용구 **나. 귀금속제품**(중고품인 귀금속제품을 사용하여 가공한 것과 국가적 기념행사용으로 특별히 제작한 것은 제외한다) 　장신용구, 화장용구, 끽연용구, 식탁용구, 우승배, 우승패, 실내장식용품, 기념품, 그 밖에 이와 유사한 용품
4. 법 제1조 제2항 제2호 가목 4)부터 6)까지 및 나목에 해당하는 물품	**가. 고급사진커** 삭제 〈2016.2.5.〉 **나. 고급시계** 　[스톱워치, 시각장애인용·차량용·항공기용·선박용·옥외용·시각기록(측정)용·중앙집중식 시계 및 워치무브먼트는 제외한다] **다. 고급모피와 그 제품** 　[토끼모피 및 그 제품과 생모피(生毛皮)는 제외한다] **라. 고급융단**(섬유를 부착·압착 또는 식모(植毛)한 카펫과 표면 깔개인 섬유매트를 포함한다) **마. 고급가방**[47] 　핸드백, 서류가방, 배낭, 여행가방, 지갑 및 이와 유사한 제품으로서 물품을 운반 또는 보관하기 위한 용도로 제조된 것(악기가방 등 제품의 외형 또는 구조가 특정한 물품을 전용으로 운반 또는 보관하기에 적합하도록 제조된 것은 제외한다) **바. 고급가구**(공예창작품은 제외한다) 　1) 응접용의자, 의자, 걸상류 　2) 장롱, 장롱 외의 장류, 침대, 상자류, 화장대, 책상, 탁자류, 경대, 목조조각병풍, 조명기구, 실내장식용품, 보석상자, 식탁용품

구　분	과 세 물 품
5. 법 제1조 제2항 제3호에 해당하는 물품[48]	**자동차** 가. 「자동차관리법」 제3조에 따른 구분기준에 따라 **승용자동차**로 구분되는 자동차(정원 8명 이하의 자동차로 한정하되, 배기량이 1,000씨씨 이하의 것으로서 길이가 3.6미터 이하이고 폭이 1.6미터 이하인 것은 제외한다) 나. 「자동차관리법」 제3조에 따른 구분기준에 따라 **이륜자동차**로 구분되는 자동차(내연기관을 원동기로 하는 것은 그 총배기량이 125씨씨를 초과하는 것으로 한정하며, 내연기관 외의 것을 원동기로 하는 것은 그 최고정격출력이 12킬로와트를 초과하는 것으로 한정한다). 다만, 국방용 또는 경찰용으로서 해당 기관의 장이 증명하는 것은 제외한다. 다. 「자동차관리법」 제29조 제3항에 따른 **캠핑용자동차**로 구분되는 자동차(캠핑용 트레일러를 포함한다) 라. 「환경친화적 자동차의 개발 및 보급촉진에 관한 법률」 제2조 제3호, 제5호 또는 제6호에 따른 **전기자동차**[49], **하이브리드자동차**(배기량 1,000씨씨를 초과하는 것으로 한정한다) 또는 **수소전기자동차**[50]로서 「자동차관리법」 제3조에 따른 구분기준에 따라 **승용자동차**로 구분되는 자동차(정원 8명 이하의 자동차로 한정하되, 길이가 3.6미터 이하이고 폭이 1.6미터 이하인 것은 제외한다)
6. 법 제1조 제2항 제4호에 해당하는 물품	**가. 휘발유 및 휘발유와 유사한 대체유류** 1) 휘발유 2) 휘발유와 유사한 대체유류(「석유 및 석유대체연료 사업법」 제2조 제10호에 따른 가짜석유제품에 해당하는 것을 말한다) **나. 경유 및 경유와 유사한 대체유류** 1) 경유

47) 「개별소비세법」 [시행 2013. 1. 1.] [법률 제11601호, 2013. 1. 1. 일부개정] 이유 참고; 고가품 과세대상인 귀금속, 고급시계 등과의 과세형평성 제고를 위하여 고급가방을 과세대상에 추가하였다.

48) 「특별소비세법 시행령」 [시행 2002. 12. 11.] [대통령령 제17795호] 일부개정; 특별소비세 과세대상이 되는 일반형 승용자동차의 범위를 「자동차관리법」상의 승용자동차와 일치시켜 차종의 범위를 조정하였다.

49) 「환경친화적 자동차의 요건 등에 관한 규정」(산업통상자원부고시 제2023-55호, 2023. 4. 10.)

50) 「개별소비세법 시행령」 [시행 2012. 2. 2.] [대통령령 제23597호, 2012. 2. 2. 일부개정]으로 승용자동차와의 과세평형을 고려하여 전기승용자동차를 개별소비세 과세대상에 추가하였고, 「개별소비세법 시행령」 [시행 2021. 2. 17.] [대통령령 제31451호, 2021. 2. 17. 일부개정]으로 「자동차관리법」 및 「환경친화적 자동차의 개발 및 보급촉진에 관한 법률」 개정 사항을 반영하여 개별소비세 과세대상인 자동차의 범위를 명확하게 규정하였다(2021. 2월).

구　분	과 세 물 품
6. 법 제1조 제2항 제4호에 해당하는 물품	2) 경유와 유사한 대체유류(「석유 및 석유대체연료 사업법」 제2조 제10호에 따른 가짜석유제품에 해당하는 것을 말한다) **다. 등유** **라. 중유 및 중유와 유사한 대체유류** 1) 중유 2) 중유와 유사한 대체유류(「석유 및 석유대체연료 사업법」 제24조 제2항에 따라 산업통상자원부장관이 고시[51]하는 석유제품 중 부생연료유에 해당하는 것을 말한다) **마. 석유가스**(액화한 것을 포함한다. 이하 같다) 중 프로판(프로판과 부탄을 혼합한 것으로서 탄소수 3개인 탄화수소의 혼합률이 몰 백분율 기준으로 100분의 90 이상인 것을 포함한다) **바. 석유가스 중 부탄**(부탄과 프로판을 혼합한 것으로서 마목에 해당하지 않는 것을 포함한다) **사. 천연가스**(액화한 것을 포함한다) **아. 석유제품 외의 물품을 제조하는 과정에서 부산물로 생산되는 유류**로서 「석유 및 석유대체연료 사업법」 제24조 제2항에 따라 산업통상자원부장관이 고시하는 석유제품 중 **등유를 대체하여 사용되는 부생연료유** **자. 유연탄**(「관세법」 별표 관세율표 번호 제2701.12호 및 제2701.19호에 해당하는 것을 말한다)
7. 법 제1조 제2항 제5호에 해당하는 물품〈삭제〉	~~에너지 다소비 품목~~ 삭제 〈2016.2.5.〉[52] ~~가. 전기냉방기~~ ~~나. 전기냉장고~~ ~~다. 전기세탁사~~ ~~라. 텔레비전수상기~~

---

51) 「석유제품의 품질기준과 검사방법 및 검사수수료에 관한 고시」(산업통상자원부고시 제2019-67호, 2019. 4. 29.)
52) 우리나라는 에너지의 97%를 해외수입에 의존하며 최근 가정부문의 1인당 전력소비가 급격한 증가추세에 있기 때문에 가정부문의 에너지 절약 유도 및 기업의 에너지 절약제품 생산을 유도하기 위해 약 3년간 한시적으로 에너지 다소비 품목에 대하여 특별소비세(개별소비세)를 과세하였다. 이로 인해 늘어난 재원은 양로원 등 사회복지시설의 노후화된 냉장고, 세탁기 등을 에너지 효율이 좋은 제품으로 교체하는데 사용하였으나 2016. 2. 5.에 폐지하였다.

다. 과세장소

「개별소비세법」 제1조 제3항은 입장행위(관련 설비 또는 용품의 이용을 포함한다)에 대하여 개별소비세를 부과할 장소를 과세장소로 하고, 그 대상을 ① 경마장, ② 경륜장·경정장, ③ 투전기를 시설한 장소, ④ 골프장, ⑤ 카지노로 규정한 다음 그 종류를 「개별소비세법 시행령」[별표2]에 정하고 있다.

■ 개별소비세법 시행령 [별표 2] 〈개정 2023.2.28.〉

| 과세장소(제1조 관련) |

1. **경마장**(장외발매소[53]를 포함한다)

2. **투전기를 시설한 장소**

3. **골프장**. 다만, 다음 각 목의 어느 하나에 해당하는 골프장은 제외한다.
   가. 「체육시설의 설치·이용에 관한 법률 시행령」 제5조 제3항 단서에 따라 국방부장관이 지도·감독하는 골프장
   나. 「체육시설의 설치·이용에 관한 법률」 제10조의2 제2항에 따라 문화체육관광부장관이 지정한 대중형 골프장[54]

4. **카지노**. 다만, 「관광진흥법」 제5조에 따라 허가를 받은 외국인전용의 카지노로서 외국인(「해외이주법」 제2조에 따른 해외이주자를 포함한다)이 입장하는 경우는 제외한다.[55]

5. **경륜장**(장외매장[56]을 포함한다)·**경정장**(장외매장을 포함한다)

---

53) 「한국마사회법」에 따라 마사회가 경마장 외의 장소에 마권의 발매 등을 처리하기 위하여 농림축산식품부장관의 승인을 받아 설치한 시설이다.
54) 국민체육 진흥과 골프대중화 정책의 본래 취지를 달성하기 위하여 골프장업의 세부 종류를 회원제 골프장업과 비회원제 골프장업으로 구분하고, 문화체육관광부장관은 비회원제 골프장 중에서 이용료 등의 요건을 충족하는 골프장만을 대중형 골프장으로 지정하여 지원할 수 있게 하는 내용으로 「체육시설의 설치·이용에 관한 법률」이 개정(법률 제18860호, 2022. 5. 3. 공포, 11. 4. 시행)됨에 따라, 대중형 골프장으로 지정하기 위한 요건을 회원제 골프장의 비회원 대상 코스 이용료의 직전년도 평균 금액과 회원제·대중형 골프장 간 과세금액의 차이 등을 고려하여 문화체육관광부장관이 매년 고시하는 금액보다 낮은 액수의 코스 이용료를 책정할 것으로 정하는 등 법률에서 위임된 사항과 그 시행에 필요한 사항을 정하도록 「체육시설의 설치·이용에 관한 법률 시행령」을 2022. 11. 4. 개정하였다. 이에 따라 「개별소비세법 시행령」 [별표2]를 개정하고 대중형 골프장이 아닌 비회원제 골프장은 개별소비세 면세 대상에서 제외하였다(2023. 7. 1. 이후 입장행위부터 적용한다).
55) 1998. 1. 1.부터 관광산업의 육성과 외화획득의 지원을 위하여 외국인전용카지노에 외국인이 입장하는 경우에는 특별소비세(개별소비세)를 부과하지 아니하도록 하였다.
56) 「경륜·경정법」에 따라 경주의 시행허가를 받은 경주사업자가 경주장 외의 장소에 승자투표권의 발매, 환급금 및 반환금의 지급사무 등을 처리하기 위하여 문화체육관광부장관의 허가를 받아 설치한 시설이다.

1) 경마장

경마란 기수가 타고 있는 말의 경주에 대하여 승마투표권을 발매하고, 승마투표 적중자에게 환급금을 지급하는 행위를 말하며, 「한국마사회법」 제3조에 따라 경마는 한국마사회가 개최한다.

경마장은 한국마사회가 농림축산식품부장관의 허가를 받아 설치한다.

관련법령

○ 한국마사회법 제2조 【정의】

이 법에서 사용하는 용어의 뜻은 다음과 같다. 〈개정 2020.3.24.〉

1. "경마"란 기수가 타고 있는 말의 경주에 대하여 승마투표권(勝馬投票券)을 발매(發賣)하고, 승마투표 적중자에게 환급금을 지급하는 행위를 말한다.
2.~5. (생략)
6. "승마투표권"이란 경마시행 시 승마(勝馬)를 적중시켜 환급금을 받으려는 자의 청구에 따라 마사회가 발매하는 승마투표방법·마번(馬番) 및 금액 등이 적힌 표(票)를 말한다.
7. "환급금"이란 경주에 출전한 말의 도착순위가 확정되었을 때 마사회가 승마투표권발매 금액 중에서 발매수득금 및 각종 세금을 뺀 후 승마투표 적중자 또는 승마투표권 구매자에게 지급하는 금액을 말한다. (이하 생략)

○ 한국마사회법 제4조 【경마장】

① 마사회는 경마장을 설치하려면 대통령령으로 정하는 요건을 갖추어 농림축산식품부장관의 허가를 받아야 한다. 〈개정 2013.3.23.〉

---

2) 경륜장·경정장

경륜이란 자전거 경주에 대한 승자투표권을 발매하고 경주 결과를 맞힌 사람에게 환급금을 내주는 행위를 말하며, 경정은 모터보트 경주에 대한 승자투표권을 발매하고 경주 결과를 맞힌 사람에게 환급금을 내주는 행위를 말한다.

경륜이나 경정은 지방자치단체 또는 「국민체육진흥법」에 따라 설립된 서울올림픽기념국민체육진흥공단이 문화체육관광부장관의 허가를 받아 시행한다.

경륜이나 경정의 시행허가를 받은 자가 문화체육관광부장관의 허가를 받아 경륜장 또는 경정장(경주장)을 설치한다.

관련법령

● **경륜 · 경정법 제2조【정의】**

이 법에서 사용하는 용어의 뜻은 다음과 같다. 〈개정 2021.6.15.〉

1. "경륜"이란 자전거 경주에 대한 승자투표권(勝者投票券)을 발매하고 경주 결과를 맞힌 사람에게 환급금을 내주는 행위를 말한다.

2. "경정"이란 모터보트 경주에 대한 승자투표권을 발매하고 경주 결과를 맞힌 사람에게 환급금을 내주는 행위를 말한다.

3. "승자투표권"이란 경륜 또는 경정에서 경주 결과를 맞혀 환급금을 교부받기를 원하는 사람의 청구에 따라 경륜사업자 또는 경정사업자가 발매[「정보통신망 이용촉진 및 정보보호 등에 관한 법률」 제2조 제1항 제1호에 따른 정보통신망(이하 "정보통신망"이라 한다)을 이용한 발매를 포함한다. 이하 같다]하는 승자투표 방법 · 선수번호 및 금액 등이 적혀 있는 표(전자적 형태를 포함한다)를 말한다.

4. "환급금"이란 경륜선수 또는 경정선수의 도착 순위가 확정되었을 때 경륜사업자나 경정사업자가 승자투표권 발매 금액 중에서 발매이익금(發賣利益金) 및 제세 등을 뺀 후 경주 결과를 맞힌 사람 또는 승자투표권을 구매한 사람에게 내주는 금액을 말한다. (이하 생략)

● **경륜 · 경정법 제5조【경주장의 설치 등】**

① 경주사업자는 경륜장 또는 경정장(이하 "경주장"이라 한다)을 설치하려면 대통령령으로 정하는 요건을 갖추어 문화체육관광부장관의 허가를 받아야 한다. 허가받은 사항 중 문화체육관광부령으로 정하는 사항을 변경하려는 경우에도 같다. 〈개정 2008.2.29.〉

---

3) 골프장

「개별소비세법」은 골프장에 입장하는 행위를 개별소비세 과세대상으로 한다. 다만, 「체육시설의 설치 · 이용에 관한 법률 시행령」 제5조 제3항 단서에 따라 국방부장관이 지도 · 감독하는 골프장과 「체육시설의 설치 · 이용에 관한 법률」 제10조의2 제2항에 따라 문화체육관광부장관이 지정한 대중형 골프장은 개별소비세 과세대상에서 제외한다.

「체육시설의 설치 · 이용에 관한 법률」 제10조의2 제1항은 골프장업의 세부 종류를 회원제 골프장업과 비회원제 골프장업으로 구분하고, 문화체육관광부 장관이 같은 법 제2항에 따라 비회원제 골프장 중에서 이용료 등의 요건을 충족하는 골프장만을 대중형 골프장으로 지정하는 경우에는 개별소비세 과세대상에서 제외하도록 규정하고 있다.

| 골프장업 종류에 따른 과세 여부 |

골프장업	회원제	[과세]	회원을 모집하는 골프장
	비회원제	[과세]	회원을 모집하지 않는 골프장
		대중형 [과세제외]	비회원제 골프장 중 일정요건을 충족하여 문화체육관광부 장관이 지정한 골프장

관련법령

○ **체육시설의 설치 · 이용에 관한 법률 제10조의2 【골프장업의 세부 종류】**

① 골프장업의 세부 종류는 다음 각 호와 같다.

  1. 회원제 골프장업: 회원을 모집하여 경영하는 골프장업

  2. 비회원제 골프장업: 회원을 모집하지 아니하고 경영하는 골프장업

② 문화체육관광부장관은 국민체육진흥을 위하여 제1항 제2호에 따른 비회원제 골프장(이하 "비회원제 골프장"이라 한다) 중에서 대통령령으로 정하는 바에 따라 이용료 등의 요건을 충족하는 골프장을 대중형 골프장으로 지정할 수 있다.

③ 국가와 지방자치단체는 제2항에 따라 지정된 대중형 골프장에 대하여 필요한 지원을 할 수 있다.

○ **체육시설의 설치 · 이용에 관한 법률 시행령 제5조 【직장체육시설의 설치 · 운영】**

③ 직장체육시설의 설치 · 운영에 관하여는 시 · 도지사가 지도 · 감독한다. 다만, 군부대 직장체육시설의 설치 · 운영에 관하여는 국방부장관이 지도 · 감독한다.

4) 카지노

카지노업은 전문 영업장을 갖추고 주사위 · 트럼프 · 슬롯머신 등 특정한 기구 등을 이용하여 우연의 결과에 따라 특정인에게 재산상의 이익을 주고 다른 참가자에게 손실을 주는 행위 등을 하는 업을 말한다(집행기준 1-0-6).

카지노는 「관광진흥법」 제5조[57] 또는 「폐광지역 개발 지원에 관한 특별법」 제11조에 따라 허가를 받아 설치하며, 「관광진흥법」 제5조에 따라 허가를 받은 외국인 전용의 카지노로서 외국인(「해외이주법」 제2조에 따른 해외이주자를 포함한다)이 입장하는 경우는 관광산업의 육성과 외화획득의 지원을 위하여 개별소비세 과세대상에서 제외한다.

---

57) 제주특별자치도에 카지노업의 허가를 받으려는 경우에는 「제주특별자치도 설치 및 국제자유도시 조성을 위한 특별법」 제243조에 따른다.

○ **관광진흥법 제5조【허가와 신고】**

① 제3조 제1항 제5호에 따른 카지노업을 경영하려는 자는 전용영업장 등 문화체육관광부령으로 정하는 시설과 기구를 갖추어 문화체육관광부장관의 허가를 받아야 한다.

○ **폐광지역 개발 지원에 관한 특별법 제11조【「관광진흥법」 적용의 특례】**

① 문화체육관광부장관은 폐광지역 중 경제사정이 특히 열악한 지역으로서 대통령령으로 정하는 지역의 한 곳에만 「관광진흥법」 제21조에 따른 허가요건에도 불구하고 같은 법 제5조 제1항에 따른 카지노업의 허가를 할 수 있다. 이 경우 카지노업의 허가를 할 때에는 관광객을 위한 숙박시설, 체육시설, 오락시설 및 휴양시설 등(그 시설의 개발 추진계획을 포함한다)과의 연계성을 고려하여야 한다.

○ **해외이주법 제2조【정의】**

이 법에서 "해외이주자"란 생업에 종사하기 위하여 외국에 이주하는 사람과 그 가족(「민법」 제779조에 따른 관계에 있는 사람을 말한다) 또는 외국인과의 혼인(외국에서 영주권을 취득한 대한민국 국민과 혼인하는 경우를 포함한다) 및 연고(緣故) 관계로 인하여 이주하는 사람을 말한다.

라. 과세유흥장소

과세유흥장소는 유흥음식행위에 대하여 개별소비세를 부과하는 장소로 그 종류는 ① 유흥주점, ② 외국인 전용 유흥음식점, ③ 그 밖에 이와 유사한 장소로 규정하고 있다(법 §1 ④).[58]

③ 그 밖에 이와 유사한 장소는 「식품위생법 시행령」에 따른 유흥주점과 사실상 유사한 영업을 하는 장소로 객석에서 춤추는 것이 허용된 일반주점이 아래 요건을 모두 충족하는 경우에는 과세대상에서 제외한다(영 §2 ③).[59]

1. 유흥종사자를 두지 않을 것
2. 별도의 춤추는 공간을 설치하지 않을 것

---

58) 종전에는 카바레·나이트크럽·요정·외국인 전용 유흥음식점·기타 이와 유사한 장소로 정하던 것을 과세유흥장소의 종류를 개정 「식품위생법」상의 허가기준에 따라 재분류하였다. (1994. 1. 1. 이후부터 적용)
59) 2019. 2. 12. 「개별소비세법 시행령」 개정으로 과세유흥장소 범위에서 제외되는 요건을 명확히 규정하였다. (2019. 2. 12. 이후 최초로 유흥음식행위를 하는 분부터 적용)

마. 과세영업장소

과세영업장소는 영업행위에 대하여 개별소비세를 부과하는 장소로 그 종류는 ① 「관광진흥법」 제5조 제1항에 따라 허가를 받은 카지노[60]와 ② 「폐광지역개발 지원에 관한 특별법」 제11조에 따라 허가를 받은 카지노로 규정하고 있다(법 §1 ⑤).

「관광진흥법」 제5조에 따른 외국인 전용 카지노는 카지노산업의 국제경쟁력 확보를 위해 매출액에 대한 개별소비세 과세시기를 2012년 1월 1일에서 2년간 유예하여 2014년 1월 1일 영업기간부터 개별소비세를 과세하였다.[61]

「폐광지역개발 지원에 관한 특별법」 제11조에 따른 카지노는 2012년 1월 1일 이후 최초로 영업행위를 하는 분부터 개별소비세를 과세하였다.

해석사례

■ **비 경마일에 경마장이나 장외발매소에 입장하여 경주관람 없이 마권만 예매하더라도 개별소비세 과세대상임**(소비 사전-2015-법령해석부가-86, 2015.5.20.)
- 한국마사회가 경마를 개최하지 아니하는 날에 경주관람 없이 경마장 또는 장외발매소에서 고객에게 해당 주에 개최할 마권을 발매하는 경우 고객의 마권예매를 위한 경마장 또는 장외발매소의 입장에 대해서는 「개별소비세법」 제1조 제3항 제1호에 따라 개별소비세가 부과되는 것임.

■ **경륜장 보수공사로 스크린경륜 참가를 위해 무료입장하는 경우 개별소비세 과세 여부**
(소비세과-239, 2010.6.25.)
- 「경륜·경정법」에 따라 경륜 경주사업을 위탁받은 사업자가 경주로의 보수공사로 경주를 개최하지 못하여 공사기간 동안 입장고객에게 다른 경륜장의 경주를 스크린으로 중계하는 경우 해당 기간의 입장행위는 「개별소비세법」 제1조 제3항 제2호에 따른 개별소비세 과세대상에 해당하지 아니하는 것임.

■ **경륜장 무료입장 시 특별소비세 과세 여부**(서면3팀-3265, 2006.12.26.)
- 경륜장에서 신규고객 창출 등 사업 활성화를 위해 감독기관(문화관광부)의 승인을 득한 후 한시적으로 경륜장에서 고객입장료를 징수하지 않는 경우에도 특별소비세가 과세되는 것임.

---

60) 제주특별자치도에 카지노업의 허가를 받으려는 경우에는 「제주특별자치도 설치 및 국제자유도시 조성을 위한 특별법」 제243조에 따른다.
61) 「개별소비세법」 부칙 〈제9259호, 제9909호〉 제1조

(2) 세율

「개별소비세법」의 세율은 종가세(從價稅)와 종량세(從量稅, 정액세 lump−sum tax)를
병행하는 구조로서 기본세율, 탄력세율 및 잠정세율로 구분하며, 잠정세율, 탄력세율, 기본세율
순으로 우선하여 적용한다.

석유제품에 대한 물품세, 석유류세와 특별소비세는 물품가격의 일정비율을 세율로 하는
종가세로 도입되었으나, 유가의 등락과 유가 자유화에 대비하여 세수를 안정적으로 확보하고
사회간접자본투자 및 교육투자를 원활히 할 수 있도록 휘발유와 경유에 과세되는 교통세를
종량세로 전환하였고, 이에 따라 유류에 대한 과세방법을 일원화하기 위하여 1995년 12월
29일 세법개정으로 등유 · 석유가스 등에 대한 특별소비세도 종량세로 전환하였다.[62]

가. 기본세율

종가세를 적용하는 과세물품은 그 품목에 따라 물품가격 또는 과세가격의 5% 또는 20%의
기본세율을 적용한다.

종량세를 적용하는 에너지물품과 담배는 그 세목(細目)과 종류에 따라 ℓ, ㎖, kg, g, 개비
당 세율을 달리 정하고 있다.

입장행위(관련 설비 또는 용품의 이용을 포함한다)에 대하여 개별소비세를 부과하는
과세장소는 1명 1회 입장에 대하여 경마장 1,000원(장외발매소 2,000원), 경륜장 · 경정장
400원(장외매장 800원)[63], 투전기 설치 장소 10,000원, 골프장 12,000원, 폐광지역 카지노의

---

62) 1996년 1월 1일 이후 최초로 제조장에서 반출하거나 수입신고하는 것부터 적용하였다.
　　「2023 교통 · 에너지 · 환경세 실무」(국세청, 2023년) p.76, 「교통세법」 제정 당시 휘발유에 대하여는 물품가격의
　　100분의 150, 경유에 대하여는 물품가격의 100분의 20의 세율을 각각 적용하고, 당해 물품의 수급상 필요한
　　경우에는 그 세율의 100분의 30의 범위 안에서 대통령령으로 조정할 수 있도록 하였으나, 1995. 12. 29. 과세방식을
　　종량세 체계로 전환하고 등유 · 석유가스 등에 대한 특별소비세도 종량세로 전환하고, 1996. 1. 1. 이후 최초로
　　제조장에서 반출하거나 수입신고하는 것부터 적용함. 다만, 1996년도 제조장에서 반출하거나 수입신고하는
　　것에 대하여는 경유는 40원/ℓ, 등유는 17원/ℓ을 적용함.

구　분	'95.12.31. 이전	'96.1.1. 이후	'97.1.1. 이후
휘발유	150% (195%)	345원/ℓ	좌동
경　유	20% (26%)	40원/ℓ	48원/ℓ
등　유	10%	17원/ℓ	25원/ℓ
LPG	10%	18원/ℓ	좌동
LNG	10%	14원/ℓ	좌동

　　* (　)는 탄력세율

내국인 입장 6,300원(외국인 입장은 면세[64]), 외국인 전용 카지노의 내국인 입장 50,000원
(외국인 입장은 과세제외[65])의 단일 정액세율을 적용한다.

유흥음식행위에 대하여 개별소비세를 부과하는 과세유흥장소의 세율은 유흥음식요금에
10%의 단일비례세율로 하고, 영업행위에 대하여 개별소비세를 부과하는 과세영업장소는
연간 총매출액의 구간에 따라 0%, 2% 또는 4%의 초과누진세율을 적용한다.

나. 탄력세율 (법 §1 ⑦)

개별소비세의 세율은 국민경제의 효율적 운영을 위하여 국내 경제여건에 따라 경기
조절·가격안정·수급조정에 필요한 경우와 유가변동에 따른 지원사업의 재원조달에 필요한
경우 기본세율의 30%(석유제품 등 에너지물품의 경우 2024년 12월 31일까지는 50%[66])의
범위에서 대통령령으로 상향 또는 하향 조정할 수 있다.

탄력세율은 개별소비세 과세물품 중 환율, 국제원유가 등 국내외 경제여건에 민감하고,
국민경제에 미치는 영향이 큰 품목에 대해 신속하고 신축성 있게 대처하기 위한 조세정책
수단이다.

종가세 적용 품목에 대해 탄력세율을 적용함에 있어 해당 물품가격에 관계없이 일률적으로
인하함에 따라 고가물품에 과도한 세액감경이 부여되는 것을 방지하기 위해 2021년 1월 1일부터
사행기구, 수렵용 총포류, 고가사치품 및 자동차에 대해 기본세율로 산출한 세액과 탄력세율을
적용했을 때의 산출세액 간 차액의 한도를 과세물품 당 100만원 범위에서 대통령령으로 정할
수 있도록 하였다.[67] 이에 따라 「개별소비세법 시행령」 제2조의2 제2항은 기본세율과 탄력

---

63) 사행행위 등 외부불경제 교정기능을 강화하기 위해 경마장·경륜장·경정장의 장외매장에 2016. 1. 1. 이후
　　입장하는 분부터 세율을 인상하였다(1,000원→2,000원, 400원→800원).
64) 「개별소비세법」 제1조 제3항 제5호는 외국인의 1명 1회 입장에 대해 2,000원으로 규정하고 있으나, 같은법
　　제19조의2 제3호에 따라 면세한다.
65) 「개별소비세법」 제1조 제3항 제5호는 외국인의 1명 1회 입장에 대해 2,000원으로 규정하고 있으나, 「개별소비세법
　　시행령」 [별표2] 제4호에 따라 과세제외한다.
66) 「개별소비세법」 [시행 2022. 8. 12.] [법률 제18973호, 2022. 8. 12. 일부개정] 이유: 러시아·우크라이나 전쟁,
　　환율 상승 등 국제 경제의 불확실성 증가로 국제유가가 급등하면서 국내유가 역시 전년 대비 큰 폭으로
　　상승한 상황에서 현행 탄력세율 조정 한도 100분의 30으로는 유류세 인하에 한계가 있으므로 국민들의 유류비에
　　대한 경제적 부담 완화와 물가 안정을 위해 등유, 중유, 석유가스 중 부탄 등의 유류(제1조 제2항 제4호에
　　해당하는 과세물품)에 부과되는 개별소비세에 대한 탄력세율 조정 한도를 2024. 12. 31.까지 100분의 50으로
　　확대하였다(30%→50%).
67) 자동차 등 종가세 적용물품의 개별소비세 세율을 인하할 때 고가물품에 과도한 혜택이 부여되는 것을 방지할
　　수 있도록 적용 한도를 둘 수 있는 근거규정을 2020. 12. 22. 세법개정으로 신설하였다.

세율로 산정한 산출세액 간 차액의 한도를 과세물품당 100만원으로 규정하였다. 탄력세율 적용한도 규정은 2023년 6월 30일 이전에 제조장에서 반출하거나 수입신고하는 분에 한정하여 적용한다.

탄력세율은 기본세율에 우선하여 적용하며, 프로판과 천연가스에 대해 탄력세율을 적용받으려는 자는 해당 물품을 제조장에서 반출한 날이 속하는 달의 다음 달 말일까지(수입물품의 경우에는 그 수입신고를 할 때) 「용도별 탄력세율 적용 물품 사용예정서」(시행규칙 제2호 서식)를 관할 세무서장(세관장)에게 제출하여야 한다(영 §2의2 ③).

현행 개별소비세 탄력세율 적용대상 물품은 다음과 같다.

| 탄력세율 적용대상 물품 |

(단위 : 원, %, 2024.7.1. 현재)

과세물품		기본세율	탄력세율
교통·에너지· 환경세[1]	휘발유와 이와 유사한 대체유류 (ℓ당)	475	423
	경유 및 이와 유사한 대체유류 (ℓ당)	340	263
개별소비세	등유, 등유를 대체하는 부생연료류 (ℓ당)	90	63
	석유가스 중 수소생산용·가정용·상업용 프로판 (kg당)[2]	20	14
	석유가스 중 부탄, 수소생산용 부탄 (kg당)[3]	252	193
	천연가스(kg당)[4] · 열병합 발전용[5]·수소생산용[6]	12	8.4
	천연가스(kg당)[4] · 일반 발전용	12	10.2
	천연가스(kg당)[4] · 발전용 이외의 것[7]	60	42
	유연탄(kg당)[8] · 순발열량 5,500kcal 이상	46	41.6
	유연탄(kg당)[8] · 중열량탄 (5,000~5,500kcal)	46	39.1
	유연탄(kg당)[8] · 순발열량 5,000kcal 미만	46	36.5
	승용자동차, 이륜자동차, 캠핑용자동차[9]	5%	3.5%[68]

① 휘발유 · 경유
　1994.1.1.부터 2024.12.31.까지 교통·에너지·환경세로 과세한다. (현행 탄력세율은 2024.6.30.까지 적용)

② 석유가스 중 수소생산용 · 가정용 · 상업용 프로판
　1) 수소를 제조하기 위하여 다음의 설비에 공급(연료용으로 공급하는 것은 제외한다)하는 물품
　　ⓐ 수소추출설비
　　ⓑ 「수소경제 육성 및 수소 안전관리에 관한 법률」에 따른 연료전지

---

68) 부칙 〈대통령령 제31383호, 2021. 1. 12.〉 자동차에 대한 탄력세율과 탄력세율의 적용한도 규정은 2023. 6. 30. 이전에 제조장에서 반출하거나 수입신고하는 분에 한정하여 적용한다.

    2) 「개별소비세법 시행규칙」 제1조 제1항에서 정하는 다음에 해당하는 자에게 공급하는 물품(시행규칙 §1 ①)

      ⓐ 「액화석유가스의 안전관리 및 사업법」 제2조 제5호에 따른 액화석유가스 충전사업자

      ⓑ 「도시가스사업법」 제2조 제4호에 따른 일반도시가스사업을 하는 자로서 같은 법 시행령 제1조의2 제2호 가목에 따른 석유가스를 공급하는 자

      ⓒ 「고압가스 안전관리법」에 따른 고압가스 제조(액화석유가스 제조만 해당한다) 허가를 받은 자. 다만, 공급받은 물품을 「액화석유가스의 안전관리 및 사업법」 제2조 제5호에 따른 액화석유가스 충전사업자에게 재공급하는 경우에 한정한다.

③ **석유가스 중 부탄**

    1) 수소를 제조하기 위하여 다음의 설비에 공급(연료용으로 공급하는 것은 제외한다)하는 물품

      ⓐ 수소추출설비

      ⓑ 「수소경제 육성 및 수소 안전관리에 관한 법률」에 따른 연료전지

    2) 위 1) 외의 물품

④ **천연가스**

천연가스는 국민소득수준의 향상과 소비행태의 변화에 맞추어 일부 과세대상물품의 범위와 세율을 조정한 1993. 12. 31. 세법개정(법률 제4665호)으로 개별소비세 과세대상에 추가되었다.

전기와 다른 에너지 간의 상대적인 가격 차이로 인하여 에너지 수요가 전기에 과도하게 집중되는 현상을 완화하기 위하여 전기의 대체연료에 대해 2014. 2. 21. 시행령을 개정하여 천연가스에 대한 탄력세율(kg당 42원)을 신설하였으나 천연가스 국제 가격의 하향 안정화 등에 따라 발전용 천연가스의 탄력세율 적용을 2015. 6. 30.에 종료하였다.

2019. 2. 12. 발전연료의 미세먼지 관련 환경비용을 반영하여 발전용 천연가스와 발전용 유연탄에 대한 개별소비세의 기본세율을 조정하는 등의 내용으로 「개별소비세법」이 개정됨에 따라, 탄력세율을 적용하는 발전용 천연가스의 범위를 열병합발전시설 연료용(열병합용)으로 정하고, 그 탄력세율을 kg당 8.4원으로 하였다. (2019. 4. 1.부터)

2022. 2. 15. 시행령 개정에서는 수소경제 활성화를 지원하기 위하여 탄력세율이 적용되는 천연가스의 범위에 '수소를 제조하기 위한 수소추출설비나 연료전지에 공급하는 천연가스'를 추가하고 그 탄력세율을 kg당 8.4원으로 인하하였으며, 발전용 연료인 천연가스와 유연탄의 가격이 급등함에 따라 2024. 12. 31.까지 한시적으로 발전용 천연가스에 대한 개별소비세 세율을 kg당 '12원'에서 '10.2원'으로 인하하였다.

구 분	2006.1.1. ~	2014.7.1. ~	2015.7.1. ~	2019.4.1. ~	2022.2.15. ~	2022.8.1. ~ 2024.12.31.
산업용(원/kg)	60	42	42	42	42	42
발전용(원/kg)	60	42	60	12	12	10.2
열병합용(원/kg)				8.4	8.4	8.4
수소생산용(원/kg)					8.4	8.4

⑤ **열병합발전용 천연가스**(열과 전기를 동시에 생산하는 시설의 연료용, 2019. 4. 1.부터)

다음의 자에게 공급하는 물품은 kg당 8.4원의 탄력세율을 적용한다.

    1) 「집단에너지사업법」 제2조 제3호에 따른 사업자

    2) 「신에너지 및 재생에너지 개발·이용·보급 촉진법」 제2조 제5호에 따른 신·재생에너지 발전사업자. 다만, 「도시가스사업법」 제2조 제3호에 따른 대량수요자에게 공급하는 경우는 제외한다.

    3) 「전기사업법」 제2조 제19호에 따른 자가용전기설비를 설치한 자

⑥ **수소생산용 천연가스**

수소경제 활성화를 지원하기 위하여 탄력세율이 적용되는 천연가스의 범위에 '수소를 제조하기 위한 수소

추출설비나 연료전지에 공급하는 천연가스'를 추가(연료용으로 공급하는 것은 제외한다)하고, 적용세율을 kg당 8.4원으로 인하하였다.
1) 수소추출설비
2) 「수소경제 육성 및 수소 안전관리에 관한 법률」에 따른 연료전지

⑦ **발전용 외의 천연가스**(시행규칙 §1 ②)
1) 「도시가스사업법」 제2조 제8호에 따른 천연가스수출입업자가 수입하는 천연가스 또는 국내에서 제조하는 천연가스[69]로서 다음 각 목의 어느 하나에 해당하는 자에게 공급하는 물품
   가. 「도시가스사업법」 제2조 제2호에 따른 **가스도매사업자**(영 제2조의2 제1항 제4호 가목 및 다목의 물품 또는 「도시가스사업법 시행규칙」 제2조 제2항 제2호 가목의 물품을 공급하기 위한 경우는 제외한다)
   나. 「도시가스사업법」 제2조 제2호에 따른 **일반도시가스사업자** 및 **도시가스충전사업자**(영 제2조의2 제1항 제4호 가목의 물품을 공급하기 위한 경우는 제외한다)
   다. 「도시가스사업법 시행규칙」 제2조 제2항 제1호 또는 제3호에 해당하는 자(영 제2조의2 제1항 제4호 가목 및 다목의 물품을 공급하기 위한 경우는 제외한다)
2) 「도시가스사업법」 제2조 제2호에 따른 도시가스사업자인 **천연가스수출입업자**가 수입하는 천연가스로서 설비 시운전 등 같은 조 제3호에 따른 가스도매사업 외의 용도로 사용하는 물품
3) 「도시가스사업법」 제2조 제9호에 따른 **자가소비용직수입자**가 수입하는 천연가스로서 같은 법 시행령 제1조의4 제2호 및 제4호의 용도로 사용하는 물품(영 제2조의2 제1항 제4호 다목에 해당하는 물품은 제외한다)

□ 「도시가스사업법」의 분류 규정(시행규칙 §2)

◆ (제2조 제2호) 도시가스사업자 = 도매사업자ⓒ / 일반사업자ⓓ / 충전사업자ⓔ / 나프타부생가스 · 바이오가스 제조사업자 / 합성천연가스제조사업자

◆ (제2조 제3호) 도매사업자ⓒ = 일반사업자ⓓ, 충전사업자ⓔ, 대량수요자ⓕ에게 공급
 • (시행규칙 제2조 제2항) 대량수요자 = (제1호) 일반사업자로부터의 공급이 불가능한 월 10m3 이상 사용자 / (제2호 가목) 100MW 이상 발전용ⓖ / (제2호 나목) 100MW 이상 열병합용ⓗ / (제3호) LNG 저장탱크 설치한 가스 사용자 / (제4호) 충전사업자로부터의 공급이 불가능한 선박용 사용자

◆ (제2조 제4호) 일반사업자 : 일반의 수요에 따라 배관을 통해 공급

◆ (제2조 제7호) 수출입업 = (제8호) 천연가스수출입업자ⓐ + (제9호) 자가소비용직수입자ⓑ
 • (시행령 제1조의4) 직수입 용도 = (제1호) 발전용 / (제2호) 산업용 / (제3호) 열병합용 / (제4호) 열전용설비용

---

[69] 국내에서 제조하는 천연가스와 수입하는 천연가스에 대해 개별소비세율을 다르게 적용할 특별한 이유가 없다는 점을 고려하여 발전용 외의 천연가스의 범위에 국내에서 제조하는 천연가스로서 발전용 외의 목적으로 가스도매사업자에게 공급하는 물품을 2020. 3. 13.에 추가하였다.

□ 천연가스의 용도별 탄력세율

(2023.12.31. 현재)

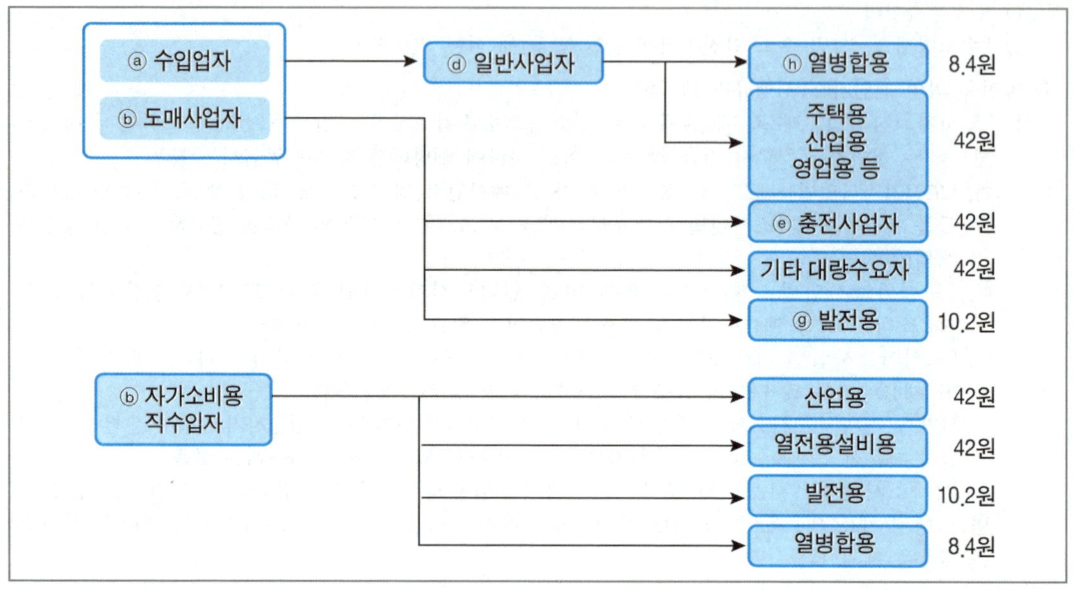

⑧ 유연탄

발전 연료 간 과세형평을 제고하고, 온실가스 배출에 따른 외부 불경제를 교정하기 위하여 2014. 1. 1. 세법개정으로 개별소비세 과세물품에 유연탄을 추가하고 kg당 24원을 기본세율로 정하였다. (시행 2014. 7. 1.부터) 유연탄의 탄력세율은 연료의 연소과정에서 발생하는 수증기가 흡수한 열을 제외한 발열량인 순발열량(純發熱量)을 기준으로 차등하여 규정하고 있다.

개별소비세 과세물품에 유연탄을 추가한 이후 안전하고 깨끗한 에너지로의 전환을 촉진하기 위해 유연탄의 세율을 단계적으로 상향조정하여 왔으나, 최근 발전용 연료인 천연가스와 유연탄의 가격이 급등함에 따라 2024. 12. 31.까지 한시적으로 유연탄에 대한 개별소비세 세율을 순발열량이 kg당 5,500kcal 이상인 것은 킬로그램당 '49원'에서 '41.6원'으로, 순발열량이 kg당 5,000kcal 이상 5,500kcal 미만인 것은 kg당 '46원'에서 '39.1원'으로, 순발열량이 kg당 5,000kcal 미만인 것은 kg당 '43원'에서 '36.5원'으로 낮추었다.

순발열량	기본세율	탄력세율	한시적 인하세율 (2022.8.1.부터 2024.12.31.까지)
5,500kcal/kg 이상	46원	49원	41.6원
5,000kcal/kg 이상 5,500kcal/kg 미만	46원	46원	39.1원
5,000kcal 미만	46원	43원	36.5원

⑨ 자동차

2020. 7. 1.부터 5%에서 3.5%로 세율을 인하한 조치의 유효기간을 2023. 6. 30.까지로 연장함으로써, 소비자의 납세부담을 완화하고 자동차 판매확대 등 내수진작을 통해 조속한 경기 활성화를 유도하고자 하였다. (현행 탄력세율은 2023. 6. 30.까지 적용, 부칙 〈대통령령 제31383호, 2021. 1. 12.〉)

해석사례

■ **고압가스 제조허가를 받은 자에게 석유가스를 공급하는 경우 탄력세율 적용 여부**

(환경에너지세제과－142, 2016.4.11.)

－ 「개별소비세법」 제1조 제2항 제4호 마목에 따른 물품을 같은 법 시행규칙 제1조 제1항 각 호의 어느 하나에 해당하는 자에게 공급하는 경우에는 같은 법 시행령 제2조의2 제1항 제4호에 따른 가정용·상업용 물품으로 탄력세율을 적용받을 수 있는 것인바,

－ 「고압가스 안전관리법」에 따른 고압가스 제조(액화석유가스 제조만 해당한다)허가를 받은 자는 공급받은 물품을 「액화석유가스의 안전관리 및 사업법」 제2조 제3호에 따른 **액화석유가스 충전사업자에게 재공급하는 경우에 한하여** 「개별소비세법 시행규칙」 제1조 제1항 제1호의 자에 해당하는 것임.

■ **집단에너지 사업자가 자가소비 목적으로 직수입하는 천연가스에 탄력세율 적용 여부**

(서면－2015－소비－1925, 2015.10.14.)

－ 집단에너지사업법 제9조 제1항에 따라 집단에너지사업허가를 받은 자가 자가소비를 목적으로 직수입하는 천연가스는 개별소비세법 제1조, **개별소비세법 시행령 제2조의2 제6호(현행 제2조의2 제1항 제4호)**, 개별소비세법 시행규칙 제1조 제2항 제3호에 따라 **탄력세율이 적용**되는 과세물품에 해당하는 것임.

■ **수입 시 사업자의 최종소비 용도대로 개별소비세 신고·납부한 천연가스를 교환 또는 대여하는 경우 당초 세율을 그대로 적용할 수 있는지 여부**(서면－2018－소비－2028 [소비세과－1106], 2018.7.3.)

－ 천연가스를 수입하는 자는 수입신고를 할 때 그 용도에 따라 관할 세관장에게 신고·납부하는 것이며, 해당 물품을 **다른 용도로 사용**하게 된 때에는 **실제 용도에 맞게** 세율을 정정하여 **수정신고 또는 경정청구**를 하여야 하는 것임.

다. 잠정세율(법 §1의2)

과세물품 중 기술개발을 선도하거나 환경친화적인 물품에 대해 일정기간 동안 기본세율의 10%~70% 수준으로 인하하여 적용하는 세율을 잠정세율이라 한다. 잠정세율은 기본세율과 탄력세율에 우선하여 적용한다.

이는 신제품 개발 초기에 고액의 개발 원가를 부담함에 따라 가격경쟁력에서 상대적으로 불리한 점을 배려한 제도이다. 기술개발을 선도하는 물품으로서 수출전략상 내수기반의 확대가

필요한 물품의 세율 인하를 통해 일정 수요를 보장함으로써 신기술개발촉진을 위한 산업정책적 유인기능을 강화하고자 1981년 12월 31일 세법개정으로 도입하였다. (1982년 1월 1일부터 시행)

잠정세율을 도입 후 '비디오테이프리코더', 'PDP TV' 등에 적용[70]하였고, 2004년 10월 16일 세법개정으로 대기오염 저감 및 에너지절약기술의 개발을 지원하기 위해 적용대상을 확대하여 환경친화형 자동차 등에 대한 특별소비세를 경감할 수 있는 근거를 마련하였다.

잠정세율은 적용 시작일부터 4년간은 기본세율의 10%, 이후 1년간은 기본세율의 40%, 이후 1년간은 기본세율의 70%를 적용하며, 대통령령으로 정하는 바에 따라 그 적용을 단축 또는 중지하거나 기본세율의 범위에서 인상할 수 있다. 잠정세율 적용물품은 대통령령에 정하도록 위임하였으나 현재 적용대상으로 규정한 물품은 없다.

해석사례

■ **잠정세율 적용**(재소비 12653-351, 1982.3.17.)
- 특별소비세법 제1조의2 잠정세율이 국내에서 제조하여 반출하는 물품에만 적용된다는 제한규정이 없으므로 **수입물품에 대하여도 적용**됨.

■ **수입신고 수리 후 소급적용 여부**(서면인터넷방문상담3팀-1623, 2005.9.27.)
- **수입신고 수리 후** 특별소비세법 시행령 제4조의2의 규정을 적용 받을 수 있는 요건을 갖추어, 그 관련서류(자동차 배출가스 인증서 등)를 제출하는 경우에는 특별소비세법 제4조 규정에 의거 특별소비세법 제1조의2 규정을 **적용받을 수 없음.**

---

[70] 1981. 12. 31. 마이크로웨이브 오븐, 비디오테이프레코더와 비디오테이프를 잠정세율 적용대상으로 규정한 후 비디오테이프플레이어, 텔레비전카메라, 액정텔레비전수상기, 콤팩트디스크플레이어 및 디지털오디오테이프레코더, 캠코더 및 레이저디스크플레이어, 종합유선방송텔레비전용 컨버터 등을 추가하거나 삭제하여 왔으나 현재는 규정한 것이 없다.

라. 과세대상별 세율

개별소비세 및 교통·에너지·환경세의 과세대상과 세율은 다음과 같다.

| 과세영업장소 세율 |

과세대상	호별	연간 총매출액	세 율
카지노 (관광진흥법, 폐광지역개발 특별법의 허가)	1	500억원 이하	100분의 0
	2	500억원 초과 ~ 1천억원 이하	500억원 초과금액의 100분의 2
	3	1천억원 초과	10억원+(1천억원 초과금액의 100분의 4)

| 담배에 대한 종류별 세율 |

구 분	종 류	세 율
피우는 담배	제1종 궐련	20개비당 594원
	제2종 파이프담배	1그램당 21원
	제3종 엽궐련	1그램당 61원
	제4종 각련	1그램당 21원
	제5종 전자담배	니코틴 용액 1밀리리터당 370원[71]
		연초 및 연초고형물을 사용하는 경우[72] 1. 궐련형 : 20개비당 529원 2. 기타유형 : 1그램당 51원
	제6종 물담배	1그램당 422원
씹거나 머금는 담배		1그램당 215원
냄새 맡는 담배		1그램당 15원

---

71) 기획재정부, 「담배 과세 현황 및 세율 수준의 적정성 검토 계획」(2019, 보도참고자료), 전자담배 1㎖ 흡연량 등을 기준으로 일반담배 개비 수(12.5개비 수준)로 환산하여 계산

72) 연초 및 연초고형물을 사용하는 전자담배에 대한 개별소비세 과세공백을 피하기 위하여 2017. 11. 16. 세법 개정으로 과세근거를 신설하였다. (2017. 11. 16. 이후 제조장에서 반출하거나 수입신고하는 분부터 적용)

| 개별소비세 및 교통·에너지·환경세 세율 조견표 |

과 세 물 품		기본세율
법 제1조 제2항 제1호	가. 투전기·오락용 사행기구·그 밖의 오락용품 나. 수렵용 총포류	물품가격의 20%
법 제1조 제2항 제2호	보석·진주 등과 이를 사용한 제품, 귀금속 제품 (500만원 초과분) 고급시계 (200만원 초과분) 고급융단 (200만원과 ㎡당 10만원을 곱한 금액 중 큰 금액 초과분) 고급가방 (200만원 초과분, 2014.1.1.부터) 고급모피와 그 제품 (500만원 초과분) 고급가구 (1조당 800만원, 1개당 500만원 초과분)	과세가격의 20%

법 제1조 제2항 제3호 — 승용자동차(1,000cc 이하 과세제외), 전기승용자동차 / 이륜자동차(125cc 초과 12kw 초과) / 캠핑용자동차(2,000cc 초과)

기본세율	'18.7.19.	'20.1.1.	'20.7.1.	'23.7.1.
5%	3.5%	5%	3.5%	5%

* '21.1.1.~'23.6.30. (탄력세율 적용한도 100만원)

법 제1조 제2항 제4호 — 에너지물품

에너지물품		단위	기본세율	'22.5.1.	'22.7.1.	'22.8.1.	'23.1.1.	'24.7.1.
가	휘발유 및 유사대체유류	ℓ당	475원	370원	332.5원	332.5원	396.7원	423원
나	경유 및 유사대체유류	ℓ당	340원	263원	238원	238원	238원	263원
다	등유 및 유사대체유류	ℓ당	90원	63원	63원	63원	63원	63원
라	중유 및 유사대체유류	ℓ당	17원	17원	17원	17원	17원	17원
마	석유가스 중 프로판	kg당	20원	20원	20원	20원	20원	20원
바	석유가스 중 부탄	kg당	252원	193원	176.4원	176.4원	176.4원	193원
사 천연가스	열병합 발전용	kg당	12원	8.4원	8.4원	8.4원	8.4원	8.4원
사 천연가스	일반 발전용	kg당	12원	12원	12원	10.2원	10.2원	10.2원
사 천연가스	발전용 외	kg당	60원	42원	42원	42원	42원	42원
아	부생연료유	ℓ당	90원	63원	63원	63원	63원	63원
자 유연탄	5,500kcal 이상	kg당	46원	49원	49원	41.6원	41.6원	41.6원
자 유연탄	5,000~5,500	kg당	46원	46원	46원	39.1원	39.1원	39.1원
자 유연탄	5,000kcal 미만	kg당	46원	43원	43원	36.5원	36.5원	36.5원

법 제1조 제2항 제6호 — 담배 (2015.1.1.부터 과세, 담배에 대한 종류별 세율 참조)

	궐련	(20개비당)	594원
전자담배	니코틴 용액	(1㎖당)	370원
전자담배	궐련형	(20개비당)	529원
전자담배	기타형	(1g당)	51원

법 제1조 제3항 — 과세장소 (1명1회 입장)

과세장소			
경마장 (장외발매소)			1,000원 2,000원
경륜장·경정장 (장외매장)			400원 800원
투전기 시설장소			1만원
골프장 (대중형 제외)			1만2천원
카지노	외국인 전용	내국인	5만원
카지노	외국인 전용	외국인	과세제외
카지노	폐광지역	내국인	6,300원
카지노	폐광지역	외국인	과세제외

법 제1조 제4항 — 과세유흥장소 : 유흥음식요금의 10%

법 제1조 제5항 — 과세영업장소 (카지노)

연간총매출액	세율
500억원 초과 1천억원 이하	500억원 초과금액의 2%
1천억원 초과	10억원+1천억원 초과금액의 4%

※ **교육세** : 석유제품은 개별소비세의 15%, 그 외 개별소비세의 30% (단, 프로판·천연가스·유연탄·담배는 제외)
　농특세 : 개별소비세의 10% (투전기·사행기구·수렵용총포·고급모피·고급가구), 개별소비세의 30% (골프장)
※ 휘발유·경유는 1994.1.1.부터 2024.12.31.까지 교통·에너지·환경세로 과세

| 에너지물품의 기간별 적용세율 |

(단위 : 원)

과세대상	단위	기본세율	기간별 세율							
			'19.5.7.	'19.9.1.	'21.11.12.	'22.5.1.	'22.7.1.	'22.8.1.	'23.1.1.	'24.7.1.
휘발유	ℓ	475	492	529	423	370	332.5	332.5	396.7	423
경유	ℓ	340	349	375	300	263	238	238	238	263
등유	ℓ	90	63	63	63	63	63	63	63	63
중유	ℓ	17	17	17	17	17	17	17	17	17
LPG 프로판	kg	20	20	20	20	20	20	20	20	20
			14	14	14	14	14	14	14	14
LPG부탄	kg	252	256	275	220	193	176.4	176.4	176.4	193
천연가스	kg	60	42	42	42	42	42	42	42	42
열병합 발전용	kg	12	8.4	8.4	8.4	8.4	8.4	8.4	8.4	8.4
수소 생산용	kg	12	42	42	42	42	42	42	8.4	8.4
발전용	kg	12	12	12	12	12	12	10.2	10.2	10.2
부생연료유	ℓ	90	63	63	63	63	63	63	63	63
유연탄	kg	46	49	49	49	49	49	41.6	41.6	41.6
			46	46	46	46	46	39.1	39.1	39.1
			43	43	43	43	43	36.5	36.5	36.5

* 음영부분은 탄력세율로 현행 실행세율

* 프로판, 천연가스, 유연탄(시행령 제2조의2 범위 규정)은 용도·발열량에 따라 탄력세율 적용

* 수소 생산용 : 수소를 제조하기 위해 수소추출설비 또는 연료전지에 공급하는 천연가스

| 과세품목의 기간별 적용세율 |

과세품목	15.8.27.~	16.1.1.~	16.7.1.~	17.1.1.~	18.7.19.~	20.1.1.~	20.7.1.~	23.7.1.~
투전기·총포류 등	20%	20%	20%	20%	20%	20%	20%	20%
에너지다소비품목	5%	폐지						
방향용 화장품, 녹용	7%	폐지						
로열젤리	7%	7%	7%	폐지				
보석·귀금속	20%	20%	20%	20%	20%	20%	20%	20%
고급시계·모피·융단·가구	20%	20%	20%	20%	20%	20%	20%	20%
고급사진기	20%	폐지						
고급가방	20%	20%	20%	20%	20%	20%	20%	20%
승용차	3.5%	3.5%	5%	5%	3.5%	5%	3.5%	5%
담배(1갑당)	594원	594원	594원	594원	594원	594원	594원	594원
경마장	1,000원	1,000원	1,000원	1,000원	1,000원	1,000원	1,000원	1,000원
경륜·경정장	400원	400원	400원	400원	400원	400원	400원	400원
투전기 시설장소	10,000원	10,000원	10,000원	10,000원	10,000원	10,000원	10,000원	10,000원
골프장	12,000원	12,000원	12,000원	12,000원	12,000원	12,000원	12,000원	12,000원
카지노(내국인)	50,000원	50,000원	50,000원	50,000원	50,000원	50,000원	50,000원	50,000원
카지노(폐광지역내국인)	5,250원	6,300원	6,300원	6,300원	6,300원	6,300원	6,300원	6,300원
유흥주점	10%	10%	10%	10%	10%	10%	10%	10%

* 승용차: 2020.7.1.~2023.6.30.까지 3.5%

* 골프장

  2016년~2017년까지 제주도 소재 골프장은 3,000원

  2020년~2021년까지 제주도 및 위기지역 소재 골프장은 3,000원

마. 석유제품의 세율 개정 연혁

유가상승 및 내수부진 등으로 영세자영업자·중소기업 및 서민 등의 부담을 완화하고자 2018년 11월 6일부터 한시적으로 수송용 유류(휘발유·경유·LPG부탄)의 세율을 15% 인하하였고, 그 일몰시한이 2019년 5월 6일에 종료됨에 따라 다음과 같이 단계적으로 인상하여 종전 세율로 환원하였다.

- (1단계) 2019. 5. 7.~8. 31. 8% 환원하여 인상 (당초 15% 인하 → 7% 인하)
- (2단계) 2019. 9. 1. 이후 종전 세율로 환원

| 유종별 단계적 세율환원 내역('18~'19년) |

(단위 : 원)

구분	휘발유 (L당)			경유 (L당)			LPG (kg당)		
	'18.11.6. 이후	'19.5.7. 이후	'19.9.1. 이후	'18.11.6. 이후	'19.5.7. 이후	'19.9.1. 이후	'18.11.6. 이후	'19.5.7. 이후	'19.9.1. 이후
개별소비세 (교통세)	450	492	529	319	349	375	234	256	275
교육세(15%)	67.5	73.8	79.35	47.85	52.35	56.25	35.1	38.4	41.25
주행세(26%)	117	127.92	137.54	82.94	90.74	97.5	–	–	–

2021년에는 유가상승으로 인한 중산·저소득층 등의 유류비 부담 완화를 위하여 2021년 11월 12일부터 2022년 12월 31일까지 한시적으로 휘발유·경유에 대한 교통·에너지·환경세와 석유가스 중 부탄의 개별소비세 탄력세율을 인하하고 유가상황에 따라 점차 인하폭을 확대하여 왔다.

- (휘발유) 529원 → 423원(△20%) → 370원(△30%) → 332.5원(△37%)
- (경   유) 375원 → 300원(△20%) → 263원(△30%) → 238.0원(△37%)
- (부   탄) 275원 → 220원(△20%) → 193원(△30%) → 176.4원(△37%)

2022년 12월에도 유가상승으로 인한 국민들의 유류비 부담 완화를 위하여 2022년 12월 31일까지 예정된 휘발유와 이와 유사한 대체유류, 경유와 이와 유사한 대체유류에 대한 교통·에너지·환경세율의 탄력세율 인하 조치를 2023년 4월 30일까지 연장하되, 휘발유 가격이 낮아지는 추세임을 고려해 휘발유 및 이와 유사한 대체유류에 대한 탄력세율은 리터당 396.7원으로 인하폭을 축소하여 2023년 1월 1일부터는 휘발유의 세율을 ℓ당 396.7원으로 환원하였다.[73] (332.5원(△30%) → 396.7원(△25%))

이후 인하된 탄력세율을 2024년 6월 30일까지 운영하고, 2024년 7월 1일부터 휘발유와 이와 유사한 대체유류는 396.7원/ℓ →423원/ℓ 으로 경유와 이와 유사한 대체유류는 238원/ℓ →263원/ℓ 으로, 석유가스 중 부탄은 176.4원/kg→193원/kg으로 인하율을 소폭 하향 조정하였다.

---

73) 탄력세율 인하 연장 및 휘발유의 세율 환원은 「교통·에너지·환경세법 시행령」 개정규정 시행일부터 2023년 4월 30일까지 제조장에서 반출하거나 수입신고하는 물품에 대하여 적용한다.

| 유종별 탄력세율 인하('21년 11월~'24년 6월) |

○ 휘발유의 세율개정 내역

(단위 : 원/ℓ)

구 분	인하 전	'21.11.12.~	'22.5.1.~	'22.7.1.~	'23.1.1.~
유류세 합계	820.47	656.07	573.87	515.71	615.27
교통세 ⓐ	529.00	423.00	370.00	332.50	396.70
교육세 (ⓐ×15%)	79.35	63.45	55.50	49.87	59.50
주행세 (ⓐ×26%)	137.54	109.98	96.20	86.45	103.14
부가가치세	74.58	59.64	52.17	46.88	55.93
변동효과	–	△164.40	△82.20	△58.16	99.56 ↑

○ 경유의 세율개정 내역

(단위 : 원/ℓ)

구 분	인하 전	'21.11.12.~	'22.5.1.~	'22.7.1.~
유류세 합계	581.62	465.30	407.91	369.14
교통세 ⓐ	375.00	300.00	263.00	238.00
교육세 (ⓐ×15%)	56.25	45.00	39.45	35.70
주행세 (ⓐ×26%)	97.50	78.00	68.38	61.88
부가가치세	52.87	42.30	37.08	33.56
변동효과	–	△116.32	△57.38	△38.77

○ 부탄(LPG)의 세율개정 내역

(단위 : 원/kg)

구 분	인하 전	'21.11.12.~	'22.5.1.~	'22.7.1.~
유류세 합계	347.87	278.30	244.14	223.15
개별소비세 ⓐ	275.00	220.00	193.00	176.40
교육세 (ⓐ×15%)	41.25	33.00	28.95	26.46
부가가치세	31.62	25.30	22.19	20.29
변동효과	–	△69.57	△34.15	△20.99

해석사례

■ 교통세를 인하하는 경우 교통세와 교육세를 환급하여야 하는지 여부

(조심 2008광2399, 2008.9.5.)

- (생략) 석유제품은 제조자의 제조장에서 하치장으로 반출될 때 납세의무가 성립되는 "제조장 반출과세" 체계를 근간으로 하므로 **제조장에서 반출되는 시점의 세율을 적용하여 과세**하는 것이 원칙이며, 제조장에서 반출된 과세물품이 다시 제조장으로 환입되는 경우가 아닌 한 기 납부한 교통세는 환급하지 않는 것이 원칙이다.

- 교통세를 인하하는 경우라 하더라도 하치장에서 반출된 과세물품을 제조장 또는 하치장으로 환입하는 경우가 아닌 한 동 규정을 적용할 수 없으며, 위 규정은 과다한 재고물품을 보유한 주유소 등을 배려하기 위한 규정으로 보이므로 하치장에서 주유소 등으로 반출된 사실이 없는 하치장의 재고물품에 대하여는 동 규정을 적용할 수 없다고 해석되고, 청구법인은 교통세법 제17조 제3항 단서의 취지를 개별소비세법의 부칙 제10조의 의제환입규정과 동일한 취지로 해석하여야 한다고 주장하나,

- 개별소비세법 부칙 제10조의 의제환입규정은 하치장의 재고물품에 대하여도 인하된 세율을 적용하도록 그 대상물품을 특정하고 있는 반면, 교통세법 제17조 제3항 단서에서는 **하치장의 재고물품에 대하여 인하된 세율을 적용하도록 그 대상물품을 특정한 사실이 없는 점에서 두 규정의 입법 취지는 그 차이가 있다고** 판단된다.

- 교통세율 인상 시 하치장의 재고물품에 대하여 인상된 세율을 적용하지 않는 것 (재정경제부 예규 소비 46016-258, 1998.10.2. 참조)과 마찬가지로 **교통세율 인하 시에도 하치장의 재고물품에 대하여는 인하된 교통세율을 적용하지 않는 것이** 타당함.

■ 자가열병합 발전용으로 직접 수입하여 자가반출하는 천연가스의 탄력세율 적용 여부

(서면-2022-소비-2310[소비세과-533], 2022.7.19.)

- 「전기사업법」 제2조 제19호에 따른 자가용 전기설비를 설치한 자가 열과 전기를 동시에 생산하는 시설의 연료용으로 공급하기 위해 직접 수입하여 사용하는 천연가스는 「개별소비세법 시행령」 제2조의2 제1항 제4호 가목에 따른 탄력세율을 적용하는 것임.

2 비과세 (법 §2)

개별소비세 비과세는 해당 물품이 과세에 적합하지 아니한 용도에 사용·소비되는 경우 개별소비세를 부과하지 않거나, 이중과세 또는 중복과세를 조정하기 위해 세금을 부과하지 않는 규정이다.[74]

다음의 어느 하나에 해당하는 물품에 대해서는 개별소비세를 부과하지 아니한다.

(1) 자가 사용 물품

자기(법인은 제외한다)와 자기 가족만이 사용하기 위하여 자기가 직접 제조하는 물품이 전량 개인적인 사용 또는 소비에 충당하기 위한 것은 개별소비세를 부과하지 아니한다. 그 기간의 계산은 「개별소비세법」 제9조에 따른 과세기간마다 산정한다(통칙 2-0…1).

가족이란 「민법」 제779조 제1항에 따른 가족(배우자, 직계혈족 및 형제자매, 직계혈족의 배우자, 배우자의 직계혈족 및 배우자의 형제자매) 중 생계를 같이 하는 가족을 말한다.

해석사례

■ **자기 또는 자기가족만이 사용하기 위해 직접 제조 녹용의 특별소비세 과세 여부**

(소비 22601-1212, 1989.8.25.)

- 꽃사슴에서 녹용을 채취하여 일부를 실수요자에게 판매하지 아니하고 전량을 자기 또는 자기가족이 사용하였다면 특별소비세법 제2조 제1항 제1호의 규정에 의하여 특별소비세가 과세되지 아니함.

＊ 「개별소비세법」[2015.12.15.-13547호] 일부개정으로 녹용은 개별소비세 과세물품에서 제외

---

[74] 환입물품 재반출 시 비과세제도를 세액공제 제도로 전환(「특별소비세법」 법률 제3475호, 1981. 12. 31., 개정) 특별소비세가 과세되어 반출한 물품이 상거래 사정의 변경 등으로 본래의 제조장에 환입된 후 재반출 시에 비과세하는 제도는 재반출 시의 시가 또는 세율의 변동으로 과세물품에 대한 반출가격이 당초의 반출가격과 차이가 나는 경우에 실지 가격에 의하여 과세할 수가 없고 재반출 시에도 비과세하기 위해서는 환입물품에 대한 사후관리의 번거로움이 따르며, 또한 환입물품을 수출 등 특정면세용도에 공하기 위하여 재반출하는 경우에도 비과세 규정이 적용되기 때문에 면세가 되지 아니하는 등 문제점이 있었으므로 환입 시에는 당초 과세된 세액을 공제하여 주고, 재반출 시의 가격과 세율로 과세하도록 하였다.

(2) 간이세율 적용 물품

「관세법」 제81조에 따라 관세·임시수입부가세 및 개별소비세 등 내국세의 세율을 기초로 하여 「관세법 시행령」 제96조 제1항의 간이세율을 적용하는 여행자휴대품·우편물·별송품 등은 이중과세가 되지 않도록 비과세 한다(통칙 2-0…2).

「관세법」의 간이세율은 수입물품의 가액이 크지 않고 빈도가 높은 여행자 등의 휴대품·별송품, 우편물 및 탁송품에 대해 통관을 신속하고 간편하게 처리하기 위해 여러 세목의 세율을 고려하여 「관세법 시행령」 [별표2]에 정한 단일세율을 말한다. 이처럼 간이세율에는 이미 개별소비세의 세율이 반영된 것이므로 개별소비세가 포함된 간이세율 적용 물품에 다시 개별소비세를 부과함에 따라 발생하는 이중과세를 배제하기 위해 비과세로 규정하였다.

관세법 시행령 제96조 【간이세율의 적용】 (시행령 [별표 2])

간이세율 적용대상	간이세율 적용배제
1. 다음 각 목의 어느 하나에 해당하는 물품 중 개별소비세가 과세되는 물품 　가. 투전기, 오락용 사행기구 그 밖의 오락용품 　나. 보석·진주·별갑·산호·호박 및 상아와 이를 사용한 제품, 귀금속 제품 　다. 고급시계, 고급가방 　라. 삭제 〈2017. 3. 27.〉 2. 삭제 〈2019. 2. 12.〉 3. 다음 각 목의 어느 하나에 해당하는 물품 중 기본관세율이 10퍼센트 이상인 것으로서 개별소비세가 과세되지 아니하는 물품 　가. 모피의류, 모피의류의 부속품 그 밖의 모피제품 　나. 가죽제 또는 콤포지션레더제의 의류와 그 부속품, 방직용 섬유와 방직용 섬유의 제품, 신발류 　다. 녹용 4. 다음 각 목의 어느 하나에 해당하는 물품. 다만, 고급모피와 그 제품, 고급융단, 고급가구, 승용자동차, 수렵용 총포류, 주류 및 담배를 제외한다.	1. 관세율이 무세인 물품과 관세가 감면되는 물품 2. 수출용 원재료 3. 법 제11장의 범칙행위에 관련된 물품 4. 종량세가 적용되는 물품 5. 다음 각 목의 1에 해당하는 물품으로서 관세청장이 정하는 물품 　가. 상업용으로 인정되는 수량의 물품 　나. 고가품 　다. 당해 물품의 수입이 국내산업을 저해할 우려가 있는 물품 　라. 법 제81조 제4항의 규정에 의한 단일한 간이세율의 적용이 과세형평을 현저히 저해할 우려가 있는 물품 6. 화주가 수입신고를 할 때에 과세대상물품의 전부에 대하여 간이세율의 적용을 받지 아니할 것을 요청한 경우의 당해 물품

간이세율 적용대상	간이세율 적용배제
가. 제1호부터 제3호까지에 해당하지 아니하는 물품 나. 제1호 및 제3호에 불구하고 여행자가 휴대수입하는 물품으로 1인당 과세대상 물품가격의 합산 총액이 미화 1천불 이하인 물품	

(3) 검사목적 시료

「축산물 위생관리법」[75], 「약사법」 또는 「식품위생법」에 따라 권한있는 공무원이 품질·규격의 감정 등 정당한 직무수행을 위하여 제조장에서 수거하는 물품으로서 제조자가 그 사실을 객관적으로 입증하는 것은 소비목적으로 반출한 것이 아니므로 개별소비세를 비과세한다(통칙 2-0…3).

(4) 주세 과세물품

알코올분 1도 이상을 함유하는 물품으로서 「주세법」에 따라 주세(酒稅)가 부과되는 물품은 주세와 개별소비세가 중복으로 과세되지 않도록 개별소비세를 부과하지 아니한다.

> **주세부과 관련법령**
>
> ● **주세법 제4조【과세대상】**
> 주류에 대해서는 이 법에 따라 주세를 부과한다.

---

75) 「인삼사업법」, 「약사법」, 「식품위생법」의 규정에 의하여 관계공무원이 수거하는 인삼제품·자양강장품·청량음료 등에 대해서만 과세하지 아니하고 「축산물가공처리법」에 의하여 수거되는 아이스크림·발효유 등에 대하여는 과세함으로써 형평에 맞지 아니하였기 때문에 「축산물가공처리법」에 따라 수거하는 물품을 추가하여 비과세대상을 확대하였다. (「특별소비세법」 법률 제3475호, 1981. 12. 31., 세법개정)

3 : 과세대상의 판정

과세물품(고급모피와 그 제품, 석유가스 중 부탄, 천연가스 및 담배[76]는 제외한다), 과세장소, 과세유흥장소 및 과세영업장소의 세목(細目)과 종류는 대통령령으로 정한다(법 §1 ⑥). 세법의 위임에 따라 과세물품의 세목(細目)은 「개별소비세법 시행령」 [별표1](p.59~62 참조), 과세장소의 종류는 [별표2](p.47 참고)와 같이 한다(영 §1 전단).

담배의 종류와 세율은 「개별소비세법」 [별표]와 같다(법 §1 ② 6., p.63 참조).

과세유흥장소의 종류는 유흥주점 · 외국인전용 유흥음식점 및 그 밖에 이와 유사한 장소로 하고, 이 때 '그 밖에 이와 유사한 장소'는 「식품위생법 시행령」에 따른 유흥주점과 사실상 유사한 영업을 하는 장소(유흥종사자를 두지 않고, 별도의 춤추는 공간이 없는 장소는 제외한다)를 말한다(영 §1 후단, §2 ③).[77]

과세영업장소의 종류는 「관광진흥법」 제5조 제1항 및 「폐광지역개발 지원에 관한 특별법」 제11조에 따라 허가를 받은 카지노로 한다(영 §1 후단).

과세영업장소 관련법령

○ **관광진흥법 제5조 【정의】**
① 제3조 제1항 제5호에 따른 카지노업을 경영하려는 자는 전용영업장 등 문화체육관광부령으로 정하는 시설과 기구를 갖추어 문화체육관광부장관의 허가를 받아야 한다.

○ **폐광지역개발 지원에 관한 특별법 제11조 【관광진흥법 적용의 특례】**
① 문화체육관광부장관은 폐광지역 중 경제사정이 특히 열악한 지역으로서 대통령령으로 정하는 지역의 한 곳에만 「관광진흥법」 제21조에 따른 허가요건에도 불구하고 같은 법 제5조 제1항에 따른 카지노업의 허가를 할 수 있다. 이 경우 카지노업의 허가를 할 때에는 관광객을 위한 숙박시설, 체육시설, 오락시설 및 휴양시설 등(그 시설의 개발추진 계획을 포함한다)과의 연계성을 고려하여야 한다.

---

76) 「개별소비세법」 제1조 제2항 제2호 나목 1), 같은 항 제4호 바목 · 사목 및 같은 항 제6호
77) 「개별소비세법 시행령」 [시행 2019. 2. 12.] [대통령령 제29532호, 2019. 2. 12. 일부개정] ; 과세유흥장소 범위에서 제외되는 요건을 명확히 규정하였다. (2019. 2. 12. 이후 최초로 유흥음식행위를 하는 분부터 적용)

(1) 과세물품의 판정

과세물품의 판정은 그 명칭이 무엇이든 상관없이 그 물품의 형태·용도·성질이나 그 밖의 중요한 특성에 의한다(법 §1 ⑧). 이는 과세물품을 판정할 때 형식상 명칭이 아닌 그 물품의 실질에 따라 판정한다는 의미일 뿐[78], 세법이나 그 시행령에 모든 과세물품의 명칭 하나하나를 일일이 열거한다는 것이 사실상 불가능하므로 어떠한 물품이 과세물품에 해당하는지 여부를 과세물품에 관하여 정한 관계법령의 규정과 사치성 소비 등 기타 불요불급한 소비의 억제를 중요한 입법목적으로 하고 있는 점 및 당해 물품의 형태, 용도, 성질 기타 중요한 특성 등을 종합 참작하여 합리적으로 판단하여야 한다는 것이다.[79]

따라서 과세물품의 의미에 관하여 원용하는 규정을 두고 있지 않는 경우에는 그 물품의 성분, 형태, 용도, 성질, 그 밖의 특성에 비추어 과세물품 여부를 판정한다.[80]

그러나 세법의 규정 외에 과세물품, 과세장소, 과세유흥장소, 과세영업장소 및 유흥음식 행위의 판정에 필요한 사항은 대통령령으로 정하도록 하고 있고(법 §1 ⑫), 세법의 위임에 따라 과세물품의 세목(細目)과 의미를 「개별소비세법 시행령」 [별표1]에 명시적으로 위임한 경우에는 해당 법령에 따라 판정하여야 한다.

예를 들면, '중유와 유사한 대체유류'는 「개별소비세법」에서 그 의미를 따로 규정하지 않은 채 '「석유 및 석유대체연료 사업법」 제24조 제2항에 따라 산업통상자원부장관이 고시[81] 하는 석유제품 중 부생연료유에 해당되는 것'으로 그 의미를 직접 원용하고 있으므로 부생연료유에 대한 '품질기준' 부분뿐만 아니라 '정의' 부분 역시 개별소비세 과세물품 해당 여부를 판단함에 있어 고려하여야 한다.[82]

---

78) 대법원 선고 2019두35732(2019. 6. 27.)
79) 대법원 선고 2000두3382(2000. 9. 22.) 참조
80) 대법원 선고 84누114(1984. 6. 26., 원심판결 광주고등법원 1984.1.17. 선고 83구30) 참고
81) 「석유제품의 품질기준과 검사방법 및 검사수수료에 관한 고시」(산업통상자원부고시 제2019-67호, 2019. 4. 29.)
82) 대법원 선고 2019두35732(2019. 6. 27.)

| 과세대상 판정 사례 |

과세대상에 해당하는 것	과세대상에 해당하지 아니하는 것
• 하나의 물품을 운반 등의 편의상 미조립 상태로 반출하는 경우	• 룰렛머신 기능을 갖추지 아니한 자동 룰렛 휠만을 수입신고하는 경우
• 양식진주(비과세물품)와 보석 · 귀금속(과세물품)으로 제조된 장신용구는 원가구성비율이 높은 것에 따라 과세대상 여부 판정	• 국외에서 8인승으로 출고된 승용자동차를 「자동차관리법」에 따라 국토교통부장관으로부터 승차정원 9인승으로 형식승인을 받아 수입되는 것
• 백화점 매장에서 물품의 전시 · 보관 등의 목적으로 사용되는 물품 진열장 중 기준가격을 초과하는 것은 과세물품인 고급가구에 해당	• 전자유기기구에 프로그램이 내장된 기판이 장착되지 않은 상태의 물품 또는 기판 그 자체만으로는 과세대상물품이 아님
• 차량연료용으로 제조 · 판매하는 에나멜신나와 소부신나는 휘발유와 유사한 대체유류에 해당	• 시계를 구성하기 위하여 제작된 금제 시곗줄을 A/S를 위하여 「관세법」에 따른 보세구역으로부터 반출하는 경우

해석사례

■ **만화 캐릭터가 삽입된 트럼프류 카드를 수입하는 경우 개별소비세 과세대상인지 여부**

(서면-2017-법령해석부가-1816[법령해석과-2444], 2017.8.31.)

- 트럼프류 카드 앞 · 뒷면에 어린이 만화 캐릭터, 게임 배경화면 등의 그림이 삽입된 트럼프류 카드를 수입하는 경우로서, 해당 트럼프류 카드의 **주된 용도와 기능**이 **어린이 놀이용**인 경우에는 「개별소비세법 시행령」【별표1】에서 규정하는 개별소비세 **과세대상 물품인 트럼프류에 해당하지 아니하는 것**이나, 이에 해당하는지 여부는 트럼프류 카드의 형태 · 용도 · 성질이나 그 밖의 중요한 특성에 따라 사실판단할 사항임.

■ **가구형태의 예술품을 수입신고 시 개별소비세 과세대상 여부**

(환경에너지세제과-452, 2022.9.16.)

- 물품의 주요기능, 물품의 제작자, 해당물품의 전시이력, 관세율표상 품목분류 등을 종합적으로 고려하여 해당 물품이 예술품인 경우에는 개별소비세법 제1조 제2항 제2호 나목 2)의 과세대상이 되지 않는 것이며, 특정물품이 이에 해당하는 지는 사실 판단할 사항임.

관련판례

■ 석유류의 과세물품 판정

(대법원-2019-두-35732, 2019.6.27., 전심 광주고등법원-2018-누-4716, 2019.1.31.)

- 개별소비세법 제1조 제2항 제4호, 같은 법 시행령 [별표1]에 의하면, '중유와 유사한 대체유류'의 의미를 따로 규정하지 않은 채 「**석유 및 석유대체연료 사업법」 제24조 제2항에 따라 지식경제부장관이 고시하는 석유제품 중 부생연료유에 해당되는 것**'으로 **그 의미를 직접 원용**하고 있으므로, 이 사건 고시의 부생연료유에 대한 '**품질기준**' **부분뿐만** 아니라 '정의' 부분 역시 개별소비세 과세물품 해당 여부를 판단함에 있어 고려하여야 하고, 그렇지 않으면 이는 납세의무자에게 불리하게 축소 해석하는 것인바 엄격해석 원칙에 반하게 된다.

- "과세물품의 판정은 그 명칭이 무엇이든 상관없이 그 물품의 형태·용도·성질이나 그 밖의 중요한 특성에 의한다."고 규정하고 있으나, 이는 과세물품에 대한 판정 시 형식상 명칭이 아닌 그 물품의 실질에 따라 판정한다는 의미일 뿐, 이 사건과 같이 과세물품의 의미를 **관련 법령에 명시적으로 위임한 경우**까지 그 관련 법령 규정을 무시한 채 독자적으로 판정하도록 하는 것은 아니고, 또한 이 사건 고시에서 부생 연료유에 관해 '보일러(가정용을 제외한다) 또는 노(Furnace)의 연료로만 사용 (내연기관은 제외한다)하게 할 목적으로 판매하는 것'이라고 정의하는 부분은, 그 **물품의 용도를 정한 것이므로 개별소비세법 제1조 제8항에 의하더라도 이를 고려하는 것이 상당**하다.

- 피고가 원용하고 있는 대법원 1984.6.26. 선고 84누114 판결은 '과세물품의 성분, 형태, 용도, 성질, 그 밖의 특성에 비추어 보면 이는 특별소비세법 제1조 제2항 제4종 제2류 제1호, 같은 법 시행령 제1조 [별표 1]의 제4종 제2류 제1호 소정의 휘발유와 유사한 대체유류에 해당한다'는 취지의 판결로서, 같은 법 시행령 제1조 [별표 1]의 제4종 제2류 제1호는 **휘발유와 유사한 대체유류에 대하여 "석유제품 또는 석유화학 공업제품을 원료로 하여 제조·가공한 것으로서 자동차 및 이에 유사한 가솔린엔진의 연료로 사용되는 유류**를 말한다. 다만, 가스류는 제외한다."고 규정하여 그 의미에 관하여 원용하는 규정을 두고 있지 않은 것이므로, 이 사건과는 사안을 달리한다.

■ 특수 제작되고 용도가 제한적인 냉동고는 특별소비세 과세물품에 해당하지 아니함

(대법원 2000두3382, 2000.9.22.,)[83]

- 어떠한 물품이 특별소비세의 과세물품에 해당하는지 여부는 **과세물품에 관하여 정한 관계법령의 규정과 특별소비세법이 사치성 소비 기타 불요불급한 소비의 억제를 중요한 입법목적으로 하고 있는 점 및 당해 물품의 형태, 용도, 성질 기타 중요한**

---

83) 판결의 대상이 된 냉동고는 1999. 12. 3. 세법개정으로 2000. 1. 1.부터 과세대상에서 제외되었다.

특성(특별소비세법 제1조 제7항) 등을 종합 참작하여 합리적으로 판단하여야 할 것이다(대법원 1987.7.7. 선고 87누268 판결, 1995.4.21. 선고 94누6574 판결 등 참조).

■ 특별소비세 과세대상 여부(대법원 92누5980, 1993.4.27.)

- 모법의 규정 및 입법취지 등에 비추어 위 시행령 규정 소정의 핀볼머신은 사행행위등규제법(1991.3.8. 법률 제4339호로 전문 개정)에 의하여 그 시설기준과 영업방법 등이 규제되고 있는 투전기로서의 핀볼머신을 가리키는 것임이 분명하므로 이 사건 물품이 위 핀볼머신에 해당한다고 보기 위해서는 **물품의 명칭이나 작동방법이** 위 핀볼머신과 **유사할 뿐 아니라 그 구조와 형태 및 용도 등이 기본적으로 그와 동일하여 투전기로서 적합한 것이어야 할 것이다.**

■ 특별소비세 과세물품인 "융단"인지 여부의 판단 기준(대법원 94누6574, 1995.4.21.)

- 관세법 제7조 제1항 별표 **관세율표 소정의 품목분류기준은** 구 특별소비세법 시행령 제1조 [별표1] 소정의 그것과는 그 입법취지를 달리하여 이 사건 특별소비세 과세대상에 해당하는지 여부를 좌우할 **법적 기준이 된다고 볼 수 없다**(당원 1992.12.22. 선고 92누5249 판결 참조).
- 어떤 물품이 특별소비세법 제1조 제2항 제4종 제1류의 융단에 해당하는가는 가사 관세율표등의 개념을 참작하는 경우가 있을 수 있다고 하더라도 그와 꼭 일치하여야 하는 것은 아니고 섬유를 부착, 압착 또는 식모한 카페트와 표면깔개인 섬유매트라는 **특별소비세법 시행령상의 개념에 당해 물품의 형태, 용도, 성질 기타 중요한 특성을 참작하여 결정하여야 하는 것** (중략)
- 그 형태, 성질 등에 비추어 **다른 용도로 사용될 수 있다고** 하더라도 **표면깔대용으로서의 특성을 가지고 있다고** 할 것이므로 위 물품들이 특별소비세법상의 융단인 섬유를 부착, 압착 또는 식모한 카페트와 표면깔개인 섬유매트에 해당된다.

가. 둘 이상의 과세물품에 해당하는 경우

동일한 과세물품이 「개별소비세법」 제1조 제2항의 품목 중 둘 이상에 해당하는 경우에는 그 과세물품의 특성에 맞는 물품으로 취급하되 그 특성이 명확하지 아니한 경우에는 주된 용도로 사용되는 물품으로 취급하고, 주된 용도가 명확하지 아니한 경우에는 높은 세율이 적용되는 물품으로 취급한다(법 §1 ⑨).

> 특성에 맞는 물품 → 주된 용도 → 높은 세율

나. 보석 및 이를 사용한 제품과 귀금속 제품

보석[공업용 다이아몬드, 가공하지 아니한 원석(原石) 및 나석(裸石)은 제외한다], 진주, 별갑(鼈甲), 산호, 호박(琥珀) 및 상아와 이를 사용한 제품(나석을 사용한 제품은 포함한다)과 귀금속 제품(영 별표1 제3호)은 물품에 사용된 원재료의 전부 또는 대부분이 보석·진주·별갑(鼈甲)·산호·호박·상아 또는 귀금속으로 제조된 것으로 한다.

보석, 진주, 별갑, 산호, 호박 및 상아와 이를 사용한 제품과 귀금속 제품의 판정은 물품 원가의 구성비율에 따라 판정함을 원칙으로 하되, 원가구성비율이 같은 경우에는 그 물품에 사용된 원재료의 구성비율이 높은 것에 따라 판정한다(영 §3 1.).

> 원가의 구성비율 → 원재료의 구성비율

다. 과세물품과 비과세물품이 결합된 경우

하나의 물품이 과세물품과 비과세물품으로 결합되어 있는 경우에는 해당 물품의 특성 및 주된 용도에 따라 판정하고, 이에 따라 판정할 수 없는 경우에는 원가가 높은 것에 따라 판정한다(영 §3 3.). 비과세물품의 가격을 과세물품의 판매가격에 포함시켜 반출하는 경우에는 비과세물품의 가격을 포함한 금액을 개별소비세 과세표준으로 한다.

> 특성 및 주된 용도 → 원가가 높은 것

해석사례

■ **음성재생기가 둘 이상의 품목에 해당하는 경우 세율 적용방법**(소비 46430-2944, 1993.12.16.)
- 음성재생기는 2 이상의 품목에 해당하는 과세물품으로서 **그 특성 또는 주용도가 명확하지 아니하므로** 특별소비세법 제1조 제8항(현행 법 제1조 제9항)의 규정에 따라 같은 법 제1조 제2항 제2종 제5호 소정의 세율이 적용되는 것임.
  * 승용차에 전용하여 사용할 목적으로 개발된 복합기능의 단일물품인 음성 재생기가 CDP에 해당하여 높은 세율을 적용하는 것으로 해석한 사례(현재 음성재생기는 비과세물품임)

■ **비과세물품과 과세물품이 결합된 제품**(소비 46430-381, 1999.8.3.)
- 양식진주(비과세물품)와 보석·귀금속(과세물품)으로 제조된 장신용구를 수입·판매하는 경우 특별소비세 과세물품 해당 여부는 특별소비세법 시행령 제3조 제6호(현행 시행령 제3조 제1호)의 규정에 의거 양식진주와 보석·귀금속의 **원가 구성비율이 높은 것**으로 과세대상 여부를 판정하는 것임.

■ **과세물품과 비과세물품의 결합**(소비 46430-212, 1999.4.30.)
- 특별소비세 과세물품을 조립하는 과정에서 비과세물품을 부착하여 반출하는 경우 그 비과세물품의 가격을 과세물품의 판매가격에 포함시켜 **반출**하는 경우에는 **비과세물품의 가격을 포함한 금액을 과세표준으로 하고, 비과세물품을 별개로 반출하는 경우에는 과세표준에 산입하지 아니하는 것**이며, 제조장 이외의 장소에서 판매 목적으로 제조장으로부터 반출한 물품에 **다른 과세물품 또는 비과세물품을 물리적으로 결합하여 그 물품에 새로운 특성과 용도를 부여함으로써 가치증대를 이루는 행위**는 특별소비세법 제5조 제3호(현행 제5조 제1호 나목)의 규정에 의하여 **제조로 보는 경우**에 해당하는 것임.

■ **과세물품에 비과세물품을 부착하는 경우 특별소비세 과세표준**(소비 22641-1441, 1989.10.10.)
- 귀문 "가"의 경우 과세물품인 투전기의 제조자가 비과세물품인 기계설치대, 번호등(표시등)을 구입하여 투전기에 부착하여 반출하거나 투전기와 동시에 반출하는 경우에는 그 가격을 투전기의 특별소비세 과세표준에 합산하는 것이며,
- 제조자가 투전기 본체만 제조하여 반출하는 경우에는 투전기 본체에 대한 반출가격을 특별소비세 과세표준으로 하는 것임.

■ **과세물품과 비과세물품을 1세트로 반출하는 경우 과세표준**(소비 22641-1520, 1989.10.20.)
- 제조장에서 제조한 과세물품에 비과세물품을 합하여 1세트로 포장 반출 시는 그 전체가격을 과세표준으로 하는 것이며, 타제조장에서 구입한 **비과세물품을 과세물품과 별도로 판매**하는 경우 비과세물품 가격은 **과세표준에 포함하지 않는 것**임.

라. 완제품 의제

1) 분해 · 미조립 반출

과세물품이 분해되었거나 미조립(未組立) 상태로 반출(搬出)되는 경우에는 이를 완제품으로 취급한다(법 §1 ⑩). 하나의 물품을 운반 등의 편의상 미조립 상태로 반출하는 경우에는 완제품으로 보아 과세 여부를 판정하며, 과세물품을 구성하는 부분품만을 제조하여 반출하거나 수입하는 경우에는 그 부분품 자체로 과세 여부를 판정한다.

해석사례

■ **미조립 상태로 반출하는 경우 완제품의 반출로 보는 것인지**

(소비 22641 – 2001, 1988.11.24., 소비 22641 – 2001, 1998.2.24. 같은 뜻)

– 특별소비세법 제1조 제9항(현행 제1조 제10항)의 규정에 의하여 과세물품인 승용자동차가 분해되었거나 미조립 상태로 반출하는 경우는, 이를 **완제품의 반출로 보는 것**이나, 반출하는 부분품의 정도가 위에 해당하는지의 여부는 사실 판단할 사항임.

* 해외에 조립공장을 설립하여 승용자동차의 엔진, 기어, 샷시 등의 부품을 미연결 미조립 분리된 부품을 수출하고 현지공장에서 일부 부품을 추가하여 조립 판매하는 경우 수출부품만을 조립 시 자동차로서의 기능 · 용도에 사용할 수 있는지에 따라 판단하여야 한다고 해석

■ **침대의 몸체와 매트리스를 개별로 반출하는 경우 특별소비세 과세 여부**

(소비 22641 – 1962, 1988.11.18)

– 특별소비세 과세물품인 가구류 중 침대는 몸체와 매트리스가 합하여 진 것을 말함.
  가. 제조장에서 몸체 또는 매트리스 한 가지만을 제조하여 반출하는 경우는 당해 부분품은 비과세이나, 동일제조장에서 몸체와 매트리스를 같이 제조하여 각각 개별로 반출하는 경우에는 특별소비세법 제1조 제9항(현행 제1조 제10항)의 규정에 의하여 과세물품인 침대를 **분해하였거나 미조립 상태로 반출하는 것**으로 보아 완제품(과세물품)으로 취급하는 것임.
  나. 매트리스를 타인으로부터 상품으로 구입하여 몸체를 제조하는 자가 제조장에 반입한 후 자기상표, 모델명 등을 표시한 것이면 "제조의 의제"에 해당되는 것이므로 개별로 반출되더라도 위 "가"를 적용하여 **완제품의 반출로 보는 것**임.
  다. 판매장에서 몸체와 매트리스를 다른 제조장에서 각각 구입하여 조립, 판매하는 경우는 특별소비세법 제5조 제3호(현행 제5조 제1호 나목)에 정한 **"제조로 보는 경우"에 해당**하여 과세물품으로 취급하는 것임.

2) 불완전·미완성 상태 반출

과세물품이 불완전 또는 미완성 상태로 반출되는 경우에 해당 물품의 주된 부분을 갖추어 그 기능을 나타낼 수 있는 물품은 완제품으로 취급한다(영 §3 2.).

해석사례

■ **과세물품이 불완전 또는 미완성 상태로 반출되는 경우에 당해 물품의 주된 부분을 갖추어 그 기능을 나타낼 수 있는 물품은 완제품으로 취급함**(소비 12653 – 612, 1982.3.1.)

- 과세물품을 반출함에 있어 **반제품 상태로 3~4개 부분으로 나누어 각 부분마다 각각 다른 시점에서 수회에 걸쳐 수출하는 경우**(신용장 및 수출허가서도 각각 개설됨)에는 **완제품의 반출에 해당되지 아니함.**
- 특별소비세법 시행령 제3조 제4호(현행 시행령 제3조 제2호)의 규정에 의하여 과세물품이 불완전 또는 미완성 상태로 반출되는 경우에 당해 물품의 주된 부분을 갖추어 그 기능을 나타낼 수 있는 물품은 완제품으로 취급함.

■ **수입예정인 메달게임기 케이스가 특별소비세 과세대상 물품인지 여부**

(서삼 46016 – 10315, 2001.9.26.)

- 특별소비세는 원칙적으로 완제품에 대하여 과세를 하는 것이므로 **부품만을 수입하는 경우에는 특별소비세 과세대상이 아니며, 동 부품으로 완제품을 제조하여 제조장에서 반출할 때에** 과세를 하는 것임.
- 다만, 불완전 미완성 상태로 반출하는 경우에 당해 물품의 주된 부품을 갖추어 그 기능을 나타낼 수 있는 물품은 특별소비세법 시행령 제3조 제4호(현행 시행령 제3조 제2호)에 의거 완제품으로 취급하여 과세를 하게 되는 바, 수입하는 물품이 이에 해당하는지 사실 판단할 사항임.

■ **부품만을 수입하는 경우 과세대상이 아니며, 불완전 또는 미완성 상태로 반출하는 경우 주된 부품을 갖추어 그 기능을 나타낼 수 있는 물품은 과세됨**(소비 46430 – 1558, 1997.1.10.)

- 특별소비세는 원칙적으로 완제품에 대하여 과세를 하는 것이므로 **부품만을 수입하는 경우에는 특별소비세 과세대상이 아니며, 동 부품으로 완제품을 제조하여 제조장에서 반출할 때에** 과세를 하는 것임.
- 다만, 불완전 또는 미완성 상태로 반출하는 경우에 당해 물품의 주된 부품을 갖추어 그 기능을 나타낼 수 있는 물품은 특별소비세법 시행령 제3조 제4호(현행 시행령 제3조 제2호)의 규정에 의거 완제품으로 취급하여 과세를 하게 되는 바, 수입하는 물품이 이에 해당하는지는 사실판단할 사항임.

(2) 과세장소의 판정

「개별소비세법」 제1조 제3항은 입장행위(관련 설비 또는 용품의 이용을 포함한다)에 대하여 개별소비세를 부과할 장소로 ① 경마장, ② 경륜장·경정장, ③ 투전기를 설치한 장소, ④ 골프장, ⑤ 카지노를 규정하고 있으며, 그 과세장소가 관계법령에 따라 특별히 세율을 달리하고 있을 뿐 허가받은 것에 한정되는 것은 아니다.

> 🏵 **관련판례**
>
> 📘 **카지노 입장행위의 과세대상**(서울행정법원 2010구합2371, 2010.5.7., 국승)
> - 구 특별소비세법 제1조 제3항 제5호는 입장행위에 대하여 특별소비세를 부과할 장소로서 카지노를 규정하고 있으며, 그 카지노가 관광진흥법 등 관계법령에 따라 **허가받은 것에 한정하고 있지 않고,** 다만 폐광지역개발 지원에 관한 특별법 제11조의 규정에 의하여 허가를 받은 카지노의 경우에는 세율을 달리하고 있으므로, 위 법령상의 특별소비세 부과대상인 '카지노 영업'은 관광진흥법 등 관계법령에 따라 **허가받은 경우에 한정된다고 할 수 없고,** 이와 같은 해석이 조세법률주의원칙상 허용되지 아니하는 행정편의적인 확장해석이나 유추해석은 아니라고 할 것이다.

(3) 과세유흥장소와 과세영업장소의 판정

「식품위생법」, 「관광진흥법」, 그 밖의 법령에 따라 허가를 받지 아니하고 「개별소비세법」의 과세유흥장소 또는 과세영업장소를 경영하는 경우에도 그 장소를 과세대상인 과세유흥장소 또는 과세영업장소로 본다(법 §1 ⑪). 또한 과세유흥장소 또는 과세영업장소 이외의 영업으로 허가를 받고 그 허가업종과 달리 과세유흥장소 또는 과세영업장소에 해당하는 영업행위를 하는 경우에도 과세대상이다.

가. 과세유흥장소의 판정

과세유흥장소의 종류는 유흥주점·외국인전용 유흥음식점 및 그 밖에 이와 유사한 장소로 하고, 이 때 '그 밖에 이와 유사한 장소'는 「식품위생법 시행령」에 따른 유흥주점과 사실상 유사한 영업을 하는 장소(유흥종사자를 두지 않고, 별도의 춤추는 공간이 없는 장소는 제외한다)를 말한다(영 §1 후단, §2 ③).

개별소비세를 부과하는 과세유흥장소는 특정한 장소에서의 유흥음식행위에 대하여 부과하는 것이므로 과세유흥장소 해당 여부는 영업장의 크기에 따라 결정되는 것은 아니다 (집행기준 1-0-5). 유흥음식행위를 하였는지 여부에 따라 판정한다.

> **관련판례**
>
> ■ **유흥음식행위 여부에 따라 과세대상 판정함**(대법원 2008두1658, 2008.3.14.)
>
> - 유흥주점 과세정상화 추진계획은 내부지침일 뿐이며 특별소비세법 제1조 제1항에서 특별소비세는 특정한 장소에서 유흥음식행위에 대하여 부과한다고 규정하고 있으므로 특별소비세의 과세대상인지 여부는 **영업장의 크기에 따라 결정되는 것이 아니라 유흥음식행위를 한 것인지 여부에 따라 결정되는 것인바**, 유흥음식행위를 한 사실에 다툼이 없는 이상 환급신청을 거부한 처분은 잘못이 없는 것으로 판단됨.
>
> ■ **일반음식점 매출액을 유흥주점 매출액으로 볼 수 있는지 여부**
>
> (광주지방법원 2007구합1187, 2007.11.22.)
>
> - 원고가 소득세와 특별소비세를 포탈하기 위하여 위 건물을 6개 부분으로 나누어 3개 부분에 대하여는 유흥주점 영업허가를 받고, 나머지 3개 부분에 대하여는 일반음식점 영업신고를 하기는 했지만, **각 부분별로 독립된 별개의 영업을 한 것이 아니라**, "○○○ 소주방"이라는 상호 하에 **위 건물 전체를 하나의 유흥주점 영업장소로 사용**해 온 점이 인정되므로, 위 "○○○스", "○○○이", "○○○이스" 부분에서 발생한 매출액은 **전체로서의 하나의 유흥주점영업에서 발생한 것**이라 할 것이다. 따라서, 이에 대하여 특별소비세를 부과한 피고의 이 사건 처분은 적법함.

나. 과세영업장소의 판정

과세영업장소의 종류는 「관광진흥법」 제5조 제1항[84] 및 「폐광지역개발 지원에 관한 특별법」 제11조에 따라 허가를 받은 카지노로 한다(영 §1 후단).

과세영업장소로 과세하는 카지노업은 영업장을 갖추고 주사위·트럼프·슬롯머신 등 특정한 기구 등을 이용하여 우연의 결과에 따라 특정인에게 재산상의 이익을 주고 다른 참가자에게 손실을 주는 행위 등을 하는 영업을 말한다(집행기준 1-0-6).

---

84) 제주특별자치도에 카지노업의 허가를 받으려는 경우에는 「제주특별자치도 설치 및 국제자유도시 조성을 위한 특별법」 제243조에 따른다.

4 납세의무자 (법 §3)

① 과세물품을 제조하여 반출하는 자, ② 과세물품을 보세구역에서 반출하는 자, ③ 관세를 징수하는 물품에 대해서 관세를 납부할 의무가 있는 자와 ④ 과세장소·과세유흥장소·과세영업장소의 경영자는 「개별소비세법」에 따라 개별소비세를 납부할 의무가 있다.

「개별소비세법」은 개별소비세의 납세보전을 위해 면세·미납세 물품과 과세사업의 포괄적 양도·양수에 있어 원칙적인 납세의무자가 아닌 자에게 개별소비세의 납세의무를 지우는 경우가 있다.

| 과세대상별 본래의 납세의무자 |

과세대상 구분		개별소비세 납세의무자
과세물품	제조장에서 반출하는 물품	제조하여 반출하는 자
	보세구역에서 반출하는 물품	보세구역에서 반출하는 자
	관세를 징수하는 물품	관세를 납부할 의무가 있는 자
과세장소·과세유흥장소·과세영업장소		과세장소·과세유흥장소·과세영업장소의 경영자

 참고자료

▶ **보석 및 귀금속 제품을 제조하여 판매하는 자**

- 보석 및 귀금속 제품은 「특별소비세법」 제정 당시 '판매하는 자(제조하여 판매하는 자를 포함)'를 납세의무자로 규정하여 다단계과세 체계를 채택하고, 이후 1981년 12월 31일 세법개정으로 단순히 임가공만을 하는 자에 대하여도 납세의무자로 규정하여 특별소비세를 부담하도록 과세를 강화하였다.[85]

- 그러나 보석 및 귀금속에 대한 개별소비세의 과세형평을 고려하여 다른 과세물품과 동일하게 2015년 12월 15일 '과세물품을 판매하는 자'를 삭제하는 세법개정으로 2016년 1월 1일부터 '제조하여 반출한 자'에게만 부과하는 단단계과세 체계로 전환하였다.

---

85) 「특별소비세법」 [시행 1982. 1. 1.] [법률 제3475호, 1981. 12. 31., 일부개정] 이유 ; 보석 및 귀금속 제품을 판매를 하는 자에게 납세의무가 있고 수탁가공만을 하는 자에게는 없기 때문에 대량소비자인 기업체 등 실수요자는 귀금속을 구입하여 귀금속제품을 위탁 가공함으로서 합법적으로 특별소비세를 부담하지 아니하고 사용하는 사례 등을 방지하기 위해 개정한 것이다.

(1) 본래의 납세의무자

가. 과세물품을 제조하여 반출하는 자

과세물품을 제조하여 반출하는 자는 개별소비세 납세의무를 진다.

1) 제조의 의의

'제조'란 「개별소비세법」 제5조의 '제조로 보는 경우' 이외에 재료 또는 원료에 물리적 또는 화학적 변화를 가하여 새로운 과세물품(보석, 귀금속 제품, 고급시계, 고급융단, 고급가방을 제외한다)을 생산하는 행위를 말하며, 그 행위주체 및 행위장소를 불문한다(통칙 4-0…3).

그러나 과세물품을 제조장 외의 장소에서 해당 물품의 특성·형태·용도 등에 실질적인 변화를 가함이 없는 범위 안에서 해당 물품에 부착되어 있는 부분품을 제거 또는 부착하는 단순한 수리행위는 제조에 해당하지 아니한다(통칙 4-0…4 ①).

| 제조의 범위 |

제조에 해당하는 것	제조에 해당하지 아니하는 것
• 구입 또는 채굴한 원유를 일정한 정유시설을 통하여 휘발유·경유 등으로 정제하는 행위	• 천연가스를 단지 수송상의 편의를 위하여 액화하였던 것을 본래의 상태인 기체상태로 환원하는 것
• 가구판매업자가 멜라민 화장판(melamine faced sheet, 장방형 또는 원형의 것)에 금속제의 다리 (통상 4개)를 붙여 식탁 또는 좌탁 등으로 개조하는 행위	• 사용 중이던 승용자동차의 파손된 시트나 문짝을 서비스공장에서 제거하고 새로운 것으로 교체하는 행위
• 고급사진기의 부분품과 부속품을 제조하거나 구입하여 고급사진기를 조립하는 행위[86]	• 중고 과세물품에 도장 또는 단순한 불량 부분을 대체하는 등의 수리행위

2) 제조장의 범위

'제조장'은 '물품을 제조하는 특정 지역과 그 지역 내의 건조물[87]'로 과세물품을 제조하는 자가 그 사업을 영위하거나 영위하기 위한 장소를 말한다(통칙 4-0…5).

제조장이 2필지 이상의 부지가 도로 또는 개울을 사이에 두는 등 직접 연결되어 있지 않다 하더라도 근접한 장소로서 판매·제조·저장 등이 총괄적으로 이루어지는 경우에는 그 부지들은 하나의 제조장에 해당하는 것으로 한다(통칙 4-0…6 ① 참고).

---

86) 고급사진기는 2016. 2. 5.부터 과세대상에서 제외되었다.
87) 대법원 80누8, 1981. 2. 24. 참고

그러나 개별소비세 과세물품의 제조장이 협소하여 인근에 파이프라인으로 직접 연결된 저장탱크를 설치하였다 하더라도, 그 저장탱크는 제조장에 해당한다고 볼 수 없으므로 과세시기는 정유시설이 있는 제조장에서 저장탱크에 반출하는 때가 된다. 따라서 원칙적으로 저유소에서 서로 다른 유류의 혼합 등의 사유가 발생하여 제조에 해당하는 경우에는 저유소가 납세의무자가 되는 것이나, 과세표준 명확화와 신고절차 간소화를 위해 제조자(정유소)를 납세의무자로 하고 '혼유 등이 발생한 때'를 과세시기로 하는 특례규정을 두고 있다.[88]

하나의 판매장 또는 제조장의 부지가 2개 이상의 지방국세청이나 세무서의 관할구역에 위치한 경우에는 주요 시설물·주사무실의 위치를 종합적으로 감안하여 국세청장 또는 지방국세청장이 정하는 지방국세청 또는 세무서의 관할구역 안에 있는 것으로 한다(통칙 4-0…6 ②).

3) 반출의 의의

'반출'이란 법 제6조 제1항에 따라 '반출로 보는 경우' 이외에 과세물품을 제조장으로부터 현실적으로 제조장 이외의 장소로 이동하는 사실행위를 말하며, 반출원인은 매매, 증여, 담보, 단순 저장 등 그 원인의 여하를 불문한다.[89] 따라서 제조장에서 제조한 견본품·광고선전품을 무상으로 반출하는 것과 도난, 횡령으로 소실된 경우에도 반출에 해당한다(통칙 4-0…7).

그러나 통상적인 행위 또는 거래 형태에서 벗어나서 제조장에서 일시적인 방편으로 마련된 장소로 과세물품을 옮긴 것에 불과하다면, 이는 제조장에서 반출한 것으로 볼 수 없다.[90]

| 반출로 보지 않는 경우 예시(통칙 4-0…8) |

〈예시1〉 과세물품이 **제조장 안에서** 천재·지변 또는 화재 등으로 **소멸**된 사실이 명백한 경우
〈예시2〉 과세물품 제조공정에서 발생한 불량품과 포장 및 용량 미달이나 물품보관 중 불량품이 생겨 반출할 수 없게 되어 **제조장 안에서 폐기**한 사실이 명백한 경우

---

88) 저유소에서 혼유 등의 사유가 발생하여 저유소를 납세의무자로 보는 경우에는 정유소에는 기납부 개별소비세를 환급하고 저유소에는 개별소비세 등을 추가 징수하여야 하는 등 납세절차가 복잡해지는 문제가 있으므로 「개별소비세법」 제10조의5에서 과세표준 명확화와 신고절차 간소화를 위해 제조자(정유소)를 납세의무자로 하고 혼유 등이 발생한 때를 과세시기로 하는 특례를 규정하고 있다.
89) 대법원 80누8, 1981. 2. 24. 참조
90) 대법원 2020두51341, 2023. 7. 13.

해석사례

■ **제조장에서 정상 반출 후 보관 중에 화재로 소실된 유류에 대하여 기납부한 교통·에너지·환경세 환급 여부**(소비세과 – 1462, 2019.8.29.)
  - 정유공장(제조장)에서 정상적으로 반출한 과세물품(휘발유·경유)이 보관과정(저유소)에서 화재로 소실되었을 경우 당초 기납부한 교통·에너지·환경세는 환급하지 않는 것임(소비 46430 – 298. 1999.6.16. 같은 뜻).

■ **과세물품이 운반도중 멸실된 경우 환급 여부**(소비 46430 – 298. 1999.6.16.)
  - 정상적으로 제조장에서 출고된 물품은 이미 제조장 반출시점에서 특별소비세 납세의무가 성립된 것임. 따라서 이미 납세의무가 성립된 과세물품이 운반도중에 멸실(또는 파손, 도난, 화재 등)되었다고 하여 이에 부과된 특별소비세가 환급되는 것은 아님.

■ **과세반출된 물품이 운송도중 화재로 전소된 경우**(재조법 12653 – 617, 1984.6.8.)
  - 제조장으로부터 판매장(대리점)에 과세반출한 물품이 판매장(대리점)으로 운송도중 운송차량의 화재로 인하여 전소되어 화재발생지역 관할경찰서장의 화재사실증명(소실내역확인)이 있을 경우라도 면세 또는 미납세 반출한 물품과는 달리 당해 물품에 대해 특별소비세를 비과세하거나, 공제·환급할 수 있는 법규정이 없는 것은 제조장에서 반출함으로써 소비가 확정되는 것이므로 특별소비세를 납부하여야 한다는 것이 특별소비세법의 기본취지임.

관련판례

■ **정유회사의 휘발유 및 경유 등에 대한 특별소비세의 납세의무 발생시기 및 납부세액**
(대법원 80누8, 1981.2.24.)
  - 특별소비세 과세품인 휘발유 및 경유 등(특별소비세법 제1조 제2항 제4종 제2류 물품)의 제조업자는 특별소비세의 납세의무가 있고(위 법 제3조 제2호) 위 세의 과세시기는 위 물품을 제조장으로부터 반출한 때(위 법 제4조)이고, 과세표준은 위 물품을 제조장으로부터 반출한 때의 가격이라고 할 것이고(위 법 제8조 제1항 제2호)
  - 제조장이라 함은 위 물품을 제조하는 특정지역과 그 지역 내의 건조물을 말하는 바 그 부지의 연속 여부를 불문하고 동일한 관리인에 의하여 관리되며 그것이 1개의 제조장이라고 인정되는 실태에 있는 것을 지칭한다고 할 것이며,
  - 반출이라 함은 제조장에서 제조장 밖으로의 반출을 말하며 반출원인은 매매, 증여, 교환, 담보, 단순한 저장 등 그 원인의 여하를 불문하는 바,

- 원심판결 이유에 의하면 원심은 원고 회사는 울산시 고사동에 있는 원고 회사 소영 (所營)의 울산정유공장에서 석유류제품을 제조하고, 울산정유공장에서는 본사로부터 반출지령이 오면 부두반출(선박반출), 돌핀반출, 철도반출, 탱크추럭반출, 송유관반출 등의 방법으로 석유류 제품을 소비자에게 직접 공급하거나 전국 각지에 설영한 저유소 또는 위탁저유소에 수송하여 보관 저장하였다가 수요자에게 공급하고 있으며, 울산정유공장에서 반출할 때마다 반출장에 부착된 계기에 의하여 반출물품별 수량을 계량하고 그 반출시의 실지가격(중략)에 의한 특별소비세 납부세액을 피고에게 신고 납부하여 왔고, 피고 또한 이 사건 부과처분 전까지는 울산정유공장에서 과세물품이 반출한 때의 실지가격에 의한 특별소비세를 원고 회사로부터 징수하여 온 사실, 원고 회사의 저유소 및 위탁저유소는 전국적으로 석유류 제품을 공급하는 원고 회사가 실수요자들에게 적시에 필요한 물량을 원활히 공급하기 위하여 그 제조장인 울산정유공장과는 별도로 피고의 관할 밖의 지역인 서울, 부산, 대구, 대전 등지에 설영한 석유류 제품의 보관 저장시설에 불과한 사실을 인정한 후,
- 본 건 휘발유 및 경유에 관한 특별소비세 과세시기, 과세표준, 제조장 및 반출의 개념 등에 관하여 당원과 같은 견해 하에 그렇다면, 원고 회사의 이건 과세물품에 대한 **특별소비세의 납세의무 발생시기(과세시기)는 그 제조장소인 울산정유공장에서 반출한 때이고, 그 납부세액 또한 그 반출한 때의 가격을 과세표준으로 한 산출세액**이라 할 것이며, 피고가 들고 있는 특별소비세법 및 동법 시행령의 제규정으로써 원고 회사의 특별소비세 납세의무 발생시기가 저유소 등에서 실지로 소비자에게 출고된 때라거나 그 과세표준을 저유소 등에서 소비자에게 실지로 공급한 때의 가격이라고는 도저히 해석이 되지 아니 한다고 판단하고 있는 바, 원심의 위 사실인정 과정에 허물이 없고 원심의 위 판단 또한 정당하다고 할 것이고 원심판결에 소론 위법이 없다.

■ 세법 개정 전 임시물류창고로 반출한 담배와 미납세 반출로 전산처리한 담배의 과세 여부
(대법원 2020두51341, 2023.7.13.)

- 개별소비세의 성격, 개정 후 개별소비세법 부칙 제2조를 비롯한 개정 후 개별소비세법의 입법취지 등에 비추어 볼 때, 이처럼 **제조자가 담뱃세의 인상차액을 얻기 위하여 담뱃세가 인상되기 전에 통상적인 행위 또는 거래 형태에서 벗어나서 제조장에서 일시적인 방편으로 마련된 장소로 담배를 옮긴 것에 불과하다면, 이를 제조장에서 반출한 것으로 볼 수 없다.** 따라서 원고가 이 사건 제1담배를 이 사건 제조공장에서 이 사건 임시창고로 옮긴 때가 아니라, 이 사건 임시창고에서 이 사건 각 물류센터로 옮긴 때 비로소 제조장에서 반출한 것으로 보아야 하므로, 이 사건 제1담배 중 개정 후 개별소비세법이 시행된 2015. 1. 1. 이후에 이 사건 임시창고에서 옮겨짐으로써 제조장에서 반출된 담배에 대하여는 개정 후 개별소비세법을 적용하여 개별소비세를 부과할 수 있다.

- 개별소비세법은 2014.12.23. 개정되기 전부터 미납세반출 제도를 두고 있었고, 제14조 제4항은 반입장소를 제조장으로, 반입자를 납세의무자인 제조자로 본다고 규정하고 있다. 이러한 **미납세반출 제도는 특정한 과세물품에 대하여 개별소비세의 부담이 유보된 상태로 반출하는 것을 허용하는 과세유보조치로서, 개별소비세가 최종소비자를 담세자로 예정하여 과세되는 조세인 점을 감안하여 과세물품의 단순한 보관장소의 변경이나 제조공정상 필요에 의한 반출 등의 경우에는 개별소비세의 부담이 유보된 상태로 반출을 허용함으로써 반출과세 원칙에 따른 문제점을 보완하려는 데 취지가 있다**(대법원 2015.12.23. 선고 2013두16074 판결 참조). 위와 같은 규정의 문언과 입법취지 등에 비추어 보면, 미납세반출한 과세물품의 경우에는 개별소비세법 제14조 제4항에 따라 반입장소가 제조장으로 의제되므로 과세물품을 미납세반출한 때가 아니라 그 과세물품을 반입장소에서 다시 반출하는 때 납세의무가 성립한다고 보아야 한다. (중략)
- 이 사건 제2담배는 구 지방세법 제53조에 따라 미납세반출되었는데, **미납세반출은 반입장소에서 과세물품을 반출하는 시점까지 과세물품에 관한 부과권과 징수권을 포함한 조세채권 일체의 행사를 유예하는 제도에 해당하므로, 반입장소에서 반출하는 시점에 시행되는 법률에 따라 납세의무의 성립 여부와 범위가 정해진다고 보아야 한다.** 원고가 미납세반출한 이 사건 제2담배를 반입장소인 이 사건 각 물류센터에서 다른 장소로 현실적으로 반출하지 않은 이상 반출된 것처럼 전산시스템에 입력을 하였다 하여 그 무렵에 납세의무가 성립하였다고 볼 수는 없다.
- 결국 이 사건 제2담배는 2015.1.1. 이후에 제조장으로 의제되는 반입장소인 이 사건 각 물류센터에서 반출되었으므로, 그 반출시점에 시행되는 개정 후 개별소비세법에 따라 개별소비세를 부과할 수 있다고 보아야 한다.

4) 거래유형별 납세의무자

ⓐ 제조물품의 일시보관 후 반출

과세물품을 제조장에서 반출하여 개별소비세를 납부하고 물류회사에 보관한 후 납품처에 입고하는 경우 개별소비세 반출처는 실제 거래처로 본다(집행기준 3-0-1).

해석사례 ◉

■ **과세물품 반출시 반출처는 물류회사가 아닌 실제 납품처임**(소비 46430-2251, 1996.10.28.)
- 특별소비세 과세대상 물품을 제조장에서 반출하면서 특별소비세를 납부한 경우 반출처는 **실제 거래처**로 하는 것임.

ⓑ 수탁가공

원재료의 일부 또는 전부를 제공하여 과세물품의 제조를 위탁하는 경우에는 그 수탁자를 제조자로 보아 「개별소비세법 시행령」 제8조(제조장에서 반출하는 물품의 가격 계산)를 적용한다(영 §9 ②).

과세물품(보석 및 귀금속제품은 제외한다)을 수탁받아 제조하는 경우에 해당 물품에 대한 납세의무자는 수탁자가 되며 이 경우 과세표준계산은 영 제8조 제12호(현행 제8조 제1항 제10호)에 따른다(통칙 3-0…2 ①). 이 경우 납세지는 과세물품을 제조·가공하여 반출하는 장소이고, 과세표준은 시행령 제8조 제1항 제10호에 따라 그 물품을 인도한 날에 위탁자가 실제로 판매하는 가격에 상당하는 금액으로 한다.

> **해석사례**
>
> ■ **제조장 이외의 장소에서 과세물품을 제조·설치 시 영업주가 원재료를 구입하고, 설치용역만 타인에게 의뢰 시 당해 영업주가 납세의무자가 됨**(재소비 46430-1980, 1996.9.20.)
> - 과세물품이 불완전 또는 미완성 상태로 반출되는 경우에 당해 물품의 주된 부분을 갖추어 그 기능을 나타낼 수 있는 물품은 완제품으로 취급하는 것인 바, 귀 질의 물품과 같이 전자유기기구에 프로그램이 내장된 기판이 장착되지 않은 상태의 물품이거나, 기판 그 자체만으로는 과세대상 물품이 아닌 것이며, 또한 제조장 이외의 장소에서 과세물품을 제조 설치함에 있어 영업주가 원재료를 구입하고 **설치용역만 타인에게 의뢰**하는 경우에는 **당해 영업주, 설치자가 원재료를 공급**하여 설치하는 경우에는 **당해 설치자가 납세의무자**가 되는 것임.

ⓒ 수탁가공 후 미납세 반입한 물품의 재반출

원료를 공급받거나 위탁 공임만 받고 제조한 물품을 제조장에서 위탁자의 제품 저장창고에 미납세 승인을 받아 반출한 물품으로서 위탁자(반입자)에게 미납세 반출한 후, 위탁자(반입자)가 같은 물품을 다시 반출하는 경우에는 위탁자(반입자)가 납세의무자가 된다(통칙 3-0…2 ② 참고).

ⓓ 제조의제

제조장 이외의 장소에서 과세물품(중고품을 포함한다)의 가치를 증대하는 것이 법 제5조에서 규정하는 '제조로 보는 경우'에 해당하는 경우로서 ① 사업자가 주요 재료(부분품)를 매입한 후, 제조용역만을 타인에게 의뢰한 경우에는 당해 사업자를 납세의무자로 본다. ② 주요재료(부분품)와 설치용역을 같이 제공하는 경우에는 당해 제조용역제공자를 납세의무자로 본다(통칙 3-0…3).

해석사례

■ 임가공업체가 수탁제조물품을 반출하면서 신고·납부하지 않고 미납세반출 승인신청도 하지 않은 경우 납세의무(조심-2019-서-1372, 2019.9.30.)
- 수탁자의 임가공행위는 원피에 물리적, 화학적 변화를 가하여 모피제품이라는 새로운 과세물품을 생산하는 행위로서 위탁자의 검수 여부에 관계없이 「개별소비세법」상 제조에 해당하는 반면,
- 위탁자가 수행하는 검수는 임가공을 거친 모피제품에 아무런 물리적, 화학적 변화를 가하지 아니하므로 「개별소비세법」 상의 제조에 해당한다고 보기 어려운 점, 「개별소비세법 시행령」 제8조 제10호에서는 **수탁가공한 물품에 대한 과세표준을 수탁자가 인도하는 시점의 당해 물품의 가격으로 하지 않고, 그 물품을 인도한 날에 위탁자가 실제로 판매하는 가격에 상당하는 금액으로 하도록 규정하고 있는 점,** 청구인들은 모피제품을 납품하는 과정에서 관할 세무서에 미납세반출을 신청하거나 승인 받은 사실이 없는 점 등에 비추어
- **수탁자들을 이 건 개별소비세 납세의무자에 해당**한다고 보아 위탁자인 ○○○가 ○○○ 등을 통하여 판매한 최종 판매가격에서 수수료 상당액을 차감한 금액을 「개별소비 세법 시행령」 제8조 제10호의 위탁자가 실제로 판매하는 가격에 해당하는 것으로 하여 과세한 이 건 처분은 달리 잘못이 없음.

나. 과세물품을 보세구역에서 반출하는 자

「관세법」에 따라 관세를 납부할 의무가 있는 자로서 과세물품을 「관세법」에 따른 보세구역에서 반출하는 자는 개별소비세 납세의무를 진다. 보세구역을 통해 수입하는 물품과 보세구역에서 제조한 물품을 국내로 반출하는 경우에는 개별소비세의 사무관할을 규정한 법 제28조에 따라 세관장이 보세구역에서 반출하는 자로부터 개별소비세를 징수한다. '보세구역에서 반출하는 자'는 「관세법」의 규정에 따라 관세를 납부할 의무가 있는 해당 수입물품의 화주를 말한다(관세법 §19 ①).

화주가 불분명할 때에는 다음의 어느 하나에 해당하는 자가 납세의무자가 된다.

1. 수입을 위탁받아 수입업체가 대행수입한 물품인 경우: 그 물품의 수입을 위탁한 자

2. 수입을 위탁받아 수입업체가 대행수입한 물품이 아닌 경우: 상업서류에 적힌 물품 수신인

3. 수입물품을 수입신고 전에 양도한 경우: 그 양수인

다. 관세를 납부할 의무가 있는 자

보세구역에서 반출하는 경우 외에 관세를 징수하는 물품에 대해서는 그 관세를 납부할 의무가 있는 자를 개별소비세의 납세의무자로 한다. 보세구역에서 반출하는 경우 외에 「관세법」 제19조에 따라 관세를 납부할 의무가 있는 자는 다음과 같다.

1. 선박용품 또는 항공기용품, 국제무역선 또는 국제무역기 안에서 판매하는 물품 또는 원양어선에 무상으로 송부하기 위하여 반출하는 물품으로서 외국으로부터 우리나라에 도착한 외국물품이 하역 또는 환적허가의 내용대로 운송수단에 적재되지 아니한 경우(「관세법」 제143조 제6항(제151조 제2항에 따라 준용되는 경우를 포함한다))로서 관세를 징수하는 물품인 경우에는 하역허가를 받은 자

2. 보세구역에서 장치된 물품의 현상을 유지하기 위하여 필요한 보수작업과 그 성질을 변하지 아니하게 하는 범위에서 포장을 바꾸거나 구분·분할·합병을 하거나 그 밖의 비슷한 보수작업이 곤란하다고 세관장이 인정하여 기간과 장소를 지정받아 보세구역 밖에서 보수작업을 함에 따라 「관세법」 제158조 제7항에 의해 관세를 징수하는 물품인 경우에는 보세구역 밖에서 하는 보수작업을 승인받은 자

3. 보세구역에 장치된 외국물품이 멸실되거나 폐기되어 「관세법」 제160조 제2항에 따라 관세를 징수하는 물품인 경우에는 운영인 또는 보관인

4. 보세공장 외에서 외국물품을 원료 또는 재료로 하거나 외국물품과 내국물품을 원료 또는 재료로 하여 제조·가공하거나 그 밖에 이와 비슷한 작업을 할 수 있도록 하는 지정된 기간이 지난 경우 해당 공장 외 작업장에 허가된 외국물품이나 그 제품이 있어 「관세법」 제187조 제7항(제195조 제2항 또는 제202조 제3항에 따라 준용되는 경우를 포함한다)에 따라 관세를 징수하는 물품인 경우에는 보세공장 외 작업, 보세건설장 외 작업 또는 종합보세구역 외 작업을 허가받거나 신고한 자

5. 보세운송의 신고를 하거나 승인을 받아 보세운송하는 외국물품이 지정된 기간 내에 목적지에 도착하지 아니하여 「관세법」 제217조에 따라 관세를 징수하는 물품인 경우에는 보세운송을 신고하였거나 승인을 받은 자

6. 수입신고가 수리되기 전에 소비하거나 사용하는 물품(「관세법」 제239조에 따라 소비

또는 사용을 수입으로 보지 아니하는 물품은 제외한다)인 경우에는 그 소비자 또는 사용자

7. 수입신고 전의 물품을 즉시 반출하기 위해 세관장에게 지정된 기간 내에 수입신고를 하지 아니하여 「관세법」 제253조 제4항에 따라 관세를 징수하는 물품인 경우에는 해당 물품을 즉시 반출한 자

8. 우편으로 수입되는 물품인 경우에는 그 수취인

9. 도난물품이나 분실물품인 경우에는 다음에 규정된 자

   ① 보세구역의 장치물품(藏置物品): 그 운영인 또는 「관세법」 제172조 제2항에 따른 화물관리인

   ② 보세운송물품: 보세운송을 신고하거나 승인을 받은 자

   ③ 그 밖의 물품: 그 보관인 또는 취급인

10. 「관세법」 또는 다른 법률에 따라 따로 관세의 납세의무자로 규정된 자

11. 위 이외의 물품인 경우에는 그 소유자 또는 점유자

라. 과세장소의 경영자

① 경마장, ② 경륜장·경정장, ③ 투전기를 설치한 장소, ④ 골프장 및 ⑤ 카지노의 과세장소 경영자는 과세장소 입장자로부터 개별소비세를 징수하여 납부할 의무가 있다.

마. 과세유흥장소의 경영자

과세유흥장소의 경영자는 과세유흥장소에서 유흥음식 행위를 하는 자로부터 개별소비세를 징수하여 납부할 의무가 있다.

바. 과세영업장소의 경영자

「관광진흥법」과 「폐광지역 개발 지원에 관한 특별법」에 따라 허가받은 카지노 경영자는 카지노 영업행위에 대하여 개별소비세를 신고·납부할 의무가 있다.

(2) 예외적 납세의무자

본래의 납세의무를 부담하는 과세물품의 제조·반출자 또는 수입자, 과세장소·과세유흥장소·과세영업장소의 경영자가 아닌 경우에도 면세·미납세 물품 및 과세영업에 대한 개별소비세의 납세보전을 위해 다음에 해당하는 자를 납세의무자로 본다.

> 가. 미납세물품 반입자(§14 ④, ⑤)
> 나. 수출 및 주한외국군 면세물품의 반입자, 양수자 및 소지자(§15 ③, ④)
> 다. 외교관면세물품의 양수자 및 소지자(§16 ②)
> 라. 외국인 전용 판매장 면세물품의 반입자, 구입자 및 소지자(§17 ②, ⑤, ⑥)
> 마. 조건부 면세물품 반입자 및 용도위반자(§18 ③~⑥)
> 바. 면세담배의 처분자(§20의3 ②)
> 사. 과세 영업의 포괄적 승계인(§24 ①)

가. 미납세물품 반입자(법 §14 ④, ⑤)

과세물품을 반출할 때 세액의 부담을 유보하는 미납세반출 승인을 받아 물품을 반입한 경우에는 해당 물품의 반입 장소를 제조장으로 보고, 반입자를 제조자로 본다.

미납세물품을 반입 장소에 반입한 자는 반입한 날이 속하는 분기의 다음 달 15일(담배 또는 에너지물품은 반입한 날이 속하는 달의 다음 달 15일)까지 반입 사실을 반입지 관할 세무서장 또는 세관장에게 신고하여야 한다.

미납세반출은 반입장소에서 과세물품을 반출하는 시점까지 과세물품에 관한 부과권과 징수권을 포함한 조세채권 일체의 행사를 유예하는 제도로, 반입장소에서 반출하는 시점에 시행되는 법률에 따라 납세의무의 성립 여부와 범위가 정해지며, 반입자는 납세의무자로서 반입 장소에서 반출하는 미납세 물품의 과세 또는 면세 여부에 따라 세법상 제반의무를 이행하여야 한다.

다만, 미납세반출자와 그 반출된 물품을 반입한 자가 동일한 사업자인 경우에는 해당 물품을 반입지에서 판매 또는 반출할 때 반입자를 제조자로 보는 규정(법 §14 ④)에도 불구하고 미납세반출자가 해당 물품에 대한 개별소비세를 관할 세무서장 또는 세관장에게 신고·납부할 수 있다(법 §10의4).[91]

---

91) 「개별소비세법」 [시행 2012. 1. 1.] [법률 제11120호, 2011. 12. 31. 일부개정] 이유 참고: 납세편의를 위하여 미납세반출 시 반입자와 반출자가 같은 사업자인 경우에는 반입자를 대신하여 반출자가 신고·납부할 수 있도록 하여 행정절차를 간소화하고 납세편의를 제고하였다. 미납세 반출한 물품의 신고·납부 주체와 관할 세무서의 변경에 한정하여 개정하였다. (2012. 1. 1. 이후 최초로 재판매·재반출하는 분부터 적용)

> **관련판례**
>
> ■ **세법 개정 전 임시물류창고로 반출한 담배와 미납세 반출로 전산처리한 담배의 과세 여부**
> (대법원 2020두51341, 2023.7.13.)
>
> - 미납세반출 제도는 특정한 과세물품에 대하여 개별소비세의 부담이 유보된 상태로 반출하는 것을 허용하는 과세유보조치로서, 개별소비세가 최종소비자를 담세자로 예정하여 과세되는 조세인 점을 감안하여 과세물품의 단순한 보관장소의 변경이나 제조공정상 필요에 의한 반출 등의 경우에는 개별소비세의 부담이 유보된 상태로 반출을 허용함으로써 반출과세 원칙에 따른 문제점을 보완하려는 데 취지가 있다 (대법원 2015. 12. 23. 선고 2013두16074 판결 참조). 위와 같은 규정의 문언과 입법취지 등에 비추어 보면, 미납세반출한 과세물품의 경우에는 개별소비세법 제14조 제4항에 따라 반입장소가 제조장으로 의제되므로 과세물품을 미납세반출한 때가 아니라 그 과세물품을 반입장소에서 다시 반출하는 때 납세의무가 성립한다고 보아야 한다. (중략)
> - 이 사건 제2담배는 구 지방세법 제53조에 따라 미납세반출되었는데, 미납세반출은 반입장소에서 과세물품을 반출하는 시점까지 과세물품에 관한 부과권과 징수권을 포함한 조세채권 일체의 행사를 유예하는 제도에 해당하므로, 반입장소에서 반출하는 시점에 시행되는 법률에 따라 납세의무의 성립 여부와 범위가 정해진다고 보아야 한다.

나. 수출 및 주한외국군 면세물품의 반입자, 양수자 및 소지자 (법 §15 ③, ④)

과세물품을 수출하기 위해 개별소비세를 면제받은 물품을 반입하는 자에 대해서는 대통령령으로 정하는 일정한 사유가 발생한 경우에 그 반입자로부터 개별소비세를 징수한다. 그러나 현행 대통령령은 반입자로부터 개별소비세를 징수하는 사유를 정하고 있지 않다.

우리나라에 주둔하는 외국군대에 납품하기 위해 개별소비세를 면제받은 물품을 영 제22조 제1항에 따라 면제의 승인을 받은 날부터 5년 내에 타인에게 양도한 경우에는 이를 양수한 자가, 타인이 소지한 경우에는 이를 소지한 자가 반출 또는 수입신고를 한 것으로 보아 개별소비세를 징수한다.

다. 외교관면세물품의 양수자 및 소지자 (법 §16 ②)

주한외교공관 등에서 공용품 등으로 사용하기 위해 개별소비세를 면제받아 수입하거나 제조장에서 구입한 물품을 면세 승인을 받은 날부터 3년 내에 타인에게 양도한 경우에는 이를 양수한 자가, 타인이 소지한 경우에는 이를 소지한 자가 반출 또는 수입신고를 한 것으로 보아 개별소비세를 징수한다.

다만, 개별소비세를 면제받은 물품 중 자동차에 대해서는 주한외교관 등이 이임(移任)하는 등 부득이한 사유가 있는 경우로서 외교부장관이 해당 사유를 증명하는 서류를 첨부하여 「외교관등 면세차량 개별소비세 징수 면제 [승인신청 · 승인]서」(시행규칙 제11호의2 서식)에 따라 관할 세무서장 또는 세관장의 승인을 받은 경우에는 개별소비세를 징수하지 아니한다(영 §23 ②).[92] 이는 해당 국가에서 우리나라의 공관 또는 외교관에게 이와 동일하게 면제된 개별소비세를 징수하지 아니하거나 해당 국가에 우리나라의 개별소비세나 이와 유사한 성질의 조세가 없는 경우로 한정하여 적용한다.

외교관면세 자동차에 대해 양도하거나 소지하는 경우에도 개별소비세를 징수하지 아니하는 부득이한 사유는 다음과 같다(영 §25의2).

1. 법 제16조 제1항 제2호에 따른 주한외교관등이 본국이나 제3국으로 이임하는 경우
2. 주한외교관등의 직무가 종료되거나 직위를 상실한 경우
3. 주한외교관등이 사망한 경우
4. 법 제16조 제1항 제1호에 따른 주한외교공관등이 우리나라와의 외교관계 단절 등으로 인하여 폐쇄되는 경우

라. 외국인 전용 판매장 면세물품의 반입자, 구입자 및 소지자(법 §17 ②, ⑤, ⑥)

관할 세무서장이 지정하는 외국인 전용 판매장에서 비거주자(非居住者) 또는 국내에 주소나 거소(居所)를 둔 주한외교관 등에게 판매할 목적으로 그 판매장에 과세물품을 면세 승인을 받아 반입한 경우에는 해당 물품의 반입 장소를 제조장으로 보고, 반입자를 제조자로 본다.

외국인 전용 판매장에 면세물품을 반입 장소에 반입한 자는 반입한 날이 속하는 분기의 다음 달 15일(담배 또는 에너지물품은 반입한 날이 속하는 달의 다음 달 15일)까지 반입 사실을 반입지 관할 세무서장 또는 세관장에게 신고하여야 한다.

---

92) 「개별소비세법」 [시행 2015. 1. 1.] [법률 제12846호, 2014. 12. 23. 일부개정] 이유 참고: 주한외교관 등이 개별소비세를 면제받은 자동차를 불가피하게 양도 제한기간 내에 처분하는 경우에는 상호주의 원칙을 고려하여 개별소비세를 징수하지 아니하도록 하되, 해당 국가에서 우리나라의 공관 또는 외교관에게 이와 동일하게 면제된 개별소비세를 징수하지 아니하거나 해당 국가에 우리나라의 개별소비세나 이와 유사한 성질의 조세가 없는 경우로 한정하여 이 제도를 적용한다(2015. 4. 1.부터 시행, 2015년 4월 1일 당시 면세 승인을 받은 자동차로서 2015년 4월 1일 이후 타인에게 양도하거나 타인이 소지한 경우에도 적용한다).

이에 따라 해당 물품의 개별소비세 과세 여부와 징수 여부는 반입자가 면세물품을 외국인 전용 판매장에서 다시 반출할 때 결정되며, 반입자는 납세의무자로서 반입 장소에서 반출하는 면세물품의 과세 또는 면세 여부에 따라 세법상 제반의무를 이행하여야 한다.

외국인 전용 판매장에서 개별소비세가 면제되는 물품을 구입한 자가 출국 당시 그 물품을 소지하지 아니한 경우에는 그 구입자로부터 개별소비세를 징수한다.

또한 개별소비세를 면제받아 반입된 물품을 해당 판매장에서 구입할 수 없는 자가 소지한 경우에는 그 소지자로부터 개별소비세를 징수한다. 다만, 해당 경영자나 구입자로부터 개별소비세를 징수한 사실이 확인된 경우에는 그러하지 아니하다.

마. 조건부 면세물품 반입자 및 용도위반자(법 §18 ③~⑥)

1) 조건부 면세물품 반입자

조건부 면세를 적용받아 과세물품을 반입장소에 반입한 자는 반입한 날이 속하는 분기의 다음 달 15일(담배 또는 에너지물품은 반입한 날이 속하는 달의 다음 달 15일)까지 반입 사실을 반입지 관할 세무서장 또는 세관장에게 신고하여야 한다.

그러나 조건부 면세물품으로서 「개별소비세법 시행령」 제20조 제1항에 따라 반입지에 반입한 사실을 증명하지 아니한 것에 대해서는 관할 세무서장 또는 세관장이 그 반출자 또는 수입 신고인으로부터 개별소비세를 징수한다.

2) 조건부 면세 용도위반자

조건부 면세 승인을 받아 반입한 물품으로서 반입지에 반입된 후에 면세를 받은 물품의 용도를 변경하는 등의 사유가 발생하는 경우에는 반입자는 그 사유가 발생한 날이 속하는 분기의 다음 달 25일까지(에너지물품과 담배는 그 사유가 발생한 날이 속하는 달의 다음 달 말일까지) 과세표준 신고서를 반입지 관할 세무서장 또는 세관장에게 제출하고 개별소비세를 납부하여야 한다.

3) 조건부 면세 승용자동차의 용도위반자

조건부 면세 승용자동차의 경우 반입자는 용도변경, 양도뿐만 아니라 동일인 또는 동일 법인에 대여한 기간의 합이 6개월을 초과하는 경우에도 그 초과하는 날이 속하는 분기의 다음 달 25일까지 과세표준 신고서를 반입지 관할 세무서장에게 제출하고 면제받은 개별소비세 전액을 납부하여야 한다.

다만, 조건부 면세 승용자동차의 구입일부터 3개월 이내의 기간 동안 동일인 또는 동일 법인에 대여한 사실이 없는 경우에는 동일인 또는 동일 법인에게 최초로 대여한 날에 용도변경이 된 것으로 보아 「용도변경 등으로 세액을 징수하는 승용자동차에 대한 가격 계산방법 등 고시」(국세청 고시 제2021-1호, 2021.2.26.)에 따라 납부할 개별소비세액을 계산한다.

바. 면세담배의 처분자(법 §20의3 ②)

개별소비세를 면제받은 담배를 반출한 후 해당 용도에 사용하지 아니하고 매도, 판매, 소비와 그 밖의 처분을 한 경우에는 그 처분을 한 자로부터 개별소비세를 징수한다.

사. 과세 영업의 포괄적 승계인(법 §24 ①)

제조장 또는 과세장소·과세유흥장소·과세영업장소를 사실상 이전하지 아니하고 해당 영업을 포괄승계(包括承繼)하는 경우 승계인은 피승계인(被承繼人)에게 속하였던 권리·의무를 승계하여 납세의무자가 된다. 미납세 또는 면세로 물품을 반입한 자에 대해서도 영업을 포괄 승계하는 경우에는 피승계인(被承繼人)에게 속하였던 권리·의무를 승계하여 납세 의무자가 된다.

「개별소비세법」에서는 '포괄적 사업양도'가 명시적으로 언급되어 있지 않고, 「부가가치세법」 제10조 및 같은 법 시행령 제23조에 그 개념이 규정되어 있다. 이는 부가가치세 과세대상으로서의 재화의 공급으로 보지 않는 사업 양도로서 '사업에 관한 모든 권리와 의무를 포괄적으로 승계시키는 것'을 의미한다.

구체적으로 '포괄적 사업양도'란 사업장별로 사업용 재산을 비롯한 물적·인적 시설 및 권리·의무 등을 포괄적으로 양도하여 사업의 동일성을 유지하면서 경영주체만을 교체시키는 것을 말한다(서울고등법원 2010누16020, 2011.2.10. 판결 참조).

「개별소비세법」에 따라 과세 영업의 포괄적 승계인이 승계하는 권리·의무의 범위는 다음과 같다(법 §24).

1. 과세표준의 신고·납부, 가산세 납부 등의 의무
2. 법 제20조에 따른 공제와 환급에 관한 권리·의무
3. 장부의 비치·기록의 의무
4. 미납세(未納稅) 또는 면세로 반입된 물품으로서 사후관리를 받고 있는 것에 관한 권리·의무

해석사례

■ **포괄적 사업양도로 별도의 면세승인절차를 거치지 않은 경우 개별소비세 과세대상인지의**
여부(적부 – 국세청 – 2020 – 0212, 2021.4.23.)

- 사업의 양도·양수 계약에 의한 권리·의무의 이전이 **포괄적 사업양도에 해당하는지**
여부는 고객 신뢰 보호 필요, 자산의 효율적 관리 등 청구법인의 주관적 사정에 의해
결정될 것은 아니고, 계약의 내용과 이행 형태 등에 의해 객관적으로 판단되어야
할 것이다.
- 쟁점계약에 따른 자산의 이전 형태를 보면, 영업 양도일인 2019.12.31. 이후 렌터
카계약 해지 당시의 차령이 3년 이상인 차량은 향후에도 양도가 예정되어 있지 않은
것으로 보이는데, 이러한 차량들은 청구법인이 보유하던 렌터카 차량의 상당 부분을
차지한다.
- 또한, 당해 차량들은 영업 양도일 현재 「부가가치세법 시행령」 제23조, 같은 법 시행규칙
제16조, 「법인세법 시행령」 제49조 제1항에서 규정하고 있는 "업무에 직접 사용하지
아니하는 자동차"라고 보기 어려워, 포괄적 사업양도 여부의 판단에서 제외되어야
할 자산이라고 할 수 없다.
- 그리고 청구인은 적어도 단기렌터카사업에 대하여는 포괄적 사업양도에 해당
한다고 주장하고 있으나, 「부가가치세법 시행령」 제23조가 '사업장별'로의 승계를
전제로 사업 양도를 정의하고 있음을 고려할 때, 동일한 사업장에서 이루어지던
하나의 사업을 청구인의 주장과 같이 임의로 나누어 판단할 근거는 없다.
- 따라서 본 건 사업양도를 포괄적 사업양도로 보기는 어렵다.

(3) 반입지에서 판매 또는 반출한 미납세물품의 신고·납부특례(법 §10의4)

미납세반출(법 §14 ①) 및 담배에 대한 미납세반출 특례규정(법 §20의3)에 따라 개별소비세를
납부하지 아니하고 반출 등을 한 자(미납세반출자)와 그 반출된 물품을 반입한 자가 동일한
사업자인 경우에는 해당 물품을 반입지에서 판매 또는 반출할 때 반입자를 제조자로 보는
규정(법 §14 ④)에도 불구하고 미납세반출자가 해당 물품에 대한 개별소비세를 관할 세무서장
또는 세관장에게 신고·납부할 수 있다.[93]

---

93) 「개별소비세법」 [시행 2012. 1. 1.] [법률 제11120호, 2011. 12. 31. 일부개정] 이유 참고; 납세편의를 위하여
미납세반출 시 반입자와 반출자가 같은 사업자인 경우에는 반입자를 대신하여 반출자가 신고·납부할 수
있도록 하여 행정절차를 간소화하고 납세편의를 제고하였다. 미납세반출한 물품의 신고·납부 주체와 관할
세무서의 변경에 한정하여 개정하였다. (2012. 1. 1. 이후 최초로 재판매·재반출하는 분부터 적용)

미납세반출자가 반입지에서 판매 또는 반출한 물품에 대하여 개별소비세를 신고·납부하려는 경우에는 과세표준 신고를 할 때 「미납세반출 특례 신청서」, 「미납세반출 특례 신청인의 반입지 명세서」(시행규칙 제8호의3 서식)와 「반입지별 과세표준 신고서」를 첨부하여 미납세반출자의 관할 세무서장에게 제출하여야 한다.

다만, 「미납세반출 특례 신청서」는 처음으로 특례에 따라 과세표준을 신고할 때 제출하여야 하며, 이미 제출한 내용이 변경되거나 특례를 적용받지 아니하려는 경우에는 이를 다시 제출하여야 한다. 「미납세반출 특례 신청서」를 받은 관할 세무서장은 반입지 관할 세무서장에게 그 사실을 통지하여야 한다(영 §16의4 단서).

(4) 저유소 혼유 과세특례에 따른 납세의무자(법 §10의5)

정유소에서 저유소까지 같은 송유관을 이용하여 서로 다른 종류의 유류를 송유할 때 저유소에서 혼유[94]가 발생하는 경우 원칙적으로 제조행위에 해당되어 제조장인 저유소가 개별소비세 및 교통·에너지·환경세의 납세의무자로서 과세표준과 세액을 신고·납부하여야 한다. 그러나 저유소에서 발생하는 혼유 및 첨가제의 혼합에 대해 정유소에서 개별소비세 등을 정산하였던 기업실무와 납세편의를 고려하여 정유소가 저유소의 혼유에 대해 신고·납부할 수 있도록 허용하는 특례를 두고 있다.[95]

예를 들면, 등유 1ℓ가 경유에 혼합되어 경유로 판매하는 경우 등유(기본세율 기준 개별소비세 90원, 교육세 14원)와 경유(기본세율 기준 교통·에너지·환경세 340원, 교육세 51원)의 세금차액(287원)을 저유소가 아닌 정유소에서 추가 납부할 수 있도록 한 것이다.

대법원은 혼유를 저유소에서 새로이 제조하는 것으로 보아 저유소가 납세의무자, 납세의무 성립시기, 납세지(관할 세무서) 등에 해당한다(2010두4452, 2011.4.14.)고 판시하였으나, 저유소를 납세지로 하여 혼유에 대한 개별소비세를 신고·납부할 경우에 발생하는 다음과 같은 문제점을 해소하고 과세표준 명확화와 신고절차 간소화를 위해 정유소가 저유소 혼유와 첨가제에 대하여

---

94) 석유정제업자(제조장·저장시설)의 석유제품 품질 보정행위로 보아 가짜석유 제품으로는 보지 않는다. (석유 및 석유대체연료사업법 §29 ② 2.)

95) 「개별소비세법」 [시행 2012. 1. 1.] [법률 제11120호, 2011. 12. 31. 일부개정] 이유 참고: 유류의 수송과정의 특성상 저유소에서 서로 다른 유류가 혼합되는 등의 사유가 발생하는 경우에는 당초 제조자 등이 혼합된 유류에 대한 개별소비세의 납부의무자가 되도록 하는 등 납세편의를 위한 특례를 신설하였다. 2012. 1. 1. 이후 최초로 저유소에 반입되는 혼유 및 혼합되는 첨가제 분부터 적용한다.

신고·납부할 수 있도록 하는 특례를 신설하였다.

1. 저유소를 납세의무자로 보는 경우에는 정유소에는 기납부 개별소비세를 환급하고 저유소에는 교통·에너지·환경세 등을 추가 징수하여야 하므로 납세절차가 복잡하다.
2. 반입시점의 혼유 비율은 확정이 가능하나, 여러 시점에 저유소에서 섞인 후 반출되는 혼유의 혼합비율은 확정할 수 없어 과세표준 산정이 곤란하다.

가. 특례 적용대상

과세물품의 제조자 등(정유소)이 휘발유, 경유, 등유의 유류를 해당 제조장 또는 보세구역에서 「송유관 안전관리법」에 따른 송유관 또는 선박·탱크로리 등 운송수단[96]을 통하여 반출한 후 제조자 등이 소유 또는 임차한 저유소(貯油所)에서 다시 반출하는 경우로서 다음과 같은 혼유 등이 발생하는 경우에는 납세의무자, 과세시기 및 과세표준에 있어 특례규정(법 §10의5)을 적용한다.

1. 휘발유, 경유, 등유가 저유소에서 서로 다른 유류와 혼합되는 경우
2. 저유소에서 휘발유, 경유, 등유에 첨가제[옥탄값 향상제, 부식방지제, 조연제(助燃劑), 착색제 등 유류의 성능을 향상시키거나 그 밖의 필요에 따라 유류에 첨가하는 모든 물질]를 혼합하는 경우

송유관이란 석유를 수송하는 배관 및 공작물로서 대통령령으로 정하는 시설을 제외한 것을 말한다(송유관 안전관리법 §2 2.).

나. 특례 적용효과

1) 납세의무자

혼유 등에 있어 과세물품의 납세의무자는 법 제3조 제2호(과세물품을 제조하여 반출하는 자)에도 불구하고 제조자 등(정유소)으로 한다.

2) 과세시기

혼유 등의 과세시기는 법 제4조 제1호(제조장에서 반출할 때 또는 수입신고를 할 때)에도 불구하고 혼유 등이 발생한 때로 한다.

---

96) 「개별소비세법」[시행 2013. 1. 1.] [법률 제11601호, 2013. 1. 1. 일부개정] 이유 참고: 납세자의 편의를 제고하기 위하여 제조장 등에서 유류를 반출한 후 저유소(貯油所)에서 서로 다른 유류를 혼합하는 경우 제조자 등이 일괄적으로 신고·납부할 수 있는 바, 이러한 특례가 적용되는 운송수단으로 현행 송유관 외에 선박, 탱크로리 등을 추가하였다. (2013. 1. 1. 이후 제조장 반출 또는 수입신고하는 분부터 적용)

3) 과세표준

혼유 등의 과세표준은 법 제8조 제1항 제2호(제조장에서 반출할 때의 가격 또는 수량)에도 불구하고 혼유 등이 발생한 때의 수량으로 한다.

다. 특례 적용절차

제조자 등은 저유소 혼유 등의 사유가 발생한 경우에는 과세표준 신고를 할 때 「과세물품 과세표준 신고서」에 「저유소 혼유 등 특례신청서」(시행규칙 제8호의4 서식, 처음으로 과세표준을 신고할 때와 이미 제출한 내용이 변경되는 경우에 제출), 「저유소별 과세표준 신고서」를 첨부하여 제조자 등 관할 세무서장에게 제출하여야 한다.

「저유소 혼유 등 특례신청서」를 받은 관할 세무서장은 저유소 관할 세무서장에게 그 사실을 통지하여야 한다.

☀ 관련판례

■ **저유소에서 등유부분을 경유와 함께 저장하여 혼합한 것은 새로운 경유의 제조행위에 해당함**(대법원 2010두4452, 2011.4.14.)

- [요지] 저유소에서 **등유부분을 경유와 함께 저장하여 혼합한 것**은 순도가 미세하게 떨어지는 **새로운 경유의 제조행위에 해당**한다고 할 것이고, 그 **제조장소는 정유공장이 아닌 저유소**이므로 부과처분은 관할위반과 납세의무 성립시기의 착오로 위법함
- ① 원고가 ○○시 ○○읍 ○○리에 위치한 정유공장에서 원유를 분별증류하여 휘발유, 경유, 등유 등의 석유제품을 생산한 다음 대한송유관공사가 관리하는 송유관을 통하여 천안시와 성남시에 있는 각 저유소로 이를 수송한 사실, ② 원고는 매월 이 사건 공장에서 이 사건 저유소로 반출한 석유제품 중 휘발유와 경유에 대해서는 교통세 및 그에 관한 교육세를, 등유에 대해서는 특별소비세를 피고에게 각 신고·납부한 사실, ③ 이 사건 공장에서 이 사건 **저유소까지 하나의 송유관만이 설치되어 있어 이를 통하여 석유제품을 수송하는 과정에서 성상이 비슷한 휘발유와 경유의 혼합현상이 발생하는 것을 방지하기 위해 휘발유와 경유 사이에 등유를 경계유로 투입**한 사실, ④ 위와 같은 방법으로 순차로 수송된 휘발유, 등유, 경유를 이 사건 저유소에서 분리하여 각각의 저장고에 저장함에 있어 **휘발유와 등유의 경계부분에서 발생한 혼합부분은 이 사건 공장으로 반송하여 재정제한 후 다시 반출하는 반면 등유와 경유의 경계부분에서 발생한 혼합부분은 경유저장고에 경유와 함께 저장**한 사실, ⑤ 이에 따라 등유의 일부(이하 '이 사건 등유부분'이라 한다)가 경유저장고에서 경유와 혼합되지만 그 수량이 경유저장고에 입고되는 전체 수량의 0.2 내지 0.5%

이하에 불과하기 때문에 원고는 이 사건 등유부분을 포함하여 **그 전부를 경유로 판매**한 사실, ⑥ 피고는 원고에게 2002.9.1.부터 2007.8.31.까지 매월 이 사건 저유소로 반입된 이 사건 등유부분에 대하여 교통세 및 교육세를 부과하는 이 사건 처분을 한 사실 등을 인정한 다음, 원고가 이 사건 저유소에서 이 사건 등유부분과 경유를 경유저장고에 함께 저장하여 혼합한 행위는 교통세법 제5조 제1항 소정의 제조의제에 해당한다고 보고, 이 사건 처분은 그 제조의제가 이루어진 이 사건 저유소를 관할하지 아니하는 피고가 한 것일 뿐만 아니라 이 사건 등유부분이 이 사건 저유소로부터 반출된 시점이 아닌 그곳으로 반입된 시점에 교통세 및 교육세 납세의무가 성립함을 전제로 한 것이므로 위법하다고 판단하였다.

- 원심이 인정한 사실을 앞서 본 규정에 비추어 살펴보면, 원고가 이 사건 **저유소에서 이 사건 등유부분을 경유와 함께 저장하여 혼합한 것은 순도가 미세하게 떨어지는 새로운 경유의 제조행위에 해당**한다고 할 것임에도 원심이 이를 제조의제에 해당한다고 본 것은 다소 부적절하지만, 관할위반과 납세의무 성립시기의 착오를 이유로 이 사건 처분이 위법하다고 한 결론은 정당하다.

(5) 납세의무자의 개업 및 휴 · 폐업 신고

과세물품을 제조하려는 자, 과세장소 · 과세유흥장소 또는 과세영업장소의 영업을 하려는 자와 휴업 · 폐업 및 개업 신고 내용의 변경이 있는 때에는 개업, 휴업, 폐업 또는 변경 사실을 사업장(제조장 · 과세장소 · 과세유흥장소 · 과세영업장소) 관할 세무서장에게 신고하여야 한다.

개별소비세 또는 교통 · 에너지 · 환경세의 납세의무가 있는 사업자가 「개별소비세법」 또는 「교통 · 에너지 · 환경세법」에 따라 다음의 구분에 따른 신고를 한 경우에는 각 구분에 따른 등록신청 또는 신고를 한 것으로 본다(부가가치세법 §8 ⑪).

1. 개업 신고를 한 경우 : 「부가가치세법」 제8조 제1항 및 제2항의 사업자 등록의 신청
2. 휴업 · 폐업 · 변경 신고를 한 경우 : 「부가가치세법」 제8조 제8항의 휴업 · 폐업 신고 또는 등록사항 변경 신고
3. 사업자 단위 과세 사업자 신고를 한 경우 : 「부가가치세법」 제8조 제3항의 사업자 단위 과세 사업자 등록 신청 또는 「부가가치세법」 제8조 제4항 사업자 단위 과세 사업자 변경등록 신청
4. 양수, 상속, 합병 신고를 한 경우 : 「부가가치세법」 제8조 제8항의 등록사항 변경 신고

이와는 반대로 「부가가치세법」에 따라 사업자 등록, 휴업·폐업 신고 또는 등록사항 변경 신고, 사업자 단위 과세 사업자 등록 신청 등을 한 사업자가 개별소비세 또는 교통·에너지·환경세의 납세의무자이거나 납세의무자가 되는 경우에는 「개별소비세법」 제21조 또는 「교통·에너지·환경세법」 제18조에 따른 사업장의 개업, 변경, 휴업 또는 폐업 신고를 별도로 하여야 한다.

가. 개업 신고(법 §21 ①, 영 §35 ①)

과세물품을 제조하려는 자는 사업개시 5일 전까지, 과세장소·과세유흥장소 또는 과세영업장소의 영업을 경영하려는 자는 영업개시 전까지 「과세[물품제조업·장소·유흥장소·영업장소][개업·변경·폐업]신고서」(시행규칙 제29호 서식)를 제조장·과세장소·과세유흥장소 또는 과세영업장소의 관할 세무서장이나 본점 또는 주사무소의 관할 세무서장에게 제출하여야 한다.

법령에 따라 허가 등을 받아야 하는 사업의 경우에는 허가증 등의 사본(허가 등을 받기 전인 경우에는 허가신청서 등의 사본 또는 사업계획서)을 「과세[물품제조업·장소·유흥장소·영업장소][개업·변경·폐업]신고서」(시행규칙 제29호 서식)에 첨부하여 제출하여야 한다. 다만, 「부가가치세법」 제8조의 사업자 등록을 한 자는 그러하지 아니하다(영 §35 ②).

개업·폐업 등의 신고 시 해당 신고서에 기재하여야 할 제조장·과세장소 및 과세유흥장소의 소재지의 지번이 2 이상이 있는 때에는 해당 2 이상의 지번을 구체적으로 기재하여야 한다(통칙 21-35…1).

나. 사업자 단위 개업 신고

사업자 단위로 개업 신고한 사업자(사업자 단위 과세 사업자)는 그 사업자의 본점 또는 주사무소(主事務所)에서 총괄하여 신고·납부할 수 있다. 이 경우 그 사업자의 본점 또는 주사무소는 신고·납부와 관련하여 「개별소비세법」을 적용할 때 각 제조장·과세장소·과세유흥장소 또는 과세영업장소로 본다(법 §10의3).[97]

「부가가치세법」의 사업자 단위 과세 사업자는 각 사업장을 대신하여 그 사업자의 본점 또는 주사무소의 소재지를 부가가치세 납세지로 하며(부가가치세법 §6 ②), 「부가가치세법」이 정하는 모든 의무를 사업자 단위로 이행하는 것이나, 「개별소비세법」의 사업자 단위 과세

---

97) 「개별소비세법」 [시행 2011. 1. 1.] [법률 제10404호, 2010. 12. 27. 일부개정] 이유 참고: 둘 이상의 제조장·판매장 등이 있는 사업자의 납세편의를 도모하기 위하여 「부가가치세법」에서 시행하고 있는 사업자 단위 신고·납부제도를 도입하였다. (2011년 7월 1일부터 시행)

사업자는 과세표준 신고와 납부에 한정하여 본점 또는 주사무소를 각 제조장·과세장소·과세유흥장소 또는 과세영업장소로 본다.

따라서 개별소비세 과세표준 신고 및 납부를 제외한 면세·미납세 승인신청 및 반입사실 신고 등 「개별소비세법」이 정하는 제반의무는 각 사업장별로 이행하여야 한다.

1) 사업자 단위 과세 적용

둘 이상의 사업장이 있는 사업자는 사업자 단위로 해당 사업자의 본점 또는 주사무소 관할 세무서장에게 개업 신고를 할 수 있다.[98] 이미 개업 신고를 한 사업자가 사업자 단위로 신고하려면 사업자 단위 과세 사업자로 적용받으려는 과세기간이 시작되기 20일 전까지 신고하여야 한다.

사업자 단위로 신고하려는 자는 「과세[물품제조업·장소·유흥장소·영업장소][개업·변경·폐업]신고서」(시행규칙 제29호 서식)에 「사업자 단위 적용 신고자의 종된사업장 명세서」(시행규칙 제29호 서식 부표)를 첨부하여 제출하여야 한다(규칙 §16 ②).

2) 사업장 단위 과세 전환

사업자 단위 과세 사업자로 신고한 사업자가 각 사업장별로 과세표준의 신고를 하려는 경우에는 사업장 단위 과세 사업자로 적용받으려는 과세기간이 시작되기 20일 전까지 「사업장 단위 과세 전환신고서」(시행규칙 제30호 서식)를 본점 또는 주사무소의 관할 세무서장에게 제출하여야 한다(영 §35 ⑤).[99]

「사업장 단위 과세 전환신고서」를 제출받은 관할 세무서장은 그 처리결과를 지체 없이 해당 사업자와 다른 사업장의 관할 세무서장에게 통지하여야 한다(영 §35 ⑥).

다. 개업 신고의 변경 및 휴·폐업 신고(법 §21 ①, 영 §35 ③, ④)

개별소비세 과세 사업자가 휴업 또는 폐업하거나 개업 신고 내용이 변경된 경우에는 「과세[물품제조업·장소·유흥장소·영업장소][개업·변경·폐업] 신고서」(시행규칙 제29호

---

98) 「개별소비세법」[시행 2011. 1. 1.][법률 제10404호, 2010. 12. 27. 일부개정] 이유 참고: 둘 이상의 제조장·판매장 등이 있는 사업자의 납세편의를 도모하기 위하여 「부가가치세법」에서 시행하고 있는 사업자 단위 신고·납부제도를 도입하였다. (2011년 7월 1일부터 시행)

99) 「개별소비세법 시행령」[시행 2014. 2. 21.][대통령령 제10404호, 2014. 2. 21. 일부개정] 이유 참고; 「개별소비세법」은 사업자 단위 적용신고만 있고 사업자 단위 과세를 적용하다가 포기하는 제도를 두고 있지는 않았으나 납세편의 제고를 위해 2014. 2. 21. 이후 전환신고하는 분부터 사업자 단위 과세를 포기하고 사업장 단위로 신고·납부할 수 있도록 허용하였다.

서식)를 제조장·과세장소·과세유흥장소 또는 과세영업장소의 관할 세무서장이나 본점 또는 주사무소의 관할 세무서장에게 제출하여야 한다.

1) 변경 신고

개별소비세 과세 사업자가 개업 신고, 휴업 신고 사항에 변동이 생긴 경우에는 「과세[물품제조업·장소·유흥장소·영업장소][개업·변경·폐업] 신고서」(시행규칙 제29호 서식)를 지체 없이 관할 세무서장에게 제출하여야 한다(영 §35 ④ 전단).

2) 휴업 신고

과세물품의 제조자와 과세장소·과세유흥장소 또는 과세영업장소의 경영자가 해당 영업을 1개월 이상 휴업하려면 「과세[물품제조업·장소·유흥장소·영업장소][개업·변경·폐업] 신고서」(시행규칙 제29호 서식)를 휴업을 개시하기 전까지 사업장이나 본점 또는 주사무소의 관할 세무서장에게 제출하여야 한다(영 §35 ③).

3) 폐업 신고

개별소비세 과세 사업자가 해당 영업을 폐지한 경우에는 「과세[물품제조업·장소·유흥장소·영업장소][개업·변경·폐업] 신고서」(시행규칙 제29호 서식)를 지체 없이 관할 세무서장에게 제출하여야 한다(영 §35 ④ 전단). 다만, 과세물품의 제조자와 과세장소 또는 과세유흥장소의 경영자가 과세표준 신고서에 폐업연월일 및 사유를 적어 제출하는 경우에는 「폐업 신고서」를 제출한 것으로 본다(영 §35 ④ 후단).[100]

제조장·과세장소 또는 과세유흥장소를 이전하는 경우, 사업을 양도하는 경우, 법인으로 전환하는 경우, 사업자가 사망하였으나 영업을 승계하는 자가 없는 경우에는 제조업 및 과세장소·과세유흥장소의 영업을 폐지한 것으로 본다(통칙 22-0…1 참고).

제조장 또는 과세장소·과세유흥장소·과세영업장소를 사실상 이전하지 아니하고 제조업 또는 과세장소·과세유흥장소·과세영업장소의 영업을 포괄승계(包括承繼) 하는 경우에는 「개별소비세법」을 적용할 때 해당 제조업 또는 영업을 폐업한 것으로 보지 아니한다(법 §22).

---

100) 「개별소비세법 시행령」 [시행 2011. 1. 1.] [대통령령 제22569호, 2010. 12. 30. 일부개정] 이유 참고; 둘 이상의 제조장이 있는 사업자의 납세편의를 도모하기 위하여 사업자 단위 신고·납부제도를 도입하는 등의 내용으로 「개별소비세법」이 개정(법률 제10404호, 2010. 12. 27. 공포, 2011. 1. 1. 시행)됨에 따라, 사업자 단위로 세금을 신고·납부하려는 사업자는 사업개시 5일 전까지 본점 또는 주사무소의 관할 세무서장에게 신고하도록 하는 등 법률에서 위임된 사항을 정하고, 납세편의를 위해 2011. 1. 1. 이후 폐업하는 분부터 과세표준 신고서 제출과 동시에 폐업 신고가 가능하도록 하였다.

해석사례

■ **제조장 이전 시 과세방법**(소비 22641-1133, 1990.8.30.)

- 일부 과세품목의 제조장을 이전하는 경우에는 당해 물품의 **제조업의 영업을 폐지한 것으로 보는 것이며**(현행규정 개별소비세법 통칙 22-0…1 참고), 다만, 특별소비세법 시행령 제19조 제3항 제4호의 규정에 의하여 이전한 제조장으로의 **미납세반출이 가능**하고, **과세물품의 환입**은 당해 물품을 제조·반출하였던 동일한 제조장에 하는 것이나 **그 제조장이 이전하였다면 이전한 제조장에 하는 것임.**

사업폐지 관련 기본통칙

통칙 6-0…3 【사실상 폐지의 의의】

- 법 제6조 제1항 제3호에 따른 "사실상 폐지한 경우"란 사업부진이나 채권자로부터 원재료 또는 제품을 압류당하는 등의 사유로 인하여 **현실적으로** 제조중단 등 그 **영업활동을 계속할 수 없는 경우**를 말한다.

통칙 21-35…2 【사업을 승계하는 자가 없는 경우】

- 상속의 개시가 있는 때에 판매업·제조업 및 과세장소·과세유흥장소의 영업을 승계하는 자가 없는 경우에는 당해 상속의 개시일에 그 사업을 **폐업한 것으로 본다.**

통칙 22-0…1 【제조장 및 과세장소·과세유흥업소의 폐지의 범위】

① 다음 각 호의 1의 경우에는 제조업 및 과세장소·과세유흥장소의 영업을 폐지한 것으로 본다.

1. 제조장·과세장소 또는 과세유흥장소를 **이전**하는 경우
2. **사업을 양도**하는 경우
3. **법인으로 전환**하는 경우
4. 사업자가 **사망**하는 경우

② 제1항에도 불구하고 다음 어느 하나의 호에 해당하는 경우에는 제조 또는 영업을 폐지한 것으로 보지 아니한다.

1. **사업장을 이전하지 아니하고** 그 사업에 관하여 **포괄승계**가 있는 경우
2. 사업자가 사망한 경우에 **피상속인의 권리의무**에 대하여 **포괄승계**가 있는 경우

라. 과세사업의 승계 (법 §21 ④, ⑤)

과세물품의 제조업 또는 과세장소·과세유흥장소·과세영업장소의 영업을 양수하거나 상속으로 승계한 자는 그 사실을 즉시 관할 세무서장에게 신고하여야 한다. 이 경우 양수인은 양도인과 연명(連名)하여 신고하여야 한다.

1) 과세사업의 양수

개별소비세 과세사업을 양수하는 자는 양도인과 연명하여 영업의 양수 사실을 즉시 관할 세무서장에게 신고하여야 한다.

'포괄적 사업양도'는 「개별소비세법」에서는 명시적으로 언급되어 있지 않고, 「부가가치세법」 제10조 및 같은 법 시행령 제23조에 그 개념이 규정되어 있다. 이는 부가가치세 과세 대상으로서의 재화의 공급으로 보지 않는 사업 양도로서 '사업에 관한 모든 권리와 의무를 포괄적으로 승계시키는 것'을 의미한다.

구체적으로 '포괄적 사업양도'란 사업장별로 사업용 재산을 비롯한 물적·인적 시설 및 권리·의무 등을 포괄적으로 양도하여 사업의 동일성을 유지하면서 경영주체만을 교체시키는 것을 말한다(서울고등법원 2010누16020, 2011.2.10. 판결 참조).

2) 과세사업의 상속

상속의 개시가 있는 때에 제조업 및 과세장소·과세유흥장소의 영업을 승계하는 자가 없는 경우에는 당해 상속의 개시일에 그 사업을 폐업한 것으로 본다(통칙 21-35…2). 그러나 사업자가 사망한 경우에 피상속인의 권리의무에 대하여 포괄승계가 있는 경우에는 해당 제조업 또는 영업을 폐업한 것으로 보지 아니한다(통칙 22-0…1 참고).

3) 법인의 합병

법인을 합병하는 경우에 합병 후 존속하는 법인 또는 합병으로 설립된 법인(합병법인)이 합병으로 소멸된 법인(피합병법인)의 제조업 또는 과세장소·과세유흥장소·과세영업장소의 영업을 승계한 경우에 합병법인은 그 사실을 즉시 관할 세무서장에게 신고하여야 한다. 이 경우 합병법인은 피합병법인과 연명(連名)하여 신고하여야 한다.

마. 권리 · 의무의 승계 (법 §24)

제조장 또는 과세장소·과세유흥장소·과세영업장소를 사실상 이전하지 아니하고 제조업 또는 과세장소·과세유흥장소·과세영업장소의 영업을 포괄승계하는 경우 승계인은 피승계인(被承繼人)에게 속하였던 다음의 권리·의무를 승계한다. 미납세 또는 면세로 물품을 반입한 자에 대해서도 영업을 포괄승계하는 경우 피승계인(被承繼人)에게 속하였던 다음의 권리·의무를 승계한다.

1. 과세표준의 신고 및 세액(가산세를 포함한다)의 납부 등의 의무
2. 세액의 공제와 환급에 관한 권리·의무
3. 장부의 비치·기록의 의무
4. 「개별소비세법」에 따라 미납세(未納稅) 또는 면세로 반입된 물품으로서 사후관리를 받고 있는 것에 관한 권리·의무

🔷 관련판례

🟦 **조건부 면세물품을 재반출한 경우 다시 조건부 면세를 받기 위하여는 법 소정의 면세절차 요건을 마찬가지로 이행하여야 함**(대법원 92누12445, 1993.9.24.)

- 특별소비세법 제18조 소정의 조건부 면세 제도는 원래 특별소비세를 과세할 물품에 대하여 당해 물품이 법령이 정한 특수한 용도에 계속 제공되는 것을 조건으로 하여 면세의 혜택을 부여하는 것으로서,
- 과세관청으로 하여금 그와 같은 **조건의 이행 여부를 확인·점검하는 등 엄격한 사후관리를 하게 하기 위한 절차적 규제조치는 당연히 필수적**이고, 이러한 절차적 규제의 필요성은 반입자가 당해 물품을 같은 용도에 공하기 위하여 재반출하는 경우 당해 특별소비세를 면제함에 있어서도 여전히 그대로 인정되는 것임에 비추어 볼 때,
- **면세 반출된 물품을 반입자가 재반출하면서 다시 조건부 면세를 받기 위하여는 같은 법 제18조 제1항 내지 제3항 소정의 면세절차 요건을 마찬가지로 이행하여야 한다.**

해석사례

■ **분리가 불가능한 불량채권, 건설공사 중인 물류센터를 제외한 사업포괄양도 시 과세 여부**

(소비 46420 – 538, 1999.11.2.)

– 과세물품 제조장은 이전하지 아니한 상태에서 그 사업에 관한 일체의 인적·물적 권리와 의무를 양도하여 양도인과 동일시되는 정도로 **법률상의 지위를 그대로 승계시키고 동일성을 상실하지 아니하는 범위 내에서 양·수도가 이루어 졌다면** 특별소비세법 제22조에서 규정하는 '**제조의 폐지**'로 볼 수 없는 것임.

■ **자산양수도 계약에 기초하여 양도할 완성차에 대하여 특별소비세 과세 여부**

(소비 46430 – 224, 2000.6.30.)

– 과세물품 제조장은 이전하지 아니한 상태에서 그 사업에 관한 일체의 인적·물적 권리와 의무를 양도하여 양도인과 동일시되는 정도로 법률상의 지위를 그대로 승계시키고 동일성을 상실하지 아니하는 범위 내에서 양·수도가 이루어 졌다면 특별소비세법 제22조에서 규정하는 '**제조의 폐지**'로 볼 수 없는 것이나, 그러하지 아니하면 제조의 폐지에 해당하여 제조장 안에 현존하는 과세물품은 폐업 시에 제조장에서 반출하는 것으로 보는 것임.

■ **합병법인이 피합병법인의 과세표준에 포함하지 아니한 용기대금을 승계하는 경우**

(소비 22641 – 1661, 1988.9.16.)

– 법인의 합병 후 존속하는 법인이 피합병법인(합병 후 소멸하는 법인)이 특별소비세법 시행령 제13조의 규정에 따라 승인받은 특별소비세 과세표준에 포함하지 아니하는 용기대금 또는 포장비용을 그대로 승계하는 경우에는 **기 승인된 범위 내에서 별도의 승인 없이 계속 유효한 것임. 다만, 포괄승계 하였는지의 여부는 사실판단할 사항임.**

■ **영업의 포괄양도·양수 또는 합병에 따른 면세 재반출 시 승인이 필요한지**

(소비 46430 – 1008, 1998.5.14.)

– 자동차대여사업체를 포괄적으로 양도·양수하거나 합병의 경우에는 조건부 면세로 반입한 차량을 양도한 것으로 보지 아니하며, 조건부 면세로 반입한 차량을 **같은 용도에 사용하기 위하여 재반출**하는 때에는 특별소비세법 제18조 제4항의 규정에 의하여 **처음 반출할 때와 같은 절차에 따라** 특별소비세를 면세 받을 수 있음.

■ **과세물품 제조장의 포괄 승계**(소비 12653 – 706, 1981.3.27.)

– 특별소비세 과세물품제조장의 영업에 관하여 포괄승계가 있는 경우에는 국세기본법 제14조 및 특별소비세법 제24조의 규정에 의하여 **승계인에게 납세의무**가 있음.

5 | 납세의무 성립시기 (법 §4)

국세를 납부할 의무는 「국세기본법」 및 세법에서 정하는 과세요건이 충족되면 성립한다. 개별소비세를 납부할 의무는 과세물품을 제조장으로부터 반출하거나 판매장에서 판매하는 때, 과세장소에 입장하거나 과세유흥장소에서 유흥음식행위를 하는 때 또는 과세영업장소에서 영업행위를 하는 때에 성립한다. 다만, 수입물품의 경우에는 세관장에게 수입신고를 하는 때에 성립한다(국세기본법 §21).

따라서 개별소비세는 반출, 수입신고, 입장, 유흥음식행위 또는 영업행위를 할 때에 그 행위 당시의 법령에 따라 부과한다. 다만, 보세구역에서 반출하는 경우 외에 관세를 징수하는 물품에 대해서는 「관세법」에 따른다.

개별소비세 관련 법령이 그 납세의무의 성립시기를 제조장 반출 시로 규정하여 둔 것은 개별소비세가 소비자가 재화 또는 용역을 구입·소비한다는 것에 착안하여 과세하는 소비세이지만 소비행위 자체를 직접 대상으로 하지 않고 사업자에 의하여 이를 납부하도록 하는 간접소비세의 성격을 가진 조세인 점을 고려하고 과세의 편의를 위하여 납세의무의 성립시기를 과세물품을 "판매"할 때 또는 "소비자에게 인도"할 때가 아니라 "제조장에서 반출된 때"로 규정한 것으로 이해할 수 있다(수원지방법원 2018구합70463, 2020.1.9.).

| 납세의무 성립시기 |

과세대상 구분	납세의무 성립시기
• 과세물품	• 제조장에서 반출할 때 • 수입신고를 할 때
• 과세장소	• 과세장소에 입장할 때
• 과세유흥장소	• 유흥음식행위를 할 때
• 과세영업장소	• 영업행위를 할 때

(1) 과세물품

가. 제조장에서 반출할 때

물품에 대한 개별소비세는 과세물품을 제조장에서 제조하여 반출할 때에 납세의무가 성립한다.

'반출'이라 함은 법 제6조 제1항에 따라 '반출로 보는 경우' 이외에 과세물품을 제조장으로부터 현실적으로 제조장 이외의 장소로 이동하는 사실행위를 말하며, 반출원인은 매매, 증여, 담보, 단순 저장 등 그 원인의 여하를 불문한다.[101] 따라서 제조장에서 제조한 견본품·광고선전품을 무상으로 반출하는 것과 도난, 횡령으로 소실된 경우에도 반출에 해당한다(통칙 4-0…7).

그러나 과세물품이 제조장 안에서 천재·지변 또는 화재 등으로 소멸된 사실이 명백한 경우와 제조공정이나 물품보관 중 불량품이 생겨 반출할 수 없게 되어 제조장 안에서 폐기한 사실이 명백한 경우에는 반출로 보지 않는다(통칙 4-0…8).

> **관련 기본통칙**
>
> **통칙 4-0…7 【반출의 의의】**
> -"반출"이란 법 제6조 제1항에 따라 "반출로 보는 경우" 이외에 과세물품을 제조장으로부터 현실적으로 제조장 이외의 장소로 이동하는 사실행위를 말한다. 〈개정 2011.2.1.〉
> 〈예〉 제조장에서 제조한 견본품·광고선전품을 무상으로 반출하는 경우

| 반출로 보지 않는 경우 예시(통칙 4-0…8) |

〈예시1〉 과세물품이 **제조장 안에서** 천재·지변 또는 화재 등으로 **소멸**된 사실이 명백한 경우

〈예시2〉 과세물품 제조공정에서 발생한 불량품과 포장 및 용량 미달이나 물품보관 중 불량품이 생겨 반출할 수 없게 되어 **제조장 안에서 폐기**한 사실이 명백한 경우

---

101) 대법원 80누8, 1981. 2. 24. 참조

해석사례

■ **과세물품이 제조장에서 실지 반출한 때가 과세시기**(소비 12653 - 2465, 1987.11.22.)

- 특별소비세 과세물품을 제조장에서 반출하기 전에 매매계약을 체결하고 세금계산서를 작성하여 교부하였으나 매수자의 사정에 의하여 반출하지 못하고 제조장에 보관하고 있는 경우 특별소비세의 과세시기는 **과세물품을 제조장에서 실지로 반출한 때**가 되는 것이므로 세금계산서 교부에 관계없이 제조장에서 반출하는 때임.

■ **부가가치세 비과세대상 견본품은 제조장 반출시 과세**(소비 12653 - 1955, 1980.9.22.)

- 특별소비세 과세물품인 경우 부가가치세법의 규정에 의하여 부가가치세가 비과세되는 견본품이라도 제조장 반출시 **특별소비세가 과세**되는 것임.

■ **수출면세 승인 후 해당 물품을 반출하지 아니할 경우 과세하지 아니함**

(재간세 12653 - 1302, 1980.5.6.)

- 특별소비세법상 제조장 과세물품에 대한 납세의무는 동법 제4조 규정에 의하여 동 물품을 제조하여 반출할 때 발생하므로, 수출면세승인을 받았다하더라도 당해 **물품이 반출되지 아니한 사실이 확인되는 경우에는 면세된 세액을 징수할 수 없음**.

■ **제조장으로부터 반출된 과세물품이 운송도중 파손된 경우 특별소비세 과세 여부**

(소비 22641 - 1383, 1992.9.3.)

- **제조장으로부터 반출**된 과세물품이 **운송도중 파손된 경우라도** 특별소비세법 제4조의 규정에 의하여 **특별소비세를 부과**하는 것이므로 파손된 물품을 처분하기 위하여 반출하는 때에는 특별소비세 과세문제가 발생하지 아니함.

■ **과세물품을 위탁제조 후 그 물품을 원재료로 재가공시 과세시기**(소비 12653 - 3089, 1982.12.8.)

- 위탁자가 원재료를 수입하고 수탁자가 제조한 과세물품을 다시 위탁자가 이를 원재료로 하여 비과세물품을 제조하는 경우 특별소비세법 시행령 제9조 제2항의 규정에 의하여 그 **수탁자를 제조자로 보아 과세**하는 것이며(다만 동법 제14조 제1항 제3호의 규정에 의한 미납세반출이 이루어지는 경우에는 위탁자가 이를 다시 반출하거나 사용 소비하는 때에 과세되는 것임).

- 이 때의 과세표준은 동법 시행령 제8조 제12호의 규정에 의하여 그 물품을 인도한 날에 위탁자가 실제로 판매하는 가격에 상당하는 금액인 바, 위탁자가 당해 물품을 비과세물품의 원료로 소비함으로써 그 판매가격에 상당하는 금액이 없는 경우에는 동법 시행령 제10조 제1항의 규정에 의하여 위탁자의 그 물품에 대한 제조 총원가에 통상이윤 상당액을 가산한 금액으로 하는 것임.

나. 수입신고를 할 때

「관세법」의 수입절차에 따라 과세물품을 보세구역에서 반출하는 경우에는 수입신고를 할 때 납세의무가 성립한다. 다만, 보세구역에서 반출하는 경우 외에 관세를 징수하는 경우에는 「관세법」의 규정에 의한 관세의 납부시기에 개별소비세를 납부하여야 한다.

참고

▶ 수입통관 절차

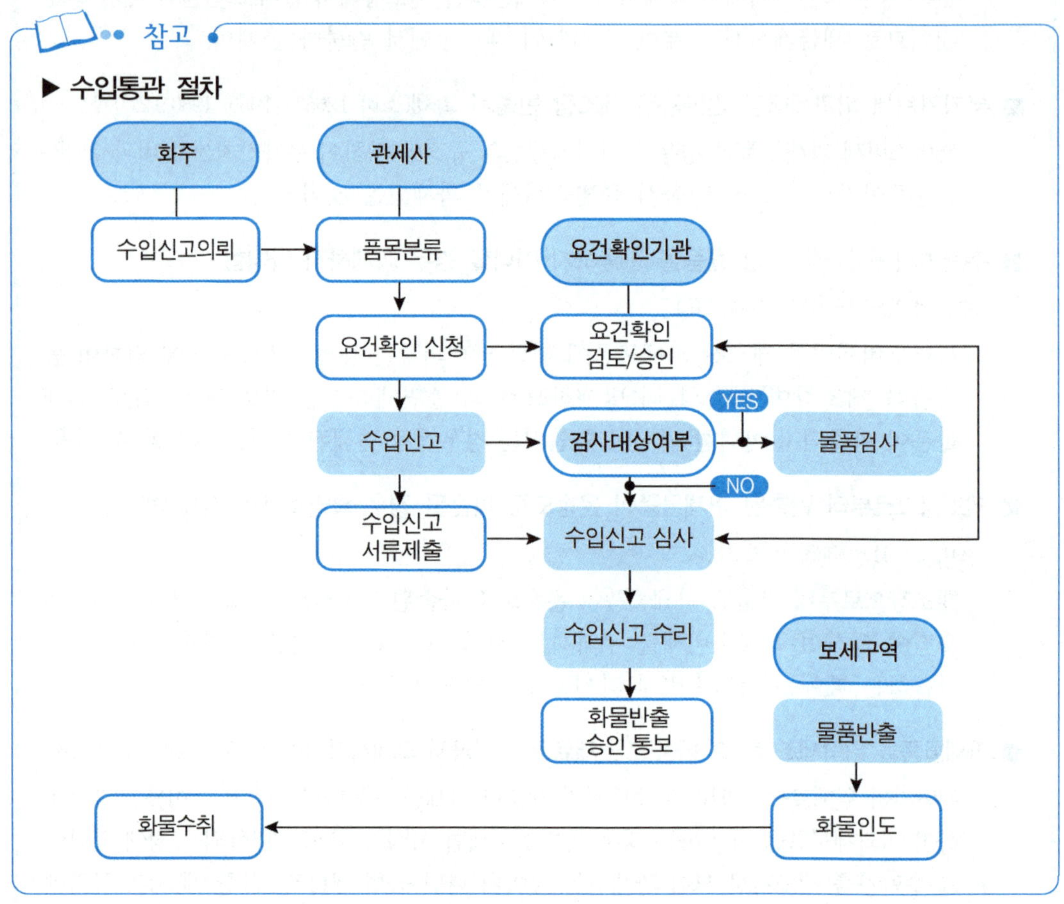

(출처 : 관세청)

(2) 과세장소

과세장소의 입장행위에 대한 개별소비세 납세의무는 과세장소에 입장할 때 성립한다.

> **해석사례**
>
> ■ **골프장 대표자가 현장점검을 위하여 골프장에 입장하는 경우 개별소비세 과세 여부**
>
> (소비세과 – 145, 2011.5.13.)
>
> – **골프장 경영자가** 자기가 운영하는 골프장에 입장하여 골프행위를 하는 경우에는 **현장점검 등의 목적이** 있다 하더라도 「개별소비세법」 제1조 제3항에 따라 개별소비세가 과세되는 것임.
>
> ■ **경륜장 무료 입장 시 특별소비세 과세 여부**(서면인터넷방문상담3팀 – 3265, 2006.12.26.)
>
> – 경륜장에서 신규고객 창출 등 사업 활성화를 위해 감독기관(문화관광부)의 승인을 득한 후 한시적으로 경륜장에서 **고객입장료를 징수하지 않는 경우에도** 특별소비세가 **과세**되는 것임.

(3) 과세유흥장소

과세유흥장소에서의 유흥음식행위에 대한 개별소비세 납세의무는 유흥음식행위를 할 때에 성립한다. 과세유흥장소의 경영자가 과세유흥장소 외의 장소에서 유흥음식행위를 하게 한 경우에는 그 유흥음식행위를 과세유흥장소에서 한 것으로 본다.[102]

(4) 과세영업장소

과세영업장소에서의 영업행위에 대한 개별소비세 납세의무는 영업행위를 할 때 성립한다. 과세영업장소의 경영자가 과세영업장소 외의 장소에서 영업행위를 하게 한 경우에는 그 영업행위를 과세영업장소에서 한 것으로 본다.

---

102) 「특별소비세법」 [시행 1982. 1. 1.] [법률 제3475호, 1981. 12. 31.] 일부개정으로 신설하였다.

6 납세의무의 의제 (법 §5, §6)

(1) 제조로 보는 경우(법 §5, 제조의제)

'제조로 보는 경우'는 새로운 과세물품을 생산하는 실질적인 제조행위는 아니지만 개별소비세 과세의 적정과 공평을 기하기 위하여 「개별소비세법」을 적용할 때 과세대상인 제조행위로 의제하는 것으로서 ① 판매 목적의 가치증대 행위, ② 중고품의 대체·보완·가공·개조 행위를 말한다.

가. 판매 목적의 가치증대 행위

새로운 과세물품을 생산하는 제조행위에 해당되지 않으나 제조장이 아닌 장소에서 판매 목적으로 아래의 어느 하나에 해당하는 행위를 하는 것은 해당 물품을 제조하는 것으로 본다. 제조장이 아닌 장소는 과세물품을 제조한 해당 제조장이 아닌 장소를 말하며(통칙 5-5…1), 경제적 실질이 제조와 유사한 행위를 과세대상에 포함하여 조세회피를 방지함으로써 과세의 형평을 구현하는데 그 의의가 있다.

제조장에서 반출할 때 개별소비세가 과세된 물품을 제조장이 아닌 장소에서의 가치증대 행위를 제조로 보아 다시 한 번 개별소비세를 부과하면 하나의 물품에 대해 이중으로 과세하게 된다. 이러한 이중과세를 조정하기 위해 「개별소비세법」 제20조 제1항 제1호에 따라 제조장에서 반출할 때 부과한 개별소비세를 '제조로 보아 납부 또는 징수하는 세액'에서 공제한다.

1) 용기 충전 또는 재포장

제조장이 아닌 장소에서 판매 목적으로 대통령령으로 정하는 물품을 용기에 충전(充塡)하거나 재포장하는 것을 제조로 보도록 규정하고 있으나 현재 '제조로 보는 물품 및 가공의 범위'에 대해 대통령령으로 정한 것은 없다.[103]

「개별소비세법」에서 과세물품의 납세의무자는 원칙적으로 과세물품을 제조하여 반출하는 자이므로 이들로부터 물품을 구입하여 판매하는 자는 납세의무가 없기 때문에 이들 판매업자가

---

103) 2020. 6. 9. 세법개정 전에는 '재포장'을 '개장(改裝)'으로 표기하였으며, 2017. 2. 7. 시행령 제5조를 삭제하여 현재는 적용대상이 없다.

　(적용예) 과세대상인 특수화장품·청량음료·기호음료를 직접 제조하지 아니하고 제조된 이들 완제품을 대량 구입하여 작은 용기에 나누어 넣거나 개장하여 판매하는 경우

과세물품을 대량의 용기로 포장하여 제조장에서 구입한 후 실수요자용으로 소분 또는 개장만하여 판매하는 경우에는 과세물품을 직접 제조하여 소비자가 이용할 수 있도록 포장하여 반출하는 납세의무자인 제조자 보다 세액계산에 있어서 포장비용에 부담하는 세액만큼 유리하게 된다.

따라서 이들 간의 형평을 유지하기 위하여 과세물품으로 규정하였던 특수화장품·청량음료·기호음료·방향용화장품·커피·코코아를 대량으로 구입하여 소분·개장만 하여 판매하는 경우에도 과세물품의 제조로 보아 납세의무가 있도록 하여 왔으나 대상 물품이 과세범위에서 제외되고 '제조로 보는 물품 및 가공의 범위'를 정하고 있지 않아 현재는 적용대상 품목이 없다.

◉ 제조의제 관련 기본통칙

○ 통칙 5-5…2 【용기충전의 의의】

- 법 제5조 제1호에 따른 "충전"이란 제조장 또는 보세구역으로부터 미포장된 상태로 반출한 물품을 **새로운 용기에 주입**하거나 반출당시의 용기를 **새로운 용기로 대체함**으로써 그 물품의 가치를 증대시키는 것을 말한다. 다만, 소비자가 제공하는 용기에 충전하여 판매하는 경우에는 그러하지 아니하다.

○ 통칙 5-5…3 【용기충전의 범위】

- 사업자가 대형용기에 들어있는 과세물품을 구입하여 이를 **판매 목적으로 소형용기에 나누어 포장·충전**하는 경우에는 법 제5조 제1호 가목에 따른 "제조로 보는 경우"에 해당한다.

○ 통칙 5-5…4 【용기재포장의 범위】

① 법 제5조 제1호 가목에 따른 "개장"이란 제조장(보세구역)에서 반출한 개개의 물품에 대하여 이미 이루어진 용기·포장·상표 등을 **새로운 용기·포장·상표 등으로 바꾸는 경우**를 말한다. 다만, 기존 상표·포장이 오손되어 이를 대체부착하는 경우
② 판매업자가 자기의 포장지로 포장하거나 선물용품 화장용 상자에 넣어 포장하는 경우
③ 수입자가 법령에 의하여 수입물품에 자기의 주소, 성명, 상호가 기재된 지편(지편)을 첨부하는 경우는 개장으로 보지 아니한다.

○ 통칙 5-0…5 【용기개장의 범위】

- 과세물품의 판매자가 상표 등이 표시되어 있지 아니한 용기에 **자기의 상표·명칭 등을 표시하여 판매하는 경우**에는 최초로 상품이 되는 것이므로 법 제5조 제1호 가목에 따른 "제조로 보는 경우"에 해당한다.

2) 가치를 높이는 가공

제조장이 아닌 장소에서 판매 목적으로 과세물품에 가치를 높이기 위한 ① 장식, ② 조립, ③ 첨가 등의 가공을 하는 것은 해당 물품을 제조하는 것으로 본다.

1. '장식'이란 제조장 이외의 장소에서 제조장으로부터 반출한 물품에 그 물품의 특성·용도 등에 변화를 일으키지 않는 범위 안에서 가치증대를 위하여 조각하거나 그림 등을 넣어 부착하는 행위를 말한다(통칙 5-0…6).[104]

2. '조립'이란 제조장 이외의 장소에서 제조장으로부터 반출한 물품에 다른 과세물품 또는 비과세물품을 물리적으로 결합(결합할 수 있도록 특별히 시공하는 경우를 포함한다)하여 그 물품에 새로운 특성과 용도를 부여함으로써 가치증대를 이루는 행위를 말한다(통칙 5-0…7).[105]

3. '첨가'란 제조장 이외의 장소에서 제조장으로부터 반출한 물품에 그 물품 본래의 특성· 용도에 변화를 일으키지 않는 범위 안에서 가치증대를 위하여 과세물품 또는 기타 물품을 부가하는 행위를 말한다(통칙 5-0…8).

3) 프로판과 부탄의 혼합

제조장이 아닌 장소에서 판매 목적으로 석유가스 중 프로판과 부탄을 혼합하는 것(그 혼합물이 제1조 제2항 제4호 바목의 물품인 석유가스 중 부탄인 경우만 해당한다)은 해당 물품을 제조하는 것으로 본다.

석유가스의 제조장 이외의 장소(예 : 충전소)에서 판매 목적 수송용으로 부탄(기본세율 252원/kg)과 프로판(기본세율 20원/kg)을 혼합하여 그 혼합물이 프로판에 해당하지 아니하는 경우에는 혼합물 전부를 부탄으로 보아 과세한다.[106]

---

104) (예) 가구판매장에서 제조장으로부터 구입한 옷장에 조각하여 부착함으로써 가치증대가 이루어지는 경우
105) (제조로 보는 조립에 해당하지 아니하는 예) 판매 목적으로 고급시계를 구입하여 그 중 일부를 동등한 다른 것으로 개체하는 행위는 본래의 고급시계의 특성·용도에 아무런 변화를 가져오지 아니하므로 비록 가치증대가 이루어진다 하더라도 이에 해당하지 아니한다.
106) 「특별소비세법」 [시행 2001. 7. 1.] [법률 제6294호] 일부개정: 2001. 7. 1. 이후 최초로 제조의제에 해당되는 경우부터 적용한다.

해석사례

■ **가치증대를 위한 첨가**(재소비 46016-280, 2003.8.27.)

- 정유사가 제조장 이외의 장소인 저유소에서 과세물품인 **휘발유에 연료첨가제를 혼합**하는 것은 판매의 목적으로 과세물품에 가치증대를 위한 첨가 등의 가공을 하는 것으로 교통세법 제5조 제1항의 '제조 등으로 보는 경우'에 해당하는 것이며, 소비자가 **휘발유 주유시 연료첨가제를 혼합**하는 것은 판매의 목적으로 하는 첨가 등의 행위가 아니므로 '제조 등으로 보는 경우'에 해당하지 아니함.

■ **과세대상물품을 구입하여 일부 가공수리하고 기존 구입가액보다 비싼 가격으로 판매하는 것**
(감심-2000-0229, 2000.6.30.)

- 오락용 사행기구 기타 오락용품은 특별소비세 과세대상 물품으로 규정하고 있고 동 과세물품을 제조하여 반출한 자를 특별소비세 납세의무자로 규정하고 있다. 한편 제조장 이외의 장소에서 판매의 목적으로 과세물품에 다른 과세물품 또는 비과세물품을 물리적으로 결합하여 그 물품에 새로운 특성과 용도를 부여하는 등 가치증대를 위한 장식·조립·첨가 등의 가공을 하였을 때에는 당해 과세물품을 제조한 것으로 보도록 규정하고 있다.
- 그런데 위 인정사실에 의하면 청구인은 1999. 4. 15. 청구외 (주)○○○로부터 과세물품인 ○○○제품 30대를 7,755,000원에 구입한 후 위 사업장에서 따로 구입한 전자오락기구의 핵심부품인 기판을 ○○제품에 장착하여 위 구입가액 대비 101%가 더 비싼 15,600,000원(공급대가)을 받고 전자오락기업자에게 판매한 사실을 알 수 있다.
- 따라서 사실관계가 이와 같다면 청구인이 ○○○제품에 전자오락기의 핵심부품인 기판을 추가로 장착·판매한 행위는 제조장 이외의 장소에서 판매의 목적으로 과세물품에 가치증대를 위한 가공 등을 하여 과세물품을 제조한 것으로 보는 경우에 해당한다 할 것이다.

관련판례

■ **제조장이 아닌 장소에서 판매 목적으로 프로판과 부탄을 합하는 행위를 제조의제행위로 보고 개별소비세 납세의무를 부과할 수 있는지 여부**(광주고등법원-2014-누-5605, 2014.12.11.)

- 개별소비세법 제1조 제2항 제4호 마목, 바목, 제3조 제2호, 제5조 제1호 다목에 의하면, 제조장이 아닌 장소에서 판매 목적으로 석유가스 중 프로판과 부탄의 물품을 혼합하는 것을 제조의제행위로 간주하면서 그 혼합물(과세물품)을 제조하여 반출하는 자에 대하여 개별소비세를 부과하고 있으므로, 아래에서 보는 바와 같이 제조업자가 아닌

> 원고와 선정자들이 **제조장이 아닌 장소에서 판매 목적으로 프로판과 부탄을 혼합(제조)하여 반출하는 경우 그 혼합물 역시 위 규정에 따른 개별소비세 부과대상에 해당**한다.
>
> – 위에서 본 바와 같이 제조장이 아닌 장소에서 판매 목적으로 프로판과 부탄을 혼합하는 행위를 제조의제행위로 보고 그 혼합물을 제조하여 반출하는 자에 대하여 개별소비세 납세의무를 부과하고 있는데, 앞서 본 인정사실 및 증거들에 의하여 알 수 있는 다음과 같은 사정, 즉 ① 개별소비세법에서 규정된 '제조장'은 액화석유가스 제조업자의 사업장을 일컫는 것이므로 제조장에서 프로판과 부탄을 혼합하는 행위는 제조업자가 자신의 사업장에서 설비를 이용하여 프로판과 부탄을 혼합하는 행위를 의미하므로, 이와 달리 **제조업자가 아닌 원고와 선정자들이 프로판 도매업자의 사업장에서 소비자에게 판매하기 위해 프로판과 부탄을 혼합한 것은 제조장이 아닌 장소에서 판매 목적으로 프로판과 부탄을 혼합하는 행위에 해당**하는 점, ② 비록 프로판과 부탄을 혼합하는 행위는 프로판 도매업자의 사업장에서 그 설비를 이용하여 이루어졌으나, 프로판 도매업자는 원고와 선정자들이 고용한 운전사들이 주문한 프로판 수량만큼 수동적으로 탱크로리 차량에 탑재된 탱크에 주입한 후 그 대금만을 지급받았을 뿐이고 위 탱크로리 차량에 저장된 내용물(부탄)도 알지 못하였으며, 원고와 선정자들이 고용한 탱크로리 운전사들이 **원고와 선정자들의 사업장으로 프로판과 부탄의 혼합물을 반출하였으므로, 원고와 선정자들이 부탄을 매입한 후 그 프로판과 부탄 혼합의 제조용역만을 프로판 도매업자에게 의뢰**한 것으로 보아야 하고, 따라서 프로판과 부탄을 혼합하여 새로운 과세물품을 제조하여 자신의 사업장으로 반출한 행위의 지배자는 프로판 도매업자라기 보기는 원고와 선정자들로 봄이 상당한 점, ③ 원고와 선정자들이 프로판과 부탄이 혼합된 부탄을 구입하였다면 개별소비세가 포함된 가격으로 혼합된 부탄을 구입하였을 것인데, **프로판 도매업자로부터 프로판 대금만 지급하고 프로판을 구입하여 부탄에 혼합한 후 이를 부탄으로 소비자들에게 판매함으로써 부탄과 프로판의 세율 차이를 이용한 경제적 이익을 누렸으므로**, 그에 대한 귀속 개별소비세 등은 원고와 선정자들에게 부담시키는 것이 타당한 점 등을 종합하면, 원고와 선정자들은 개별소비세법 제3조, 제5조 제1항 다목에 따라 개별소비세 등의 납세의무자에 해당한다.

나. 중고품의 대체 · 보완 · 가공 · 개조 행위

① 중고품[107]을 신품(新品)과 동등한 정도로 그 가치를 높이기 위하여 대부분의 재료를

---

107) 과세대상이 아닌 중고품으로 과세물품을 제조하는 것은 본래의 제조로 보아 과세요건을 적용하면 되므로 따로 규정할 필요가 없다는 점을 고려하면 여기서의 '중고품'은 과세물품을 해당 물품의 용도에 따라 사용한 사실이 있는 물품으로 해석하는 것이 보다 타당하다.

대체 또는 보완하거나 ② 중고품의 부분품의 전부 또는 일부를 재료로 하여 새로운 물품으로 가공 또는 개조하는 것은 제조로 본다.

중고품의 대체·보완·가공·개조를 제조로 의제함에 있어 '가. 판매 목적의 가치증대 행위'와는 달리 가공 또는 개조의 대상이 되는 중고품에 이미 부과된 개별소비세는 세액공제 또는 환급하지 아니한다. 다만, 제조의제의 대상이 되는 특정 과세물품의 과세표준을 산정할 때 위탁자가 제공한 원재료의 가격을 제외하는 규정(영 §9 ③ 1.)을 두고 있다.

1) 가치를 높이는 재료 대체·보완

제조장에서 반출한 물품으로서 해당 물품의 용도에 따라 사용한 사실이 있는 물품을 신품과 동등한 정도로 그 가치를 높이기 위하여 대부분의 재료를 대체하거나 보완하는 것은 해당 물품을 제조하는 것으로 본다.

여기서 "대부분의 재료를 대체·보완하는 것"이란 해당 물품가격의 100분의 50을 초과하는 재료나 부분품을 대체·보완하는 것을 말하며(통칙 5-0…9), 이러한 대체 또는 보완이 제조로 보는 경우에 해당하는 때에는 수리 부분(대가)만을 과세하는 것이 아니라 수리 후 물품 전체(대가)를 과세대상으로 한다.

다만, 「개별소비세법 시행령」 제9조 제3항 제1호에 따라 이미 개별소비세가 부과된 보석 등과 귀금속제품의 제조를 위탁하거나 과세 중고차로 캠핑용자동차의 제조를 위탁하는 경우에는 과세표준을 산정할 때 위탁자가 제공한 원재료(중고품)의 가격을 제외한다.[108]

해석사례

■ **중고품 개조 시 제조의제**(소비 22641-366, 1991.3.27.)

– 특별소비세법 제5조 제2호의 규정에 의하여 중고품을 신품과 동등한 정도로 그 가치를 증대하기 위하여 대부분의 재료를 대체 또는 보완하거나 그 부분품의 전부 또는 일부를 재료로 하여 새로운 물품으로 가공 또는 개조하는 것은 제조로 보는 것이므로, **수리정도에 따라 제조의제에 해당하는 때에는 수리부분에 대한 비용만을 과세하는 것이 아니라 당해 물품 전체에 대하여 과세하는 것이며,** 수출하거나 우리나라에서 보세가공하여 반송한 물품을 그 면허일로부터 2년(공사용 및 수리작업용 기계·기구는 5년) 내에 재수입하는 것으로서 수출 또는 반송할 때의 성질과 형상이 변하지 아니하여

---

[108] 개별소비세의 과세물품에 해당하지 아니하는 자동차를 과세대상 캠핑용자동차로 튜닝한 경우에는 위탁자가 제공한 자동차의 가격을 과세표준에 포함한다(영 §9 ③ 2.).

> 관세가 감면되는 물품은 부가가치세법 제12조 제2항 제12호 및 동법 시행령 제44조 제1호의 규정에 의하여 부가가치세가 면제되는 것이나(관세의 경감의 경우에는 경감되는 분에 한함), 관세가 감면되지 아니한 경우에는 그러하지 아니함.
>
> ■ **주요한 특성을 새로 부여하는 개근행위나 대부분의 재료를 보완하여 가치증대를 이루는 경우 제조로 보는 경우에 해당되는 것임**(소비 12653－832, 1984.5.2.)
> - 공업진흥청의 형식승인이 없는 무허가 중고전자게임기[109]를 형식승인요건에 맞도록 **내부를 수리하고 배선, 캐비넷 등의 부분품을 교체하여 형식승인제품으로 개조하는 행위**는 특별소비세법 제5조 제2호의 제조로 보는 경우에 해당되며, 수리한 제품을 반출하는 때에는 동 수리한 제품의 실시 반출(판매)가격을 과세표준으로 하여 특별소비세가 과세되는 것임.
>
> ■ **게임기기 기판 교체가 제조의제에 해당하는지**(심사기타 99－0145, 1999.10.22.)
> - 오락기기는 특별소비세법 제1조 제2항 제1종 제1호에 해당하는 과세물품으로서 이를 제조하여 반출하는 경우에 과세하는 것이고, 또한 전시한 법령과 같이 제조로 보는 경우에도 과세하는 것인 바,
> - 오락실에서 사용되는 게임기기는 ○○원에서 형식승인하는 빈통, 모니터, 전원부, 기판으로 구성되어 있으며 이중 **기판이 게임기기 가격의 70% 이상을 점유하여 실질적으로 게임기기의 가격을 결정하는 중요한 부품으로서 청구인이 기판만을 구입하여 교체 설치한 행위는 중고품을 신품과 동등한 정도로 그 가치의 증대를 위하여 재료를 대체 또는 보완한 행위에 해당하여 제조로 보는 경우라고 할 수 있으므로** (국세청 소비 46430－2447, 1997.10.28.) 처분청에서 청구인이 사용 중인 게임기기의 기판을 교체한 것을 제조로 보아 과세한 처분에는 잘못이 없다고 판단된다.

2) 중고품을 이용한 신품 가공·개조

제조장에서 반출한 물품으로서 해당 물품의 용도에 따라 사용한 사실이 있는 물품의 부분품의 전부 또는 일부를 재료로 하여 새로운 물품으로 가공 또는 개조하는 것은 해당 물품을 제조하는 것으로 본다.

이는 위의 '1) 가치를 높이는 재료 대체·보완'과 달리 중고품의 부분품으로 종전의 중고품과는 종류가 다른 새로운 과세물품을 제조하는 것으로 이중과세 문제는 발생하지 않는다. 다만, 「개별소비세법 시행령」 제9조 제3항 제1호에 따라 이미 개별소비세가 부과된 보석

---

109) 1999. 12. 3. 「특별소비세법 시행령」 개정으로 전자게임기산업을 육성하기 위하여 전자오락기를 특별소비세 과세대상에서 제외하였다.

등과 귀금속제품의 제조를 위탁하거나 과세 중고차로 캠핑용자동차의 제조를 위탁하는 경우에는 과세표준을 산정할 때 위탁자가 제공한 원재료(중고품)의 가격을 제외한다.[110]

다. 제조의제의 납세의무자

'제조로 보는 경우'에는 다음의 자를 납세의무자로 본다(집행기준 3-0-2).

① 사업자가 주요재료(부분품)를 매입한 후, 제조용역만을 타인에게 의뢰한 경우에는 해당 사업자

② 주요재료(부분품)와 설치용역을 같이 제공하는 경우에는 해당 제조용역 제공자

(2) 반출 등으로 보는 경우(법 §6, 반출의제)

'반출'이란 과세물품을 제조장으로부터 현실적으로 제조장 이외의 장소로 이동하는 사실 행위를 말하는 것이나(통칙 4-0…7), 과세물품이 실제로 제조장에서 반출되지 않았음에도 과세의 적정과 공평을 기하고 조세채권을 조기에 확보하기 위하여 「개별소비세법」을 적용할 때 제조장에서 반출하는 것으로 보아 개별소비세를 과세한다.[111]

「개별소비세법」을 적용할 때 과세물품이 다음과 같이 ① 제조장에서 사용·소비되는 경우, ② 제조장에서 환가되는 경우 또는 ③ 제조를 폐지한 제조장에 남아있는 경우에는 제조장에서 반출하는 것으로 본다.

가. 제조장에서 사용 · 소비

1) 반출로 보는 자가 사용 · 소비

과세물품이 제조장에서 사용되거나 소비되는 경우에는 제조장에서 반출하는 것으로 본다.

| 반출로 보는 자가 사용 · 소비의 예시(통칙 6-0…1) |

〈예시1〉 과세물품인 응접셋트·승용자동차 등을 그 제조장의 집기·비품 등으로 사용하는 때

〈예시2〉 과세물품인 경유 또는 등유를 그 제조장 안에서 자가발전용 연료로 사용하는 때

---

110) 개별소비세의 과세물품에 해당하지 아니하는 자동차를 과세대상 캠핑용자동차로 튜닝한 경우에는 위탁자가 제공한 자동차의 가격을 과세표준에 포함한다(영 §9 ③ 2.).

111) 「개별소비세법」[시행 2023. 1. 1.] [법률 제19185호] 일부개정; 물품에 대한 개별소비세는 과세물품을 제조장에서 반출할 때 또는 수입신고할 때 부과하고 있음에도 개별소비세를 판매장에서 판매할 때 부과하는 방식에 관한 용어가 남아있어 2022. 12. 31. 세법개정으로 이를 정비하였다(판매·반출→반출, 2023. 1. 1.부터 시행).

2) 반출로 보지 않는 자가 사용·소비

「개별소비세법 시행령」제6조에서 정하는 다음의 경우는 제조장에서 반출하는 것으로 보지 아니한다.[112]

1. 동일 제조장에서 과세물품의 원재료로 사용되는 경우
2. 동일 제조장에서 과세물품이 시험·연구 및 검사의 목적으로 사용되는 경우[113]

   이 경우 「기초연구진흥 및 기술개발지원에 관한 법률」에 따른 기업부설연구소 및 연구개발전담부서는 제조장 밖에 있는 경우에도 동일 제조장에 있는 것으로 본다.

관련법령

○ **기초연구진흥 및 기술개발지원에 관한 법률 제14조의2 【기업부설연구소 또는 연구개발전담부서의 인정 등】**

① 과학기술정보통신부장관은 기업의 연구개발활동을 효율적으로 지원하고 관리하기 위하여 연구 인력 및 시설 등 대통령령으로 정하는 기준을 충족하는 기업부설 연구기관 또는 기업의 연구개발부서를 기업부설연구소 또는 연구개발전담부서로 인정할 수 있다. 〈개정 2017.7.26〉

해석사례

■ **기업부설연구소로 차량을 이동시킨 경우 반출로 보지 않는지 여부**

   (서삼 46016－10083, 2003.1.15., 소비 22641－1797,1988.10.17. 같은 뜻)

   － 과세물품이 동일 제조장 안에서 품질 또는 성능검사를 위하여 사용되는 것이라면

---

112) 「특별소비세법」[시행 1982.1.1.] [법률 제3475호, 1981.12.31.] 일부개정: 부가가치세법상 재화의 공급으로 보는 경우에는 특별소비세에서도 과세물품의 반출로 보도록 하여 과세시기를 일치하도록 하였으나 과세물품의 가격인상 또는 세율인상 등이 있을 경우에는 실제 과세물품을 반출하기 전에 부가가치세법의 규정에 의하여 세금계산서를 미리 작성·교부함으로서 세금부담을 합법적으로 회피하는 등 문제점이 있기 때문에 이를 정비하였다.

개정 전	개정
부가가치세법상 재화의 공급으로 보는 경우(재화를 인도하기 전에 세금계산서를 작성·교부한 때)에는 특별소비세법상의 반출로 본다(법 §6 ① 4.).	(삭제)

113) 「특별소비세법 시행령」[시행 1982.1.1.] [대통령령 제10700호, 1981.12.31.] 일부개정: 과세물품이 동일 제조장 안에서 과세물품의 품질 또는 성능검사를 위하여 사용되는 경우에도 자가소비로 보아 과세하였으나 이는 과세물품의 생산을 위한 공정의 일부이기 때문에 과세하지 아니하도록 하였다.
「특별소비세법 시행령」[시행 2004.1.1.] [대통령령 제18179호, 2003.12.30.]; 기업에서 수행하는 시험 또는 연구 등과 관련한 사업을 지원하기 위하여 동 사업에서 사용하는 과세물품에 대한 비과세 범위를 확대하였다. (2004.1.1. 이후 해당 연구소 등에 시험·연구 및 검사의 목적으로 반입하는 분부터 적용)

> 특별소비세법 시행령 제6조의 규정에 의하여 제조장으로부터 반출한 것으로 보지
> 아니함.

3. 개별소비세가 과세되지 않는 석유류의 제조용 원재료로 정유공정에 그대로 사용되는 경우
   정유공정에는 석유제품을 제조·가공하기 위하여 원유를 증류탑에서 상압·감압·
   증류공정으로 증류하거나 증류에 의하여 원유에 포함된 불순물을 제거 또는 정제공정을
   거친 석유류를 단순히 혼합하는 조합공정을 포함한다(통칙 6-6…4 1.).
   또한 '그대로 사용되는 경우'란 정유공정에 있어 원유에서 최종 제품에 이르기까지 일관된
   제조공정으로 중단없이 사용하는 경우는 물론 생산과정의 편의상 다음 단계의 원료가
   되는 석유류를 저장탱크에 저장하였다가 혼합하기 위하여 사용하는 경우도 포함하는
   것으로 한다(통칙 6-6…4 2.).

해석사례

■ **부탄을 수소제조공정에 사용·소비하는 경우 개별소비세 과세대상인지 여부**

(기준-2018-법령해석부가-0274 [법령해석과-0609], 2019.3.12.)

- 사업자가 상압증류공정, 잔사유분해공정, 아로마틱공정에서 생산한 부탄을 수소
  제조공정에 투입하여 수소 및 연료가스를 생산한 후 수소는 탈황시설에 투입하여
  석유류의 유황성분 제거 등에 사용하며, 연료가스는 공장을 가동하기 위한 열량
  에너지로 사용하는 경우 해당 부탄은 **동일 제조장에서 과세물품의 원재료로 사용되는
  경우이거나 개별소비세가 과세되지 않는 석유류의 제조용 원재료로 정유공정에 그대로
  사용되는 경우에 해당**하여 「개별소비세법」 제6조 제1항 제1호 및 같은 법 시행령
  제6조 제1항에 따라 개별소비세가 과세되지 아니하는 것임.

■ **수입시 탄력세율로 개별소비세 신고·납부한 산업용 천연가스를 수출용 철강제품 생산 및
  가공을 위한 연료로 사용하는 경우 공제환급 가능 여부**(서면-2018-소비-2236 [소비세과-
1250], 2018.7.24.)

- 천연가스를 전로, 정련 등 제조과정에 있는 반제품의 온도조절에 사용하거나 회사의
  자가발전소 열원으로 사용하는 것은 개별소비세법 시행령 제2조 제1항 제4호의
  수출물품의 제조·가공에 직접적으로 사용되는 원자재에 해당하지 아니하여 이미
  납부된 개별소비세를 **공제·환급 받을 수 없는 것임.**

나. 제조장에서 환가되는 경우

과세물품이 제조장에 있다가 공매(公賣), 경매 또는 파산절차로 환가(換價)되는 경우에는 제조장에서 반출하는 것으로 본다. 반출 등으로 보는 "환가되는 경우"란 계약금 이외에 그 대금의 일부를 받은 때를 말한다(통칙 6-0…2).

다. 제조장에 남아있는 경우

1) 제조의 폐지로 남아있는 과세물품

과세물품의 제조를 사실상 폐지한 경우에 과세물품이 제조장에 남아있는 경우에는 제조장에서 반출하는 것으로 본다. '사실상 폐지한 경우'란 사업부진이나 채권자로부터 원재료 또는 제품을 압류당하는 등의 사유로 인하여 현실적으로 제조중단 등 그 영업활동을 계속할 수 없는 경우를 말한다(통칙 6-6…3).

2) 반출의제 적용유예

제조를 폐지한 당시 해당 제조장에 남아 있는 과세물품이 매월분의 통상적인 반출 수량보다 많아 제조를 폐지한 날이 속한 달의 다음 달 25일까지 반출의제 적용유예 승인을 받은 경우 그 유예기간에는 반출로 보지 아니한다.

반출의제 적용유예 승인을 받으려는 자는 제조를 폐지한 날이 속한 달의 다음 달 25일까지 다음 사항을 적은 「반출의제 적용유예 승인신청서 및 그 승인서」(시행규칙 제1호 서식)신청서를 관할 세무서장에게 제출하여야 한다.

1. 신청인의 인적사항
2. 제조장 소재지
3. 제조 폐지 연월일
4. 제조를 폐지한 때에 남아 있는 물품의 명세
5. 반출 완료 예정 연월일
6. 신청 사유

이 경우 관할 세무서장은 개별소비세의 보전 또는 단속에 지장을 주지 아니한다고 인정하는 경우에는 6개월의 범위에서 반출의제 적용유예 신청을 승인할 수 있다.

7 과세표준 (법 §8)

(1) 과세표준의 의의

'과세표준'이란 세액을 산출하기 위한 과세대상의 가액 또는 수량을 말한다. 개별소비세의 과세표준은 그 과세대상에 따라 가격, 수량, 인원, 요금, 총매출액으로 구분된다. 과세물품은 가격 또는 수량, 과세장소는 입장인원, 과세유흥장소는 유흥음식요금, 과세영업장소는 「관광진흥법」에 따른 연간 총매출액을 개별소비세의 과세표준으로 한다.

과세물품의 가격과 과세유흥장소의 요금에는 해당 개별소비세와 부가가치세를 포함하지 아니하며, 관할 세무서장 또는 세관장의 승인을 받지 않은 용기대금과 포장 비용은 포함한다(법 §8 ②).

과세표준이 되는 가격·수량·요금·인원 또는 총 매출액의 계산에 필요한 사항은 대통령령으로 정하도록 위임(법 §8 ③)함에 따라 제조장에서 반출하는 물품의 가격, 기준판매비율, 반출가격계산의 특례 등을 「개별소비세법 시행령」에 규정하고 있다.

| 과세대상별 과세표준 |

과세대상 구분		개별소비세 과세표준
과세물품	제조장에서 반출하는 물품	제조자가 실제로 반출하는 가격 또는 수량
	보세구역에서 반출하는 물품	수입신고를 할 때의 관세의 과세가격과 관세를 합한 금액 또는 수량
	관세를 징수하는 물품	관세를 징수할 때의 관세의 과세가격과 관세를 합한 금액 또는 수량
	기준가격 적용물품	물품가격 중 기준가격을 초과하는 가격(과세가격)
과세장소		입장인원
과세유흥장소		유흥음식요금
과세영업장소		연간 총매출액

(2) 과세물품의 과세표준

가. 과세표준 산정의 원칙

과세물품의 개별소비세 과세표준은 과세대상에 따라 다르게 산정한다. 과세물품의 개별소비세 과세표준은 ① 제조장에서 제조하여 반출하는 물품은 제조자가 실제로 반출할 때의 가격 또는 수량, ② 보세구역에서 반출하는 물품과 관세를 징수하는 물품은 수입신고를 할 때의 관세의 과세가격과 관세를 합한 금액 또는 수량, ③ 기준가격 적용물품은 물품가격 중 기준가격을 초과하는 가격으로 한다.

휘발유 및 이와 유사한 대체유류의 과세표준은 제조장 또는 보세구역에서 반출한 후 소비자에게 판매할 때까지 수송 및 저장 과정에서 증발 등으로 자연 감소되는 정도를 고려하여 일정비율(자연감소율, 0.2%)[114]을 제조장에서 반출할 때의 수량에 곱하여 계산한 수량을 반출할 때의 수량에서 뺀 수량으로 한다.

| 과세물품별 과세표준 |

과세대상 구분			개별소비세 과세표준
종가세 적용물품	국산품	① 제조장에서 반출하는 물품	제조자가 실제로 반출하는 가격
		③ 기준가격 적용물품	과세가격 = 물품가격 − 기준가격
		④ 기준판매비율 적용물품	반출가격 − (반출가격 × 기준판매비율)
	수입품	② 보세구역에서 반출하는 물품 관세를 징수하는 물품	관세의 과세가격 + 관세
		③ 기준가격 적용물품	과세가격 = 물품가격 − 기준가격
종량세 적용물품			수량 (휘발유는 자연감소율 2%를 차감)

---

114) 「개별소비세법 시행령」 [시행 2020. 4. 1.] [대통령령 제30402호 일부개정]: 종전에는 매월 과세표준의 0.5%를 공제하였으나 환경규제 강화, 기술발전을 반영하여 2020. 4. 1. 이후 반출하거나 수입신고하는 분부터 0.2%를 적용한다(0.5% → 0.2%).

해석사례 ○

■ **특별소비세 과세표준**(소비 46430 – 192, 1999.4.21.)

 – 납세의무자가 제조하여 반출하는 물품은 제조장으로부터 반출한 때의 가격을 특별소비세 과세표준으로 하는 것이므로, **과세물품 총반출량(환입된 과세물품 포함)**을 기준으로 특별소비세 **과세표준을 산정**하는 것임.

나. 기준가격(법 §1 ② 2., 영 §4, 통칙 8 – 8…14)

「개별소비세법」 제1조 제2항은 개별소비세를 부과할 물품과 그 세율을 정하면서 같은 항 제2호에서 정하는 보석 등의 고급물품은 물품가격 중 대통령령이 정하는 기준가격을 초과하는 가격에 당해 물품의 세율을 적용하도록 규정하고 있다. 물품 가격 중 기준가격을 초과하는 부분의 가격은 과세가격이라 한다.

이와 같이 「개별소비세법」이 시행령에 정하도록 위임한 기준가격은 그 과세물품의 과세표준을 정하는 기준이 되는 가격을 의미한다. 이와 달리 그 기준가격을 초과하는 고급물품이 모두 개별소비세 과세대상 물품에 해당한다는 의미에서 정한 가격은 아니라 할 것이다.[115]

이는 국민소득수준의 향상과 소비행태의 변화에 맞추어 1994년 12월 22일 세법개정으로 고급물품의 과세방식을 개선하여 산업 및 유통구조에 대한 조세의 중립성을 제고하기 위해 보석 등 7가지 물품에 대한 전체 물품가격을 과세표준으로 하는 방식에서 대통령령이 정하는 기준가격을 초과하는 가격만을 과세표준으로 하는 방식으로 전환하였다.[116]

보석·귀금속 제품, 고급시계, 고급융단, 고급가방, 고급모피와 그 제품 및 고급가구는 기준가격을 초과하는 부분의 가격(과세가격)을 과세표준으로 한다. 과세물품별 기준가격은 다음과 같다.

---

115) 서울행정법원 98구21775(1999. 4. 21.) 참고
116) 「개별소비세법」 [시행 2015. 1. 1.] [법률 제4809호, 2014. 12. 22. 일부개정] 이유 참고

| 과세물품별 기준가격 |

과세물품	기준가격	과세표준
• 보석 등, 귀금속 제품 • 고급모피와 그 제품	1개당 500만원	1개당 세전가격 − 500만원
• 고급시계 • 고급가방	1개당 200만원	1개당 세전가격 − 200만원
• 고급융단	① 1장당 200만원 ② 1㎡당 10만원	1장당 세전가격 − Max(①, 면적 × ②)
• 고급가구	① 1개당 500만원 ② 1조당 800만원	Max[Σ(개당가격 − ①), 전체가격 − ②)

| 기준가격 개정연혁 |

과세물품	단위	1995.1.1. ~	2001.1.1. ~	2002.1.1. ~	2013.1.1. ~	2015.8.27. ~	2015.11.27. ~
• 보석 등 • 귀금속 제품	1개당	100만원	200만원[117]	200만원	200만원	500만원[118]	500만원
• 고급사진기	1개당	100만원	200만원	200만원	200만원	500만원	200만원[119]
• 고급사진기 관련 제품	1개당	50만원	100만원	200만원[120]	200만원	500만원	200만원[121]
• 고급시계	1개당	100만원	200만원	200만원	200만원	500만원	200만원
• 고급모피 등	1개당	100만원	200만원	200만원	200만원	500만원	500만원
• 고급가방	1개당	–	–	–	200만원[122]	500만원	200만원
• 고급융단 MAX(1장당, 1㎡당)	1장당	100만원	200만원	200만원	200만원	500만원	200만원
	1㎡당	5만원	10만원	10만원	10만원	10만원	10만원
• 고급가구	1개당	300만원	500만원	500만원	500만원	1,000만원	500만원
	1조당	500만원	800만원	800만원	800만원	1,500만원	800만원

117) 「개별소비세법 시행령」[시행 2001. 1. 1.] [대통령령 제17044호, 2000. 12. 29. 일부개정] 이유: 보석류·사진기·시계 등에 대한 특별소비세 과세기준가격을 현행보다 최고 2배 상향조정하여 특별소비세가 과세되지 아니하는 물품의 범위를 확대함으로써 밀수·음성거래의 양성화를 유도하고자 하였다.

118) 「개별소비세법 시행령」[시행 2015. 9. 7.] [대통령령 제26507호, 2015. 9. 7. 일부개정] 이유: 물가상승 및 국민 소득수준 향상 등을 감안하여 개별소비세 비과세 상한 기준인 기준가격을 보석·귀금속 등에 대해서는 1개당 200만원에서 500만원으로, 고급가구에 대해서는 1조(組)당 800만원 또는 1개당 500만원에서 1조당 1,500만원 또는 1개당 1천만원으로 상향 조정하였다.

119) 「개별소비세법 시행령」[시행 2015. 11. 27.] [대통령령 제26668호, 2015. 11. 27. 일부개정] 이유: 개별소비세 비과세 상한 기준인 기준가격을 상향 조정하였음에도 불구하고 일부 과세물품들의 제품 가격이 인하되지 아니하고 있는 점 등을 고려하여 고급시계 등에 대하여는 1개당 500만원에서 200만원으로, 고급가구에 대하여는

> **관련판례**
>
> ■ **스티커사진 자동판매기는 특별소비세가 과세대상 고급사진기에 해당하지 않는 것임**
>
> (서울행법 98구21775, 1999.4.21.)[123]
>
> – 특별소비세법이나 같은 법 시행령에는 고급사진기에 대한 아무런 개념규정이 없고, 관련 규정의 체계 및 그 문언의 의미 등을 참작하여 보면, 법이 특별소비세의 과세물품으로 고급사진기를 규정하면서 **시행령에 정하도록 위임한 기준가격은 그 과세물품의 과세표준을 정하는 기준이 되는 가격을 의미하는 것이고 이와 달리 그 기준가격을 초과하는 사진기는 모두 고급사진기에 해당한다는 의미에서 정한 가격은 아니라고 할 것임.**

1) 보석 · 귀금속제품 및 고급모피와 그 제품

① 보석 · 진주 · 별갑 · 산호 · 호박 · 상아 및 이를 사용한 제품, ② 귀금속 제품, ③ 고급모피와 그 제품의 기준가격은 1개당 500만원이며 과세표준은 물품가격 중 기준가격을 초과하는 부분의 가격이다.

> 과세표준 (과세가격) = 1개당 세전가격 − 500만원(기준가격)
>
> 〈예〉 귀금속제품 1개당 세전가격이 550만원인 경우
> 과세표준 = 550만원 − 500만원(기준가격) = 50만원

1조(組)당 1,500만원 또는 1개당 1천만원에서 1조당 800만원 또는 1개당 500만원으로 기준가격을 하향 조정하였다.

120) 「개별소비세법 시행령」 [시행 2002. 1. 1.] [대통령령 제17461호, 2001. 12. 31. 일부개정] 이유: 국민의 세부담 경감 등을 위해 렌즈, 보디, 섬광기, 노출계 등 고급사진기 관련제품 기준가격을 100만원에서 200만원으로 상향 조정하였다.

121) 국민 소득 수준의 향상과 소비의 대중화 등을 고려하여 「개별소비세법」 [2015.12.15. −13547호] 일부개정으로 녹용, 방향용 화장품, 고급사진기를 개별소비세의 과세물품에서 제외되었다.

122) 「개별소비세법」 [시행 2013. 1. 1.] [법률 제11601호, 2013. 1. 1. 일부개정] 이유 참고: 고가품 과세대상인 귀금속, 고급시계 등과의 과세형평성 제고를 위하여 고급가방을 과세대상에 추가하였다.

123) 고급사진기는 2016. 2. 5.부터 과세대상에서 제외되었다.

2) 고급시계 및 가방

고급시계와 고급가방의 기준가격은 1개당 200만원이다.

> **과세표준 (과세가격) = 1개당 세전가격 − 200만원(기준가격)**
>
> 〈예〉 고급시계 1개당 세전가격이 250만원인 경우
>   과세표준 = 250만원 − 200만원(기준가격) = 50만원

3) 고급융단

고급융단의 기준가격은 1장당 200만원과 그 물품의 면적에 ㎡당 10만원을 곱하여 계산한 금액 중 큰 금액으로 한다. 이 경우 롤(Roll) 제품으로 절단하지 아니한 것은 전체를 1장으로 본다.

> **과세표준 (과세가격) = 1장당 세전가격 − Max〔1장당 200만원, ㎡당 10만원〕**
>
> 〈예1〉 융단 1장의 면적이 6㎡이고 세전가격이 220만원인 경우
>   과세표준 = 220만원 − Max〔200만원, 60만원(=6㎡×10만원)〕= 20만원
>
> 〈예2〉 융단 1장의 면적이 50㎡이고 세전가격이 400만원인 경우
>   과세표준 = 400만원 − Max〔200만원, 500만원(=50㎡×10만원)〕= 0원

4) 고급가구

고급가구의 기준가격은 1조당 800만원 또는 1개당 500만원이다. 이 경우 1조당 800만원의 초과금액이 1개당 500만원의 조단위 초과금액 합계액보다 작은 경우에는 1개당 500만원의 조단위 초과금액 합계액을 기준으로 개단위로 과세표준을 계산한다(통칙 8−8⋯14 3. 후단).

여기서 '조'는 2개 이상이 함께 사용되는 물품으로서 보통 짝을 이루어 거래되는 것을 말하며(영 §2 ① 3.), 조에 해당하는 물품을 개별로 판매·반출하는 경우에는 조를 이루어 판매·반출하는 것으로 보아 그 개별가격을 과세표준으로 한다(영 §9 ④).

> **과세표준 (과세가격) = Max〔1개당 과세가격 합계, 1조당 과세가격〕**

해석사례

■ 응접용의자의 1조 가격이 과세최저한 금액 미만 또는 기준가격 이하인 때 과세 여부

(재소비 46015 – 119, 1995.5.29.)

– 특별소비세법 시행령(1994.12.31. 이전 시행령 포함) 제1조 별표1에 게기된 응접용
 의자는 1조의 가격이 과세최저한 금액 미만 또는 기준가격 이하인 경우라도 "조"를
 구성하는 개별물품이 당해 개별물품의 "과세최저한 금액 이상" 또는 "기준가격"을
 초과하는 경우에는 특별소비세가 과세되는 것임.

| 고급가구의 사례별 계산(통칙 8 – 8⋯14) |

구분	반출가격(관세포함 세전가격)	기준가격	계산방법	과세표준
Case 1	• 조당 가격 900만원	• 조당 800만원	900만원 – 800만원 =100만원	100만원

Case 2	• 조당 가격 900만원
	• 개당 가격
	  탁자 1개 100만원
	  3인용 소파 700만원
	  1인용 소파 2개 각 50만원
		• 조당 800만원	900만원 – 800만원
			=100만원
				200만원

		• 개당 500만원	700만원 – 500만원 =200만원	

Case 3	• 조당 가격 750만원
	• 개당 가격
	  탁자 1개 100만원
	  3인용 소파 550만원
	  1인용 소파 2개 각 50만원
		• 조당 800만원	750만원 – 800만원
			=△50만원
				50만원

		• 개당 500만원	550만원 – 500만원 =50만원	

Case 4	• 조당 가격 750만원
	• 개당 가격
	  탁자 1개 100만원
	  3인용 소파 500만원
	  1인용 소파 2개 각 50만원
		• 조당 800만원	750만원 – 800만원
			=△50만원
				0원

		• 개당 500만원	500만원 – 500만원 =0원	

해석사례

■ **고급사진기 과세물품을 특별소비세의 과세대상으로 정한 조문이 과세요건 명확주의를 위반하였는지 여부**(헌재 2002헌바81, 2003.10.30.)[124]

- 사전적 의미로 '고급(高級)'은 높은 등급(계급)을 뜻하고, '사진기(寫眞機)'는 렌즈를 사용하여 필름 또는 건판에 사람이나 물체를 찍는 기계를 뜻하므로, '고급사진기'는 '렌즈를 사용하여 필름 또는 건판에 사람이나 물체를 찍는 기계 중 높은 등급의 것'이라고 의미를 한정할 수 있다.

- 일반적으로 사진기 자체에 관하여는 위 사전적 의미와 같은 사회통념이 형성되어 있는 것으로 보인다. 나아가 **고급사진기에 관하여도 사회통념이 형성되어 있는지** 보건대, 사진기 판매 종사자 및 구매자를 포함한 일반 국민의 관념에 의하면, 사진기의 종류에 따라 **고급 여부를 판단하는 기준이 다를 수 있지만 시장경제의 속성상 이러한 기준의 구비 여부가 가격에 반영될 수밖에 없으므로,** 사진기의 종류에 따라 어느 정도 가격에 차이는 있더라도 일반적으로 고급사진기란 **일반인이 일상적으로 사용하는 사진기의 가격을 넘는 높은 가격의 사진기라는 사회통념이 형성**되어 있다고 볼 수 있다.

- 그렇다면, 이 사건 조문의 '고급사진기'란, 사회통념상 사진기에 해당하는 물품 중 일반인이 일상적으로 사용하는 용품의 범위를 벗어난 일정 가격 이상의 사진기를 의미하는 것으로서, **특별소비세법의 위임에 따라 대통령령으로 정한 기준가격 이상의 사진기라는 의미로 분명하게 해석되므로 과세관청의 자의적인 해석과 집행을 초래할 염려가 있을 정도로 지나치게 추상적이고 불명확한 규정이라고 볼 수 없고,** 따라서 헌법상의 조세법률주의가 요구하는 과세요건 명확주의의 원칙에 위반되지 않는다.

- 사치성 소비재에 특별소비세를 과세함으로써 부가가치세 부담의 역진성을 보완한다는 입법목적의 범위 내에서 사치성 소비재로 볼 수 있을 정도의 가격을 정하도록 위임한 것이라고 할 것이므로, 어느 정도 위임의 범위가 한정되어 있다고 할 것이고, 사치성 소비재로서의 사진기에 해당하는지 여부는 그때 그때의 국가의 경제사정이나 **국민의 소득수준, 일반적인 사진기의 가격, 기술의 발전, '고급'에 대하여 느끼는 국민심리 등 제반 사정을 고려하여** 결정하여야 할 것이므로 미리 법률로 상세하게 정하기는 입법기술상 어려운 반면 시대상황 등에 능동적·탄력적인 대응을 하기 위하여 **행정입법에 위임하는 것이 합리적이며,** 이 사건 조문의 위임에 의하여 대통령령으로 정하여질 기준가격의 허용범위는 위에서 본 바와 같이 한정된다는 점에서 **위임의 구체성·명확성의 요건이 충족**되었다고 볼 수 있으므로 이 사건 조문은 포괄위임 입법금지의 원칙에 위반되지 아니한다.

---

124) 고급사진기는 2016. 2. 5.부터 과세대상에서 제외되었다.

다. 거래유형별 반출가격 산정방법 (영 §8)

납세의무자가 제조하여 반출하는 물품은 제조장에서 반출할 때의 가격 또는 수량을 과세표준으로 하며, '반출할 때의 가격'은 제조자가 실제로 반출하는 금액, 즉 당해 반출거래의 실지거래가격에 상당한 금액이다(대법원 91누10527, 1992. 2. 25. 참고).

관련판례

특약판매장의 판매가격이 제조장의 판매가격인지 여부(대법원 91누10527, 1992.2.25.)[125]

- 특별소비세의 과세대상이 "물품"인 경우 물품 그 자체의 가격이 과세표준으로 되어야 할 것이지만 다만 물품의 가격이라는 것이 다단계의 유통소비과정에서 수시로 달라지는 것이므로 어느 단계에서의 가격을 당해 물품의 가격으로 볼 것인지에 관하여, 당해 과세물건을 제조장으로부터 반출한 때의 가격을 그 물품의 가격으로 보고 그 제조하여 반출하는 자로 하여금 당해 과세물품을 제조장으로 반출한 때에 그 물품에 대한 특별소비세의 납부의무를 부담하도록 명시함으로써 과세표준과 납세의무자 및 과세시기를 확정하고 있는바,

- 위와 같이 제조장으로부터 반출한 때의 가격을 과세표준으로 하도록 규정함으로써 **가격포착의 기준시점과 그 시점에서의 물건 그 자체의 가격이 과세표준이 됨을 법률로써 규정**한 이상, 그 **반출한 때의 가격 즉 통상가격 내지 시가의 구체적 산정기준에 관하여는 이를 시행령이 정하도록 위임할 수도 있는 것**이므로 특별소비세법 제8조 제3항이 과세표준이 되는 가격의 계산에 관하여 필요한 사항은 대통령령으로 정하도록 위임한 것이고, 이를 받아 같은 법 시행령 제8조가 "같은 법 제8조 소정의 반출한 때의 가격"이라 함은 **제조자가 실지로 반출하는 금액, 즉 당해 반출거래의 실지거래가격에 상당한 금액**을 물품의 가격으로 보되 **일정한 경우**에는 당해 제조자의 반출가격이 아닌 **다른 사업장(특약판매장) 거래가격**을 그 반출한 때의 가격, 즉 통상가격 내지 시가로 보도록 규정하고 있는 것이라고 할 것이므로 위 시행령 제8조 제11호의 규정이 모법의 위임범위를 벗어난다거나 조세법률주의에 반하는 무효의 규정이라고 할 수 없다.

---

125) 「특별소비세법 시행령」[시행 1992. 1. 1.] [대통령령 제13543호, 1991. 12. 31.] 일부개정: 종전에는 특별소비세 과세표준을 산정함에 있어서 제조자가 제조한 물품을 특약판매자에게 저렴한 가격으로 반출하거나 물품의 전량을 반출할 때에는 특약판매장의 판매가격을 과세표준으로 하던 것을, 특약판매형태(대리점)가 유통조직으로 보편화되어 조세회피의 우려가 없으며, 유통시장의 개방에 따라 국내 제조업체의 내수시장 경쟁력 강화를 지원하기 위하여 동 제도를 폐지(영 §8 11. 삭제)하고 제조자의 판매 또는 반출가격을 특별소비세 과세표준으로 하였다. (1992. 1. 1. 이후 최초로 반출하는 분부터 적용)

1) 동종 · 동질 물품의 이중가격 판매

동종 · 동질의 과세물품을 도매자, 소매자와 실수요자 등에게 각각 상이한 가격으로 판매 또는 반출한다 하더라도 영 제8조 제1항 단서의 규정에 해당하지 아니하는 경우에는 실지 판매 또는 반출가격을 과세표준으로 한다(통칙 8-8…2).

2) 세액포함 여부가 불분명한 경우

「개별소비세법」 제11조에 따라 경정결정을 하는 경우 해당 과세를 누락한 물품의 판매 가격에 세액에 상당하는 금액이 포함되어 있는지의 여부가 불분명한 경우에는 그 물품의 판매가격에 세액에 상당하는 금액이 포함되어 있는 것으로 한다(통칙 8-8…3).

3) 가격결정 전의 판매

가격이 결정되기 전에 물품을 판매함에 있어 우선 예정가격으로 판매하되, 후일 가격이 결정되면 그에 따라 조정계산하기로 약정하고 판매한 경우에 가격결정이 그 물품의 과세 표준 신고기한 내에 이루어지지 않는 때에는 예정가격에 의하여 산출한 과세표준으로 한다 (통칙 8-8…12).

이와 같이 예정가격으로 신고 · 납부한 후, 추후 확정가격이 결정되면 「국세기본법」에 따른 수정신고와 관계없이 확정가격이 결정된 날의 다음 달 말일까지 추가 신고 · 납부하여야 하며, 이 경우 가산세는 배제된다(소비 22641-1186, 1990.9.7.).

해석사례

■ **예정가격으로 반출하는 경우 예정가격으로 과세표준을 신고하며 확정가격이 예정가격 보다 낮을 경우 경정청구하는 것임**(소비세과-353, 2012.10.25.)

- 가격이 결정되기 전에 물품을 예정가격으로 판매한 경우 과세표준 신고기한 내에 판매가격이 확정되면 확정된 가격으로 신고하는 것이나, **과세표준 신고기한까지 확정되지 않을 경우 예정가격으로 신고하는 것이며**, 예정판매가격으로 **과세표준 신고한 후 확정판매가격이 예정판매가격보다 낮은 경우 경정청구**할 수 있는 것임(제도 46016-11744, 소비 46430-1830, 소비 1265.3-195, 1982.1.20. 같은 뜻).

4) 비과세물품을 부착하여 판매

과세물품의 제조과정에서 비과세물품을 부착하여 반출하는 경우로서 그 비과세물품의 가격을 과세물품의 판매가격에 포함시켜 반출하는 경우에는 구분계약서의 작성여부에 관계없이 비과세물품의 가격을 포함한 금액을 과세표준으로 하고 비과세물품을 별개로 반출하는 경우에는 과세표준에 산입하지 아니한다(통칙 8-8…13).

〈예시〉 승용자동차에 히터(heater)를 부착하여 반출하는 경우

해석사례

■ **과세물품과 비과세물품의 결합**(소비 46430-212, 1999.4.30.)

- 특별소비세 과세물품을 조립하는 과정에서 비과세물품을 부착하여 반출하는 경우 그 **비과세물품의 가격을 과세물품의 판매가격에 포함시켜 반출**하는 경우에는 **비과세물품의 가격을 포함한 금액을 과세표준으로** 하고, **비과세물품을 별개로 반출하는 경우에는 과세표준에 산입하지 아니하는 것이며**, 제조장 이외의 장소에서 판매 목적으로 제조장으로부터 반출한 물품에 **다른 과세물품 또는 비과세물품을 물리적으로 결합하여 그 물품에 새로운 특성과 용도를 부여함으로써 가치증대를 이루는 행위**는 특별소비세법 제5조 제3호(현행 제5조 제1호 나목)의 규정에 의하여 **제조로 보는 경우에 해당**하는 것임.

■ **과세물품인 투전기에 비과세물품을 부착하는 경우 특별소비세 과세표준**

(소비 22641-1441, 1989.10.10.)

- 귀문 "가"의 경우 과세물품인 투전기의 제조자가 비과세물품인 기계설치대, 번호등(표시등)을 구입하여 투전기에 부착하여 반출하거나 투전기와 동시에 반출하는 경우에는 그 **가격을 투전기의 특별소비세 과세표준에 합산**하는 것이며,
- 제조자가 투전기 본체만 제조하여 반출하는 경우에는 투전기 본체에 대한 반출가격을 특별소비세 과세표준으로 하는 것임.

■ **과세물품과 비과세물품을 합하여 1세트로 반출하는 경우 과세표준**

(소비 22641-1520, 1989.10.20.)

- 제조장에서 제조한 과세물품에 비과세물품을 합하여 1세트로 포장 반출 시는 그 전체가격을 과세표준으로 하는 것이며, 타제조장에서 구입한 **비과세물품을 과세물품과 별도로 판매**하는 경우 비과세물품 가격은 **과세표준에 포함하지 않는 것임.**

5) 석유류의 과세표준 산정

개별소비세가 과세되는 휘발유·경유·등유의 과세표준은 제조장에서 반출하거나 수입신고를 하는 때의 수량을 표준온도(15℃ 또는 60°F)로 환산한 수량이다(통칙 8-8…17).

휘발유 및 이와 유사한 대체유류의 경우에는 제조장 또는 보세구역에서 반출한 후 소비자에게 판매할 때까지 수송 및 저장 과정에서 증발 등으로 자연 감소되는 정도를 고려하여 일정비율(자연감소율, 0.2%)[126]을 제조장에서 반출할 때의 수량에 곱하여 계산한 수량을 반출할 때의 수량에서 뺀 수량으로 한다.

> 휘발유 및 이와 유사한 대체유류의 과세표준 =
> 반출할 때의 수량 − 〔반출할 때의 수량 × 자연감소율(0.2%)〕

해석사례

■ **제조장 출고 후 유류수량 증가사유별 과세 여부**(서면인터넷방문상담3팀 − 789, 2004.4.23.)
 − 제조장에서 반출 시 과세된 석유류제품의 재고량이 저장 및 출고과정에서 온도의 변화 등 **자연적 사유 또는 통상적인 계측오차**로 인하여 증가하였다면 그 증가분에 대하여 **과세할 수 없으나**, 첨가제 첨가 등의 사유로 증가하였을 경우에는 그 증가분은 과세대상임.

6) 그 밖에 대통령령으로 정한 경우

다음의 경우에는 각 구분에 따른 해당 금액을 반출할 때의 가격으로 한다.

원재료의 일부 또는 전부를 제공하여 과세물품의 제조를 위탁하는 경우에는 그 수탁자를 제조자로 보아 아래 ①부터 ⑪까지(영 §8)를 적용하여 제조장에서 반출하는 물품의 가격을 계산한다(영 §9 ②). 다만, 보석·귀금속제품 또는 캠핑용자동차의 제조를 위탁하는 경우로서 「개별소비세법 시행령」 제9조 제3항(아래 ⑮)에 해당하는 경우는 제외한다.

아래 ⑩과 ⑪의 판매가격은 ①부터 ⑨까지의 금액 산정 기준을 준용하여 산정할 수 있다.

---

126) 「개별소비세법 시행령」 [시행 2020. 4. 1.] [대통령령 제30402호 일부개정]: 종전에는 매월 과세표준의 0.5%를 공제하였으나 환경규제 강화, 기술발전을 반영하여 2020. 4. 1. 이후 반출하거나 수입신고하는 분부터 0.2%를 적용한다. (0.5%→0.2%)

| 제조장에서 반출하는 물품의 가격 계산 |

구 분	과세표준 산정방법
① 외상 또는 할부로 반출하는 경우	• 해당 물품을 인도한 날의 실제 반출가격에 상당하는 금액
② 원재료 또는 자금의 공급을 조건으로 낮은 가격으로 반출하거나 자가 제조물품을 다른 제조자의 제품과 저렴한 가격으로 교환하는 경우	• 반출 또는 교환한 날의 실제 반출가격에 상당하는 금액
③ 물품을 반출한 후 일정한 금액을 매수자에게 되돌려주는 경우	• 처음의 반출가격에 상당하는 금액
④ 반출되는 운송비를 운송거리나 운송방법에 상관없이 같은 금액으로 하여 그 반출가격에 포함시키거나 그 금액을 별도로 받는 경우 (운송기관이 운송을 담당하는 경우를 포함)	• 그 운송비를 포함한 가격에 상당하는 금액
⑤ 입찰의 방법으로 물품을 반출할 때 입찰견적서에 운송비가 따로 계상되어 있더라도 그 낙찰가격에 운송비를 포함하고 있는 경우	• 그 운송비를 포함한 가격에 상당하는 금액
⑥ 제조장에서 무상으로 반출하는 경우	• 그 물품을 반출한 날의 실제 반출가격에 상당하는 금액
⑦ 과세물품이 제조장에 있다가 공매, 경매 또는 파산절차로 환가되는 경우 * 환가금액에 세액이 포함되어 있는 것으로 봄	• 환가된 때의 가격에 상당하는 금액 (해당 물품에 대한 개별소비세와 부가가치세를 포함하지 않은 금액)
⑧ 과세물품의 제조를 사실상 폐지한 경우 제조장에 현존하는 물품의 경우	• 폐지한 때의 실제 반출가격에 상당하는 금액
⑨ 반출의제 적용유예 승인을 받은 경우	• 해당 물품이 실제로 반출되었거나 반출된 것으로 보아 개별소비세를 부과하게 되는 때의 실제 반출가격에 상당하는 금액
⑩ 다음의 어느 하나에 해당하는 경우[127] • 제조장과 특수한 관계가 있는 곳에 판매를 위탁하거나 전담하게 하는 경우로서 통상적인 거래를 할 때 실제 판매가격이 없거나 실제 판매가격에 상당하는 금액보다 저렴한 가격으로 반출하는 경우 • 제조장에서 별도의 판매장을 거치지 않고 소비자에게 직접 반출하는 경우 • 제조자와 판매자가 동일한 경우	• 해당 물품의 판매가격 − (기준판매비율 × 판매가격) * 해당 물품의 판매가격 : 해당 물품에 대한 개별소비세와 부가가치세를 포함하지 않은 금액

---

127) 「개별소비세법 시행령」 [시행 2023. 2. 28.] [대통령령 제33273호, 2023. 2. 28. 일부개정] 부칙 제33273호 제1조 단서 및 제2조: 개정규정은 2023년 7월 1일 이후 제조장에서 반출하는 물품부터 적용한다.

구 분	과세표준 산정방법
⑪ 수탁가공한 물품에 대하여 수탁자가 해당 세액을 납부하는 경우[보석 및 귀금속제품은 제외] 위탁자가 물품을 직접 제조하지 아니하고 수탁자에게 의뢰하여 제조하는 경우로서 다음의 요건[128]을 모두 충족하는 것 • 위탁자가 생산할 물품을 직접 기획(고안·디자인 및 견본제작 등을 말한다)할 것 • 해당 물품을 위탁자의 명의로 제조할 것 • 해당 물품을 인수하여 위탁자의 책임하에 직접 판매할 것	• 그 물품을 인도한 날에 위탁자가 실제로 판매하는 가격에 상당하는 금액[129] ＊ 과세표준 = 동종·동질 물품의 판매금액의 합계 ÷ 동종·동질의 물품의 판매수량의 합계×제조장에서 반출한 수량
⑫ 동종·동질의 과세물품을 각각 상이한 가격으로 판매·반출하는 경우 (위 ①~⑪에 해당하지 아니하는 경우)	• 실지판매가격 또는 반출가격(통칙 8-8…2)
⑬ 제조과정에서 비과세물품을 부착하여 과세물품의 판매가격에 포함시켜 반출하는 경우	• 비과세물품 가격을 포함한 가격(통칙 8-8…13)
⑭ 제조물품을 위탁판매하는 경우	• 수탁자가 실지로 판매한 가격 (해당 물품에 대한 개별소비세와 부가가치세를 포함하지 않은 금액, 통칙 8-8…4)

128) 「특별소비세법 시행령」[시행 2012. 2. 2.] [대통령령 제23597호, 2012. 2. 2.. 일부개정]으로 수탁가공 여부는 납세의무를 결정하는 중요한 사항이므로 「소득세법 시행령」 제31조와 「조세특례제한법 시행규칙」 제2조를 고려하여 위탁자가 직접 기획하고 위탁자의 명의로 제조하며 해당 물품을 위탁자의 책임하에 직접 판매하는 경우 수탁가공에 해당하도록 판단 요건을 시행령에서 명확히 규정하였다.

129) 「특별소비세법 시행령」[시행 1979. 1. 1.] [대통령령 제9235호, 1978. 12. 30.. 일부개정]으로 임가공을 위탁한 물품이나 직매장을 통하여 판매하는 물품에 대한 과세표준을 실제로 판매하는 가격과 일치되도록 하였다.

구분	개정전	개 정
1. 수탁가공한 물품	원가계산 또는 수탁자의 판매가격	수탁물품을 위탁자에게 인도한 날에 위탁자가 실지로 판매하는 가격 단, 직매장에서 실제로 판매한 가격과 다를 경우에는 매 6월마다 정산하여 신고토록 함.
2. 직매장에서 반출한 물품	직매장에서 판매한 물품의 평균 단가를 제조장에서 반출한 수량에 적용하여 산정	

과세물품의 제조자가 자기의 제품을 직매장등 특수판매장에서 판매하는 경우 제조장에서 직매장에 반출한 물품의 과세표준은 주로 실제 직매장에서 판매한 금액이 되는 것이나 판매가 되지 아니한 경우에는 과세표준인 반출가격이 없기 때문에 당해 직매장에서 판매한 동종·동질물품의 단가별 수량의 합계에 대한 비율을 제조장으로부터 반출한 수량에 적용하여 산정한 금액을 과세표준으로 하여 신고·납부하고, 이에 의하여 산정된 금액과 직매장에서 실제로 판매한 금액이 다를 경우에는 6월마다 과세표준을 정산하도록 하여 부가가치세법상의 과세표준과 일치시킬 수 있다는 측면에서 정산제도(영 §9 ① 단서)를 채택하였다.
그러나 정산제도로 인하여 과세표준을 6개월 동안 불확실한 상태에 두는 것은 제조장에서 반출한 물품에 대한 과세기간이 1개월이라는 점에 비추어 볼 때 납세의무가 불안정하게 되므로 문제점이 있으며 특히 직매장등에서 판매 중에 있는 물품의 세율이 변동된 경우에는 그 변동된 세율에 따라 가격을 결정하여

구 분		과세표준 산정방법
⑮ 원재료의 전부·일부를 제공하여 제조를 위탁하는 경우로서 다음에 해당하는 경우		• 그 수탁자를 제조자로 보아 과세표준 계산
• 보석 등, 귀금속제품 • 튜닝한 캠핑카[130)	위탁자가 제공한 원재료만으로 제조·가공·수리한 경우	• 그 위탁 공임에 상당하는 금액
	위탁자가 제공한 것 외의 원재료를 수탁자가 보충·첨가한 경우	• 보충·첨가된 원재료의 가격 + 위탁공임
• 비과세 자동차로 튜닝한 캠핑카[131)		• 위탁자가 제공한 자동차의 가격* + 수탁자가 보충·첨가한 원재료의 가격 + 위탁공임 * 수탁자의 제조장에서 반출할 때의 시가표준액
⑯ 자가 사용·소비의 경우(영 §10)		• 제조 총원가 + 통상적인 이윤(총원가의 10%)에 상당하는 금액 * 제조 총원가(해당 물품에 배부되어야 할 부분으로 구성되는 총금액) = 원재료비 + 보조재료비 + 노무비 + 경비 + 일반관리비 및 판매비
⑰ 보세구역에서 반출하는 물품		• 수입신고를 할 때의 관세의 과세가격과 관세를 합한 금액 또는 수량
⑱ 보세구역 반출 외에 관세를 징수하는 경우		• 관세의 과세가격과 관세를 합한 금액 또는 수량
⑲ 용기대금 및 포장비용		• 과세물품의 가격에 포함(관할 세무서장 또는 세관장의 승인을 받은 경우는 제외)

판매하더라도 당해 물품에 대한 과세표준 정산시의 세율은 반출과세원칙에 따라 당초 제조장에서 과세물품을 반출한 당시의 세율을 적용하여야 하기 때문에 과세표준이 부가가치세의 과세표준과 일치하지 아니하였다. 이에 따라 「특별소비세법 시행령」[시행 1982. 1. 1.] [대통령령 제10700호, 1981. 12. 31.. 일부개정]으로 시행령 제9조 제1항 단서를 삭제하였다. 따라서 앞으로는 제조장에서 반출시의 수량과 직매장에서 당해 월에 판매한 물품의 추정단가를 곱하여 신고·납부를 하면 되는 것이다.

130) 「개별소비세법 시행령」[시행 2021. 2. 17.] [대통령령 제31451호, 2021. 2. 17. 일부개정] 이유: 이중과세를 방지하기 위하여 승용자동차를 캠핑용자동차로 튜닝한 차량에 대하여 개별소비세 과세표준을 산정할 때 해당 자동차의 개조 전 차량가격을 과세표준에서 제외하도록 하였다.

131) 「개별소비세법 시행령」[시행 2023. 2. 28.] [대통령령 제33273호, 2023. 2. 28. 일부개정]; 2023. 2. 28.부터 시행 이후 과세표준을 신고하는 분부터 적용한다.

과세표준 관련 기본통칙

통칙 8-8…7【해약물품을 제조장에 환입함이 없이 재판매하는 때의 과세표준】

- 제조자가 거래처에 물품을 반출하였으나 그 거래처의 재산상태 악화 등으로 인하여 해약된 물품을 회수함에 있어서 제조장에 환입하지 아니하고 그대로 다른 거래처로 재판매한 경우에는 그 사실이 명백하고 당초의 거래가 위장이 아닌 한 당초 제조장 반출시의 대가를 기초로 과세표준을 산정한다.

통칙 8-8…8【도장료를 별도로 수령하는 때의 과세표준】

- 제조자가 과세물품 제조를 주문 받았을 때 물품대금 외에 도장료를 별도로 수령하는 경우 당해 도장료는 그 물품대가의 일부이므로 과세표준에 산입한다.

통칙 8-8…9【환가된 물품의 과세표준】

- 법 제6조 제1항 제2호에 따라 과세물품이 환가됨으로써 반출로 보는 경우에 해당하는 물품의 과세표준은 구입자의 업태 여하에 불구하고 그 환가금액에 세액이 포함되어 있는 것으로 보아 과세표준을 산정한다.

통칙 8-8…10【공용용기에 넣어 일괄판매하는 때의 과세표준】

- 제조자가 과세물품과 비과세물품을 동일 용기에 넣거나 포장하여 판매하는 경우의 과세표준은 이들 물품의 세제외가격의 구성비율에 따라 배분한 용기 또는 포장물의 가격에 그 과세물품의 세제외가격을 합한 금액을 과세표준으로 한다.

통칙 8-8…11【잉여물품을 판매하는 때의 과세표준】

- 수출원자재를 미납세로 반입하여 수출용 과세물품을 제조하고 수출을 완료한 후에 발생한 잉여물품(기술소득분)을 판매하는 경우의 과세표준은 실제로 판매한 금액이다.

해석사례

특별소비세 과세표준 계산방법(소비 46430-236, 2000.7.10.)

- 세액산출의 기준이 되는 특별소비세 과세표준은 특별소비세법 제3조 제2호의 납세의무자가 제조하여 반출하는 물품은 제조장으로부터 반출한 때의 가격이며,
- 제조장과 특수한 관계에 있는 곳에 **판매를 위탁하거나 판매를 전담**하게 하는 경우에 **실지판매가격보다 저렴한 가격으로 판매장에 반출**하는 때에는 같은 법 시행령 제8조 제10호의 규정에 의하여 **당해 판매장의 판매가격**(특별소비세와 부가가치세를 포함하지 아니한 금액)에 상당하는 금액을 과세표준으로 하는 것임.

■ **「개별소비세법 시행령」 제8조 제1항 제10호에 따른 '수탁가공한 물품'에 해당하는지 여부**(기획재정부 환경에너지세제과-326, 2018.7.4.)
- 「개별소비세법 시행령」 제8조 제1항 제10호에서 명시한 수탁가공 요건을 모두 충족하는 경우에는 '수탁가공한 물품'에 해당하며,
- 수탁가공한 과세물품을 위탁자에게 인도한 경우의 과세표준은 같은 법 시행령 제8조 제1항 제10호의 규정에 의거 물품을 **인도한 날**에 위탁자가 실제로 판매하는 가격에 **상당하는 금액**으로 하는 것임.

■ **임가공업체가 수탁제조물품을 반출하면서 신고·납부하지 않고 미납세반출 승인신청도 하지 않은 경우 납세의무**(조심-2019-서-1370, 1371, 1372, 2019.9.30.)
- 인도하는 시점의 물품가격으로 하지 않고, 위탁자가 판매하는 가격에 상당하는 금액으로 하도록 규정하고 있는 점, 납품과정에서 세무서에 미납세반출을 신청하거나 승인받은 사실이 없는 점 등에 비추어 수탁자들을 이 건 개별소비세 납세의무자에 해당한다고 보아
- **위탁자인 ○○모피가 ○○○ 등을 통하여 판매한 최종 판매가격에서 수수료 상당액을 차감한 금액**을 「개별소비세법 시행령」 제8조 제10호의 위탁자가 실제로 판매하는 가격에 해당하는 것으로 하여 과세한 이 건 처분은 달리 잘못이 없음.

라. 수탁제조자의 반출가격계산 특례(영 §9 ③)

원재료의 일부 또는 전부를 제공하여 과세물품의 제조를 위탁하는 경우에 그 수탁자를 제조자로 보아 제조장에서 반출하는 물품의 가격을 계산하도록 규정한 「개별소비세법 시행령」 제9조 제2항에도 불구하고 과세물품의 제조를 위탁하는 경우로서 다음에 해당하는 경우에는 각 구분에 따른 금액을 수탁자의 반출가격으로 한다.[132]

1) 보석·귀금속 제품

보석 및 귀금속제품의 제조를 위탁하는 경우 수탁자의 반출가격은 다음과 같이 산정한다.

1. 위탁자가 제공한 원재료만으로 제조·가공 또는 수리한 경우 : 그 위탁 공임에 상당하는 금액

> **반출가격 = 위탁 공임 상당액**

---

132) 2023.2.28. 대통령령 개정 부칙; 2023. 2. 28. 이후 과세표준을 신고하는 분부터 적용한다.

2. 위탁자가 제공한 것 외의 원재료를 수탁자가 보충·첨가한 경우 : 보충·첨가된 원재료의 가격과 위탁 공임을 합산한 금액

> 반출가격 = 위탁 공임 상당액 + 보충·첨가 원재료 가격

2) 캠핑용자동차[133]

1. 개별소비세 과세대상 자동차를 「자동차관리법」 제34조에 따라 튜닝한 경우 수탁자의 반출가격은 다음과 같이 산정한다.

① 위탁자가 제공한 원재료만으로 제조·가공 또는 수리한 경우 : 그 위탁 공임에 상당하는 금액

> 반출가격 = 위탁 공임 상당액

② 위탁자가 제공한 것 외의 원재료를 수탁자가 보충·첨가한 경우 : 보충·첨가된 원재료의 가격과 위탁 공임을 합산한 금액

> 반출가격 = 위탁 공임 상당액 + 보충·첨가 원재료 가격

2. 개별소비세가 과세되지 아니한 자동차를 「자동차관리법」 제34조에 따라 튜닝한 경우 수탁자의 반출가격은 다음의 금액을 합산한 금액으로 한다.[134]

① 위탁자가 제공한 자동차의 가격(수탁자의 제조장에서 반출한 때의 「지방세법 시행령」 제4조 제1항 제3호에 따라 산정된 시가표준액을 말한다)

② 수탁자가 보충·첨가한 원재료의 가격

③ 위탁 공임

---

133) 「개별소비세법 시행령」, [시행 2021. 2. 17.] [대통령령 제31451호, 2021. 2. 17. 일부개정]; 개별소비세가 과세된 승용자동차, 전기자동차, 수소전기자동차를 「자동차관리법」 제34조에 따라 캠핑용자동차로 튜닝하는 경우에는 이중과세 조정을 위해 해당 승용자동차의 개조 전 차량가격을 과세표준에서 제외하도록 2021.2.17. 특례를 신설하였다(영 시행 이후 과세표준을 신고하는 분부터).

134) 개별소비세가 과세되지 않은 차량을 캠핑용자동차로 개조하는 경우에는 실제 제조장 반출가격에 상당하는 금액으로 과세표준을 산정하였으나 원재료에 위탁공임을 합산한 가격으로 과세표준을 산정하는 것임을 명확히 하도록 개정하여 2023년 2월 28일 이후 과세표준을 신고하는 분부터 적용한다.

반출가격 = 위탁자 제공 자동차 가격 + 보충·첨가 원재료 가격 + 위탁공임

관련법령

○ **자동차관리법 제34조【자동차의 튜닝】**

① 자동차소유자가 국토교통부령으로 정하는 항목에 대하여 튜닝을 하려는 경우에는 시장·군수·구청장의 승인을 받아야 한다.

② 제1항에 따라 튜닝 승인을 받은 자는 자동차정비업자 또는 국토교통부령으로 정하는 자동차제작자등으로부터 튜닝 작업을 받아야 한다. 이 경우 자동차제작자등의 튜닝 작업 범위는 국토교통부령으로 정한다. 〈신설 2015.8.11.〉

③ 제1항에 따른 승인 대상 항목에 대한 승인기준 및 승인절차에 관한 사항은 국토교통부령으로 정한다. 〈개정 2015.8.11.〉

마. 자가 사용 · 소비 물품의 가격계산 (영 §10)

① 과세물품이 제조장에서 사용·소비(법 §6 ① 1. 본문)되거나, ② 과세물품이 아닌 물품의 제조용 원재료로 제공되어 제조자가 실제로 반출하는 금액(영 §8 ① 본문)에 따른 가격을 그 물품의 가격으로 할 수 없는 경우에는 해당 물품의 제조 총원가에 통상적인 이윤에 상당하는 금액(제조 총원가의 100분의 10)을 더한 금액으로 한다.

규격미달(정상 제품에 비하여 품질저하 또는 병입 물품의 용량부족 등) 등으로 사외로 반출할 수 없어 제조장 안에서 사용·소비하거나 과세물품이 아닌 물품의 제조용 원재료로 제공되어 반출하는 물품 가격으로 할 수 없는 경우에는 해당 물품의 제조 총원가에 통상적인 이윤에 상당하는 금액(제조 총원가의 100분의 10)을 더한 금액으로 한다. 이때의 원가계산은 해당 물품을 소비한 매월별로 한다(통칙 8-10…21).

이 경우 제조 총원가는 원재료비, 보조재료비, 노무비, 경비, 일반관리비 및 판매비로서 해당 물품에 배부되어야 할 부분으로 구성되는 총금액으로 한다.

과세표준 = 〔 원재료비 + 보조재료비 + 노무비 + 경비 + 일반관리비 + 판매비 〕× 110%

원재료비에는 부산물 가액은 포함되지 않으며, ① 국산원재료는 실제 구입가격에도 불구

하고 원재료로 사용된 때를 기준으로 하여 최종 구입한 원재료의 가격으로 평가하고, ② 수입 원재료는 원재료로 사용된 때를 기준으로 하여 최종 수입한 원재료의 도착가격을 해당 월의「외국환거래법」에 따른 기준환율 또는 재정환율을 적용하여 환산한 가격으로 평가한다.

원재료비를 구성하는 비목(費目)은 다음 각 목과 같다.
① 원재료 구입가격
② 관세
③ 원재료 구입을 위하여 협회·조합 등에 납부하는 모든 비용
④ 원재료 구입을 위한 신용장 개설에 드는 모든 비용
⑤ 하역비, 운반비, 보험료 및 보관료
⑥ 원재료 구입을 위한 융자에 대한 지급이자 및 수수료

바. 세포함 가격에 대한 과세표준 계산 (통칙 8-8…5, 통칙 8-8…6)

과세물품 반출가격과 유흥음식요금에 개별소비세 등 전부 또는 일부의 세금이 포함된 경우의 개별소비세 과세표준은 다음과 같이 산정한다.

석유류·담배, 과세장소 및 과세영업장소는 세금을 포함하지 않은 수량, 입장인원, 총매출액 자체가 개별소비세 과세표준이므로 별도의 과세표준 산정절차가 필요하지 않다.

> • 반출·판매가격, 유흥음식요금 : P   • 기준가격 : G
> • 개별소비세율 : s   • 부가가치세율 : v
> • 교육세율 : e   • 농어촌특별세율 : a

1) 기준가격을 적용하지 아니하는 과세대상

구 분		과세표준 산정방법
개별소비세 등 모든 세금을 포함한 경우	① 농어촌특별세 과세대상	$P \times \dfrac{1}{1 + s + (s \times e) + (s \times a) + (1+s+s \times e+s \times a) \times v}$
	② 농어촌특별세 과세대상이 아닌 경우	$P \times \dfrac{1}{1 + s + (s \times e) + (1+s+s \times e) \times v}$
	③ 간이과세 과세유흥장소	$[\,P-부가가치세액\,] \times \dfrac{1}{1 + s + (s \times e)}$ 부가가치세액 = 간이과세자 : 당해 월의 공급대가×업종별 부가가치율×10%
개별소비세 등 세금의 전부 또는 일부를 포함하지 아니한 경우	개별소비세 ○ 교육세 ○ 농특세 ○ VAT ×	$P \times \dfrac{1}{1 + s + (s \times e) + (s \times a)}$
	개별소비세 × 교육세 × 농특세 × VAT ○	$P \times \dfrac{1}{1 + v}$
	개별소비세 ○ 교육세 × 농특세 × VAT ○	$P \times \dfrac{1}{1 + s + (1 + s) \times v}$
	개별소비세 ○ 교육세 ○ 농특세 × VAT ○	$P \times \dfrac{1}{1 + s + (s \times e) + (1 + s + s \times e) \times v}$

2) 기준가격을 적용하는 과세대상

구 분		과세표준 산정방법
개별소비세 등 모든 세금을 포함한 경우	① 농어촌특별세 과세대상	$\left(P \times \dfrac{100}{110} - G \right) \times \dfrac{1}{1 + s + (s \times e) + (s \times a)}$
	② 농어촌특별세 과세대상이 아닌 경우	$\left(P \times \dfrac{100}{110} - G \right) \times \dfrac{1}{1 + s + (s \times e)}$
개별소비세 등 세금의 전부 또는 일부를 포함하지 아니한 경우	개별소비세 ○ 교육세 ○ 농특세 ○ VAT ×	$(P - G) \times \dfrac{1}{1 + s + (s \times e) + (s \times a)}$
	개별소비세 × 교육세 × 농특세 × VAT ○	$P \times \dfrac{100}{110} - G$
	개별소비세 ○ 교육세 × 농특세 × VAT ○	$\left(P \times \dfrac{100}{110} - G \right) \times \dfrac{1}{1 + s}$
	개별소비세 ○ 교육세 ○ 농특세 × VAT ○	$\left(P \times \dfrac{100}{110} - G \right) \times \dfrac{1}{1 + s + (s \times e)}$
	개별소비세 × 교육세 × 농특세 × VAT ×	$P - G$

3) 동시에 2이상의 물품을 일괄판매가격으로 반출 또는 판매하는 경우

둘 이상의 물품을 동시에 일괄판매가격으로 반출 또는 판매하는 때의 개별소비세 과세표준은 다음과 같이 산정한다.

- P : x물품과 y물품 동시 일괄판매가격
- Px : x물품 별도 판매 시 가격
- Py : y물품 별도 판매 시 가격
- 기준가격 : G
- 개별소비세율 : s
- 부가가치세율 : v
- 농어촌특별세율 : a
- 교육세율 : e

구　분		과세표준 산정방법
기준가격 적용 과세물품(x) 기준가격 미적용 과세물품(y) 일괄 판매 · 반출	x	$\left(P \times \dfrac{P_x}{P_x + P_y} \times \dfrac{100}{110} - G \right) \times \dfrac{1}{1+s+(s \times e)+(s \times a)}$
	y	$\left(P \times \dfrac{P_y}{P_x + P_y} \right) \times \dfrac{1}{1+s+(s \times e)+(s \times a)+(1+s+s \times e+s \times a) \times v}$
과세물품(x) 비과세물품(y) 일괄 판매 · 반출	과세물품(x) 기준가격 적용　　x	$\left(P \times \dfrac{P_x}{P_x + P_y} \times \dfrac{100}{110} - G \right) \times \dfrac{1}{1+s+(s \times e)+(s \times a)}$
	과세물품(x) 기준가격 미적용　　x	$\left(P \times \dfrac{P_x}{P_x + P_y} \right) \times \dfrac{1}{1+s+(s \times e)+(s \times a)+(1+s+s \times e+s \times a) \times v}$

사. 기준판매비율 (영 §8의2)

1) 기준판매비율의 도입배경

납세의무자가 제조하여 반출하는 물품 중 제조장에서 별도의 판매장을 거치지 않고 소비자에게 직접 반출하는 경우 등에 있어서는 국내 제조물품의 개별소비세 과세표준에 제조 이후 판매 과정에서 발생하는 비용이 포함되어 수입신고 시 가격을 과세표준으로 하는 수입 물품에 비해 개별소비세 부담액이 과다하게 계산된다.

이는 국내 제조물품의 개별소비세 과세표준에는 제조원가는 물론 국내 유통비용과 이윤이 포함되는 반면, 수입물품의 개별소비세 과세표준인 수입신고가격에는 국내 유통비용과 이윤이 포함되지 않기 때문이다.

| 국내 제조물품과 수입물품의 과세표준과 세부담 비교 |

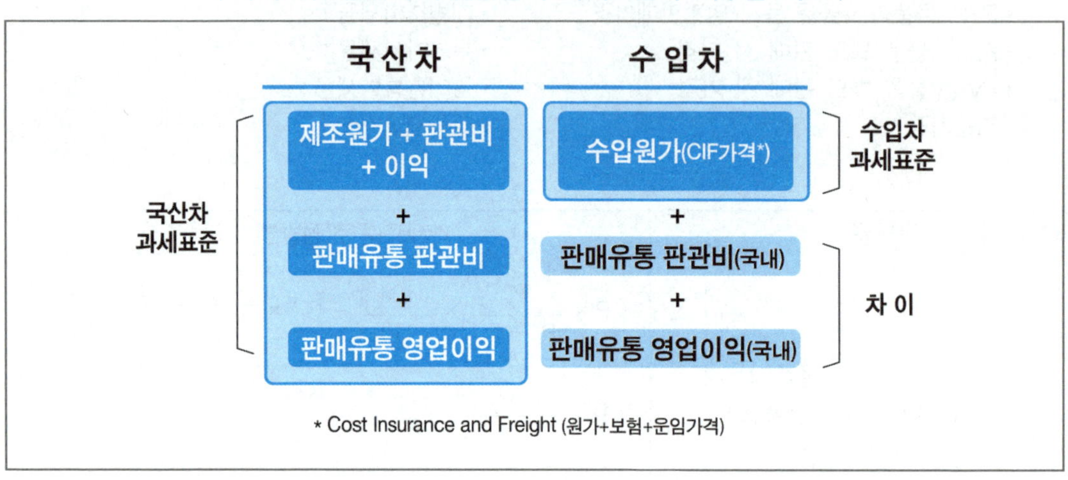

(출처 : 국세청 소비세과)

이와 같이 개별소비세 과세표준 산정에 있어 국·내외 물품 간의 세부담의 불균형을 해소하기 위해 국세청장이 업종과 기업의 특성에 따라 조사한 평균적인 판매비용 등을 고려하여 결정한 기준판매비율을 적용한 금액을 해당 물품의 판매가격에서 빼고 과세표준을 계산하도록 「개별소비세법 시행령」을 개정하였다.[135]

2) 기준판매비율과 결정절차

〈표〉 '제조장에서 반출하는 물품의 가격 계산'의 ⑩에 따른 기준판매비율은 업종 및 기업의 특성에 따라 조사한 평균적인 판매비용(제조단계 후 발생하는 비용을 말한다) 등을 고려해 국세청장이 고시하는 비율로 한다. 이 경우 국세청장은 품목(법 제1조 제2항에 따라 분류된 물품을 말한다)을 구분해 기준판매비율을 고시할 수 있다. 이와 같이 국세청장이 고시한 기준판매비율은 그 고시한 날이 속하는 분기의 종료일 다음 날부터 3년간 적용한다.

국세청장이 고시한 자동차, 가구, 모피 업종의 기준판매비율은 다음과 같으며, 2023년 7월 1일부터 2026년 6월 30일까지 적용한다. 캠핑용자동차는 2024년 4월 1일부터 적용한다.

---

135) 「개별소비세법 시행령」 [시행 2023. 2. 28.] [대통령령 제33273호, 2023. 2. 28. 일부개정] 부칙 제33273호 제1조 단서 및 제2조 : 개정규정은 2023년 7월 1일 이후 제조장에서 반출하는 물품부터 적용한다.

과세품목별 기준판매비율				
구분	승용자동차	캠핑용자동차	고급가구	고급모피
기준판매비율	18%	9.2%	38.9%	24.6%

국세청장은 기준판매비율을 결정하려면 기준판매비율심의회의 심의를 거쳐야 하며, 심의회는 국세청장 소속으로 설치하고, 심의회의 위원장은 국세청차장이 되며, 위원은 다음 각 호의 사람이 된다. 그 밖의 심의회의 구성·운영에 관하여 필요한 사항은 국세청장이 정한다.

1. 경상계대학, 학술연구단체, 경제단체 등으로부터 추천을 받아 국세청장이 위촉하는 사람 4명
2. 기획재정부장관의 추천을 받아 국세청장이 위촉하는 사람 3명
3. 국세청 소속 공무원 중에서 국세청장이 지명하는 사람 1명

3) 기준판매비율의 적용대상

다음의 어느 하나에 해당하는 경우에는 해당 물품의 판매가격에서 기준판매비율과 판매가격을 곱하여 계산한 금액을 뺀 금액을 과세표준으로 한다.

1. 제조장과 특수한 관계가 있는 곳에 판매를 위탁하거나 전담하게 하는 경우로서 통상적인 거래를 할 때 실제 판매가격이 없거나 실제 판매가격에 상당하는 금액보다 저렴한 가격으로 반출하는 경우
2. 제조장에서 별도의 판매장을 거치지 않고 소비자에게 직접 반출하는 경우
3. 제조자와 판매자가 동일한 경우

위 1.에서 '제조장과 특수한 관계에 있는 곳'은 ⓐ 제조자가 자기의 제품을 직접 판매하기 위하여 특별히 설치한 판매장(하치장을 포함한다) 또는 ⓑ 제조자와 「국세기본법」 제2조 제20호에 따른 특수관계인(친족관계, 경제적 연관관계, 경영지배관계)에 해당하는 자가 경영하는 판매장을 말한다(영 §2 ① 6.).

특수관계인 관련법령

○ **국세기본법 제2조 【정의】**

이 법에서 사용하는 용어의 뜻은 다음과 같다.

20. "특수관계인"이란 본인과 다음 각 목의 어느 하나에 해당하는 관계에 있는 자를 말한다. 이 경우 이 법 및 세법을 적용할 때 본인도 그 특수관계인의 특수관계인으로 본다.

　　가. 혈족·인척 등 대통령령으로 정하는 친족관계

　　나. 임원·사용인 등 대통령령으로 정하는 경제적 연관관계

　　다. 주주·출자자 등 대통령령으로 정하는 경영지배관계

이 경우 '통상적인 거래를 할 때 실제 판매가격'이라 함은 제조자(공급자)와 구매자(수요자)가 자유경쟁시장에 있다는 전제조건하에서 수요와 공급에 따라 이루어지는 '공정한 시장가격'을 말하는 것으로 계약상 직·간접적인 지배 통제 하에 있어 반출가격형성에 영향을 주는 당사자 간의 판매가격은 '통상적인 거래를 할 때 실제 판매가격'으로 볼 수 없다(소비 46430-450, 2000.12.12.).

위 ①에 따른 '판매가격에 상당하는 금액'의 계산은 제조장에서 반출한 날이 속하는 분기 중에 해당 판매장에서 판매한 동종·동질 물품을 기준으로 다음 산식에 따라 계산한 금액으로 한다(영 §9 ①).

$$\text{과세표준} = \frac{\text{동종·동질 물품의 판매 금액의 합계}}{\text{동종·동질 물품의 판매 수량의 합계}} \times \text{제조장에서 반출한 수량}$$

4) 기준판매비율 적용물품의 과세표준 산정

기준판매비율을 적용하는 물품의 과세표준은 다음과 같이 계산한다.

해당 물품의 판매가격 − (기준판매비율 × 판매가격)

* 해당 물품의 판매가격 : 해당 물품에 대한 개별소비세와 부가가치세를 포함하지 않은 금액

| 기준판매비율 적용대상 승용자동차의 과세표준 계산 예시 |

구 분	기준판매비율 적용 전	기준판매비율 적용 후	차 이
① 공장 반출가격	4,200만원	4,200만원	
과세표준 경감	–	756만원	
차감 후 과세표준	4,200만원	3,444만원	△756
② 세금합계	720만원	666만원	△54
개별소비세	210만원	172만원	△38
교육세	63만원	52만원	△11
부가가치세	447만원	442만원	△5
③ 소비자 가격	4,920만원	4,866만원	△54

(출처: 국세청 소비세과, 개별소비세 세율 5% 적용 예시)

해석사례

■ **특수관계가 있는 판매장으로 보는지 여부**(소비 46430 – 607, 1999.12.7.)

 – A법인이 실질적으로 C법인(제조장)과 D법인(판매장)을 모두 지배하고 있어, C법인의 제조물품 반출가격과 D법인의 **판매가격 결정에 지배권을 행사**하여 사실상 실질적으로 **특별소비세 과세표준의 통제·조작이 가능한 상태**에 있으므로 D법인은 C법인과 특수관계가 있는 판매장으로 보는 것임.

■ **특수관계가 있는 판매장으로 보는지 여부**(소비 46420 – 465, 1999.9.15.)

 – 제조자가 법인인 경우에 그 법인 또는 그 법인의 주주·사원·출자자(법인세법 시행령 제87조 제2항에 규정하는 소액주주를 제외) 및 이들과 특수한 관계가 있는 자에게 속하는 자본 또는 출자의 합계액이 판매장의 **자본 또는 출자총액의 100분의 51 이상(현행 규정 30%)이 되는 그 판매장**은 '제조장과 특수한 관계가 있는 곳'에 해당함.

■ **특별소비세 과세물품을 특수관계있는 법인에게 판매하는 경우 특별소비세 과세표준**
(서삼 46016 – 10658, 2002.4.23.)

 – 제조장과 판매장 간에 특별소비세법 시행령 제2조 제1항 제9호(현행 제6호)에 규정하는 특수관계라면 당해 판매장의 판매가격에 상당하는 금액을 과세표준으로 하는 것이며, 특수관계가 아니라면 제조장에서 실지로 반출하는 금액을 과세표준으로 하는 것임.

> **과세표준 관련 기본통칙**
>
> ● **통칙 8 - 9···20 【반출가격계산의 특례】**
>
> – 영 제9조 제1항에 따른 "제조장과 특수한 관계가 있는 곳(이하 "특수판매장"이라 한다)의 판매가격에 상당하는 금액"의 계산방법은 다음 열거하는 예에 따른다.
>
> 〈예〉 동종·동질의 물품이 2023년 1분기에 다음과 같이 반출 및 판매된 경우
>
> | | 구 분 | 판매단가 | 판매수량 | 판매금액 |
> |---|---|---|---|---|
> | 2023년 1분기 중 특수판매장에서 판매한 내역 | k물품의 판매단가별 수량 및 판매금액 | a | 가 | a×가=x |
> | | | b | 나 | b×나=y |
> | | | c | 다 | c×다=z |
> | 2023년 4월 25일 제조장에서 신고하여야 할 과세표준(①+②+③) | ① 단가 a에 해당하는 과세표준 | q × x ─────────── 가+나+다 | | |
> | | ② 단가 b에 해당하는 과세표준 | q × y ─────────── 가+나+다 | | |
> | | ③ 단가 c에 해당하는 과세표준 | q × z ─────────── 가+나+다 | | |

(3) 수입물품의 과세표준

가. 보세구역에서 반출하는 물품의 가격계산(법 §8 ① 3., 영 §11)

「관세법」에 따라 관세를 납부할 의무가 있는 자로서 과세물품을 「관세법」에 따른 보세구역에서 반출하는 경우에는 수입신고를 할 때의 관세의 과세가격과 관세를 합한 금액 또는 수량을 과세표준으로 한다.[136]

수입물품의 수입신고가격에 그 물품의 가격에 산입할 수 없는 출판권, 판매권, 공연권 등 무체재산권의 인수대가로 지급하는 금액이 포함되어 있는 경우에는 그 수입신고가격에서 해당 권리의 대가로 지급하는 금액을 뺀 금액을 과세가격으로 한다.

---

136) 「특별소비세법 시행령」 [시행 1991. 1. 1.] [대통령령 제13200호] 일부개정: 국산품은 제조장 반출가격을 과세표준으로 하면서 수입품은 보세구역 반출가격(CIF＋관세)에 통상이윤 10%를 추가하고 있어 대외통상 측면에서 내·외국산 물품의 차등과세 문제가 제기되고 있으며, 수입품에는 외국의 제조자가 이미 자신의 이윤을 가산하고 있다는 점과 다른 나라의 경우에도 수입품의 과세표준에는 통상이윤상당액을 추가하지 않고 있는 점 등을 고려하여 수입물품의 과세표준에 가산되는 통상이윤상당액을 폐지하였다.

(CIF가격＋관세) × 1.1	⇨	CIF가격 ＋ 관세

과세표준 = 관세의 과세가격 + 관세 − 무체재산권 대가

해석사례

■ **관세가 면제되는 수입물품은 관세의 과세가격이 과세표준임**(재소비 46016 – 84, 2002.3.27.)
 – 관세가 면제되는 수입물품에 대한 주세 및 특별소비세의 과세표준은 각각 주세법
  시행령 제20조 제1항 제2호(현행 제5조 제2항) 및 특별소비세법 시행령 제11조 제1항(현행
  제8조 제1항 제3호 및 제4호)의 규정에 의하여 **관세의 과세가격**이 되는 것임.

보세공장에서 제조한 과세물품이 「관세법」 제189조에 따라 원료과세[137]를 받는 물품인
경우에는 보세공장에서 해당 과세물품의 실제 반출가격에 상당하는 금액을 과세가격으로
한다. 원료과세는 보세공장에서 제조·가공에 소요될 원재료에 대하여 반입당시 신청에 의하여
검사한 성질과 수량에 의하여 관세를 부과하는 것을 말한다.

원료과세 관련법령

○ **관세법 제189조 【원료과세】**

① 보세공장에서 제조된 물품을 수입하는 경우 제186조에 따른 사용신고 전에 미리 세관
  장에게 해당 물품의 원료인 외국물품에 대한 과세의 적용을 신청한 경우에는 제16조에도
  불구하고 제186조에 따른 사용신고를 할 때의 그 원료의 성질 및 수량에 따라 관세를
  부과한다.
② 세관장은 대통령령으로 정하는 기준에 해당하는 보세공장에 대하여는 1년의 범위에서
  원료별, 제품별 또는 보세공장 전체에 대하여 제1항에 따른 신청을 하게 할 수 있다.

휘발유 및 이와 유사한 대체유류의 경우에는 제조장 또는 보세구역에서 반출한 후 소비자
에게 판매할 때까지 수송 및 저장 과정에서 증발 등으로 자연 감소되는 정도를 고려하여

---

137) 보세공장에서 제조된 물품을 수입함에 있어 당해 물품의 원료인 외국물품에 대하여 반입당시 신청에 의하여
  미리 검사를 받은 것은 수입신고를 할 때의 성질과 수량에 의하여 관세를 부과하는 것과 달리 검사할 때의
  그 원료의 성질 및 수량에 의하여 관세를 부과하도록 하고 있다. 원료과세를 하는 이유는 원재료의 종류와
  가격이 매우 다양하여 수입신고 당시 제품의 과세가격을 산정하여 통관하는 것보다 반입당시 미리 검사를
  하여 두고 검사할 때의 성질과 수량에 의하여 관세를 부과하는 것이 납세와 징수의 업무부담을 줄일 수
  있고, 가공용 보석 및 귀금속 등은 제품과세에 비하여 관세의 부담을 줄일 수 있어 관련 산업의 발전을
  지원할 수 있기 때문이다.

일정비율(자연감소율, 0.2%)을 제조장에서 반출할 때의 수량에 곱하여 계산한 수량을 반출할 때의 수량에서 뺀 수량으로 한다.

나. 관세를 징수하는 물품의 가격계산(법 §8 ① 4.)

과세물품을 「관세법」에 따른 보세구역에서 반출하는 경우 외에 관세를 징수하는 물품은 해당 관세를 징수할 때의 관세의 과세가격과 관세를 합한 금액 또는 수량을 과세표준으로 한다.

> **과세표준 관련 기본통칙**
>
> ○ **통칙 8-8…19 【무환위탁가공 재수입물품 과세표준】**
>
> – 무환위탁가공 후 재수입하는 물품에 대한 개별소비세 과세표준은 법 제8조 제1항 및 영 제11조와 「관세법」 제30조에 따라, 원재료비＋가공료＋관세상당액＋기타 관세법령상 과세가격에 산입하도록 규정된 제비용(해당 있는 경우에 한정하고, 영 제11조 제3항에 따른 무체재산권은 제외한다)을 합계한 금액이 되는 것이다.

(4) 용기대금과 포장 비용의 계산(영 §13)

과세물품의 가격에는 그 용기대금과 포장 비용을 포함한다.

가. 용기대금(포장 비용)의 과세표준

원칙적으로 과세물품의 가격에는 그 용기대금과 포장 비용을 포함한다.

다만, 과세물품의 용기 또는 포장을 장래 해당 제조장에 반환할 것을 조건으로 그 용기대금 또는 포장 비용을 뺀 금액으로 반출하는 것으로서 국세청장이 지정하는 종류와 절차에 따라 용기 또는 포장을 반출하기 전에 「용기대금(포장 비용) [승인신청·승인]서」(시행규칙 제4호 및 제5호 서식)를 제출하여 관할 세무서장의 승인을 받은 경우에는 과세표준에서 제외한다.[138]

수입물품의 용기 또는 포장의 경우에는 해당 용기대금 또는 포장 비용이 그 내용물인

---

138) 「부가가치세법」을 적용할 때에는 통상적으로 용기 또는 포장을 해당 사업자에게 반환할 것을 조건으로 그 용기대금과 포장 비용을 공제한 금액으로 공급하는 경우에는 그 용기대금과 포장 비용은 공급가액에 포함하지 아니한다(부령 §61 ②). 그러나 당초 재화의 공급 시 용기 또는 포장 비용을 공급가액에 포함시켜 공급하는 경우에는 부가가치세가 과세된다.

과세물품의 가격보다 비싼 것으로서 수입신고 수리일부터 6개월 내에 수출자에게 반환할 것을 조건으로 수입신고를 하는 때에 「용기대금(포장 비용) [승인신청 · 승인]서」(시행규칙 제4호 및 제5호 서식)를 제출하여 보세구역의 관할 세관장의 승인을 받아야 한다.

과세표준에 산입하지 아니하고자 소정의 절차를 밟아 지정 또는 사용승인을 받은 용기 또는 포장물을 타용도로 전용하기 위하여는 사용취소 승인을 받은 후 당초 승인에 의한 표시를 삭제한 후 사용하여야 한다(통칙 8−13···23).

과세물품과 비과세물품을 1개의 용기에 함께 넣거나 포장하여 반출하는 경우에는 물품의 과세 전 가격을 기준으로 산출한 가격구성비율에 따라 용기대금과 포장 비용을 계산한다.

나. 용기대금(포장 비용)의 세액징수 대상 과세표준

용기대금(포장 비용)을 개별소비세 과세표준에서 제외하도록 승인을 한 관할 세무서장 또는 세관장은 해당 승인사항에 대한 이행 사실을 확인하여야 하며, 그 승인사항을 위반한 사실이 확인되었을 경우에는 그 위반된 용기대금 또는 포장 비용에 대하여 개별소비세를 즉시 징수하여야 한다(영 §13 ⑤).

과세표준에 포함하지 아니하는 용기 또는 포장으로서 승인사항 등을 위반하여 해당 세액을 징수하는 때의 과세표준은 다음과 같이 산정한다(통칙 8−13···22).

1. 용기 또는 포장의 판매대금(보증금) 등이 장부나 제 증빙서류에 의하여 확인되는 때에는 그 확인된 가격
2. 용기 또는 포장의 판매대금이 확인되지 않는 때에는 고정자산대장에 의한 장부가격

(5) 미납세 · 면세물품의 용도위반에 따른 과세표준(영 §12)

가. 용도위반 미납세 · 면세물품의 과세표준

① 「개별소비세법」 제14조에 따라 개별소비세의 징수를 유보하는 미납세 또는 ② 개별소비세를 면제하는 면세로 반출 또는 반입한 자가 해당 물품의 용도를 변경하거나 타인에게 양도하는 등의 사유로 개별소비세를 징수하거나 신고 · 납부하는 경우에 해당 물품의 가격은 다음에 따른다.

| 용도 변경 · 위반 과세표준 산정방법 | |

구　분	과세표준 산정방법
① 미납세반출 물품의 반입사실 또는 용도사용을 증명하지 아니한 것(법 §14 ②)	미납세된 때의 가격
② 수출 · 외국군납면세물품의 용도사용을 증명하지 아니하거나 용도변경한 경우(법 §15 ②)	면세된 때의 가격
③ 수출 면세물품 반입자로부터 징수하는 경우 (법 §15 ③, 현재 징수 사유를 대통령령에 규정하지 않음)	
④ 외국군납면세 및 외교관 면세물품을 타인에게 양도하여 양수자로부터 징수하는 경우 (법 §15 ④, §16 ②)	양수한 금액 (수입한 물품에 대한 세액을 징수하는 경우에는 양수한 금액과 이를 과세가격으로 하는 관세를 합한 금액).
⑤ 외국군납면세 및 외교관 면세물품의 증여 또는 타인소지로 소지자로부터 징수하는 경우 (법 §15 ④, §16 ②)	「관세법」 제33조부터 제35조 준용
⑥ 외국인 전용 판매장 물품 구입자의 출국시 미소지(법 §17 ⑤)	판매장에서 면세 구입한 가격에 상당하는 금액
⑦ 외국인 전용 판매장 물품의 부적격자 소지 (법 §17 ⑤)	소지 당시 면세판매장의 판매가격에 상당하는 금액
⑧ 외국인 전용 판매장 물품 및 조건부 면세물품의 반입사실 또는 용도사용을 증명하지 아니한 것(법 §17 ②, §18 ②)	면세된 물품의 가격
⑨ 조건부 면세물품(승용자동차 제외)의 양도, 용도변경, 적격서류 미제출(법 §18 ③, 영 §33 ①)	판매가격에 상당하는 금액 Min (면제 당시 세율, 용도변경 당시 세율)
⑩ 조건부 면세 승용자동차의 양도, 용도변경 (법 §18 ③, 영 §33 ①)	「용도변경등으로 세액을 징수하는 승용자동차에 대한 가격계산 방법 등 고시」에 따라 산정

나. 용도위반 조건부 면세 승용자동차의 과세표준

조건부 면세 승용차를 양도하거나 용도를 변경하여 개별소비세를 신고 · 납부하는 경우에는 「지방세법」 제4조 제2항에 따라 결정한 취득세 시가표준액을 준용하여 국세청장이 정하여 고시[139]하는 금액을 과세표준으로 한다(영 §12 ① 8.).[140]

---

139) 국세청 고시 「용도변경등으로 세액을 징수하는 승용자동차에 대한 가격계산 방법 등 고시」 (제2021-1호, 2021.2.26.)
140) 「특별소비세법 시행령」 [시행 2002. 12. 11.] [대통령령 제17795호] 일부개정; 특별소비세가 면제되는

> 과세가격 = 취득가격 × 경과연수별 잔존가치율
>
> 개별소비세 = 과세가격 × 세율

이 경우 개별소비세의 세율은 용도변경 등의 사유가 발생할 때의 세율을 적용한다. 다만, 해당 세율이 법 제18조 제1항에 따라 면제받은 때의 세율보다 높은 경우에는 면제받은 때의 세율을 적용한다(영 §12 ②).[141]

> 조건부 면세 승용자동차의 용도변경시 세율 : Min (면제 당시 세율, 용도변경 당시 세율)

용도변경 등의 사유가 발생할 때의 세율이 「개별소비세법」 제1조 제7항 및 같은 법 시행령 제2조의2에 따른 탄력세율인 경우에는 2021년 1월 1일부터 2023년 6월 30일까지 탄력세율을 적용할 때 기본세율로 산출한 세액과 탄력세율로 산출한 세액의 차액 한도를 물품당 100만원으로 정함에 따라 용도변경일을 기준으로 아래와 같이 세액을 산정하는 것이 타당하다.

탄력세율 적용한도 규정은 2023년 6월 30일 이전에 제조장에서 반출하거나 수입신고하는 분에 한정하여 적용한다.

① 용도변경일이 2020년 12월 31일 이전인 경우

> 개별소비세 = 취득가액 × 잔존가치율 × Min(용도변경일 세율, 반입년월일 세율)

② 용도변경일이 2021년 1월 1일부터 2023년 6월 30일까지인 경우

> 개별소비세 = Max〔취득가격 × 잔존가치율 × 기본세율 − 100만원, 취득가격 × 잔존가치율
>   × Min(용도변경일 세율, 반입년월일 세율)〕

승용자동차를 5년 이내에 용도변경하거나 처분할 경우 특별소비세를 추징함에 있어 「지방세법」상의 취득세 시가표준액을 준용하여 국세청장이 고시(국세청 고시 제2002-30호(2002. 12. 11.), 현재 국세청 고시 제2021-1호(2021. 2. 26.)하는 금액으로 객관적 근거에 의하여 산출함으로써 과세형평성을 제고하였다(2002. 12. 11. 이후 용도변경 등의 사유가 발생한 것부터 적용).

141) 「개별소비세법 시행령」 [시행 2012. 2. 2] [대통령령 제23597호] 일부개정; 조건부 면세 후 용도변경 등으로 세액을 신고·납부하는 경우 해당 세액은 용도변경 등의 사유가 발생할 때의 세율을 적용하되, 해당 세율이 면제받은 때의 세율보다 높은 경우에는 면제받은 때의 세율을 적용하도록 개정하여 2012. 2. 2. 이후 최초로 용도변경 등으로 신고·납부하는 분부터 적용한다.

자세한 내용은 '제4절 6. 조건부 면세 승용차'에 별도로 기술하였다.

해석사례

■ **하이브리드차량을 면세반출 후 용도변경시 계산방법**

(기획재정부 환경에너지세제과 -203, 2010.4.16.)

– 하이브리드차를 자동차대여사업용으로 반입시 개별소비세를 면제받은 후 동 하이브리드차를 용도변경하여 개별소비세를 징수하는 경우 반입 시 조세특례제한법상의 감면되는 세액을 차감하고 잔여 개별소비세액을 차량 잔존가치율에 따라 개별소비세를 징수함.

• 개별소비세 징수세액 = 과세가격 [(취득가격 × 세율 – 조세특례제한법 제109조에 따른 감면세액) ÷ 세율 × 경과연수별 잔존가치율] × 세율

(6) 과세장소의 과세표준

과세장소 입장행위에 대한 개별소비세 과세표준은 경마장, 경륜·경정장, 투전기를 설치한 장소, 골프장, 카지노에 입장할 때의 인원이다.

골프장 입장행위에 대한 과세표준을 산정할 때 강설, 폭우, 안개 등 천재지변 또는 그 밖의 불가항력적인 사유로 골프행위를 중단하는 경우 과세표준이 되는 입장할 때의 인원은 다음 계산식에 따라 계산한다(영 §11의2).[142]

$$과세표준 = 당초 골프장에 입장할 때의 인원 \times \frac{실제\ 이용한\ 홀\ 수}{전체\ 홀\ 수}$$

---

142) 「개별소비세법 시행령」[시행 2019. 2. 12.] [대통령령 제29532호] 일부개정: 골프장 입장행위 과세제도의 합리적 개선을 위해 악천후 등으로 골프행위 중단 시 개별소비세 환급하는 근거를 신설하여 2019. 2. 12. 이후 입장행위를 하는 분부터 적용한다.

(7) 과세유흥장소의 과세표준

과세유흥장소에서의 유흥음식행위에 대한 개별소비세 과세표준은 유흥음식행위를 할 때의 요금으로 한다. 다만, 금전등록기를 설치·사용하는 과세유흥장소는 현금수입금액을 과세표준으로 할 수 있다.

과세유흥장소의 경영자가 유흥음식 요금의 전부 또는 일부를 받지 아니하고 유흥음식행위를 하게 한 경우에는 그 요금의 전액을 받은 것으로 본다(법 §7).

가. 유흥음식요금

'유흥음식요금'이란 음식료, 연주료, 그 밖에 명목이 무엇이든 상관없이 과세유흥장소의 경영자가 유흥음식행위를 하는 사람으로부터 받는 금액을 말한다.

다만, 그 받는 금액 중 종업원(자유직업소득자를 포함한다)의 봉사료가 포함되어 있는 경우에는 「부가가치세법」에 따른 세금계산서·영수증·신용카드매출전표 또는 직불카드영수증에 봉사료금액을 구분하여 기재하고, 봉사료가 해당 종업원에게 지급된 사실이 확인되는 경우[143]에는 그 봉사료는 유흥음식요금에 포함하지 아니하되, 과세유흥장소의 경영자가 그 봉사료를 자기의 수입금액에 계상(計上)하는 경우에는 이를 포함하는 것으로 한다(영 §2 ① 8.).

그러나 과세유흥장소의 경영자가 유흥음식요금 영수 시 일정률의 금액을 봉사료 명목으로 직접 고객에게 청구하여 지급받아 당해 서비스를 제공한 종업원이 누구인지를 불문하고 모든 종업원에게 일정한 지급기준에 따라 지급하는 경우에는 영수증·세금계산서·신용카드매출전표 또는 금전등록기계산서·직불카드영수증에 봉사료를 구분 기재하더라도 과세표준에 포함한다. 다만, 봉사료를 경영자의 청구에 의하지 아니하고 고객이 스스로 지급하는 경우에는 과세표준에 포함하지 아니한다(통칙 8-8…16, 집행기준 8-0-9).

나. 금전등록기의 현금 수입금액 (영 §14의2)

과세유흥장소의 경영자로서 「부가가치세법 시행령」에 정하는 자는 금전등록기를 설치·사용하고 금전등록기로 영수증을 발급할 수 있다. 이 경우에는 영수증을 발급한 것으로 본다(법 §23의3 ①).

---

143) 「개별소비세법 시행령」 [시행 2007. 2. 28.] [대통령령 제19895호] 일부개정; 유흥음식행위에 대한 특별소비세액 계산 시 봉사료를 구분 기재한 경우에는 과세표준에서 제외하던 것을 유흥음식요금 중 봉사료를 구분 기재하더라도 실질과세 원칙에 따라 해당 종업원에게 그 봉사료가 지급된 사실이 확인되어야 과세표준에서 제외되도록 명확히 하였다. (부가가치세 과세표준 계산과 동일하게 규정, 2007. 2. 28. 이후 유흥음식행위를 하는 분부터)

금전등록기를 설치한 자가 금전등록기에 의하여 계산서(영수증)를 교부하고, 감사테이프를 보관한 때에는 현금 수입금액을 과세표준으로 할 수 있다.

감사테이프의 보관, 영수증(세금계산서)의 발급 및 보관, 금전등록기를 설치하는 자 및 금전등록기의 설치·사용에 관하여는 「부가가치세법 시행령」의 규정을 준용한다.

다. 무상 또는 외상의 유흥음식행위(영 §14의2 단서)

유흥음식행위를 무상 또는 외상으로 하게 한 경우에는 다음에 따라 과세표준을 계산한다.

1. 무상으로 유흥음식행위를 하게 한 것은 해당 월분의 과세표준에 합산한다.
2. 외상으로 유흥음식행위를 하게 한 것으로서 경영을 폐지한 때의 외상매출금 잔액은 폐업에 따른 과세표준 신고 시의 과세표준에 합산한다.

해석사례

■ **개별소비세 및 교육세 부과처분은 정당**(조심-2017-전-0621, 2017.6.23.)
- 청구인은 신용카드 결제금액상 봉사료가 제외된 유흥음식요금이 실제 종업원에게 지급된 사실을 확인할 수 있는 객관적인 증빙을 제시하지 못하고 있는 점, 청구인은 여종업원이 봉사료를 수취하였는데 자신이 개별소비세 등을 부담하는 것은 부당하다고 주장하나,
- 「개별소비세법」 제1조 제4항 및 같은 법 시행령 제2조 제1항 제8호에 따르면 유흥주점에서의 유흥음식행위에 대하여 '봉사료가 제외된 유흥음식요금'의 100분의 10을 개별소비세로 부과하도록 규정하고 있는 점, 청구인은 과세관청이 개별소비세 등에 대한 안내를 할 의무가 있다고 주장하나, 같은 법 제9조 제5항 및 「교육세법」 제9조 제2항에 따르면 개별소비세 및 교육세는 신고납세 세목이고, 청구인은 개별소비세 등의 과세표준을 무신고하였던 점, 「국세기본법」 제26조의2 제1항 제2호에 따르면 무신고의 경우 7년의 국세부과의 제척기간이 적용되며 처분청은 그 기간 이내에 이 건 과세처분을 한 점 등에 비추어 볼 때, 청구주장을 받아들이기 어렵다고 판단된다.

(8) 과세영업장소의 과세표준

과세영업장소에서의 영업행위에 대한 개별소비세 과세표준은 연간 총매출액으로 한다. 여기서 총매출액이란 「관광진흥법」 제30조 제1항에 따른 총매출액으로 카지노영업과 관련하여 고객으로부터 받은 총금액에서 고객에게 지불한 총금액을 공제한 금액이다.

해석사례

■ **제주도 소재 카지노의 개별소비세 과세표준 산정방법**

(기준-2021-법령해석부가-0047 [법령해석과-2600], 2021.7.26.)

– 제주도 소재 카지노의 개별소비세 과세표준인 총매출액은 「관광진흥법」에 따라 산정

■ **제주도 소재 카지노의 개별소비세 과세표준인 총매출액은 「관광진흥법」이 아닌 제주특별법을 적용하여 산정하여야 하는지 여부**(환경에너지세제과-298, 2021.7.13.)

– 「관광진흥법」에 따라 산정하는 것이 타당함.

「관광진흥법」은 총매출액 산정에 대하여 구체적인 사항을 문화체육관광부장관이 정하도록 위임하고 있고, 이에 따라 문화체육관광부장관이 매출액 산정에 관한 세부사항을 「카지노업 영업준칙」(문화체육관광부 고시 제2020-23호, 2020.5.20.)으로 고시하고 있다.

과세표준(연간 총매출액) = 고객으로부터 받은 총금액[1] – 고객에게 지불한 총금액[2]

1) **고객으로부터 받은 총 금액** = (테이블게임) 칩스로 교환하여 준 금액
  + (테이블게임) 크레딧으로 제공한 금액
  + (머신게임, 전자테이블게임기구) 투입한 금액

  * 프리칩스쿠폰 및 프리칩스 해당액은 제외
  * 테이블게임 : 테이블, 주사위, 휠 등을 사용하는 게임으로서 관광진흥법 시행규칙 제35조 제1항에서 정한 게임
  * 머신게임 : 슬롯머신(Slot Machine) 및 비디오게임(Video Game)
  * 전자테이블게임기구 : 일반적인 테이블게임과 머신게임의 특성이 조합된 형태의 전자장치의 작동에 의해 진행되는 테이블게임
  * 크레딧 : 카지노사업자가 고객에게 게임 참여를 조건으로 칩스로 신용대여하는 것

2) **고객에게 지불한 총 금액** = 현금으로 교환하여 준 금액 + 대손처리한 금액
  + 계약게임 관련 지불한 대가

  * 대손처리 : ① 카지노고객이 제공한 현금, 수표, 유가증권 등이 위조 판명되거나 부도로 인하여 회수 불가능
  ② 카지노사업자가 크레딧을 제공받은 자로부터 크레딧을 회수할 수 없다고 판단될 경우
  * 계약게임 : 외래관광객 유치 및 외화획득을 위하여 카지노고객 및 전문모집인과의 계약에 의하여 일정한 대가를 지불하는 조건으로 유치한 게임

8 : 세액의 공제와 환급 (법 §20)

(1) 세액공제 · 환급 개요

가. 도입배경

「개별소비세법」은 이중과세를 조정하고 반출단계에서 면제받지 못한 세액을 사후면세 할 수 있도록 세액공제 및 환급을 규정하고 있다. 과세물품이 다른 과세물품의 원료 또는 수출용 원자재 등으로 사용되는 경우에는 「특별소비세법」 제정 전의 소비세제에서는 반출단계에서 사전면세하였으나 「특별소비세법」을 제정하면서 사후공제 또는 환급으로 전환하였다.

당초 개별소비세가 과세된 물품을 다른 과세물품의 제조 · 가공에 직접 사용하는 경우 등은 납부 또는 징수할 세액에서 공제하거나 환급하고, 과세물품을 수출 등의 법정 면세용도에 사용한 경우에는 이미 납부한 세액을 환급한다.

| 다른 과세물품의 원재료로 사용된 경우 예시 |

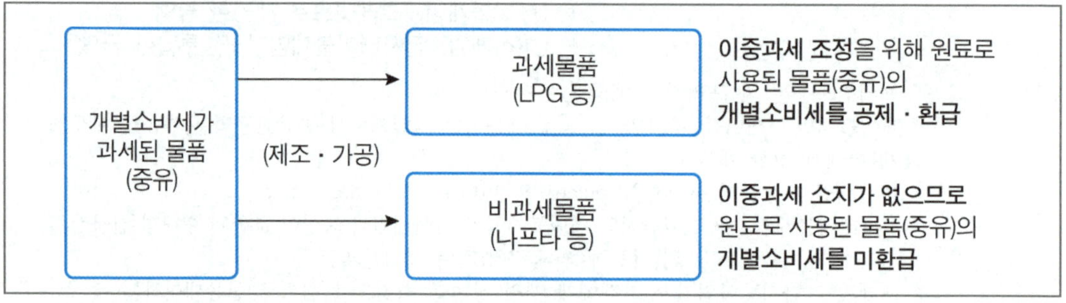

| 면세용도에 사용한 경우 예시 |

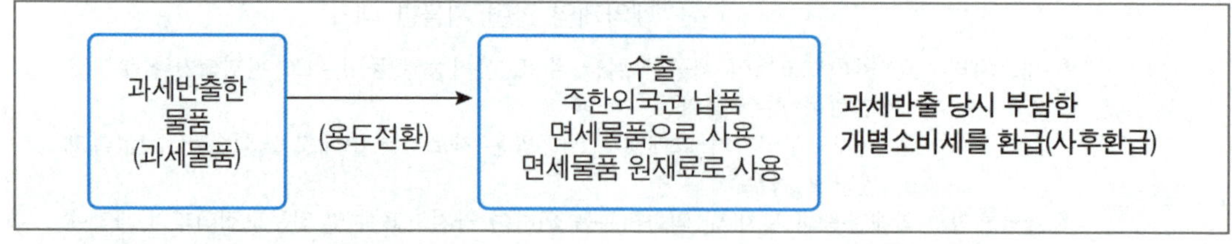

나. 교통 · 에너지 · 환경세와의 관계

교통 · 에너지 · 환경세 과세물품이 개별소비세 과세물품의 원재료로 사용된 경우에는 해당 교통 · 에너지 · 환경세액을 납부 또는 징수할 개별소비세액에서 공제하거나 이를 환급한다(법 §20 ⑧).[144] 이와 반대로 개별소비세 과세물품이 교통 · 에너지 · 환경세 과세물품의 원재료로 사용된 경우에도 당해 개별소비세액을 납부 또는 징수할 교통 · 에너지 · 환경세액에서 공제하거나 이를 환급할 수 있다(교통 · 에너지 · 환경세법 §17 ⑨).

다. 수출용 원재료에 대한 환급특례

1) 수출용 원재료 등의 환급 특례법 적용(특례법 §1, §14)

수출용 원재료에 대한 관세, 임시수입부가세, 개별소비세, 주세, 교통 · 에너지 · 환경세, 농어촌특별세 및 교육세의 환급은 「수출용 원재료에 대한 관세 등 환급에 관한 특례법」에서 「개별소비세법」, 「주세법」, 「교통 · 에너지 · 환경세법」, 「농어촌특별세법」, 「교육세법」 등에 대한 특례를 규정하고 있다.

따라서 세액의 공제 및 환급 대상이 아래의 수출용 원재료에 해당되면 「수출용 원재료에 대한 관세 등 환급특례법」 제14조에 따라 물품이 수출등에 제공된 날부터 5년 이내에 관세청장이 지정한 세관에 환급신청을 하여야 한다.

2) 수출용 원재료의 범위(특례법 §3)

수출물품은 '수출등의 용도에 제공되는 물품'을 말하며, 수출용 원재료는 다음의 어느 하나에 해당하는 것으로 한다. 이 경우 국내에서 생산된 원재료와 수입된 원재료가 동일한 질(質)과 특성을 갖고 있어 상호 대체 사용이 가능하여 수출물품의 생산과정에서 이를 구분하지 아니하고 사용되는 경우에는 수출용 원재료가 사용된 것으로 본다.

1. 수출물품을 생산한 경우 : 다음의 어느 하나에 해당하는 것으로서 소요량을 객관적으로 계산할 수 있는 것

---

[144] 「특별소비세법」 [시행 1994. 1. 1.] [법률 제4665호] 일부개정으로 일부 특별소비세 과세물품에 대하여 일정기간 특별소비세법의 적용을 배제하고 교통세법을 적용함에 따른 필요에 의하여 관련 공제 또는 환급조항을 신설하였다. (1994. 1. 1. 이후 최초로 과세대상물품을 판매하거나 제조장에서 반출 또는 수입신고하는 것부터 적용)
이후 「교통 · 에너지 · 환경세법」을 2010. 1. 1.부터 폐지하는 것으로 하여 「개별소비세법」 제20조 제8항을 삭제하였으나, 「교통 · 에너지 · 환경세법」 부칙개정으로 「교통 · 에너지 · 환경세법」 폐지의 시행시기를 2025. 1. 1.로 연장함에 따라 「개별소비세법」 제20조 제8항의 삭제효력이 「교통 · 에너지 · 환경세법」 폐지의 시행시기부터 적용되어 삭제되기 전의 「개별소비세법」 제20조 제8항의 규정은 2024. 12. 31.까지 유효한 조문이다.

① 해당 수출물품에 물리적 또는 화학적으로 결합되는 물품

② 해당 수출물품을 생산하는 공정에 투입되어 소모되는 물품. 다만, 수출물품 생산용 기계·기구 등의 작동 및 유지를 위한 물품 등 수출물품의 생산에 간접적으로 투입되어 소모되는 물품은 제외한다.

③ 해당 수출물품의 포장용품

2. 수입한 상태 그대로 수출한 경우 : 해당 수출물품

> **관련 기본통칙**
>
> ● **통칙 20 – 34···9 【수출면세물품 원자재 소요량 인정범위】**
>
> – 수출품의 제조에 사용한 원료물품의 사용량은 영 제34조 제4항 제4호에 따른 해당 물품에 소요된 물품의 원료사용량증명서상의 사용량 범위 내에서 인정한다. 다만, 납세자가 원료사용량증명서상의 사용량보다 실지사용량이 초과한 사실을 객관적인 증빙에 의하여 입증하는 경우에는 실지사용량을 인정한다.

(2) 세액의 공제 및 환급 대상

가. 개별소비세 또는 교통·에너지·환경세가 부과된 물품

이미 개별소비세 또는 교통·에너지·환경세가 납부되었거나 납부될 물품이 다른 과세물품의 제조·가공에 직접 사용되거나 수출 등 법정 면세용도에 사용되는 등 세액공제 또는 환급사유에 해당하는 경우에는 해당 세액을 납부 또는 징수할 세액에서 공제하거나 환급한다.

나. 개별소비세가 부과된 물품의 원재료(영 §2 ① 4.)

세액의 공제 및 환급의 대상이 되는 '이미 개별소비세가 납부되었거나 납부될 물품의 원재료'는 다음의 어느 하나에 해당하는 것을 말한다.

1. 과세물품 또는 수출물품을 형성하는 원재료

2. 과세물품 또는 수출물품을 상품화하는 데에 필요한 포장 또는 용기

3. 과세물품 또는 수출물품을 형성하지는 아니하나 해당 물품의 제조·가공에 직접적으로 사용되는 것으로서 화학반응을 하는 물품과 해당 과세물품과 해당 과세물품 또는 수출물품의 제조·가공 과정에서 해당 물품이 직접적으로 사용되는 단용(單用) 원자재

'직접 사용'은 통상적으로 매개물 없이 제품에 바로 투입되는 방법으로 사용되는 것을 의미하고, '단용원자재'는 사전적으로 '1회 또는 단기의 사용으로 소멸하는 원자재'이다. 그리고 '원자재'는 '공업 생산의 원료가 되는 자재'를 뜻하며, '자재'는 '무엇을 만들기 위한 기본적인 재료'를, '원료'는 '어떤 물건을 만드는 데 들어가는 재료'를 뜻한다. 통상적으로 '원자재'라는 용어는 물건을 만드는 데 들어가는 기본적인 재료라는 의미로 폭넓게 사용되고, 물품 생산 과정에 사용하는 유류도 당연히 여기에 포함되는 것으로 통용되고 있다(대전지방법원 2020 구합100986, 2021.4.15.).

다. 교통·에너지·환경세가 부과된 물품의 원재료(교통·에너지·환경세법 시행령 §2 3.)

세액의 공제 및 환급의 대상이 되는 '이미 교통·에너지·환경세가 납부되었거나 납부될 물품의 원재료'는 다음의 어느 하나에 해당하는 것을 말한다.

1. 과세물품 또는 수출물품을 형성하는 원재료
2. 과세물품 또는 수출물품을 형성하지는 아니하나 당해 물품의 제조·가공에 직접 사용되는 것으로서 화학반응을 하는 물품과 당해 과세물품 또는 수출물품의 제조·가공과정에서 당해 물품이 직접 사용되는 단용원자재

(3) 세액공제

가. 개 요

개별소비세가 부과된 물품 또는 그 원재료를 제조장 또는 보세구역으로부터 반입하여 제조·가공·조립 등으로 세액을 납부 또는 징수하는 경우에는 이중으로 과세되지 않도록 조정하기 위해 당초 반출할 때 부담한 세액을 납부 또는 징수할 세액에서 공제한다.

나. 세액공제 사유(법 §20 ①)

이미 개별소비세가 납부되었거나 납부될 물품 또는 그 원재료가 다음의 어느 하나에 해당 하는 경우에는 해당 세액을 납부 또는 징수할 세액에서 공제한다.

1. 과세물품의 제조장 또는 보세구역으로부터 과세물품을 반입(다른 법령에서 정하는 바에 따르는 경우 등 대통령령으로 정하는 부득이한 사유로 제조장 또는 보세구역이 아닌 장소로부터 반입하는 경우를 포함한다)[145]하여 ① 다른 과세물품의 제조·가공에 직접

사용하거나, ② 제조장이 아닌 장소에서 판매 목적으로 제조로 보는 행위를 하는 것(법 §5 1.)으로서 해당 세액을 납부 또는 징수하는 경우

'다른 법령에서 정하는 바에 따르는 경우 등 대통령령이 정하는 부득이한 사유로 제조장 또는 보세구역이 아닌 장소로부터 반입하는 경우'는 다음과 같다(영 §34 ②).[146]

① 「도시가스사업법」에 따른 자가소비용직수입자가 같은 법 제10조의9 제1항 또는 제2항에 따라 천연가스를 수입할 수 있는 경우에 해당하지 않아 같은 법에 따른 도시가스 사업자로부터 천연가스를 공급받는 경우

② 「도시가스사업법」에 따른 자가소비용직수입자가 아닌 자가 「도시가스사업법」에 따른 도시가스사업자로부터 천연가스를 공급받는 경우

2. 완제품으로 취급하는 분해·미조립 상태(법 §1 ⑩)로 과세물품을 제조장 또는 보세구역 으로부터 반입하여 가공 또는 조립한 물품을 반출하는 것으로서 해당 세액을 납부 또는 징수하는 경우

---

145) 「개별소비세법」 [시행 2022. 1. 1.] [법률 제18582호] 일부개정: 종전에는 개별소비세 부과 대상인 원재료 등을 제조장 또는 보세구역으로부터 직접 반입하여 다른 물품의 제조·가공 등에 사용하는 경우 완성된 물품의 개별소비세액에서 원재료 등에 부과된 개별소비세액을 공제하던 것을 앞으로는 부득이한 사유로 제조장 또는 보세구역이 아닌 장소로부터 반입한 경우에도 원재료 등에 부과된 개별소비세액을 공제하도록 함으로써 개별소비세가 이중으로 부과되지 않도록 하였다. (2022. 1. 1. 이후 제조장에서 반출하거나 수입신고 하는 분부터 적용)

146) 「개별소비세법 시행령」 [시행 2022. 2. 15.] [대통령령 제32416호] 일부개정: 개별소비세가 이중으로 부과되지 않도록 하기 위하여 이미 개별소비세가 납부된 원재료 등을 부득이한 사유로 제조장 또는 보세구역이 아닌 장소로부터 반입하여 사용하는 경우에도 완성된 물품의 개별소비세액에서 원재료 등에 부과된 개별소비세액을 공제하도록 하는 등의 내용으로 「개별소비세법」이 개정된 것에 맞추어, 부득이한 공제 사유를 '「도시가스 사업법」에 따른 자가소비용직수입자가 천연가스를 수입할 수 없어 도시가스사업자로부터 천연가스를 공급받는 경우' 등으로 정하였다.

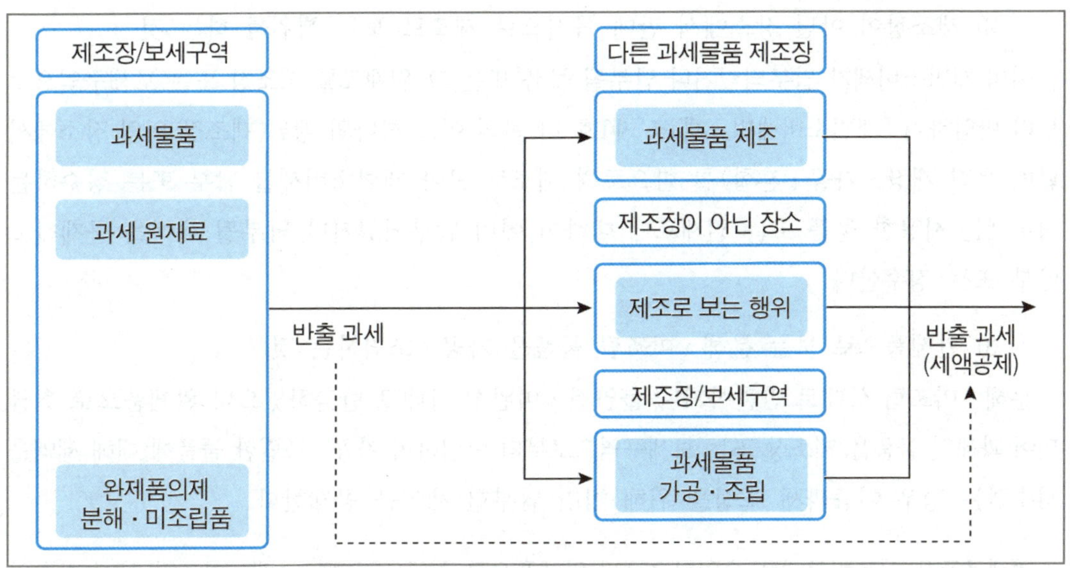

1) 다른 과세물품 제조 · 가공에 직접 사용한 것

이미 개별소비세가 납부되었거나 납부될 물품 또는 원재료를 해당 제조장 또는 보세구역으로부터 반입하여 다른 과세물품의 제조 · 가공에 직접 사용한 후, 해당 제품에 대한 세액을 납부 또는 징수하는 때에는 해당 제품의 제조 · 가공을 위하여 사용한 물품 또는 원재료에 대하여 이미 납부되었거나 납부될 세액을 공제하고 납부 또는 징수한다(통칙 20－34…1).

과세물품(원재료)을 제조자가 아닌 판매업자(대리점 등)로부터 구입하여 다른 과세물품으로 제조하여 반출하는 경우에 판매업자로부터 구입한 과세물품(원재료)에 부과된 개별소비세는 공제하지 아니한다(통칙 20－34…3). 다만, 다른 법령의 제한으로 직접 수입할 수 없어 도시가스사업자로부터 천연가스를 공급받는 것은 세액공제 할 수 있도록 2021년 12월에 세법을 개정하였다.

해석사례

■ **석유류를 수입 및 구매할 때 교통세가 납부된 물품이 저유소가 없어 제조장에 반입한 후 재반출할 경우 기 납부된 세액이 공제 가능한지 여부**(서삼 46016－10346, 2003.2.25.)
  － 교통세(특별소비세)가 납부된 물품이 과세물품의 제조 · 가공에 사용된 것이 아니므로 특별소비세법 제20조에 규정한 **세액공제(환급)대상이 되지 아니함.**

2) 제조장이 아닌 장소에서 판매 목적으로 제조로 보는 행위를 하는 것

이미 개별소비세가 납부되었거나 납부될 물품 또는 그 원재료를 제조장 또는 보세구역으로부터 반입하여 「개별소비세법」 제5조 제1호 각 목의 어느 하나의 행위(제조장 외의 장소에서 판매 목적 개장·가공·혼합)를 함으로써 제조로 보아 개별소비세를 납부 또는 징수하는 경우에는 사용한 물품 또는 원재료에 대하여 이미 납부되었거나 납부될 세액을 공제하고 납부 또는 징수한다.

3) 완제품으로 보는 분해·미조립 물품을 가공·조립하는 것

분해·미조립 상태로 반출하거나 불완전·미완성 상태로 반출하였으나 완제품으로 취급되어 과세된 물품을 제조장 또는 보세구역으로부터 반입하여 가공·조립한 물품에 대해 세액을 징수하는 경우 이중과세 조정을 위해 이미 납부한 세액을 공제한다.

과세물품을 미조립상태로 수입함으로써 완제품으로 취급(법 §1 ⑩, 분해·미조립 상태 반출의 완제품 의제)되어 세액을 납부한 후 완제품 제조과정 중 그 원재료의 일부분을 세액이 납부되지 아니한 물품으로 대체하여 제조·반출하는 경우 그 물품의 제조에 직접 사용한 원재료부분에 대하여 구분계산이 가능한 경우에 한하여 세액을 공제한다(통칙 20-34…4 ②).

다. 공제세액의 범위

세액공제를 할 때 해당 원재료 또는 구입물품에 대한 세액이 그 원재료를 사용하여 제조한 물품에 대한 세액을 초과하는 경우에는 그 초과 부분의 세액은 공제하지 아니한다(법 §20 ⑥).

세액의 공제대상금액은 제조·반출된 물품의 제조에 투입된 원재료에 부과되었거나 부과될 세액상당액으로서 제조공정에서 발생한 결감분을 포함한다(통칙 20-34…4 ①).

개별소비세가 납부되었거나 납부될 물품에 대하여 부과하였거나 부과할 가산세는 공제하거나 환급하지 아니한다(법 §20 ⑤).

또한 미납세 반출, 외국인 전용 판매장 반출 및 조건부 면세 반출 절차에 따라 지정된 기한까지 반입 사실을 증명하지 아니하여 개별소비세를 징수하거나 면세를 받은 물품의 용도를 변경하는 등의 사유로 개별소비세를 신고·납부하는 경우에는 그 물품의 원재료에 대하여 납부되었거나 납부될 세액은 공제하거나 환급하지 아니한다(법 §20 ③).

라. 공제절차

세액공제를 받으려는 자는 해당 사유가 발생한 날부터 6개월이 지난 날이 속하는 달의 말일까지 「개별소비세 공제(환급)신청서」(별지 제26호)를 과세표준 신고서와 함께 관할 세무서장 또는 세관장에게 제출하여야 한다(법 §20 ④).

이미 납부한 세액을 공제받고자 할 경우에 있어서 '해당 사유가 발생한 날'의 시기는 다음에 따른다(통칙 20-34…11).

1. 과세된 물품을 반입하여 다른 과세물품의 제조·가공에 직접 사용하는 경우(법 제5조에 따른 제조로 보는 경우를 포함한다) : 새로 제조한 물품의 반출로 인하여 세액을 신고·납부하는 때
2. 판매자가 다른 판매자 또는 보세구역으로부터 반입한 물품을 판매하는 경우 : 그 물품의 판매로 인하여 세액을 신고·납부하는 때
3. 원재료에 대한 세액을 사후에 징수하는 경우 : 그 원재료에 대한 세액을 납부하는 때

(4) 세액환급

가. 개 요

개별소비세가 부과된 물품 또는 그 원재료가 과세물품 또는 면세대상에 해당되거나 그 물품의 원재료로 사용되는 등 일정한 사유에 해당하는 경우에는 이미 납부한 세액을 환급한다.

나. 세액환급사유(법 §20 ②)

이미 개별소비세가 납부되었거나 납부될 물품 또는 그 원재료가 다음의 어느 하나에 해당하는 경우에는 이미 납부한 세액을 환급한다. 이 경우 납부 또는 징수할 세액이 있으면 이를 공제한다.

1. 과세물품 또는 과세물품을 사용하여 제조·가공한 물품을 수출하거나 주한외국군에 납품하는 경우
2. 개별소비세가 면제되는 물품과 그 물품의 원재료로 사용되는 물품
3. 제조장으로부터 반출된 과세물품을 품질 불량, 변질, 자연재해, 「소비자기본법」에 따른 교환 또는 환급으로 같은 제조장(에너지물품은 같은 회사의 다른 제조장을 포함한다) 또는 하치장(荷置場)에 환입[147]한 것(중고품은 제외하되, 「소비자기본법」에 따라 교환

이나 환불되어 환입한 중고품을 포함한다)[148]으로서 관할 세무서장에게 신고하여 확인받은 경우

제조장으로부터 반출된 과세물품을 같은 제조장 또는 하치장에 환입한 물품에 대해 세액의

---

147) 「개정세법 해설」(국세청, 1982년) 환입물품 재반출 시 비과세제도를 세액공제제도로 전환(법 제2조 제1항 제5호, 제20조 제2항 제3호)

특별소비세가 과세되어 반출한 물품이 상거래 사정의 변경 등으로 본래의 제조장에 환입된 후 재반출 시에 비과세하는 제도는 재반출 시의 시가 또는 세율의 변동으로 과세물품에 대한 반출가격이 당초의 반출가격과 차이가 나는 경우에 실지 가격에 의하여 과세할 수가 없으며 재반출 시에도 비과세하기 위하여는 환입물품에 대한 사후관리의 번거로움이 따르며, 또한 환입물품을 수출등 특정면세용도에 공하기 위하여 재반출하는 경우에도 비과세 규정이 적용되기 때문에 면세가 되지 아니하는 등 문제점이 있었으므로 환입 시에는 당초 과세된 세액을 공제하여 주고, 재반출 시의 가격과 세율로 과세하도록 하였다.

개정 전	개 정
특별소비세가 과세된 물품이 출고된 후 상거래사정으로 본래의 제조장에 환입된 경우에 이를 그대로 다시 반출하거나 새로이 제조·가공하여 반출하는 때에는 다시 과세하지 아니함.	당초 반출시 과세된 특별소비세액은 환입 당시 월분의 특별소비세 납부세액에서 공제함.

148) 「개정세법 해설」(국세청, 1994년) 세액의 공제·환급범위 조정(특별소비세법 제20조, 동법 시행령 제34조)

가. 개정취지

소비자보호법에 의한 환불 또는 물품의 교환을 원활하게 하고 일부 특별소비세 과세물품에 대하여 일정기간 특별소비세법의 적용을 배제하고 교통세법을 적용함에 따른 필요에 의하여 관련 공제 또는 환급조항을 신설하고 현실성이 없는 조항은 삭제함.

나. 개정내용

○ 금전등록기 세액공제제도를 폐지함.

○ 소비자보호법에 의하여 교환 또는 환불되어 환입되는 경우도 환급사유로 함.

○ 교통세 과세물품이 특별소비세 과세물품의 원재료로 사용되는 경우 공제 또는 환급할 수 있도록 함.

종 전	개 정
○ 이미 특별소비세가 납부되었거나 납부될 물품 또는 그 원재료가 다음 각 호의 1에 해당하는 경우 이미 납부한 세액을 환급함. - 동일한 판매장 또는 제조장에 환입한 것 (중고품 제외)	(중고품을 제외하되, 소비자보호법에 의하여 교환 또는 환불되어 환입한 것 포함)
○ 금전등록기를 사용하여 교부한 영수증에 대하여 납부할 특별소비세액의 100분의 5에 상당하는 금액 공제	○ (삭 제)
○ (신 설)	○ 교통세 과세물품이 특별소비세과세물품의 원재료로 사용된 경우에는 당해 교통세액을 납부할 특별소비세에서 공제

다. 적용례

○ 이 법 시행(1994.1.1.) 이후 최초로 과세대상물품을 판매하거나 제조장에서 반출 또는 수입 신고하는 것부터 적용함.

환급을 신청하기 위해서는 그 환입한 날이 속하는 분기의 다음 달 25일(석유류에 해당하는 물품은 환입한 날이 속하는 달의 다음 달 말일)까지 환입된 사실을 「과세물품 환입신고서 및 확인신청서」(시행규칙 제28호의3 서식)를 관할 세무서장에게 신고하여 확인을 받아야 한다. 이 경우 하치장에 환입해서 확인을 받으면 같은 제조장에 환입한 것으로 본다.

이 경우 관할 세무서장은 즉시 그 사실을 확인하고 「과세물품 환입확인서」(시행규칙 제28호의3 서식)를 발급하여야 한다. 하치장에 환입해서 확인을 받으면 같은 제조장에 환입한 것으로 본다.

세액환급 대상에 「소비자기본법」에 의하여 교환 또는 환불되어 환입한 중고품을 포함한 것은 「소비자기본법」에 의한 환불 또는 물품의 교환을 원활하게 하기 위한 것으로 이 때의 '중고품'이란 제조장에서 반출한 물품으로서 해당 물품의 용도에 따라 사용한 사실이 있는 물품을 말한다(통칙 20 – 34…10).

> **해석사례**
>
> ■ **수입 시 탄력세율로 개별소비세 신고·납부한 산업용 천연가스를 수출용 철강제품 생산 및 가공을 위한 연료로 사용하는 경우 공제환급 가능 여부**(서면 – 2018 – 소비 – 2236 [소비세과 – 1250], 2018.7.24.)
>
> – 천연가스를 전로, 정련 등 제조과정에 있는 반제품의 온도조절에 **사용**하거나 회사의 **자가발전소 열원으로 사용**하는 것은 개별소비세법 시행령 제2조 제1항 제4호의 **수출물품의 제조·가공에 직접적으로 사용되는 원자재에 해당하지 아니하여** 이미 납부된 개별소비세를 **공제·환급 받을 수 없는 것임.**

다. 환급세액의 범위

개별소비세가 납부되었거나 납부될 물품에 대하여 부과하였거나 부과할 가산세는 공제하거나 환급하지 아니한다(법 §20 ⑤).

또한 미납세 반출, 외국인 전용 판매장 반출 및 조건부 면세 반출 절차에 따라 지정된 기한까지 반입 사실을 증명하지 아니하여 개별소비세를 징수하거나 면세를 받은 물품의 용도를 변경하는 등의 사유로 개별소비세를 신고·납부하는 경우에는 그 물품의 원재료에 대하여 납부되었거나 납부될 세액은 공제하거나 환급하지 아니한다(법 §20 ③).

납세자가 세액환급 대상규정(법 §20 ②)에 따라 사후 환급가능한 물품 이외의 과세물품을 면세용도에 전용하였다 하더라도 사전에 영 제19조의2에 따른 특례규정이 정하는 바에 따른 소정의 절차 또는 영 제30조 제1항에 따른 면세승인신청을 이행하지 않은 경우에는 개별소비세를 환급하지 아니한다. 다만, 개별소비세 과세표준 신고서를 법정신고기한 내에 제출한 자는 「국세기본법」 제45조의2에 따라 관할 세무서장에게 경정 등을 청구할 수 있다(통칙 20-34…8).

그러나 수출면세반출승인(신고)절차를 이행한 후 과세물품을 수출하였으나 소정기한 내에 용도증명서를 제출하지 아니함으로써 징수한 세액은 환급할 수 있다(통칙 20-34…5 ①).

수출물품임가공업자가 미납세반출승인(신고)절차를 이행함이 없이 위탁자에게 납품함으로써 징수당한 세액은 환급할 수 있다. 이 경우 당해 물품이 수출된 경우에 한한다(통칙 20-34…5 ②).

> ### 공제·환급관련 관련 기본통칙
>
> #### 통칙 20-34…6 【환급의 범위】
>
> ① 과세물품이 제조장으로부터 반출되어 직매장에 잔존하고 있을 때 법 개정에 의하여 비과세물품으로 된 경우 이미 납부한 세액은 환급할 수 없다.
>
> ② 영 제19조의2 또는 영 제26조에 따라 외국인 전용 판매장 면세반출승인(신고)을 받아 반출한 후 지정기한 내에 반입지 관할 세무서장이 발행하는 반입증명서를 제출하지 아니함으로써 징수한 세액은 그 후 해당 물품이 면세로 판매되었다 하더라도 이미 추징한 세액은 환급할 수 없다.
>
> ③ 당초 공제 또는 환급신청이 적법하게 이루어졌으나 관할 세무서장의 법규 해석착오로 당해 신청서가 부당하게 반려됨으로써 동 신청기한이 경과된 경우에는 관할 세무서장이 직권에 의하여 당초 신청서에 의하여 세액의 공제 또는 환급을 결정하여야 한다.
>
> ④ 제조자가 과세물품을 수출면세반출승인신청(신고)절차를 이행함이 없이 수출한 경우에는 제조자로부터 개별소비세와 가산세를 같이 부과·징수한 후 법 제20조 제2항에 따라 해당 제조자가 환급신청을 하는 때에는 가산세를 제외한 세액만을 환급한다.

라. 환급절차

세액환급을 받으려는 자는 해당 사유가 발생한 날부터 6개월이 지난 날이 속하는 달의 말일까지 「개별소비세 공제(환급)신청서」(별지 제26호)를 과세표준 신고서와 함께 관할 세무서장 또는 세관장에게 제출하여야 한다(법 §20 ④).

이미 납부한 세액을 환급받고자 할 경우에 있어서 '해당 사유가 발생한 날'의 시기는 다음에 따른다(통칙 20 – 34…12).

1. 과세된 물품을 수출하거나 주한외국군에 납품하는 경우 : 수출(납품)한 날. 다만, 수출 또는 군납면세승인을 얻지 아니하고 수출 또는 군납함으로써 당해 세액을 징수하는 경우에는 당해 세액을 납부한 날

【예시1】

○ 과세된 원재료를 사용하여 수출물품을 제조하고 20×1년 5월 1일 관할 세무서장의 수출면세 반출승인(신고)을 받아 20×1년 5월 7일 수출한 경우

　⇒ 원재료에 과세된 세액의 환급사유가 발생한 날은 20×1년 5월 7일임.

【예시2】

○ 과세된 원재료를 사용하여 수출물품을 제조하고, 수출면세반출승인(신고) 절차를 이행함이 없이 20×1년 5월 7일 수출하였으나

○ 면세승인(신고)을 받지 아니하고 반출한 사실을 20×1년 11월 15일 관할 세무서에서 확인하고 20×1년 11월 30일을 납기로 동 물품에 대하여 세액을 고지하여 20×1년 11월 30일 당해 세액을 납부한 경우

　⇒ 동 물품에 과세된 세액의 환급사유가 발생한 날은 20×1년 11월 30일임.

---

2. 과세된 물품을 원재료로 하여 제조·가공한 물품이 개별소비세가 면제되는 경우 : 그 물품을 실지로 반출한 때

3. 환입물품으로서 재반출할 수 없는 경우 : 관할 세무서장의 확인을 받은 때

4. 과세된 석유류로서

　① 의료용·의약품·비료·농약제조용 원료로 사용되는 경우 : 그 물품을 실지로 사용한 때

　② 항공기에 사용되는 경우 : 그 물품을 실지로 사용한 때

　③ 외국항행선박·원양어업선박에 사용되는 경우 : 그 물품을 당해 선박에 적재한 때

　④ 주한외국공관, 기타 이에 준하는 기관에 사용되는 경우 : 그 물품을 납부한 때

5. 과세된 물품이 원자로·원자력·동위원소의 생산개발에 사용되거나 그 물품의 제조에 사용되는 경우 : 그 물품을 사용완료한 때

(5) 세액공제 및 환급 절차(영 §34)

세액의 공제 또는 환급을 받으려는 자는 해당 사유가 발생한 날부터 6개월이 지난 날이 속하는 달의 말일까지[149] ① 「개별소비세 공제(환급) 신청서」(시행규칙 제26호 서식)에, ② 해당 사유의 발생 사실을 증명하는 서류와, ③ 개별소비세가 이미 납부되었거나 납부될 사실을 증명하는 「개별소비세 부과(납부)사실 증명신청서 및 증명서」(시행규칙 제27호 서식)를 첨부하여 관할 세무서장 또는 세관장에게 신청하여야 한다.

개별소비세는 신고·납부 세목으로서 「개별소비세법」 제20조 제4항에 따른 공제·환급 신청기한은 성질상 그 세액을 조속히 확정시키려는 조세행정의 편의를 위한 규정에 불과하고 개별소비세에 있어서 매입세액공제를 인정하는 취지가 과세물품에 대한 중복과세를 피하고 일반적인 조세형평을 기하기 위한 것인 점에 비추어 세법상 환급신청기한이 경과하였더라도 공제·환급이 가능하다(재경부 소비세제과-748, 2006.7.3., 대법 88누3697, 1989.3.14. 참고).

다만, 과세된 석유류가 주한외교공관, 그 밖에 이에 준하는 기관에서 사용된 경우에는 「개별소비세법 시행령」 제24조에서 정하는 별도의 절차에 따른다.

해석사례

■ **특별소비세 과세표준 신고서를 법정신고기한 내에 제출한 경우는 공제 또는 환급을 받기 위해 '경정 등의 청구'를 할 수 있음**(소비 46430-366, 1999.7.27.)
- 특별소비세법 시행령 제34조 제1항의 규정에 의한 공제 또는 환급을 받고자 하는 자는 같은 법 제9조 제1항의 규정에 의하여 특별소비세 과세표준 신고서를 법정 신고기한 내에 제출하는 경우에는 국세기본법 제45조의2의 규정에 의하여 관할 세무서장에게 경정 등을 청구할 수 있는 것임.

■ **과세표준 신고서를 기한 내에 제출한 때에만 환급가능함**(소비 22641-952, 1991.7.20.)
- 과세표준 신고서를 법정신고기한내 제출하는 경우만 수정신고절차에 따라 환급가능 하고, 정부가 결정한 때에는 국세기본법 및 행정소송법에 의한 불복절차 통하여 환급받을 수 있음.

---

149) 「특별소비세법」 [시행 2012. 1. 1.] [법률 제11120호] 일부개정: 공제·환급신청기한을 '사유발생일'부터 6개월 이내에서 '사유발생일 말일'부터 6개월 이내로 변경하여 납세편의를 제고하였다. (2012. 1. 1. 이후 최초로 신고·신청사유 발생분부터 적용)

> **■ 조건부 면세에 사용된 물품을 용도사용 6월 경과 후 환급 또는 공제할 수 없으나 경정청구 가능**(소비세과-271, 2012.9.5.)
>
> - 수입 시 과세된 부탄을 석유화학공업용원료로 사용한 후 6개월이 경과한 경우 과세표준신고시 공제 또는 환급 신청할 수 없으나, 해당 법정신고 기간 내에 개별소비세 과세표준신고를 한 경우 관세법에 따라 2년 이내(현재 5년 이내) 기간에 대하여 관할 세관장에 경정청구할 수 있음.

가. 공제 · 환급 신청 주체

세액공제 신청은 납부 또는 징수할 세액이 있는 납세의무자가 한다.

세액환급 신청은 개별소비세를 납부한 자가 한다. 다만, 세액환급을 받으려는 자가 개별소비세를 납부한 자가 아닌 경우에는 개별소비세를 납부한 자와 연명으로 신청하여야 한다. 또한 환급을 받으려는 자가 개별소비세를 실제 부담하지 아니한 경우에는 개별소비세를 실제 부담한 자가 개별소비세를 납부한 자와 연명으로 신청할 수 있다(영 §34 ③).

다만, 부득이한 사정으로 당해 물품에 대하여 개별소비세를 납부한 자와 연명으로 신청할 수 없는 경우에는 수출 등으로 과세물품에 환급사유가 발생한 자의 신청에 의하여 관할 과세관청이 당해 사실을 확인하여 환급 여부를 결정할 수 있다(소비세제과-748, 2006.7.3. 참고).

환급받기 위하여 제출하는 서류 중 수출자와 환급신청자의 명의가 다른 경우라 하더라도 본사와 제조장 간 또는 본사와 지사(지점) 간의 관계와 같이 동일인격인 경우에는 환급할 수 있다(통칙 20-34…5 ③).

통칙 20-34…14 【납세의무자와 환급사유 발생자가 다른 경우】

- 영 제34조 제3항에 따라 납세의무자와 환급사유 발생자가 다른 경우의 환급신청은 다음 열거하는 예에 따른다.

〈예1〉 환급사유 발생자와 실제 세액부담자가 같은 경우

이 경우에는 정유회사 및 원양어업선박 모두 환급신청자가 될 수 있는데, 원양어업선박이 환급신청을 하는 경우에는 정유회사와 연명으로 신청을 하여야 한다.

정유회사	과세반출 →	대리점(주유소)	과세판매 →	원양어선 선박
납세의무자 세액부담자				환급사유 발생자 실제 세액부담자

〈예1〉 환급사유 발생자와 실제 세액부담자가 다른 경우

이 경우에는 원칙적으로 정유회사가 환급신청자가 되는 것이며, 대리점도 정유회사와 연명으로 신청할 수 있다.

정유회사	과세반출 →	대리점(주유소)	면세판매 →	원양어선 선박
납세의무자 세액부담자		실제 세액부담자		환급사유 발생자

나. 부과(납부)사실증명의 발급

「개별소비세 부과(납부)사실 증명신청서 및 증명서」(별지 제27호 서식)는 이미 납부되었거나 납부될 사실을 증명하는 서류이므로 영 제34조 제1항에 따라 해당 세액이 납부되기 전에도 사실을 확인하여 발급할 수 있다(통칙 20-34…2).

다. 공제 · 환급 신청 관할

이미 납부한 세액의 공제는 공제 신청인의 관할 세무서장에게 하여야 하고, 세액의 환급은 해당 물품에 대하여 개별소비세를 부과하였거나 부과할 관할 세무서장 또는 세관장에게 하여야 한다.

라. 공제 · 환급세액의 결정

세액환급신청을 받은 경우에 관할 세무서장은 그 신청인이 장래에 납부할 금액이 있는 경우에는 그 납부할 세액에서 이미 납부한 세액을 공제하며, 신청인이 제조를 폐지하거나 그 밖의 사유로 장래에 납부할 세액이 없는 경우에는 이미 납부한 세액을 신청을 받은 날부터 30일 내에 환급하여야 한다.

관련 기본통칙

통칙 20－34…7【환급관서】

- 법 제20조 제2항 제1호 및 제3호에 해당하는 경우의 환급관서는 영 제34조 제1항에 따라 개별소비세를 부과한 세무서 또는 세관이다.

통칙 20－34…15【국군부대 공급 석유류 환급방법】

- 다수의 세관을 통하여 수입되어 국군부대에 납품된 석유류(액화천연가스)에 대한 개별소비세가 당초 통관된 세관별로 구분이 불가능한 경우 이미 납부한 개별소비세에 대한 환급신청은 아래 방법에 의하여 세관별로 신청을 하여야 한다.

$$\text{a세관에 환급신청할 세액} = \frac{\text{환급신청총액(해당월)} \times \text{a세관수입량(해당월)}}{\text{a세관수입량(해당월)} + \text{b세관수입량(해당월)}}$$

$$\text{b세관에 환급신청할 세액} = \frac{\text{환급신청총액(해당월)} \times \text{b세관수입량(해당월)}}{\text{a세관수입량(해당월)} + \text{b세관수입량(해당월)}}$$

해석사례

수입물품이 조건부 면세 대상일 경우 환급가능(서면3팀－1049, 2006.6.7.)

- 수입신고 시에 조건부 면세 신청을 하지 아니하고 특별소비세를 납부하여 수입신고 수리된 승용자동차의 경우 「특별소비세법」 제18조 제1항 제5호 규정에 의한 면제 대상인 경우에는 동법 제20조 제2항 제2호의 규정 및 동법 시행령 제34조 제1항에 의하여 특별소비세를 납부한 세관에 환급신청할 수 있고,
- 이 경우 특별소비세의 공제 등 신청인과 실제 특별소비세를 부담한 자가 다를 경우에는 실제 부담한 자가 특별소비세를 납부한 자와 연명으로 신청할 수 있는 것임.

해상판매대리점이 제조사에서 석유류 구입 후 외국항행선박에 공급 시 환급 여부
(소비 46430－66, 2001.3.2.)

- 해상판매대리점이 제조사로부터 석유류를 구입하여 외국항행선박에 공급하였을 경우에는 특별소비세법 제20조 제2항 제2호 및 교통세법 제17조 제2항 제4호의 규정에 의하여 납부된 세액을 환급 받을 수 있는 것이며, 실제세액 부담자가 특별소비세(교통세) 공제환급신청시에는 특별소비세법 시행령 제34조 및 교통세법 시행령 제24조의 규정에 의하여 선(기)용품 선(기)적 허가서를 첨부하여 특별소비세(교통세)를 납부한 자와 연명으로 특별소비세를 부과한 세무서장 또는 세관장에게 신청하여야 하는 것임.

📘 국내에서 구매하여 북한지역에 반출하는 승용자동차의 개별소비세 환급대상 여부

(소비세과-1599, 2008.7.16.)

- 이미 개별소비세가 납부되었거나 납부할 물품인 승용자동차를 북한으로 반출하여 「남북교류협력에 관한 법률 시행령」 제51조 제3항의 규정에 따라 수출품목에 해당되는 경우에는 「개별소비세법」 제20조 제2항 제1호의 규정을 적용하는 것임.

📘 소비자 또는 자동차 매집상으로부터 매입하여 수출하는 경우 개별소비세 환급

(조심 2010부2925, 2010.11.2.)

- 개인이 자동차제조사로부터 매입한 자동차를 청구법인이 다시 매입하여 수출한 경우 개별소비세 등을 환급할 수 없음.

📘 자동차매집상 등으로부터 매입하여 수출한 자동차의 개별소비세 환급대상 여부

(조심 2010광2891, 2010.10.27.)

- 무역업을 영위하는 자가 개별소비세가 부과된 승용자동차를 소비자 또는 자동차 매집상으로부터 매입하여 수출하는 경우 개별소비세 환급대상이 아님.

✳️ 관련판례

📘 수출선박의 시운전에 사용되는 유류는 개별소비세법 및 교통·에너지·환경세법에서 규정하는 환급대상임(대전지방법원 2020구합100986, 2021.4.15.)

(1) 수출물품을 형성하지 아니할 것

이 사건 유류는 수출물품인 선박에 투입되어 소모되었을 뿐 선박 자체를 형성하지는 않으므로 위 요건은 충족된다.

(2) 수출물품의 제조·가공 과정에서 사용되었을 것

위 인정 사실에 의하면, 이 사건 유류는 전체 선박 제조공정 중에서 '③ 안벽공정'의 일부인 '안벽시운전 공정'과 '④ 해상공정'의 일부인 '해상시운전 공정'에 사용되었다. 국내에서 일반적으로 사용되는 조선표준계약서에도 선박 건조기간 중의 선박, 기관, 장비, 설비에 대한 시운전을 제조공정의 하나로 명시하고 있고, 선박이 제조되는 전체 과정을 고려할 때 안벽시운전 공정과 해상시운전 공정은 모두 다음 공정으로의 이행 및 계약조건에 맞는 선박을 완성하기 위해 거쳐야 하는 필수적인 공정에 해당한다고 판단된다(피고도 이 부분에 대하여는 특별히 다투지 않고 있다). 따라서 이 사건 유류는 수출물품인 선박의 제조·가공 과정에 사용되었다고 보아야 하므로 위 요건도 충족된다.

(3) 직접 사용되었을 것

위 인정 사실에 의하면, 이 사건 유류는 제조 중인 선박의 시운전을 위해 선박에 연료로 투입되어 소모되었다. '직접'의 사전적 의미는 '**중간에 제3자나 매개물이 없이 바로 연결되는 관계**'이고, 이 사건 유류는 **매개물 없이 선박에 바로 투입되는 방법으로 사용**되므로 '**직접 사용**'의 통상적 의미에 부합한다.

한편, 관세환급특례법에도 이 사건 법률규정과 같은 취지의 환급 규정이 있으므로 이 사건 법률규정의 의미를 해석할 때 참고할 수 있는데, 관세환급특례법 제3조에는 다음과 같이 규정되어 있다.

위 규정은 '수출물품 생산용 기계·기구 등의 작동 및 유지를 위한 물품 등'을 수출물품 생산에 간접적으로 투입되어 소모되는 물품의 예시로 들고 있으므로, 반대해석을 통해 '직접적으로' 투입되어 소모되는 물품의 의미를 파악할 때에도 위 예시부분을 고려해서 해석해야 한다. 입법자가 수출물품이 아닌 '수출물품 생산용 기계·기구'의 작동 및 유지를 위한 물품을 간접 사용의 주된 예시로 들었다는 것은 '**수출물품 자체**'에 투입되어 직접비용으로 처리되는 물품을 직접 사용에 해당한다고 보았기 때문'이라고 해석할 수 있고, 이러한 해석은 위 법령에서 수출물품 **생산에 직접적으로 기여**하는 물품에 대한 세액을 환급대상으로 규정한 취지에도 어긋나지 않는다. 한편, 피고는 '작동 및 유지를 위한 물품'은 모두 간접적으로 사용된 것으로 해석해야 한다고 주장하나, 이는 위 문언 앞 부분에서 해석의 범위를 제한하는 '수출물품생산용 기계·기구 등'을 전혀 고려하지 않은 것이어서 지나친 확장해석에 해당한다고 판단된다. 결국 위 법률 문언에 충실하게 해석하면, 수출물품 생산용 기계·기구가 아닌 **수출용 선박 자체에 투입되어 소모된 이 사건 유류는 선박의 제조 과정에 '직접적으로 사용'**되었다고 볼 수 있으므로, 위 요건도 충족한다.

(4) 단용원자재일 것

'단용원자재'의 사전적 의미는 '1회 또는 단기의 사용으로 소멸하는 원자재'이다. 그리고 '원자재'는 '공업 생산의 원료가 되는 자재'를 뜻하며, '자재'는 '무엇을 만들기 위한 기본적인 재료'를, '원료'는 '어떤 물건을 만드는 데 들어가는 재료'를 뜻한다. 통상적으로 '원자재'라는 용어는 물건을 만드는 데 들어가는 기본적인 재료라는 의미로 폭넓게 사용되고, **물품 생산 과정에 사용하는 유류도 당연히 여기에 포함되는** 것으로 통용되고 있다. 피고는 유류가 '원료'로 사용된 경우와 달리 '연료'로 사용된 경우에는 원자재로 볼 수 없다는 취지로 주장하나, 그와 같이 해석할 명확한 근거가 없고, 원자재의 통상적인 의미를 고려할 때 원자재의 개념에서 '연료로 사용된 유류'만 제외하는 것은 합리적 이유 없이 문언의 통상적 의미를 축소해석하는 것이어서 부당하다(조세특례제한법 시행령 제104조의7 제2항 제3호 라목에서 '**선박 연료유 등 해운관련 주요 원자재**'라는 용어를 사용해, 연료로 사용된 유류도 원자재에 포함

> 된다고 규정하고 있는 점에서 더욱 그러하다). 피고의 위 주장은 받아들일 수 없고, 이 사건 법률규정에서 말하는 '원자재'는 그 통상적인 의미대로 유류도 포함 된다고 해석하는 것이 조세법률주의에도 부합한다. 이와 같이 해석하면, **이 사건 유류는 1회의 사용으로 소멸하는 원자재이므로 단용원자재에 해당**해 위 요건에도 충족된다.
>
> 이 사건 유류는 '당해 물품을 사용하여 제조·가공한 물품을 수출하는 경우로서, 그 물품이 수출물품을 형성하지 아니하나 수출물품의 제조·가공 과정에서 직접 사용되는 단용원자재일 것'이라는 요건을 모두 충족하였다. 따라서 이 사건 유류는 이 사건 **법률규정이 정한 세액환급 대상에 해당**한다.

(6) 공제(환급) 사유의 입증

가. 세액공제 사유의 증명서류

세액공제를 신청할 때 해당 사실을 증명하는 서류는 다음에 따르며 서식은 「과세물품 소요 명세서」(시행규칙 제28호 서식)로 한다.

① 과세물품의 제조장 또는 보세구역으로부터 과세물품을 반입하여 다른 과세물품의 제조·가공에 직접 사용하거나 제조의제에 해당하여 세액을 납부·징수하는 경우 → 해당 물품에 소요된 물품의 명세서
② 완제품의제(법 §1 ⑩, 영 §3 2.)에 따라 과세물품을 제조장 또는 보세구역으로부터 반입하여 가공 또는 조립한 물품을 반출하는 것으로서 해당 세액을 납부 또는 징수하는 경우 → 해당 물품의 가공 또는 조립에 사용된 물품의 명세서

나. 세액환급사유의 증명서류

세액환급을 신청할 때 해당 사실을 증명하는 서류는 다음에 따른다.
① 수출·주한외국군납(법 §20 ② 1.)
　→ ⓐ 수출 또는 납품 사실 증명서
　　ⓑ 해당 물품의 제조 또는 가공에 사용된 물품의 명세서(「과세물품 소요 명세서」 시행규칙 제28호 서식)
　　ⓒ 산업통상자원부장관이 정하는 바에 따라 산업통상자원부장관이 지정하는 기관이 발행한 원료사용량 증명서

🔵 관련 기본통칙

🔵 통칙 20-34…9 【수출면세물품 원자재 소요량 인정범위】

- 수출품의 제조에 사용한 원료물품의 사용량은 영 제34조 제2항 제4호에 따른 해당 물품에 소요된 물품의 원료소요량증명서상의 소요량범위 내에서 인정한다. 다만, 납세자가 원료소요량증명서상의 소요량보다 실지사용량이 초과한 사실을 객관적인 증빙에 의하여 입증하는 경우에는 실지사용량을 인정한다.

② 개별소비세가 면제되는 물품과 그 물품의 원재료로 사용된 경우(법 §20 ② 2.)

환급사유	증명서류
ⓐ 조건부 면세·무조건면세(영 §30 ②)	조건부·무조건 면세의 해당 사실을 증명하는 서류(면세물품의 원재료로 사용된 경우에는 해당 물품에 소요된 물품의 명세서, 「과세물품 소요 명세서」)
원자로·원자력·동위원소용 (§18 ① 1.)	
자선·구호단체 기증용 수입 (§18 ① 4.)	
학술·교육용 수입 (§18 ① 7.)	
학교·어린이집 표본·참고품 (§18 ① 6.)	소관 중앙행정기관의 장이 발행 (학교장, 특별자치도지사 또는 시장·군수·구청장이 발행)
외국 자선·구호단체 기증용 (§19 1.)	
외국 수여 훈장·표창품 등 (§19 2.)	
외국항행 군함·재외공관 송부품 (§19 3.)	
군사원조 수입 물품 (§19 8.)	
국가원수 경호용 물품 (§19 16.)	
실험연구용·공업용·축음기 침 제작용 보석 (§18 ① 2.)	특별시장·광역시장·도지사·특별자치도지사가 발행
외국 박람회 등 출품목적 해외 반출 물품 (§19 13.)	소관 중앙행정기관장, 한국무역협회 또는 대한상공회의소장이 발행
관세가 면제되는 재수출 물품 (§18 ① 8.)	
선박 등 해체재·장비품 (§19 4.)	
재수입 수출 물품용기 (§19 5.)	
내항선 전환선박 연료·소모품 (§19 6.)	「관세법」에 따른 면세신청에 필요한 서류
입국자 휴대 수입물품 (§19 9.)	
거주목적 입국자의 휴대품·이사 화물 (§19 10.)	

환급사유		증명서류
거주자의 소액물품	(§19 11.)	「관세법」에 따른 면세신청에 필요한 서류
상업용 견본·광고용 수입물품	(§19 12.)	
국가·지방자치단체에 기증하는 물품	(§19 7.)	정부기관 또는 지방자치단체의 장이 발행한 기증받은 사실 증명서류
수출 후 재수입 물품	(§19 14.)	관할 세무서장이 발행
수출 후 재수입 국산 물품	(§19 15.)	
관수용 물품		면제받는 기관의 장이 발행
ⓑ 조건부 면세 승용자동차	(§18 ① 3.)	승용자동차 개별소비세 면세반출 신고서 (영 §19의3 ① 1.)
ⓒ 항공기용 석유류	(§18 ① 9.)	사용자의 사용보고서
ⓓ 외국항행선박·원양어업선박용 석유류	(§18 ① 9.)	유류공급명세서(영 §20 ② 3.) (내항선인 원양어업선박용은 반입자의 사용보고서)
ⓔ 의료용, 의약품·비료·농약 제조용, 석유화학공업용원료용	(§18 ① 10.)	사용자의 사용보고서와 소관 중앙행정기관장이 발행한 사용확인서
ⓕ 외국 무역선, 원양어업선박, 외국항행 항공기의 연료외의 소모품	(§18 ① 11.)	선(기)적허가서(영 §20 ② 4.) (내항선인 원양어업선박의 경우에는 반입자의 사용보고서)

③ 품질불량, 변질, 자연재해, 「소비자기본법」에 따른 교환 또는 환급으로 환입(법 §20 ② 3.)

→ 해당 환입 사실을 확인하는 서류(「과세물품 환입 신고서 및 확인신청서(확인서)」, 시행규칙 제28호의3 서식)

④ 조세특례제한법에 따른 면제

환급사유	증명서류
ⓐ 국군에 공급하는 석유류	납품증명서(국방부 조달본부장 또는 국군복지단장이 발행)
ⓑ 도서 자가발전용 석유류	구입증명서(산업자원부장관 및 수산업협동조합중앙회장이 발행) 발전기 소유자별 공급명세서
ⓒ 농업용 면세유	유류구입증명서(농업협동조합중앙회장이 발행) 유류공급확인서(농업협동조합이 발행)
ⓓ 어업용 면세유	유류구입증명서(수산업협동조합중앙회장이 발행) 유류공급확인서(수산업협동조합이 발행)
ⓔ 연안여객선박용 면세유	구입증명서 및 선박별 공급명세서(한국해운조합장이 발행)

⑤ 담배에 대한 미납세반출, 면제와 세액의 공제 및 환급에 관한 특례(법 §20의3 ③)

환급사유		증명서류
ⓐ 반출 후 천재지변 등 부득이한 사유로 멸실·훼손		해당 물품의 멸실승인서 또는 훼손 사실을 증명하는 서류
ⓑ 품질불량, 판매부진 등 부득이한 사유로 반입		해당 물품의 환입확인서
ⓒ 이미 신고·납부한 세액이 초과 납부		초과 납부 사실을 증명하는 서류
ⓓ 면제담배와 면제담배의 원재료로 사용되는 경우		시행령 제20조 제2항 제5호 각 목의 구분에 따른 아래의 서류
미납세 반출	지방세법 §53 ①	물품반입확인서 (관할 세관장 발급)
보세구역·외항선· 항공기 등의 판매	지방세법 §54 ① 3.~5.	
수출(견본담배 제외)	지방세법 §54 ① 1.	수출신고필증 (수출신고를 수리한 세관장 발급)
북한지역 근로자· 관광객에게 판매	지방세법 §54 ① 7.	
폐기장소로 반출	지방세법 시행령 §62 3.	폐기사실 확인서류 (시행규칙 서식)
장병 공급용	지방세법 시행령 §63	납품증명서 (군기관의 장)
	위에 해당하지 않는 경우	반입사실 신고서에 준하는 내용의 증명서

◉ 공제·환급 관련 기본통칙

◉ 통칙 20-34…13 【해당 사실을 증명하는 서류】

- 「조세특례제한법」 제113조 제2항에 따라 세액의 공제 또는 환급을 신청하는 경우에는 영 제34조를 준용하되, 해당 사실을 증명하는 서류는 다음 각 호에 따른다.
  1. 「조세특례제한법」 제111조 제1항 제1호의 경우에는 국방부 조달본부장 또는 군단위부대의 장이 발행한 납품증명서
  2. 「조세특례제한법」 제111조 제1항 제2호의 경우에는 산업통상자원부장관 또는 그 위임을 받은 기관의 장이 발행한 증명서 및 수산업협동조합중앙회장이 발행한 구입증명서와 발전기소유자별 공급명세서
  3. 「조세특례제한법」 제106조의2 제1항 제1호의 경우에는 다음 각목에 의한다.
     가. 수산업협동조합중앙회에 직접 공급하는 석유류는 수산업협동조합중앙회장이 발행한 유류구입증명서 및 반입지 수산업협동조합장의 유류공급확인서
     나. 농업협동조합중앙회에 직접 공급하는 석유류는 농업협동조합중앙회장이 발행한 유류구입증명서 및 반입지 단위농업협동조합장의 유류공급확인서
  4. 「조세특례제한법」 제106조의2 제1항 제2호의 경우에는 한국해운조합회장이 발행한 구입증명서 및 선박별 공급명세서

(7) 공제 · 환급세액의 징수

세액의 공제 및 환급사유에 해당하여 환급 또는 공제를 받은 물품이 정해진 용도로 사용되지 아니한 사실이 확인된 경우에는 해당 물품을 정해진 용도로 사용하지 않은 자로부터 환급 또는 공제된 개별소비세를 징수한다(법 §20 ⑦, 영 §34 ⑧).

이 경우 관세가 면제되는 휴대물품(법 §18 ① 9, 항공기에 사용하는 석유류는 제외한다) 및 소액물품(법 §18 ① 11.)에 대해서는 해당 물품을 정해진 용도로 사용하지 않은 자의 관할 세관장이 징수한다.

 **관련판례**

■ **유류의 불법유통을 알지 못한 선의의 거래당사자(정유사)로 교통세 부과처분이 부당한지 여부**(부산고등법원 2008누2118, 2009.1.9.)
- 외국항행선박에 반입되기 이전 단계에서 소정의 용도(외국항행선박 사용)에 사용되지 않았고, 그것이 앞서 본 바와 같이 외국항행선박에 공급될 때까지 유류를 관리할 지위에 있는 원고(정유사)가, 관할 세관장이 서류심사를 거쳐 발급하는 환급 대상 수출물품 반입(적재)확인서 등만을 제출하면 교통세 등을 쉽게 환급받을 수 있다는 이유로, ○○해상급유가 이 사건 유류를 외국항행선박에 제대로 급유하였는지를 관리·감독하지 않은 것(원고가 ○○해상급유에 대한 관리·감독 책임이 있는 이상, ○○○이 급유를 실제 하였는지 여부를 감독하지 않은 ○○해상급유의 잘못도 원고의 책임이라 할 것이다)에 원인이 있는 것이라면, 이 사건 유류를 그 **소정의 용도에 사용하지 아니한 자는 원고로 봄이 상당**하다.
- 따라서 이 사건 유류와 관련하여 원고에게 환급된 교통세 등은 원고로부터 징수하여야 하고, 부가가치세 과세표준 산정시 환급된 교통세 등을 포함하여 산정하여야 한다.
- 환급요건을 충족하기 전까지는 이 사건유류의 소유자 및 반출자는 원고이므로 납세의무는 원고에게 있고, **교통세 등의 납부 의무 이행과 관련하여 원고가 그 책임을 소홀히 하여 부정반출이 이루어졌던 점 등을 종합**하면 그 의무 해태를 탓할 수 없는 정당한 사유가 있다고 보기는 어렵다.

해석사례

■ **유연탄의 수입통관 시 수량과 실제 반입 수량에 차이가 있는 경우 실제 반입수량을 초과하여 공제가능한지 여부**(서면-2018-소비-3378 [소비세과-1877], 2018.11.7.)
- 수입통관 시 개별소비세를 납부한 후 물품을 반출하고, 해당 과세물품이 개별소비세가

면제되는 물품과 그 물품의 원재료로 사용되는 경우에는 개별소비세법 제20조 제2항에 따라 이미 납부한 세액을 환급하거나 공제하도록 하고 있으며,

- 공제 또는 환급을 받으려는 자는 개별소비세 공제(환급)신청서에 시·도지사가 발행한 해당 사유의 발생 사실을 증명하는 서류를 첨부하여 관할 세무서장 또는 세관장에게 신청하므로, **실제 반입수량을 초과하여 공제 또는 환급을 받을 수 없는 것임.**

■ 수출선박에 잔존하는 유류에 대한 교통세 환급(소비세과 - 1902, 2008.8.25.)

- 수출용 선박을 건조하는 조선업체(A)가 과세물품에 해당하는 시험운전용 경유를 국내 정유사(B)로부터 반입하여 **시험운전 종료 후**, 소요된 양을 제외한 잔존경유를 **수출하는 선박과 함께 외국선주에게 반출**하는 경우 당해 잔존경유에 대하여는 「교통·에너지·환경세법」 제17조 제2항 제1호의 규정에 따라 이미 납부한 세액을 환급받을 수 있는 것이며, 그 환급신청은 같은 법 시행령 제24조 제1항 제2호의 규정에 따라 조선업체(A)와 정유사(B)가 연명으로 하는 것임.

■ 승용차 성능검사를 위한 유류는 과세물품 제조를 위한 원재료 아님(소비세과 - 24, 2010.1.27.)

- 개별소비세 과세물품인 승용차의 성능검사 및 소비자에게 인도 등의 용도에 공하기 위하여 반입되어 사용한 유류(휘발유 및 경유)는 과세물품 제조과정에 직접적으로 사용되는 원재료에 해당하지 아니하므로 이미 납부된 유류에 대한 교통·에너지·환경세 등을 공제 받을 수 없는 것임.

■ 면세유류공급카드 결제시기와 공급시기가 다를 경우 환급대상 아님(소비세과 - 153, 2010.4.22.)

- 석유판매업자가 농·어민에게 면세유류 공급시 면세유류공급카드로 유류금액을 미리 결제 받아 공급시기와 결제시기를 달리하는 경우 해당 사업자는 「조세특례제한법」 제106조의2 제2항에 따른 개별소비세, 교통·에너지·환경세 및 교육세를 환급·공제 받은 수 없는 것이며, 이를 부당한 방법으로 환급·공제 신청한 때에는 같은 조 제12항 제3호의 금액을 추징하는 것임.

■ 사업자가 사후적으로 면세담배에 대한 반입증명서 등을 제출하는 경우 개별소비세 공제환급 가능(기획재정부 환경에너지세제과 - 124, 2016.3.31.)

- 사업자가 면세반출한 면세담배에 대하여 반입·용도증명 기한 내에 반입증명서를 제출하지 못하여 개별소비세를 신고·납부하고, 그 후 반입·용도증명서를 수취하여 공제환급기한 내 제출하는 경우 기 납부한 개별소비세를 공제·환급받을 수 있는 것임.

9 : 가정용 부탄에 대한 개별소비세 환급 특례

중산·서민층 연료비 경감을 위해 취사난방용에 사용하는 가정용 부탄가스에 대해서는 프로판가스와 같은 세부담이 적용되도록 두 과세물품의 세율 차이로 인한 세액을 가정용 부탄가스 제조·수입·충전업자에게 환급(공제)한다.[150] 이는 같은 용도로 소비되는 부탄과 프로판에 같은 세율을 적용하여 세부담의 불균형을 시정하는 의미가 있다.

2002년 1월 1일 이후 제조장 반출, 판매장 판매 및 수입신고분부터 적용하며 부탄가스의 세율은 275원/kg(탄력세율, '24.7.1.부터는 193원/kg)[151], 프로판가스(가정용·상업용 탄력세율)는 14원/kg이다.

(1) 가정용 부탄에 대한 환급요건

가. 환급신청자

다음의 자는 가정용 부탄의 개별소비세 환급세액을 환급하거나, 납부 또는 징수할 세액에서 이를 공제할 수 있다.

1. 가정용 부탄을 판매하는 액화석유가스충전사업자
2. 가정용 부탄을 제조 또는 수입하는 「개별소비세법」 제3조의 납세의무자

---

150) 「개정세법 해설」(국세청, 2002년) 취사용·난방용 부탄가스 세액 환급
    가. 개정취지
        ○ 가정용으로 사용되는 부탄가스도 프로판가스와 동일한 세금이 과세되도록 세율인상 차액을 가정용 부탄가스 제조(판매)업자에게 환급함.
    나. 개정내용

종 전	개 정
○ (신 설)	○ 가정용(취사·난방)으로 사용되는 아래 부탄가스도 프로판가스와 동일한 세금이 과세되도록 부탄가스와 프로판가스의 세율차액을 가정용 부탄가스 제조(판매)업자에게 환급함 －산업자원부장관이 정한 용기내장형 가스난방기용, 이동식부탄연소기용, 접합 또는 납붙임용기용으로 사용되는 것

    다. 적용시기 및 적용례 : 2002. 1. 1. 이후 제조장 반출분, 판매장 판매분, 수입신고분부터 적용
151) 부탄(LPG)의 세율개정 내역   (단위 : 원/kg)

구 분	인하 전	'21.11.12.~	'22.5.1.~	'22.7.1.~	'24.7.1.~
개별소비세율	275.00	220.00	193.00	176.40	193.00

■ **가정용 부탄가스 개별소비세 환급주체**(소비세과-390, 2012.11.29.)

– 액화석유가스 충전사업자가 이동식부탄 연소기용으로 사용할 부탄을 고압가스 제조자에게 공급할 경우 환급신청 주체는 **액화석유가스 충전사업자**임(소비세과-244, 2012. 8. 14. 같은 뜻).

■ **충전사업자가 이동식부탄 연소기용으로 부탄을 공급할 경우 환급신청 주체**

(소비 46430-391, 2002.10.3.)

– 액화석유가스충전사업자가 가정용 부탄을 수입 또는 제조하는 자로부터 부탄을 매입하여 고압가스제조자에게 판매하였을 경우 가정용 부탄 환급신청주체는 액화가스 충전사업자임.

– 액화석유가스충전사업허가를 받은 사업장(지점)이 아닌 허가를 받지 않은 사업장 (본점)명의로 매출세금계산서를 발행하였을 경우는 개별소비세법 시행령 제34조의2 제4항 제4호에 해당하는 것이나, 단서 규정의 적용여부는 관할 세무서장이 사실판단할 사항임.

– **겸업자**(고압가스제조사업과 액화석유가스충전사업)**가 부탄을 상품으로 도·소매 하는 경우에는 가정용 부탄으로 판매한 물량에 대하여 액화석유가스충전사업자로서 환급신청주체가 될 수 있는 것**이나, 단순히 매입한 부탄을 고압가스제조과정상 설비 및 용기에 주입(충전)하기 위한 목적으로 액화석유가스충전사업허가를 받은 경우는 이에 해당하지 아니함.

나. 공급받는 자(영 §34의2 ①)

액화석유가스충전사업자, 제조·수입자 등(환급신청자)은 다음의 자에게 공급한 취사 난방용 등의 용도로 사용되는 가정용 부탄(환급대상 물품)의 개별소비세를 환급 또는 공제할 수 있다.

1. 액화석유가스 충전사업자(액화석유가스의 안전관리 및 사업법 §2 5.)

   액화석유가스 충전사업자는 사업소마다 특별자치시장·특별자치도지사·시장·군수 또는 구청장의 허가를 받아 저장시설에 저장된 액화석유가스를 용기(容器)에 충전 (배관을 통하여 다른 저장 탱크에 이송하는 것을 포함)하거나 자동차에 고정된 탱크에 충전하여 공급하는 사업자를 말한다.

2. 액화석유가스 판매사업자(액화석유가스의 안전관리 및 사업법 §2 9.)

   액화석유가스 판매사업자는 판매소마다 시장·군수·구청장의 허가를 용기에 충전된 액화석유가스를 판매하거나 자동차에 고정된 탱크(탱크의 규모 등이 산업통상자원부령으로 정하는 기준에 맞는 것)에 충전된 액화석유가스를 산업통상자원부령으로 정하는 규모 이하의 저장 설비에 공급하는 사업자를 말한다.

3. 액화석유가스 특정사용자(액화석유가스의 안전관리 및 사업법 §44 ②)

액화석유가스 특정사용자는 「액화석유가스의 안전관리 및 사업법 시행규칙」 제70조에 해당하는 자로 용기내장형 가스난방기용, 이동식 부탄연소기용 또는 이동식 프로판연소기용으로 액화석유가스를 사용하는 자나 이동하면서 액화석유가스를 사용하는 자를 제외한 자를 말한다.

4. 고압가스제조자(고압가스 안전관리법 §4)

고압가스를 제조(용기 또는 차량에 고정된 탱크에 충전하는 것을 포함한다)하기 위해 특별자치시장, 특별자치도지사·시장·군수 또는 구청장의 허가를 받은 자를 말한다.

해석사례

■ **가정용 부탄 공급 시 개별소비세 환급신청대상자**(소비세과-217, 2014.10.23.)

– 부탄 수입 또는 제조업자가 「액화석유가스의 안전관리 및 사업법」상 액화석유가스충전사업자를 통하여, 내용적 1리터 미만의 부탄캔을 판매하여 **「액화석유가스의 안전관리 및 사업법」상 액화석유가스판매사업자 허가대상이 아닌 액화석유가스판매 사업자에게 1회용 부탄을 공급**한 경우, 액화석유가스충전사업자는 개별소비세 환급신청 대상이 아니며, 액화석유가스충전사업자에게 가정용 부탄을 공급한 수입 또는 제조업자는 개별소비세 환급신청대상임.

■ **판매사업자로 허가 받지 않은 자에게 가정용 부탄을 판매한 액화석유가스 충전사업자가 개별소비세를 환급받을 수 있는지 여부**(법규과-741, 2013.6.26.)

– 액화석유가스 충전사업자가 「액화석유가스의 안전관리 및 사업법」 제3조 제2항, 제4항 및 같은 법 시행령 제2조 제2항에 따른 **액화석유가스 판매사업의 허가를 받지 않은 자에게 취사난방용 등 「개별소비세법 시행령」 제34조의2 제2항 각 호에 해당하는 용도로 사용되는 석유가스 부탄을 판매**하는 경우, 해당 액화석유가스 충전사업자에게 「개별소비세법」 제20조의2 제1항에 따른 개별소비세를 환급하지 아니하는 것임.

■ **가정용 부탄에 대한 개별소비세 환급주체가 아님에도 환급받은 것에 대하여 가산세를 부과하지 아니할 정당한 사유가 있음**(조심 2013전4985, 2014.11.6.)

– 납세자의 법령의 부지는 가산세를 면할 정당한 사유에 해당하지 아니하나, 액화석유가스법상 내용적 1리터 미만의 용기에 충전된 액화석유가스는 판매사업의 허가

면제 대상이기 때문에 허가 없이 액화석유가스를 판매한 ○○○도 액화석유 가스법상 액화석유가스 판매사업을 영위하는 자로서 액화석유가스 판매사업자에 해당한다고 보아 ○○○에게 부탄캔을 판매한 **청구법인은 「개별소비세법」상 가정용 부탄에 대한 개별소비세 환급주체에 해당한다고 볼 만한 여지가 있었던 점, 과세관청도 쟁점부탄에 대하여 부탄제조업자로부터 개별소비세를 환급받아 오던 청구법인이 직접 개별소비세 환급신청을 하자 이를 받아들여 청구법인에게 개별소비세를 환급한 사실이 있는 점,** 청구법인에게 그 이후로도 30개월산 개별소비세를 환급 하여주다가 ○○○지방국세청장이 청구법인에 대한 법인조사를 하면서 국세청장의 과세자문을 거쳐 청구법인은 쟁점부탄에 대한 개별소비세의 환급주체가 될 수 없다는 판단을 내리고 청구법인에게 환급된 이 건 개별소비세를 추징하면서 신고불성실가산세를 부과하게 된 점, 청구법인이 쟁점부탄에 대한 「개별소비세법」상 환급주체가 아니라도 결과적으로는 청구법인이 부탄제조업자를 통해 개별소비세를 환급받게 되는 구조이므로 **환급주체에 대한 혼동으로 인하여 개별소비세 탈루로 이어지지는 아니한 점** 등에 비추어 청구법인이 쟁점부탄에 대한 개별소비세 환급주체가 아님을 알지 못한 것이 무리가 아니라고 볼 만한 사정이 있어 보인다.
 – 따라서 처분청이 청구법인에게 쟁점부탄에 대한 개별소비세의 환급과 관련하여 신고불성실가산세를 부과하지 아니함이 타당하다고 판단된다.

다. 환급대상 물품

취사난방용 등의 용도로 사용되는 가정용 부탄은 다음과 같다.

용도	예시	과세물품
• 용기내장형 가스난방기용	• 캐비닛 히터	액화석유가스의 안전관리 및 사업법령에 따라 산업통상자원부장관이 고시하는 기준에 적합한 용기내장형 가스난방기용으로 사용되는 것[152]
• 이동식 부탄연소기용	• 부탄 캔	「고압가스 안전관리법」 제5조에 따라 산업통상자원부령으로 정하는 이동식 부탄연소기용으로 사용되는 것
• 접합 또는 납붙임 용기용	• 에어졸 • 방향제 등	「고압가스 안전관리법」 제5조에 따라 산업통상자원부령으로 정하는 접합 또는 납붙임 용기용으로 사용되는 것

• 1회용
  가스라이터용
	• 1회용
	  가스라이터
		「전기용품 및 생활용품 안전관리법」 제2조 제10호 나목에 따라 산업통상자원부령으로 정하는 1회용 가스라이터용으로 사용되는 것

---

152) 「액화석유가스안전관리기준통합고시」(산업통상자원부고시 제2020-6호, 2020. 1. 17.)

해석사례

 **일회용가스라이터의 특별소비세 환급특례 대상 여부**(서면인터넷방문상담3팀 – 2206, 2004.10.29.)

- 액화석유가스충전사업자 등이 2004.1.1. 이후 일회용가스라이터 제조업자에게 판매한 LPG부탄은 특별소비세 환급특례 대상이나
- 액화석유가스충전사업자 등이 2003.12.31.까지 일회용가스라이터 제조업자에게 판매한 LPG부탄은 '가정용 부탄'에 해당하지 않아 특별소비세법 제20조의2【가정용 부탄에 대한 특별소비세 환급특례】규정의 적용대상이 아님.

액화석유가스(LPG) 관련 참고자료

▶ 액화석유가스 사업구분

구분	사업내용	승인권자
액화석유가스 충전사업	저장시설에 저장된 액화석유가스를 용기 또는 자동차에 고정된 탱크에 충전(배관을 통하여 다른 저장탱크에 이송하는 것을 포함)하여 공급하는 사업자	시·도지사 허가
(영업소)	충전사업자는 용기에 의한 액화석유가스를 공급하기 위하여 영업소를 둘 수 있음	시군구청장 허가
액화석유가스 집단공급사업	액화석유가스를 일반의 수요에 따라 배관을 통하여 연료로 공급하는 사업	시군구청장 허가
액화석유가스 판매사업	용기에 충전된 액화석유가스를 판매하거나 자동차에 고정된 탱크(저장능력 10톤 이하인 탱크)에 충전된 액화석유가스를 소형저장탱크(3톤 미만 탱크)에 공급하는 사업	시군구청장 허가
액화석유가스 저장소	일정량 이상의 액화석유가스를 용기 또는 저장탱크에 의하여 저장하는 일정한 장소 1. 내용적 1리터 미만의 용기에 충전하는 액화석유가스의 경우에는 250kg 2. 저장능력 5톤 저장설비	시군구청장 허가
가스용품 제조사업	액화석유가스 또는 도시가스사업법에 의한 연료용 가스를 사용하기 위한 기기를 제조하는 사업	시·도지사 허가

(출처: 한국LPG산업협회)

 **액화석유가스(LPG) 관련 참고자료**

▶ 석유가스(Liquefied Petroleum Gas)

- 원유를 정제하여 생산하는 석유제품 중 Gas상태의 물질(프로판과 부탄)
- 아스팔트, 중유, 경유, 휘발유 등의 석유제품은 모두 액체상태의 물질

▶ 액화석유가스

- 운반·보관에 용이하도록 석유가스인 프로판과 부탄을 높은 압력으로 압축하여 액체상태로 만든 석유가스 (부피가 250분의 1정도로 압축)
- 가정에서 사용하는 20㎏ 들이 LPG용기에는 약 40ℓ 정도의 액화가스가 들어가는데 만약 기체상태로 용기에 담으려면 1만ℓ 짜리 탱크가 필요

▶ 액화석유가스의 성질

- LP가스는 프로판과 부탄으로 구성되어 있으며, 프로판과 부탄은 탄소원자(C)와 수소원자(H)로 구성된 탄화수소 화합물
- 프로판은 탄소원자 3개와 수소 원자 8개로 구성되어 있고, 부탄은 탄소원자, 4개와 수소원자 10개로 구성

구분	프로판	부탄
분자식	C_3H_8	C_4H_{10}
분자량	44.09	58.12
비점	-42.04℃	-0.50℃
기체비중 (공기=1)	1.52	2.01
발열량	12,042kcal/kg 23,673kg/㎥	11,845kcal/kg 30,695kg/㎥
기화특성	액체에서 기체로 바뀌는 온도가 영하 42.04℃이므로 낮은 기온에서 기화시킬 수 있어 겨울철에도 가스용기를 옥외에 두고 사용할 수 있음	액체에서 기체로 바뀌는 온도가 영하 0.5℃이므로 온도가 낮으면 잘 기화되지 않아 주로 실내에서 사용하거나, 별도의 기화장치를 설치하고 사용
주요용도	가정 및 음식점 등의 조리·난방용	캐비닛 히터, 자동차연료, 부탄 캔

(출처: 한국LPG산업협회)

(2) 환급(공제)세액의 계산

가정용 부탄을 판매하는 액화석유가스충전사업자와 제조업자 또는 수입업자의 판매수량에 부탄과 프로판의 세율차이를 곱하여 산출한 세액을 환급(공제)세액으로 한다.

환급(공제)세액을 산출하는 산식은 아래와 같다.

> 개별소비세 환급(공제)세액
> = 가정용 부탄으로 판매한 수량 × 〔제1조 제2항 제4호 바목의 세액 − 같은 호 마목의 세액〕
>   (부탄 세율)   (프로판 세율)
>
>   * 세율은 실효세율로 탄력세율을 적용
>
> 교육세 환급(공제)세액 = 개별소비세 환급(공제) 세액 × 15%

해석사례

■ **가정용 부탄 환급세액 계산 방법**(서면법규과−1363, 2014.12.24.)
 − 가정용 상업용 프로판에 대하여 탄력세율을 적용하는 경우 가정용 부탄 환급세액 계산 시 부탄의 세액에서 차감하는 프로판의 세액은 탄력세율을 적용하는 것임(기획재정부 환경에너지세제과−365, 2014.12.23. 같은 뜻).

(3) 환급절차

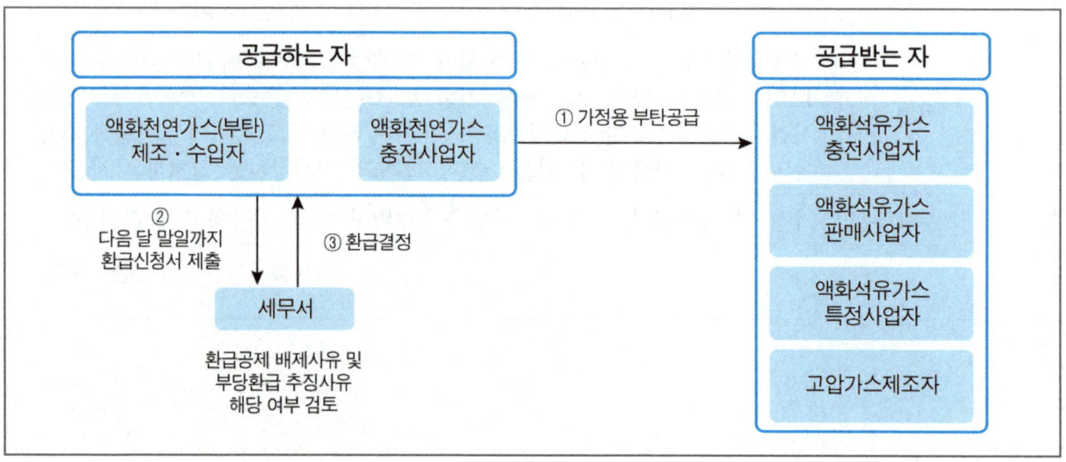

환급 또는 공제를 받으려는 자는 매월 가정용 부탄으로 판매한 수량 및 환급세액 등을 적은 「개별소비세 공제(환급) 신청서」(시행규칙 제26호 서식)를 다음 달 말일까지 해당 사업자의 관할 세무서장 또는 세관장에게 제출하여야 한다(법 §20의2 ③).

「개별소비세 공제(환급) 신청서」에는 가정용 부탄 판매명세서, 세금계산서, 그 밖에 국세청장 또는 관세청장이 정하는 서류를 첨부하여야 한다(영 §34의2 ④).

환급(공제) 신청 제출서류(국세청장이 정하는 서류)
• 개별소비세 과세물품 과세표준 신고서(시행규칙 제6호 서식)
• 개별소비세 공제(환급)신청서(시행규칙 제26호 서식)
• 석유가스 수불관리대장(사무처리규정 별지서식)
• 부탄가스 상품수불상황표(사무처리규정 별지서식)
• 가정용 부탄가스 판매상황기록부(사무처리규정 별지서식)
• 프로판가스 상품수불상황표(부탄가스와 프로판가스 동시 취급사업자에 한함)
• 개별소비세 부과(납부)사실증명서(시행규칙 제27호 서식)
• 부탄 출납상황 및 가정용 부탄판매명세서(시행규칙 제26호 서식 부표)
• 매월분의 매출·매입세금계산서 사본 1부(공급년월일, 품목과 수량, 공급가액, 부가가치세액을 빠짐없이 기재한 것)

(4) 환급(공제) 배제 사유

가. 환급(공제)신청의 거부

관할 세무서장 또는 세관장은 다음의 어느 하나에 해당하는 경우에는 가정용 부탄의 세액 환급(공제)을 배제하거나 환급(공제)한 세액을 징수하여야 한다(사무처리규정 §109 참고).

1. 재화의 공급없이 발행된 세금계산서로 환급신청서를 제출하는 경우

2. 재화의 공급시기가 속하는 과세기간에 대한 확정신고기한 후에 발행된 세금계산서로 환급신청서를 제출하는 경우

3. 동일한 재화의 공급에 대하여 이중으로 발행된 세금계산서로 환급신청서를 제출하는 경우

4. 「부가가치세법」 제32조 제1항 제1호부터 제4호까지의 기재사항의 일부 또는 전부가 누락되거나 사실과 다르게 적힌 세금계산서로 환급신청서를 제출하는 경우. 다만, 기재사항이 착오로 적힌 것으로서 그 밖의 증명서류로 그 거래 사실이 확인되는 경우는

제외한다.

5. 가정용 부탄을 환급대상 이외의 자에게 판매하고 환급신청서를 제출하는 경우
6. 가정용 부탄을 취사난방용 등의 용도 외의 용도로 판매하고 환급신청서를 제출하는 경우
7. 가정용 부탄을 공급받은 사업자가 그 물품을 취사난방용 등의 용도 외의 용도로 사용하는 경우

나. 부정환급(공제)에 대한 징수

1) 과다환급 · 공제

관할 세무서장 또는 세관장은 다음 중 어느 하나에 해당하는 경우 과다환급세액 또는 과다공제금액과 그 금액의 100분의 40(단순착오의 경우 100분의 10)에 해당하는 금액의 가산세를 합친 금액을 개별소비세로 징수하여야 한다.

1. 재화의 공급없이 발행된 세금계산서로 환급신청서를 제출하는 경우
2. 재화의 공급시기가 속하는 과세기간에 대한 확정신고기한 후에 발행된 세금계산서로 환급신청서를 제출하는 경우
3. 동일한 재화의 공급에 대하여 이중으로 발행된 세금계산서로 환급신청서를 제출하는 경우
4. 「부가가치세법」 제32조 제1항 제1호부터 제4호까지의 기재사항의 일부 또는 전부가 누락되거나 사실과 다르게 적힌 세금계산서로 환급신청서를 제출하는 경우. 다만, 기재사항이 착오로 적힌 것으로서 그 밖의 증명서류로 그 거래 사실이 확인되는 경우는 제외한다.
5. 가정용 부탄을 환급대상 이외의 자에게 판매하고 환급신청서를 제출하는 경우
6. 가정용 부탄을 취사난방용 등의 용도 외의 용도로 판매하고 환급신청서를 제출하는 경우

2) 용도 외 사용

가정용 부탄을 공급받은 사업자가 정해진 용도 외로 사용하는 경우 용도 외 사용량에 대한 환급세액과 그 금액의 100분의 40(단순착오는 100분의 10)에 해당하는 금액의 가산세를 합친 금액을 개별소비세로 그 반입자에게 징수하여야 한다.

다. 사업에 관한 허가등의 제한

관할 세무서장은 부정환급(공제)로 세액을 부과받은 자가 ① 최근 2년 이내에 3회 이상 개별소비세액을 추징당하거나, ② 최근 2년 이내에 추징된 세액의 합계액이 200만원 이상인 경우에는 해당 주무관청에 사업의 정지 또는 허가등의 취소를 요구할 수 있다.

다만, 재난, 질병 또는 사업의 현저한 손실, 그 밖에 다음의 어느 하나에 해당하는 경우로서 관할 세무서장이 인정하는 사유가 있는 경우에는 그러하지 아니하다.

1. 공시송달의 방법으로 납부고지된 경우
2. 납세자가 「민사집행법」에 따른 강제집행 및 담보권 실행 등을 위한 경매가 시작되거나 「채무자 회생 및 파산에 관한 법률」에 따른 파산선고를 받은 경우
3. 「어음법」 및 「수표법」에 따른 어음교환소에서 거래정지처분을 받은 경우
4. 납세자가 재난 또는 도난으로 재산에 심한 손실을 입은 경우
5. 납세자가 경영하는 사업에 현저한 손실이 발생하거나 부도 또는 도산의 우려가 있는 경우
6. 납세자 또는 그 동거가족이 질병이나 중상해로 6개월 이상의 치료가 필요한 경우 또는 사망하여 상중(喪中)인 경우
7. 납세자의 재산이 총 재산의 추산(推算)가액이 강제징수비(압류에 관계되는 국세에 우선하는 「국세기본법」 제35조 제1항 제3호에 따른 채권 금액이 있는 경우 이를 포함한다)를 징수하면 남을 여지가 없어 강제징수를 종료할 필요가 있는 경우
8. 위 1.부터 7.까지의 규정에 준하는 사유가 있는 경우
9. 그 밖에 관할 세무서장이 납세자에게 납부가 곤란한 사정이 있다고 인정하는 경우

해당 주무관청은 관할 세무서장의 요구가 있는 경우 정당한 사유가 없으면 요구에 따라야 하며, 그 조치 결과를 즉시 관할 세무서장에게 알려야 한다.

또한 「석유 및 석유대체연료사업법」 등에서 금지하고 있는 부탄가스와 프로판가스를 불법적으로 혼합하여 판매한 혐의가 발견되었을 경우에도 관계기관에 관허사업의 제한요구 등 필요한 조치를 취하여야 한다.

해석사례

■ LPG 가스등의 제조·판매업자의 특별소비세 신고·환급 등 처리에 대한 당부

(소비 46430-200, 2002.5.31.)

- 제조장 이외의 장소에서 판매의 목적으로 프로판가스와 부탄가스를 혼합판매하는 경우 특별소비세 제3조 제2호 및 같은 법 제5조 제4호의 규정에 의하여 제조의제한 장소의 관할 세무서장에게 특별소비세를 신고·납부하여야 하는 것이나,
- 액화석유가스충전사업자의 관리와 책임하에 일정한 장소없이 사업자 등록이 불가능한 곳(임시 사업장 및 하치장 제외)에서 탱크로리에 직접 혼합하는 등 제조의제 행위가 이루어졌다면, 그 제조의제된 과세물품을 반출하는 사업장(매출세금계산서 발행 사업장) 관할 세무서장에게 특별소비세를 신고·납부하는 것임.
- 특별소비세법 제20조의2 및 같은 법 시행령 제34조의2【가정용 부탄에 대한 특별소비세 환급특례】에 의한 액화석유가스충전사업자의 환급신청은 환급 대상인 가정용 부탄가스를 판매한 사업장 관할 세무서장에게 하는 것입니다.

■ 1회용 부탄가스 수입 시 특별소비세 환급절차(서면인터넷방문상담3팀-883, 2004.5.6.)

- 1회용 부탄가스 제품은 특별소비세법 제1조【과세대상과 세율】제2항 제4호 바목 및 제4조【과세시기】에 의하여 특별소비세가 부과되고 있으며
- 특별소비세법 제20조의2【가정용 부탄에 대한 특별소비세법 환급특례】및 동법 시행령 제34조의2【가정용 부탄에 대한 특별소비세 환급특례】에 의하여 1회용 부탄가스 제품 수입업자가 환급 또는 공제 받기 위하여는 매월 판매한 1회용 부탄가스 제품 수량 및 환급세액 등을 기재한 신청서와 특별소비세법 시행령 제34조의2 제3항의 규정에 의한 서류를 다음 달 말일까지 세관장에게 제출하여야 함.

■ 주사업장총괄납부를 승인받은 사업자의 가정용 부탄 환급(공제)신청 시 제출서류

(서면인터넷방문상담3팀-2887, 2006.11.22.)

- 특별소비세법 제20조의2 및 같은 법 시행령 제34조의 규정에 의거 환급 또는 공제신청을 하고자 하는 자는 재정경제부령이 정하는 신청서에 가정용 부탄 판매명세서, 세금계산서 그밖에 국세청장 또는 관세청장이 정하는 서류를 첨부하여 관할 세무서장 또는 세관장에게 신청하여야 하는 것임.
- 참고로 본사와 지사 등의 2 이상의 사업장이 있는 사업자가 본사에서 구입한 상품을 판매 목적으로 지사사업장으로 반출한 후 지사에서 동 재화를 보관하다가 거래처에 인도함에 있어 총괄납부사업자인 경우에는 본사에서 지사로 세금계산서 대신 거래명세서를 교부하는 것임.

| 가정용 부탄 환급신청 관련 주요서식 작성 요령(제조자) |

■ 개별소비세법 시행규칙 [별지 제6호서식] <개정 2021. 10. 28.>   홈택스(www.hometax.go.kr)에서도 신청할 수 있습니다.

과세물품 과세표준 신고서
20×2년 ll분기(월)실적

[√]정기 [ ]수정 [ ]기한후

※ 뒤쪽의 작성방법을 읽고 작성하여 주시기 바라며, [ ]에는 해당되는 곳에 √표를 합니다.   (앞쪽)

| 관리번호 | | 처리기간 | 즉시 |

❶사업자	상호(법인명)	㈜○○정유	사업자등록번호	101-22-34567
	성명(대표자)	김 대 표	주민(외국인)등록번호	111111-1111111
	주소(사업장)	개별시 가정구 부탄동 11-1	전화번호	02-111-1111

❷ 신 고 내 용

구 분			금 액·수량	세 율	세 액
❸개별소비세	과세표준 및 산출세액	(1) 과세반출	20	275 / 220	4,950
		(2) 면세반출			
		(3) 미납세반출			
		합 계	20		㉮ 4,950
	면세 및 미납세액	(4) 면세세액			㉯
		(5) 미납세세액			㉰
	납부(환급)세액(산출세액㉮ - 면세㉯ - 미납세 세액㉰)				㉱ 4,950
	공제(환급)될 잔여세액				㉲ 4,670
	(6)(신고불성실) 가산세	무신고(일반)			
		무신고(부당)			
		과소·초과환급신고(일반)			
		과소·초과환급신고(부당)			
	(7) 납부지연가산세				
	가 산 세 합 계				㉳
	총 납 부(환 급) 세 액(㉱ - ㉲ + ㉳)				280
교육세	(8) 과세표준 및 산출세액				280
	(9) 납부지연가산세				
	납 부(환 급) 할 세 액				42
농어촌특별세	(10) 과세표준 및 산출세액				
	(11) 납부지연가산세				
	납 부(환 급) 할 세 액				
폐업신고		폐업일자		폐업사유	

「개별소비세법」 제9조제1항, 「교육세법」 제9조제2항, 「농어촌특별세법」 제7조제4항 및 「국세기본법」 제45조 또는 제45조의3에 따라 위와 같이 신고합니다.

20×2 년 12 월 31 일

신청인   ㈜○○정유 (서명 또는 인)

특별 세 무 서 장 귀하

■ 개별소비세법 시행규칙 [별지 제26호서식] <개정 2021. 3. 16.>

홈택스(www.hometax.go.kr)에서도 신청할 수 있습니다.

개별소비세 [√] 공제 [ ] 환급 신청서

※ 뒤쪽의 작성방법을 읽고 작성하여 주시기 바라며, [ ]에는 해당되는 곳에 √표를 합니다.

(앞쪽)

접수번호		접수일	환급일	처리기간 30일

❶ 사업자	성 명(대표자)	㈜○○정유	사업자등록번호	101-22-34567
	상 호(법 인 명)	김대표	① 주민(외국인)등록번호	111111-1111111
	주소(본점소재지)	서울시 종로구 특별동 22-2	전화번호	02-111-1111
	제조(판매)장 소재지	개별시 가정구 부탄동 11-1		

❷ 신 청 내 용

② 종류호별	③ 품명	④ 수량	⑤ 규격	⑥ 단가	⑦ 가격	⑧ 과세표준	⑨ 세율	⑩ 세액	비고
제6호 바목	가정용부탄	10		500	5,000	10	261	2,610	
제6호 바목	가정용부탄	10		500	5,000	10	206	2,060	세율인하분

⑪ 공제(환급)할 세목 · 세액 및 납기	개별소비세 / 4,670원 / 20×2년 12월 31일
⑫ 공제(환급)사유	개별소비세법 제20조의2
⑬ 공제(환급)사유코드	17000 가정용 부탄 등에 대한 특례
⑭ 공제(환급)사유 발생 연월일	20×2년 11월 1일 ~ 20×2년 11월 30일

환급(공제) 물품의 반출자	⑮ 성명(대표자)	김대표	⑯ 사업자등록번호	101-22-34567
	⑰ 상호(법인명)	㈜○○정유		
	⑱ 주소(본점 소재지)	서울시 종로구 특별동 22-2		
	⑲ 반출장소	개별시 가정구 부탄동 11-1		
그 밖의 참고 사항				

「개별소비세법」 제20조 및 같은 법 시행령 제34조, 「개별소비세법」 제20조의2 및 같은 법 시행령 제34조의2에 따라 위와 같이 신청하니, 위 금액을 [√]공제, [ ]환급하여 주시기 바랍니다.

20×2 년 12 월 31 일

신청인 ㈜○○정유 (서명 또는 인)

가정 세무서장 귀하

제출서류	1. 부과(납부)사실 증명서 2. 해당 용도 제공사실 증명서(「개별소비세법 시행령」 제34조제3항) 3. 원료소요량 증명서(수출 또는 납품하는 물품만 해당합니다) 4. 개별소비세 공제(환급) · 감면 신청 명세서(공제(환급)사유가 2개 이상인 경우만 해당합니다) 5. 부탄 출납상황 관련 서류 및 가정용부탄 판매명세서 　(가정용부탄에 대한 환급의 경우만 해당합니다)	수수료 없음

210mm × 297mm[백상지 80g/㎡ 또는 중질지 80g/㎡]

■ 개별소비세법 시행규칙 [별지 제6호서식 부표 1] <개정 2020. 3. 13.>

(3쪽 중 제1쪽)

과세물품 총판매(반출) 명세서

관리번호	–	사업자등록번호 (납세번호)	101-22-34567
과세기간	20×2년 11분기(월)실적	상 호 (법인명)	㈜○○정유

① 반출 구분	② 구분 코드	③ 반출 연월	④ 과세 물품명	⑤ 규격	⑥ 차대번호	⑦ 수량	⑧ 반출가격	⑨ 과세표준	⑩ 세율	⑪ 산출 세액	⑫ 연세· 미납 세액	⑬ 공제· 감면 세액	⑭ 납부 세액	⑮ 교육세	⑯ 농어촌 특별세	⑰ 반입처 인적사항 (납세번호)	⑱ 반출승인 반입증명 번호
01	2000001	20×2.11.1.	부탄			10	5,000	10	275	2,750		2,610	140	21		333-81-33333	
01	2000001	20×2.11.2	부탄			10	5,000	10	220	2,200		2,060	140	21		444-81-44444	

297mm×210mm[백상지 80g/㎡ 또는 중질지 80g/㎡]

[별지 제6호서식 부표3] <개정 2021. 10. 28.>

제품 출납 상황표

		제조장 소재지	개별시 가정구 부탄동 11-1
		상 호 (법인명)	㈜○○정유

품 명	규 격	단 위	수 입 량			반 출 량												합계	남은 양
			이월량	제조량	계	과 세			미 납 세 · 면 세										
						판매	자가 소비	계	자가 소비	미납세	수출 면세	외국 군납 면세	외교관 면세	외국인전 용판매장 면세	조건부 면세	무조건 면세	그 밖의 면세	계	
부탄		kg	–	20	20	20	–	20										–	–

(남은 양: 0)

297mm×210mm(신문용지 64g/㎡(재활용품))

■ 개별소비세법 시행규칙 [별지 제26호서식 부표 1] <개정 2021. 3. 16.>

개별소비세 공제(환급)·감면 신청 명세서

※ 2, 3쪽의 작성 방법을 참고하시기 바라며, 색상이 어두운 칸은 신청인이 적지 않습니다.

(3쪽 중 1쪽)

관리번호		처리기간	30일
❶ 사업자	상 호(법인명) ㈜○○정유	사업자등록번호(납세번호)	101-22-34567

❷ 신청내용

개별소비세 공제(환급) 감면세액 산출내역

① 공제(환급) 감면 코드	② 품명	③ 규격	④ 수량	⑤ 단가(원)	⑥ 과세표준	⑦ 세율	⑧ 공제(환급) 감면 세액	⑨ 공제(환급) 감면 교육세	⑩ 공제(환급) 감면 농어촌 특별세	⑪ 거래처 인적사항 (납세번호)	⑫ 공제(환급) 감면 사유발 생연월일	⑬ 공제(환급) 감면 사유
170000	가정용부탄		10	500	10	261	2,610	391		333-81-33333	20×2.11.1.	가정용부탄
170000	가정용부탄		10	500	10	206	2,060	309		444-81-44444	20×2.11.2.	가정용부탄

210mm×297mm[백상지 80g/㎡ 또는 중질지 80g/㎡]

| 가정용 부탄 환급신청 관련 주요서식 작성 요령(액화석유가스 충전사업자) |

■ 개별소비세법 시행규칙 [별지 제8호서식] <개정 2021. 10. 28.>

홈택스(www.hometax.go.kr)에서도 신청할 수 있습니다.

과세물품 과세표준 신고서
20×2년 II분기(월)실적

[√]정기
[ ]수정
[ ]기한후

※ 뒤쪽의 작성방법을 읽고 작성하여 주시기 바라며, [ ]에는 해당되는 곳에 √표를 합니다.　(앞쪽)

| 관리번호 | | | 처리기간 | 즉시 |

❶ 사업자

상호(법인명)	㈜○○LPG충전	사업자등록번호	102-33-56789
성명(대표자)	이 상 무	주민(외국인)등록번호	222222-2222222
주소(사업장)	특별시 소비구 세금동 33-1	전화번호	02-222-2222

❷ 신 고 내 용

구 분			금 액·수량	세 율	세 액
개별소비세	과세표준 및 산출세액	(1) 과세반출	20	14	280
		(2) 면세반출			
		(3) 미납세반출			
		합 계	20		㉮ 280
	면세 및 미납세액	(4) 면세세액			㉯
		(5) 미납세세액			㉰
	납부(환급)세액(산출세액㉮ - 면세㉯ - 미납세 세액㉰)				㉱ 280
	공제(환급) 및 감면세액				㉲ 4,950
	(6)신고불성실 가산세	무신고(일반)			
		무신고(부당)			
		과소·초과환급신고(일반)			
		과소·초과환급신고(부당)			
	(7) 납부지연가산세				
	가 산 세 합 계				㉳
	총 납 부(환 급) 세 액(㉱ - ㉲ + ㉳)				△4,670
교육세	(8)과 세 표 준 및 산 출 세 액				△4,670
	(9)납부지연가산세				
	납 부(환 급)할 세 액				△700
농어촌특별세	(10)과 세 표 준 및 산 출 세 액				
	(11)납부지연가산세				
	납 부(환 급)할 세 액				
폐업신고		폐업일자		폐업사유	

「개별소비세법」 제9조제1항, 「교육세법」 제9조제2항, 「농어촌특별세법」 제7조제4항 및 「국세기본법」 제45조 또는 제45조의3에 따라 위와 같이 신고합니다.

20×2 년 12 월 31 일

신청인　㈜○○LPG충전 (서명 또는 인)

소비 세 무 서 장 귀하

■ 개별소비세법 시행규칙 [별지 제26호서식] <개정 2021. 3. 16.>　　　홈택스(www.hometax.go.kr)에서도 신청할 수 있습니다.

개별소비세 [ ] 공제 [√] 환급 신청서

※ 뒤쪽의 작성방법을 읽고 작성하여 주시기 바라며, [ ]에는 해당되는 곳에 √표를 합니다.　　　(앞쪽)

접수번호	접수일	환급일	처리기간 30일

❶사업자	성 명(대표자)	㈜○○LPG충전	사업자등록번호	102-33-56789
	상 호(법 인 명)	이 상 무	①주민(외국인)등록번호	222222-2222222
	주소(본점소재지)	서울시 종로구 개별동 33-3	전화번호	02-222-2222
	제조(판매)장 소재지	특별시 소비구 세금동 33-1		

❷ 신 청 내 용

② 종류호별	③ 품명	④ 수량	⑤ 규격	⑥ 단가	⑦ 가격	⑧ 과세표준	⑨ 세율	⑩ 세액	비고
제6호 바목	부탄	10		500	5,000	10	275	2,750	
제6호 바목	부탄	10		500	5,000	10	220	2,200	세율인하분

⑪ 공제(환급)할 세목·세액 및 납기	개별소비세 / 4,950원 / 20×2년 12월 31일
⑫ 공제(환급)사유	개별소비세법 제20조의2
⑬ 공제(환급)사유코드	17000 가정용 부탄 등에 대한 특례
⑭ 공제(환급)사유 발생 연월일	20×2년 11월 1일 ~ 20×2년 11월 30일

환급(공제) 물품의 반출자	⑮ 성명(대표자)	김 대 표	⑯ 사업자등록번호	101-22-34567
	⑰ 상호(법인명)	㈜○○정유		
	⑱ 주소(본점 소재지)	서울시 종로구 특별동 22-2		
	⑲ 반출 장소	개별시 가정구 부탄동 11-1		

그 밖의 참고 사항	

「개별소비세법」 제20조 및 같은 법 시행령 제34조, 「개별소비세법」제20조의2 및 같은 법 시행령 제34조의2에 따라 위와 같이 신청하니, 위 금액을 [ ]공제, [√]환급하여 주시기 바랍니다.

20×2 년 12 월 31 일

신청인　　　　　　　㈜○○LPG충전 (서명 또는 인)

가 정 세 무 서 장 귀하

제출서류	1. 부과(납부) 사실증명서 2. 해당 용도 제공사실 증명서(「개별소비세법 시행령」 제34조제3항) 3. 원료소모량 증명서(수출 또는 납품하는 물품만 해당합니다) 4. 개별소비세 공제(환급)·감면 신청 명세서(공제(환급) 사유가 2개 이상인 경우만 해당합니다) 5. 부탄 출납상황 관리 서류 및 가정용부탄 판매명세서 　(가정용부탄에 대한 환급의 경우만 해당합니다)	수수료 없 음

210mm×297mm[백상지 80g/㎡ 또는 중질지 80g/㎡]

■ 개별소비세법 시행규칙 [별지 제6호서식 부표 1] <개정 2020. 3. 13.>

(3쪽 중 제1쪽)

과세물품 총판매(반출) 명세서

관리번호	-	사업자등록번호(납세번호)	102-33-56789
과세기간	20×2년 11분기(월)실적	상 호(법인명)	(주)○○LPG충전

① 반출구분	② 구분코드	③ 반출연월	④ 과세물품명	⑤ 규격	⑥ 차대번호	⑦ 수량	⑧ 반출가격	⑨ 과세표준	개별소비세 ⑩ 세율	⑪ 산출세액	⑮ 면세·미납세액	⑬ 공제·감면세액	⑭ 납부세액	⑮ 교육세	⑯ 농어촌특별세	⑰ 반입처 인적사항(납세번호)	⑱ 반출승인 반입증명 번호
01	2000001	20×2.11.1.	가정용 부탄			10	5,000	10	14	140		2,750	△2,610	△391			333-81-33333	
01	2000001	20×2.11.12	가정용 부탄			10	5,000	10	14	140		2,200	△2,060	△309			444-81-44444	

297mm×210mm[백상지 80g/㎡ 또는 중질지 80g/㎡]

■ 개별소비세법 시행규칙 [별지 제26호서식 부표 1] <개정 2021. 3. 16.>

개별소비세 공제(환급)·감면 신청 명세서

※ 2,3쪽의 작성 방법을 참고하시기 바라며, 색상이 어두운 칸은 신청인이 적지 않습니다.

(3쪽 중 1쪽)

관리번호				처리기간	30일
❶ 사업자	상 호(법인명)	(주)○○LPG충전		사업자등록번호(납세번호)	102-33-56789

❷ 신 청 내 용

개별소비세 공제(환급) 감면세액 산출내역

① 공제(환급) 감면 코드	② 품명	③ 규격	④ 수량	⑤ 단가(원)	⑥ 과세표준	⑦ 세율	⑧ 공제(환급) 감면 세액	⑨ 공제(환급) 감면 교육세	⑩ 공제(환급) 감면 농어촌 특별세	⑪ 거래처 인적사항(납세번호)	⑫ 공제(환급) 감면 사유발 생연월일	⑬ 공제(환급) 감면 사유
170000	가정용부탄		10	500	10	275	2,750	412		333-81-33333	20×2.11.1.	가정용부탄
170000	가정용부탄		10	500	10	220	2,200	330		444-81-44444	20×2.11.12	가정용부탄

210mm×297mm[백상지 80g/㎡ 또는 중질지 80g/㎡]

10 : 담배의 세액공제 및 환급 특례

2014년 12월 23일 세법개정으로 흡연율을 낮추기 위하여 담배에 대해 그 구분 및 종류에 따라 일정 금액의 개별소비세를 부과하도록 하면서, 담배소비세와의 과세 적용의 형평을 위하여 개별소비세의 미납세반출, 면제와 세액의 공제·환급의 사유에 관하여는 「지방세법」의 관련 규정을 준용하도록 하였다.

이후 2016년 12월 20일 세법개정에서는 담배의 세액을 공제하거나 환급하는 사유에 개별소비세가 면제되는 담배와 그 담배의 원재료로 사용되는 담배를 추가하면서 「지방세법」에 규정하던 세액의 공제·환급사유를 「개별소비세법」에 직접 열거하였다.

(1) 담배의 세액공제 및 환급사유

개별소비세가 납부되었거나 납부될 담배의 세액공제 및 환급사유는 「개별소비세법」 세액의 공제와 환급사유(법 §20 ①, ②)에도 불구하고 다음과 같다.

1. 제조장 또는 보세구역에서 반출된 담배가 천재지변이나 그 밖의 부득이한 사유로 멸실되거나 훼손된 경우
2. 제조장 또는 보세구역에서 반출된 담배가 포장 또는 품질의 불량, 판매부진, 그 밖의 부득이한 사유로 제조장 또는 「지방세법」 제47조 제6호에 따른 수입판매업자의 담배 보관 장소로 반입된 경우
3. 이미 신고·납부한 세액이 초과 납부된 경우
4. 개별소비세가 면제되는 담배와 그 담배의 원재료로 사용되는 담배

(2) 세액공제 및 환급 절차

담배의 개별소비세 세액공제 및 환급 절차와 추징 등은 「개별소비세법」의 규정(법 §20 ① 및 ② 각 호 외의 부분, 같은 조 ③ ~ ⑦)에 따른다.

11 과세표준 신고와 납부 (법 §9, §10)

개별소비세는 납세의무자가 과세표준과 세액을 정부에 신고했을 때에 확정된다. 다만, 납세의무자가 과세표준과 세액의 신고를 하지 아니하거나 신고한 과세표준과 세액이 세법에서 정하는 바와 맞지 아니한 경우에는 정부가 과세표준과 세액을 결정하거나 경정하는 때에 그 결정 또는 경정에 따라 확정된다(국세기본법 §22).

과세물품을 제조하여 반출하거나 수입하는 자, 과세장소·과세유흥장소·과세영업장소의 경영자는 각각의 신고기한까지 개별소비세 과세표준 신고서를 제출하고 납부하여야 한다.

| 과세표준 신고기한 |

과세대상 구분		납세의무 성립시기
과세물품	과세물품	반출한 분기의 다음 달 25일
	담배·에너지물품	반출한 달의 다음 달 말일
	보세구역 반출 물품	수입신고 기한
과세장소		입장한 분기의 다음 달 25일
과세유흥장소		유흥음식행위를 한 달의 다음 달 25일
과세영업장소		영업행위를 한 해의 다음 해 3월 31일

다만, 다음의 어느 하나에 해당하는 경우에는 그 사유가 발생한 날이 속하는 달의 다음 달 25일까지 해당 사유를 명확하게 적어 과세표준 신고서를 제출하고 신고서 제출기한까지 납부하여야 한다(법 §9 ⑦, 영 §15 ⑤, 법 §10 ②).

① 과세물품이 제조장에 있다가 공매·경매 또는 파산절차로 환가되는 경우(법 §6 ① 2.)
② 과세물품을 제조하여 반출하는 자가 과세물품의 제조를 사실상 폐지한 경우로서 제조장에 남아있는 물품에 대하여 반출의제 적용유예 승인을 받지 아니한 경우(법 §6 ① 3.)
③ 제조자 및 과세장소·과세유흥장소·과세영업장소의 경영자가 제조장·과세장소·과세유흥장소 및 과세영업장소의 영업을 폐업한 경우[153]

---

153) 「개정세법 해설」(국세청, 2012년) 폐업 신고, 공제·환급신청기한 조정 및 폐업 신고 사유 추가
　　가. 개정취지
　　　○ 폐업 등 신고(사유발생일부터 25일 이내)를 과세표준 신고기한(신고하는 달 25일까지)과 혼동하여 신고기한을 경과하는 사례 방지
　　　* 부가가치세의 경우 폐업 신고 기준일을 폐업일로부터 25일 이내에서 폐업일 다음 달 25일까지로

(1) 납세의무자별 신고 · 납부

가. 과세물품의 제조 · 반출자

① 과세물품을 제조하여 반출하는 자(수탁가공하여 반출하는 자를 포함, 에너지물품 및 담배를 제외)와 ② 「개별소비세법」 제6조 제1항 제1호에 따라 반출로 보는 경우로서 과세물품을 제조장 안에서 사용 · 소비하는 자는 반출한 날이 속하는 매 분기 제조장에서 반출한 물품의 물품별 수량, 가격, 과세표준, 산출세액, 미납세액, 면제세액, 공제세액, 환급세액, 납부세액 등을 적은 신고서를 반출한 날이 속하는 분기의 다음 달 25일까지 제조장 관할 세무서장에게 신고하고 매 분기분의 개별소비세를 신고서 제출기한까지 납부하여야 한다.[154]

기 변경(부가가치세법 §19)
(예) 4월 10일에 폐업한 경우 5월 5일이 아닌 5월 25일까지 신고
－종전 규정에 폐업 등 신고 사유로 제조 · 판매자가 사업장을 폐업하는 경우가 있어 이를 폐업 등 신고사유에 추가
○ 공제 · 환급신청기한을 '사유발생일'부터 6개월 이내에서 '사유발생일 말일'부터 6개월 이내로 변경하여 납세편의 제고
(예) 4월 10일에 환급사유(제조장 환입 등)가 발생한 경우 10월 10일이 아닌 10월 말일까지 신고
○ 취사난방용 천연가스에 대한 개별소비세 환급의 경우 일반적인 유류 물품 신고기한과 동일하게 신고하는 달의 말일(2개월 후)까지로 변경하여 납세편의 제고

나. 개정내용

종 전	개 정
□ 폐업 등 신고기한 : 신고사유 발생일로부터 25일 이내 ○ 신고사유 : ① 과세물품이 경매 · 공매로 환가 되거나 사실상 제조를 폐지한 경우, ② 과세 장소 · 과세유흥장소 등을 폐업하는 경우	□ 폐업 등 신고기한 : 신고사유 발생일이 속한 달의 다음 달 25일까지 ○ 신고사유 추가 : ③ 과세물품 제조 · 판매자가 사업장을 폐업한 경우
□ 제조장 환입 등에 따른 공제 · 환급 신청기한 : 신청 사유 발생일로부터 6개월 이내	□ 공제 · 환급 신청기한 조정 : 신청사유 발생일로 부터 6개월이 지난 날이 속하는 달의 말일까지
□ 가정용 부탄 및 취사난방용 천연가스 개별소비세 환급 신청기한 ○ 가정용 부탄 : 다음 달 말일까지 ○ 취사난방용 천연가스 : 해당 월 말일부터 45일 이내	□ 가정용 부탄 및 취사난방용 천연가스 개별소비세 환급 신청기한 ○ (좌 동) ○ 취사난방용 천연가스 : 해당 일부터 2개월이 지난날이 속하는 달의 말일까지

다. 적용시기 및 적용례
○ 2012.1.1. 이후 최초로 신고 · 신청사유 발생분부터 적용

154) 「개별소비세법」 [시행 2009. 1. 1.] [법률 제9259호] 일부개정; 개별소비세는 부가가치세와 신고 · 납부시기가 다르고, 월별로 신고 · 납부하도록 되어 있어 납세협력비용이 증가함에 따라 납세편의를 도모하기 위해 유류 및 카지노 영업행위에 대한 개별소비세를 제외하고는 매 분기분 개별소비세를 매 분기의 다음 달 25일까지 신고 · 납부하도록 하고, 과세장소 등에서의 영업을 폐지한 경우 영업을 폐지한 날부터 10일 내에 신고 · 납부하도록 하던 것을 영업을 폐지한 날부터 25일 내(현재 폐지한 달의 다음 달 25일까지)에 신고 · 납부하도록

과세표준을 신고해야 할 자는 「과세물품 과세표준 신고서」(시행규칙 제6호 서식)에 「과세물품 총반출 명세서」, 「제품 출납 상황표」 및 「개별소비세 공제(환급)신청서」를 첨부하여 관할 세무서장에게 제출해야 한다.

나. 에너지물품 및 담배의 제조 · 반출자

① 석유류 등 에너지물품(법 §1 ② 4.), 담배(법 §1 ② 6.)를 제조장에서 반출하는 자(수탁가공하여 반출하는 자를 포함)와, ② 「개별소비세법」 제6조 제1항 제1호에 따라 반출로 보는 경우로서 과세물품을 제조장 안에서 사용 · 소비하는 자는 반출한 날이 속하는 매월 제조장에서 반출한 물품의 물품별 수량, 가격, 과세표준, 산출세액, 미납세액, 면제세액, 공제세액, 환급세액, 납부세액 등을 적은 신고서를 반출한 날이 속하는 달의 다음 달 말일까지 제조장 관할 세무서장에게 신고하고 매 월분의 개별소비세를 신고서 제출기한까지 납부하여야 한다.

과세표준을 신고해야 할 자는 「과세물품 과세표준 신고서」(시행규칙 제6호 서식)에 「과세물품 총반출 명세서」(면세 석유류 구입추천서 포함), 「제품 출납 상황표」 및 「개별소비세 공제(환급)신청서」를 첨부하여 관할 세무서장에게 제출해야 한다.

다. 과세물품의 수입자

① 과세물품을 보세구역에서 반출하는 자가 보세구역 관할 세관장에게 수입신고를 한 경우에는 개별소비세 과세표준 신고를 한 것으로 본다. ② 보세구역에서 과세물품을 수입하는 경우 외에 관세를 납부할 의무가 있는 자에 관하여는 「관세법」을 준용한다.

과세물품의 수입자의 개별소비세 납부에 관하여는 「관세법」에 따른다(법 §10 ③). 과세물품을 「관세법」에 따라 수입신고 수리 전에 보세구역에서 반출하려는 자는 「관세법」으로 정하는 바에 따라 해당 개별소비세액에 상당하는 담보를 제공하여야 한다(법 §10 ④).

라. 과세장소 경영자

과세장소의 경영자는 매 분기 과세장소의 종류별 · 세율별로 입장 인원과 입장 수입을 적은 「과세장소 과세표준 신고서」(시행규칙 제7호 서식)를 과세장소에 입장한 날이 속하는 분기의 다음 달 25일까지 관할 세무서장에게 제출하고 매 분기분의 개별소비세를 신고서 제출기한까지 납부하여야 한다.

그 시기를 연장하였다. (유류세를 제외한 개별소비세 신고 · 납부를 월별 신고에서 분기별 신고로 개정하여 횟수를 축소, 2009. 1. 1. 이후 과세원인 발생 분부터 적용)

마. 과세유흥장소 경영자

과세유흥장소의 경영자는 매월 과세유흥장소의 종류별로 인원, 유흥음식 요금, 산출세액, 면제세액, 공제세액, 납부세액 등을 적은 「과세유흥장소 과세표준 신고서」(시행규칙 제7호의2 서식)를 유흥음식행위를 한 날이 속하는 달의 다음 달 25일까지 관할 세무서장에게 제출하고 매 월분의 개별소비세를 신고서 제출기한까지 납부하여야 한다.[155]

과세유흥장소의 경영자에 대하여 관할 세무서장은 납세 보전(保全)을 위하여 필요하다고 인정하면 대통령령으로 정하는 바에 따라 해당 개별소비세액에 상당하는 담보의 제공을 요구할 수 있다(법 §10 ⑤).

바. 과세영업장소 경영자

과세영업장소의 경영자는 매년 과세영업장소의 고객으로부터 받은 총금액, 고객에게 지급한

---

155) 「개별소비세법」[시행 2011. 1. 1.] [법률 제10404호] 일부개정: 개별소비세의 분기별 신고·납부에 따른 일시적인 자금부담을 해소하기 위하여 과세유흥장소의 개별소비세 신고·납부기한을 분기별에서 월별로 변경하였다. (2011. 1. 1. 이후 유흥음식행위를 하는 분부터 적용)

□ 「개정세법 해설」(국세청, 2011년) 유흥주점 개별소비세 신고기한 합리화
   가. 개정취지
      ○ 개별소비세의 분기별 신고·납부에 따른 일시적인 자금부담을 해소하기 위하여 과세유흥장소의 개별소비세를 월별 신고·납부로 전환
   나. 개정내용

종 전	개 정
□ 개별소비세 신고·납부기한 　○ 과세물품 : 매 분기 다음 달 25일 　○ 과세장소(경마장 등) : 매 분기 다음 달 25일 　○ 과세유흥장소 : 매 분기 다음 달 25일	(현행 유지) ○ 과세유흥장소 : 다음 달 25일

   다. 적용시기 및 적용례 : 2011.1.1. 이후 유흥음식행위를 하는 분부터 적용

□ 「개정세법 해설」(국세청, 2009년) 개별소비세 신고·납부 횟수 축소
   가. 개정취지
      ○ 납세편의 도모
   나. 개정내용

종 전	개 정
○ 개별소비세 과세표준 신고·납부기한 및 횟수 　- 월별 신고·납부(익월 말일) 　- 폐업시: 폐업일로부터 10일 내에 과세표준 신고서 제출	○ 신고·납부 횟수 축소 　- 분기별 신고·납부(유류세 제외) 　- 4.25., 7.25., 10.25. 익년 1.25. 　　*부가가치세 신고기한과 동일 　- 폐업일로부터 25일 이내* 　　*폐업시 부가가치세 확정신고기한과 동일

   다. 적용시기 및 적용례 : 2009.1.1. 이후 과세원인 발생 분부터 적용

총금액, 총매출액, 총세액 등을 적은 「과세영업장소 과세표준 신고서」(시행규칙 제7호의3 서식)와 공인회계사의 감사보고서가 첨부된 전년도 재무제표를 영업행위를 한 날이 속하는 해의 다음 해 3월 31일까지 제출하고 매 연도분의 개별소비세를 신고서 제출기한까지 납부하여야 한다.

과세영업장소의 경영자에 대하여 관할 세무서장은 납세 보전(保全)을 위하여 필요하다고 인정하면 대통령령으로 정하는 바에 따라 해당 개별소비세액에 상당하는 담보의 제공을 요구할 수 있다(법 §10 ⑤).

해석사례 ●

■ **제조장 내 소비물품의 과세표준 신고**(재간세 12653 – 1986, 1980.7.1.)
 – **특별소비세 과세표준** 신고서는 동법 제9조 제1항의 규정에 의하여 익월 말일까지 제출하여야 하는 것이므로 이에 따른 **원가계산도 제조월별로 하여야 함.**
  * (편주) 법령해석 당시에는 과세물품의 과세표준을 매월 다음 달 말일까지 신고하였음.

■ **반입사실이 확인되지 아니한 담배의 신고 · 납부**(재환경에너지 – 154, 2015.5.18.)
 – 제조업자의 담배가 최종 소매점에 반출되어 다음 달 말일까지 해당 월에 판매된 담배의 반입증명을 제출하지 아니하는 경우 및 해당 월에 판매되지 아니한 재고 담배에 대하여는 개별소비세를 신고 · 납부하는 것임.
 – 다만, 판매부진 등으로 해당 제조업자에게 반입된 경우에는 지방세법 제63조 제1항을 준용하여 개별소비세를 환급하는 것임.

■ **반출가격의 미확정 반출시 과세표준신고**(소비 46430 – 1830, 1994.9.8.)
 – 과세물품을 제조장에서 반출할 때 반출가격이 확정되지 아니하여 예정가격으로 신고 납부를 한 경우에 추후 확정가격이 예정가격보다 높게 결정된 때에는 국세기본법상의 수정신고기한과 관계없이 확정가격이 결정된 날의 다음 달 말일까지 추가신고 납부하여야 하며, 확정가격이 예정가격보다 낮게 결정된 때에는 같은 법상의 수정신고기한 내에 신고를 하여야 환급받을 수 있음.

■ **수출물품의 과세(면세)표준 신고일**(재소비 22601 – 763, 1990.8.3.)
 – 수출물품에 대한 특별소비세 과세표준신고는 특별소비세법 제4조와 동법 제9조 제1항의 규정에 의하여 당해 수출물품을 제조장에서 반출한 날이 속하는 달의 다음 달 말일까지 제조장 소관 세무서장에게 하는 것임.
  * 2008.12.26. 세법개정으로 유류 및 카지노 영업행위에 대한 개별소비세를 제외하고는 매 분기분 개별소비세를 매 분기의 다음 달 25일까지 신고 · 납부하도록 하였다.

(2) 총괄납부(법 §10의2, 영 §16의3)

과세물품을 제조하여 반출하는 자로서 ① 제조장이 아닌 장소에서 프로판과 부탄을 혼합하여 제조로 보는 경우(법 §5 1. 다.), ② 미납세반출로 반입장소를 제조장으로, 반입자를 제조자로 보아 개별소비세를 납부하게 되는 경우(제조장·제조자 의제, 법 §14 ④), ③ 가정용 부탄에 대한 환급 특례(법 §20의2 ①)로 개별소비세를 납부하거나 환급받는 자는 해당 물품을 제조·반출한 제조장에서 총괄하여 납부하거나 환급받을 수 있다.[156]

미납세 반출한 제조자와 미납세 반입자가 동일한 사업자라 하더라도 각각의 제조장 및 반입장별로 신고·납부하여야 하나, 납부절차를 간소화하여 납세편의를 도모하기 위해 제조장에서 총괄하여 납부할 수 있도록 한 것이다.

다만, 사업자의 신청만으로 주사업장 총괄납부가 가능한 「부가가치세법」의 총괄납부와 달리 납세의무자가 개별소비세 총괄납부를 적용받기 위해서는 제조장 관할 세무서장의 승인을 받아야 하며, 주사업자가 아닌 제조장에서 총괄납부하여야 한다.

가. 총괄납부 대상

과세물품을 제조하여 반출하는 자로서 다음의 어느 하나에 해당하는 경우에는 관할 세무서장에게 신청하여 승인[157]을 받아 해당 물품을 제조·반출한 제조장에서 총괄하여 납부하거나 환급받을 수 있다.

① 제조로 보는 것으로서 제조장이 아닌 장소에서 판매 목적으로 석유가스 중 프로판과 부탄을 혼합함으로써 개별소비세를 납부하게 되는 경우(법 §5 1. 다.)

② 미납세 물품의 반입장소를 제조장으로, 반입자를 제조자로 보아 개별소비세를 납부하게

---

156) 「특별소비세법」 [시행 1994.1.1.] [법률 제4665호] 일부개정으로 신설하였다.
157) 「개정세법 해설」(국세청, 2008년) 개별소비세 총괄납부 승인절차 간소화
    가. 개정취지
      ○ 업무절차의 간소화 및 납세자 편의 제고
    나. 개정내용

종 전	개 정

○ 총괄납부 절차
  - 승인기관 : 관할 지방국세청장
   * 신청일로부터 30일 이내 승인
	- 승인기관 : 관할 세무서장
	   * 신청일로부터 20일 이내 승인

    다. 적용시기 및 적용례
      ○ 2008. 1. 1. 이후 최초로 총괄납부를 신청하는 분부터 적용

되는 경우(법 §14 ④)

1) 박람회 등 출품 및 규격검사를 위해 미납세 반출승인을 받아 제조장에서 미납세 반출한 물품이 반입된 장소에서 용도가 변경되어 개별소비세를 납부하게 되는 경우(영 §16의2 ① 2.)

   ⓐ 국내에서 개최하는 박람회 · 전시회 · 품평회 · 전람회나 그 밖에 이에 준하는 곳에 출품하기 위하여 제조장에서 반출하는 것, 국내 또는 국외에서 개최한 박람회 등에 출품한 물품을 제조장에 환입(還入)하거나 보세구역에서 반출하는 것(법 §14 ① 2.)

   ⓑ 제조장 외의 장소에서 규격 검사를 받기 위하여 과세물품을 제조장에서 반출하거나 그 제조장에 환입하는 것(법 §14 ① 4.)

2) 자동차를 보관 · 관리하기 위하여 제조장에서 하치장으로 또는 하치장에서 다른 하치장으로 반출하거나 해당 제조장에 환입(還入)하기 위해 하치장에 미납세반출한 자동차(영 §19 ③ 5.)를 판매하기 위하여 같은 하치장에서 반출하는 경우(영 §16의2 ① 3.)

③ 가정용 부탄에 대한 환급 특례규정(영 §20의2 ①)에 따라 개별소비세를 환급 또는 공제받으려는 경우

나. 총괄납부 승인 절차

과세물품을 제조 · 반출한 제조장에서 총괄하여 납부하려는 자는 그 납부하려는 기간이 시작되기 20일 전에 「총괄납부 승인신청서」(시행규칙 제8호 서식)를 해당 물품을 제조 · 반출하는 제조장의 관할 세무서장에게 제출하여야 한다.

총괄납부 승인 신청을 받은 제조장 관할 세무서장은 납세의무자가 납세관리에 지장이 있다고 인정하는 경우를 제외하고는 그 신청을 승인하고 신청일부터 20일 이내에 해당 납세의무자와 제조장 및 하치장 등의 관할 세무서장에게 승인 사실을 통지하여야 한다.

납세의무자가 총괄납부의 승인을 받은 내용을 변경하려는 경우에는 「개별소비세 총괄납부 변경승인신청서 및 승인서」(시행규칙 제8호 서식)에 따라 제조장 관할 세무서장에게 제출하고, 제조장 관할 세무서장은 최초 승인 절차를 준용하여 승인 여부를 통지하여야 한다.

다. 총괄납부 승인 거부

총괄납부 승인 신청을 받은 제조장 관할 세무서장은 납세의무자가 다음의 어느 하나에

해당하여 납세관리에 지장이 있다고 인정되는 경우에는 총괄납부 승인을 거부할 수 있다.[158]

1. 하치장 설치신고를 하지 아니한 경우
2. 신청일부터 기산(起算)하여 과거 2년 이내에 「조세범 처벌법」에 따른 처분 또는 처벌을 받은 사실이 있는 경우
3. 신청일부터 기산하여 과거 2년 이내에 세법에 따른 경정조사 시 매출누락금액이 1억원 이상 발견된 경우
4. 신청일부터 기산하여 과거 2년 이내에 국세 또는 지방세를 체납한 사실이 있는 경우

라. 승인철회 및 포기 (영 §16의3)

1) 승인철회

총괄납부를 승인한 관할 세무서장은 총괄납부의 승인을 받은 자가 사업 내용의 변경, 그

---

158) 「개정세법 해설」(국세청, 1996년) 하치장 등의 총괄납부승인신청에 대한 거부사유 규정(영 §16의2)
　가. 개정내용

종 전	개 정
○ 특별소비세 납세의무자가 총괄납부신청시 『납세관리상 지장이 없다고 인정되는 경우』 에는 이를 승인함.	○ 납세관리상 지장이 있는 경우를 열거하여 규정하여 이에 해당하는 경우에는 승인하지 아니함. ※ 납세관리상 지장이 있는 경우 • 하치장 설치신고를 하지 않은 때 • 신청일로부터 기산하여 과거 2년 이내에 조세범 처벌법에 의한 처분 또는 처벌받은 사실이 있는 때 등

　나. 개정이유
　　○ 현행 총괄납부승인 사유를 「납세관리상 지장이 없다고 인정되는 경우」로 포괄적으로 규정하고 있어 지방국세청장에게 광범위한 재량권을 주고 있어,
　　○ 총괄납부승인 거부사유를 명확히 규정하여 행정의 투명성을 확보하고 납세자의 권리를 보호하기 위함
　다. 적용시기 및 적용례
　　○ 1997. 1. 11. 이후부터 적용
　□ 「개정세법 해설」(국세청, 1997년) 총괄납부 승인 요건 조항 신설(특별소비세법 시행령 제16조의2 제4항)
　가. 개정취지
　　○ 총괄납부 승인시 특별소비세 납세관리상 저장이 있는 경우에는 승인을 배제토록 하고 납세관리상 지장이 있는 경우로 보는 내용을 다음과 같이 신설함.
　　　1. 하치장 설치 신고를 하지 않은 때
　　　2. 신청일로부터 기산하여 과거 2년 이내에 조세범 처벌법에 의한 처분 또는 처벌받은 사실이 있는 때
　　　3. 신청일로부터 기산하여 과거 2년 이내에 세법에 의한 경정조사시 매출누락금액이 1억원 이상 적출된 때
　　　4. 신청일로부터 기산하여 과거 2년 이내에 국세 또는 지방세를 체납한 사실이 있는 때
　나. 적용례
　　○ 1997. 1. 11. 이후 승인분부터 적용

밖의 사정변경으로 제조장에서 총괄하여 납부하는 것이 적당하지 않다고 인정되는 경우에는 총괄납부의 승인을 철회할 수 있다. 총괄납부의 승인을 철회한 경우 해당 세무서장은 철회 사실을 해당 납세의무자와 제조장 및 하치장 등의 관할 세무서장에게 통지하여야 한다.

2) 총괄납부 포기

총괄납부의 승인을 받은 자가 사정 변경으로 총괄납부를 포기하고 각 사업장별로 납부하려는 경우에는 그 납부하려는 기간이 시작되기 20일 전에 「총괄납부 포기신고서」(시행규칙 제8호 서식)를 제조장 관할 세무서장에게 제출하여야 한다.

총괄납부의 포기신고를 받은 제조장 관할 세무서장은 제조장 및 하치장 등의 관할 세무서장에게 즉시 그 사실을 통지하여야 한다.

(3) 사업자 단위 과세 사업자의 신고 · 납부

사업자 단위 과세 사업자는 그 사업자의 본점 또는 주사무소에서 총괄하여 신고 · 납부할 수 있다.

둘 이상의 제조장 · 과세유흥장소 등이 있는 사업자의 납세편의를 도모하기 위하여 「부가가치세법」에서 시행하고 있는 사업자 단위 신고 · 납부제도를 2010년 12월 27일 「개별소비세법」에 도입하여 2011년 7월 1일부터 시행하였다.[159]

그러나 세법상 모든 납세의무를 본점 또는 주사무소가 이행하는 부가가치세와 달리 개별소비세는 과세물품 유통흐름을 관리할 필요성으로 신고와 납부에 한하여 사업자 단위 과세제도를 도입하였다. 따라서 개별소비세 과세표준 신고 및 납부를 제외한 면세 · 미납세 승인신청 및 반입사실 신고 등 「개별소비세법」상 제반의무는 각 사업장별로 이행하여야 한다.

가. 사업자 단위 적용

1) 사업자 단위 개업 신고

둘 이상의 사업장이 있는 사업자는 사업자 단위로 해당 사업자의 본점 또는 주사무소 관할 세무서장에게 개업 신고를 할 수 있다.

---

159) 「개별소비세법」 [시행 2011. 1. 1.] [법률 제10404호, 2010. 12. 27. 일부개정] 이유 참고; 둘 이상의 제조장 · 판매장 등이 있는 사업자의 납세편의를 도모하기 위하여 「부가가치세법」에서 시행하고 있는 사업자 단위 신고 · 납부제도를 도입하였다. (2011년 7월 1일부터 시행)

ⓐ 과세물품을 제조하려는 자: 사업개시 5일 전까지

ⓑ 과세장소·과세유흥장소 또는 과세영업장소의 영업을 경영하려는 자: 영업개시 전까지
사업자 단위로 신고하려는 자는 「과세[물품제조업·장소·유흥장소·영업장소] [개업·
변경·폐업]신고서」(시행규칙 제29호 서식)에 「사업자 단위 적용 신고자의 종된사업장
명세서」(시행규칙 제29호 서식 부표)를 첨부하여 제출하여야 한다.

2) 사업자 단위 과세 적용

이미 개업 신고를 한 사업자가 사업자 단위로 개업 신고하려면 사업자 단위 과세 사업자로
적용받으려는 과세기간이 시작되기 20일 전까지 신고하여야 한다.

나. 사업자 단위 신고·납부(법 §10의3)

사업자 단위 과세 사업자는 그 사업자의 본점 또는 주사무소(主事務所)에서 총괄하여
신고·납부할 수 있다. 이 경우 그 사업자의 본점 또는 주사무소는 신고·납부와 관련하여
이 법을 적용할 때 각 제조장·과세장소·과세유흥장소 또는 과세영업장소로 본다.

다. 사업장 단위 과세 전환

사업자 단위 과세 사업자로 신고한 사업자가 각 사업장별로 과세표준의 신고를 하려는
경우에는 사업장 단위 과세 사업자로 적용받으려는 과세기간이 시작되기 20일 전까지 「사업장
단위 과세 전환신고서」(시행규칙 제30호 서식)를 본점 또는 주사무소의 관할 세무서장에게
제출하여야 한다.

사업장 단위 과세 전환신고서를 제출받은 관할 세무서장은 그 처리결과를 지체 없이 해당
사업자와 다른 사업장의 관할 세무서장에게 통지하여야 한다.

(4) 반입지에서 판매 또는 반출한 미납세 물품의 신고·납부특례(법 §10의4)

미납세반출(법 §14 ①) 및 담배에 대한 미납세반출 특례규정(법 §20의3)에 따라 개별소비세를
납부하지 아니하고 반출 등을 한 자(미납세반출자)와 그 반출된 물품을 반입한 자가 동일한
사업자인 경우에는 해당 물품을 반입지에서 판매 또는 반출할 때 반입자를 제조자로 보는
규정(법 §14 ④)에도 불구하고 미납세반출자가 해당 물품에 대한 개별소비세를 관할 세무서장
또는 세관장에게 신고·납부할 수 있다.[160]

미납세반출자가 반입지에서 판매 또는 반출한 물품에 대하여 개별소비세를 신고·납부하려는 경우에는 과세표준 신고를 할 때 「미납세반출 특례 신청서」, 「미납세반출 특례 신청인의 반입지 명세서」(시행규칙 제8호의3 서식)와 「반입지별 과세표준 신고서」를 첨부하여 미납세반출자의 관할 세무서장에게 제출하여야 한다(영 §16의4 ① 본문).

다만, 「미납세반출 특례 신청서」는 처음으로 특례에 따라 과세표준을 신고할 때 제출하여야 하며, 이미 제출한 내용이 변경되거나 특례를 적용받지 아니하려는 경우에는 이를 다시 제출하여야 한다(영 §16의4 ① 단서). 「미납세반출 특례 신청서」를 받은 관할 세무서장은 반입지 관할 세무서장에게 그 사실을 통지하여야 한다(영 §16의4 ②).

(5) 저유소 혼유 과세특례에 따른 신고·납부

제조자 등은 저유소 혼유 등의 사유가 발생한 경우에는 제조자 등(정유소)이 혼유 등이 발생한 때를 과세시기로 하여 저유소에서 혼유 등이 발생한 때의 수량을 과세표준으로 「과세물품 과세표준 신고서」를 제출하여야 한다.[161]

이 경우 제조자 등은 과세표준 신고를 할 때 「과세물품 과세표준 신고서」에 「저유소 혼유 등 특례신청서」(시행규칙 제8호의4 서식), 「저유소별 과세표준 신고서」를 첨부하여 제조자 등 관할 세무서장에게 제출하여야 한다.

「저유소 혼유 등 특례신청서」는 저유소에서의 서로 다른 유류의 혼합 등에 대한 특례를 적용하여 처음으로 과세표준을 신고할 때에 제출하며 이미 제출한 내용이 변경되는 경우에는 다시 제출하여야 한다.

---

160) 「개별소비세법」[시행 2012. 1. 1.] [법률 제11120호, 2011. 12. 31. 일부개정] 이유 참고: 납세편의를 위하여 미납세반출 시 반입자와 반출자가 같은 사업자인 경우에는 반입자를 대신하여 반출자가 신고·납부할 수 있도록 하여 행정절차를 간소화하고 납세편의를 제고하였다. 미납세 반출한 물품의 신고·납부 주체와 관할 세무서의 변경에 한정하여 개정하였다. (2012.1.1. 이후 최초로 재판매·재반출하는 분부터 적용)
161) 「개별소비세법」[시행 2012. 1. 1.] [법률 제11120호, 2011. 12. 31. 일부개정] 이유 참고: 유류의 수송과정의 특성상 저유소에서 서로 다른 유류가 혼합되는 등의 사유가 발생하는 경우에는 당초 제조자 등이 혼합된 유류에 대한 개별소비세의 납부의무자가 되도록 하는 등 납세편의를 위한 특례를 신설하였다. 2012. 1. 1. 이후 최초로 저유소에 반입되는 혼유 및 혼합되는 첨가제 분부터 적용한다.

12 : 결정 및 경정

과세표준 신고서를 제출하지 아니하거나 신고한 내용에 오류 또는 탈루(脫漏)가 있는 경우에는 관할 세무서장, 관할 지방국세청장 또는 세관장은 그 과세표준과 세액을 결정 또는 경정결정(更正決定)한다(법 §11 ①).

관할 세무서장, 관할 지방국세청장 또는 세관장은 결정 또는 경정결정한 과세표준과 세액에 오류 또는 탈루가 있는 것이 발견된 경우에는 이를 다시 경정한다(법 §11 ③).

(1) 실지조사 결정 · 경정

납세의무자가 세법에 따라 장부를 갖추어 기록하고 있는 경우에는 해당 국세 과세표준의 조사와 결정은 그 장부와 이와 관계되는 증거자료에 의하여야 한다(국세기본법 §16 ①). 개별소비세의 결정 또는 경정결정은 장부나 그 밖의 증명 자료를 근거로 하여야 한다(법 §11 ② 본문).

일반적으로 납세의무자의 신고내용에 오류 또는 탈루가 있어 이를 경정함에 있어서는 장부나 증명 자료에 의함이 원칙이라고 하겠으나, 진정성립과 내용의 합리성이 인정되는 다른 자료에 의하여 그 신고내용에 오류 또는 탈루가 있음이 인정되고 실지조사가 가능한 때에는 그 다른 자료에 의하여도 이를 경정할 수 있다고 할 것이다(대법원 2007. 10. 26. 선고 2006두16137 판결 등 참조).

(2) 추계결정

가. 추계결정 사유

다음의 어느 하나에 해당하는 사유가 있는 경우에는 추계(推計)하여 결정·경정할 수 있다(법 §11 ② 단서).

1. 과세표준을 계산할 때 필요한 장부나 그 밖의 증명 자료가 없거나 중요한 부분이 갖추어지지 아니한 경우

2. 장부나 그 밖의 증명 자료의 내용이 시설규모, 종업원 수와 원자재·상품·제품 또는 각종 요금의 시가(時價) 등에 비추어 거짓임이 명백한 경우

3. 장부나 그 밖의 증명 자료의 내용이 원자재 사용량, 동력(動力) 사용량 또는 그 밖의 조업 상황 등에 비추어 거짓임이 명백한 경우

나. 추계결정 방법(영 §18)

추계과세란 납세의무자가 장부 기타 증빙서류를 보존 또는 제시하지 아니하거나 장부 등의 기재가 불비 또는 부정확하여 믿을 수 없어 실액을 파악하기가 불가능하거나 현저히 곤란한 경우 예외적으로 납세의무자의 재산이나 채무의 증감상태, 수입이나 지출의 현황, 기타 사업의 규모 등의 간접사실에 터잡아 과세표준을 정하는 과세방식을 의미한다(부산지방법원 2011구합4337, 2013. 1. 11. 참고). 이러한 추계과세의 요건에 관한 입증책임은 과세관청에게 있다 할 것이다(대법원 1999. 10. 8. 선고 98두915 판결 등).

추계를 할 때에는 다음의 어느 하나에 해당하는 방법에 따른다.

1. 기장이 정당하다고 인정되고 신고가 성실하여 법 제11조 제1항에 따라 결정 및 경정을 받지 아니한 다른 동업자와 비교하여 계산하는 방법

2. 국세청장이 사업의 종류·지역 등을 고려하여 다음의 관계에 대하여 조사한 비율이 있는 경우에는 그 비율을 적용하여 계산하는 방법

   ① 투입 원재료 또는 부재료의 전부 또는 일부의 수량 및 가액과 생산량 및 매출액과의 관계

   ② 사업과 관련된 인적·물적 시설(종업원·사업장·차량·수도·전기 등)의 전부 또는 일부의 수량 및 가액과 생산량 및 매출액과의 관계

   ③ 일정한 기간의 평균 재고량 및 재고금액과 생산량 및 매출액과의 관계

   ④ 일정한 기간의 매출 총이익 또는 부가가치액과 매출액과의 관계

3. 추계결정·경정대상 사업자에 대하여 제2호의 비율을 직접 산정할 수 있는 경우에는 그 비율을 적용하여 계산하는 방법

4. 유흥음식행위에 대해서는 「부가가치세법 시행령」 제104조 제1항 제6호(음식 및 숙박업과 서비스업에 대한 추계 결정·경정 방법)에 따라 국세청장이 정하는 입회조사기준[162]에 따라 계산하는 방법

---

162) 음식·숙박업과 서비스업에 대한 추계경정 시 적용할 입회조사기준 고시(국세청 고시 제2021-42호, 2021. 8. 24.)

(3) 수시부과

납세의무자가 개별소비세를 포탈(逋脫)할 우려가 있다고 인정되거나, 사업부진 또는 그 밖의 사유로 휴업 또는 폐업 상태인 경우에는 과세표준 신고규정에도 불구하고 수시로 그 과세표준과 세액을 결정할 수 있다(법 §12).

(4) 수입신고에 대한 부과 · 징수 관할

보세구역에서 반출하거나 보세공장으로 반입한 물품에 대한 부과 · 징수에 관한 사무는 보세구역의 관할 세관장이 처리하며, 수입물품에 대하여 세관장이 부과 · 징수하는 부가가치세, 개별소비세, 주세, 교통 · 에너지 · 환경세 등의 내국세의 부과 · 징수 · 환급 등에 관하여 「관세법」의 규정을 우선하여 적용한다.

물품을 수입하려는 자는 수입신고를 할 때에 세관장에게 관세의 납부에 관한 납세신고를 하여야 하며, 수입신고를 하지 아니하여 관세를 징수하는 경우로서 납세신고가 부적당한 것으로서 일정한 경우에는 세관장이 관세를 부과 · 징수한다(관세법 §39 ①).

수입물품에 대한 조세를 세관장이 부과하는 이유는 주세, 개별소비세, 교통 · 에너지 · 환경세의 과세표준이 관세의 과세가격과 관세로 구성되어 있으므로 세관장이 관세를 부과할 때 내국세의 결정을 같이 하고, 관세와 내국세의 조사관할을 일원화하여 납세 및 징수의 편의를 제고하려는 것이다.

해석사례

■ 특별소비세 결정 또는 경정결정시 과세기간(재소비 46016 – 166, 2003.6.16.)

- 특별소비세법 제3조 제6호의 납세의무자가 **매월 과세유흥장소의 종류별로** 인원 · 유흥음식요금 · 산출세액 · 면제세액 · 공제세액 · 납부세액 등을 기재한 신고서를 다음 달 말일까지 과세유흥장소의 관할 세무서장에게 제출하지 아니하거나 신고의 내용에 오류 또는 탈루가 있는 때에는 특별소비세법 제11조의 규정에 의하여 관할 세무서장은 그 과세표준과 세액을 매월 단위로 결정 또는 경정결정하는 것임.

■ 수기계측으로 집계한 입장인원수를 근거로 개별소비세를 과세한 처분의 당부

(조심 – 2016 – 중 – 2027, 2016.7.18., 재조사)

- 처분청은 청구법인이 사행산업통합감독위원회에 제출한 경정 · 경륜장 입장인원이 국세청에 개별소비세 신고한 인원보다 많은 점에 비추어 청구법인이 과소신고한 것으로 보아 이 건 과세를 하였으나,
- 17시 이전 입장객에 대한 사행산업통합감독위원회 제출인원과 국세청 신고인원이 일치하는 것으로 보이는 점, 장외매장의 경우 청구법인이 전산계측된 유료입장객 뿐 아니라 17시 이전 입장한 경로우대자 등 무료입장객도 별도로 집계하여 개별소비세를 신고한 것으로 나타나는 점 등으로 보아
- 17시 이전 입장객수는 신고누락된 것으로 보이지 아니하므로, 신고누락된 17시 이후 무료입장객수에 대한 객관적인 자료가 있다면 이에 의하여 신고누락액을 산정하여 과세할 수 있을 것인바, (중략) **처분청이 신고누락액 산정의 기초로 삼은 수기계측 입장객수의 정확성도 떨어지는 것으로 보이므로**
- 해당 과세기간에 청구법인이 운영하는 경륜 · 경정장의 입장객을 재조사하여 그 결과에 따라 과세표준 및 세액을 경정하는 것이 타당함.

■ 과세유흥장소에 대한 특별소비세 결정 및 경정시 과세기간 단위의 적법성 여부

(서삼 46016 – 11006, 2003.6.24.)

- 납세의무자가 매월 과세유흥장소의 종류별로 인원 · 유흥음식요금 등을 기재한 신고서를 관할 세무서장에게 제출하지 아니하거나 신고의 내용에 오류 또는 탈루가 있는 때에는 그 **과세표준과 세액을 매월 단위로 결정 또는 경정결정**하는 것임(소비 4616 – 166, 2003. 6. 16. 같은 뜻).

과세관청은 구 교통세법 제9조 제1항에 따라 교통세의 환급세액에 오류나 탈루가 있는 경우에 환급된 교통세를 징수할 수 있음(광주고등법원 2011누1084, 2012.2.21.)

- 구 교통세법 제9조 제1항은 경정결정의 대상을 '**과세표준과 세액**'으로 규정하고 있을 뿐 과세표준에 따른 세액으로 한정하여 규정하고 있지 않고, 경정결정의 사유를 제7조에 의한 신고의 내용에 오류 또는 탈루가 있는 경우로 규정하고 있으며, 한편 제7조 제1항은 신고의 대상이 되는 세액을 '산출세액 · 미납세액 · 면제세액 · 공제세액 · 환급세액 · 납부세액'으로 규정하고 있기 때문에 제7조의 신고내용인 '**산출세액 · 미납세액 · 면제세액 · 공제세액 · 환급세액 · 납부세액**'에 오류가 있을 경우 관할 세무서장은 제9조 제1항에 따라 경정결정을 할 수 있다고 해석하는 것이 제7조와 제9조 제1항의 법문에 부합한다(경정가능한 세액을 과세표준에 따른 세액만으로 한정하여 해석할 수는 없다).

- 이와 달리 교통세법 제9조 제1항의 '과세표준과 세액'을 '과세표준에 따른 세액'으로 제한하여 해석하는 것은 위 **규정의 문언에 반할 뿐만 아니라,** 실제 납부 하여야 할 세액이 과세표준에 의하여만 결정되는 것이 아니라 과세표준에 세율을 적용하여 계산된 산출세액에서 미납세액, 면제세액, 공제세액, 환급세액 등 각 공제항목을 차감 하여 산출되는 것이기 때문에 만약 과세표준에 따른 세액만을 의미한다고 해석하게 되면, 환급세액은 물론이고 미납세액, 면제세액, 공제세액에 오류나 탈루가 있는 경우에도 이를 경정할 수 있는 별도의 규정이 없는 한, 그 오류를 바로잡아 경정할 수 없게 되는 불합리한 결과가 발생하게 되고, 심지어 납세의무자가 고의 또는 중대한 과실로 변제세액이나 공제세액을 허위로 기재하여 신고한 경우에도 이를 경정할 수 없다는 결론에 이르게 된다. 따라서 교통세법 제9조 제1항에서 규정하고 있는 '**과세표준과 세액**'을 '**과세표준에 따른 세액**'으로 제한하여 해석하는 것은 **타당하지 않다.**

- 이에 대하여 원고는, 교통세의 환급절차는 납세의무자의 환급신청 외에 과세관청의 환급결정이 별도로 있어야 하기 때문에 교통세법 제7조에 의한 과세표준의 신고 및 그에 따른 납세의무의 확정과는 무관한 절차이고, 따라서 교통세법 제9조에 의한 경정결정의 대상이 될 수 없으며, 환급된 교통세를 추정하기 위해서는 법률에 별도의 규정이 있어야 한다고 주장한다.

- 그러므로 살피건대, 이른바 **환급세액은 적법히 납부 또는 징수되었으나 그 후 국가가 보유할 정당한 이유가 없게 되어 각 개별세법에서 환부하기로 정한 세액**을 말하고, 특히 조세특례제한법상의 환급세액은 주로 정책적인 이유에서 인정되는 감면으로 인한 경우이며 이와 같은 환급세액의 발생 여부는 각 개별세법에 정한 환급요건의 충족여부에 따른다.

- **구 조세특례제한법 제106조의2에 따른 농업용 석유류에 대한 면세제도에** 수반된 세액의 공제·환급절차에는 같은 법 제113조 제3항, 제1항에 의하여 구 교통세법 관련 규정이 준용되는데, 그 관련규정 중 이 사건 사안에 준용할 가장 적절한 규정은 **구 교통세법 제17조 제2항, 제5항, 같은 법 시행령 제24조인바,** 이에 의하면 이미 교통세가 납부되었거나 납부할 물품 또는 원재료가 다음 각 호의 1에 해당하는 경우에는 대통령령이 정하는 바에 따라 이미 납부한 세액을 환급한다. 이 경우 납부할 세액이 있는 때에는 이를 공제한다(제17조 제2항). 제2항의 규정에 의한 공제 또는 환급을 받고자 하는 자는 당해 사유가 발생한 날부터 6월 이내에 대통령령이 정하는 서류를 갖추어 제7조의 규정에 의한 신고와 함께 이를 관할 세무서장에게 제출하여야 한다(제17조 제5항).
- 법 제17조 제1항 및 제2항의 규정에 해당하는 사유가 발생하여 공제 또는 환급을 받고자 하는 자는 재정경제부령이 정하는 신청서에 당해 사유의 발생사실을 증명하는 서류와 교통세가 이미 납부되었거나 납부될 사실을 증명하는 서류를 첨부하여 다음 각 호의 규정에 따라 관할 세무서장 또는 세관장에게 신청(국세정보통신망에 의한 신청을 포함한다)하여야 한다 … (시행령 제24조 제1항). 제1항의 규정에 의한 신청을 받은 관할 세무서장은 그 신청인이 장래에 납부할 금액이 있는 때에는 그 납부할 세액에서 이미 납부한 세액을 공제하고, 신청인이 판매 또는 제조의 폐기 기타의 사유로 인하여 장래에 납부할 세액이 없는 때에는 이미 납부한 세액을 신청을 받은 날부터 30일 이내에 환급하여야 한다(시행령 제24조 제3항).'라고 규정하고 있는바,
- 위 각 규정들에서 보는 바와 같이 **교통세법상 교통세 납세의무의 확정절차와 과세관청의 환급절차가 동시에 처리되고, 납세의무자는 당월의 과세표준에 따른 산출세액에서 환급세액을 공제한 잔액만을 실제로 납부하게 되기 때문에 과세관청 으로서는 납세의무자가 신고한 과세표준이나 공제세액, 환급세액 등의 항목에 오류나 탈루가 있는 경우 외에는 별도로 환급 결정을 할 필요가 없게 된다.**
- 또한, 구 교통세법의 체계를 보더라도 **과세표준을 신고하면서 환급신청서를 첨부하여 과세표준 신고서에 환급세액을 기재하도록 하고 있을 뿐, 세무서장이 환급세액을 결정하도록 하는 규정이 없으므로 납세의무자의 환급신청에 대하여 과세관청이 별도의 결정을 반드시 하여야 한다는 원고의 주장은 이유 없다.**

■ **제출한 장부와 증빙이 거짓임이 명백한 경우에 해당하므로 추계 과세의 방법은 적법함**
(부산지방법원 2011구합4337, 2013.1.11.)

- 개인통합조사 당시 주점의 매출액 자료 및 봉사료 정산을 위한 일일정산 장부를 제출하지 못하였고, 신용카드매출전표 하단이 훼손되어 있던 점 등 제출한 장부와 증빙이 거짓임이 명백한 경우에 해당하므로 추계 과세의 방법으로 수입금액 산정한 것은 적법함.

■ **추계결정방법의 적부**(서울고법 94구27405, 1995.5.3.)

- 주식회사인 원고가 상법상 비치하여야 할 이 사건 나이트클럽 영업에 관한 상업장부 등을 전혀 작성하지 않은 사실, 원고가 이 사건 나이트클럽의 영업실적에 관한 장부로 제출한 월별 일일매출집계표(갑 제10호증의 1 내지 3), 매출장(갑 제12호증의 1 내지 3) 중 ① 위 일일매출집계표는 월별로 날짜를 기재하고 주류, 음료, 안주류의 판매금액 및 그 합계를 기재한 것인데 외견상 모두 동일한 필적으로 같은 시기에 작성된 것으로 보여지고(말미기재의 합계액만 다른 필적인 것으로 보여진다), 그 작성자의 서명날인이나 사후에 상사의 결재를 받은 흔적조차 없으며, 그 월별 합계액 또한 7월은 금35,135,000원, 8월은 35,172,500원, 9월은 35,260,500원으로 거의 비슷한 금액인데 이 사건 나이트클럽의 사업장평수가 260평이고, 그 기본시설이 홀 탁자 52개, 객실 9개 등인 점에 비추어 지나치게 적은 점,
  ② 위 매출장의 기재는 위 일일매출집계표의 매출액에서 부가가치세에 상당하는 금액을 공제한 것에 지나지 않는 사실을 각 인정할 수 있고, 이에 반하는 증인 권○성의 증언은 믿지 아니하고, 달리 반증이 없는바, 위 인정사실에 의하면, 원고가 이 사건 처분의 기초가 되는 과세표준을 계산함에 있어서 필요한 장부로서 제시하는 위 서류들은 중요한 부분이 미비하고 또 허위임이 명백하다고 할 것이므로, 따라서 이는 특별소비세법 시행령 제18조 제1항 제1호 소정의 추계결정을 할 수 있는 사유에 해당된다.

■ **작성자의 의사에 반하여 강제로 작성되었다는 등의 특별한 사정이 없는 한 확인서의 증거 가치는 쉽게 부인할 수 없음**(광주고등법원 – 2015 – 누 – 6728, 2016.8.18.)

- 과세관청이 세무조사를 하는 과정에서 '납세의무자'로부터 '일정한 부분의 거래가 가공거래임을 자인하는 내용의 확인서'를 작성받았다면 그 확인서가 작성자의 의사에 반하여 강제로 작성되었거나 혹은 그 내용의 미비 등으로 인하여 구체적인 사실에 대한 입증자료로 삼기 어렵다는 등의 특별한 사정이 없는 한 그 확인서의 증거가치는 쉽게 부인할 수 없는바(대법원 2002. 12. 6. 선고 2001두2560 판결 등 참조),
- 이러한 법리는 과세관청이 세무조사를 하는 과정에서 '납세의무자의 거래 상대방' 으로부터 '납세의무자와 일정한 거래가 있었음을 인정하는 내용의 확인서'를 작성받은 경우에도 마찬가지로 적용된다고 할 것이고, 이러한 확인서는 이는 개별소비세법 제11조 제2항 본문에서 정하고 있는 그 밖의 증명 자료에 해당한다고 할 것이다.

13 : 납세의 보전

(1) 담보의 제공(법 §10 ④, ⑤)

① 관할 세무서장은 과세유흥장소 또는 과세영업장소의 경영자에 대하여 납세 보전(保全)을 위하여 필요하다고 인정하면 해당 개별소비세액에 상당하는 담보의 제공을 요구할 수 있다. ② 과세물품을 「관세법」에 따라 수입신고 수리 전에 보세구역에서 반출하려는 자는 「관세법」으로 정하는 바에 따라 해당 개별소비세액에 상당하는 담보를 제공하여야 한다.

가. 납세담보의 제공요구

관할 세무서장이 과세유흥장소 또는 과세영업장소의 경영자에게 납세담보의 제공을 요구하려면 납세담보를 요구한 날부터 30일 이내에 관할 세무서장에게 납세담보를 제공하도록 통지하여야 한다(영 §17 ①).

나. 납세담보의 최고한도

납세담보를 요구할 수 있는 최고한도의 금액은 전월(과세영업장소는 전년도)에 납부한 개별소비세액(전월 또는 전년도에 납부한 세액이 없는 경우에는 해당 월 또는 해당 연도에 납부할 개별소비세액의 추정액)의 100분의 120(납세담보가 현금 또는 납세보험증권의 경우에는 100분의 110)에 상당하는 금액으로 한다(영 §17 ②).

다. 납세담보의 처분

담보를 제공한 자가 납부 기한까지 해당 개별소비세를 납부하지 아니하거나 해당 용도에 제공한 사실을 증명하지 아니하였을 경우에는 그 담보물로 해당 개별소비세에 충당한다. 이 경우 부족한 금액이 있을 때에는 이를 징수하고, 남은 금액이 있을 때에는 이를 환급한다.

(2) 장부 등의 기록

가. 장부 기록의 의무

과세물품의 판매자 또는 제조자와 과세장소 · 과세유흥장소 · 과세영업장소의 경영자는 장소별로 장부를 갖춰 두고 장부에 그 제조·저장·판매·입장·유흥음식행위 또는 영업행위에 관한 사항을 기재하여야 한다(법 §23 ①).

과세유흥장소의 경영자는 과세분과 면세분을 구분해서 장부에 기록하여야 한다(법 §23 ②). 이 때 '장부'는 다음에 열거하는 것을 말한다(통칙 26-36…2).

1. 원재료매입장·원재료수불부·제조물품수불부·과세장소경영자의 입장인원과 입장요금 기입장·입장권수불장·요금영수증수불장
2. 국세청장의 명령에 따른 각종 장부
3. 개별소비세사무처리규정에 따른 장부

'입장권'이란 국세청장이 납세보전상 필요하다고 인정되는 과세장소의 경영자에게 입장객의 입장 시 교부하도록 지정한 서식의 것을 말한다(통칙 25-37…4, 현재 지정한 서식은 없다).

나. 장부기록 사항(영 §36)

납세의무자별로 장부에 기록하여야 할 사항은 다음과 같다.

1) 과세물품의 판매자 또는 제조자

과세물품의 판매자 또는 제조자는 다음의 사항을 장부에 기록하여야 한다.

1. 매입한 원재료 또는 물품의 품명, 종류, 수량, 규격, 매입연월일과 판매자의 인적사항
2. 사용한 원재료 또는 물품의 품명, 종류, 수량, 규격 및 사용연월일
3. 제조 또는 판매한 물품의 품명, 수량, 규격 및 제조연월일
4. 반출한 물품의 품명, 수량, 규격, 가격, 반출연월일과 구입자의 인적사항(보석 및 귀금속 제품에 해당하는 과세물품을 소비자에게 판매하는 경우는 제외한다)

2) 과세장소의 경영자

과세장소의 경영자는 다음의 사항을 장부에 기록하여야 한다.

1. 입장한 인원과 입장요금의 총액
2. 입장권의 사용 상황
3. 세액
4. 영수증용지 및 발행한 영수증에 관한 사항(영 제37조 제1항에 따라 영수증의 발행 명령을 받은 경우로 한정한다)

> **관련고시**
>
> ■ **사업자가 지켜야 할 사항 고시**(국세청 고시 제2021-37호, 2021. 8. 24)
>
> **제4조【입장권 발행업소가 지켜야 할 사항】**
>
> ⑤ 극장 이외의 사업자가 입장권을 발행하여 사업을 영위하는 경우에는 입장객소지용, 사업자회수용으로 구분된 절취식 입장권을 작성하여 일련번호순으로 사용하여야 하며, 입장권수불상황을 기록 비치하여야 한다. 다만, 전산조직을 이용하여 발권할 경우에는 전산조직별 일련번호를 부여하여 발행할 수 있으며 전산 판매분에 대하여는 수불상황을 별도 기록하여야 한다.

3) 과세유흥장소의 경영자

과세유흥장소의 경영자는 다음의 사항을 장부에 기록하여야 한다.

1. 유흥음식행위 연월일
2. 입장한 인원과 유흥음식요금의 총액 및 세액
3. 구입한 주류(酒類)의 구입처·종류·수량·금액 및 구입연월일

4) 과세영업장소의 경영자

과세영업장소의 경영자는 다음의 사항을 장부에 기록하여야 한다.

1. 영업연월일
2. 영업일별로 입장한 인원, 영업일별로 고객으로부터 받은 총금액, 영업일별로 고객에게 지불한 총금액 및 세액

다. 영수증의 발급

과세유흥장소의 경영자가 유흥음식요금을 받은 경우에는 영수증을 발급하고 그 사본을 보관하여야 한다(법 §23의2). 영수증(세금계산서)의 발급 및 보관에 관하여는 「부가가치세법 시행령」의 규정을 준용한다.

라. 금전등록기의 설치

과세유흥장소의 경영자로서 금전등록기를 설치·사용하고 금전등록기로 영수증을 발급할 수 있다. 이 경우에는 「개별소비세법」 제23조의2에 따른 영수증을 발급한 것으로 본다(법 §23의2 ①). 과세유흥장소의 경영자는 감사(監査) 테이프를 보관하여야 한다. 이 경우에는

장부를 갖추고 장부에 기록한 것으로 본다(법 §23 ③). 금전등록기를 설치하는 자 및 금전등록기의 설치·사용, 감사테이프의 보관에 관하여는 「부가가치세법 시행령」의 규정을 준용한다(영 §36의2 ③).

(3) 명령사항

가. 납세의무자 등에 대한 명령

관할 지방국세청장 또는 관할 세무서장은 개별소비세의 납세 보전을 위하여 필요하다고 인정하면 과세물품의 판매자 및 제조자와 과세장소·과세유흥장소·과세영업장소의 경영자에게 세금계산서 발행, 입장권 사용, 영수증 발행, 표지판(표찰, 標札)의 게시(揭示), 그 밖에 단속을 위하여 필요한 사항에 관한 명령을 할 수 있다(법 §25 ①).

대상자	명령사항
• 과세물품의 제조자, 판매자 • 과세장소의 경영자 • 과세유흥장소의 경영자 • 과세영업장소의 경영자	• 세금계산서의 발행 • 입장권의 사용 • 영수증의 발행 • 표지판(표찰)의 게시 • 장부의 작성·보존 및 제출에 관한 사항

나. 납세보전에 필요한 자

관할 지방국세청장 또는 관할 세무서장은 개별소비세의 납세 보전을 위하여 필요하다고 인정하면 다음의 어느 하나에 해당하는 자에게 해당 물품의 구분·적재(積載)·보관, 과세 자료 제출, 그 밖에 단속을 위하여 필요한 사항에 관한 명령을 할 수 있다(법 §25 ③).

1. 「개별소비세법」 제17조 제7항에 따라 외국인 전용 판매장의 판매업 지정을 받은 자
2. 「개별소비세법」 제24조 제2항에 따라 권리·의무의 승계를 적용하는 미납세 또는 면세로 물품을 반입한 자
3. 세원을 조사하기 위하여 특히 필요하다고 인정되는 과세물품의 부분품을 제조·가공하는 자

대상자	명령사항
• 외국인 전용 판매장 경영자 • 권리·의무를 승계하는 미납세·면세 반입자	• 면세 반입 물품의 구분·적재 및 보관[163] • 장부의 작성·보존 • 게시물 부착 및 물품교환권 사용에 관한 사항
• 과세물품의 부분품을 제조·가공하는 자 (부탄가스 충전사업자 등)	• 과세자료의 제출

---

163) 「개정세법 해설」(국세청, 2003년) 특별소비세 납세증지제도 폐지(특별소비세법 시행령 제15조, 제37조 제2항 및 제3항)

가. 개정취지

   ○ 행정규제 완화와 납세자 편익 증진을 위하여 과세물품에 부착하여 반출하는 납세증지제도를 폐지함.

나. 개정내용

종 전	개 정
○ ··············생략················· 제품수불상황표, 납세(면세)증지수불상황표, 특별소비세공제(환급)신고서를 첨부하여 ··············생략··················	○ ··············생략·············· 제품수불상황표, 특별소비세공제(환급)신고서를 첨부하여 ···············생략··············
○ 국세청장은 법 제25조 제2항의 규정에 의하여 납세보전상 특히 필요하다고 인정되는 과세물품에 대해서는 납세증명표지를 하도록 지정할 수 있다. 제2항의 규정에 의하여 국세청장이 지정하는 과세물품을 제조하고자 하는 자는 납세 또는 면세사실을 증명하는 증지를 붙여야 한다.	○ (삭 제)

다. 적용시기 및 적용례

   ○ 2002.12.11. 이후 반출분부터 적용

(4) 질문검사권(법 §26)

가. 개별소비세 조사에 필요한 사항

세무공무원은 개별소비세에 관한 조사를 위하여 필요하다고 인정하면 과세물품의 판매자 또는 제조자와 과세장소·과세유흥장소·과세영업장소의 경영자에 대하여 다음의 사항에 관하여 질문을 하거나 그 장부, 서류 또는 그 밖의 물건을 검사할 수 있다(법 §26 ①).

1. 과세물품 또는 이를 사용한 제품으로서 과세물품의 판매자 또는 제조자가 소지하는 것
2. 과세물품 또는 이를 사용한 제품의 제조·저장 또는 판매에 관한 장부·서류
3. 과세물품 또는 이를 사용한 제품을 제조·저장 또는 판매하기 위하여 필요한 건축물·기계·기구·재료나 그 밖의 물건
4. 과세장소 입장에 관한 장부·서류나 그 밖의 물건
5. 과세유흥장소의 유흥음식행위에 관한 장부·서류나 그 밖의 물건
6. 과세영업장소에서의 영업행위에 관한 장부·서류나 그 밖의 물건

세무공무원의 질문·검사권한은 과세물품의 판매자·제조자 및 운반자와 보세구역에서 반출하는 자, 과세장소의 경영자, 단체의 대표자, 이들의 대리인·사용인 기타 자로서 해당 질문·검사에 관련되는 업무에 종사하는 자에게도 미친다(통칙 26-0…1 ①).

나. 운반 중인 과세물품에 대한 사항

세무공무원은 운반 중인 과세물품과 이를 사용한 제품의 출처 또는 도착지를 질문할 수 있다. 이 경우 단속을 위하여 필요하다고 인정하면 세무공무원은 그 운반을 정지시키거나 화물 또는 선박·차량을 봉인하거나 그 밖에 필요한 조치를 할 수 있다(법 §26 ②). '운반 중인 물품'에는 현재 운반 중인 물품과 운반도중 일시적으로 장치되고 있는 물품도 포함한다(통칙 26-0…1 ②).

다. 증표의 제시

질문·검사하거나 그 밖의 필요한 조치를 할 때에는 그 권한을 표시하는 증표를 지니고 관계인에게 보여주어야 하며, 직무상 필요한 범위 외에 다른 목적 등을 위하여 그 권한을 남용해서는 아니 된다(법 §26 ③). '증표'는 세무공무원임을 증명하는 증서로서 세무관서장이 발행하는 공무원증·출장증 및 검찰관서장이 발행하는 세무공무원지명서를 말한다(통칙 26-0…2).

■ 가격이 인하 또는 인상되는 경우 석유류 재고조사의 실시 여부(소비 22641-1631, 1990.12.13.)

- 석유류 재고조사는 소득세법 제201조, 법인세법 제68조, 부가가치세법 제35조 및 **특별소비세법 제26조**의 규정에 의하여 소득세, 법인세, 부가가치세 및 특별소비세 등의 업무수행상의 필요에 따라 실시하는 것이므로 국세업무수행에 필요하지 아니한 때에는 재고조사를 실시하지 아니할 수 있는 것임.
- 그리고 석유류 재고조사시 **재고량 파악은 인상시점을 기준으로 하는 것이나,** 인상시점을 공휴일 0시로 하는 경우와 같이 인상시점에 사업장에 임하여서는 조사가 불가능하다고 판단될 때 인상시점 이전에 출장하여 조사를 개시하는 경우도 있으나, 이 경우에도 **조사개시 현재의 재고량에 인상 이전까지의 입·출고량을 가감하는 방법들을 통하여 인상시점 현재의 재고량을 파악하는 것과 다름이 없음.**
- 위와 같이 조사된 인상시점 현재의 재고유류에 대하여는 인상된 가격을 기준으로 특별소비세법, 부가가치세법에 의한 소정의 세율을 적용하여 각 유통단계별로 특별소비세와 부가가치세 등을 납부하게 되는 것이며 인상되기 전 가격으로 매입하여 인상된 가격으로 판매하게 됨에 따른 소득증가분에 대하여는 소득세법과 법인세법이 정하는바에 따라 소득세 또는 법인세 등을 납부하게 됨.

(5) 영업허가의 관리(법 §27)

가. 영업정지 및 허가취소의 요구

다음의 어느 하나에 해당하는 경우에는 관할 세무서장은 지방국세청장을 거쳐 해당 과세장소·과세유흥장소 및 과세영업장소의 영업정지나 허가취소를 그 영업의 허가관청에 요구할 수 있다. 영업정지나 허가취소를 요구받은 허가관청은 정당한 사유가 없으면 요구에 따라 영업정지나 허가취소를 하여야 한다(법 §27 ①, ②).

1. 과세장소·과세유흥장소 및 과세영업장소의 영업에 관하여 「조세범 처벌법」 또는 「조세범 처벌절차법」에 따른 처벌이나 처분을 받은 경우
2. 과세장소 입장행위, 과세유흥장소에서의 유흥음식행위 및 과세영업장소에서의 영업행위에 대한 개별소비세의 전부 또는 일부를 3회 이상 신고·납부하지 아니한 경우
3. 과세유흥장소 및 과세영업장소의 경영자가 납세담보 요구를 따르지 아니한 경우

나. 영업정지 및 허가취소의 요구기준 (영 §37의2)

영업정지 및 허가취소 요구기준의 횟수는 해당 사유가 처음 발생한 날부터 1년을 단위로 하여 계산한다. 영업의 정지 또는 허가취소의 요구는 다음에 따른다.

대상자	요구기준	
	15일간 영업정지	영업허가 취소
과세장소·과세유흥장소 및 과세영업장소의 영업에 관하여 「조세범 처벌법」 또는 「조세범 처벌절차법」에 따른 처벌이나 처분을 받은 경우	처벌·처분 횟수 1회	처벌·처분 횟수 2회
과세장소, 과세유흥장소 및 과세영업장소의 경영자가 개별소비세의 전부 또는 일부를 신고·납부를 이행하지 않은 경우	3회 이상	6회 이상
과세유흥장소 및 과세영업장소의 경영자가 납세담보 요구에 따르지 않은 경우	납세담보 요구에 따르지 않은 경우	영업정지기간 경과 후 30일이 경과할 때까지 따르지 않은 경우

교통·에너지·환경세 과세요건과 절차

1 목 적

교통·에너지·환경세는 소비자에게 담세능력이 있다고 인정되는 휘발유, 경유 및 이와 유사한 대체유류에 과세하는 간접소비세로 휘발유·경유 등에 대한 개별소비세의 한시적 목적세이다.[164] 「교통·에너지·환경세법」 부칙 〈제4667호, 1993. 12. 31.〉 제9조에 따라 「교통·에너지·환경세법」 시행 중에는 「개별소비세법」을 적용하지 않는다.

「교통·에너지·환경세법」은 도로·도시철도 등 교통시설의 확충 및 대중교통 육성을 위한 사업, 에너지 및 자원 관련 사업, 환경의 보전과 개선을 위한 사업에 필요한 재원(財源)을 보함을 목적으로 한다(법 §1).

구 「교통세법」 제정 당시에는 도로 및 도시철도등 교통시설의 확충에 소요되는 재원을 확보하는 것을 목적으로 1994년 1월 1일부터 시행하였으나, 2006년 12월 30일 「교통세법」을 「교통·에너지·환경세법」으로 개정하고 대중교통의 편의성 증진과 에너지 환경관련 투자재원으로도 사용할 수 있도록 하였다.

이 법에 따라 징수한 세액은 「교통시설특별회계법」 제8조, 「환경정책기본법」 제48조 및 「기후위기 대응을 위한 탄소중립·녹색성장기본법」 제71조에 따라 교통시설특별회계, 환경개선특별회계, 기후대응기금으로 전입되며, 당해 목적 외 지출이 제한된다.

---

164) 「교통·에너지·환경세」 부칙개정을 통해 「교통·에너지·환경세법」 폐지의 시행시기를 2025년 1월 1일로 연장하였다.

| 국세의 법정재원 배분 |

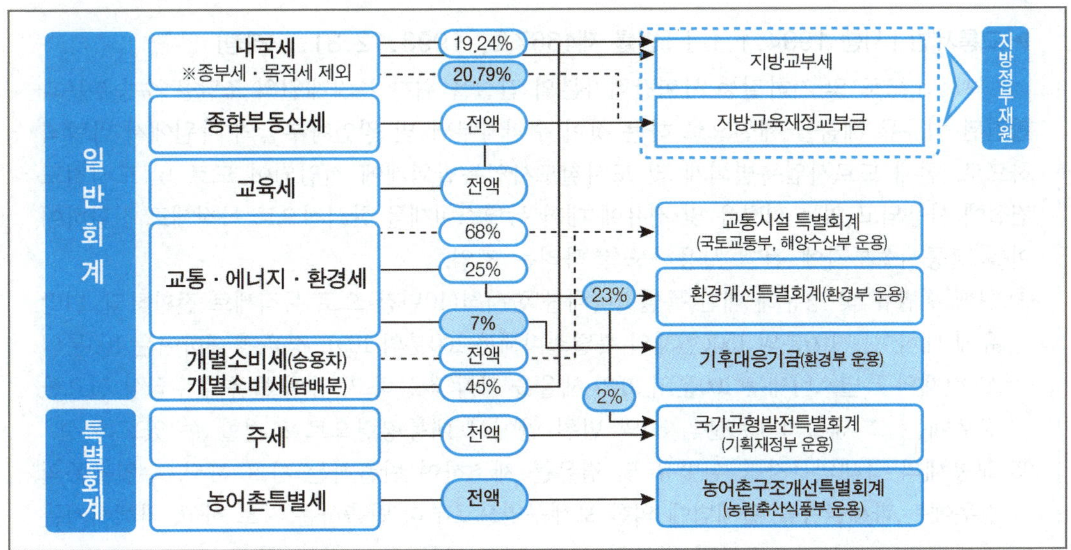

(출처: 국세청)

참고자료

▶ **교통세법** [시행 1994.1.1.] [법률 제4667호, 1993.12.31., 제정]

[신규제정] 도로 및 지하철등 사회간접자본의 건설을 위한 투자재원의 조달은 수송부문과 관련된 석유류 제품을 세원으로 하는 것이 수익자부담 및 원인자부담의 차원에서 바람직하므로, 현재 도로사업특별회계 및 도시철도사업특별회계에 전입되어 도로 및 도시철도 건설에 사용되고 있는 휘발유 및 경유에 대한 특별소비세를 한시적으로 목적세로 전환하여 이를 교통시설투자에 전액 사용하도록 하려는 것임.

① 현행 휘발유 및 경유에 대한 특별소비세를 한시적(10년간)으로 목적세로 전환하되, 휘발유에 대하여는 100분의 150(현재의 특별소비세는 100분의 109), 경유에 대하여는 100분의 20(현재의 특별소비세는 100분의 9)의 세율을 각각 적용하고, 당해 물품의 수급상 필요한 경우에는 그 세율의 100분의 30의 범위 안에서 대통령령으로 조정할 수 있도록 함.

② 교통세의 납세의무자를 휘발유 및 경유를 제조하여 반출하는 자로 하되, 수입물품의 경우에는 과세물품을 관세법에 의한 보세구역으로부터 반출하는 자로 하고, 과세시기는 과세물품을 제조장으로부터 반출하거나 수입신고를 하는 때로 함.

③ 교통세의 과세표준을 휘발유 및 경유가 제조장으로부터 반출되는 때의 가격으로 하되, 수입되는 휘발유 및 경유의 경우에는 수입신고를 하는 때의 가격으로 함.

④ 납세의무자는 휘발유 및 경유를 출고한 날이 속하는 달의 다음 달 말일까지 제조장 관할 세무서장(수입의 경우에는 관할세관장)에게 과세표준을 신고하고, 당해 교통세를 납부하도록 함.

⑤ 수출하는 물품, 주한외국군에 납품하는 물품 및 외국공관에서 사용하는 물품등에 대하여는 대통령령이 정하는 바에 따라 교통세를 면제하도록 함.

2 : 과세대상 (법 §2)

(1) 과세대상

교통·에너지·환경세는 ① 휘발유와 이와 유사한 대체유류, ② 경유와 이와 유사한 대체유류에 대하여 부과하며, 가짜석유제품 등의 판매자등에 대한 과세특례를 두고, ③ 가짜석유의 판매·보관 및 ④ 등유·부생연료유(副生燃料油)·용제(溶劑)의 차량연료 등의 판매에 과세한다.

「교통·에너지·환경세법」은 과세물품을 휘발유와 이와 유사한 대체유류, 경유 및 이와 유사한 대체유류로 규정하고 그 세목(細目)과 종류를 「교통·에너지·환경세법 시행령」 제3조에 정하도록 위임하고 있다. 교통·에너지·환경세는 특정 재화를 과세대상으로 하는 개별소비세로서 모든 재화를 과세대상으로 하는 일반소비세와 달리 세법에 열거하지 아니한 물품에는 부과되지 않는다.

(2) 휘발유와 이와 유사한 대체유류

「교통·에너지·환경세법」 제2조 제1항 제1호는 휘발유와 이와 유사한 대체유류를 과세대상으로 규정하고, 세법의 위임에 따라 「교통·에너지·환경세법 시행령」 제3조 제1호는 휘발유와 이와 유사한 대체유류의 세목(細目)을 ① 휘발유, ②「석유 및 석유대체연료 사업법」에 의한 가짜석유제품, ③ 자동차·기계·차량의 연료로 사용이 가능한 것으로 세분하고 있다.

가. 휘발유

「교통·에너지·환경세법」은 과세대상 휘발유의 의미를 명시적으로 규정하고 있지 않다. 이와 같이 과세물품의 의미에 관하여 세법에 원용하는 규정을 두고 있지 않는 경우에는 그 물품의 성분, 형태, 용도, 성질, 그 밖의 특성에 비추어 과세물품 여부를 판정한다(대법원 선고84누114, 1984. 6. 26. 참고).

「석유 및 석유대체연료 사업법」 제24조 제1항에 따른 휘발유의 품질기준[165]은 다음과 같다.

1. 자동차용 휘발유

자동차용 휘발유는 자동차 또는 이와 비슷한 내연기관의 연료로서 다음 품질기준에 적합하여야 한다.

항목	등급	1호 (보통휘발유)	2호 (고급휘발유)
옥탄값(리서어치법)		91 이상~94 미만	94 이상
증류성상	10% 유출온도(℃)	70 이하	
	50% 유출온도(℃)	125 이하	
	90% 유출온도(℃)	170 이하	
	종말점(℃)	225 이하	
	잔류량(부피%)	2.0 이하	
물과 침전물(부피%)		0.01 이하	
동판부식(50℃, 3h)		1 이하	
증기압(37.8℃, kPa)		44~82 (여름용 : 44~60, 겨울용 : 44~96)	
산화안정도(분)		480 이상	
세척현존검(mg/100mL)		5 이하	
황분(mg/kg)		10 이하	
색(육안식별)		노란색	초록색
납 함량(g/L)		0.013 이하	
인 함량(g/L)		0.0013 이하	
방향족화합물 함량(부피%)		22(19) 이하	
벤젠 함량(부피%)		0.7 이하	
올레핀 함량(부피%)		16(19) 이하	
산소 함량(무게%)		2.3 이하	
메탄올 함량(무게%)		0.1 이하	

주) 1. 생산·수입단계검사의 여름용 기준은 6월 1일부터 8월 31까지, 겨울용 기준은 10월 1일부터 다음 해 3월 31일까지, 유통단계 검사의 여름용 기준은 7월 1일부터 8월 31일까지, 겨울용 기준은 10월 1일부터 다음 해 4월 30일까지 적용한다.

2. 올레핀 함량에 대하여 (   )안의 기준을 적용할 수 있다. 이 경우 방향족화합물함량은 (   )안의 기준을 적용한다.

3. 산소 함량은 MTBE(메틸 t−부틸 에테르), ETBE(에틸 t−부틸 에테르), TAME(Tertiary Amyl Methyl Ether) 및 바이오에탄올에 함유되어 있는 산소량을 말한다.

4. 〈삭제〉

---

[165] 「석유제품의 품질기준과 검사방법 및 검사수수료에 관한 고시」(산업통상자원부 고시 제2019−67호, 시행 2019. 4. 29.) [별표]

● **구 석유류세법 시행령** [시행 1962.1.1.] [1961.12.30. – 324호]

제2조【과세물품의 정의】

① 석유류세법(이하 법이라 한다) 제1조에 게기된 석유류는 광물성 석유류를 말한다.

● **구 석유류세법 시행령** [시행 1965.1.1.] [1965.1.19. – 2037호]

제1조【과세물품의 정의】

석유류세법(이하 "법"이라 한다) 제1조에 게기된 석유류는 광물성석유류를 말하며, 석유류 종목의 정의는 다음 각 호에 의한다.

1. "휘발유"라 함은 섭씨15도에 있어서의 비중이 0.8017을 초과하지 아니한 것으로서 자동차연료에 사용할 수 있는 것을 말한다.
2. "등유"라 함은 섭씨15도에 있어서의 비중이 0.8498을 초과하지 아니한 것을 말한다.
3. "경유"라 함은 섭씨15도에 있어서의 비중이 0.8757을 초과하지 아니한 것을 말한다.
4. "중유"라 함은 석유의 증류잔유와 타석유를 혼합한 석유 중 섭씨15도에 있어서의 비중이 0.8757을 초과하고 인화점이 섭씨65도 이상이며 섭씨50도에서 점도350센티포이제를 초과하지 아니한 것을 말한다.
5. "전각호 이외의 석유류"라 함은 다음에 게기하는 것을 말한다.
   가. 방카C유
   나. 전기절연유
   다. 윤활유(구리스유를 포함한다)
   라. 미네날오일콤파운드(의료용의 것을 제외한다)

● **석유 및 석유대체연료 사업법 제24조【석유제품의 품질기준 등】**

① 산업통상자원부장관은 석유제품의 적정한 품질을 확보하기 위하여 석유제품에 대한 품질기준을 정할 수 있다. 이 경우 「대기환경보전법」에 따른 석유제품에 관한 기준에서 정한 사항에 관하여는 미리 환경부장관과 협의를 하여야 한다. 〈개정 2013.3.23.〉
② 산업통상자원부장관은 제1항에 따라 석유제품의 품질기준을 정한 경우에는 이를 고시하여야 한다. 〈개정 2013.3.23.〉
③ 석유정제업자등은 산업통상자원부장관이 제1항에 따라 석유제품의 품질기준을 정한 경우에는 그 품질기준에 맞도록 석유제품의 품질을 유지하여야 한다. 〈개정 2013.3.23.〉

나. 휘발유와 유사한 가짜석유제품

「석유 및 석유대체연료 사업법」 제2조 제10호의 규정에 의한 휘발유와 유사한 가짜 석유제품[166]을 ① 제조하여 반출하거나 ② 수입하는 경우는 물론 ③ 판매하거나 ④ 판매하기 위하여 보관하는 경우에도 교통·에너지·환경세를 부과한다.

그러나 「교통·에너지·환경세법」은 「석유 및 석유대체연료 사업법」과 입법취지를 달리하는 것이므로 과세대상이 되는 가짜석유제품이 「석유 및 석유대체연료 사업법」 제2조 제10호의 적용대상에 한정된다고 볼 이유는 없다. 따라서 「교통·에너지·환경세법 시행령」 제3조의 가짜석유제품은 「석유 및 석유대체연료 사업법」 제2조 제10호의 규정에 의한 가짜석유제품으로서 당해 제품이 휘발유를 대체하는 연료로 사용되는 경우는 물론, 비록 당해 제품이 독립하여 자동차의 연료로 사용될 수는 없는 것이라고 하더라도 휘발유에 첨가하여 사용함으로써 사실상 휘발유에 첨가하여 사용하는 양만큼의 휘발유의 소비를 줄이는 역할을 하는 것이라면 과세물품에 해당한다(대법원 2006. 2. 10. 선고 2004도5528 판결 참고).

가짜석유제품 등의 판매자 등에 대한 과세특례(법 §11)에 따라 판매 등으로부터 교통·에너지·환경세를 징수하는 경우에는 교통·에너지·환경세과세물품의 원재료로 사용된 개별소비세 과세물품의 당해 개별소비세액을 납부 또는 징수할 교통·에너지·환경세액에서 공제하거나 이를 환급할 수 있다(법 §11 ④, §17 ⑨).

1) 가짜석유제품의 정의

가짜석유제품은 조연제(助燃劑), 첨가제(다른 법률[167]에서 규정하는 경우를 포함한다), 그 밖에 어떠한 명칭이든 다음의 어느 하나의 방법으로 제조된 것으로서 「자동차관리법」 제2조 제1호에 따른 자동차 및 「석유 및 석유대체연료 사업법 시행령」[168]으로 정하는 차량·기계(휘발유 또는 경유를 연료로 사용하는 것만을 말한다)의 연료로 사용하거나 사용하게 할 목적으로 제조된 것(제11호의 석유대체연료는 제외한다)을 말한다(석유 및 석유대체연료 사업법 §2 10.).

1. 석유제품에 다른 석유제품(등급이 다른 석유제품을 포함한다)을 혼합하는 방법

---

166) 「교통·에너지·환경세법」[시행 2013. 1. 1.] [법률 제11603호] 일부개정 이유; 유사 석유제품에 대한 국민의 이해를 명확히 하기 위하여 '유사 석유제품'을 '가짜석유제품'으로 용어를 변경하는 내용으로 「석유 및 석유대체연료 사업법」이 개정(법률 제11234호, 2012. 1. 26. 개정, 5. 15. 시행)됨에 따라 관련 조항을 정비하였다.
167) 「대기환경보전법」 제2조 제15호
168) 「석유 및 석유대체연료 사업법 시행령」 제4조 【차량 및 기계의 종류】

2. 석유제품에 석유화학제품(석유로부터 물리 · 화학적 공정을 거쳐 제조되는 제품 중 석유제품을 제외한 유기화학제품으로서 산업통상자원부령으로 정하는 것[169])을 혼합하는 방법

3. 석유화학제품에 다른 석유화학제품을 혼합하는 방법

4. 석유제품이나 석유화학제품에 탄소와 수소가 들어 있는 물질을 혼합하는 방법

관련법령

○ 대기환경보전법 제2조【정의】

이 법에서 사용하는 용어의 뜻은 다음과 같다.

15. "첨가제"란 자동차의 성능을 향상시키거나 배출가스를 줄이기 위하여 자동차의 연료에 첨가하는 탄소와 수소만으로 구성된 물질을 제외한 화학물질로서 다음 각 목의 요건을 모두 충족하는 것을 말한다.

　가. 자동차의 연료에 부피 기준(액체첨가제의 경우만 해당한다) 또는 무게 기준(고체첨가제의 경우만 해당한다)으로 1퍼센트 미만의 비율로 첨가하는 물질. 다만, 「석유 및 석유대체연료 사업법」 제2조 제7호 및 제8호에 따른 석유정제업자 및 석유수출입업자가 자동차연료인 석유제품을 제조하거나 품질을 보정(補正)하는 과정에 첨가하는 물질의 경우에는 그 첨가비율의 제한을 받지 아니한다.

　나. 「석유 및 석유대체연료 사업법」 제2조 제10호에 따른 가짜석유제품 또는 같은 조 제11호에 따른 석유대체연료에 해당하지 아니하는 물질

○ 자동차관리법 제2조【정의】

이 법에서 사용하는 용어의 뜻은 다음과 같다.

1. "자동차"란 원동기에 의하여 육상에서 이동할 목적으로 제작한 용구 또는 이에 견인되어 육상을 이동할 목적으로 제작한 용구(이하 "피견인자동차"라 한다)를 말한다. 다만, 대통령령으로 정하는 것은 제외한다.

○ 자동차관리법 시행령 제2조【적용이 제외되는 자동차】

「자동차관리법」(이하 "법"이라 한다) 제2조 제1호 단서에서 "대통령령으로 정하는 것"이라 함은 다음 각 호의 것을 말한다. 〈개정 2008.9.25., 2010.2.5., 2011.11.25.〉

1. 「건설기계관리법」에 따른 건설기계

2. 「농업기계화 촉진법」에 따른 농업기계

3. 「군수품관리법」에 따른 차량

4. 궤도 또는 공중선에 의하여 운행되는 차량

---

169) 석유 및 석유대체연료 사업법 시행규칙 제3조【석유화학제품】

5. 「의료기기법」에 따른 의료기기

● 석유 및 석유대체연료 사업법 시행령 제4조 【차량 및 기계의 종류】

법 제2조 제10호 각 목 외의 부분에서 "대통령령으로 정하는 차량·기계"란 「자동차관리법 시행령」 제2조 제1호부터 제3호까지의 규정에 따른 차량 및 기계를 말한다.

● 석유 및 석유대체연료 사업법 시행규칙 제3조 【석유화학제품】

법 제2조 제10호 나목에서 "산업통상자원부령으로 정하는 것"이란 나프타, 액화석유가스 또는 천연가스 등을 원료로 하여 나프타 분해공정, 벤젠·톨루엔·크실렌 추출공정 또는 합성가스 생산공정을 거쳐 생산된 탄화수소 물질(탄화수소와 그 밖의 물질과의 혼합물을 포함한다)을 말한다.

| 가짜석유제품의 제조유형 |

가짜석유제품 제조의 예시	
가짜휘발유	① 용제 + 톨루엔 + 메탄올 ② 휘발유 + 다른 석유제품(등유, 경유, 용제 등) ③ 휘발유 + BTX(벤젠, 톨루엔, 크실렌), 알코올 * ②, ③은 주로 주유소 판매 가짜휘발유 제조방법
가짜경유	① 경유 + 다른 석유제품(등유, 용제, 선박용 경유 등) ② 경유 + 윤활기유 ③ 경유 + 석유중간제품 * 가짜경유의 절반 이상이 등유를 혼합하여 제조하는 것으로, 등유의 혼유방지를 위해 '11.4.1.부터 보일러등유 생산중단, '11.7.1.부터는 판매중지를 고시

제조 사례	One-can	Two-can (단속회피 변칙판매)	첨가제
	 세녹스	 소부 신나 + 에나멜 신나	

| 가짜석유제품의 판매유형 |

선택적 판매	이중탱크 설치	이동판매차량의 혼유	식별제 제거
• 밸브조작, 비밀 스위치 설치, 리모콘 조작 등으로 정품과 가짜석유제품을 선택적으로 판매	• 주유소 지하탱크 내부에 불법으로 격벽 및 이중탱크를 매설하여 가짜석유 보관 · 판매	• 이동 판매 차량(홈로리) 및 주유기를 이용하여 대량 사용처 등에 배달	• 난방용 연료인 등유의 식별제를 제거하기 위해 이동판매차량을 불법 개조
			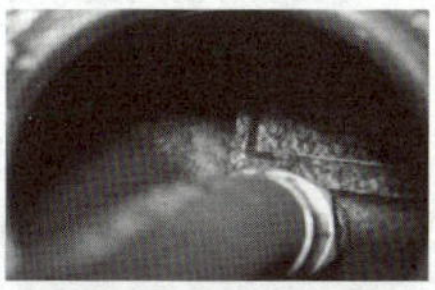

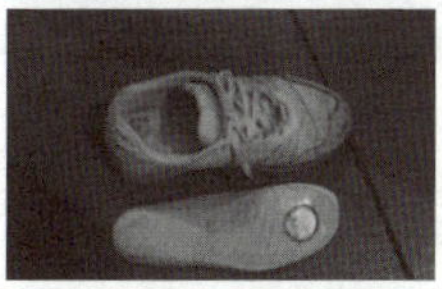	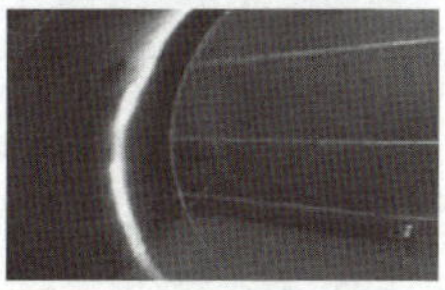		

* 소비자가 바로 주유 가능한 one-can, 첨가제 형태 또는 혼합하여 사용할 수 있는 two-can(2종 1세트) 형태로 길거리 · 온라인 판매하거나, 헥산, 메탄올, 알킬레이트 등 용제 대체물질을 유통하는 경우도 있음.

2) 가짜석유제품의 사용범위

가짜석유제품은 「자동차관리법」 제2조 제1호에 따른 자동차 및 「석유 및 석유대체연료 사업법 시행령」 제4조로 정하는 다음의 차량 · 기계(휘발유 또는 경유를 연료로 사용하는 것만을 말한다)의 연료로 사용하거나 사용하게 할 목적으로 제조된 것으로 한다.

1. 「건설기계관리법」에 따른 건설기계
2. 「농업기계화 촉진법」에 따른 농업기계
3. 「군수품관리법」에 따른 차량

> **관련법령**
>
> ○ **석유 및 석유대체연료 사업법 시행령 제4조 【차량 및 기계의 종류】**
>
> 법 제2조 제10호 각 목 외의 부분에서 "대통령령으로 정하는 차량·기계"란 「자동차관리법 시행령」 제2조 제1호부터 제3호까지의 규정에 따른 차량 및 기계를 말한다.
>
> ○ **자동차관리법 시행령 제2조 【적용이 제외되는 자동차】**
>
> 자동차관리법(이하 "법"이라 한다) 제2조 제1호 단서에서 "대통령령으로 정하는 것"이라 함은 다음 각 호의 것을 말한다.
> 1. 「건설기계관리법」에 따른 건설기계
> 2. 「농업기계화 촉진법」에 따른 농업기계
> 3. 「군수품관리법」에 따른 차량
> 4. 궤도 또는 공중선에 의하여 운행되는 차량
> 5. 「의료기기법」에 따른 의료기기

3) 가짜석유제품에서 제외되는 석유대체연료

가짜석유제품에서 제외되는 석유대체연료는 석유제품 연소 설비의 근본적인 구조 변경 없이 석유제품을 대체하여 사용할 수 있는 연료(석탄과 천연가스는 제외한다)로서 「석유 및 석유대체연료 사업법 시행령」 제5조에서 정하는 다음의 것을 말한다.

1. 바이오디젤연료유: 바이오디젤 및 이를 산업통상자원부장관이 정하여 고시하는 비율로 석유제품인 경유와 혼합하여 제조한 연료
2. 바이오에탄올연료유: 자동차 연료용 바이오에탄올 및 이를 석유제품인 휘발유와 혼합하여 제조한 연료
3. 석탄액화연료유: 석탄을 원료로 사용하여 물리·화학적 반응공정을 거쳐 생산된 연료(「신에너지 및 재생에너지 개발·이용·보급 촉진법」 제2조 제1호 다목에 따른 석탄액화연료유는 제외한다) 및 이를 석유제품과 혼합하여 제조한 연료
4. 천연역청유(天然瀝青油): 천연역청물질을 물 및 계면활성제 등과 혼합한 연료
5. 유화연료유: 석유제품인 중유를 물 및 유화제와 혼합하여 제조한 연료
6. 가스액화연료유: 천연가스나 바이오매스를 원료로 하는 합성가스를 사용하여 물리·화학적 반응공정을 거쳐 생산된 연료 및 이를 석유제품과 혼합하여 제조한 연료
7. 디메틸에테르연료유: 디메틸에테르 및 이를 석유제품과 혼합하여 제조한 연료

8. 바이오가스연료유: 유기성(有機性) 폐기물이나 바이오매스를 소화(消化) 또는 발효시켜 만든 연료 및 이를 석유제품 또는 천연가스와 혼합하여 제조한 연료

9. 그 밖에 에너지 이용효율을 높이기 위하여 이용 보급을 확대할 필요가 있고 사용기기[자동차 또는 이와 비슷한 내연기관, 보일러 및 노(爐)를 말한다]에 적합한 품질과 성능 및 안전성 등을 갖추고 있다고 인정하여 산업통상자원부장관이 관계 행정기관의 장과 협의하여 산업통상자원부령으로 정하는 연료

다. 자동차 · 기계 · 차량의 연료

「자동차관리법」 제2조 제1호에 따른 자동차와 「자동차관리법 시행령」 제2조 각 호에 따른 기계 또는 차량(휘발유를 연료로 사용하는 것으로 한정한다)의 연료로 사용이 가능한 것으로서 휘발유 및 가짜석유에 해당하지 않는 것은 교통 · 에너지 · 환경세를 부과한다. 다만, 「석유 및 석유대체연료 사업법」 제29조 제2항 제6호에 따라 산업통상자원부장관이 고시한 것은 제외한다.[170]

「자동차관리법 시행령」 제2조 각 호에 따른 기계 또는 차량은 다음의 것을 말한다.

1. 「건설기계관리법」에 따른 건설기계
2. 「농업기계화 촉진법」에 따른 농업기계
3. 「군수품관리법」에 따른 차량
4. 궤도 또는 공중선에 의하여 운행되는 차량
5. 「의료기기법」에 따른 의료기기

---

170) 「교통 · 에너지 · 환경세법 시행령」 [시행 2003.5.1.] [대통령령 제17973호] 일부개정 이유 ; 휘발유 · 경유 및 이와 유사한 대체유류로서 석유사업법의 규정에 의한 유사 석유제품에 대하여는 교통세를 과세하고 있으나, 이에 해당하지 아니하는 자동차 연료용 유류에 대하여는 교통세가 과세되지 아니하는 문제점이 있는 바, 앞으로는 석탄 등에서 추출한 휘발유 대체유류와 같이 석유제품 및 유사 석유제품에 해당하지 아니하는 유류에 대하여도 교통세를 과세하도록 하여 교통세에 있어서 과세형평을 도모하기 위해 조문을 신설하였다.
휘발유 · 경유와 유사한 대체유류(세녹스)에 대해서는 교통세 과세 중이나 석탄에서 추출한 대체유류(솔렉스)는 과세근거가 없어 이를 보완하였고, 식물성 유지 사용 「바이오디젤」은 대체에너지 개발 촉진을 위해 과세제외하였다. (산업자원부장관 고시로 별도 지정)

○ 자동차관리법 제2조 【정의】

이 법에서 사용하는 용어의 뜻은 다음과 같다.

1. "자동차"란 원동기에 의하여 육상에서 이동할 목적으로 제작한 용구 또는 이에 견인되어 육상을 이동할 목적으로 제작한 용구(이하 "피견인자동차"라 한다)를 말한다. 다만, 대통령령으로 정하는 것은 제외한다.

○ 석유 및 석유대체연료 사업법 제29조 【가짜석유제품 제조 등의 금지】

② 제1항에도 불구하고 다음 각 호의 경우는 제1항에 따른 가짜석유제품의 제조 등의 행위로 보지 아니한다.

　6. 그 밖에 석유제품을 대체하여 사용할 수 있는 연료로서 산업통상자원부장관이 그 이용·보급을 확대할 필요가 있다고 인정하여 기획재정부장관과의 협의를 거쳐 이용·보급의 방법, 대상 및 절차 등을 고시한 경우

○ 이용 및 보급확대 연료의 인정에 관한 고시(산업통상자원부 고시 제2016-56호)

제2조 【이용·보급 확대 연료의 인정범위】

석유제품을 대체하여 사용할 수 있는 연료로서 이용·보급을 확대할 필요가 있다고 인정하는 경우는 다음과 같다.

1. 〈삭 제〉
2. 바이오디젤연료유(법 제31조 제2항에 따라 산업통상자원부 장관이 고시하는 BD20의 품질기준에 적합하도록 자동차용 경유에 바이오디젤을 혼합한 연료를 말한다. 이하 "BD20"이라 한다)를 제3조부터 제10조까지의 규정에 따라 산업통상자원부장관이 추진하는 보급사업을 위해 공급하는 경우

(3) 경유 및 이와 유사한 대체유류

「교통·에너지·환경세법」 제2조 제1항 제2호는 경유 및 이와 유사한 대체유류를 과세대상으로 규정하고, 세법의 위임에 따라 「교통·에너지·환경세법 시행령」 제3조 제2호는 경유 및 이와 유사한 대체유류의 세목(細目)을 ① 경유, ② 「석유 및 석유대체연료 사업법」에 의한 가짜석유제품, ③ 차량연료로 사용하는 등유·부생연료유·용제, ④ 자동차 등의 연료로 사용이 가능한 것으로 세분하고 있다.

가. 경유

「교통 · 에너지 · 환경세법」은 과세대상 경유의 의미를 명시적으로 규정하고 있지 않다. 이와 같이 과세물품의 의미에 관하여 원용하는 규정을 두고 있지 않는 경우에는 그 물품의 성분, 형태, 용도, 성질, 그 밖의 특성에 비추어 과세물품 여부를 판정한다(대법원 선고 84누114, 1984. 6. 26. 참고).

「석유 및 석유대체연료 사업법」 제24조 제1항에 따른 경유의 품질기준[171]은 다음과 같다.

> ### 3. 경유
>
> 경유는 디젤엔진 또는 이와 유사한 내연기관의 연료로서 다음의 품질기준에 적합하여야 한다. 단, 자동차용 및 선박용 이외 용도로 사용하는 경유는 자동차용 등급을 적용한다.
>
> | 항목 \ 등급 | 자동차용 | 선박용 |
> |---|---|---|
> | 유동점(℃) | 0 이하
(겨울용 : -18 이하) | 0 이하
(겨울용 : -13 이하) |
> | 인화점(℃) | 40 이상 | |
> | 동점도(40℃, mm2/s) | 1. 9 이상~5.5 이하 | 1.5 이상~6.0 이하 |
> | 증류성상(90% 유출온도, ℃) | 360 이하 | – |
> | 10% 잔유 중 잔류탄소분(무게%) | 0.15 이하 | 0.20 이하 |
> | 물과 침전물(부피%) | 0.02 이하 | |
> | 황분(mg/kg) | 10 이하 | 0.05 이하(무게%) |
> | 회분(무게%) | 0.02 이하 | 0.01 이하 |
> | 세탄값(세탄지수) | 52 이상 | 40 이상 |
> | 동판부식(100℃, 3h) | 1 이하 | |
> | 필터막힘 점(℃) | -18 이하 | – |
> | 윤활성@60℃(HFRR 마모흔경, ㎛) | 400 이하 | – |
> | 밀도@15℃(kg/m3) | 815 이상~835 이하 | – |
> | 다고리방향족 함량(무게%) | 5 이하 | – |
> | 방향족화합물 함량(무게%) | 30 이하 | – |
> | 바이오디젤 함량(부피%) | 2 이상 5 이하 | – |
> | 색(육안식별) | – | 빨간색 |

---

[171] 「석유제품의 품질기준과 검사방법 및 검사수수료에 관한 고시」(산업통상자원부 고시 제2019-67호, 시행 2019. 4. 29.) [별표]

주) 1. 유동점에 대한 겨울용 기준의 경우 생산·수입단계검사는 10월 1일부터 다음 해 3월 31일까지, 유통단계검사는 11월 1일부터 다음 해 3월 31일까지 적용한다. 다만, 자동차용의 경우 혹한기(11월 15일부터 다음 해 2월 28일까지를 말한다)의 생산·수입단계검사 및 유통단계검사(12월 1일부터 적용한다)는 −23℃ 이하를 적용하고, 3월 16일부터 3월 31일까지 생산·수입단계 및 유통단계검사 모두 −13℃ 이하를 적용한다.

2. 필터막힘점은 11월 15일부터 다음 해 2월 15일까지 생산·수입단계검사에만 적용한다.

3. 윤활성, 다고리방향족 함량 및 방향족화합물 함량은 생산·수입단계검사에 한정하여 적용한다.

4. 혹한기(11월 15일부터 다음 해 2월 28일까지 말한다)에는 위 표에도 불구하고 세탄값(또는 세탄지수)를 48 이상으로 적용한다.

5. 바이오디젤은 석유대체연료의 품질기준과 검사방법 및 검사수수료에 관한 고시 별표 2. 바이오디젤 품질기준을 만족하는 것으로서 식물성유·동물성유를 사용하여 제조한 연료를 말한다.

6. 바이오디젤 함량은 다음 각 호의 경우 5부피% 이하로 적용한다.

　가. 정책대여 비축 경유

　나. 석유정제업자 대여 비축 경유

　다. 석유판매업자가 공급·판매·운송 또는 보관하는 경유

　라. 경유 자동차의 최초 충전용 경유

　마. 원자력발전소의 비상용 디젤 발전기용 경유

관련법령

● **구 석유류세법 시행령** ［시행 1962.1.1.］［1961.12.30. −324호］

제2조【과세물품의 정의】

① 석유류세법(이하 법이라 한다) 제1조에 게기된 석유류는 광물성 석유류를 말한다.

● **구 석유류세법 시행령** ［시행 1965.1.1.］［1965.1.19. −2037호］

제1조【과세물품의 정의】

석유류세법(이하 "법"이라 한다) 제1조에 게기된 석유류는 광물성석유류를 말하며, 석유류 종목의 정의는 다음 각 호에 의한다.

1. "휘발유"라 함은 섭씨15도에 있어서의 비중이 0.8017을 초과하지 아니한 것으로서 자동차 연료에 사용할 수 있는 것을 말한다.

2. "등유"라 함은 섭씨15도에 있어서의 비중이 0.8498을 초과하지 아니한 것을 말한다.

3. "경유"라 함은 섭씨15도에 있어서의 비중이 0.8757을 초과하지 아니한 것을 말한다.

4. "중유"라 함은 석유의 증류잔유와 타석유를 혼합한 석유 중 섭씨15도에 있어서의 비중이 0.8757을 초과하고 인화점이 섭씨65도 이상이며 섭씨50도에서 점도350센티포이제를 초과하지 아니한 것을 말한다.

5. "전각호 이외의 석유류"라 함은 다음에 게기하는 것을 말한다.

　가. 방카C유

　나. 전기절연유

　　다. 윤활유(구리스유를 포함한다)
　　라. 미네날오일콤파운드(의료용의 것을 제외한다)

○ **석유 및 석유대체연료 사업법 제24조【석유제품의 품질기준 등】**

① 산업통상자원부장관은 석유제품의 적정한 품질을 확보하기 위하여 석유제품에 대한 품질기준을 정할 수 있다. 이 경우 「대기환경보전법」에 따른 석유제품에 관한 기준에서 정한 사항에 관하여는 미리 환경부장관과 협의를 하여야 한다. 〈개정 2013.3.23.〉

② 산업통상자원부장관은 제1항에 따라 석유제품의 품질기준을 정한 경우에는 이를 고시하여야 한다. 〈개정 2013.3.23.〉

③ 석유정제업자등은 산업통상자원부장관이 제1항에 따라 석유제품의 품질기준을 정한 경우에는 그 품질기준에 맞도록 석유제품의 품질을 유지하여야 한다. 〈개정 2013.3.23.〉

나. 경유와 유사한 가짜석유제품

「석유 및 석유대체연료 사업법」 제2조 제10호의 규정에 의한 경유와 유사한 가짜석유제품을 ① 제조하여 반출하거나 ② 수입하는 경우는 물론 ③ 판매하거나 ④ 판매하기 위하여 보관하는 경우에도 교통 · 에너지 · 환경세를 부과한다.

그러나 「교통 · 에너지 · 환경세법」은 「석유 및 석유대체연료 사업법」과 입법취지를 달리하는 것이므로 과세대상이 되는 가짜석유제품이 「석유 및 석유대체연료 사업법」 제2조 제10호의 적용대상에 한정된다고 볼 이유는 없다. 따라서 「교통 · 에너지 · 환경세법 시행령」 제3조의 가짜석유제품은 「석유 및 석유대체연료 사업법」 제2조 제10호의 규정에 의한 가짜석유제품으로서 당해 제품이 경유를 대체하는 연료로 사용되는 경우는 물론, 비록 당해 제품이 독립하여 자동차의 연료로 사용될 수는 없는 것이라고 하더라도 경유에 첨가하여 사용함으로써 사실상 경유에 첨가하여 사용하는 양만큼의 경유의 소비를 줄이는 역할을 하는 것이라면 과세물품에 해당한다(대법원 2006. 2. 10. 선고 2004도5528 판결 참고).

가짜석유제품의 정의 등은 '휘발유와 유사한 가짜석유제품'에 자세히 기술하였다.

다. 등유 · 부생연료유 · 용제의 차량연료 등

다음의 차량 또는 기계 중 경유를 연료로 사용하는 것의 연료로 판매된 등유, 부생연료유(副生燃料油) 및 용제(溶劑)는 교통 · 에너지 · 환경세를 부과한다.[172]

---

172) 「교통 · 에너지 · 환경세법 시행령」 [시행 2020.4.1.] [대통령령 제30403호, 2020. 2. 11.] 일부개정 이유:

1. 「자동차관리법」 제2조 제1호에 따른 자동차

2. 「건설기계관리법」 제2조 제1항 제1호에 따른 건설기계

3. 「농업기계화 촉진법」 제2조 제1호에 따른 농업기계

4. 「군수품관리법」 제2조에 따른 군수품인 차량

차량의 연료로 등유 등을 사용함으로써 발생하는 환경오염과 낮은 세율을 적용받기 위한 탈법행위를 방지하기 위하여 경유를 연료로 사용하는 차량에 등유, 부생연료유 및 용제를 연료로 판매한 자로부터 교통·에너지·환경세를 부과·징수할 수 있는 근거를 마련하고 2020년 1월 1일 이후 판매하는 분부터 적용하였다.

가짜석유제품 등의 판매자 등에 대한 과세특례(법 §11)에 따라 판매 등으로부터 교통·에너지·환경세를 징수하는 경우에는 교통·에너지·환경세과세물품의 원재료로 사용된 개별소비세과세물품의 당해 개별소비세액을 납부 또는 징수할 교통·에너지·환경세액에서 공제하거나 이를 환급할 수 있다(법 §11 ④, §17 ⑨).

1) 등유

등유는 휘발유에 이어 유출되는 유분으로 그 비점범위는 160~300℃ 정도이며, 가정용으로 가장 많이 사용되나 동력용, 용제 등으로도 쓰인다.

등유는 「개별소비세법」 제1조 제2항 제4호 다목에서 개별소비세의 과세대상으로 규정하고

「교통·에너지·환경세법」 개정에 따라 경유를 연료로 사용하는 자동차 등의 연료로 판매된 등유, 부생연료유 및 용제가 교통·에너지·환경세의 과세물품임을 명시하였다.

「개정세법 해설」(국세청, 2020년) 등유 등을 차량연료로 사용 시 교통·에너지·환경세 부과

가. 개정취지

　　○ 경유 대신 등유 등을 차량연료로 사용하여 낮은 세율을 적용받는 사례 방지

나. 개정내용

종 전	개 정
□ 교통·에너지·환경세 부과대상	□ 부과대상 확대
○ 휘발유·경유 등 과세물품을 반출하는 자	(좌 동)
○ 가짜석유제품*을 판매하거나 판매하기 위해 보관하는 자	
* 석유제품과 석유화학제품 등을 혼합하여 연료로 사용할 목적으로 제조된 것(「석유사업법」 제2조)	
〈추 가〉	○ 등유, 용제, 부생연료유를 차량연료로 판매한 자

다. 적용시기 및 적용례

　　○ 2020.1.1. 이후 판매하는 분부터 적용

ℓ당 90원(탄력세율 63원)을 부과하고 있으나, 경유 대신 등유 등을 차량연료로 사용하는 경우에는 경유로 보아 ℓ당 340원(탄력세율 '24.7.1.부터는 263원)의 교통 · 에너지 · 환경세를 부과하도록 하였다.

2) 부생연료유

등유나 중유를 대체하여 연료유로 사용되는 부산물인 석유제품으로 석유화학공정에서 나프타 및 콘덴세이트[173]를 원료로 하여 석유화학제품을 생산하는 과정에서 발생되는 부산물이다.

부생연료유는 주로 가정용 외의 보일러 또는 노(furnace)의 연료로 사용되며 부생연료유 판매소로 등록한 곳에서만 판매할 수 있다.

3) 용제(溶劑, solvent, 공업용 휘발유)

세척, 용해, 희석, 추출 등의 용도에 적합한 공업용 휘발유로 증류범위에 따라 1~10호로 분류하며 페인트, 프린트 잉크, 염색, 향수, 세탁, 모피, 제혁, 농약 등의 생산 공정에 광범위하게 사용된다.

용제는 석유중간제품을 상압 또는 감압증류하거나, 석유화학공정의 부산물로 생산되고 동종의 판매업자 간 수평거래를 금지하고 있어 휘발유 · 경유 등과는 달리 수직적 유통흐름을 갖는다.

용제의 종류별 사용처			
호 별	주요 사용처	호 별	주요 사용처
1호	시너, 세척, 접착제 원료	6호	금속가공유, 윤활유 원료
2호	고무용제, 시너, 접착제 원료	7호	특수잉크 원료
3호	드라이크리닝	8호	도료용, 코팅용
4호	시너, 접착제 원료	9호	농약원료, 잉크원료
5호	세척, 인쇄잉크	10호	신문잉크, 세척

---

173) 「석유이야기」(대한석유협회, 2023년), '나프타'는 원유를 증류할 때 LPG와 등유 유분 사이에 유출되는 것으로 일반적으로 경질나프타와 중질나프타로 구분한다. 경질나프타는 비점 30~130℃, 비중 0.65~0.70이며, 중질나프타는 비점 90~170℃, 비중 0.70~0.75 정도로서 품질 성상에 관해서는 표준화되어 있지 않고, 용도와 당사자 간의 협의에 따라 생산하여 인도되고 있다.
  '콘덴세이트'는 천연가스가 가스전의 내부 압력으로 인해 액체상태로 변한 것으로 순도가 높아 석유화학원료로 사용되기도 하며, 원유정제에 투입하여 석유제품의 질을 높이는데 쓰이기도 한다.

| 용제의 유통구조 |

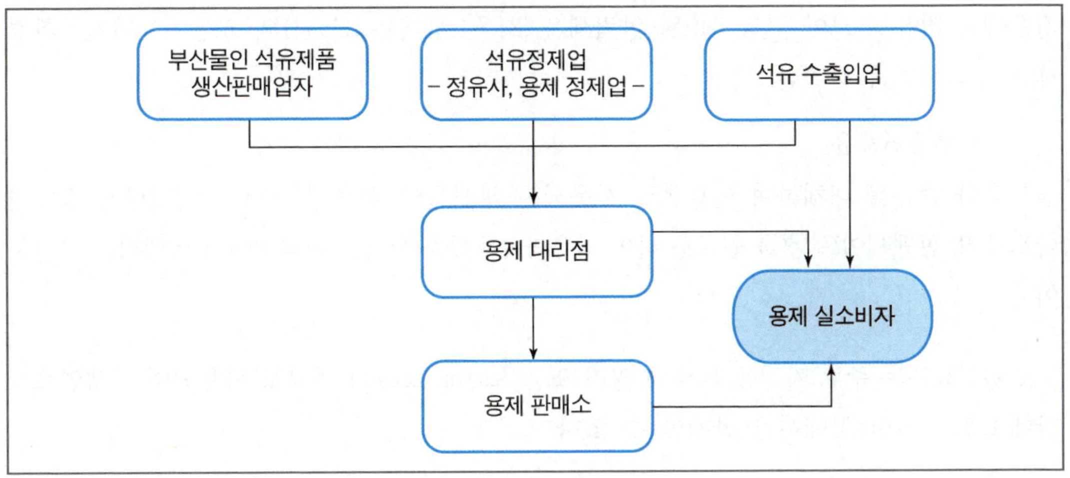

라. 자동차 · 기계 · 차량의 연료로 사용 가능한 것

「자동차관리법」 제2조 제1호에 따른 자동차와 「자동차관리법 시행령」 제2조 각 호에 따른 기계 또는 차량(경유를 연료로 사용하는 것으로 한정한다)의 연료로 사용이 가능한 것으로서 경유, 가짜석유 및 차량연료 등으로 판매된 등유 등에 해당하지 않는 것은 교통 · 에너지 · 환경세를 부과한다.[174]

「자동차관리법 시행령」 제2조 각 호에 따른 기계 또는 차량은 다음의 것을 말한다.

1. 「건설기계관리법」에 따른 건설기계
2. 「농업기계화 촉진법」에 따른 농업기계
3. 「군수품관리법」에 따른 차량
4. 궤도 또는 공중선에 의하여 운행되는 차량
5. 「의료기기법」에 따른 의료기기

---

174) 「교통 · 에너지 · 환경세법 시행령」 [시행 2003.5.1.] [대통령령 제17973호] 일부개정 이유: 휘발유 · 경유 및 이와 유사한 대체유류로서 석유사업법의 규정에 의한 유사 석유제품에 대하여는 교통세를 과세하고 있으나, 이에 해당하지 아니하는 자동차 연료용 유류에 대하여는 교통세가 과세되지 아니하는 문제점이 있는 바, 앞으로는 석탄 등에서 추출한 휘발유 대체유류와 같이 석유제품 및 유사 석유제품에 해당하지 아니하는 유류에 대하여도 교통세를 과세하도록 하여 교통세에 있어서 과세형평을 도모하기 위해 조문을 신설하였다. 휘발유 · 경유와 유사한 대체유류(세녹스)에 대해서는 교통세 과세 중이나 석탄에서 추출한 대체유류(솔렉스)는 과세근거가 없어 이를 보완하였고, 식물성 유지 사용 「바이오디젤」은 대체에너지 개발 촉진을 위해 과세제외하였다. (산업자원부장관 고시로 별도 지정)

관련판례

자동차용 연료첨가제 명목으로 제조·판매한 '세녹스'의 교통세 과세 여부

(광주지방법원 2003구합3925, 2006.12.28.)

- 「세녹스」를 휘발유와 혼합하거나 단독으로 연료로서의 기능을 한다는 인식을 이용하여 사실상 자동차연료용으로 판매한 이상 「세녹스」는 교통세의 과세대상에 해당한다.
- 원고는 2002.6월경부터 메틸알코올 등 알코올류 약 10%, 톨루엔 등 방향족 화합물 약 30%, 비방향족 화합물(용제) 약 60%로 구성된 '○○○'라는 상품을 자동차용 연료첨가제 명목으로 제조·판매하였다.
- 한국석유품질검사소에서 ○○○ 100%를 대상으로 한 품질감정결과, 옥탄값이 휘발유에 비하여 다소 낮은 것으로 나타났을 뿐, 다른 점에 있어서는 기존 휘발유와 별다른 차이점이 없는 것으로 나타났다. 다만, 일반적으로 메탄올 연료를 사용할 경우에 발생하는 연료공급계통 부품의 부식문제 때문에 자동차의 엔진이나 부품이 내알코올성 재료로 제조되거나 내알코올성이 강한 물질로 코팅되지 않는 경우에는 메탄올 연료를 사용하는 것이 금지되고 있다. (중략)
- (1) 대기환경보전법 제2조 제12호는 '첨가제'라 함은 탄소와 수소만으로 구성된 물질을 제외한 화학물질로서 자동차의 연료에 소량을 첨가함으로써 자동차의 성능을 향상시키거나 자동차 배출물질을 저감시키는 화학물질로서 환경부령이 정하는 것을 말한다고 규정하고 있다. 일반적으로 첨가제는 휘발유의 불완전연소에 수반하여 발생하는 여러 문제들을 방지·개선하여 자동차의 성능을 향상시키고 배출물질을 저감시키기 위하여 사용되는 것으로서 첨가제의 대부분은 독성물질인 질소를 포함하는 아민계통이나 황을 포함하는 설폰류가 많이 포함되어 있어 이를 많이 첨가하게 되면 그 부작용으로 인체나 환경에 유해한 여러 물질을 생성하게 되므로 그 자체로 자동차 등의 연료로 사용되기에는 부적합하다. (중략) 이 사건 ○○○는 대기환경보전법상의 첨가제로 볼 수 없다(대법원 2006.2.10. 선고 2004도5528 판결 참조).
- (2) 교통세법 제2조 제1항 제1호는 '휘발유와 이와 유사한 대체유류'를 과세대상으로 규정하고 있고, 구 교통세법 시행령 제3조 제1호 나목은 '휘발유와 유사한 대체유류'에 관하여 '석유사업법 시행령 제30조의 규정에 의한 유사 석유제품에 해당하는 것을 말한다.'라고 규정하고 있다. 교통세법은 구 석유사업법 제26조와는 입법취지를 달리하는 것이므로 구 교통세법 시행령 제3조에서 규정하고 있는 유사 석유제품이 구 석유사업법 제26조의 적용대상에 한정된다고 볼 이유는 없다.
- 따라서 구 교통세법 시행령 제3조의 유사 석유제품은 구 석유사업법 시행령 제30조의 규정에 의한 유사 석유제품으로서 당해 제품이 휘발유를 대체하는 연료로 사용되는 경우는 물론, 비록 당해 제품이 독립하여 자동차의 연료로 사용될 수는 없는 것이

라고 하더라도 휘발유에 첨가하여 사용함으로써 사실상 휘발유에 첨가하여 사용하는 양만큼의 휘발유의 소비를 줄이는 역할을 하는 것이라면 이에 해당된다고 할 것이다(위 2004도5528 판결 참조).

- 위와 같은 사정과 앞서 본 사실을 종합하면, 비록 ○○○가 첨가제로서의 품질기준을 충족하고 ○○○라는 별도의 상품명으로 판매되었다 하더라도, 원고가 ○○○를 휘발유와 혼합하거나 ○○○ 단독으로 연료로서의 기능을 한다는 일반인의 인식을 이용하여 사실상 자동차 등의 연료로 판매한 이상, ○○○는 교통세의 과세대상이 되는 휘발유와 유사한 대체유류에 해당한다고 봄이 상당하다. (이하 생략)

■ '소부시너'와 '에나멜시너' 각 1캔을 1세트로 제조 · 판매한 경우 교통세 과세 여부

(대구지방법원 2006구합3317, 2008.1.9.)

- 유사 석유제품으로서 당해 제품이 휘발유를 대체하는 연료로 사용되는 경우는 물론, 비록 당해 제품이 독립하여 자동차의 연료로 사용될 수는 없는 것이라고 하더라도 다른 석유제품과 혼합하면 그 기능상 휘발유의 기능을 대체할 수 있어 사실상 휘발유의 소비를 줄이는 역할을 하는 것이라면 교통세 및 교육세 부과가 정당하다.

- 석유화학제품인 톨루엔, 크실렌 등의 방향족화합물과 메틸알코올 및 용제인 솔벤트를 약 20 : 16 : 7(각 46.5% : 37.2% : 16.3%)의 비율로 혼합하여 속칭 소부시너(HS100 및 COAT, 이하 '소부시너'라 한다)를 제조하고, 용제인 솔벤트와 석유화학제품인 톨루엔 등을 약 95 : 5의 비율로 혼합하여 속칭 에나멜시너를 제조하여 이를 각 18ℓ들이 용기에 나누어 담은 다음, 중간알선 판매책을 통하여 소부시너와 에나멜시너 각 18ℓ들이 1통씩을 1세트로 결합하여 자동차 등의 연료용으로 판매 · 반출

- 시너 등을 자동차 등의 연료로 사용하기 위해서는 옥탄가가 92 내지 96 정도이어야 하는데, 원고가 제조 · 판매 · 반출한 소부시너는 옥탄가가 100을 초과하여 단독으로는 자동차 등의 연료로 사용할 수 없고, 원고가 제조 · 판매 · 반출한 에나멜시너도 옥탄가가 통상 70 정도에 지나지 않아 단독으로는 자동차 등의 연료로 사용할 수 없다. 그런데 소부시너와 에나멜시너를 1 : 1의 비율로 혼합하면 옥탄가가 95 정도로 조정되어 자동차 등의 연료로 사용할 수 있게 된다.

- 한편, 시너 등은 자동차 등의 연료로 사용하기 위해서는 메틸알코올 성분의 비율이 20%를 넘지 않아야 하는데, 원고가 제조 · 판매 · 반출한 소부시너는 메틸알코올 성분의 비율이 37.2%이어서 단독으로는 자동차 등의 연료로 사용할 수 없다. 그런데 소부시너와 에나멜시너를 1 : 1의 비율로 혼합하면 메틸알코올 성분의 비율이 19% 이하로 낮아져서 자동차 등의 연료로 사용할 수 있게 된다.

- (가) 도로 및 도시철도 등 교통시설의 확충에 소요되는 재원의 확보를 목적으로 하는 교통세법은 구 석유사업법 제26조와는 입법취지를 달리하는 것이므로 교통세법 시행령 제3조에서 규정하고 있는 유사 석유제품이 구 석유사업법

제26조의 적용대상에 한정된다고 볼 이유는 없다.
- 따라서 교통세법 시행령 제3조의 유사 석유제품은 구 석유사업법 시행령 제30조의 규정에 의한 유사 석유제품으로서 당해 제품이 휘발유를 대체하는 연료로 사용되는 경우는 물론, 비록 당해 제품이 독립하여 자동차의 연료로 사용될 수는 없는 것이라고 하더라도 다른 석유제품과 혼합하면 그 기능상 휘발유의 기능을 대체할 수 있어 사실상 휘발유의 소비를 줄이는 역할을 하는 것이라면 이에 해당된다고 할 것이다 (대법원 2006.2.10. 선고 2004도5528 판결참조).
- (나) 그런데 앞서 처분의 경위에서 인정한 바와 같이 원고가 제조·판매·반출한 소부시너는 그 자체만으로는 독립적으로 자동차용 연료로 사용될 수는 없으나 어떤 석유화학제품의 첨가도 없이 단순히 에나멜시너와 1 : 1의 비율로 혼합만 하면 누구나 이를 자동차 등의 연료로 사용할 수 있고, 다른 한편으로 원고는 소부시너와 에나멜시너 각 18 ℓ 들이 1통씩을 1세트로 결합하여 판매·반출 하였다.
- 그렇다면 소부시너와 에나멜시너는 그 기능상 휘발유의 기능을 대체할 수 있어 사실상 휘발유의 소비를 줄이는 역할을 할 수 있기 때문에 휘발유와 유사한 대체유류에 해당한다고 할 수 있으므로, 앞서 본 법리에 비추어 볼 때 원고가 제조·판매·반출한 소부시너와 에나멜시너는 교통세법 제2조 제1호 및 그 시행령 제3조 소정의 유사 석유제품에 해당된다고 해석함이 타당하고, 나아가 이러한 해석이 과세요건명확성 원칙에 위반된다고도 할 수 없으므로, 이에 반하는 원고의 주장은 이를 받아들일 수 없다(국심 2007구3688, 2007.11.16., 국심 2003광2288, 2003.9.18., 국심 2005구3605, 2006.9.14. 참조).

■ 우레탄시너, 락카시너 등의 교통세 과세 여부(울산지방법원 2008구합2112, 2009.6.10.)
- 시료 1(에나멜시너, TK-7), 시료 2(소부시너, TK-15), 시료 3(우레탄시너, TK-16), 시료 4(락카시너, TK-1)를 채취
- 한국석유품질관리원 영남지사에서 전항과 같이 채취한 각 시료에 대하여 시험분석한 결과, 그 중 시료 3(우레탄시너)은 석유계 용제에 석유화학제품인 방향족 화합물(크실렌 등) 약 70%와 메틸알코올 약 2%가 혼합된 제품으로서 주요 성상이 자동차용 휘발유의 품질기준에 근접하여 자동차 등의 연료로 사용될 경우 석유 및 석유대체연료 사업법 제2조 제10호의 규정에 의한 유사 석유제품으로, 시료 4(락카시너)는 석유계 용제에 석유화학제품인 방향족 화합물(크실렌 등) 약 53%와 알코올(메틸알코올 등) 약 34%가 혼합된 제품으로서 주요 성상이 자동차용 휘발유의 품질기준에 근접하여 자동차 등의 연료로 사용될 경우 석유 및 석유대체연료 사업법 제2조 제10호의 규정에 의한 유사 석유제품으로 판정되었다.
- 「석유 및 석유대체연료 사업법」에 의한 유사 석유제품은 조연제, 첨가제 그 밖에

명칭 여하를 불문하고 석유제품 또는 석유화학제품을 서로 혼합하는 방법으로 제조된 것으로서 자동차관리법 제2조 제1호의 규정에 의한 자동차 및 대통령령이 정하는 차량·기계(이하 '자동차 등'이라 한다)의 연료로 사용하거나 사용하게 할 목적으로 제조된 것을 의미하므로, 유사 석유제품이라고 하기 위해서는 자동차 등의 연료로 사용하거나 사용하게 할 목적이 있어야 함은 분명하다. (중략)

- 나아가, 교통세법이 「석유 및 석유대체연료 사업법」과는 그 취지가 달라, 제조 목적이 자동차 등의 연료로 사용하거나 사용하게 하려는 것에 있는지 여부에 불구하고 결과적으로 최종소비자가 휘발유를 대신하여 자동차 등의 연료로 사용할 수 있는 물품에 대하여 교통세를 부과하는 것이 부당하다고 볼 수 없고,

- 한편, 앞서 본 인정사실에 의하면 원고가 제조한 우레탄시너 및 락카시너는 그 자체로서 휘발유와 성상이 비슷하여 자동차 연료로 사용이 가능하다는 점 또한 인정되는 바,

- 그렇다면 가사 원고가 주장하는 바와 같이 원고가 우레탄시너 및 락카시너를 자동차 등의 연료로 사용하거나 사용하게 할 목적으로 제조한 것이 아니라고 하더라도 이에 대하여 피고가 교통세 및 교육세의 과세대상에 해당한다고 보아서 한 이 사건 처분은 적법하다고 할 것이다.

■ 등유에 소량의 윤활유를 섞어 제조한 유사 석유의 경유 및 이에 유사한 대체유류 해당 여부

(창원지방법원 2012구합1783, 2013.5.21.)

- A는 이 사건 유사 석유를 주식회사 B엔지니어링에 경유로 가장하여 판매하였고 주식회사 B엔지니어링은 위와 같이 구입한 경유를 덤프트럭 등 경유 차량의 연료로 사용한 사실이 인정되고, 여기에 거래현실에 비추어 경유를 연료로 사용하는 차량에 등유를 주입하여 사용하는 경우가 빈번하게 발생하고 있는 점, 앞서 본 바와 같이 원고는 등유에 소량의 윤활유를 섞어 이 사건 유사 석유를 제조하였는데 그러한 제조 방법을 감안하면 원고는 제조 당시부터 이 사건 유사 석유를 위와 같이 경유 차량의 연료로서 사용하기 위한 목적을 가지고 있었던 것으로 보이는 점 등을 종합하여 보면, 이 사건 유사 석유는 구 교통세법 제2조 제1항 제2호에서 정한 경유 및 이에 유사한 대체유류에 해당한다고 봄이 타당하다.

3 세율 (법 §2, 영 §3의2)

현행 교통 · 에너지 · 환경세의 세율은 종량세(從量稅, lump-sum tax) 구조로서 기본세율, 탄력세율로 구분하며 탄력세율, 기본세율 순으로 우선하여 적용한다.

「교통세법」 제정 당시에는 휘발유에 대하여는 물품가격의 100분의 150, 경유에 대하여는 물품가격의 100분의 20의 세율을 각각 적용하고, 당해 물품의 수급상 필요한 경우에는 그 세율의 100분의 30의 범위 안에서 대통령령으로 조정할 수 있도록 하였으나, 유가의 등락과 유가 자유화에 대비하여 세수를 안정적으로 확보하고 사회간접자본투자 및 교육투자를 원활히 하기 위하여 1995년 12월 29일 과세방식을 종량세 체계로 전환[175]하고 등유 · 석유가스 등에 대한 특별소비세도 종량세로 전환하였다(1996년 1월 1일 이후 최초로 제조장에서 반출하거나 수입신고하는 것부터 적용).

(1) 기본세율

휘발유와 이와 유사한 대체유류는 ℓ당 475원, 경유와 이와 유사한 대체유류는 ℓ당 340원을 기본세율로 한다.

---

175) 「2023 교통 · 에너지 · 환경세 실무」(국세청, 2023년) p.76, 「교통세법」 제정 당시 휘발유에 대하여는 물품가격의 100분의 150, 경유에 대하여는 물품가격의 100분의 20의 세율을 각각 적용하고, 당해 물품의 수급상 필요한 경우에는 그 세율의 100분의 30의 범위 안에서 대통령령으로 조정할 수 있도록 하였으나, 1995. 12. 29. 과세방식을 종량세 체계로 전환하고 등유 · 석유가스 등에 대한 특별소비세도 종량세로 전환하고, 1996. 1. 1. 이후 최초로 제조장에서 반출하거나 수입신고하는 것부터 적용함. 다만, 1996년도 제조장에서 반출하거나 수입신고하는 것에 대하여는 경유는 40원/ℓ, 등유는 17원/ℓ을 적용하였다.

구 분	'95.12.31. 이전	'96.1.1. 이후	'97.1.1. 이후
휘발유	150%(195%)	345원/ℓ	좌동
경 유	20%(26%)	40원/ℓ	48원/ℓ
등 유	10%	17원/ℓ	25원/ℓ
LPG	10%	18원/ℓ	좌동
LNG	10%	14원/ℓ	좌동

* ( )는 탄력세율

(2) 탄력세율(법 §1 ③)

교통·에너지·환경세의 세율은 국민경제의 효율적 운영을 위하여 교통시설의 확충과 대중교통 육성사업, 에너지 및 자원 관련 사업, 환경의 보전·개선사업 및 유가 변동에 따른 지원사업에 필요한 재원의 조달과 휘발유·경유 등의 수급상 필요한 경우에는 기본세율의 100분의 30(2024년 12월 31일까지는 100분의 50)[176]의 범위에서 대통령령으로 상향 또는 하향조정할 수 있다.

탄력세율은 환율, 국제원유가 등 국내외 경제여건에 민감하고, 국민경제에 미치는 영향이 큰 휘발유·경유 등에 대해 신속하고 신축성 있게 대처하기 위한 조세정책수단이다.

(3) 과세대상별 세율

현행 휘발유·경유 및 이와 유사한 대체유류의 기본세율과 탄력세율은 다음과 같다.

| 교통·에너지·환경세 세율 |

(단위 : 원/ℓ, 2024. 7. 1. 현재)

과세물품	기본세율	탄력세율	
		'21.11.12. 세율인하 전	'24.7.1.~
휘발유와 이와 유사한 대체유류	475	529	423
경유 및 이와 유사한 대체유류	340	375	263

| 기간별 적용세율 |

(단위 : 원/ℓ)

과세대상	기본세율	기간별 적용세율									
		'18.4.1.	'18.11.6.	'19.4.1.	'19.5.7.	'19.9.1.	'21.11.12.	'22.5.1.	'22.7.1.	'23.1.1.	'24.7.1.
휘발유	475	529	450	450	492	529	423	370	332.5	396.7	423
경 유	340	375	319	319	349	375	300	263	238	238	263

---

176) 「교통·에너지·환경세법」 [시행 2022.8.12.] [법률 제18974호] 일부개정 이유: 러시아·우크라이나 전쟁, 환율 상승 등 국제 경제의 불확실성 증가로 국제유가가 급등하면서 국내유가 역시 전년 대비 큰 폭으로 상승하여 국민들의 유류비 부담이 커진 상황에서 현행 탄력세율 조정 한도 100분의 30으로는 유류세 인하에 한계가 있으므로 국민들의 유류비에 대한 경제적 부담 완화와 물가 안정을 위해 휘발유, 경유에 부과되는 교통·에너지·환경세의 탄력세율 조정 한도를 2024년 12월 31일까지 100분의 50으로 확대하였다. (2022.8.12. 이후 제조장에서 반출하거나 수입신고하는 분부터 적용)

유가상승 및 내수부진 등으로 영세자영업자·중소기업 및 서민 등의 부담을 완화하고자 2018년 11월 6일부터 한시적으로 수송용 유류(휘발유·경유·LPG부탄)의 세율을 15% 인하하였고, 그 일몰시한이 2019년 5월 6일에 종료됨에 따라 다음과 같이 단계적으로 인상하여 종전 세율로 환원하였다.

- (1단계) 2019. 5. 7. ~ 8. 31. 8% 환원하여 인상 (당초 15% 인하 → 7% 인하)
- (2단계) 2019. 9. 1. 이후 종전 세율로 환원

| 유종별 단계적 세율환원 내역(2018~2019년) |

(단위 : 원/ℓ)

구분	휘발유(L당)			경유(L당)			LPG(kg당)		
	'18.11.6. 이후	'19.5.7. 이후	'19.9.1. 이후	'18.11.6. 이후	'19.5.7. 이후	'19.9.1. 이후	'18.11.6. 이후	'19.5.7. 이후	'19.9.1. 이후
개별소비세 (교통세)	450	492	529	319	349	375	234	256	275
교육세(15%)	67.5	73.8	79.35	47.85	52.35	56.25	35.1	38.4	41.25
주행세(26%)	117	127.92	137.54	82.94	90.74	97.5	–	–	–

2021년에는 유가상승으로 인한 중산·저소득층 등의 유류비 부담 완화를 위하여 2021년 11월 12일부터 2022년 12월 31일까지 한시적으로 휘발유·경유에 대한 교통·에너지·환경세와 석유가스 중 부탄의 개별소비세 탄력세율을 인하하고 유가상황에 따라 점차 인하폭을 확대하여 왔다.

- (휘발유) 529원 → 423원(△20%) → 370원(△30%) → 332.5원(△37%)
- (경　유) 375원 → 300원(△20%) → 263원(△30%) → 238.0원(△37%)
- (부　탄) 275원 → 220원(△20%) → 193원(△30%) → 176.4원(△37%)

2022년 12월에도 유가상승으로 인한 국민들의 유류비 부담 완화를 위하여 2022년 12월 31일까지 예정된 휘발유와 이와 유사한 대체유류, 경유와 이와 유사한 대체유류에 대한 교통·에너지·환경세율의 탄력세율 인하 조치를 2023년 4월 30일까지 연장하되, 휘발유 가격이 낮아지는 추세임을 고려해 휘발유 및 이와 유사한 대체유류에 대한 탄력세율은 리터당 396.7원으로 인하폭을 축소하여 2023년 1월 1일부터는 휘발유의 세율을 ℓ당 396.7원으로 환원하였다.[177] (332.5원(△30%) → 396.7원(△25%))

---

177) 탄력세율 인하 연장 및 휘발유의 세율 환원은 「교통·에너지·환경세법 시행령」 개정규정 시행일부터 2023년

| 유종별 탄력세율 인하(2021년 11월~2024년 2월) |

○ **휘발유의 세율개정 내역**

(단위 : 원/ℓ)

구 분	인하 전	'21.11.12.~	'22.5.1.~	'22.7.1.~	'23.1.1.~
유류세 합계	820.47	656.07	573.87	515.71	615.27
교통세 ⓐ	529.00	423.00	370.00	332.50	396.70
교육세(ⓐ×15%)	79.35	63.45	55.50	49.87	59.50
주행세(ⓐ×26%)	137.54	109.98	96.20	86.45	103.14
부가가치세	74.58	59.64	52.17	46.88	55.93
변동효과	–	△164.40	△82.20	△58.16	99.56↑

○ **경유의 세율개정 내역**

(단위 : 원/ℓ)

구 분	인하 전	'21.11.12.~	'22.5.1.~	'22.7.1.~
유류세 합계	581.62	465.30	407.91	369.14
교통세 ⓐ	375.00	300.00	263.00	238.00
교육세(ⓐ×15%)	56.25	45.00	39.45	35.70
주행세(ⓐ×26%)	97.50	78.00	68.38	61.88
부가가치세	52.87	42.30	37.08	33.56
변동효과	–	△116.32	△57.38	△38.77

이후 인하된 탄력세율은 2024년 6월 30일까지 운영하고, 2024년 7월 1일부터 휘발유와 이와 유사한 대체유류는 396.7원/ℓ →423원/ℓ으로 경유와 이와 유사한 대체유류는 238원/ℓ →263원/ℓ으로 인하율을 소폭 하향 조정하였다.

4월 30일까지 제조장에서 반출하거나 수입신고하는 물품에 대하여 적용한다.

해석사례

■ 교통세를 인하하는 경우 교통세와 교육세를 환급하여야 하는지 여부

(조심 2008광2399, 2008.9.5.)

- (생략) 석유제품은 제조자의 제조장에서 하치장으로 반출될 때 납세의무가 성립되는 "제조장 반출과세" 체계를 근간으로 하므로 제조장에서 반출되는 시점의 세율을 적용하여 과세하는 것이 원칙이며, 제조장에서 반출된 과세물품이 다시 제조장으로 환입되는 경우가 아닌 한 기 납부한 교통세는 환급하지 않는 것이 원칙이다.

- 교통세를 인하하는 경우라 하더라도 하치장에서 반출된 과세물품을 제조장 또는 하치장으로 환입하는 경우가 아닌 한 동 규정을 적용할 수 없으며, 위 규정은 과다한 재고물품을 보유한 주유소 등을 배려하기 위한 규정으로 보이므로 하치장에서 주유소 등으로 반출된 사실이 없는 하치장의 재고물품에 대하여는 동 규정을 적용할 수 없다고 해석되고, 청구법인은 교통세법 제17조 제3항 단서의 취지를 개별소비세법의 부칙 제10조의 의제환입규정과 동일한 취지로 해석하여야 한다고 주장하나,

- 개별소비세법 부칙 제10조의 의제환입규정은 하치장의 재고물품에 대하여도 인하된 세율을 적용하도록 그 대상물품을 특정하고 있는 반면, 교통세법 제17조 제3항 단서에서는 하치장의 재고물품에 대하여 인하된 세율을 적용하도록 그 대상물품을 특정한 사실이 없는 점에서 두 규정의 입법 취지는 그 차이가 있다고 판단된다.

- 교통세율 인상 시 하치장의 재고물품에 대하여 인상된 세율을 적용하지 않는 것 (재정경제부 예규 소비 46016-258, 1998.10.2. 참조)과 마찬가지로 교통세율 인하 시에도 하치장의 재고물품에 대하여는 인하된 교통세율을 적용하지 않는 것이 타당함.

4 과세대상의 판정

과세물품의 세목(細目)과 종류 및 과세물품의 판정에 관하여 필요한 사항은 대통령령으로 정한다. 이에 따라 과세물품의 세목(細目)은 「교통·에너지·환경세법 시행령」 제3조에 정하고, 과세물품의 판정에 관한 사항은 같은 법 시행령 제4조에 규정하고 있다.

과세물품의 판정은 그 명칭 여하에 불구하고 당해 물품의 형태·용도·성질 기타 중요한 특성에 의한다(법 §2 ④).

이는 세법이나 그 시행령에 모든 과세물품의 명칭 하나하나를 일일이 열거한다는 것이 사실상 불가능하므로 어떠한 물품이 과세물품에 해당하는지 여부를 과세물품에 관하여 정한 관계법령의 규정과 중요한 입법목적 및 당해 물품의 형태, 용도, 성질 기타 중요한 특성 등을 종합 참작하여 합리적으로 판단하여야 한다는 것이다(대법원 2000. 9. 22. 선고 2000두3382 참조). 따라서 세법에서 과세물품의 의미에 관하여 원용하는 규정을 두고 있지 않는 경우에는 그 물품의 성분, 형태, 용도, 성질, 그 밖의 특성에 비추어 과세물품 여부를 판정한다(대법원 1984. 6. 26. 선고 84누114 참고).

과세물품이 2 이상의 물품에 해당하는 경우에는 당해 물품의 특성에 따라 이를 판정하고, 그 특성이 명확하지 아니한 경우에는 주된 용도에 따라 판정하며, 특성과 주된 용도가 명확하지 아니한 경우에는 높은 세율이 적용되는 물품으로 취급한다(법 §2 ⑤).

과세물품의 판정에 있어서, 당해 물품이 불완전 또는 미완성 상태로 반출되는 경우에도 그 물품의 주된 성분을 갖추어 그 기능을 나타낼 수 있는 것은 이를 완제품으로 취급한다(영 §4).

> 특성에 맞는 물품 → 주된 용도 → 높은 세율

과세대상 판정 사례(개별소비세 집행기준 1-0-4)
과세대상에 해당하는 것
• 차량연료용으로 제조·판매하는 에나멜시너와 소부시너는 휘발유와 유사한 대체유류에 해당

5 | 납세의무자 (법 §3)

① 과세물품을 제조하여 반출하는 자, ② 과세물품을 보세구역으로부터 반출하는 자, ③ 관세를 징수하는 물품에 대해서 관세를 납부할 의무가 있는 자는 「교통 · 에너지 · 환경세법」에 따라 교통 · 에너지 · 환경세를 납부할 의무가 있다.

이와 같은 본래의 납세의무자는 아니지만 가짜석유제품 등의 판매 및 보관, 면세 · 미납세 물품 및 사업의 포괄적 양도 · 양수에 있어 원칙적인 납세의무자가 아닌 자에게 교통 · 에너지 · 환경세의 납세의무를 지우는 경우가 있다.

(1) 본래의 납세의무자

가. 과세물품을 제조하여 반출하는 자

과세물품을 제조하여 반출하는 자는 교통 · 에너지 · 환경세를 납부할 의무가 있다. 이 경우 구입 또는 채굴한 원유를 일정한 정유시설을 통하여 휘발유 · 경유 등으로 정제하는 행위는 제조에 해당한다.

과세물품을 제조장에서 반출하여 교통 · 에너지 · 환경세를 납부하고 물류회사에 보관한 후 납품처에 입고하는 경우 교통 · 에너지 · 환경세 반출처는 실제 거래처로 본다(개별소비세 집행기준 3-0-1 참고).

1) 제조의 의의

'제조'란 법 제5조의 '제조 등으로 보는 경우' 외에 재료 또는 원료에 물리적 또는 화학적 변화를 가하여 새로운 과세물품을 생산하는 행위를 말하며, 그 행위주체 및 행위장소를 불문한다(개별소비세법 기본통칙 4-0···3).

2) 제조장의 범위

'제조장'은 '물품을 제조하는 특정 지역과 그 지역 내의 건조물[178]'로 과세물품을 제조하는 자가 그 사업을 영위하거나 영위하기 위한 장소를 말한다(개별소비세법 기본통칙 4-0···5).

---

178) 대법원 80누8, 1981. 2. 24. 참조

제조장이 2필지 이상의 부지가 도로 또는 개울을 사이에 두는 등 직접 연결되어 있지 않다 하더라도 근접한 장소로서 판매·제조·저장 등이 총괄적으로 이루어지는 경우에는 그 부지들은 하나의 제조장에 해당하는 것으로 한다(개별소비세법 기본통칙 4-0…6).

그러나 교통·에너지·환경세 과세물품의 제조장이 협소하여 인근에 파이프라인으로 직접 연결된 저장탱크를 설치하였다 하더라도, 그 저장탱크는 제조장에 해당한다고 볼 수 없으므로 과세시기는 정유시설이 있는 제조장에서 저장탱크에 반출하는 때이다. 따라서 원칙적으로 저유소에서 서로 다른 유류의 혼합 등의 사유가 발생하여 제조에 해당하는 경우에는 저유소가 납세의무자가 되는 것이나, 과세표준 명확화와 신고절차 간소화를 위해 제조자(정유소)를 납세의무자로 하고 '혼유 등이 발생한 때'를 과세시기로 하는 특례규정을 두고 있다.[179]

하나의 판매장 또는 제조장의 부지가 2개 이상의 지방국세청이나 세무서의 관할구역에 위치한 경우에는 주요 시설물·주사무실의 위치를 종합적으로 감안하여 국세청장 또는 지방국세청장이 정하는 지방국세청 또는 세무서의 관할구역 안에 있는 것으로 한다(개별소비세법 기본통칙 4-0…6 ②).

3) 반출의 의의

'반출'이란 「교통·에너지·환경세법」 제5조 제2항에 따라 '반출로 보는 경우' 이외에 과세물품을 제조장으로부터 현실적으로 제조장 외의 장소로 이동하는 사실행위를 말하며, 반출원인은 매매, 증여, 담보, 단순 저장 등 그 원인의 여하를 불문한다.[180] 따라서 제조장에서 제조한 견본품·광고선전품을 무상으로 반출하는 것과 도난, 횡령으로 소실된 경우에도 반출에 해당한다(개별소비세법 기본통칙 4-0…7 참고).

| 반출로 보지 않는 경우 예시(개별소비세법 기본통칙 4-0…8) |

〈예시1〉 과세물품이 **제조장 안에서** 천재·지변 또는 화재 등으로 **소멸**된 사실이 명백한 경우

〈예시2〉 과세물품 제조공정에서 발생한 불량품과 포장 및 용량 미달이나 물품보관 중 불량품이 생겨 반출할 수 없게 되어 **제조장 안에서 폐기**한 사실이 명백한 경우

---

179) 저유소에서 혼유 등의 사유가 발생하여 저유소를 납세의무자로 보는 경우에는 정유소에는 기납부 개별소비세를 환급하고 저유소에는 개별소비세 등을 추가 징수하여야 하는 등 납세절차가 복잡해지는 문제가 있으므로 「교통·에너지·환경세법」 제8조의3에서 과세표준 명확화와 신고절차 간소화를 위해 제조자(정유소)를 납세의무자로 하고 혼유 등이 발생한 때를 과세시기로 하는 특례를 규정하고 있다.
180) 대법원 80누8, 1981. 2. 24. 참조

해석사례

■ **제조장에서 정상 반출 후 보관 중에 화재로 소실된 유류에 대하여 기납부한 교통·에너지·환경세 환급 여부**(소비세과−1462, 2019.8.29.)

- 정유공장(제조장)에서 정상적으로 반출한 과세물품(휘발유·경유)이 보관과정(저유소)에서 화재로 소실되었을 경우 당초 기납부한 교통에너지환경세는 환급하지 않는 것임(소비−46430−298. 1999.6.16. 같은 뜻).

■ **과세물품이 운반도중 멸실된 경우 환급 여부**(소비−46430−298. 1999.6.16.)

- 정상적으로 제조장에서 출고된 물품은 이미 제조장 반출시점에서 특별소비세 납세의무가 성립된 것임. 따라서 이미 납세의무가 성립된 과세물품이 운반도중에 멸실(또는 파손, 도난, 화재 등)되었다고 하여 이에 부과된 특별소비세가 환급되는 것은 아님.

■ **압수 폐기를 위한 유사휘발유 반출 시 교통세 과세 여부**(서면인터넷방문상담3팀−630, 2006.3.31.)

- 유사휘발유를 「석유 및 석유대체연료 사업법」 위반사건의 증거품으로 압수하여 검찰압수물사무규칙 제29조의 규정에 따라 폐기처분하기 위하여 대한송유관공사로부터 정유사로 이송하는 경우 동 유사휘발유는 교통세 과세대상에 포함되지 않는 것임.

관련판례

■ **정유회사의 휘발유 및 경유 등에 대한 특별소비세의 납세의무 발생시기 및 납부세액**

(대법원 80누8, 1981.2.24.)

- 특별소비세 과세품인 휘발유 및 경유 등(특별소비세법 제1조 제2항 제4종 제2류 물품)의 제조업자는 특별소비세의 납세의무가 있고(위 법 제3조 제2호) 위 세의 과세시기는 위 물품을 제조장으로부터 반출한 때(위 법 제4조)이고, 과세표준은 위 물품을 제조장으로부터 반출한 때의 가격이라고 할 것이고(위 법 제8조 제1항 제2호)
- 제조장이라 함은 위 물품을 제조하는 특정지역과 그 지역 내의 건조물을 말하는 바 그 부지의 연속 여부를 불문하고 동일한 관리인에 의하여 관리되며 그것이 1개의 제조장이라고 인정되는 실태에 있는 것을 지칭한다고 할 것이며,
- 반출이라 함은 제조장에서 제조장 밖으로의 반출을 말하며 반출원인은 매매, 증여, 교환, 담보, 단순한 저장 등 그 원인의 여하를 불문하는 바,
- 원심판결 이유에 의하면 원심은 원고 회사는 울산시 고사동에 있는 원고 회사 소영(所營)의 울산정유공장에서 석유류제품을 제조하고, 울산정유공장에서는 본사로

> 부터 반출지령이 오면 부두반출(선박반출), 돌핀반출, 철도반출, 탱크추럭반출, 송유관반출 등의 방법으로 석유류 제품을 소비자에게 직접 공급하거나 전국 각지에 설영한 저유소 또는 위탁저유소에 수송하여 보관 저장하였다가 수요자에게 공급하고 있으며, 울산정유공장에서 반출할 때마다 반출장에 부착된 계기에 의하여 반출물품별 수량을 계량하고 그 반출시의 실지가격(석유류 가격은 정부고시가격이므로 그 반출가격이나 판매가격이 분명하다 할 것이다)에 의한 특별소비세 납부세액을 피고에게 신고·납부하여 왔고, 피고 또한 이 사건 부과처분 전까지는 울산정유공장에서 과세물품이 반출한 때의 실지가격에 의한 특별소비세를 원고 회사로부터 징수하여온 사실, 원고 회사의 저유소 및 위탁저유소는 전국적으로 석유류 제품을 공급하는 원고 회사가 실수요자들에게 적시에 필요한 물량을 원활히 공급하기 위하여 그 제조장인 울산정유공장과는 별도로 피고의 관할 밖의 지역인 서울, 부산, 대구, 대전, 광주, 제주, 군산, 인천, 원주, 춘천 등지에 설영한 석유류 제품의 보관 저장시설에 불과한 사실을 인정한 후,
>
> – 본건 휘발유 및 경유에 관한 특별소비세 과세시기, 과세표준, 제조장 및 반출의 개념 등에 관하여 당원과 같은 견해 하에 그렇다면, 원고 회사의 이건 과세물품에 대한 특별소비세의 납세의무 발생시기(과세시기)는 그 제조장소인 울산정유공장에서 반출한 때이고, 그 납부세액 또한 그 반출한 때의 가격을 과세표준으로 한 산출세액이라 할 것이며, 피고가 들고 있는 특별소비세법 및 동법 시행령의 제규정으로써 원고 회사의 특별소비세 납세의무 발생시기가 저유소 등에서 실지로 소비자에게 출고된 때라거나 그 과세표준을 저유소 등에서 소비자에게 실지로 공급한 때의 가격이라고는 도저히 해석이 되지 아니 한다고 판단하고 있는 바, 원심의 위 사실인정 과정에 허물이 없고 원심의 위 판단 또한 정당하다고 할 것이고 원심판결에 소론 위법이 없다.

나. 과세물품을 보세구역에서 반출하는 자

「관세법」에 따라 관세를 납부할 의무가 있는 자로서 과세물품을 「관세법」에 따른 보세구역에서 반출하는 자는 교통·에너지·환경세 납세의무를 진다. 보세구역으로부터 반출하거나 보세공장으로 반입한 물품의 교통·에너지·환경세 부과징수에 관한 사무는 법 제24조(교통·에너지·환경세의 사무관할)에 따라 관할 세관장이 처리한다.

'보세구역에서 반출하는 자'는 「관세법」의 규정에 따라 관세를 납부할 의무가 있는 해당 수입 물품의 화주를 말한다(관세법 §19 ①).

화주가 불분명할 때에는 다음의 어느 하나에 해당하는 자가 납세의무자가 된다.

1. 수입을 위탁받아 수입업체가 대행수입한 물품인 경우: 그 물품의 수입을 위탁한 자
2. 수입을 위탁받아 수입업체가 대행수입한 물품이 아닌 경우: 상업서류에 적힌 물품수신인
3. 수입물품을 수입신고 전에 양도한 경우: 그 양수인

다. 관세를 납부할 의무가 있는 자

보세구역에서 반출하는 경우 외에 관세를 징수하는 물품에 대해서는 그 관세를 납부할 의무가 있는 자를 교통 · 에너지 · 환경세의 납세의무자로 한다.

(2) 가짜석유 등의 판매 · 보관자 등

본래의 납세의무를 부담하는 과세물품의 제조 · 반출자 또는 수입자가 아닌 경우에도 정상 석유제품과의 과세상의 형평을 위해 ① 가짜석유를 판매 · 보관하는 자[181], ② 자동차 연료로 사용한 등유 · 부생연료유 · 용제를 판매한 자[182]로부터 교통 · 에너지 · 환경세를 징수할 수 있다.

가. 가짜석유 판매 · 보관자

「석유 및 석유대체연료 사업법」 제2조 제10호에 따른 ① 가짜석유제품을 판매하거나, ② 판매하기 위하여 보관하는 자로부터 판매수량과 보관수량을 모두 합한 수량을 과세표준으로 하여 교통 · 에너지 · 환경세를 징수할 수 있다(법 §11 ① 1.). 다만, 제조자 등 또는 판매자 등 중 어느 하나의 당사자로부터 교통 · 에너지 · 환경세를 징수한 경우에는 다른 당사자로부터는 이를 징수하지 아니한다(법 §11 ③).

판매자등으로부터 교통 · 에너지 · 환경세를 징수하는 경우에 관하여는 법 제17조(세액의 공제와 환급)를 준용한다(법 §11 ④).

---

181) 「교통 · 에너지 · 환경세법」 [시행 2012.1.1.] [법률 제11123호] 일부개정 이유: 종전에는 유사 석유제품을 제조한 자에 대해서만 과세할 수 있었으나 유사 석유제품이 대부분 유통 · 판매단계에서 적발되는 점을 고려하여 앞으로는 유사 석유제품을 판매하거나 판매하기 위하여 보관하는 자에 대해서도 과세할 수 있도록 함으로써 정상 석유제품과의 과세상 형평을 도모하였다.
182) 「교통 · 에너지 · 환경세법」 [시행 2019.12.31.] [법률 제16840호] 일부개정 이유: 차량의 연료로 등유 등을 사용함으로써 발생하는 환경오염과 낮은 세율을 적용받기 위한 탈법행위를 방지하기 위하여 경유를 연료로 사용하는 차량에 등유 · 부생연료유(副生燃料油) · 용제(溶劑)를 연료로 판매한 자로부터 교통 · 에너지 · 환경세를 부과 · 징수할 수 있는 근거를 마련하였다.

대부분의 유사 석유가 유통·판매 단계에서 적발됨에도 불구하고 그 동안에는 제조자에게만 과세하도록 규정하여 세금부과·징수의 실효성이 미흡하였던 점을 개선하고 정상 석유제품과의 과세형평을 제고하기 위해 유사 석유제품 판매자 등에게도 과세할 수 있도록 2011년 12월 31일 과세특례를 신설하였다. (2012년 1월 1일부터 시행)

| 가짜석유 등의 판매·보관자 과세특례 개정내용 |

종 전	개 정
☐ 유사 석유제품 제조자에 대해 정상 석유제품과 동일하게 과세 • 납세의무자 : 유사 석유제품 제조자	☐ 유사 석유제품 판매자에 대한 과세제도 도입 • 납세의무자 : 석유 및 석유대체연료사업법상 유사 석유제품을 판매하거나 판매 목적으로 보관하는 자 • 과세물품 : 유사 석유제품(유사휘발유, 유사경유) • 과세표준 : 판매·보관하는 유사 석유제품 수량 • 세율 : 현행 휘발유·경유 세율과 동일 * 유사휘발유 529원/ℓ, 유사경유 375원/ℓ • 세액공제 : 유사 석유제품 중 교통·에너지·환경세가 이미 부과된 경우(제조자에게 교통·에너지·환경세를 징수한 경우에는 과세제외)

* 2012.1.1. 이후 최초로 유사 석유제품을 판매자가 판매하거나 보유하고 있는 분부터 적용

나. 등유, 부생연료유, 용제를 경유 차량·기계의 연료로 판매한 자

등유, 부생연료유(副生燃料油) 또는 용제(溶劑)를 다음의 차량 또는 기계 중 경유를 연료로 사용하는 차량 또는 기계의 연료로 판매한 자로부터 판매수량을 과세표준으로 하여 교통·에너지·환경세를 징수할 수 있다(법 §11 ① 2., 2020년 1월 1일 이후 판매하는 분부터 적용).

1. 「자동차관리법」 제2조 제1호에 따른 자동차
2. 「건설기계관리법」 제2조 제1항 제1호에 따른 건설기계
3. 「농업기계화 촉진법」 제2조 제1호에 따른 농업기계
4. 「군수품관리법」 제2조에 따른 군수품인 차량

다만, 제조자등 또는 판매자등 중 어느 하나의 당사자로부터 교통·에너지·환경세를 징수한 경우에는 다른 당사자로부터는 이를 징수하지 아니하며, 판매자등으로부터 교통·에너지·환경세를 징수하는 경우에 관하여는 제17조(세액의 공제와 환급)를 준용한다(법 §11 ③, ④).

경유 대신 등유 등을 차량연료로 사용하여 낮은 세율을 적용받는 사례를 방지하기 위해 '제조자과세방식'에도 불구하고 2019년 12월 31일 등유의 차량연료 판매자에 대한 과세특례를 도입하였다.

관련법령

○ 자동차관리법 제2조 【정의】

이 법에서 사용하는 용어의 뜻은 다음과 같다.

1. "자동차"란 원동기에 의하여 육상에서 이동할 목적으로 제작한 용구 또는 이에 견인되어 육상을 이동할 목적으로 제작한 용구(이하 "피견인자동차"라 한다)를 말한다. 다만, 대통령령으로 정하는 것은 제외한다.

○ 건설기계관리법 제2조 【정의 등】

① 이 법에서 사용하는 용어의 뜻은 다음과 같다. 〈개정 2013.3.23., 2017.1.17.〉

1. "건설기계"란 건설공사에 사용할 수 있는 기계로서 대통령령으로 정하는 것을 말한다.

○ 건설기계관리법 시행령 제2조 【건설기계의 범위】

「건설기계관리법」(이하 "법"이라 한다) 제2조 제1항 제1호에 따른 건설기계는 별표 1과 같다. 〈개정 1999.9.9., 2007.7.18.〉

○ 농업기계화촉진법 제2조 【정의】

이 법에서 사용하는 용어의 뜻은 다음과 같다. 〈개정 2009.5.27., 2013.6.12., 2015.6.22.〉

1. "농업기계"란 다음 각 목에 해당하는 것으로서 농림축산식품부령으로 정하는 것을 말한다.
    가. 농림축산물의 생산에 사용되는 기계 · 설비 및 그 부속 기자재
    나. 농림축산물과 그 부산물의 생산 후 처리작업에 사용되는 기계 · 설비 및 그 부속 기자재
    다. 농림축산물 생산시설의 환경 제어와 자동화에 사용되는 기계 · 설비 및 그 부속 기자재
    라. 그 밖에 「농업 · 농촌 및 식품산업 기본법」 제3조 제1호에 따른 농업과 같은 조 제8호에 따른 식품산업(농림축산물을 보관, 수송 및 판매하는 산업은 제외한다)에 사용되는 기계 · 설비 및 그 부속 기자재

○ 군수품관리법 제2조 【정의】

이 법에서 "군수품"이란 「물품관리법」 제2조 제1항 본문에 따른 물품 중 국방부 및 그 직할기관, 합동참모본부(이하 "국방관서"라 한다)와 육군 · 해군 · 공군(이하 "각군"이라 한다)에서 관리하는 물품을 말한다. (단서 이하 생략)

조세불복 결정사례

■ 유사 석유제품을 제조·반출한 납세의무자는 청구인이 아닌 A라는 주장의 당부

(국심 2006부2804, 2006.11.2.)

유사 석유제품의 납세의무자가 A이고 청구인은 하수인에 불과하므로 청구인에 대한 교통세 등의 부과처분을 취소하여야 한다고 주장하나, 석유저장탱크를 임대하여 유사 석유제품을 원고가 제조하여 반출하였으므로 청구인의 심판청구를 기각함

(1) 청구인은 2004.7월부터 2004.10월까지 주식회사 오○○○ 대표 B로부터 석유저장 탱크 2개를 임대받아 유사 석유제품을 제조·판매하여 오다가 2004.11.22 ○○지방 검찰청에 의하여 석유사업법 위반혐의로 구속된 후 ○○지방법원 제1형사부의 판결에서 징역 2년6월을 선고받은 사실이 처분청의 심리자료에 의하여 확인된다.

(2) ○○지방검찰청의 공소장 내용에는 A와 공모하여 가짜경유를 제조·판매한 것으로 되어 있으나, ○○지방법원의 판결문을 보면 청구인이 이 사건 범행의 주범격에 해당 된다고 판시하고 있는 사실과, 2006.5.3. 처분청직원이 진주교도소에 수감되어 있는 청구인을 방문하여 청구인으로부터 징취한 전말서를 보면 청구인은 A로부터 명의를 빌려 혼자서 가짜경유를 제조·판매하였다고 진술한 사실이 심리자료에 의하여 확인된다.

(3) 청구인은 2004.7.5. 주식회사 오○○○ 대표 B로부터 석유저장탱크 2개를 임대한 임대차계약을 A가 계약하였으므로 자신은 A의 하수인이라고 주장하고 있으나, 주식회사 한○○○○ 대표 C는 가짜석유를 청구인으로부터 구입하였다고 확인하고 있고, 청구인은 A가 이 건 관련 유사 석유를 단독으로 제조·판매하였음을 입증할 수 있는 객관적인 자료를 제시하지 아니하고 있다.

(4) 따라서, 처분청이 청구인을 이 건 사업장의 실지사업자로 보아 과세한 처분은 잘못이 없다고 판단된다.

■ 유사휘발유를 위탁임가공 반출하는 경우 교통세 및 부가가치세 과세대상 여부

(심사기타 2005 – 0059, 2005.7.11.)

(1) 교통세법 제3조에 의하면 휘발유와 이와 유사한 대체유류를 제조하여 반출하는 자에게 교통세 및 이에 따른 교육세를 부과하도록 규정하고 있는바, 청구법인이 생산·출고한 쟁점과세물품은 주성분이 석유화학제품에 해당될 뿐만 아니라 그 제조 또는 판매사업자가 자동차 연료용 목적으로 생산·판매하여 소비자가 원하는 만큼의 양을 매입하여 자동차 연료로의 사용이 가능한 점 등을 감안할 때, 교통세 과세대상 물품인 유사 석유제품에 해당된다(국심 2003광2288, 2003.9.18. 같은 뜻).

(2) 청구법인은 수수료를 받고 단순히 쟁점과세물품을 위탁생산을 하였을 뿐이라는 주장이나, 과세물품을 제조하여 반출한 자가 교통세와 교육세의 납세의무가 있는

것이고 청구법인이 쟁점사업장에 제조시설을 갖추고 원료를 구입하여 쟁점 과세물품을 생산하여 반출한 사실이 청구법인의 예금통장사본, 생산위탁 계약서, 청구법인 대표이사의 확인서와 전말서 등에 의하여 확인되고, 청구법인도 이를 시인하고 있으며, 청구법인의 예금통장사본을 보면 2003.12.16.~2004.2.9. 기간 중 청구외법인으로부터 입금된 금액이 ○○억 원에 이르고 있어 동 금액이 쟁점과세물품 판매에 대한 대가로 보여질 뿐 위탁가공에 따른 수수료라고 인정하기는 어려운 것으로 판단된다.

(3) 청구법인은 쟁점과세물품을 제조하기 위하여 ○○억원의 원재료를 직접 구입하였고, 그 대금을 직접 지급한 사실이 국세청 통합전산망 조회자료(매입처별세금계산서 합계표) 및 은행통장사본 등에 의해 확인되므로 쟁점과세물품을 단순히 임가공한 것에 불과하다는 청구주장은 신뢰하기 어렵다 하겠다.

(4) 설령, 청구법인이 청구외법인으로부터 수탁받아 쟁점과세물품을 임가공하였다 하더라도 과세물품을 수탁받아 제조하는 경우에 동 과세물품에 대한 납세의무자는 과세물품을 제조하여 반출한 자이고, 납세지는 과세물품을 제조·가공하여 반출하는 장소이며(개별소비세법 기본통칙 3-0-3), 부가가치세는 사업장마다 신고·납부하여야 하므로(부가가치세법 제4조) 처분청이 쟁점소재지에서 쟁점과세물품을 제조·반출한 청구법인에게 부가가치세와 교통세 및 교육세를 부과한 당초처분은 정당하고 달리 잘못이 없는 것으로 판단된다.

(3) 예외적 납세의무자

본래의 납세의무를 부담하는 과세물품의 제조·반출자 또는 수입자가 아닌 경우에도 면세·미납세 물품 등에 대한 교통·에너지·환경세의 납세보전을 위해 다음에 해당하는 자를 납세의무자로 본다.

가. 미납세물품 반입자(§12 ④, ⑤)
나. 수출 및 주한외국군 면세물품의 반입자, 양수자(§13 ④, ⑤)
다. 외교관 면세물품의 양수자(§14 ④)
라. 조건부 면세물품 반입자 및 용도위반자(§15 ②)
마. 과세 영업의 포괄적 승계인(§20)

가. 미납세물품 반입자 (법 §12 ④, ⑤)

과세물품을 반출할 때 세액의 부담을 유보하는 미납세반출 승인을 받아 물품을 반입한 경우에는 해당 물품의 반입 장소를 제조장으로 보고, 반입자를 제조자로 보아 교통·에너지·환경세의 부과 또는 면제에 관한 규정을 적용한다.

미납세 물품을 반입장소에 반입한 자는 해당 물품을 반입한 날이 속하는 달의 다음 달 15일까지 반입 사실을 반입지 관할 세무서장 또는 세관장에게 신고하여야 한다.

미납세 물품의 교통·에너지·환경세 과세·징수 여부는 반입자가 반입 장소에서 미납세 물품을 다시 반출할 때 결정되며, 반입자는 납세의무자로서 미납세 물품의 과세 또는 면세 여부에 따라 세법상 제반의무를 이행하여야 한다.[183]

나. 수출 및 주한외국군 납품 물품의 반입자, 양수자 (법 §13 ④, ⑤)

과세물품을 수출하기 위해 교통·에너지·환경세를 면제받은 물품의 반입자에 대하여 대통령령으로 정하는 일정한 사유가 발생한 때에는 그 반입자로부터 교통·에너지·환경세를 징수한다. 그러나 현행 대통령령은 반입자로부터 징수하는 사유를 정하고 있지 않다.

우리나라에 주둔하는 외국군대에 납품하는 것으로서 교통·에너지·환경세를 면제받은 물품을 다른 사람에게 양도한 때에는 양수자가 반출 또는 수입신고를 한 것으로 보아 교통·에너지·환경세를 징수한다.[184]

다. 외교관 면세물품의 양수자 (법 §14 ④)

주한외교공관과 주한외교관 등이 소유하는 자동차에 사용하는 물품으로서 교통·에너지·환경세를 면제받은 물품을 다른 사람에게 양도한 때에는 양수자가 반출 또는 수입신고를 한 것으로 보아 교통·에너지·환경세를 징수한다.

주한외교공관에 준하는 기관은 우리나라에 상주하는 영사기관(명예영사관원을 장으로 하는

---

183) 「개별소비세법」 제10조의4는 미납세 반출자와 반입한 자가 동일한 사업자인 경우에는 해당 물품을 반입지에서 판매 또는 반출할 때 반입자를 납세의무자로 보는 규정에도 불구하고 미납세 반출자가 해당 물품에 대한 개별소비세를 관할 세무서장 또는 세관장에게 신고·납부할 수 있도록 규정하고 있으나 「교통·에너지·환경세법」은 '미납세반출 후 반입지에서 판매 또는 반출한 물품의 신고·납부 특례' 규정을 두고 있지 않다.

184) 「개별소비세법」은 면제의 승인을 받은 날부터 5년 내에 타인에게 양도한 경우에는 이를 양수한 자가, 타인이 소지한 경우에는 이를 소지한 자가 반출 또는 수입신고를 한 것으로 보아 개별소비세를 징수하도록 규정하고 있으나 「교통·에너지·환경세법」은 징수할 수 있는 기간을 규정하고 있지 않다.

영사기관은 제외한다), 국제연합과 이에 준하는 국제기구(우리나라가 당사국인 조약과 그 밖의 국내 법령에 따라 특권과 면제를 부여받을 수 있는 경우만 해당한다)를 말한다.

주한외교관에 준하는 자에는 주한외교공관 및 이에 준하는 기관의 소속 직원으로서 해당 국가로부터 공무원 신분을 부여받은 자 또는 외교부장관으로부터 이에 준하는 신분임을 확인받은 자 중 내국인이 아닌 자를 말한다.

라. 조건부 면세물품 반입자 및 용도위반자(법 §15 ②)

1) 조건부 면세물품 반입자

조건부 면세물품을 반입장소에 반입한 자는 해당 물품을 반입한 날이 속하는 달의 다음 달 15일까지 반입 사실을 반입지 관할 세무서장 또는 세관장에게 신고하여야 한다.

그러나 조건부 면세물품으로서 「교통 · 에너지 · 환경세법 시행령」 제17조 제1항에 따라 반입지에 반입한 사실을 증명하지 아니한 것에 대하여는 관할 세무서장 또는 세관장이 그 반출자 또는 수입신고인으로부터 교통 · 에너지 · 환경세를 징수한다.

2) 조건부 면세 용도위반자

조건부 면세 승인을 받아 교통 · 에너지 · 환경세의 면제를 받은 물품이 반입지에 반입된 후에 면세를 받은 물품의 용도를 변경하는 등 다음의 사유[185]가 발생하는 경우에는 반입자는 그 사유가 발생한 날이 속하는 달의 다음 달 말일까지 과세표준 신고서를 반입지 관할 세무서장 또는 세관장에게 제출하고 교통 · 에너지 · 환경세를 납부하여야 한다.

1. 외국으로부터 구호기관 · 단체에 기증되는 것(법 제15조 제1항 제1호) 및 재수출할 물품을 보세구역으로부터 반출하는 것으로서 관세가 면제되는 것(법 제15조 제1항 제2호)에 있어서 반입자가 그 용도를 변경하거나 다른 사람에게 양도한 때
2. 의료용 · 의약품제조용 · 비료제조용 · 농약제조용 또는 석유화학공업용 원료, 항공기에 사용하는 석유류(법 제15조 제1항 제3호, 외국항행선박 및 원양어업선박에 사용하는 석유류를 제외한다)를 반입한 날부터 6월 이내에 다음 각 목의 서류를 반입지 관할 세무서장에게 제출하지 아니한 때. 다만, 부득이한 사유가 있는 경우에는 반입지 관할 세무서장은 3월의 범위 내에서 그 기한을 연장할 수 있다.
   ⓐ 항공기에 사용하는 석유류에 있어서는 사용자의 사용보고서

---

185) 「개별소비세법 시행령」 제33조는 5년 이내에 그 용도를 변경하거나 양도하는 등의 사유를 신고 · 납부 사유로 정하고 있다.

ⓑ 의료용·의약품제조용·비료제조용·농약제조용 또는 석유화학공업용 원료로 사용하는 석유류에 있어서는 사용자의 사용보고서와 주무부처의 장이 발행한 사용확인서

3. 외국항행선박 및 원양어업선박에 사용하는 석유류(법 제15조 제1항 제3호)에 대하여 영 제17조 제2항 제2호에 따른 유류공급명세서(내항선인 원양어업선박의 경우에는 반입자의 반입보고서)를 제출한 후 그 용도를 변경하거나 양도한 때. 다만, 외국항행선박 및 원양어업선박이 외국항행 및 원양어업을 종료하여 사용하고 남은 석유류를 다시 국내로 반입함에 따라 「관세법」 제14조에 따른 과세물건에 해당하게 되어 교통·에너지·환경세 또는 「개별소비세법」에 따른 개별소비세가 부과된 경우는 제외한다.[186]

그러나 반입지에 반입한 조건부 면세물품을 법 제15조 조건부 면세 또는 법 제16조 무조건면세 용도로 제공하기 위하여 재반출하는 경우에는 조건부 면세 또는 무조건면세 승인 절차에 따라 교통·에너지·환경세를 면제한다(영 §23 ① 3.).

마. 과세 영업의 포괄적 승계인(법 §20)

제조장을 사실상 이전하지 아니하고 제조업의 영업에 관하여 포괄승계(包括承繼)가 있는 경우에 승계인은 피승계인(被承繼人)에 속하였던 다음의 권리·의무를 승계하여 납세의무자가 된다. 미납세 또는 면세로 물품을 반입한 자의 지위를 포괄승계하는 경우에도 피승계인(被承繼人)에게 속하였던 권리·의무를 승계하여 납세의무자가 될 수 있다.

「교통·에너지·환경세법」에서는 '포괄적 사업양도'가 명시적으로 언급되어 있지 않고, 「부가가치세법」 제10조 및 같은 법 시행령 제23조에 그 개념이 규정되어 있다. 이는 부가가치세 과세 대상으로서의 재화의 공급으로 보지 않는 사업 양도로서 '사업에 관한 모든 권리와 의무를 포괄적으로 승계시키는 것'을 의미한다.

구체적으로 '포괄적 사업양도'란 사업장별로 사업용 재산을 비롯한 물적·인적 시설 및 권리·의무 등을 포괄적으로 양도하여 사업의 동일성을 유지하면서 경영주체만을 교체시키는 것을 말하며(서울고등법원 2010누16020, 2011.2.10. 판결 참조), 그 영업을 포괄승계(包括承繼)하는 경우에는 해당 제조업을 폐업한 것으로 보지 아니한다.

---

186) 「교통·에너지·환경세법 시행령」 [시행 2021.2.17.] [대통령령 제31456호] 일부개정 이유: 외국항행선박 및 원양어업선박에 사용하는 조건으로 교통·에너지·환경세가 면제되었으나 그 외국항행 및 원양어업이 종료되어 국내로 반입된 남은 석유류에 대하여 이미 국세가 부과된 경우에는 교통·에너지·환경세의 신고·납부 대상에서 제외함으로써 이중과세를 방지하였다. (영 §23 ① 3., 2021.2.17. 이후 수입신고하는 분부터 적용)

「교통 · 에너지 · 환경세법」에 따라 과세 영업의 포괄적 승계인이 승계하는 권리 · 의무의 범위는 다음과 같다.

1. 과세표준의 신고, 세액 및 가산세 납부 등의 의무
2. 장부의 비치 · 기장의 의무
3. 미납세(未納稅) 또는 면세로 반입된 물품으로서 사후관리를 받고 있는 것에 관한 권리
4. 법 제17조에 따른 공제와 환급에 관한 권리 · 의무

관련판례

■ 교통세 등을 징수한 행위가 헌법상 자기책임의 원리에 위배되는지 여부

(부산고등법원 2011누2422, 2012.8.22.)

- 구 교통세법은 휘발유와 이와 유사한 대체유류에 대하여 교통세를 부과하도록 규정하고(제2조), 물품을 제조하여 반출하는 자를 납세의무자로 규정하고 있으며(제3조), 납세의무자가 매월 제조장으로부터 반출한 물품의 물품별 수량 및 가격과 세액(환급세액 포함) 등을 신고하도록 규정하고 있다(제7조). 그리고 구 조세특례제한법은 '대통령령이 정하는 농 · 어민 등이 농업 · 임업 또는 어업에 사용하기 위한 석유류로서 대통령령이 정하는 것'에 해당하는 경우에는 교통세를 감면하도록 규정하고 있다(제106조의 2). 따라서 위 규정들에 의하면 교통세를 감면받기 위하여는 구 조세특례제한법 제106조의2의 요건을 충족하여야 하고, 납세의무자는 위 요건을 충족하는 경우에 한하여 이미 납부한 교통세의 환급신청을 하여 이를 환급받을 수 있게 된다.
- 그런데 원고가 이 사건에서 환급받은 교통세가 구 조세특례제한법 제106조의2의 요건을 충족하는지에 관하여 보면, 원고는 AA에너지주유소 등으로부터 제출받은 위조된 면세유류 공급확인서를 첨부하여 피고로부터 교통세를 환급받았는데, 원고가 환급받은 부분에 해당하는 면세유류가 농어업용으로 사용되지 않아 교통세 환급의 대상이 되지 않는 사실 및 이에 따라 피고가 환급된 교통세를 징수하는 이 사건 처분을 한 사실은 위에서 본 바와 같다.
- 그러므로 이 사건 처분은 교통세 과세물품의 반출자인 원고가 당해 물품이 농업용으로 사용되었다는 이유로 교통세를 환급받은 후 당해 물품이 농업용으로 반입되지 아니하고 유출된 사실이 확인되어 환급된 교통세를 징수하는 것이고, 이는 결국 원고가 원래 납부하였어야 할 교통세 등을 징수한 것일 뿐이므로 헌법상 자기책임 원리에 위배된다고 할 수 없다(대법원 2012.7.12. 선고 2012두6858 판결 참조).

■ 면세유가 외항선박에 반입되기 전에 부정사용된 경우에는 반출자인 정유사로부터 교통세 등을 징수함(대법원 2009두14972, 2011.10.27.)

- 구 교통세법(2005.7.8. 법률 제7576호로 개정되기 전의 것, 이하 '법'이라 한다) 제4조는 '교통세는 과세물품을 제조장으로부터 반출하는 때에 부과한다'고 규정하고, 제17조 제2항은 '이미 교통세가 납부되었거나 납부할 물품이 다음 각 호의 1에 해당하는 경우에는 대통령령이 정하는 바에 따라 이미 납부한 세액을 환급한다. 이 경우 납부할 세액이 있는 때에는 이를 공제한다'고 규정하면서, 그 제4호에서 '과세물품이 외국항행선박에서 사용되는 경우'를 들고 있으며, 구 교통세법 시행령(2005. 7. 8. 대통령령 제18941호로 개정되기 전의 것, 이하 '시행령'이라 한다) 제24조 제1항, 제2항 제4호는 과세물품이 외국항행선박에서 사용되는 경우임을 이유로 환급·공제신청을 함에 있어서는 그 증명서류로 선적허가서를 첨부하도록 규정하고 있다. 또한 법 제17조 제8항은 '제2항 제4호의 규정에 해당하여 환급·공제를 받은 물품이 소정의 용도에 사용되지 아니한 사실이 확인된 때에는 환급·공제된 교통세를 징수한다'고 규정하고, 시행령 제24조 제5항은 '법 제17조 제8항의 규정에 해당하는 경우에는 당해 물품을 소정의 용도에 사용하지 아니한 자로부터 당해 교통세를 징수한다. 이 경우 법 제17조 제2항 제4호 중 외국항행선박에서 사용하는 석유류에 있어서는 당해 물품을 소정의 용도에 사용하지 아니한 자의 관할세관장이 징수한다'고 규정하고 있다.
- 한편, 법 제15조 제1항 제3호는 외국항행선박에 사용하는 물품에 대하여 관할 세무서장 또는 세관장의 승인을 얻은 경우에는 교통세를 면제하도록 규정하면서, 같은 조 제2항, 시행령 제23조 제1항 제3호, 제17조 제2항 단서는 선적허가서에 의하여 외국항행선박에 반입한 사실을 증명하지 아니한 것에 대하여는 그 반출자로부터 교통세를 징수하며, 외국항행선박에 반입된 후 그 용도를 변경하거나 양도한 때에는 그 반입자로부터 교통세를 징수한다고 규정하고 있다.
- 법 제17조 제2항 제4호 및 시행령 제24조 제1항, 제2항 제4호에 의하면 외국항행선박에 사용되는 물품에 대한 교통세의 환급·공제는 당해 물품이 외국항행선박에 반입되는 것을 요건으로 하는 점, 법 제17조 제8항은 교통세의 환급·공제요건을 충족하지 아니한 사실이 확인된 경우에 환급·공제된 교통세를 사후적으로 추징하기 위한 규정인 점, 법 제15조 제2항에 의하면 조건부 면세의 경우 당해 물품이 외국항행선박에 반입되지 아니하면 반출자로부터 그 교통세를 징수하여야 하는데 교통세 환급·공제의 경우도 조건부 면세의 경우와 면세 시기만을 달리할 뿐이므로 위와 같은 사유에 대하여 달리 취급할 필요가 없는 점 등을 종합하면, 교통세 과세물품의 반출자가 당해 물품이 외국항행선박에 사용된다는 이유로 교통세를 환급·공제받은 후 당해 물품이 외국항행선박에 반입되지 아니하고 타에 유출됨으로써 외국항행선박에서 사용되지 아니한 사실이 확인된 때에는 그 반출자를 시행령 제24조 제5항 소정의

'당해 물품을 소정의 용도에 사용하지 아니한 자'로 보아 그로부터 환급 · 공제된 교통세를 징수하여야 한다고 봄이 상당하다.

(4) 저유소 혼유에 대한 과세특례(법 §8의3)

정유소에서 저유소까지 같은 송유관을 이용하여 서로 다른 종류의 유류를 송유할 때 저유소에서 혼유[187]가 발생하는 경우 원칙적으로 제조행위에 해당되어 제조장인 저유소가 개별소비세 및 교통 · 에너지 · 환경세의 납세의무자로서 과세표준과 세액을 신고 · 납부하여야 한다. 그러나 저유소에서 발생하는 혼유 및 첨가제의 혼합에 대해 정유소에서 교통 · 에너지 · 환경세 등을 정산하였던 기업실무와 납세편의를 고려하여 「교통 · 에너지 · 환경세법」 제8조의3에 정유소가 저유소의 혼유에 대해 신고 · 납부할 수 있도록 허용하는 특례를 두고 있다.[188]

예를 들면, 등유 1ℓ가 경유에 혼합되어 경유로 판매하는 경우 등유(기본세율 기준 개별소비세 90원, 교육세 14원)와 경유(기본세율 기준 교통 · 에너지 · 환경세 340원, 교육세 51원)의 세금차액(287원)을 저유소가 아닌 정유소에서 추가 납부할 수 있도록 한 것이다.

대법원은 혼유를 저유소에서 새로이 제조하는 것으로 보아 저유소가 납세의무자, 납세의무 성립시기, 납세지(관할 세무서) 등에 해당한다(2010두4452, 2011.4.14.)고 판시하였으나, 저유소를 납세지로 하여 혼유에 대한 교통 · 에너지 · 환경세를 신고 · 납부할 경우에 발생하는 다음과 같은 문제점을 해소하고 과세표준 명확화와 신고절차 간소화를 위해 정유소가 저유소 혼유와 첨가제에 대하여 신고 · 납부할 수 있도록 하는 특례를 신설하였다.

① 저유소를 납세의무자로 보는 경우에는 정유소에는 기납부 개별소비세를 환급하고 저유소에는 교통 · 에너지 · 환경세 등을 추가 징수하여야 하므로 납세절차가 복잡하다.

② 반입시점의 혼유 비율은 확정이 가능하나, 여러 시점에 저유소에서 섞인 후 반출되는

---

187) 석유정제업자(제조장 · 저장시설)의 석유제품 품질 보정행위로 보아 가짜석유 제품으로는 보지 않는다. (석유 및 석유대체연료사업법 §29 ② 2.)

188) 「교통 · 에너지 · 환경세법」 [시행 2012. 1. 1.] [법률 제11123호] 일부개정 이유 참고; 정유소에서 송유관을 거쳐 제조자 등이 소유 또는 임차한 저유소에서 다시 반출하는 경우로서 저유소에서 서로 다른 유류의 혼합 등의 사유가 발생하는 경우에는 제조자 등이 서로 다른 유류의 혼합 등이 발생한 때의 수량에 대하여 교통 · 에너지 · 환경세를 신고 · 납부하도록 함으로써 납세자의 신고 · 납부절차를 간소화하였다. 2012. 1. 1. 이후 최초로 저유소에 반입되는 혼유 및 혼합되는 첨가제 분부터 적용한다.

혼유의 혼합비율은 확정할 수 없어 과세표준 산정이 곤란하다.

가. 특례 적용대상

과세물품의 제조자(정유소)·수입자가 휘발유, 경유를 해당 제조장 또는 보세구역에서 「송유관 안전관리법」에 따른 송유관 또는 선박·탱크로리 등 운송수단[189]을 통하여 반출한 후 제조자 등이 소유 또는 임차한 저유소(貯油所)에서 다시 반출하는 경우로서 해당 저유소에서 다음과 같은 혼유 등이 발생하는 경우에는 납세의무자, 과세시기 및 과세표준에 있어 특례규정 (법 §8의3)에 따른다.

① 과세물품이 저유소에서 서로 다른 유류와 혼합되는 경우

② 저유소에서 과세물품에 첨가제[옥탄값 향상제, 부식방지제, 조연제(助燃劑), 착색제 등 유류의 성능을 향상시키거나 그 밖의 필요에 따라 유류에 첨가하는 모든 물질을 말한다]를 혼합하는 경우

관련법령

○ **송유관 안전관리법 제2조【정의】**

이 법에서 사용하는 용어의 뜻은 다음과 같다.

2. "송유관"이란 석유를 수송하는 배관 및 공작물로서 대통령령으로 정하는 시설을 제외한 것을 말한다. (이하 생략)

○ **대기환경보전법 제2조【정의】**

이 법에서 사용하는 용어의 뜻은 다음과 같다.

15. "첨가제"란 자동차의 성능을 향상시키거나 배출가스를 줄이기 위하여 자동차의 연료에 첨가하는 탄소와 수소만으로 구성된 물질을 제외한 화학물질로서 다음 각 목의 요건을 모두 충족하는 것을 말한다.

　가. 자동차의 연료에 부피 기준(액체첨가제의 경우만 해당한다) 또는 무게 기준(고체 첨가제의 경우만 해당한다)으로 1퍼센트 미만의 비율로 첨가하는 물질. 다만, 「석유 및 석유대체연료 사업법」 제2조 제7호 및 제8호에 따른 석유정제업자 및 석유수출입 업자가 자동차연료인 석유제품을 제조하거나 품질을 보정(補正)하는 과정에 첨가

---

189) 「교통·에너지·환경세법」 [시행 2013.1.1.] [법률 제11603호] 일부개정 이유: 납세자의 편의를 제고하기 위하여 제조자 등이 정유소에서 유류를 반출한 후 저유소(貯油所)에서 서로 다른 유류가 혼합되는 경우 제조자 등이 일괄적으로 신고·납부할 수 있는 바, 이러한 특례가 적용되는 운송수단으로 현행 송유관 외에 선박, 탱크로리 등을 추가하였다. (2013.1.1. 이후 제조장 반출 또는 수입신고하는 분부터 적용)

> 하는 물질의 경우에는 그 첨가비율의 제한을 받지 아니한다.
>
> 나. 「석유 및 석유대체연료 사업법」 제2조 제10호에 따른 가짜석유제품 또는 같은 조 제11호에 따른 석유대체연료에 해당하지 아니하는 물질

나. 특례 적용효과

1) 납세의무자

혼유 등에 있어 과세물품의 납세의무자는 법 제3조 제1호(과세물품을 제조하여 반출하는 자)에도 불구하고 제조자 등(정유소)으로 한다.

2) 과세시기

혼유 등의 과세시기는 법 제4조(제조장에서 반출할 때 또는 수입신고를 할 때)에도 불구하고 혼유 등이 발생한 때로 한다.

3) 과세표준

혼유 등의 과세표준은 법 제6조 제1항 제1호(제조장에서 반출할 때의 수량)에도 불구하고 혼유 등이 발생한 때의 수량으로 한다.

다. 특례 적용절차

제조자 등은 저유소 혼유 등의 사유가 발생한 경우에는 과세표준 신고를 할 때 「과세물품 과세표준 신고서」에 「저유소 혼유 등 특례신청서」(시행규칙 제5호 서식, 처음으로 과세표준을 신고할 때와 이미 제출한 내용이 변경되는 경우에 제출), 「저유소별 과세표준 신고서」를 첨부하여 제조자 등 관할 세무서장에게 제출하여야 한다.

「저유소 혼유 등 특례신청서」를 받은 관할 세무서장은 저유소 관할 세무서장에게 그 사실을 통지하여야 한다.

> 🌐 **관련판례**
>
> ■ **저유소에서 등유부분을 경유와 함께 저장하여 혼합한 것은 새로운 경유의 제조행위에 해당함**(대법원 2010두4452, 2011.4.14.).
>
> - [요지] 저유소에서 등유부분을 경유와 함께 저장하여 혼합한 것은 순도가 미세하게 떨어지는 새로운 경유의 제조행위에 해당한다고 할 것이고 그 제조장소는 정유공장이 아닌 저유소이므로 부과처분은 관할위반과 납세의무 성립시기의 착오로 위법함.

- ① 원고가 ○○시 ○○읍 ○○리에 위치한 정유공장(이하 '이 사건 공장'이라 한다)에서 원유를 분별증류하여 휘발유, 경유, 등유 등의 석유제품을 생산한 다음 대한송유관공사가 관리하는 송유관을 통하여 천안시와 성남시에 있는 각 저유소(이하 '이 사건 저유소'라 한다)로 이를 수송한 사실, ② 원고는 매월 이 사건 공장에서 이 사건 저유소로 반출한 석유제품 중 휘발유와 경유에 대해서는 교통세 및 그에 관한 교육세를, 등유에 대해서는 특별소비세를 피고에게 각 신고·납부한 사실, ③ 이 사건 공장에서 이 사건 저유소까지 하나의 송유관만이 설치되어 있어 이를 통하여 석유제품을 수송하는 과정에서 성상이 비슷한 휘발유와 경유의 혼합현상이 발생하는 것을 방지하기 위해 휘발유와 경유 사이에 등유를 경계유로 투입한 사실, ④ 위와 같은 방법으로 순차로 수송된 휘발유, 등유, 경유를 이 사건 저유소에서 분리하여 각각의 저장고에 저장함에 있어 휘발유와 등유의 경계부분에서 발생한 혼합부분은 이 사건 공장으로 반송하여 재정제한 후 다시 반출하는 반면 등유와 경유의 경계부분에서 발생한 혼합부분은 경유저장고에 경유와 함께 저장한 사실, ⑤ 이에 따라 등유의 일부(이하 '이 사건 등유부분'이라 한다)가 경유저장고에서 경유와 혼합되지만 그 수량이 경유저장고에 입고되는 전체 수량의 0.2 내지 0.5% 이하에 불과하기 때문에 원고는 이 사건 등유부분을 포함하여 그 전부를 경유로 판매한 사실, ⑥ 피고는 원고에게 2002. 9. 1.부터 2007. 8. 31.까지 매월 이 사건 저유소로 반입된 이 사건 등유부분에 대하여 교통세 및 교육세를 부과하는 이 사건 처분을 한 사실 등을 인정한 다음, 원고가 이 사건 저유소에서 이 사건 등유부분과 경유를 경유저장고에 함께 저장하여 혼합한 행위는 교통세법 제5조 제1항 소정의 제조의제에 해당한다고 보고, 이 사건 처분은 그 제조의제가 이루어진 이 사건 저유소를 관할하지 아니하는 피고가 한 것일 뿐만 아니라 이 사건 등유부분이 이 사건 저유소로부터 반출된 시점이 아닌 그곳으로 반입된 시점에 교통세 및 교육세 납세의무가 성립함을 전제로 한 것이므로 위법하다고 판단하였다.
- 원심이 인정한 사실을 앞서 본 규정에 비추어 살펴보면, 원고가 이 사건 저유소에서 이 사건 등유부분을 경유와 함께 저장하여 혼합한 것은 순도가 미세하게 떨어지는 새로운 경유의 제조행위에 해당한다고 할 것임에도 원심이 이를 제조의제에 해당한다고 본 것은 다소 부적절하지만, 관할위반과 납세의무 성립시기의 착오를 이유로 이 사건 처분이 위법하다고 한 결론은 정당하고, 거기에 상고이유로 주장하는 교통세 및 교육세의 과세관할이나 납세의무의 성립시기 등에 관한 법리를 오해하여 판결에 영향을 미친 위법이 없다.

(5) 납세의무자의 개업 및 휴 · 폐업 신고

과세물품을 제조하고자 하는 자와 휴업 · 폐업 및 개업 신고 내용의 변경이 있는 때에는 개업, 휴업, 폐업 또는 변경 사실을 제조장 관할 세무서장에게 신고하여야 한다.

개별소비세 또는 교통 · 에너지 · 환경세의 납세의무가 있는 사업자가 「개별소비세법」 또는 「교통 · 에너지 · 환경세법」에 따라 다음의 구분에 따른 신고를 한 경우에는 각 구분에 따른 등록신청 또는 신고를 한 것으로 본다(부가가치세법 §8 ⑪).

1. 개업 신고를 한 경우 : 「부가가치세법」 제8조 제1항 및 제2항의 사업자 등록의 신청
2. 휴업 · 폐업 · 변경 신고를 한 경우 : 「부가가치세법」 제8조 제8항의 휴업 · 폐업 신고 또는 등록사항 변경 신고
3. 사업자 단위 과세 사업자 신고를 한 경우 : 「부가가치세법」 제8조 제3항의 사업자 단위 과세 사업자 등록 신청 또는 「부가가치세법」 제8조 제4항 사업자 단위 과세 사업자 변경등록 신청
4. 양수, 상속, 합병 신고를 한 경우 : 「부가가치세법」 제8조 제8항의 등록사항 변경 신고

이와는 반대로 「부가가치세법」에 따라 사업자 등록, 휴업 · 폐업 신고 또는 등록사항 변경 신고, 사업자 단위 과세 사업자 등록 신청 등을 한 사업자가 개별소비세 또는 교통 · 에너지 · 환경세의 납세의무자이거나 납세의무자가 되는 경우에는 「개별소비세법」 제21조 또는 「교통 · 에너지 · 환경세법」 제18조에 따른 사업장의 개업, 변경, 휴업 또는 폐업 신고를 별도로 하여야 한다.

가. 개업 신고(법 §18 ①, 영 §25 ①)

과세물품을 제조하고자 하는 자는 사업개시 5일 전까지 「과세물품 제조업[개업 · 변경 · 폐업] 신고서」(시행규칙 제22호 서식)를 제조장 관할 세무서장이나 본점 또는 주사무소의 관할 세무서장에게 제출하여야 한다.

법령에 의하여 허가 · 인가 · 등록 등을 요하는 사업의 경우에는 그 인 · 허가에 관한 증서 사본(인 · 허가 전인 경우에는 인 · 허가신청서의 사본 또는 사업계획서)을 「과세물품 제조업 [개업 · 변경 · 폐업] 신고서」(시행규칙 제22호 서식)에 첨부하여 제출하여야 한다. 다만, 「부가가치세법」 제8조의 사업자 등록을 한 자는 첨부를 생략할 수 있다(영 §25 ②).

개업·폐업 등의 신고 시 해당 신고서에 기재하여야 할 제조장의 소재지의 지번이 2 이상이 있는 때에는 해당 2 이상의 지번을 구체적으로 기재하여야 한다(개별소비세법 기본통칙 21-35…1).

나. 사업자 단위 개업 신고

사업자 단위로 개업 신고한 사업자(사업자 단위 과세 사업자)는 그 사업자의 본점 또는 주사무소(主事務所)에서 총괄하여 신고·납부할 수 있다. 이 경우 그 사업자의 본점 또는 주사무소는 신고·납부와 관련하여 「교통·에너지·환경세법」을 적용할 때 제조장으로 본다(법 §8의2).[190]

「부가가치세법」의 사업자 단위 과세 사업자는 각 사업장을 대신하여 그 사업자의 본점 또는 주사무소의 소재지를 부가가치세 납세지로 하며(부가가치세법 §6 ②), 「부가가치세법」이 정하는 모든 의무를 사업자 단위로 이행하는 것이나, 「교통·에너지·환경세법」의 사업자 단위 과세 사업자는 과세표준 신고와 납부에 한정하여 본점 또는 주사무소를 각 제조장으로 본다.

따라서 교통·에너지·환경세 과세표준 신고 및 납부를 제외한 면세·미납세 승인신청 및 반입사실 신고 등 「교통·에너지·환경세법」이 정하는 제반의무는 각 사업장별로 이행하여야 한다.

1) 사업자 단위 적용

둘 이상의 제조장이 있는 사업자는 사업자 단위로 해당 사업자의 본점 또는 주사무소 관할 세무서장에게 개업 신고를 할 수 있다.[191] 이미 개업 신고를 한 사업자가 사업자 단위로 신고하려면 사업자 단위 과세 사업자로 적용받으려는 달이 시작되기 20일 전까지 신고하여야 한다(법 §18 ④).

사업자 단위로 신고하려는 자는 「과세물품 제조업[개업·변경·폐업] 신고서」(시행규칙 제22호 서식)에 「사업자 단위 적용 신고자의 종된사업장 명세서」(시행규칙 제22호 서식 부표)를 첨부하여 제출하여야 한다(규칙 §15 ②).

---

190) 「교통·에너지·환경세법」[시행 2011. 1. 1.][법률 제10403호] 일부개정 이유 참고: 둘 이상의 제조장이 있는 사업자의 납세편의를 도모하기 위하여 「부가가치세법」에서 시행하고 있는 사업자 단위 신고·납부제도를 도입하였다. (2011년 7월 1일부터 시행)

191) 「교통·에너지·환경세법」[시행 2011. 1. 1.][법률 제10403호] 일부개정 이유 참고: 둘 이상의 제조장 등이 있는 사업자의 납세편의를 도모하기 위하여 2010. 12. 27. 세법개정으로 사업자 단위 신고·납부제도를 도입하였다(법 §18 ④).

2) 제조장 단위 과세 전환

사업자 단위 과세 사업자로 신고한 사업자가 각 제조장별로 과세표준의 신고를 하려는 경우에는 제조장 단위 과세 사업자로 적용받으려는 달이 시작되기 20일 전까지 「제조장 단위 과세 전환신고서」(시행규칙 제23호 서식)를 본점 또는 주사무소의 관할 세무서장에게 제출하여야 한다(법 §25 ⑤).[192]

「제조장 단위 과세 전환신고서」를 제출받은 관할 세무서장은 그 처리결과를 지체 없이 해당 사업자와 다른 제조장의 관할 세무서장에게 통지하여야 한다.

다. 개업 신고의 변경 및 휴 · 폐업 신고

교통 · 에너지 · 환경세 과세 사업자가 휴업 또는 폐업하거나 개업 신고 사항에 변동이 있는 경우에는 「과세물품 제조업[개업 · 변경 · 폐업] 신고서」(시행규칙 제22호 서식)를 제조장의 관할 세무서장이나 본점 또는 주사무소의 관할 세무서장에게 제출하여야 한다.

1) 변경 신고

교통 · 에너지 · 환경세 개업 신고를 한 자는 그 신고사항에 변동이 생긴 때에는 「과세물품 제조업[개업 · 변경 · 폐업] 신고서」(시행규칙 제22호 서식)를 지체 없이 제조장 관할 세무서장이나 본점 또는 주사무소의 관할 세무서장에게 제출하여야 한다(영 §25 ④ 전단).

2) 휴업 신고

과세물품 제조자가 당해 영업을 1월 이상 휴업하고자 하는 경우에는 「과세물품 제조업[개업 · 변경 · 폐업] 신고서」(시행규칙 제22호 서식)를 휴업을 개시하기 전까지 관할 세무서장에게 제출하여야 한다(영 §25 ④).

3) 폐업 신고

교통 · 에너지 · 환경세 개업 신고를 한 자가 당해 영업을 폐지한 경우에는 「과세물품 제조업[개업 · 변경 · 폐업] 신고서」(시행규칙 제22호 서식)를 지체 없이 제조장, 본점 또는 주사무소 관할 세무서장에게 제출하여야 한다. 다만, 과세물품의 제조자가 과세표준 신고서에 폐업연월일 및 사유를 적어 제출하는 경우에는 「과세물품 제조업 폐업 신고서」를 제출한

---

192) 「교통 · 에너지 · 환경세법 시행령」 [시행 2014. 2. 21.] [대통령령 제25198호] 일부개정 이유: 둘 이상의 제조장이 있는 사업자의 납세편의를 도모하기 위하여 사업자 단위로 교통 · 에너지 · 환경세를 신고 · 납부하던 사업자가 제조장 단위 신고 · 납부로 전환하려는 경우, 그에 필요한 절차인 제조장 단위 과세 전환신고서 제출 및 그 시점 등을 규정함으로써 현행 제도의 운영상 나타난 일부 미비점을 개선 · 보완하였다(영 §25 ⑤).

것으로 본다(법 §25 ④ 후단).[193]

제조장을 이전하는 경우, 사업을 양도하는 경우, 법인으로 전환하는 경우, 사업자가 사망하였으나 영업을 승계하는 자가 없는 경우에는 제조업의 영업을 폐지한 것으로 본다(개별소비세법 기본통칙 22-0…1 참고).

다만, 제조장을 사실상 이전하지 아니하고 제조업의 영업을 포괄승계(包括承繼)하는 경우에는 「교통・에너지・환경세법」을 적용할 때 해당 제조업을 폐업한 것으로 보지 아니한다(개별소비세법 기본통칙 21-0…1 ② 참고).

라. 사업의 승계(법 §18 ②)

과세물품의 제조업의 영업을 양수・상속하거나 법인의 합병으로 인하여 당해 영업을 승계한 경우 양수인, 상속인, 합병 후 존속하는 법인 또는 합병으로 인하여 설립된 법인은 그 사실을 즉시 관할 세무서장에게 신고하여야 한다. 이 경우 양수인은 양도인과 연명으로 신고하여야 한다.

마. 권리・의무의 승계(법 §20)

제조장을 사실상 이전하지 아니하고 제조업의 영업에 관하여 포괄승계(包括承繼)가 있는 경우에 승계인은 피승계인(被承繼人)에 속하였던 다음의 권리・의무를 승계한다. 미납세・면세 반입자의 지위를 포괄승계한 경우에도 피승계인(被承繼人)에게 속하였던 다음의 권리・의무를 승계한다.

---

193) 「교통・에너지・환경세법 시행령」[시행 2011.1.1.] [대통령령 제22571호] 일부개정 이유: 납세편의를 위해 2011. 1. 1. 이후 폐업하는 분부터 과세표준 신고서 제출과 동시에 폐업 신고가 가능하도록 하였다(법 §25 ④).
「개정세법 해설」(국세청, 1982년) 폐업 신고제도 간소화
가. 개정취지
　○ 과세표준 신고서 제출과 동시에 폐업 신고가 가능하도록 납세편의 제공
나. 개정내용

종 전	개 정
□ 개별소비세 과세사업 폐업시 　○ 과세표준 신고서・폐업 신고서 제출 　○ (신 설)	과세표준 신고서에 폐업연월일 및 사유를 적어 제출한 경우 폐업 신고서 제출로 갈음 * 부가세 과세표준 신고서에 폐업연월일 등을 적어 제출한 경우 폐업 신고서 제출로 간주(부가령 §10 ①)

다. 적용시기 및 적용례
　○ 2011. 1. 1. 이후 폐업하는 분부터 적용

1. 과세표준의 신고, 세액 및 가산세 납부 등의 의무
2. 장부의 비치·기장의 의무
3. 미납세(未納稅) 또는 면세로 반입된 물품으로서 사후관리를 받고 있는 것에 관한 권리
4. 법 제17조에 따른 공제와 환급에 관한 권리·의무

해석사례

■ **제조장 이전 시 과세방법**(소비 22641 – 1133, 1990.8.30.)

- 일부 과세품목의 제조장을 이전하는 경우에는 당해 물품의 제조업의 영업을 폐지한 것으로 보는 것이며(현행규정 개별소비세법 기본통칙 22 – 0…1 참조), 다만, 특별소비세법 시행령 제19조 제3항 제4호의 규정에 의하여 이전한 제조장으로의 미납세 반출이 가능하고, 과세물품의 환입은 당해 물품을 제조·반출하였던 동일한 제조장에 하는 것이나 그 제조장이 이전하였다면 이전한 제조장에 하는 것임.

■ **분리가 불가능한 불량채권, 건설공사 중인 물류센터를 제외한 사업포괄양도 시 과세 여부**
(소비 46420 – 538, 1999.11.2.)

- 과세물품 제조장은 이전하지 아니한 상태에서 그 사업에 관한 일체의 인적·물적 권리와 의무를 양도하여 양도인과 동일시되는 정도로 법률상의 지위를 그대로 승계시키고 동일성을 상실하지 아니하는 범위 내에서 양·수도가 이루어졌다면 특별소비세법 제22조에서 규정하는 '제조의 폐지'로 볼 수 없는 것임.

■ **과세물품 제조장의 포괄 승계**(소비 12653 – 706, 1981.3.27.)

- 특별소비세 과세물품 제조장의 영업에 관하여 포괄 승계가 있는 경우에는 국세기본법 제14조 및 특별소비세법 제24조의 규정에 의하여 승계인에게 납세의무가 있음.

6 납세의무 성립시기 (법 §4)

국세를 납부할 의무는 「국세기본법」 및 세법에서 정하는 과세요건이 충족되면 성립한다. 교통·에너지·환경세를 납부할 의무는 과세물품을 제조장으로부터 반출하거나 판매장에서 판매하는 때에 성립한다. 다만, 수입물품의 경우에는 세관장에게 수입신고를 하는 때에 성립한다(국세기본법 §21).

따라서 교통·에너지·환경세는 반출 또는 수입신고할 때에 그 행위 당시의 법령에 따라 부과한다. 다만, 보세구역에서 반출하는 경우 외에 관세를 징수하는 물품에 대해서는 「관세법」에 따른다.

교통·에너지·환경세 관련 법령이 그 납세의무의 성립시기를 제조장 반출 시로 규정하여 둔 것은 교통·에너지·환경세가 소비자가 재화 또는 용역을 구입·소비한다는 것에 착안하여 과세하는 소비세이지만 소비행위 자체를 직접 대상으로 하지 않고 사업자에 의하여 이를 납부하도록 하는 간접소비세의 성격을 가진 조세인 점을 고려하고 과세의 편의를 위하여 납세의무의 성립시기를 과세물품을 "판매"할 때 또는 "소비자에게 인도"할 때가 아니라 "제조장에서 반출된 때"로 규정한 것으로 이해할 수 있다(수원지방법원 2018구합70463, 2020.1.9. 참고).

(1) 제조장에서 반출할 때

교통·에너지·환경세는 과세물품을 제조장으로부터 반출하는 때에 납세의무가 성립한다. '반출'이라 함은 법 제5조 제2항에 따라 '반출로 보는 경우' 이외에 과세물품을 제조장으로부터 현실적으로 제조장 이외의 장소로 이동하는 사실행위를 말하며, 반출원인은 매매, 증여, 담보, 단순 저장 등 그 원인의 여하를 불문한다.[194] 따라서 제조장에서 제조한 견본품·광고선전품을 무상으로 반출하는 것과 도난, 횡령으로 소실된 경우에도 반출에 해당한다(개별소비세법 기본통칙 4-0…7 참고).

그러나 과세물품이 제조장 안에서 천재·지변 또는 화재 등으로 소멸된 사실이 명백한 경우와 제조공정이나 물품보관 중 불량품이 생겨 반출할 수 없게 되어 제조장 안에서 폐기한 사실이 명백한 경우에는 반출로 보지 않는다(개별소비세법 기본통칙 4-0…8 참고).

---

194) 대법원 80누8, 1981.2.24. 참조

(2) 수입신고를 할 때

「관세법」의 수입절차에 따라 과세물품을 보세구역에서 반출하는 경우에는 수입신고를 할 때 납세의무가 성립한다. 보세구역에서 반출하는 경우 외에 관세를 징수하는 경우에는 「관세법」의 규정에 의한 관세의 납부시기에 교통 · 에너지 · 환경세를 납부하여야 한다.

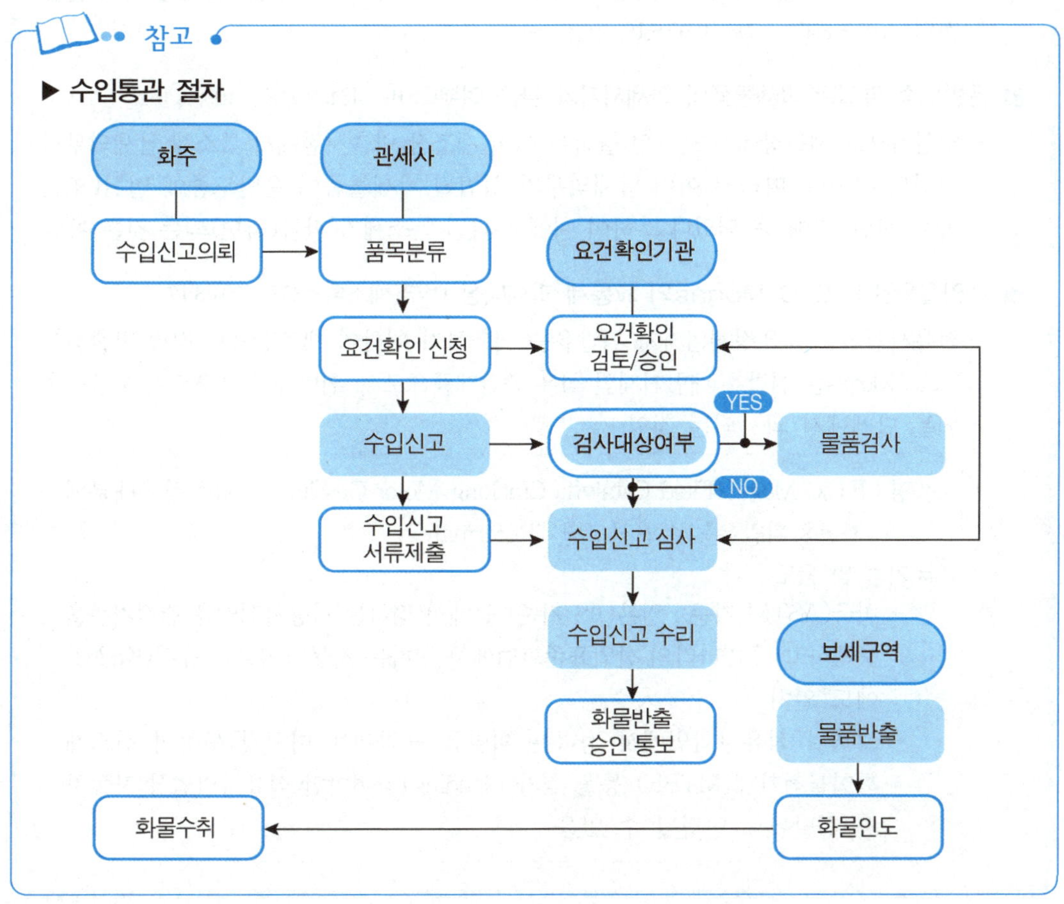

(출처 : 관세청)

해석사례

■ **제조장에서 정상 반출 후 보관 중에 화재로 소실된 유류에 대하여 기납부한 교통·에너지·환경세 환급 여부**(소비세과-1462, 2019.8.29.)

- 정유공장(제조장)에서 정상적으로 반출한 과세물품(휘발유·경유)이 보관과정(저유소)에서 화재로 소실되었을 경우 당초 기납부한 교통·에너지·환경세는 환급하지 않는 것임(소비-46430-298. 1999.6.16. 같은 뜻).

■ **운반도중 멸실된 과세물품의 과세시기와 환급 여부**(소비-46430-298. 1999.6.16.)

- 정상적으로 제조장에서 출고된 물품은 이미 제조장 반출시점에서 특소세 납세의무가 성립된 것이다. 따라서 이미 납세의무가 성립된 과세물품이 운반도중에 멸실(또는 파손, 도난, 화재 등)되었다고 하여 이에 부과된 특소세가 환급(감면)되는 것은 아님.

■ **수입물품인 F.C.C Mogas의 교통세 과세대상 여부**(재소비-852, 2004.8.12.)

- 석유사업법상 석유정제업자가 휘발유를 제조하기 위하여 제조장으로 직접 반출하는 F.C.C Mogas는 휘발유 배합기재인 석유 중간제품으로서, 휘발유로 제조되어 최종반출되는 단계에서 과세되는 것임.

> 품명 : F.C.C Mogas(Fluid Catalytic Cracking Motor Gasoline : "유동상촉매분배 자동차휘발유", 수입신고명 "Reformate")
> * 기능 및 용도
>   - 미국(ASTM 기준), 일본(JIS 기준) 등에서 정하는 자동차휘발유 결정기준을 충족하고, 우리나라의 산업표준화법에서 정하는 자동차휘발유 규격(KS262)에도 일치
>   - 그러나 석유사업법에서 정하는 휘발유 규격에는 미치지 못하여 신소계 화합물첨가제(MTBE) 등을 첨가(Blending)하여야만 석유사업법상 자동차용 휘발유로 인정될 수 있음.

(3) 예외적인 납세의무 성립시기

가. 제조로 보는 경우(법 §5 ①, 제조의제)

'제조로 보는 경우'는 새로운 과세물품을 생산하는 실질적인 제조행위로 볼 수는 없지만 과세의 적정과 공평을 기하기 위하여 「교통·에너지·환경세법」을 적용할 때 제조로 보는 것으로서 판매 목적의 가치증대를 위한 첨가 등의 가공행위를 말한다. 이는 경제적 실질이

제조와 유사한 행위를 과세대상에 포함하여 조세회피를 방지함으로써 과세의 형평을 구현하는데 그 의의가 있다.

제조장 외의 장소에서 판매의 목적으로 과세물품에 가치증대를 위한 첨가 등의 가공을 하는 경우에는 당해 물품을 제조하는 것으로 본다. 제조장이 아닌 장소는 과세물품을 제조한 해당 제조장이 아닌 장소를 말한다(개별소비세법 기본통칙 5-5…1).

> **관련통칙 및 해석사례**
>
> **● 개별소비세법 기본통칙 5-0…8 【첨가의 의의】**
>
> - 법 제5조 제1호 나목에 따른 "첨가"란 제조장 이외의 장소에서 제조장으로부터 반출한 물품에 그 물품 본래의 특성ㆍ용도에 변화를 일으키지 않는 범위 안에서 가치증대를 위하여 과세물품 또는 기타 물품을 부가하는 행위를 말한다.
>
> **● 가치증대를 위한 첨가**(재소비 46016-280, 2003.8.27.)
>
> - 정유사가 제조장 이외의 장소인 저유소에서 과세물품인 휘발유에 연료첨가제를 혼합하는 것은 판매의 목적으로 과세물품에 가치증대를 위한 첨가 등의 가공을 하는 것으로 교통세법 제5조 제1항의 '제조 등으로 보는 경우'에 해당하는 것이며, 소비자가 휘발유 주유시 연료첨가제를 혼합하는 것은 판매의 목적으로 하는 첨가 등의 행위가 아니므로 '제조 등으로 보는 경우'에 해당하지 아니함.

제조장에서 반출할 때 개별소비세가 과세된 물품을 제조장이 아닌 장소에서의 가치증대 행위를 제조로 보아 다시 한 번 개별소비세를 부과하면 하나의 물품에 대해 이중으로 과세하게 된다. 이러한 이중과세를 조정하기 위해「개별소비세법」제20조 제1항 제1호에 제조장에서 반출할 때 부과한 개별소비세를 제조로 보아 납부 또는 징수하는 세액에서 공제하도록 규정하고 있으나「교통ㆍ에너지ㆍ환경세법」은 명문규정을 두고 있지 않다.

나. 반출로 보는 경우(법 §5 ②. 반출의제)

'반출'이란 과세물품을 제조장으로부터 현실적으로 제조장 이외의 장소로 이동하는 사실행위를 말하는 것으로 과세물품이 실제로 제조장에서 반출되지 않았음에도 과세의 적정과 공평을 기하고 조세채권을 조기에 확보하기 위하여「교통ㆍ에너지ㆍ환경세법」을 적용할 때 반출한 것으로 보아 교통ㆍ에너지ㆍ환경세를 과세한다.

1) 제조장에서 사용·소비

과세물품이 제조장에서 사용되거나 소비되는 경우에는 제조장에서 반출하는 것으로 본다. 다만, 다음의 경우는 제외한다(영 §5 ①).

1. 동일 제조장 안에서 과세물품의 원재료로 사용되는 경우
2. 동일 제조장 안에서 과세물품의 품질 또는 성능의 검사를 위하여 사용되는 경우
   이 경우 「기초연구진흥 및 기술개발지원에 관한 법률」에 따른 기업부설연구소 및 연구개발 전담부서는 제조장 밖에 있는 경우에도 동일 제조장에 있는 것으로 본다.
3. 정유공정상 교통·에너지·환경세가 과세되지 아니하는 석유류의 제조용 원재료로 직접 사용되는 경우
   정유공정에는 석유제품을 제조·가공하기 위하여 원유를 증류탑에서 상압·감압·증류 공정으로 증류하거나 증류에 의하여 원유에 포함된 불순물을 제거 또는 정제공정을 거친 석유류를 단순히 혼합하는 조합공정을 포함한다(개별소비세법 기본통칙 6-6…4). 또한 '그대로 사용되는 경우'란 정유공정에 있어 원유에서 최종 제품에 이르기까지 일관된 제조공정으로 중단없이 사용하는 경우는 물론 생산과정의 편의상 다음 단계의 원료가 되는 석유류를 저장탱크에 저장하였다가 혼합하기 위하여 사용하는 경우도 포함하는 것으로 한다.

과세대상 자가 사용·소비의 예시(개별소비세법 기본통칙 6-0…1)

과세물품인 경유 또는 등유를 그 제조장 안에서 자가발전용 연료로 사용하는 때

2) 제조장에서 환가되는 경우

과세물품이 제조장 안에 남아 있는 것으로서 공매(公賣), 경매 또는 파산절차에 의하여 환가(換價)되는 경우에는 제조장에서 반출하는 것으로 본다.

판매 등으로 보는 "환가되는 경우"란 계약금 이외에 그 대금의 일부를 받은 때를 말한다(개별소비세법 기본통칙 6-0…2).

3) 제조장에 남아 있는 경우

과세물품의 제조를 사실상 폐지한 경우에 제조장 안에 남아 있는 경우에는 제조장에서 반출하는 것으로 본다.

'사실상 폐지한 경우'란 현실적으로 제조중단 등 그 영업활동을 계속할 수 없는 경우를

말한다. 제조를 폐지한 당시 해당 제조장에 남아 있는 과세물품이 매월분의 통상적인 반출 수량보다 많아 제조를 폐지한 날이 속한 달의 다음 달 말일까지 「반출의제 적용유예 승인신청서 및 승인서」(시행규칙 별지 제1호 서식)를 관할 세무서장에게 제출하여 승인을 얻는 경우에는 그 유예기간 동안 반출로 보지 아니한다.

반출의제 적용유예 승인을 받으려는 자는 제조를 폐지한 날이 속한 달의 다음 달 말일까지 다음 사항을 적은 신청서를 관할 세무서장에게 제출하여야 한다.

1. 신청인의 주소 · 성명 · 명칭 · 주민등록번호 또는 사업자등록번호
2. 제조장의 소재지
3. 제조자의 주소 · 성명 및 명칭
4. 제조폐지연월일
5. 제조를 폐지한 때에 남아있는 물품의 품명 · 수량 · 규격 · 단가 및 가격
6. 반출완료예정연월일
7. 신청사유

이 경우 관할 세무서장은 교통 · 에너지 · 환경세의 보전 기타 단속에 지장을 주지 아니한다고 인정되는 때에 한하여 6개월의 범위 안에서 반출의제 적용유예 승인신청을 승인할 수 있다(영 §5 ④).

7 과세표준 (법 §6)

(1) 과세표준의 의의

'과세표준'이란 세액을 산출하기 위한 과세대상의 가액 또는 수량을 말한다. 종량세 과세체계인 교통·에너지·환경세의 과세표준은 ① 제조장으로부터 반출하는 때의 수량, ② 수입신고를 하는 때의 수량, ③ 관세를 징수하는 때의 수량으로 한다.

(2) 제조하여 반출하는 과세물품의 과세표준

과세물품을 제조하여 반출하는 자가 제조하여 반출하는 물품의 과세표준은 제조장으로부터 반출하는 때의 수량으로 한다.

휘발유 및 이와 유사한 대체유류의 경우에는 제조장에서 반출한 후 소비자에게 판매할 때까지 수송 및 저장 과정에서 증발 등으로 자연 감소되는 정도를 감안하여 대통령령이 정하는 일정비율(자연감소율, 1천분의 2)[195]을 제조장에서 반출할 때의 수량에 곱하여 산출한 수량을 반출할 때의 수량에서 공제한 수량으로 한다.

> 휘발유 및 이와 유사한 대체유류의 과세표준 =
> 반출할 때의 수량 − 〔반출할 때의 수량 × 자연감소율(0.2%)〕

휘발유·경유·등유의 과세표준은 제조장에서 반출하거나 수입신고를 하는 때의 수량을 표준온도(15℃ 또는 60°F)로 환산한 수량이다(개별소비세법 기본통칙 8-8…17).

---

195) 「교통·에너지·환경세법 시행령」 [시행 2020. 4. 1.] [대통령령 제30403호] 일부개정: 유증기 회수설비의 설치 의무화 등 최근 환경규제 강화 및 기술발전에 따라 휘발유의 자연감소에 따른 공제율을 과세물품의 1천분의 5에서 1천분의 2로 축소하여 휘발유의 실제 자연감소 수준에 맞추었다.

(3) 수입물품의 과세표준

가. 보세구역에서 반출하는 물품(법 §6 ① 2.)

「관세법」에 따라 관세를 납부할 의무가 있는 자로서 과세물품을 「관세법」에 따른 보세구역에서 반출하는 물품의 과세표준은 수입신고를 하는 때의 수량으로 한다. 휘발유 및 이와 유사한 대체유류의 경우에는 자연감소율(1천분의 2)에 해당하는 수량을 차감한다.

나. 관세를 징수하는 물품(법 §6 ① 3.)

과세물품을 「관세법」에 따른 보세구역에서 반출하는 경우 외에 관세를 징수하는 물품의 과세표준은 해당 관세를 징수하는 때의 수량을 과세표준으로 한다.

> **해석사례** 〇
>
> ■ **비과세물품을 첨가하여 반출하는 경우 과세표준**(서삼 46016 – 11733, 2002.10.14.)
> - "○○"는 석유사업법상 "유사 석유제품"으로서 교통세법 시행령 제3조 제1호 나목의 규정에 해당하는 교통세 과세대상물품임.
> - 또한 "○○"가 특별소비세법 시행령 제1조의 별표1 제7호 가목 및 석유사업법 시행령 제30조 규정에 의하여 자동차 연료로 사용되어 질 수 없는 단순첨가제라면 교통세 과세대상물품에 해당되지 아니하나, 동 제품을 제조장에서 휘발유 제조공정의 후처리 과정에 첨가하여 반출할 경우 과세물품인 휘발유의 과세표준은 특별소비세법 기본통칙 8 – 8…13을 참고하시기 바람.
>
> ■ **제조장 출고 후 유류수량 증가사유별 과세 여부**(서면인터넷방문상담3팀 – 789, 2004.4.23.)
> - 제조장에서 반출 시 과세된 석유류제품의 재고량이 저장 및 출고과정에서 온도의 변화 등 자연적 사유 또는 통상적인 계측오차로 인하여 증가하였다면 그 증가분에 대하여 과세할 수 없으나, 첨가제 첨가 등의 사유로 증가하였을 경우에는 그 증가분은 과세대상임.
> - 다만, 재고증가분이 첨가제 첨가 등에 따른 과세대상인지 아니면 통상적인 계측오차인지 여부는 사실판단 사항인 것임.

8 : 세액의 공제와 환급 (법 §17)

(1) 세액의 공제 및 환급 개요

가. 도입배경

「교통·에너지·환경세법」은 이중과세를 조정하고 반출단계에서 면제받지 못한 세액을 사후면세할 수 있도록 세액공제 및 환급을 규정하고 있다. 당초 교통·에너지·환경세가 과세된 물품을 다른 과세물품의 제조·가공에 직접 사용하는 경우 등은 납부 또는 징수할 세액에서 공제하거나 환급하고, 과세물품을 수출 등의 법정 면세용도에 사용한 경우에는 이미 납부한 세액을 환급한다.[196]

| 다른 과세물품의 원재료로 사용된 경우 예시 |

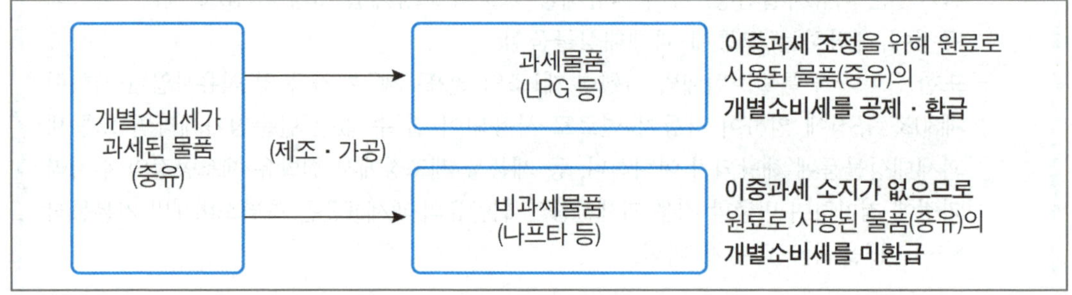

| 면세용도에 사용한 경우 예시 |

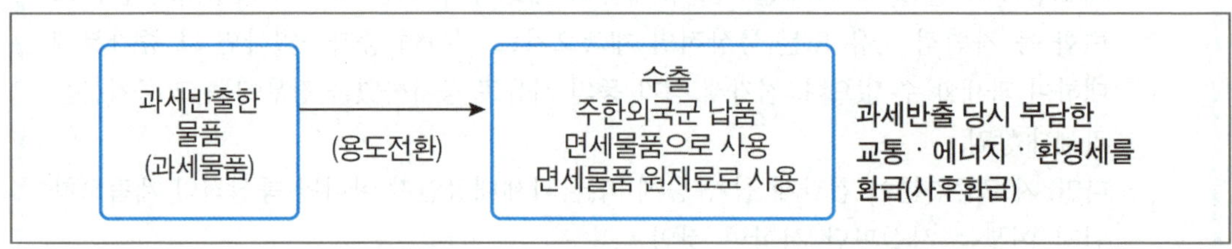

---

196) 「특별소비세법」 [1976. 12. 22. – 2935호] [신규제정 취지] 참고; 과세물품이 다른 과세물품의 원료 또는 수출용 원자재 등으로 사용되는 경우에는 「특별소비세법」 제정 전의 소비세제에서는 사전 면세하였으나 이 법을 제정하면서 사후공제 또는 환급으로 전환하였다.

나. 개별소비세와의 관계

교통 · 에너지 · 환경세 과세물품이 개별소비세 과세물품의 원재료로 사용된 경우에는 해당 교통 · 에너지 · 환경세액을 납부 또는 징수할 개별소비세액에서 공제하거나 이를 환급한다(개별소비세법 §20 ⑧).[197] 반대로 개별소비세 과세물품이 교통 · 에너지 · 환경세 과세물품의 원재료로 사용된 경우에는 당해 개별소비세액을 납부 또는 징수할 교통 · 에너지 · 환경세액에서 공제하거나 이를 환급할 수 있다(교통 · 에너지 · 환경세법 §17 ⑨).

다. 수출용 원재료에 대한 환급특례

1) 특례법 적용(특례법 §1, §14)

「수출용 원재료에 대한 관세 등 환급에 관한 특례법」은 수출물품제조용 수입 원재료(原材料)에 대한 관세, 임시수입부가세(臨時輸入附加稅), 개별소비세, 주세(酒稅), 교통 · 에너지 · 환경세, 농어촌특별세 및 교육세의 환급에 있어 「관세법」, 「개별소비세법」, 「교통 · 에너지 · 환경세법」, 「농어촌특별세법」 및 「교육세법」 등에 대한 특례를 정하고 있다.

따라서 세액의 공제 및 환급 대상이 아래의 수출용 원재료에 해당되면 「수출용 원재료에 대한 관세 등 환급특례법」 제14조에 따라 물품이 수출등에 제공된 날부터 5년 이내에 관세청장이 지정한 세관에 환급신청을 하여야 한다.

2) 수출용 원재료의 범위(특례법 §3)

수출물품은 '수출등의 용도에 제공되는 물품'을 말하며, 수출용 원재료는 다음의 어느 하나에 해당하는 것으로 한다. 이 경우 국내에서 생산된 원재료와 수입된 원재료가 동일한 질(質)과 특성을 갖고 있어 상호 대체 사용이 가능하여 수출물품의 생산과정에서 이를 구분하지 아니하고 사용되는 경우에는 수출용 원재료가 사용된 것으로 본다.

1. 수출물품을 생산한 경우 : 다음의 어느 하나에 해당하는 것으로서 소요량을 객관적으로 계산할 수 있는 것

---

197) 「특별소비세법」 [시행 1994. 1. 1.] [법률 제4665호] 일부개정으로 일부 특별소비세 과세물품에 대하여 일정기간 특별소비세법의 적용을 배제하고 교통세법을 적용함에 따른 필요에 의하여 관련 공제 또는 환급조항을 신설하였다. (1994. 1. 1. 이후 최초로 과세대상물품을 판매하거나 제조장에서 반출 또는 수입신고하는 것부터 적용)
　이후 「교통 · 에너지 · 환경세법」을 2010. 1. 1.부터 폐지하는 것으로 하여 「개별소비세법」 제20조 제8항을 삭제하였으나, 「교통 · 에너지 · 환경세법」 부칙개정으로 「교통 · 에너지 · 환경세법」 폐지의 시행시기를 2025. 1. 1.로 연장함에 따라 「개별소비세법」 제20조 제8항의 삭제효력이 「교통 · 에너지 · 환경세법」 폐지의 시행시기부터 적용되어 삭제되기 전의 「개별소비세법」 제20조 제8항의 규정은 2024. 12. 31.까지 유효한 조문이다.

① 해당 수출물품에 물리적 또는 화학적으로 결합되는 물품

② 해당 수출물품을 생산하는 공정에 투입되어 소모되는 물품. 다만, 수출물품 생산용 기계·기구 등의 작동 및 유지를 위한 물품 등 수출물품의 생산에 간접적으로 투입되어 소모되는 물품은 제외한다.

③ 해당 수출물품의 포장용품

2. 수입한 상태 그대로 수출한 경우 : 해당 수출물품

참고자료

▶ **수출용 원재료에 대한 관세 등 환급에 관한 특례법[법률 제2675호, 1974.12.12. 제정]**

[신규제정] 수출물품제조용 수입원재료에 대한 관세·내국소비세 등의 사전면세 및 사후관리에 따른 번잡한 절차를 간소화하고 국산원자재의 사용과 개발을 촉진함으로써 능률적인 수출지원과 균형있는 산업발전을 도모하고자 수출물품제조용 수입원재료에 대하여 관세법·내국소비세법 등에 대한 특례를 설정하려는 것임.

① 보세구역에서 인취한 물품을 제조장에 반입하여 제조·가공한 물품에 내국소비세를 징수할 때에는 세무서장은 대통령령이 정하는 바에 의하여 세관장이 징수한 세액을 공제하도록 함.

② 세관장은 대통령령이 정하는 바에 의하여 수출용 원재료에 대하여 징수할 관세등의 징수를 유예할 수 있도록 함.

③ 수입한 때에 관세등을 납부한 물품이 수출등에 공하여진 경우에는 관세법등의 규정에 불구하고 관세등을 환급할 수 있도록 함.

(2) 세액의 공제 및 환급 대상

가. 개별소비세 또는 교통·에너지·환경세가 부과된 물품

이미 개별소비세 또는 교통·에너지·환경세가 납부되었거나 납부될 물품이 다른 과세물품의 제조·가공에 직접 사용되거나 수출 등 법정 면세용도에 사용되는 등 세액공제 또는 환급사유에 해당하는 경우에는 해당 세액을 납부 또는 징수할 세액에서 공제하거나 환급한다.

나. 개별소비세가 부과된 물품의 원재료(개별소비세법 시행령 §2 ① 4.)

세액의 공제 및 환급의 대상이 되는 '이미 개별소비세가 납부되었거나 납부될 물품의 원재료'는 다음의 어느 하나에 해당하는 것을 말한다.

1. 과세물품 또는 수출물품을 형성하는 원재료
2. 과세물품 또는 수출물품을 상품화하는 데에 필요한 포장 또는 용기
3. 과세물품 또는 수출물품을 형성하지는 아니하나 해당 물품의 제조 · 가공에 직접적으로 사용되는 것으로서 화학반응을 하는 물품과 해당 과세물품과 해당 과세물품 또는 수출물품의 제조 · 가공 과정에서 해당 물품이 직접적으로 사용되는 단용(單用)원자재

'직접 사용'은 통상적으로 매개물 없이 제품에 바로 투입되는 방법으로 사용되는 것을 의미하고, '단용원자재'는 사전적으로 '1회 또는 단기의 사용으로 소멸하는 원자재'이다. 그리고 '원자재'는 '공업 생산의 원료가 되는 자재'를 뜻하며, '자재'는 '무엇을 만들기 위한 기본적인 재료'를, '원료'는 '어떤 물건을 만드는 데 들어가는 재료'를 뜻한다. 통상적으로 '원자재'라는 용어는 물건을 만드는 데 들어가는 기본적인 재료라는 의미로 폭넓게 사용되고, 물품 생산 과정에 사용하는 유류도 당연히 여기에 포함되는 것으로 통용되고 있다(대전지방법원 2020구합 100986, 2021.4.15.).

다. 교통 · 에너지 · 환경세가 부과된 물품의 원재료(교통 · 에너지 · 환경세법 시행령 §2 3.)

세액의 공제 및 환급의 대상이 되는 '이미 교통 · 에너지 · 환경세가 납부되었거나 납부될 물품의 원재료'는 다음의 어느 하나에 해당하는 것을 말한다.

1. 과세물품 또는 수출물품을 형성하는 원재료
2. 과세물품 또는 수출물품을 형성하지는 아니하나 당해 물품의 제조 · 가공에 직접 사용되는 것으로서 화학반응을 하는 물품과 당해 과세물품 또는 수출물품의 제조 · 가공과정에서 당해 물품이 직접 사용되는 단용원자재

(3) 세액공제

가. 세액공제 사유

교통 · 에너지 · 환경세가 납부되었거나 납부할 물품 또는 원재료를 그 제조장 또는 보세구역 으로부터 반입하여 과세물품의 제조 · 가공에 직접 사용하는 경우 당해 과세물품에 대한 교통 · 에너지 · 환경세를 납부 또는 징수함에 있어서는 이미 납부되었거나 납부할 물품 또는 원재료에 대한 세액을 납부 또는 징수할 세액에서 공제한다.

다만, 과세물품(원재료)을 제조자가 아닌 판매업자(대리점 등)로부터 구입하여 다른 과세물품으로 제조하여 반출하는 경우에 판매업자로부터 구입한 과세물품(원재료)에 부과된 개별소비세는 공제하지 아니한다(개별소비세법 기본통칙 20-34…3).

해석사례

■ **석유류를 수입 및 구매할 때 교통세를 납부된 물품이 저유소가 없어 제조장에 반입한 후 재반출할 경우 기 납부된 세액이 공제 가능한지 여부**(서삼 46016-10346, 2003.2.25.)

- 교통세(특별소비세)가 납부된 물품이 과세물품의 제조·가공에 사용된 것이 아니므로 특별소비세법 제20조에 규정한 세액공제(환급) 대상이 되지 아니함.

■ **승용차 성능검사를 위한 유류는 과세물품 제조를 위한 원재료 아님**

(소비세과-24, 2010.1.27.)

- 개별소비세 과세물품인 승용차의 성능검사 및 소비자에게 인도 등의 용도에 공하기 위하여 반입되어 사용한 유류(휘발유 및 경유)는 과세물품 제조과정에 직접적으로 사용되는 원재료에 해당하지 아니하므로 이미 납부된 유류에 대한 교통·에너지· 환경세 등을 공제 받을 수 없는 것임.

■ **수출되는 자동차의 제조 또는 출하 시 반입되어 사용한 유류의 교통세 환급 여부**

(소비 46430-194, 2000.6.10.)

- 수출되는 자동차의 제조 시 성능검사 및 소비자에게 인도 등 이에 공하기 위하여 반입되어 사용한 유류(휘발유 및 경유)는 교통세법 시행령 제2조 제1항 제3호에 규정한 과세물품 제조과정에 직접적으로 사용되는 원재료에 해당하지 않으므로 이미 납부된 유류에 대한 교통세는 공제받을 수 없는 것임.

관련 기본통칙

● **개별소비세법 기본통칙 20-34…1【세액의 공제방법】**

- 이미 개별소비세가 납부되었거나 납부될 물품 또는 원재료를 해당 제조장 또는 보세구역으로부터 반입하여 다른 과세물품의 제조·가공에 직접 사용한 후, 해당 제품에 대한 세액을 납부 또는 징수하는 때에는 해당 제품의 제조·가공을 위하여 사용한 물품 또는 원재료에 대하여 이미 납부되었거나 납부될 세액을 공제하고 납부 또는 징수한다.

● **개별소비세법 기본통칙 20-34…11【공제사유 발생시기】**

- 이미 납부한 세액을 공제받고자 할 경우에 있어서 법 제20조 제4항에 따른 '해당 사유가

> 발생한 날'의 시기는 다음 각 호에 따른다.
> 1. 과세된 물품을 반입하여 다른 과세물품의 제조·가공에 직접 사용하는 경우(개별소비세법 제5조에 따른 제조로 보는 경우를 포함한다) : 새로 제조한 물품의 반출로 인하여 세액을 신고·납부하는 때
> 2. 판매자가 다른 판매자 또는 보세구역으로부터 반입한 물품을 판매하는 경우 : 그 물품의 판매로 인하여 세액을 신고·납부하는 때
> 3. 원재료에 대한 세액을 사후에 징수하는 경우 : 그 원재료에 대한 세액을 납부하는 때

나. 공제세액의 범위

세액의 공제대상금액은 제조·반출된 물품의 제조에 투입된 원재료에 부과되었거나 부과될 세액상당액이다. 사용물품 또는 원재료의 제조공정에서 발생한 결감분을 포함한다(개별소비세법 기본통칙 20-34…4 ①).

세액공제에 있어서 당해 원재료 또는 구입물품에 대한 세액이 그 원재료를 사용하여 제조한 물품에 대한 세액을 초과하는 경우에는 그 초과 부분의 세액은 공제하지 아니하며, 교통·에너지·환경세가 납부되었거나 납부될 물품에 대하여 부과하였거나 부과할 가산세는 공제하거나 환급하지 아니한다(법 §17 ⑥, ⑦).

또한 미납세 반출, 조건부 면세 반출절차에 따라 지정된 기한까지 반입 사실을 증명하지 아니하여 교통·에너지·환경세를 징수하거나 면세를 받은 물품의 용도를 변경하는 등의 사유로 교통·에너지·환경세를 신고·납부하는 경우에는 그 물품의 원재료에 대하여 납부되었거나 납부될 세액은 공제하거나 환급하지 아니한다(법 §17 ④).

다. 세액공제 신청

제조·가공으로 과세대상이 된 물품의 교통·에너지·환경세를 납부 또는 징수함에 있어서는 이미 납부되었거나 납부할 물품 또는 원재료에 대한 세액을 납부 또는 징수할 세액에서 공제한다.

세액공제를 받으려는 자는 해당 사유가 발생한 날부터 6개월이 지난날이 속하는 달의 말일까지 「교통·에너지·환경세 공제(환급)신청서」(시행규칙 제18호 서식)를 과세표준 신고서와 함께 관할 세무서장 또는 세관장에게 제출하여야 한다(법 §17 ⑤).

라. 공제사유 발생시기

이미 납부한 세액을 공제받고자 할 경우에 있어서 '해당 사유가 발생한 날'의 시기는 다음에 따른다(개별소비세법 기본통칙 20-34…11 참고).

1. 과세된 물품을 반입하여 다른 과세물품의 제조·가공에 직접 사용하는 경우(개별소비세법 제5조에 따른 제조로 보는 경우를 포함한다) : 새로 제조한 물품의 반출로 인하여 세액을 신고·납부하는 때
2. 판매자가 다른 판매자 또는 보세구역으로부터 반입한 물품을 판매하는 경우 : 그 물품의 판매로 인하여 세액을 신고·납부하는 때
3. 원재료에 대한 세액을 사후에 징수하는 경우 : 그 원재료에 대한 세액을 납부하는 때

(4) 세액환급

가. 개 요

교통·에너지·환경세가 부과된 물품 또는 그 원재료가 과세물품 또는 면세물품에 해당되거나 일정한 사유로 제조장 등에 환입된 경우에는 이미 납부한 세액을 환급한다.

나. 세액환급 대상

이미 교통·에너지·환경세가 납부되었거나 납부할 물품 또는 원재료가 다음의 어느 하나에 해당하는 경우에는 이미 납부한 세액을 환급한다. 이 경우 납부 또는 징수할 세액이 있으면 이를 공제한다.

1. 과세물품 또는 과세물품을 사용하여 제조·가공한 물품을 수출하거나 주한외국군에 납품하는 경우
2. 제조장 또는 보세구역으로부터 반출한 과세물품을 원재료로 하여 제조·가공한 과세물품이 교통·에너지·환경세가 면제되는 경우
3. 제조장으로부터 반출한 과세물품을 제조장에 환입한 것으로서 「과세물품환입신고 및 확인신청(확인)서」(시행규칙 제21호 서식)를 관할 세무서장에게 제출하여 관할 세무서장의 확인(당해 환입사실을 확인하는 서류)을 받은 경우
제조장에 환입된 물품의 확인을 받고자 하는 자는 당해 물품이 환입된 날이 속하는 달의 다음 달 말일[198)까지 환입된 사실을 「과세물품환입신고 및 확인신청(확인)서」

(시행규칙 제21호 서식)에 따라 관할 세무서장에게 신고하여야 하며, 관할 세무서장은 즉시 그 사실을 확인하고 확인서를 발급하여야 한다.

다만, 교통·에너지·환경세율을 인하하는 경우로서 당해 과세물품을 제조자의 하치장에 환입하고 세율인하 일부터 5일 이내에 하치장 관할 세무서장에게 신고하여 확인을 받은 경우에는 동일한 제조장에 환입된 것으로 본다(법 §17 ③).[199]

4. 과세물품이 의료용·의약품제조용·비료제조용 또는 농약제조용 원료로 사용되는 경우와 항공기·외국항행선박·원양어업선박 또는 주한외교공관 등에서 사용되는 경우. 이 경우 환급 또는 공제를 받은 물품이 소정의 용도에 사용되지 아니한 사실이 확인된 때에는 환급 또는 공제된 교통·에너지·환경세를 징수한다(법 §17 ⑧).

해석사례

■ **수입시 탄력세율로 개별소비세 신고·납부한 산업용 천연가스를 수출용 철강제품 생산 및 가공을 위한 원료로 사용하는 경우 공제환급 가능 여부**(서면-2018-소비-2236 [소비세과-1250], 2018.7.24.)

- 천연가스를 전로, 정련 등 제조과정에 있는 반제품의 온도조절에 사용하거나 회사의 자가발전소 열원으로 사용하는 것은 개별소비세법 시행령 제2조 제1항 제4호의 수출물품의 제조·가공에 직접적으로 사용되는 원자재에 해당하지 아니함.

■ **해상판매대리점이 제조사에서 석유류 구입 후 외국항행선박에 공급시 환급 여부**

(소비 46430-66, 2001.3.2.)

- 해상판매대리점이 제조사로부터 석유류를 구입하여 외국항행선박에 공급하였을 경우에는 특별소비세법 제20조 제2항 제2호 및 교통세법 제17조 제2항 제4호의 규정에 의하여 납부된 세액을 환급받을 수 있는 것이며,

---

198) 「교통·에너지·환경세법」 [시행 2015.12.29.] [법률 제13621호] 일부개정 이유 참고: 종전에는 환입신고 기한을 '다음 달 15일'로 규정하였으나 환입신고 기한을 과세표준 신고기한(다음 달 말일)과 일치시켜 납세자 편의 증진하였다. (2015. 12. 29. 이후 제조장에 환입하는 분부터 적용)

  1) 현재 과세물품 환입 사실 신고기한이 과세물품이 환입된 날이 속하는 달의 다음 달 15일까지로 규정되어 있어 과세물품 반출한 날이 속하는 다음 달 말일로 규정된 과세표준 신고기한과 일치하지 아니함에 따라 두 신고를 따로 해야 하는 등 납세자의 불편을 초래하였다.

  2) 과세물품 환입 사실 신고기한을 과세표준 신고기한과 동일하게 과세물품이 환입된 날이 속하는 다음 달 말일로 하여 납세자의 편의를 도모하였다.

199) 「교통세법」 [시행 1996.1.1.] [법률 제5035호] 일부개정 이유: 세율 인하시 종전에는 환급을 받기 위하여 당해 과세물품을 제조장까지 환입하여야 하던 것을 하치장까지 환입한 경우에도 환급을 받을 수 있도록 함으로써 환급절차를 개선하였다. (1996. 1. 1. 이후 최초로 제조장에서 반출하거나 수입신고하는 것부터 적용하며 1995. 12. 31. 이전에 반출신고한 것도 포함하여 적용)

> – 실제세액 부담자가 특별소비세(교통세) 공제환급신청 시에는 특별소비세법 시행령 제34조 및 교통세법 시행령 제24조의 규정에 의하여 선(기)용품 선(기)적 허가서를 첨부하여 특별소비세(교통세)를 납부한 자와 연명으로 특별소비세(교통세)를 부과한 세무서장 또는 세관장에게 신청하여야 하는 것임.
>
> ■ **수출선박에 잔존하는 유류에 대한 교통세 환급**(소비세과-1902, 2008.8.25.)
> – 수출용 선박을 건조하는 조선업체(A)가 과세물품에 해당하는 시험운전용 경유를 국내 정유사(B)로부터 반입하여 시험운전 종료 후, 소요된 양을 제외한 잔존경유를 수출하는 선박과 함께 외국선주에게 반출하는 경우 당해 잔존경유에 대하여는 「교통·에너지·환경세법」 제17조 제2항 제1호의 규정에 따라 이미 납부한 세액을 환급받을 수 있는 것이며, 그 환급신청은 같은 법 시행령 제24조 제1항 제2호의 규정에 따라 조선업체(A)와 정유사(B)가 연명으로 하는 것임.
>
> ■ **판매업자로부터 구입한 과세물품을 수출한 경우 환급가능**(재소비 46016-240, 1998.9.19.)
> – 이미 특별소비세가 납부되었거나 납부될 물품을 제조장이 아닌 판매업자(소매업자 포함)로부터 구입하여 국외로 수출한 경우 기납부세액 환급가능함.

다. 환급세액의 범위

교통·에너지·환경세가 납부되었거나 납부될 물품에 대하여 부과하였거나 부과할 가산세는 공제하거나 환급하지 아니한다(법 §17 ⑥).

또한 미납세 반출, 조건부 면세 반출절차에 따라 지정된 기한까지 반입 사실을 증명하지 아니하여 교통·에너지·환경세를 징수하거나 면세를 받은 물품의 용도를 변경하는 등의 사유로 교통·에너지·환경세를 신고·납부하는 경우에는 그 물품의 원재료에 대하여 납부되었거나 납부될 세액은 공제하거나 환급하지 아니한다(법 §17 ④).

그러나 수출면세반출승인(신고)절차를 이행한 후 과세물품을 수출하였으나 소정기한 내에 용도증명서를 제출하지 아니함으로써 징수한 세액은 환급할 수 있으며, 수출물품임가공업자가 미납세반출승인(신고)절차를 이행함이 없이 위탁자에게 납품함으로써 징수당한 세액은 환급할 수 있다. 이 경우 당해 물품이 수출된 경우에 한한다(개별소비세법 기본통칙 20-34…5).

납세자가 세액환급 대상규정(개별소비세법 §20 ②)에 따라 사후 환급가능한 물품 이외의 과세물품을 면세용도에 전용하였다 하더라도 사전에 개별소비세법 시행령 제19조의2에 따른 특례규정이 정하는 바에 따른 소정의 절차 또는 개별소비세법 시행령 제30조 제1항에 따른 면세승인신청을 이행하지 않은 경우에는 개별소비세를 환급하지 아니한다. 다만, 개별소비세 과세표준 신고서를 법정신고기한 내에 제출한 자는 「국세기본법」 제45조의2에 따라 관할 세무서장에게 경정 등을 청구할 수 있다(개별소비세법 기본통칙 20-34…8).

해석사례

■ **유연탄의 수입통관시 수량과 실제 반입 수량에 차이가 있는 경우 실제 반입수량을 초과하여 공제가능한지 여부**(서면-2018-소비-3378 [소비세과-1877], 2018.11.7.)

　– 수입통관 시 개별소비세를 납부한 후 물품을 반출하고, 해당 과세물품이 개별소비세가 면제되는 물품과 그 물품의 원재료로 사용되는 경우에는 개별소비세법 제20조 제2항에 따라 이미 납부한 세액을 환급하거나 납부 또는 징수할 세액에서 공제하도록 하고 있으며,

　– 공제 또는 환급을 받으려는 자는 개별소비세 공제(환급)신청서에 시·도지사가 발행한 해당 사유의 발생 사실을 증명하는 서류를 첨부하여 관할 세무서장 또는 세관장에게 신청하므로, 실제 반입수량을 초과하여 공제 또는 환급을 받을 수 없는 것임.

■ **제조장에서 정상 반출 후 보관 중에 화재로 소실된 유류에 대하여 기납부한 교통·에너지· 환경세 환급 여부**(서면-2019-소비-2794 [소비세과-1462], 2019.8.29.)

　– 정유공장(제조장)에서 정상적으로 반출한 과세물품(휘발유·경유)이 보관 과정(저유소)에서 화재로 소실되었을 경우 당초 기납부한 교통·에너지·환경세는 환급하지 않는 것임.

라. 세액환급 신청

세액의 환급을 받으려는 자는 해당 사유가 발생한 날부터 6개월이 지난날이 속하는 달의 말일까지 「교통·에너지·환경세 공제(환급)신청서」(시행규칙 별지 제18호 서식)에 당해 사유의 발생사실을 증명하는 서류와 「교통·에너지·환경세 부과(납부)사실증명 신청서 및 증명서」(시행규칙 별지 제19호 서식)를 과세표준 신고서와 함께 관할 세무서장 또는 세관장에게 제출하여야 한다.

마. 환급사유 발생시기

이 때 '해당 사유가 발생한 날'의 시기는 다음에 따른다(개별소비세법 기본통칙 20-34…12 참고).

1. 과세된 물품을 수출하거나 주한외국군에 납품하는 경우 : 수출(납품)한 날. 다만, 수출

또는 군납면세승인을 얻지 아니하고 수출 또는 군납함으로써 당해 세액을 징수하는 경우에는 당해 세액을 납부한 날

【예시1】

○ 과세된 원재료를 사용하여 수출물품을 제조하고 20×1년 5월 1일 관할 세무서장의 수출면세 반출승인(신고)을 받아 20×1년 5월 7일 수출한 경우
⇒ 원재료에 과세된 세액의 환급사유가 발생한 날은 20×1년 5월 7일임.

【예시2】

○ 과세된 원재료를 사용하여 수출물품을 제조하고, 수출면세반출승인(신고) 절차를 이행함이 없이 20×1년 5월 7일 수출하였으나

○ 면세승인(신고)을 받지 아니하고 반출한 사실을 20×1년 11월 15일 관할 세무서에서 확인하고 20×1년 11월 30일을 납기로 동 물품에 대하여 세액을 고지하여 20×1년 11월 30일 당해 세액을 납부한 경우
⇒ 동 물품에 과세된 세액의 환급사유가 발생한 날은 20×1년 11월 30일임.

---

2. 과세된 물품을 원재료로 하여 제조·가공한 물품이 특별소비세가 면제되는 경우 : 그 물품을 실지로 반출한 때

3. 환입물품으로서 재반출할 수 없는 경우 : 관할 세무서장의 확인을 받은 때

4. 과세된 석유류로서

① 의료용·의약품·비료·농약제조용 원료로 사용되는 경우 : 그 물품을 실지로 사용한 때

② 항공기에 사용되는 경우 : 그 물품을 실지로 사용한 때

③ 외국항행선박·원양어업선박에 사용되는 경우 : 그 물품을 당해 선박에 적재한 때

④ 주한외국공관, 기타 이에 준하는 기관에 사용되는 경우 : 그 물품을 납부한 때

(5) 세액공제 및 환급 절차

세액의 공제 또는 환급을 받으려는 자는 해당 사유가 발생한 날로부터 6개월이 지난날이 속하는 달의 말일까지[200] 「교통·에너지·환경세 공제(환급)신청서」(시행규칙 제18호 서식)에 해당 사유의 발생 사실을 증명하는 서류와 교통·에너지·환경세가 이미 납부되었거나

---

[200] 공제·환급신청기한을 '사유발생일'부터 6개월 이내에서 '사유발생일 말일'부터 6개월 이내로 변경하여 납세편의를 제고하였다(2012. 1. 1. 이후 최초로 신고·신청사유 발생분부터 적용).

납부될 사실을 증명하는 「교통 · 에너지 · 환경세 부과(납부)사실 증명신청서 및 증명서」(시행규칙 별지 제19호 서식)를 갖추어 과세표준 신고서와 함께 관할 세무서장 또는 세관장에게 제출하여야 한다.

그러나 교통 · 에너지 · 환경세는 신고 · 납부세목으로서 성질상 그 세액을 조속히 확정시키려는 조세행정의 편의를 위한 규정에 불과하고 교통 · 에너지 · 환경세에 있어서 매입세액 공제를 인정하는 취지가 과세물품에 대한 중복과세를 피하고 일반적인 조세형평을 기하기 위한 것인 점에 비추어 세법상 환급신청기한이 경과하였더라도 공제 · 환급이 가능하다(대법 88누3697, 1989.3.14. 참고).

이미 납부한 세액의 공제는 공제 신청인의 관할 세무서장에게 하여야 하고, 세액의 환급은 해당 물품에 대하여 교통 · 에너지 · 환경세를 부과하였거나 부과할 관할 세무서장 또는 세관장에게 하여야 한다. 다만, 과세된 석유류가 주한외교공관, 그 밖에 이에 준하는 기관에서 사용된 경우에는 별도의 절차에 따른다.

가. 공제 · 환급 신청 주체

세액공제 신청은 납부 또는 징수할 세액이 있는 납세의무자가 한다.

세액환급의 경우(제조 · 가공한 물품이 면제되는 경우는 제외) 당해 물품에 대하여 교통 · 에너지 · 환경세를 납부한 자와 연명으로 당해 교통 · 에너지 · 환경세를 부과하였거나 부과할 관할 세무서장 또는 세관장에게 신청하여야 한다. 다만, 신청인과 실제 교통 · 에너지 · 환경세를 부담한 자가 다른 경우에는 실제 부담한 자가 교통 · 에너지 · 환경세를 납부한 자와 연명으로 신청할 수 있다.

나. 부과(납부)사실증명의 발급

「교통 · 에너지 · 환경세 부과(납부)사실 증명신청서 및 증명서」(시행규칙 제19호 서식)는 이미 납부되었거나 납부될 사실을 증명하는 서류이므로 해당 세액이 납부되기 전에도 사실을 확인하여 발급할 수 있다(개별소비세법 기본통칙 20-34…2 참고).

다. 공제 · 환급 신청 관할

이미 납부한 세액의 공제는 공제 신청인의 관할 세무서장에게 하여야 하고, 세액의 환급은 해당 물품에 대하여 교통 · 에너지 · 환경세를 부과하였거나 부과할 관할 세무서장 또는 세관장에게 하여야 한다.

라. 공제 · 환급세액의 결정

세액의 환급신청을 받은 관할 세무서장은 그 신청인이 장래에 납부할 금액이 있는 경우에는 그 납부할 세액에서 이미 납부한 세액을 공제하며, 신청인이 판매 또는 제조의 폐기 기타의 사유로 인하여 장래에 납부할 세액이 없는 때에는 이미 납부한 세액을 신청을 받은 날부터 30일 내에 환급하여야 한다(영 §24 ③).

해석사례

■ **수출하는 경우 공제(환급)절차와 면세구입 절차**(제도 46016-10433, 2001.4.4.)
- 특별소비세법 제20조 제2항 제1호에 의거 특별소비세가 납부된 과세물품 또는 과세물품을 사용하여 제조 가공한 물품을 수출하는 경우, 같은 법 시행령 제34조 제1항 제2호에 의거 실제 세액부담자는 특별소비세를 기 납부한 납세의무자(세액 납부자)와 연명으로 관할 세무서장에게 신청하여 공제 또는 환급 받을 수 있는 것이며,
- 특별소비세법 제15조 제1항 제1호 및 같은 법 시행령 제22조 제1항에 의거 수출 신용장이나 기타 수출품임을 증명하는 서류를 첨부하여 특별소비세 납세의무자와 연명으로 납세의무자 관할 세무서장에게 수출 및 군납면세 신청하여 승인을 받는 경우에는 특별소비세를 면세로 구입할 수 있는 것임.

관련판례

■ **수출선박의 시운전에 사용되는 유류는 개별소비세법 및 교통 · 에너지 · 환경세법에서 규정하는 환급대상임**(대전지방법원 2020구합100986, 2021.4.15.)
(1) 수출물품을 형성하지 아니할 것
이 사건 유류는 수출물품인 선박에 투입되어 소모되었을 뿐 선박 자체를 형성하지는 않으므로 위 요건은 충족된다.
(2) 수출물품의 제조 · 가공 과정에서 사용되었을 것
이 사건 유류는 전체 선박 제조공정 중에서 '③ 안벽공정'의 일부인 '안벽시운전 공정'과 '④ 해상공정'의 일부인 '해상시운전 공정'에 사용되었다. 국내에서 일반적으로 사용되는 조선표준계약서에도 선박 건조기간 중의 선박, 기관, 장비, 설비에 대한 시운전을 제조공정의 하나로 명시하고 있고, 선박이 제조되는 전체 과정을 고려할 때 안벽시운전 공정과 해상시운전 공정은 모두 다음 공정으로의 이행 및 계약조건에 맞는 선박을 완성하기 위해 거쳐야 하는 필수적인 공정에 해당한다고

판단된다. 따라서 이 사건 유류는 수출물품인 선박의 제조 · 가공 과정에 사용되었다고 보아야 하므로 위 요건도 충족된다.

(3) 직접 사용되었을 것

이 사건 유류는 제조 중인 선박의 시운전을 위해 선박에 연료로 투입되어 소모되었다. '직접'의 사전적 의미는 '중간에 제삼자나 매개물이 없이 바로 연결되는 관계'이고, 이 사건 유류는 매개물 없이 선박에 바로 투입되는 방법으로 사용되므로 '직접 사용'의 통상적 의미에 부합한다.

한편, 관세환급특례법에도 이 사건 법률규정과 같은 취지의 환급 규정이 있으므로 이 사건 법률 규정의 의미를 해석할 때 참고할 수 있는데, 관세환급특례법 제3조에는 다음과 같이 규정되어 있다.

위 규정은 '수출물품 생산용 기계 · 기구 등의 작동 및 유지를 위한 물품 등'을 수출물품 생산에 간접적으로 투입되어 소모되는 물품의 예시로 들고 있으므로, 반대해석을 통해 '직접적으로' 투입되어 소모되는 물품의 의미를 파악할 때에도 위 예시부분을 고려해서 해석해야 한다. 입법자가 수출물품이 아닌 '수출물품 생산용 기계 · 기구'의 작동 및 유지를 위한 물품을 간접 사용의 주된 예시로 들었다는 것은 '수출물품 자체'에 투입되어 직접비용으로 처리되는 물품을 직접 사용에 해당한다고 보았기 때문이라고 해석할 수 있고, 이러한 해석은 위 법령에서 수출물품 생산에 직접적으로 기여하는 물품에 대한 세액을 환급대상으로 규정한 취지에도 어긋나지 않는다.

한편, 피고는 '작동 및 유지를 위한 물품'은 모두 간접적으로 사용된 것으로 해석해야 한다고 주장하나, 이는 위 문언 앞 부분에서 해석의 범위를 제한하는 '수출물품 생산용 기계 · 기구 등'을 전혀 고려하지 않은 것이어서 지나친 확장해석에 해당한다고 판단된다. 결국 위 법률 문언에 충실하게 해석하면, 수출물품 생산용 기계 · 기구가 아닌 수출용 선박 자체에 투입되어 소모된 이 사건 유류는 선박의 제조 과정에 '직접적으로 사용'되었다고 볼 수 있으므로, 위 요건도 충족한다.

(4) 단용원자재일 것

'단용원자재'의 사전적 의미는 '1회 또는 단기의 사용으로 소멸하는 원자재'이다. 그리고 '원자재'는 '공업 생산의 원료가 되는 자재'를 뜻하며, '자재'는 '무엇을 만들기 위한 기본적인 재료'를, '원료'는 '어떤 물건을 만드는 데 들어가는 재료'를 뜻한다. 통상적으로 '원자재'라는 용어는 물건을 만드는 데 들어가는 기본적인 재료라는 의미로 폭넓게 사용되고, 물품 생산 과정에 사용하는 유류도 당연히 여기에 포함되는 것으로 통용되고 있다.

피고는 유류가 '원료'로 사용된 경우와 달리 '연료'로 사용된 경우에는 원자재로 볼 수 없다는 취지로 주장하나, 그와 같이 해석할 명확한 근거가 없고, 원자재의 통상적인 의미를 고려할 때 원자재의 개념에서 '연료로 사용된 유류'만 제외하는 것은 합리적 이유 없이 문언의 통상적 의미를 축소해석하는 것이어서 부당하다(세법인 조세특례제한법 시행령 제104조의7 제2항 제3호 라목에서 '선박 연료유 등 해운관련 주요 원자재'라는 용어를 사용해, 연료로 사용된 유류도 원자재에 포함된다고 규정하고 있는 점에서 더욱 그러하다). 피고의 위 주장은 받아들일 수 없고, 이 사건 법률규정에서 말하는 '원자재'는 그 통상적인 의미대로 유류도 포함된다고 해석하는 것이 조세법률주의에도 부합한다. 이와 같이 해석하면, 이 사건 유류는 1회의 사용으로 소멸하는 원자재이므로 단용원자재에 해당해 위 요건에도 충족된다.

이 사건 유류는 '당해 물품을 사용하여 제조·가공한 물품을 수출하는 경우로서, 그 물품이 수출물품을 형성하지 아니하나 수출물품의 제조·가공 과정에서 직접 사용되는 단용원자재일 것'이라는 요건을 모두 충족하였다. 따라서 이 사건 유류는 이 사건 법률규정이 정한 세액환급 대상에 해당한다.

(6) 공제(환급) 사유의 입증

세액의 공제 또는 환급을 받고자 하는 자는 「교통·에너지·환경세 공제(환급) 신청서」(시행규칙 별지 제18호 서식)에 해당 사유의 발생 사실을 증명하는 서류와 이미 납부되었거나 납부될 사실을 증명하는 「교통·에너지·환경세 부과(납부)사실 증명신청서 및 증명서」(시행규칙 제19호 서식)를 첨부하여 관할 세무서장 또는 세관장에게 신청하여야 한다. 세액의 공제 또는 환급사유의 발생 사실을 증명하는 서류는 다음과 같다.

가. 세액공제 사유의 증명서류

세액공제 사유(과세물품의 제조·가공에 직접 사용하는 경우)의 발생사실을 증명하는 당해 물품에 소요된 물품의 명세서는 「과세물품 소요 명세서」(시행규칙 제20호 서식)로 한다(영 §24 ② 1., 규칙 §13 ②).

나. 세액환급사유의 증명서류

① 수출·주한외국군납

→ ⓐ 수출신고필증 또는 납품사실증명서

ⓑ 해당 물품에 소요된 물품의 명세서(「과세물품 소요 명세서」, 시행규칙 제20호 서식)

ⓒ 산업통상자원부장관이 정하는 바에 따라 산업통상자원부장관이 지정하는 기관이 발행한 원료소요량 증명서

② 제조장 환입

→ 관할 세무서장이 당해 환입사실을 확인하는 서류(「과세물품환입신고 및 확인신청(확인)서」, 시행규칙 제21호 서식)

③ 교통 · 에너지 · 환경세가 면제되는 물품의 원재료로 사용되는 경우

→ 「과세물품 소요 명세서」(시행규칙 제20호 서식)

④ 과세물품이 면세용도로 사용되는 경우

환급사유	증명서류
ⓐ 의료용 · 의약품 · 비료 · 농약 제조용 원료	사용자의 사용보고서와 소관 중앙행정기관의 장이 발행한 사용확인서
ⓑ 항공기용 석유류	사용자의 사용보고서
ⓒ 외국항행선박 · 원양어업선박용 석유류	유류공급명세서(내항선인 원양어업선박용은 반입자의 사용보고서)

⑤ 조세특례제한법에 따른 면제

환급사유	증명서류
ⓐ 국군에 공급하는 석유류	납품증명서(국방부 조달본부장 또는 국군복지단장이 발행)
ⓑ 도서 자가발전용 석유류	구입증명서(산업자원부장관 및 수산업협동조합중앙회장이 발행) 발전기 소유자별 공급명세서
ⓒ 농업용 면세유	유류구입증명서(농업협동조합중앙회장이 발행) 유류공급확인서(농업협동조합이 발행)
ⓓ 어업용 면세유	유류구입증명서(수산업협동조합중앙회장이 발행) 유류공급확인서(수산업협동조합이 발행)
ⓔ 연안여객선박용 면세유	구입증명서 및 선박별 공급명세서(한국해운조합장이 발행)

(7) 공제(환급)세액의 징수

세액의 공제 및 환급사유에 해당하여 환급 또는 공제를 받은 물품이 정해진 용도로 사용되지 아니한 사실이 확인된 경우에는 해당 물품을 정해진 용도로 사용하지 않은 자로부터 해당 교통 · 에너지 · 환경세를 징수한다(법 §17 ⑧, 영 §24 ⑤).

이 경우 외국항행선박 및 원양어업선박에서 사용하는 석유류에 있어서는 당해 물품을 소정의 용도에 사용하지 아니한 자의 관할 세관장이 징수한다(영 §24 ⑤).

> **관련판례**
>
> ■ **유류의 불법유통을 알지 못한 선의의 거래당사자(정유사)로 교통세 부과처분이 부당한지 여부**(부산고등법원 2008누2118, 2009.1.9.)
>
> – 외국항행선박에 반입되기 이전 단계에서 소정의 용도(외국항행선박 사용)에 사용되지 않았고, 그것이 앞서 본 바와 같이 외국항행선박에 공급될 때까지 유류를 관리할 지위에 있는 원고(정유사)가, 관할 세관장이 서류심사를 거쳐 발급하는 환급대상 수출물품 반입(적재)확인서 등만을 제출하면 교통세 등을 쉽게 환급받을 수 있다는 이유로, ○○해상급유가 이 사건 유류를 외국항행선박에 제대로 급유하였는지를 관리·감독하지 않은 것(원고가 ○○해상급유에 대한 관리·감독 책임이 있는 이상, ○○린이 급유를 실제 하였는지 여부를 감독하지 않은 ○○해상급유의 잘못도 원고의 책임이라 할 것이다)에 원인이 있는 것이라면, 이 사건 유류를 그 소정의 용도에 사용하지 아니한 자는 원고로 봄이 상당하다.
>
> – 따라서 이 사건 유류와 관련하여 원고에게 환급된 교통세 등은 원고로부터 징수하여야 하고, 부가가치세 과세표준 산정시 환급된 교통세 등을 포함하여 산정하여야 한다.
>
> – 환급요건을 충족하기 전까지는 이 사건유류의 소유자 및 반출자는 원고이므로 납세의무는 원고에게 있고, 교통세 등의 납부 의무 이행과 관련하여 원고가 그 책임을 소홀히 하여 부정반출이 이루어졌던 점 등을 종합하면 그 의무 해태를 탓할 수 없는 정당한 사유가 있다고 보기는 어렵다.

9 : 과세표준 신고와 납부

교통 · 에너지 · 환경세는 납세의무자가 과세표준과 세액을 정부에 신고했을 때에 확정된다. 다만, 납세의무자가 과세표준과 세액의 신고를 하지 아니하거나 신고한 과세표준과 세액이 세법에서 정하는 바와 맞지 아니한 경우에는 정부가 과세표준과 세액을 결정하거나 경정하는 때에 그 결정 또는 경정에 따라 확정된다(국세기본법 §22).

과세물품을 제조하여 반출하거나 수입하는 자, 관세를 납부할 의무가 있는 자는 각각의 신고기한까지 교통 · 에너지 · 환경세 과세표준 신고서를 제출하고 납부하여야 한다.

(1) 납세의무자별 신고 · 납부(법 §7, §8)

가. 과세물품의 제조 · 반출자

과세물품을 제조하여 반출하는 납세의무자는 매월 제조장으로부터 반출한 물품의 물품별 수량 및 가격과 산출세액 · 미납세액 · 면제세액 · 공제세액 · 환급세액 · 납부세액 등을 기재한 신고서를 다음 달 말일까지 제조장을 관할하는 세무서장에게 제출하고, 신고서의 제출기한 내에 납부하여야 한다.

과세표준을 신고하여야 하는 자는 다음의 사항을 기재한 「과세물품 과세표준 신고서」(시행규칙 별지 제4호 서식)에 미납세 또는 면세반출명세서(면세석유류구입추천서를 포함한다), 과세반출명세서, 제품수불상황표 및 환급 또는 공제신청서를 첨부하여 관할 세무서장에게 제출(국세정보통신망에 의한 제출을 포함한다)하여야 한다.

1. 신고인의 제조장 소재지와 주소 · 성명 · 명칭 · 주민등록번호 또는 사업자등록번호
2. 반출한 물품의 종류별 품명 · 수량 · 규격 · 단가 · 반출가격 및 세액
3. 미납세 또는 면세반출물품의 세액상당액
4. 환급 또는 공제세액상당액
5. 자진납부하여야 할 세액

교통 · 에너지 · 환경세를 납부하고자 하는 자는 과세표준 신고서의 제출기한 내에 납부할 세액을 관할 세무서장, 한국은행 또는 체신관서에 납부하여야 한다(영 §13).

제조장 안에 남아있는 것으로서 공매·경매 또는 파산절차에 의하여 환가되거나 과세물품의 제조를 사실상 폐지한 경우로서 제조장 안에 남아있는 경우에는 과세표준 신고서와 부속서류에 해당 사유를 명확하게 적어 신고해야 한다(영 §12 ②).

법령해석

■ 제조장 내 소비물품의 과세표준 신고(재간세 12653-1986, 1980.7.1.)
 - 특별소비세 과세표준 신고서는 동법 제9조 제1항의 규정에 의하여 익월 말일까지 제출하여야 하는 것이므로 이에 따른 원가계산도 제조월별로 하여야 함.
 * (편주) 법령해석 당시에는 과세표준을 매월 다음 달 말일까지 신고하였음.

나. 과세물품을 보세구역에서 반출하는 자

과세물품을 보세구역에서 반출하는 자가 보세구역을 관할하는 세관장에게 수입신고를 한 때에는 교통·에너지·환경세 과세표준 신고를 한 것으로 본다. 교통·에너지·환경세의 납부에 관하여는 「관세법」에 의한다.

과세물품을 「관세법」에 의하여 수입신고 수리 전에 보세구역으로부터 반출하고자 하는 자는 「관세법」이 정하는 바에 따라 당해 교통·에너지·환경세액에 상당하는 담보를 제공하여야 한다(법 §8 ③).

다. 관세를 납부할 의무가 있는 자

보세구역에서 과세물품을 수입하는 경우 외에 관세를 납부할 의무가 있는 자에 대한 교통·에너지·환경세 과세표준 신고는 「관세법」에 의한다. 교통·에너지·환경세의 납부에 관하여는 「관세법」에 의한다.

해석사례

■ 반출가격의 미확정 반출시 과세표준신고(소비 46430-1830, 1994.9.8.)
 - 과세물품을 제조장에서 반출할 때 반출가격이 확정되지 아니하여 예정가격으로 신고·납부를 한 경우에 추후 확정가격이 예정가격보다 높게 결정된 때에는 국세기본법상의 수정신고기한과 관계없이 확정가격이 결정된 날의 다음 달 말일까지 추가신고 납부하여야 하며, 확정가격이 예정가격보다 낮게 결정된 때에는 같은 법상의 수정신고기한 내에 신고를 하여야 환급받을 수 있음.

> ■ **수출물품의 과세(면세)표준 신고일**(재소비 22601 - 763, 1990.8.3.)
> - 수출물품에 대한 특별소비세 과세표준신고는 특별소비세법 제4조와 동법 제9조 제1항의 규정에 의하여 당해 수출물품을 제조장에서 반출한 날이 속하는 달의 다음 달 말일까지 제조장 소관세무서장에게 하는 것임.

(2) 사업자 단위 과세 사업자의 신고 · 납부(법 §8의2)

사업자 단위 과세 사업자는 그 사업자의 본점 또는 주사무소에서 총괄하여 신고 · 납부할 수 있다. 이 경우 그 사업자의 본점 또는 주사무소는 신고 · 납부와 관련하여 이「교통 · 에너지 · 환경세법」을 적용할 때 제조장으로 본다.

둘 이상의 제조장 등이 있는 사업자의 납세편의를 도모하기 위하여 2010년 12월 27일 세법개정으로「부가가치세법」에서 시행하고 있는 사업자 단위 신고 · 납부제도를 도입하여 2011년 7월 1일부터 시행하였다.[201]

그러나 세법상 모든 납세의무를 본점 또는 주사무소가 이행하는「부가가치세법」과는 달리 「교통 · 에너지 · 환경세법」은 과세물품 유통흐름을 관리할 필요성으로 신고와 납부에 한하여 사업자 단위 과세제도를 도입하였다. 따라서 과세표준 신고 및 납부를 제외한 면세 · 미납세 신청 및 반입사실 신고 등의「교통 · 에너지 · 환경세법」상 제반의무는 각 사업장별로 이행 하여야 한다.

(3) 저유소 혼유 과세특례에 따른 신고 · 납부(법 §8의3)

제조자 등(제3조 제1호 또는 제2호의 납세의무자)은 과세물품을 해당 제조자 등의 제조장 또는 보세구역에서「송유관 안전관리법」에 따른 송유관 또는 선박 · 탱크로리 등 운송수단을 통하여 반출한 후 제조자 등이 소유 또는 임차한 저유소(貯油所)에서 다시 반출하는 경우로서 해당 저유소에서 혼유 등(서로 다른 유류의 혼합 등의 사유)이 발생하는 경우에는 제조자 등(정유소)이 혼유 등이 발생한 때를 과세시기로 하여 저유소에서 혼유 등이 발생한 때의 수량을 과세표준으로「과세물품 과세표준 신고서」를 제출하여야 한다.

---

201) 2010. 12. 27. 세법개정으로 신설하여 2011. 7. 1.부터 시행하였다.

　제조자 등이 과세표준 신고를 할 때 과세표준 신고서에 다음의 서류를 첨부하여 제조자 등 관할 세무서장에게 제출(국세정보통신망에 의한 제출을 포함한다)하여야 한다.

1. 다음의 사항을 적은 「저유소혼유등특례신청서」(적용하여 처음으로 과세표준을 신고할 때에 제출하여야 하며, 이미 제출한 내용이 변경되는 경우에는 다시 제출하여야 한다)
   ① 제조자 등의 주소·성명·명칭·주민등록번호 또는 사업자등록번호
   ② 저유소의 소재지 및 관할 세무서
   ③ 그 밖의 참고사항
2. 저유소별 과세표준 신고서

10 : 결정 및 경정 (법 §9, §10)

과세표준 신고서를 제출하지 아니하거나 신고한 내용에 오류 또는 탈루(脫漏)가 있는 경우에는 관할 세무서장, 관할 지방국세청장 또는 세관장은 그 과세표준과 세액을 결정 또는 경정결정(更正決定)한다.

관할 세무서장, 관할 지방국세청장 또는 세관장은 결정 또는 경정결정한 과세표준과 세액에 오류 또는 탈루가 있는 것이 발견된 경우에는 이를 다시 경정한다(법 §9 ①, ③).

(1) 실지조사 결정 · 경정(법 §9 ②)

납세의무자가 세법에 따라 장부를 갖추어 기록하고 있는 경우에는 해당 국세 과세표준의 조사와 결정은 그 장부와 이와 관계되는 증거자료에 의하여야 한다(국세기본법 §16 ①). 교통 · 에너지 · 환경세의 결정 또는 경정결정은 장부나 그 밖의 증명 자료를 근거로 하여야 한다.

(2) 추계결정(법 §9 ② 단서)

가. 추계결정 사유

다음에 해당하는 사유가 있는 경우에는 추계(推計)하여 결정 · 경정할 수 있다.

1. 과세표준을 계산할 때 필요한 장부나 그 밖의 증명 자료가 없거나 중요한 부분이 갖추어지지 아니한 경우
2. 장부나 그 밖의 증명 자료의 내용이 시설규모, 종업원 수와 원자재 · 상품 · 제품 또는 각종 요금의 시가(時價) 등에 비추어 거짓임이 명백한 경우
3. 장부나 그 밖의 증명 자료의 내용이 원자재 사용량, 동력(動力) 사용량 또는 그 밖의 조업 상황 등에 비추어 거짓임이 명백한 경우

나. 추계결정 방법 (영 §14)

추계과세란 납세의무자가 장부 기타 증빙서류를 보존 또는 제시하지 아니하거나 장부 등의

기재가 불비 또는 부정확하여 믿을 수 없어 실액을 파악하기가 불가능하거나 현저히 곤란한 경우 예외적으로 납세의무자의 재산이나 채무의 증감상태, 수입이나 지출의 현황, 기타 사업의 규모 등의 간접사실에 터잡아 과세표준을 정하는 과세방식을 의미한다(부산지방법원 2011구합4337, 2013. 1. 11. 참고). 이러한 추계과세의 요건에 관한 입증책임은 과세관청에게 있다 할 것이다(대법원 1999. 10. 8. 선고 98두915 판결 등).

추계를 할 때에는 다음의 어느 하나에 해당하는 방법에 따른다.

1. 기장이 정당하다고 인정되고 신고가 성실하여 법 제9조 제1항에 따라 결정 및 경정을 받지 아니한 다른 동업자와 비교하여 계산하는 방법
2. 국세청장이 사업의 종류·지역 등을 고려하여 다음의 관계에 대하여 조사한 비율이 있는 경우에는 그 비율을 적용하여 계산하는 방법
   ① 투입 원재료 또는 부재료의 전부 또는 일부의 수량과 생산량과의 관계
   ② 사업과 관련된 인적·물적 시설(종업원·사업장·차량·수도·전기 등)의 전부 또는 일부의 수량과 생산량과의 관계
   ③ 일정한 기간의 평균 재고량과 생산량과의 관계
   ④ 일정한 기간의 매출 총이익 또는 부가가치액과 매출액과의 관계
3. 추계결정·경정대상 사업자에 대하여 2.의 비율을 직접 산정할 수 있는 경우에는 그 비율을 적용하여 계산하는 방법

(3) 수시부과(법 §10)

납세의무자가 교통·에너지·환경세를 포탈(逋脫)할 우려가 있다고 인정되거나, 사업부진 기타의 사유로 휴업 또는 폐업한 때에는 과세표준 신고규정에 불구하고 수시로 그 과세표준과 세액을 결정할 수 있다.

(4) 수입신고에 대한 부과·징수 관할

보세구역에서 반출하거나 보세공장으로 반입한 물품에 대한 부과·징수에 관한 사무는 보세구역의 관할 세관장이 처리하며, 수입물품에 대하여 세관장이 부과·징수하는 부가가치세, 개별소비세, 주세, 교통·에너지·환경세 등의 내국세의 부과·징수·환급 등에 관하여

「관세법」의 규정을 우선하여 적용한다.

물품을 수입하려는 자는 수입신고를 할 때에 세관장에게 관세의 납부에 관한 납세신고를 하여야 하며, 수입신고를 하지 아니하여 관세를 징수하는 경우로서 납세신고가 부적당한 것으로서 일정한 경우에는 세관장이 관세를 부과·징수한다(관세법 §39 ①).

수입물품에 대한 조세를 세관장이 부과하는 이유는 주세, 개별소비세, 교통·에너지· 환경세의 과세표준이 관세의 과세가격과 관세로 구성되어 있으므로 세관장이 관세를 부과할 때 내국세의 결정을 같이 하고, 관세와 내국세의 조사관할을 일원화하여 납세 및 징수의 편의를 제고하려는 것이다.

법령해석

■ **특별소비세 결정 또는 경정결정시 과세기간**(재소비 46016-166, 2003.6.16.)
- 특별소비세법 제3조 제6호(과세유흥장소의 경영자)의 납세의무자가 매월 과세유흥 장소의 종류별로 인원·유흥음식요금·산출세액·면제세액·공제세액·납부세액 등을 기재한 신고서를 다음 달 말일까지 과세유흥장소의 관할 세무서장에게 제출하지 아니하거나 신고의 내용에 오류 또는 탈루가 있는 때에는 특별소비세법 제11조의 규정에 의하여 관할 세무서장은 그 과세표준과 세액을 매월 단위로 결정 또는 경정결정하는 것임.

■ **가산세 적용 여부**(소비 22644-1186, 1990.9.7.)
- 과세물품의 제조장 반출가격이 결정되지 아니하여 특별소비세 기본통칙 3-1-13…8 의 규정에 따라 예정가격으로 신고·납부한 후, 추후 확정가격이 결정되면 국세기본 법상의 수정신고와 관계없이 확정가격이 결정된 날의 다음 달 말일까지 추가 신고· 납부하여야 하며, 이 경우 가산세는 배제됨.

관련판례

■ **과세관청은 구 교통세법 제9조 제1항에 따라 교통세의 환급세액에 오류나 탈루가 있는 경우에 환급된 교통세를 징수할 수 있음**(광주고등법원 2011누1084, 2012.2.21.).

- 구 교통세법 제9조 제1항은 경정결정의 대상을 '과세표준과 세액'으로 규정하고 있을 뿐 과세표준에 따른 세액으로 한정하여 규정하고 있지 않고, 경정결정의 사유를 제7조에 의한 신고의 내용에 오류 또는 탈루가 있는 경우로 규정하고 있으며, 한편 제7조 제1항은 신고의 대상이 되는 세액을 '산출세액·미납세액·면제세액·공제세액·환급세액·납부세액'으로 규정하고 있기 때문에 제7조의 신고내용인 '산출세액·미납세액·면제세액·공제세액·환급세액·납부세액'에 오류가 있을 경우 관할 세무서장은 제9조 제1항에 따라 경정결정을 할 수 있다고 해석하는 것이 제7조와 제9조 제1항의 법문에 부합한다. (경정가능한 세액을 과세표준에 따른 세액만으로 한정하여 해석할 수는 없다.)

- 이와 달리 교통세법 제9조 제1항의 '과세표준과 세액'을 '과세표준에 따른 세액'으로 제한하여 해석하는 것은 위 규정의 문언에 반할 뿐만 아니라, 실제 납부하여야 할 세액이 과세표준에 의하여만 결정되는 것이 아니라 과세표준에 세율을 적용하여 계산된 산출세액에서 미납세액, 면제세액, 공제세액, 환급세액 등 각 공제항목을 차감하여 산출되는 것이기 때문에 만약 과세표준에 따른 세액만을 의미한다고 해석하게 되면, 환급세액은 물론이고 미납세액, 면제세액, 공제세액에 오류나 탈루가 있는 경우에도 이를 경정할 수 있는 별도의 규정이 없는 한, 그 오류를 바로잡아 경정할 수 없게 되는 불합리한 결과가 발생하게 되고, 심지어 납세의무자가 고의 또는 중대한 과실로 변제세액이나 공제세액을 허위로 기재하여 신고한 경우에도 이를 경정할 수 없다는 결론에 이르게 된다. 따라서 교통세법 제9조 제1항에서 규정하고 있는 '과세표준과 세액'을 '과세표준에 따른 세액'으로 제한하여 해석하는 것은 타당하지 않다.

- 이에 대하여 원고는, 교통세의 환급절차는 납세의무자의 환급신청 외에 과세관청의 환급결정이 별도로 있어야 하기 때문에 교통세법 제7조에 의한 과세표준의 신고 및 그에 따른 납세의무의 확정과는 무관한 절차이고, 따라서 교통세법 제9조에 의한 경정결정의 대상이 될 수 없으며, 환급된 교통세를 추징하기 위해서는 법률에 별도의 규정이 있어야 한다고 주장한다.

- 그러므로 살피건대, 이른바 환급세액은 적법히 납부 또는 징수되었으나 그 후 국가가 보유할 정당한 이유가 없게 되어 각 개별세법에서 환부하기로 정한 세액을 말하고, 특히 조세특례제한법상의 환급세액은 주로 정책적인 이유에서 인정되는 감면으로 인한 경우이며 이와 같은 환급세액의 발생 여부는 각 개별세법에 정한 환급요건의 충족여부에 따른다.

- 구 조세특례제한법 제106조의2에 따른 농업용 석유류에 대한 면세제도에 수반된 세액의 공제 · 환급절차에는 같은 법 제113조 제3항, 제1항에 의하여 구 교통세법 관련 규정이 준용되는데, 그 관련규정 중 이 사건 사안에 준용할 가장 적절한 규정은 구 교통세법 제17조 제2항, 제5항, 같은 법 시행령 제24조인바, 이에 의하면 이미 교통세가 납부되었거나 납부할 물품 또는 원재료가 다음 각 호의 1에 해당하는 경우에는 대통령령이 정하는 바에 따라 이미 납부한 세액을 환급한다. 이 경우 납부할 세액이 있는 때에는 이를 공제한다(제17조 제2항). 제2항의 규정에 의한 공제 또는 환급을 받고자 하는 자는 당해 사유가 발생한 날부터 6월 이내에 대통령령이 정하는 서류를 갖추어 제7조의 규정에 의한 신고와 함께 이를 관할 세무서장에게 제출하여야 한다(제17조 제5항).
- 법 제17조 제1항 및 제2항의 규정에 해당하는 사유가 발생하여 공제 또는 환급을 받고자 하는 자는 재정경제부령이 정하는 신청서에 당해 사유의 발생사실을 증명하는 서류와 교통세가 이미 납부되었거나 납부될 사실을 증명하는 서류를 첨부하여 다음 각 호의 규정에 따라 관할 세무서장 또는 세관장에게 신청(국세정보통신망에 의한 신청을 포함한다)하여야 한다(시행령 제24조 제1항). 제1항의 규정에 의한 신청을 받은 관할 세무서장은 그 신청인이 장래에 납부할 금액이 있는 때에는 그 납부할 세액에서 이미 납부한 세액을 공제하고, 신청인이 판매 또는 제조의 폐기 기타의 사유로 인하여 장래에 납부할 세액이 없는 때에는 이미 납부한 세액을 신청을 받은 날부터 30일 이내에 환급하여야 한다(시행령 제24조 제3항)라고 규정하고 있는바,
- 위 각 규정들에서 보는 바와 같이 교통세법상 교통세 납세의무의 확정절차와 과세관청의 환급절차가 동시에 처리되고, 납세의무자는 당월의 과세표준에 따른 산출세액에서 환급세액을 공제한 잔액만을 실제로 납부하게 되기 때문에 과세관청으로서는 납세의무자가 신고한 과세표준이나 공제세액, 환급세액 등의 항목에 오류나 탈루가 있는 경우 외에는 별도로 환급 결정을 할 필요가 없게 된다.
- 또한, 구 교통세법의 체계를 보더라도 과세표준을 신고하면서 환급신청서를 첨부하여 과세표준 신고서에 환급세액을 기재하도록 하고 있을 뿐, 세무서장이 환급세액을 결정하도록 하는 규정이 없으므로 납세의무자의 환급신청에 대하여 과세관청이 별도의 결정을 반드시 하여야 한다는 원고의 주장은 이유 없다.

11 : 납세보전

(1) 장부 등의 기록

가. 장부기록의 의무(법 §19)

과세물품의 제조자는 제조장별로 장부를 비치하고 장부에 그 제조·저장·판매에 관한 사항을 기재하여야 한다. 이 때 '장부'는 다음에 열거하는 것을 말한다(개별소비세법 기본통칙 26-36…2 참고).

1. 원재료매입장·원재료수불부·제조물품수불부
2. 국세청장의 명령에 따른 각종 장부
3. 개별소비세사무처리규정에 따른 장부

나. 장부기록 사항(영 §26)

과세물품의 제조자는 다음의 사항을 장부에 기재하여야 한다.

1. 매입한 원재료 또는 물품의 품명, 종류, 수량, 규격, 매입연월일과 판매자의 인적사항
2. 사용한 원재료 또는 물품의 품명, 종류, 수량, 규격 및 사용연월일
3. 제조한 물품의 품명, 수량, 규격 및 제조연월일
4. 반출한 물품의 품명, 수량, 규격, 가격, 반출연월일과 구입자의 인적사항

(2) 명령사항(법 §21, 영 §27)

가. 납세의무자 등에 대한 명령

정부는 교통·에너지·환경세의 납세 보전을 위하여 필요하다고 인정하는 때에는 과세물품의 제조자 및 가짜석유제품의 판매자등에 대하여 세금계산서의 발행, 장부의 작성·보존과 그 밖에 단속상 필요한 사항에 관한 명령을 할 수 있다.

대상자	명령사항
• 과세물품의 제조자, 판매자 • 가짜석유제품 등의 판매 · 보관하는 자 • 등유의 차량연료 판매자	• 세금계산서의 발행 • 장부의 작성 · 보존 및 제출에 관한 사항 • 그 밖에 단속상 필요한 사항

나. 납세보전에 필요한 자

정부는 교통 · 에너지 · 환경세의 납세보전을 위하여 필요하다고 인정하는 때에는 미납세 또는 조건부 면세로 반입한 자에 대하여 과세자료의 제출, 면세로 반입한 물품의 구분 · 적재 · 보관과 장부의 작성 및 보존 기타 단속상 필요한 사항에 관한 명령을 할 수 있다.[202]

대상자	명령사항
• 미납세반출물품 반입자 • 조건부 면세물품 반입자	• 과세자료의 제출 • 당해 물품의 구분, 적재, 보관 • 장부의 작성 · 보존 • 기타 단속상 필요한 사항

(3) 질문검사권(법 §22, §23)

가. 교통 · 에너지 · 환경세 조사에 필요한 사항

세무공무원은 교통 · 에너지 · 환경세에 관한 조사를 위하여 필요하다고 인정하는 때에는 과세물품의 제조자 및 판매자 등에 대하여 다음의 사항에 관하여 질문을 하거나 그 장부, 서류 또는 그 밖의 물건을 검사할 수 있다.

1. 과세물품 또는 이를 사용한 제품으로서 과세물품의 제조자 또는 판매자 등이 소지하는 것
2. 과세물품 또는 이를 사용한 제품의 제조 · 저장 또는 판매에 관한 장부 · 서류
3. 과세물품 또는 이를 사용한 제품의 제조 · 저장 또는 판매상 필요한 건축물 · 기계 · 기구 · 재료 기타의 물건

세무공무원의 질문 · 검사권한은 과세물품의 판매자 · 제조자 및 운반자와 보세구역에서 반출하는 자, 이들의 대리인 · 사용인 기타 자로서 해당 질문 · 검사에 관련되는 업무에 종사하는 자에게도 미친다(개별소비세법 기본통칙 26 - 0…1).

---

202) 행정규제 완화와 납세자 편익 증진을 위하여 2002. 12. 11. 이후 반출분부터 납세증지제도를 폐지하였다.

 **관련판례**

■ **가격이 인하 또는 인상되는 경우 석유류 재고조사의 실시여부**(소비 22641 – 1631, 1990.12.13.)

- 석유류 재고조사는 소득세법 제201조, 법인세법 제68조, 부가가치세법 제35조 및 특별소비세법 제26조의 규정에 의하여 소득세, 법인세, 부가가치세 및 특별소비세 등의 업무수행상의 필요에 따라 실시하는 것이므로 국세업무수행에 필요하지 아니한 때에는 재고조사를 실시하지 아니할 수 있는 것임.

- 그리고 석유류 재고조사시 재고량 파악은 인상시점을 기준으로 하는 것이나, 인상시점을 공휴일 0시로 하는 경우와 같이 인상시점에 사업장에 임하여서는 조사가 불가능하다고 판단될 때 인상시점 이전에 출장하여 조사를 개시하는 경우도 있으나, 이 경우에도 조사개시 현재의 재고량에 인상이전까지의 입·출고량을 가감하는 방법들을 통하여 인상시점 현재의 재고량을 파악하는 것과 다름이 없음.

- 위와 같이 조사된 인상시점 현재의 재고유류에 대하여는 인상된 가격을 기준으로 특별소비세법, 부가가치세법에 의한 소정의 세율을 적용하여 각 유통단계별로 특별소비세와 부가가치세 등을 납부하게 되는 것이며 인상되기 전 가격으로 매입하여 인상된 가격으로 판매하게 됨에 따른 소득증가분에 대하여는 소득세법과 법인세법이 정하는 바에 따라 소득세 또는 법인세 등을 납부하게 됨.

나. 운반 중인 과세물품에 대한 사항

세무공무원은 운반 중인 과세물품과 이를 사용한 제품의 출처 또는 도달지를 질문할 수 있다. 이 경우 단속을 위하여 필요하다고 인정하는 때에는 세무공무원은 그 운반을 정지하게 하거나 화물 또는 선차에 봉인을 하는 등 필요한 조치를 할 수 있다. '운반 중인 물품'에는 현재 운반 중인 물품과 운반도중 일시적으로 장치되고 있는 물품도 포함한다.

다. 증표의 제시

질문·검사하거나 그 밖의 필요한 조치를 할 때에는 그 권한을 표시하는 증표를 지니고 관계인에게 보여주어야 하며, 직무상 필요한 범위 외에 다른 목적 등을 위하여 그 권한을 남용해서는 아니 된다. '증표'는 세무공무원임을 증명하는 증서로서 세무관서장이 발행하는 공무원증·출장증 및 검찰관서장이 발행하는 세무공무원지명서를 말한다(개별소비세법 기본통칙 26 – 0…2).

제**3**절
과세물품의 미납세

1 | 미납세 규정체계

「개별소비세법」은 과세물품의 미납세 반출을 규정하고 있고, 휘발유·경유 등에 대한 개별소비세의 목적세로 제정된 「교통·에너지·환경세법」 또한 과세물품의 미납세 반출을 규정하면서 그 대상과 절차를 「개별소비세법」과 동일하게 정하고 있다.

「개별소비세법」과 「교통·에너지·환경세법」의 '미납세 반출'은 과세물품을 법이 정한 요건에 따라 해당 물품에 대한 세액의 부담이 유보된 상태로 판매 또는 반출하는 제도를 말한다.

유형	개별소비세법		교통·에너지·환경세법	
	구 분	조 문	구 분	조 문
과세물품 미납세	미납세반출	제14조	미납세반출	제12조

과세물품의 미납세 대상과 절차에 대해서는 「개별소비세법」과 「교통·에너지·환경세법」에 차이가 없어 이 책에서는 「개별소비세법」을 중심으로 기술하고 「교통·에너지·환경세법」에도 해당되는 사항은 〈교〉를 표기하였다.

2 미납세 반출 (법 §14)

(1) 미납세 반출의 의의

가. 미납세 반출의 개념과 취지

'미납세 반출'이란 과세물품을 법이 정한 요건에 따라 해당 물품에 대한 세액의 부담이 유보된 상태로 반출하는 제도를 말한다(개별소비세법 기본통칙 14 - 19…1).

이 경우에는 해당 물품의 반입 장소를 제조장으로 보고, 반입자를 제조자로 보아 반입 장소에서 해당 물품을 다시 반출하는 때 개별소비세 또는 교통·에너지·환경세의 납세의무가 성립한다(대법원 2020두51341, 2023.7.13. 참고).

미납세 반출 제도는 특정한 과세물품에 대하여 개별소비세 또는 교통·에너지·환경세의 부담이 유보된 상태로 반출하는 것을 허용하는 과세유보조치로서, 이는 개별소비세와 교통· 에너지·환경세가 최종소비자를 담세자로 예정하여 과세되는 조세인 점을 감안하여 과세 물품의 단순한 보관장소의 변경이나 제조공정상 필요에 의한 반출 등 최종소비를 목적으로 하는 반출이 아닌 경우에는 개별소비세 또는 교통·에너지·환경세의 부담이 유보된 상태로 반출을 허용함으로써 반출과세 원칙에 따른 문제점을 보완하려는 데 그 취지가 있다(대법원 2015.12.23. 선고 2013두16074 판결 참조).

나. 미납세 반출의 특징

미납세 반출 제도는 반출과세 원칙에 따른 문제점을 보완하기 위하여 조세부담이 유보된 상태로 반출을 허용하는 것으로 반입장소에서 과세물품을 다시 반출하는 시점까지 과세물품에 관한 부과권과 징수권을 포함한 조세채권 일체의 행사를 유예한다. 또한 반입장소를 제조장으로, 반입자를 납세의무자인 제조자로 보아 반입장소에서 반출하는 시점에 시행되는 법률에 따라 납세의무의 성립 여부와 범위가 결정된다.

과세물품을 미납세로 반출한 후에는 반출자 등이 과세물품을 지정된 반입 장소에 반입한 사실이나 정해진 용도로 제공한 사실을 일정한 기한 내에 증명하는 등의 사후관리를 예정하고 있고, 이를 위해 과세물품의 반출 전에 '반출에 대한 승인'과 반입 후에 '반입사실에 대한 증명' 등의 절차를 필요로 한다.

따라서 수탁자가 위탁공임만을 받고 제조한 물품을 위탁자에게 인도하기 위하여 제조장에서 반출하는 경우라도 그 물품들에 관하여 시행령 규정들에 따라 반출지 관할 세무서장에게 미납세 반출 승인신청서를 제출하여 승인을 받지 아니한 경우에는 개별소비세법 제14조 제1항에서 규정한 개별소비세 징수유보의 대상에 해당하지 아니한다(대법원 2015.12.23. 선고 2013두16074 판결의 취지 참조).

> **관련판례**
>
> ■ **미납세 반출의 납세의무 성립**(대법원 2020두51341, 2023.7.13.)
>
> - 개별소비세법은 2014. 12. 23. 개정되기 전부터 미납세반출 제도를 두고 있었고, 제14조 제4항은 반입장소를 제조장으로, 반입자를 납세의무자인 제조자로 본다고 규정하고 있다. 이러한 **미납세 반출 제도는 특정한 과세물품에 대하여 개별소비세의 부담이 유보된 상태로 반출하는 것을 허용하는 과세유보조치로서,** 개별소비세가 최종소비자를 담세자로 예정하여 과세되는 조세인 점을 감안하여 과세물품의 단순한 보관장소의 변경이나 제조공정상 필요에 의한 반출 등의 경우에는 **개별소비세의 부담이 유보된 상태로 반출을 허용함으로써 반출과세 원칙에 따른 문제점을 보완하려는 데 취지가** 있다(대법원 2015. 12. 23. 선고 2013두16074 판결 참조). 위와 같은 규정의 문언과 입법취지 등에 비추어 보면, 미납세 반출한 과세물품의 경우에는 개별소비세법 제14조 제4항에 따라 반입장소가 제조장으로 의제되므로 과세물품을 미납세 반출한 때가 아니라 그 과세물품을 반입장소에서 다시 반출하는 때 납세의무가 성립한다고 보아야 한다. 나아가 미납세 반출 제도의 취지가 반출과세 원칙에 따른 문제점을 보완하기 위하여 조세부담이 유보된 상태로 반출을 허용하는 데 있는 이상, 구 지방세법 제53조에 따른 미납세 반출의 경우라 하여 달리 볼 것은 아니다.
> - 이 사건 제2담배는 구 지방세법 제53조에 따라 미납세 반출되었는데, 미납세 반출은 **반입장소에서 과세물품을 반출하는 시점까지 과세물품에 관한 부과권과 징수권을 포함한 조세채권 일체의 행사를 유예하는 제도에 해당하므로, 반입장소에서 반출하는 시점에 시행되는 법률에 따라 납세의무의 성립 여부와 범위가 정해진다고 보아야** 한다. 원고가 미납세 반출한 이 사건 제2담배를 반입장소인 이 사건 **각 물류센터에서 다른 장소로 현실적으로 반출하지 않은 이상 반출된 것처럼 전산시스템에 입력을 하였다 하여 그 무렵에 납세의무가 성립하였다고 볼 수는 없다.**
> - 결국 이 사건 제2담배는 2015. 1. 1. 이후에 제조장으로 의제되는 반입장소인 이 사건 각 물류센터에서 반출되었으므로, 그 반출시점에 시행되는 개정 후 개별소비세법에 따라 개별소비세를 부과할 수 있다고 보아야 한다.

(2) 미납세 반출 승인대상

「개별소비세법」 제14조 제1항, 같은 법 시행령 제19조 제3항 및 「교통·에너지·환경세법」 제12조 제1항, 같은 법 시행령 제15조 제3항에 열거하고 있는 다음의 어느 하나에 해당하는 물품에 대해 관할 세무서장 또는 세관장의 승인을 얻은 경우에는 개별소비세 또는 교통·에너지·환경세를 징수하지 아니한다. 그 과세물품을 반입장소에서 다시 반출하는 때 납세의무가 성립한다.

가. 수출물품과 수출물품 원재료의 반출

1. 수출할 물품을 다른 장소에 반출하는 것[교]

   수출은 ⓐ 내국물품을 국외로 반출하는 것과 ⓑ 외국공공기관 또는 국제금융기관으로부터 받은 차관자금으로 물품을 구매하기 위하여 실시되는 국제경쟁입찰의 낙찰자가 해당 계약 내용에 따라 국내에서 생산된 물품을 납품하는 것에 한한다.

2. 수출물품 또는 수출물품의 제조·가공을 위한 물품을 내국신용장(원내국신용장과 제2차 내국신용장으로 한정한다)에 의하여 수출업자 또는 수출물품의 제조·가공업자에게 반출하는 것[교]

3. 수출물품을 제조·가공하기 위하여 동일 제조장에서 다른 제품의 원료로 사용하는 것[교]

4. 수출물품을 제조·가공하기 위하여 다른 제조장으로 반출하는 것[교]

   수출물품을 제조·가공하기 위하여 다른 곳에 있는 자기의 제조장 또는 타인의 제조장에 반출하는 경우를 말한다(개별소비세법 기본통칙 14-19…2).

5. 수출물품의 제조·가공을 위하여 미납세로 반입한 물품으로 제조·가공한 과세물품 또는 비과세물품(그 비과세물품의 원재료가 과세물품인 경우에 한한다)을 재반출하려는 경우

수출품제조업자가 미납세로 반입한 물품을 임가공하기 위하여 임가공업자에게 반출하는 경우에는 미납세반출승인신청(신고)을 하여야 하며, 임가공한 수출물품을 위탁자제조장으로 재반출하는 경우에도 미납세반출승인신청(신고)을 하여야 한다(개별소비세법 기본통칙 14-19…3).

나. 과세물품 제조·가공을 위한 반출

1. 과세물품을 제조·가공하기 위한 원료로 사용하기 위하여 다른 제조장으로 반출하는 것[교]

2. 「개별소비세법 시행령」 「별표1」 제6호 아목의 물품(부생연료유)으로서 「석유 및 석유

대체연료 사업법」 제2조 제7호의 규정에 따라 석유정제업자에게 석유제품 원료용으로 공급하기 위하여 제조장 또는 보세구역에서 반출하는 것

3. 「개별소비세법 시행령」「별표1」 제6호의 물품(과세대상 석유제품)을 제조·가공하기 위하여 동일한 제조자의 다른 제조장으로 반출하는 것[교]

4. 원료를 공급받거나 위탁 공임만을 받고 제조한 물품을 제조장에서 위탁자의 제품 저장창고에 반출하는 것[교]

다. 전시 · 검사 · 보관 목적의 반출

1. 박람회 등 출품과 관련된 다음의 것

① 국내에서 개최하는 박람회·전시회·품평회·전람회 기타 이에 준하는 곳(이하 '박람회 등'이라 한다)에 출품하기 위하여 제조장에서 반출하는 것

② 국내 또는 국외에서 개최한 박람회 등에 출품한 물품을 제조장에 환입하거나 보세구역에서 반출하는 것

③ 국제적인 박람회 등에 출품할 것을 조건으로 외국에서 수입하는 것

④ 국내에서 개최하는 박람회 등에 출품하기 위하여 무상으로 수입하는 것으로서 관세가 면세되는 것

다만, 백화점, 직매장, 빌딩, 지하도 등에 고객에게 상품선전을 목적으로 전시장을 설치하여 과세물품을 동 전시장에 반출하는 것은 미납세 반출의 대상에 포함하지 않는다(개별소비세법 기본통칙 14-19…7).

2. 「개별소비세법」「별표1」 제5호의 물품(과세대상 자동차)을 보관·관리하기 위하여 제조장에서 하치장으로 또는 하치장에서 다른 하치장으로 반출하거나 해당 제조장에 환입하는 것

이 경우 하치장이란 과세대상 자동차를 제조하는 자가 제조장이 협소하여 자기 제조장 이외의 장소에 위 물품을 보관·관리하는 장소로서 「부가가치세법」에 따라 하치장설치 신고를 한 장소(해당 제조자의 소유에 속하는 장소 이외에 타인의 소유에 속하는 장소를 임대차한 경우를 포함한다)를 말하며, 단순히 판매업을 하는 장소는 포함하지 아니한다(개별소비세법 기본통칙 14-19…4).

3. 「개별소비세법」「별표1」 제5호 가목의 물품(승용자동차)으로서 제조자 또는 수입업자의 판매장에 30일 이상 전시하기 위하여 제조장 또는 보세구역에서 반출하거나 해당 제조장 또는 보세구역으로 환입하는 것

4. 제조장 외의 장소에서 규격 검사를 받기 위하여 과세물품을 제조장에서 반출하거나 그 제조장에 환입하는 것[교]

5. 「개별소비세법」 제1조 제2항 제4호의 물품(과세대상 석유제품)을 석유비축시책의 일환으로 한국석유공사에 공급하기 위하여 제조장 또는 보세구역에서 반출하는 것과 제조장 또는 보세구역에서 반출한 후 제조자 또는 수입업자의 저유소를 거쳐 한국석유공사에 공급하는 것으로서 국세청장이 정하는 방법으로 공급하는 것[교]203)

라. 제조장에 반환 및 제조장 이전 목적의 반출

1. 수출물품, 위탁가공물품과 수출 및 군납 면세, 외교관면세, 외국인 전용 판매장 면세, 조건부 면세, 무조건면세 규정의 적용을 받아 반입된 물품으로서 품질불량이나 그 밖의 사유로 제조장에 반환하는 것[교]

2. 판매장 또는 제조장을 이전하기 위하여 반출하는 것[교]

   제조장 환입신고를 한 물품을 제조장의 이전에 따라 새로운 사업장에 반출하는 경우를 포함한다(개별소비세법 기본통칙 14-19…8 참고).

> **해석사례**
>
> ■ **수출물품이 클레임을 받은 경우 보세구역 미납세 반출**(소비 12653-2781, 1979.11.5.)
> - 특별소비세법 제15조 제1항의 규정에 의하여 수출면세 승인을 받고 수출한 물품이 품질 불량 기타 사유로 우리나라로 되돌아와 보세구역에서 당초 제조장으로 반출하는 경우 특별소비세법 제14조 제1항 제5호의 규정에 의하여 미납세 반출 승인신청을 할 수 있음.
>
> ■ **과세물품을 반입하여 석유류 제조 가공에 사용한 경우**(서면3팀-1751, 2007.6.18.)
> - 「특별소비세법」 제1조 제2항 제4호 바목의 물품을 정유공정상 과세되는 석유제품과 과세되지 않는 석유제품의 제조·가공을 위한 원재료로 함께 사용하기 위하여 다른 제조장으로부터 반입하는 경우 같은 법 시행령 제19조 제3항 제6호의 규정은 적용되지 아니함.
> - 또한 과세되는 석유제품과 과세되지 않는 석유제품의 제조·가공에 직접 사용되는 과세물품을 반입하면서 기납부한 특별소비세액을 공제하는 경우 과세되는 석유제품에 대하여 같은 법 제20조 제1항의 규정을 적용하는 것이며, 공제되는 세액의 계산은 당해 석유제품의 반출 물량을 기준으로 안분하는 것임.

---

203) 「한국석유공사의 비축용 석유류를 저유소 경유하여 미납세 반입, 반출하는 경우 그 방법 및 절차에 관한 고시」(제2021-48호, 2021.9.1.)

■ **위 · 수탁 제조 시 미납세 반출, 납세의무자, 과세시기, 과세표준 등 절차**

（소비 46430－76, 2000.3.6.）

- 수탁제조자가 원료를 공급받거나 위탁 공임만을 받고 제조한 특별소비세 과세물품을 제조장으로부터 위탁자의 제품저장 창고에 반출하는 경우에는 특별소비세법 제14조 제1항 제3호의 규정에 의하여 미납세 반출신청을 할 수 있음.
- 미납세 반출의 경우에도 과세물품을 제조(수탁제조 포함)하여 반출하는 사람(또는 법인)은 특별소비세법 제3조의 규정에 의하여 특별소비세 납세의무자임. 그러나 미납세 반출신청 · 승인에 의하여 세부담없이 미납세로 반출할 수 있음.
- 과세시기는 특별소비세법 제4조의 규정에 의하여 과세물품을 제조장에서 반출하거나 과세물품을 판매장에서 판매한 때임.
- 귀금속제품 수탁제조자의 가공료 과세표준계산은 특별소비세법 시행령 제9조 제3항의 규정에 의하여, 판매자의 과세표준계산은 특별소비세법 제8조의 규정에 의함.
- 사업자가 부가가치세가 과세되는 사업에 사용할 목적으로 재화(귀 질의의 경우 자금)를 취득하고 세금계산서를 교부받은 경우에 당해 세금계산서의 매입세액은 부가가치세법 제17조의 규정에 의하여 매출세액에서 공제되는 것임.

(3) 미납세 반출 승인절차

가. 사전승인 절차

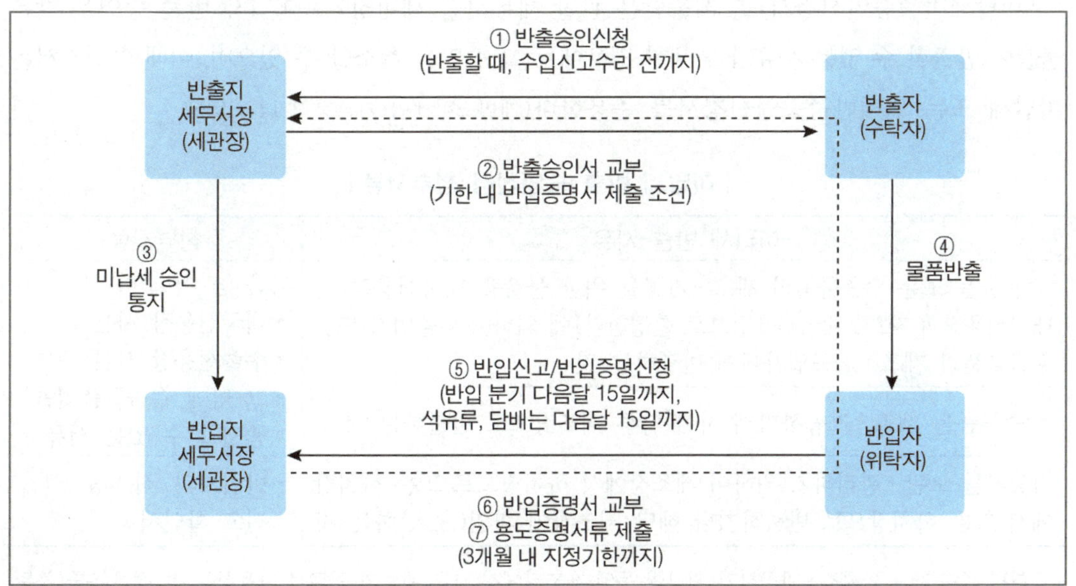

① 승인신청

미납세 대상 물품을 판매장, 제조장 또는 하치장에서 반출하려는 자는 해당 물품을 반출할 때에 아래의 서류를 첨부하여 다음의 사항을 적은 「미납세반출승인신청서」*를 관할 세무서장에게 제출하고 그 승인을 받아야 한다. 보세구역에서 반출하려는 자는 그 수입신고 시부터 수입신고 수리 전까지 「미납세반출승인신청서」를 세관장에게 제출하여 승인을 받아야 한다(영 §19 ①, ③).

* 「개별소비세 [미납세·외국인전용판매장면세·조건부 면세] 반출승인신청서」(시행규칙 제9호 서식)
  「교통·에너지·환경세 [미납세·조건부 면세] 반출승인신청서」(시행규칙 제6호 서식)

1. 신청인의 인적사항
2. 판매 또는 반출 장소
3. 반출할 물품의 명세
4. 반입장소
5. 반입자의 인적사항
6. 반출 예정 연월일
7. 반입증명서 제출기한
8. 신청 사유
9. 그 밖의 참고사항

「미납세반출승인신청서」를 제출받은 관할 세무서장(세관장)은 미납세 반출 승인을 받은 물품이 반출할 수 없는 사유가 발생한 경우에는 그 승인을 취소할 수 있으며, 이때의 신청서는 미납세 또는 면세반출승인신청서를 준용한다(개별소비세법 기본통칙 14-19…6).

| 미납세 반출 승인신청 첨부서류 |

미납세 반출 사유	첨부서류
수출물품 또는 수출물품의 제조·가공을 위한 물품을 내국신용장(원내국신용장과 제2차 내국신용장으로 한정한다)에 의하여 수출업자 또는 수출물품의 제조·가공업자에게 반출하는 것	다음 중 어느 하나* • 내국신용장 사본 • 수출신용장 사본 • 그 밖에 수출물품임을 증명할 수 있는 서류
수출물품을 제조·가공하기 위하여 다른 제조장으로 반출하는 것	
자동차를 보관·관리하기 위하여 제조장에서 하치장으로 또는 하치장에서 다른 하치장으로 반출하거나 해당 제조장에 환입(還入)하는 것	• 반입지의 하치장 설치 신고 확인서

* 다만, 수출물품을 제조·가공하기 위하여 동일 제조장에서 다른 제품의 원료로 사용하는 것, 석유류를 석유

비축시책의 일환으로 한국석유공사에 공급하기 위하여 제조장 또는 보세구역에서 반출하는 것과 제조장 또는 보세구역에서 반출한 후 제조자 또는 수입업자의 저유소를 거쳐 한국석유공사에 공급하는 것으로서 국세청장이 정하는 방법(한국석유공사의 비축용 석유류를 저유소 경유하여 미납세 반입, 반출하는 경우 그 방법 및 절차에 관한 고시)으로 공급하는 것은 제외

② 승인서 발급

반출지 관할 세무서장(세관장)이 반입증명서의 제출기한(반출한 날부터 3개월 이내)을 정하여 미납세 반출을 승인한 경우에는 그 신청서에 준하는 내용의 승인서*를 발급하여야 한다.

 * 「개별소비세 [미납세 · 외국인전용판매장면세 · 조건부 면세] 승인서」 (시행규칙 제9호 서식)
  「교통 · 에너지 · 환경세 [미납세 · 조건부 면세] 반출승인서」 (시행규칙 제6호 서식)

③ 승인사실 통보

미납세 반출을 승인한 반출지 관할 세무서장(세관장)은 반입지 관할 세무서장(세관장)에게 미납세 반출 승인사실을 통지*하여야 한다.

 * 「개별소비세 [미납세 · 외국인전용판매장면세 · 조건부 면세] 통보서」 (시행규칙 제9호 서식)
  「교통 · 에너지 · 환경세 [미납세 · 조건부 면세] 반출통보서」 (시행규칙 제6호 서식)

④ 물품반출

반출자는 미납세 반출 승인을 받은 물품을 반입자에게 반출한다.

미납세 승인관련 기본통칙

개별소비세법 기본통칙 14 – 19…5 【미납세로 반입한 수출용 원자재의 사후관리】

 – 영 제19조 또는 제19조의2에 따라 미납세로 반입한 물품의 사후관리는 다음 각 호에 의한다.
  1. 원재료로 제조 · 가공한 물품(새로 제조 · 가공한 물품이 비과세물품인 경우를 포함한다)을 수출하는 경우에는 영 제19조의2 및 영 제22조 제1항에 따라 수출하는 자가 관할 세무서장으로부터 사전에 면세반출승인을 받거나 수출하는 달의 다음 달 말일까지 과세표준 신고서에 수출사실증명을 붙여 제출하여야 한다.
  2. 제1호의 수출사실을 증명하는 서류는 영 제20조 제3항 제1호 · 제2호 및 제4호에 규정하는 서류이다.
  3. 수출면세승인을 받은 경우 영 제20조 제5항에 따른 용도증명서의 제출기한 연장은 당초 제출기한의 경과 전에 신청하여야 한다.
   〈예〉 수출용물품인 [건강식품] 가공용으로 로열젤리를 미납세로 반입하고 이를 사용하여 만든 물품을 2018.1.6. 수출면세반출승인을 받을 때
    • 용도증명서 제출기한 : 2018.4.6. (영 제20조 제4항 참조)
    • 용도증명서 제출연장기한 : 2018.7.6. (영 제20조 제5항 참조)

> ● **개별소비세법 기본통칙 14-19…6 【미납세 또는 면세반출승인의 취소】**
>
> ① 미납세 또는 면세반출승인된 물품이 반출할 수 없는 사유가 발생한 경우에는 그 승인을 취소할 수 있으며, 이때의 신청서는 미납세 또는 면세반출승인신청서를 준용한다.
>
> ② 면세 또는 미납세반출승인을 받은 후, 당해 승인에 대한 별도의 취소신청 없이 반입 또는 용도증명의 제출기한이 경과하였더라도 실제로 반출되지 아니한 경우에는 당해 세액을 징수하지 아니한다.

⑤ 반입신고

미납세 반출 승인을 받아 과세물품을 반입 장소에 반입한 자는 반입한 날이 속하는 분기의 다음 달 15일(석유류와 담배는 반입한 날이 속하는 달의 다음 달 15일)까지 다음의 사항을 기재하여 반입사실을 반입지 관할 세무서장(세관장)에게 신고*하여야 한다.

* 「개별소비세 [미납세·면세] 물품 반입 신고서」(시행규칙 제12호 서식)
　「교통·에너지·환경세 [미납세·면세] 물품 반입 신고서」(시행규칙 제9호 서식)

1. 신고인의 인적사항
2. 승인번호 및 승인연월일
3. 반입물품의 명세
4. 반입장소
5. 반입 사유
6. 반입연월일
7. 반출자의 인적사항
8. 반입증명서 제출기한
9. 그 밖의 참고사항

⑥ 반입증명서 교부

미납세 물품을 반입한 반입자가 미납세 물품의 반입증명을 신청하면, 반입지 관할 세무서장(세관장)은 미납세 물품의 반입 사실을 확인하고 반입증명서*를 발급하여야 한다. 반입 사실의 증명은 반입사실 신고서에 준하는 내용의 증명서로 하며, 아래 물품의 경우에는 다음 각 구분에 따른 서류로 증명한다.

* 「개별소비세 [미납세·면세] 물품 반입 [증명신청서·증명서]」(시행규칙 제12호 서식)
　「교통·에너지·환경세 [미납세·면세] 물품 반입 [증명신청서·증명서]」(시행규칙 제9호 서식)

미납세 반입 신고기한이 경과하더라도 해당 물품이 사용되기 전에 납세자가 장부·기타 증빙 등으로 반입사실을 입증하는 경우에는 입증되는 부분에 대하여 반입증명을 발급할 수 있으나, 미납세(면세) 반입물품과 다른 물품을 구분할 수 없는 경우에는 반입증명을 발급할 수 없다.

미납세 물품의 반입사실 증명서류	
미납세·면세 반출 사유	반입사실 증명서류
• 보세구역과 수출자유지역에 반입되는 물품의 경우	• 관할 세관장이 발행하는 물품 반입확인서
• 개별소비세를 징수하지 아니하거나 면제하는 담배의 경우 　- 「지방세법」 제53조【미납세 반출】 제1항 각 호에 따라 반출되어 보세구역에 반입되는 경우 및 같은 법 제54조 제1항 제3호부터 제5호까지의 규정에 따른 용도에 해당하는 경우	다음의 구분에 따른 서류 • 관할 세관장이 발행하는 물품 반입확인서
- 「지방세법 시행령」 제62조【미납세 반출】 제3호에 따라 반출되어 폐기장소로 반입되는 경우	• 담배폐기확인서 　(지방세법 시행규칙 제31조의2)
- 위에 해당하지 아니하는 경우	반입사실 신고서에 준하는 내용의 증명서

해석사례

■ **미납세 물품 반입증명서의 범위**(재소비 12653 – 985, 1983.9.17.)
　- 수출자유지역 안의 보세공장에 미납세 반입한 물품에 대한 반입증명서는 특별소비세법 시행령 제7조에 규정하는 별지 제12호 서식에 의한 증명에 한하여 유효한 것이며, 다만 이미 사후관리를 받아온 사항(관세환급특례법 사후처리요령 제21호 서식인 "수출자유지역 물품반입확인신청서"를 특별소비세법 시행규칙 제7조 규정 서식인 "특별소비세 미납세물품반입증명서"로 갈음하여 특별소비세 반출에 대한 사후관리를 받아온 부분)은 국세기본법 제18조 제2항의 규정에 의하여 소급 추징하지 아니하는 것임.

⑦ 반입사실 증명서류 제출

「개별소비세법」 제14조 제2항에 따른 반입 사실의 증명은 「개별소비세법 시행령」 제20조 제1항의 반입신고서*에 준하는 내용의 증명서*로 한다.

＊「개별소비세 [미납세·면세] 물품 반입 [신고서·증명신청서·증명서]」(시행규칙 제12호 서식)
　「교통·에너지·환경세 [미납세·면세] 물품 반입 [증명신청서·증명서]」(시행규칙 제9호 서식)

미납세 반출자는 미납세 승인을 받은 물품이 반입 장소에 반입된 사실 또는 정해진 용도로 제공한 사실을 증명하기 위한 서류를 해당 물품을 반출한 날부터 3개월의 범위에서 반출지 관할 세무서장(세관장)이 지정하는 날까지 제출하여야 한다.

다만, 해당 사실을 증명하기 위한 서류를 부득이한 사정으로 지정한 기한까지 제출할 수 없는 경우에는 관할 세무서장(세관장)에게 제출기한의 연장을 신청할 수 있으며, 관할 세무서장(세관장)은 지정기한이 경과한 날부터 3개월의 범위에서 그 기한을 연장할 수 있다.

미납세 승인을 받은 물품으로서 반입 장소에 반입된 사실 또는 정해진 용도로 제공한 사실을 증명하지 아니한 것에 대해서는 반출자 또는 수입신고인으로부터 개별소비세 또는 교통·에너지·환경세를 징수한다.

미납세 반입증명관련 기본통칙

개별소비세법 기본통칙 14 – 20…9 【미납세 반입의 신고절차】

① 법 제14조 제5항 및 영 제20조에 따른 미납세반입신고는 반입자가 반입장소를 반입지로 하여 반입지 관할 세무서장 또는 세관장에게 하여야 한다.

② 수출업자로부터 내국신용장을 받아 수출물품을 제조·납품하여야 할 자가 수출물품의 제조·가공을 위한 과세물품을 타인의 제조장(임가공 하청공장)에 미납세로 반출하고자 하는 경우에는 반입장소를 임가공하청공장으로 하고, 반입자를 납품자와 제조자(하청공장경영자) 연명으로 하여 신청(신고)하여야 하며, 반입신고도 연명으로 하여야 한다. 이때 제조한 과세물품을 수출하기 위하여 보세구역으로 반출하는 경우에는 수출자와 제조자가 연명으로 수출면세반출승인신청(신고)을 하여야 한다.

개별소비세법 기본통칙 14 – 20…10 【미납세 반출물품에 대한 사후관리】

– 법 제14조 제1항에 따라 미납세로 반출하는 물품에 대한 사후관리는 같은 조 제2항에 따라 반입장소에 반입된 사실을 지정한 기한 내에 반입지 관할 세무서장이 증명하면 완료되는 것이며, 수출목적으로 미납세 반입된 물품에 대한 수출이행기간은 법상 제한규정이 없으므로 용도증명서가 제출될 때까지 계속 사후관리 하여야 한다.

개별소비세법 기본통칙 14 – 20…11 【미납세(면세포함)의 기한 경과한 반입증명서의 처리】

– 법 제14조 제5항에 따른 반입신고는 반입한 날이 속하는 분기의 다음 달 15일(제1조 제2항 제4호 또는 같은 항 제6호에 해당하는 물품은 반입한 날이 속하는 달의 다음 달 15일)까지 신고하여야 하며, 15일이 경과하더라도 해당 물품이 사용되기 전에 납세자가 장부·기타 증빙 등으로 반입사실을 입증하는 경우에는 세무서장은 입증되는

부분에 대하여 반입증명을 발급한다. 다만, 미납세(면세)반입한 물품과 다른 물품을 구분할 수 없는 경우는 반입증명을 발급할 수 없다.

해석사례

■ 수출품 가공용 원자재에 대한 미납세 반출 첨부 서류(소비 1235 – 1879, 1978.5.15.)

- 수출품 가공용 원자재 미납세 반출시 반출승인 신청서에 첨부하는 서류 중 원내국 신용장 사본의 첨부가 불가능한 경우에는 수출상대국의 구매자와 수출업자 간의 수출계약서 사본 및 수출업자와 제조업자와의 수출물품제조계약서 사본을 첨부하여도 무방한 것임.

■ 수출물품이 클레임 받은 경우 보세구역 미납세 반출(소비 12653 – 2781, 1979.11.5.)

- 특별소비세법 제15조 제1항의 규정에 의하여 수출면세 승인을 받고 수출한 물품이 품질 불량 기타 사유로 우리나라로 되돌아와 보세구역에서 당초 제조장으로 반출하는 경우 특별소비세법 제14조 제1항 제5호의 규정에 의하여 미납세 반출 승인신청을 할 수 있음.

■ 위 · 수탁 제조 시 미납세 반출 절차(소비 12653 – 2031, 1981.7.30.)

- 임가공 공장에 임가공하기 위한 물품을 당초 미납세 반입시에 위탁자(직물류 제조자)와 임가공자(수탁자)가 연명으로 반입한 경우에는 임가공 완료된 물품을 수출업체의 하청공장으로 미납세 반출하는 경우에도 제조자(위탁자)와 임가공자(수탁자)가 연명 으로 신청하는 것임.

■ 내국신용장에 의해 수출업자에 반출시 미납세 반출(재간세 1235 – 3401, 1978.11.13.)

- 특별소비세법 제14조 규정에 의하여 미납세로 반입한 물품으로 제조한 수출물품을 내국신용장에 의하여 수출업자에게 반출하는 경우에는 동법 시행령 제19조 제5항의 규정에 의하여 미납세 반출승인을 받는 것임.

■ 미납세 반입 원자재의 반입증명서 제출 의무(소비 12653 – 1728, 1982.6.30.)

- 특별소비세법 제14조 제1항의 규정의 적용을 받아 반입장소에서 반입한 원자재로서 반입사실을 증명하지 아니한 것에 대하여는 동조 제2항의 규정에 의하여 그 원자재의 반출자로부터 세액을 징수하는 것이며, 미납세로 반입한 원자재를 임가공하여 수출한 경우 용도증명서를 제출하지 아니한 것에 대하여는 동법 제14조 제4항 및 제15조 제2항의 규정에 의하여 그 임가공물품의 반출자로부터 세액을 징수하는 것임.

■ **수출용 원자재의 미납세 반입신고**(소비 1235－1209, 1979.5.1.)

　– 수출물품 제조가공을 위하여 반입하는 원자재의 미납세 반출승인은 특별소비세법 제14조 제1항 제6호를 적용하여야 하며 하청공장으로 직접 반입할 경우에는 수출자와 반입자가 연명으로 반입신고 하고 수출면세 승인신청의 경우에도 연명으로 하여야 함.

나. 미납세 반출 승인신청에 대한 특례(영 §19의2)

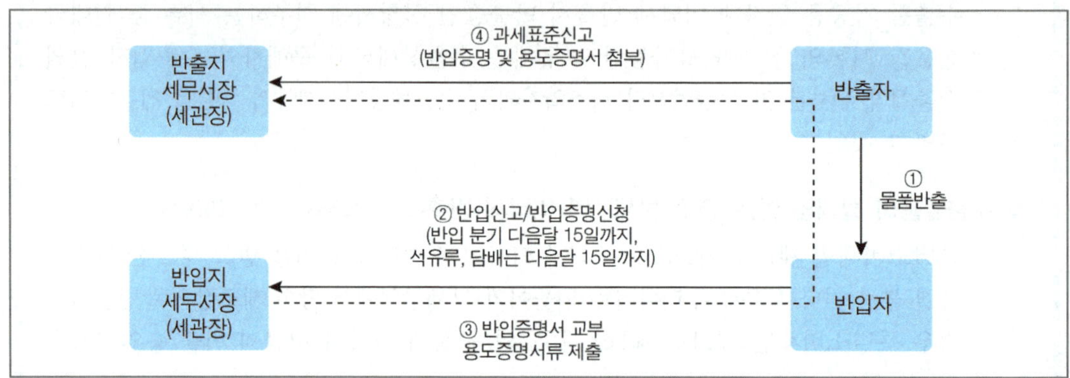

　미납세 반출 사전승인(영 §19 ①, ④) 및 용도증명서류 제출(영 §20 ④)의 규정에도 불구하고 미납세 등의 용도에 사용하기 위하여 판매장, 제조장 또는 하치장에서 반출(타인을 통해 지체 없이 반출하는 경우를 포함한다)하는 물품에 대하여 면세를 받으려는 자는 해당 물품을 반출한 날이 속하는 분기의 다음 달 25일까지 해당 분기분(에너지물품에 해당하는 과세물품은 반출한 날이 속하는 달의 다음 달 말일까지 해당 월분)의 과세표준 신고서에 「개별소비세법 시행령」 제20조 제2항에 따른 아래의 서류(반입증명서 또는 용도증명서 등)를 첨부하여 제출하여야 한다.[204]

---

204)「개정세법 해설」(국세청, 1982년) 면세반출절차 간소화(법 제14조 제2항, 제15조 제2항 본문 제17조 제2항, 제18조 제2항 전단, 영 제19조의2, 제20조)
　　과세물품의 제조자가 과세물품을 면세로 반출하는 경우에는 동 물품을 반출하기 전에 소관 세무서장에게 면세반출승인신청(수출용 물품은 반출신고)을 한 후 승인을 얻어 반출하였으나 이를 생략하도록 하여 사전규제로 인한 불편을 제거하도록 하였으며, 면세로 반출한 물품의 사후관리를 위한 면세용도증명의 제출기한을 세무서장이 지정하였으나 앞으로는 반출한 날이 속하는 다음 달 말일까지 과세표준신고시에 제출하도록 법정화하여 세무서장의 재량권을 없애도록 하였다. 그리고 과세물품을 수출했거나 기타 특정한 용도에 사용되고 있어도 절차상의 오차 등으로 면세용도증명을 기한 내에 제출하지 못하면 즉시 세금을 징수하였으나 앞으로는 기한 내에 제출하지 아니하면 1개월 내에 제출할 것을 일단 최고한 후 동 기간이 경과할 때까지 기다렸다가 세액을 징수하도록 하여 불측의 세액징수를 배제하도록 하였다.

미납세·면세 반출 사유	반입사실 증명서류
• 보세구역과 수출자유지역에 반입되는 물품의 경우	• 관할 세관장이 발행하는 물품 반입확인서
• 개별소비세를 징수하지 아니하거나 면제하는 담배의 경우 - 「지방세법」 제53조 【미납세 반출】 제1항 각 호에 따라 반출되어 보세구역에 반입되는 경우 및 같은 법 제54조 제1항 제3호부터 제5호까지의 규정에 따른 용도에 해당하는 경우	다음의 구분에 따른 서류 • 관할 세관장이 발행하는 물품 반입확인서
- 「지방세법 시행령」 제62조 【미납세 반출】 제3호에 따라 반출되어 폐기장소로 반입되는 경우	• 담배폐기확인서 (지방세법 시행규칙 제31조의2)
- 위에 해당하지 아니하는 경우	반입사실 신고서에 준하는 내용의 증명서

해석사례

■ 수입 물품은 미납세 및 면세 반출 승인신청에 대한 특례를 적용하지 않음

(소비 46430 – 166, 1999.4.10.)

- 보세구역으로부터 반출하는 물품에 대하여는 특별소비세법 시행령 제19조의2의 특례규정이 적용되지 아니함.

(4) 미납세 반출 승인효과

가. 과세물품의 세부담 유보

반출자가 미납세 반출 승인을 받는 경우에는 해당 과세물품의 판매 또는 반출에 대해 개별소비세 또는 교통·에너지·환경세를 징수하지 아니한다. 과세물품을 반입한 반입자가 반입지에서 다시 반출할 때까지 세액의 부담을 유보하는 것이다.

개정 전	개 정
○ 면세반출시 사전에 반출승인신청을 한 후 승인을 얻어 반출	사전 면세반출승인신청 생략
○ 반출자 소관 세무서장이 승인 시에는 면세용도 증명 등의 제출기한을 지정	면세용도증명 등 제출기한을 과세표준신고 시(다음 달 말일까지)로 법정
○ 지정기한까지 미제출시에는 무조건 세액추징	미제출 시는 1개월 내 제출을 최고하고 최고기간의 경과 후 세액추징

나. 반입자의 납세의무 의제

미납세 반출 승인을 받은 물품의 반입 장소를 제조장으로 보고, 반입자를 법 제3조(납세의무자)에 따른 제조자로 보아 반입자가 반입지에서 판매 또는 반출할 때 납세의무를 이행한다.

(5) 세액의 징수

미납세 반출 승인을 받은 물품으로서 ① 반입장소에 반입된 사실 또는, ② 정해진 용도로 제공한 사실을 증명하지 아니하거나, ③ 타인에게 양도하는 등 용도를 변경하는 경우에는 반출자 또는 수입신고인으로부터 세액을 징수한다.

미납세 물품이 반입 장소에 반입되기 전에 재해나 그 밖의 부득이한 사유로 멸실된 경우로서 「개별소비세법 시행령」 제21조 또는 「교통·에너지·환경세법 시행령」 제18조의 멸실승인*을 받는 경우에는 세액을 징수하지 아니한다.

* 「개별소비세 [미납세·면세] 반출물품 멸실승인신청서」 (시행규칙 제14호 서식)
「교통·에너지·환경세 [미납세·면세] 반출물품멸실승인 [신청서·승인서]」 (시행규칙 제10호 서식)

가. 물품가격

미납세로 반출 또는 반입한 자가 해당 물품의 용도를 변경하거나 타인에게 양도하는 등의 사유로 개별소비세 또는 교통·에너지·환경세를 징수하거나 신고·납부하는 경우에 해당 물품의 가격은 미납세된 때의 가격으로 한다.

나. 징수사실의 통지

관할 세무서장(세관장)은 해당 세액을 징수하려는 경우에 반출자 또는 수입신고인이 해당 세액을 징수할 수 있는 날부터 30일 이내에 해당 사실을 증명하기 위한 서류를 제출하지 않을 때에는 해당 세액을 징수한다는 뜻을 지체없이 통지하여야 한다.

이는 과세물품의 반출지 소관 세무서장 등이 반출자 등의 신청에 따라 면세반출승인을 하면서 그 반입된 사실 또는 소정의 용도에 공한 사실 등에 관한 증명의 제출기한을 지정하였음에도 반출자 등이 그 지정된 기한까지 당해 사실증명을 제출하지 아니한 경우에 있어 그 반출자 등으로부터 당해 특별소비세를 징수하기 위하여는 미리 소정기간 내에 당해 사실증명을 제출할 것을 최고하여야 한다는 취지를 규정한 것으로 풀이된다(대법원 92누12445, 1993.9.24.).

해석사례

- **반입한 사실을 증명하지 아니한 것의 개별소비세 징수 여부**(서면-2018-소비-3378 [소비세과-1877], 2018.11.7.)
  - 개별소비세법 제18조 제1항에 따라 개별소비세를 면제받아 반출한 물품은 같은 조 제2항에 따라 반입지에 반입한 사실을 증명하지 아니한 것에 대해서는 관할 세무서장 또는 세관장이 그 판매자·반출자 또는 수입신고인으로부터 개별소비세를 징수하는 것이며,
  - 이때, 반출한 물품이 반입 장소에 반입되기 전에 재해나 그 밖의 부득이한 사유로 멸실된 경우에는 해당 물품의 멸실 사실을 증명하는 서류를 첨부하여 반출지 관할 세무서장 또는 세관장에게 제출하여 승인을 받아 개별소비세를 징수하지 아니하나, 해당 물품의 멸실 사실을 증명하거나 입증할 수 없는 경우에는 개별소비세를 면제받을 수 없는 것임.

- **수출자에게 미납세 반출로 운송 중에 도난당한 경우**(소비 12653-1288, 1983.6.25.)
  - 특별소비세법 제14조 제3항에 규정한 재해 기타 부득이한 사유의 범위는 개별소비세법 기본통칙 14-21…12에 정한 바와 같으며, **도난이나 오손 등은 재해 기타 부득이한 사유에 해당하지 않는 것이므로 특별소비세를 신고·납부하여야 함.**

(6) 미납세 반출 물품의 멸실 승인

가. 멸실승인 대상

미납세 반출 승인을 받은 물품이 반입장소에 반입되기 전에 재해나 그 밖의 부득이한 사유로 멸실된 경우에는 개별소비세 또는 교통·에너지·환경세를 징수하지 아니한다.

미납세 반출 후 멸실되어 개별소비세 또는 교통·에너지·환경세를 징수하지 아니하는 '재해나 그 밖의 부득이한 사유'는 풍수해·지진·설해·동해·낙뢰·사태·분화 등의 천재 및 화재 기타 인위적 재난으로서 납세자의 귀책사유에 해당되지 아니하는 것을 말한다.

원칙적으로 물품이 물리적으로 존재하지 아니하게 된 것을 '멸실'이라 하며, 그 원형은 어느 정도 남아 있는 경우 해당 물품의 본래의 상태·구조·기능 및 상품가치를 현저하게 상실하고 이를 사고 전의 상태로 환원하기 위해 새로 제조하는 경우와 동등한 정도의 행위를 요하는 경우를 포함한다.

나. 멸실승인 절차(영 §21)

미납세 물품이 반입지에 반입되기 전에 부득이한 사유로 멸실되어 세액을 면제받으려는
자는 해당 반입증명서의 제출기한까지 해당 물품의 멸실 사실을 증명하는 서류를 첨부하여
다음의 각 사항을 적은 멸실승인신청서*를 반출지 관할 세무서장(세관장)에게 지체 없이
제출하여 그 승인을 받아야 한다.

* 「개별소비세 [미납세·면세] 반출물품 멸실승인신청서」 (시행규칙 제14호 서식)
　「교통·에너지·환경세 [미납세·면세] 반출물품멸실승인 [신청서·승인서]」 (시행규칙 제10호 서식)

1. 신청인의 인적사항
2. 제조장의 소재지, 승인번호 및 승인연월일
3. 멸실물품의 명세
4. 멸실연월일, 멸실장소 및 멸실물품의 처리방법
5. 반입증명서 제출기한
6. 그 밖의 참고사항

미납세 물품이 멸실된 장소가 다른 세무서장의 관할에 속하는 경우에는 해당 멸실지 관할
세무서장이 발급하는 다음의 사항을 적은 증명서*를 첨부하여야 한다.

* 「개별소비세 [미납세·면세] 멸실증명서」 (시행규칙 제15호 서식)
　「교통·에너지·환경세 [미납세·면세] 반출물품멸실승인 [신청서·증명서]」 (시행규칙 제11호 서식)

1. 신청인의 인적사항
2. 제조장의 소재지
3. 원(原) 승인 세무서명, 승인연월일 및 승인번호
4. 멸실물품의 명세
5. 반출자 또는 인도자의 인적사항
6. 멸실연월일, 멸실장소 및 멸실 사유
7. 그 밖의 참고사항

멸실승인 관련 기본통칙

개별소비세법 기본통칙 14-21…12 【재해나 그 밖의 부득이한 사유로 멸실의 범위】

- 법 제14조 제3항에 따른 "재해나 그 밖의 부득이한 사유"의 범위는 다음 각 호에 따른다.

  1. "재해"란 풍수해·지진·설해·동해·낙뢰·사태·분화 등의 천재 및 화재 기타 인위적 재난으로서 납세자의 귀책사유에 해당되지 아니하는 것을 말한다.

  2. "멸실"이란 원칙적으로 물품이 물리적으로 존재하지 아니하게 된 것을 말하며, 그 원형은 어느 정도 남아있는 경우라도 해당 물품의 본래의 상태·구조·기능 및 상품가치를 현저하게 상실하고 이를 사고 전의 상태로 환원하기 위하여는 새로 제조하는 경우와 동등한 정도의 행위를 요하는 경우를 포함한다.

제**4**절
과세물품의 면세

1 ┃ 면세의 규정체계

「개별소비세법」은 과세물품의 면세반출, 과세장소 입장행위의 면세와 유흥음식행위의 면세[205]를 규정하고 있고, 휘발유·경유 등에 대한 개별소비세의 목적세로 제정된 「교통·에너지·환경세법」 또한 과세물품의 면세반출을 규정하면서 그 대상과 절차를 「개별소비세법」과 동일하게 정하고 있다.

「개별소비세법」과 「교통·에너지·환경세법」의 '면세반출'은 수출장려·주요 산업 보호 등의 정책적인 목적달성과 일정요건을 갖춘 특정 소비자에 대한 사회적 배려·세부담의 불균형을 완화하기 위해 제조장에서 반출할 때 개별소비세 또는 교통·에너지·환경세를 부과하지 아니하는 것을 말한다.

과세물품의 면세는 ① 수출물품 및 주한외국군에 납품하는 물품, ② 주한외교관이 사용하는 물품, ③ 외국인 전용 판매장에서 비거주자 또는 주한외교관 등에게 판매하는 물품, ③ 조건부 면세와 ④ 무조건 면세가 있다.

과세물품의 면세의 대상과 절차에 대해서는 「개별소비세법」과 「교통·에너지·환경세법」이 차이를 두고 있지 않아 이 책에서는 「개별소비세법」을 중심으로 기술하였다.

---

205) 「개별소비세법」 [시행 2011.1.1.] [법률 제10404호] 일부개정으로 2012년 12월 31일에 일몰되었다.

유형	개별소비세법		교통·에너지·환경세법	
	구 분	조 문	구 분	조 문
과세물품 면세	수출 및 군납면세	제15조	수출 및 군납면세	제13조
	외교관면세	제16조	외교관면세	제14조
	외국인 전용 판매장 면세	제17조	–	
	조건부 면세	제18조	조건부 면세	제15조
	무조건면세	제19조	무조건면세	제16조
과세장소 과세유흥장소 면세	입장행위 면세	제19조의2	–	
	유흥음식행위 면세	제19조의3	–	

2 수출 및 군납면세 (법 §15)

(1) 면세제도의 의의

개별소비세 면세제도는 수출장려·주요 산업 보호 등의 정책적인 목적달성과 일정요건을 갖춘 특정 소비자에 대한 사회적 배려·세부담의 불균형을 완화하기 위해 제조장에서 반출할 때 개별소비세를 부과하지 아니하는 것을 말한다.

과세물품에 대해 면세하는 경우로는 ① 수출물품 및 주한외국군에 납품하는 물품, ② 주한외교관이 사용하는 물품, ③ 외국인 전용 판매장에서 비거주자 또는 주한외교관 등에게 판매하는 물품이 있다.

(2) 수출 및 주한외국군 군납면세 개요

과세물품을 ① 국외로 반출하거나, ② 주한외국군에게 납품하는 경우에는 수출장려 등을 위해 개별소비세를 면제한다. 만약 면세 조건을 위반한 사실이 확인되는 경우에는 면세된 세액을 징수하여야 한다.

수출 및 군납 면세반출 제도의 주요 개정 연혁

□ 수출 및 군납 면세
　① 제도개요
　　– 내국물품을 국외로 반출하거나 주한외국군기관에 납품하거나 그 기관의 공사 및 용역의 시공을 위하여 사용하는 물품에 대하여 개별소비세(또는 교통·에너지·환경세)를 면제
　② 제도변경 주요내용
　　– 1999.12.3. 시행 (대통령령 제16607호, 1999.12.3.)
　　　• 수출 범위 확대(결제통화 요건을 폐지하고 무상수출도 수출의 범위에 포함, 영 §2)
　　– 2009.2.4. 시행 (대통령령 제21294호, 2009.2.4.)
　　　• 면세 반출 승인신청에 대한 특례제출기한 연장(반출한 날이 속하는 달의 다음 달 말일까지 신고서 및 반입(용도)증명서 제출 → 반출한 날이 속하는 분기의 다음 달 25일까지 제출(유류는 제외), 영 §19의2)

(3) 면세 반출 승인대상

가. 수출하는 것

개별소비세를 면제하는 수출은 ① 내국물품을 국외로 반출하는 것과, ② 외국공공기관 또는 국제금융기관으로부터 받은 차관자금으로 물품을 구매하기 위하여 실시되는 국제경쟁 입찰의 낙찰자가 해당 계약 내용에 따라 국내에서 생산된 물품을 납품하는 것을 말한다.

수출면세반출승인을 얻어 반출된 물품이 사실상 수출통관된 것으로서 수입자의 도산 등 으로 그 물품대금의 결제가 이루어지지 아니하더라도 시행령 제20조(반입신고·반입증명 및 용도증명)의 용도증명, 수출신고필증, 우체국장이 발행한 소포수령증(소포우편으로 수출한 경우)이 제출된 경우에는 법상 수출에 해당한다(개별소비세법 기본통칙 15-2…2, 집행기준 15-0-2).

「부가가치세법」과 달리 「개별소비세법」의 수출에는 내국신용장 또는 구매확인서에 의한 국내수출은 포함하지 아니한다. 따라서 제조자가 내국신용장에 의하여 제조한 수출물품을 수출하는 자에게 반출하는 경우에는 내국신용장 사본, 기타 수출물품임을 증명하는 서류를 첨부하여 관할 세무서장 및 세관장에게 미납세반출승인신청을 하여야 한다(개별소비세법 기본통칙 15-2…2, 집행기준 15-19-1).

나. 주한외국군에 납품하는 것

우리나라에 주둔하는 주한외국군기관에 매각하거나 그 기관의 공사 및 용역의 시공을 위하여 사용하는 물품은 개별소비세를 면제한다. 과세물품을 주한외국군에 납품하는 것에는 제조자가 직접 납품하는 것은 물론 타인을 통하여 지체 없이 납품하는 경우를 포함한다(집행기준 15-0-3).

(4) 면세 반출 승인 절차

가. 사전승인 절차

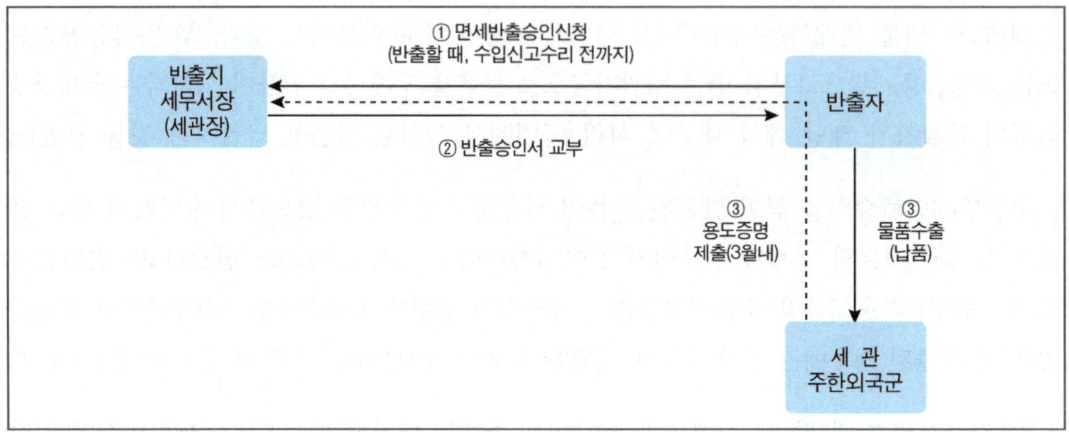

① 승인신청

수출 또는 주한외국군에 납품하는 물품에 대하여 면세를 받으려는 자는 다음의 사항을 적은 「수출(군납) 면세 반출 승인신청서」*에 수출신용장, 그 밖에 수출물품임을 증명하는 서류 또는 납품계약서의 사본을 첨부하여 해당 물품을 반출할 때에(수입물품의 경우에는 그 수입신고 시부터 수입신고 수리 전까지) 관할 세무서장(세관장)에게 면세승인을 신청한다.

* 「개별소비세 수출(군납) 면세 반출 승인신청서 및 그 승인서」 (시행규칙 제10호 서식)
 「교통·에너지·환경세 수출(군납) 면세 반출 승인신청서 및 그 승인서」 (시행규칙 제7호 서식)

해당 물품의 판매자 또는 제조자와 수출 또는 납품하는 자가 다른 경우에는 제조자와 수출 또는 납품하는 자가 연명(連名)으로 신청하여야 한다.

1. 신청인의 인적사항
2. 반출 장소
3. 면세대상 물품의 명세
4. 수출처 또는 군납처
5. 수출세관명
6. 수출자의 인적사항
7. 반출 예정 연월일
8. 수출증명서 또는 군납증명서 제출기한
9. 그 밖의 참고사항

② 승인 및 승인서 발급

면세 승인신청을 받은 관할 세무서장(세관장)이 이를 승인하였을 때에는 승인서*를 발급하여야 한다.

* 「개별소비세 수출(군납) 면세 반출 승인신청서 및 그 승인서」 (시행규칙 제10호 서식)
  「교통·에너지·환경세 수출(군납) 면세 반출 승인신청서 및 그 승인서」 (시행규칙 제7호 서식)

③ 증명서류 제출

면세물품이 정해진 용도로 제공한 사실을 증명하기 위한 서류는 해당 물품을 반출한 날부터 3개월의 범위에서 반출지 관할 세무서장(세관장)이 지정하는 날까지 제출하여야 한다.

다만, 부득이한 사정으로 해당 기한까지 제출할 수 없는 경우에는 제출기한의 연장을 신청할 수 있으며, 관할 세무서장(세관장)은 해당 기한이 경과한 날부터 3개월의 범위에서 그 기한을 연장할 수 있다.

수출 및 군납면세 반출 사유	용도증명 서류
• 수출 　* 다만, 「부가가치세법」에 따른 수출 영세율(零稅率) 조기환급을 받기 위하여 다음의 어느 하나에 해당하는 서류를 이미 관할 세무서장에게 제출한 경우에는 기획재정부령으로 정하는 「수출증명명세서」로 증명	• 수출신고를 수리한 세관장이 발급한 신고필증 • 소포우편으로 수출한 경우에는 해당 우체국장이 발행한 소포 수령증 • 그 밖에 수출 사실을 증명할 수 있는 서류로서 국세청장이 정하는 것
• 주한외국군납	• 납품을 받은 군(軍) 기관의 장이 발행한 납품증명서 (사용확인서 포함)
• 개별소비세를 징수하지 아니하거나 면제하는 담배의 경우 　– 「지방세법」 제54조【과세면제】 제1항 제1호(수출 상담을 위한 견본용 담배는 제외한다) 및 제7호의 용도에 해당하는 경우 　　1. 수출(수출 상담을 위한 견본용 담배를 포함한다) 　　7. 「남북교류협력에 관한 법률」 제13조에 따라 반출승인을 받은 담배로서 북한지역에서 취업 중인 근로자 및 북한지역 관광객에게 판매하는 담배	다음의 구분에 따른 서류 • 수출신고를 수리한 세관장이 발급한 신고필증

수출 및 군납면세 반출 사유	용도증명 서류
–「지방세법 시행령」제63조【과세면제】각 호의 용도에 해당하는 경우 해외함상훈련 및 외국주류 장병에 공급	• 납품을 받은 군(軍) 기관의 장이 발행한 납품증명서(사용확인서 포함)
– 위의 규정에 해당하지 아니하는 경우	• 제1항의 신고서에 준하는 내용의 증명서

나. 면세 반출 승인신청에 대한 특례 (영 §19의2)

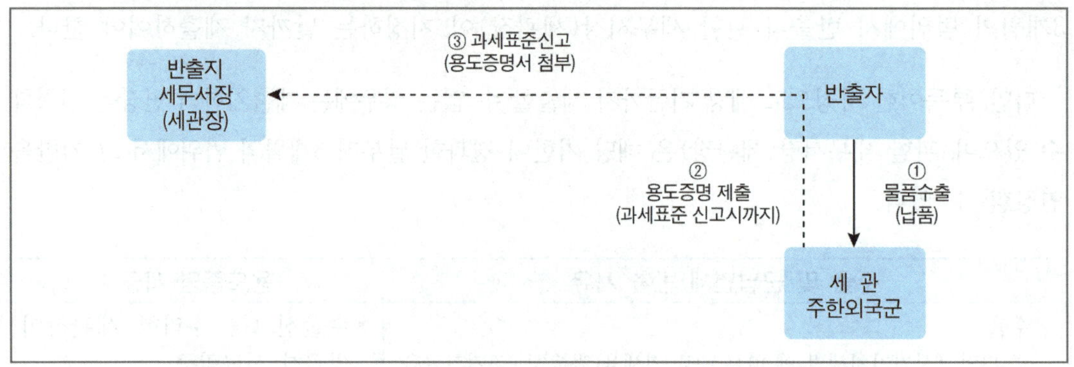

면세 반출 사전승인(영 §19 ①, ④) 및 용도증명서류 제출(영 §20 ④)의 규정에도 불구하고 면세 등의 용도에 사용하기 위하여 판매장, 제조장 또는 하치장에서 반출(타인을 통해 지체 없이 반출하는 경우를 포함한다)하는 물품에 대하여 면세를 받으려는 자는 해당 물품을 반출한 날이 속하는 분기의 다음 달 25일까지 해당 분기분(에너지물품에 해당하는 과세물품은 반출한 날이 속하는 달의 다음 달 말일까지 해당 월분)의 과세표준 신고서에 「개별소비세법 시행령」 제20조 제2항 또는 제3항에 따른 아래의 서류(용도증명서 등)를 첨부하여 제출하여야 한다.[206]

---

206) 「개정세법 해설」(국세청, 1982년) 면세반출절차 간소화(법 제14조 제2항, 제15조 제2항 본문 제17조 제2항, 제18조 제2항 전단, 영 제19조의2, 제20조)
  과세물품의 제조자가 과세물품을 면세로 반출하는 경우에는 동 물품을 반출하기 전에 소관 세무서장에게 면세반출승인신청(수출용 물품은 반출신고)을 한 후 승인을 얻어 반출하였으나 이를 생략하도록 하여 사전규제로 인한 불편을 제거하도록 하였으며, 면세로 반출한 물품의 사후관리를 위한 면세용도증명의 제출기한을 세무서장이 지정하였으나 앞으로는 반출한 날이 속하는 다음 달 말일까지 과세표준신고시에 제출하도록 법정화하여 세무서장의 재량권을 없애도록 하였다. 그리고 과세물품을 수출했거나 기타 특정한 용도에 사용되고 있어도 절차상의 오차 등으로 면세용도증명을 기한 내에 제출하지 못하면 즉시 세금을 징수하였으나 앞으로는 기한 내에 제출하지 아니하면 1개월 내에 제출할 것을 일단 최고한 후 동 기간이 경과할 때까지 기다렸다가 세액을 징수하도록 하여 불측의 세액징수를 배제하도록 하였다.

수출 및 군납면세 반출 사유	용도증명 서류
• 수출 * 다만, 「부가가치세법」에 따른 수출 영세율(零稅率) 조기환급을 받기 위하여 다음의 어느 하나에 해당하는 서류를 이미 관할 세무서장에게 제출한 경우에는 기획재정부령으로 정하는 「수출 증명 명세서」로 증명	• 수출신고를 수리한 세관장이 발급한 신고필증 • 소포우편으로 수출한 경우에는 해당 우체국장이 발행한 소포 수령증 • 그 밖에 수출 사실을 증명할 수 있는 서류로서 국세청장이 정하는 것
• 주한외국군납	• 납품을 받은 군(軍) 기관의 장이 발행한 납품증명서 (사용확인서 포함)
• 개별소비세를 징수하지 아니하거나 면제하는 담배의 경우 - 「지방세법」 제54조【과세면제】 제1항 제1호(수출 상담을 위한 견본용 담배는 제외한다) 및 제7호의 용도에 해당 하는 경우 1. 수출(수출 상담을 위한 견본용 담배를 포함한다) 7. 「남북교류협력에 관한 법률」 제13조에 따라 반출승인을 받은 담배로서 북한지역에서 취업 중인 근로자 및 북한지역 관광객에게 판매하는 담배	다음의 구분에 따른 서류 • 수출신고를 수리한 세관장이 발급한 신고필증
- 「지방세법 시행령」 제63조【과세면제】 각 호의 용도에 해당 하는 경우해외함상훈련 및 외국주류 장병에 공급	• 납품을 받은 군(軍) 기관의 장이 발행한 납품증명서(사용확인서 포함)
- 위의 규정에 해당하지 아니하는 경우	• 제1항의 신고서에 준하는 내용의 증명서

개정 전	개 정
○ 면세반출시 사전에 반출승인신청을 한 후 승인을 얻어 반출	사전 면세반출승인신청 생략
○ 반출자 소관 세무서장이 승인 시에는 면세용도 증명등의 제출기한을 지정	면세용도증명 등 제출기한을 과세표준신고 시(다음 달 말일까지)로 법정
○ 지정기한까지 미제출시에는 무조건 세액추징	미제출 시는 1개월 내 제출을 최고하고 최고기간의 경과 후 세액추징

(5) 면세 반출 승인효과

수출 또는 주한외국군대에 납품하기 위해 면세 반출 승인을 받는 경우에는 해당 과세물품의 반출에 대해 개별소비세 또는 교통·에너지·환경세를 면제한다.

(6) 세액의 징수

면세 반출 승인을 받은 물품으로서 정해진 용도로 제공한 사실을 증명하지 아니하거나, 타인에게 양도하는 등 용도를 변경하는 경우에는 반출자, 수입신고인, 반입자, 양수자 또는 소지자로부터 세액을 징수한다.

면세물품이 반입 장소에 반입되기 전에 재해나 그 밖의 부득이한 사유로 멸실된 경우로서 「개별소비세법 시행령」 제21조 또는 「교통·에너지·환경세법 시행령」 제18조의 멸실승인을 받는 경우에는 세액을 징수하지 아니한다.

* 「개별소비세 [미납세·면세] 반출물품 멸실승인신청서」 (시행규칙 제14호 서식)
　「교통·에너지·환경세 [미납세·면세] 반출물품멸실승인 [신청서·승인서]」 (시행규칙 제10호 서식)

가. 세액징수 사유

수출 및 군납면세 반출 승인을 받은 물품으로서 ① 정해진 용도로 제공한 사실을 「개별소비세법 시행령」 제20조 제2항 제5호 또는 제3항에 정하는 바에 따라 증명하지 아니한 것에 대해서는 반출자 또는 수입신고인으로부터 개별소비세 또는 교통·에너지·환경세를 징수한다. ② 다만, 해당 물품의 용도를 변경한 사실이 확인된 경우에는 대통령령으로 정하는 바에 따라 즉시 개별소비세 또는 교통·에너지·환경세를 징수한다.

③ 수출을 위해 개별소비세를 면제받은 물품을 반입하는 자에 대해서는 대통령령으로 정하는 일정한 사유가 발생한 경우에 그 반입자로부터 개별소비세 또는 교통·에너지·환경세를 징수한다. 현재 대통령령으로 정하고 있는 것은 없다.

우리나라에 주둔하는 외국군대에 납품하기 위해 개별소비세 또는 교통·에너지·환경세를 면제받은 물품을 대통령령으로 정하는 바에 따라 면제의 승인을 받은 날부터 5년 내에 ④ 타인에게 양도한 경우에는 이를 양수한 자가, ⑤ 타인이 소지한 경우에는 이를 소지한 자가 반출 또는 수입신고를 한 것으로 보아 개별소비세를 징수한다.

나. 물품가격

면세로 반출 또는 반입한 자가 해당 물품이 ① 정해진 용도로 제공한 사실을 증명하지 아니하거나, ② 용도를 변경한 사실이 확인되어 개별소비세 또는 교통·에너지·환경세를 징수하거나 신고·납부하는 경우에 해당 물품의 가격은 면세된 때의 가격으로 한다.

또한 ③ 수출 면세물품을 반입한 자에게 일정한 사유가 발생하여 세액을 징수하거나 신고·납부하는 경우에 해당 물품의 가격은 면세된 때의 가격으로 한다.

주한외국군에 납품하기 위해 면제 승인을 받은 물품을 승인을 받은 날부터 5년 내에 ④ 타인에게 양도하거나, ⑤ 타인이 소지한 경우에 이를 양수한 자 또는 소지한 자로부터 세액을 징수하는 경우 해당 물품의 가격은 양수한 금액(수입한 물품에 대한 세액을 징수하는 경우에는 양수한 금액과 이를 과세가격으로 하는 관세를 합한 금액)으로 한다. 다만, 증여를 받았거나 소지한 것에 대해서는 「관세법」 제33조부터 제35조까지의 규정을 준용한다.

다. 징수사실의 통지

관할 세무서장(세관장)은 면세물품이 정해진 용도로 제공된 사실을 증명하지 아니하여 면제된 세액을 징수하려는 경우에 반출자 또는 수입신고인이 해당 세액을 징수할 수 있는 날부터 30일 이내에 해당 사실을 증명하기 위한 서류를 제출하지 않을 때에는 세액을 징수한다는 뜻을 지체 없이 통지하여야 한다.

이는 과세물품의 반출지 소관 세무서장 등이 반출자 등의 신청에 따라 면세반출승인을 하면서 그 반입된 사실 또는 소정의 용도에 공한 사실 등에 관한 증명의 제출기한을 지정하였음에도 반출자 등이 그 지정된 기한까지 당해 사실증명을 제출하지 아니한 경우에 있어 그 반출자 등으로부터 당해 특별소비세를 징수하기 위하여는 미리 소정기간 내에 당해 사실증명을 제출할 것을 최고하여야 한다는 취지를 규정한 것으로 풀이된다(대법원 92누12445, 1993.9.24.).

(7) 면세반출 물품의 멸실 승인(법 §15 ⑤)

개별소비세를 면제받아 반출한 물품에 관하여는 재해 등 부득이한 사유로 반입 전 멸실되어 세액을 징수하지 아니하는 대상과 절차는 법 제14조 제3항을 준용한다.

가. 멸실승인 대상

면세반출 승인을 받은 물품이 반입장소에 반입되기 전에 재해나 그 밖의 부득이한 사유로 멸실된 경우에는 개별소비세 또는 교통·에너지·환경세를 징수하지 아니한다.

면세반출 후 멸실되어 개별소비세 또는 교통·에너지·환경세를 징수하지 아니하는 '재해나 그 밖의 부득이한 사유'는 풍수해·지진·설해·동해·낙뢰·사태·분화 등의 천재 및 화재 기타 인위적 재난으로서 납세자의 귀책사유에 해당되지 아니하는 것을 말한다.

원칙적으로 물품이 물리적으로 존재하지 아니하게 된 것을 '멸실'이라 하며, 그 원형은 어느 정도 남아 있는 경우 해당 물품의 본래의 상태·구조·기능 및 상품가치를 현저하게 상실하고 이를 사고 전의 상태로 환원하기 위해 새로 제조하는 경우와 동등한 정도의 행위를 요하는 경우를 포함한다.

나. 멸실승인 절차

면세물품이 반입지에 반입되기 전에 부득이한 사유로 멸실되어 세액을 면제받으려는 자는 해당 반입증명서의 제출기한까지 해당 물품의 멸실 사실을 증명하는 서류를 첨부하여 다음의 각 사항을 적은 멸실승인신청서*를 반출지 관할 세무서장(세관장)에게 지체 없이 제출하여 그 승인을 받아야 한다.

* 「개별소비세 [미납세·면세] 반출물품 멸실승인신청서」 (시행규칙 제14호 서식)
  「교통·에너지·환경세 [미납세·면세] 반출물품멸실승인 [신청서·승인서]」 (시행규칙 제10호 서식)

  1. 신청인의 인적사항
  2. 제조장의 소재지, 승인번호 및 승인연월일
  3. 멸실물품의 명세
  4. 멸실연월일, 멸실장소 및 멸실물품의 처리방법
  5. 반입증명서 제출기한
  6. 그 밖의 참고사항

면세물품이 멸실된 장소가 다른 세무서장의 관할에 속하는 경우에는 해당 멸실지 관할 세무서장이 발급하는 다음의 사항을 적은 증명서*를 첨부하여야 한다.

* 「개별소비세 [미납세·면세] 멸실 증명서」 (시행규칙 제15호 서식)
  「교통·에너지·환경세 [미납세·면세] 반출물품멸실승인 [신청서·증명서]」 (시행규칙 제11호 서식)

  1. 신청인의 인적사항

2. 제조장의 소재지

3. 원(原) 승인 세무서명, 승인연월일 및 승인번호

4. 멸실물품의 명세

5. 반출자 또는 인도자의 인적사항

6. 멸실연월일, 멸실장소 및 멸실 사유

7. 그 밖의 참고사항

해석사례

■ **판매업자로부터 구입한 과세물품을 수출한 경우 환급가능**(재소비 46016－240, 1998.9.19.)
- 이미 특별소비세가 납부되었거나 납부될 물품을 제조장이 아닌 판매업자(소매업자 포함)로부터 구입하여 국외로 수출한 경우 기납부세액 환급가능함.

■ **수출하는 경우 공제(환급)절차와 면세구입 절차**(제도 46016－10433, 2001.4.4.)
- 특별소비세법 제20조 제2항 제1호에 의거 특별소비세가 납부된 과세물품 또는 과세물품을 사용하여 제조 가공한 물품을 수출하는 경우, 같은 법 시행령 제34조 제1항 제2호에 의거 실제 세액부담자는 특별소비세를 기 납부한 납세의무자(세액납부자)와 연명으로 관할 세무서장에게 신청하여 공제 또는 환급 받을 수 있는 것이며,
- 특별소비세법 제15조 제1항 제1호 및 같은 법 시행령 제22조 제1항에 의거 수출신용장이나 기타 수출품임을 증명하는 서류를 첨부하여 특별소비세 납세의무자와 연명으로 납세의무자 관할 세무서장에게 수출 및 군납면세 신청하여 승인을 받는 경우에는 특별소비세를 면세로 구입할 수 있는 것임.

■ **수출면세 승인신청**(소비 12653－2632, 1984.12.11.)
- 수출물품의 제조자와 수출자가 다른 때에는 특별소비세법 시행령 제22조 제1항의 규정에 의해 제조자와 수출자가 연명으로 제조장 소관 세무서장에게 수출면세승인 신청을 하여야 하며, 또한 동법 시행령 제19조의2(특례) 규정에 의한 반출의 경우도 연명으로 과세표준 신고서에 동법 시행령 제20조 제3항에 정한 용도증명을 첨부하여 제출하여야 함.

■ **수출면세 증빙서류**(소비 12653－1548, 1980.8.8.)
- 수출면세반출승인신청을 할 때 선적기일이 경과한 신용장이라도 그 신용장으로 수출을 할 수 있다는 증빙서류는 유효기일 내의 수출허가서만이 아니라 객관적으로 증빙이 될 수 있는 것이면 가능한 것임(소비 1253－2996, 1979.12.4. 같은 뜻).

■ 내국신용장에 의한 수출(소비 22641-2490, 1986.12.10.)

- 과세물품의 제조자가 수출업자가 개설한 내국신용장에 의하여 과세물품을 수출하기 위하여 보세구역(수출하는 세관)으로 직접 반출한 경우는 특별소비세법 시행령 제19조의2 규정에 따라 반출한 날이 속하는 달의 다음 달 말일까지 과세표준 신고서에 당해 물품의 수출면장과 내국신용장을 첨부하여 제출하면 수출한 물품에 대한 특별소비세가 면세되는 것임.

■ 수출면세 용도증명제출 명의자 (소비 12653-2688, 1980.12.17.)

- 특별소비세법 시행령 제20조 제3항에 규정하는 용도증명서류의 명의자가 당초 면세반출승인신청서의 명의자와 다르더라도 동일인격체(예컨대 본사와 공장, 합병법인)인 경우에는 문제가 없음.

■ 외국군함 석유류공급 면세 여부(재소비 12601-192, 1986.4.3.)

- 우리나라에 일시 정박한 외국군함에 석유류를 공급하고 그 대금을 외화로 받는 경우에는 특별소비세법 제15조 제1항 제1호 및 동법 시행령 제2조 제1항 제1호 가목의 규정에 의하여 수출면세에 해당되는 것이며, 이 경우 수출사실을 증명할 수 있는 서류로서 동법 시행령 제20조 제3항 제4호의 규정에 의함.

■ 미8군 군납업자가 생산업자에게 내국신용장을 개설하여 조달받아 군납하는 경우

(소비 12653-1441, 1981.6.8.)

- 내국신용장을 개설하여 물품을 조달받아 납품판매를 할 때 특별소비세법 시행령 제22조 제1항의 규정에 의하여 당해 물품의 제조자와 납품하는 자가 연명으로 하여 주한외국군 군납 면세신청을 할 수 있음.

🔵 수출관련 기본통칙

🔵 개별소비세법 기본통칙 15−2…3 【수출용 원재료의 범위】

- 수출용 승용자동차제조시에 엔진검사공정인 주행검사(road test) 또는 제품완성 과정에서 사용하는 유류는 영 제2조 제1항 제4호의 규정에 따른 수출용 원자재에 해당하지 아니한다.

🔵 개별소비세법 기본통칙 15−19…4 【내국신용장에 의한 수출면세승인신청】

- 제조자가 내국신용장에 의하여 제조한 수출물품을 수출하는 자에게 반출하는 경우에는 영 제19조 제5항에 따라 미납세반출승인신청(신고)을 하여야 하며, 수출하는 자가 위 수출물품을 제조자의 제조장에서 직접 수출하고자 하는 경우에는 영 제22조 제1항 단서에 따라 제조자와 수출자가 연명으로 수출면세반출승인신청(신고)을 하여야 한다.

🔵 개별소비세법 기본통칙 15−20…8 【수출을 증명하는 서류】

- 영 제20조 제3항 제4호에 따른 "그 밖에 수출사실을 증명할 수 있는 서류"는 다음 각 호에 따른다.
  1. 영 제2조 제1호 "나"에 해당하는 경우 : 반입지 관할 세무서장의 반입증명서
  2. 기타의 경우 : 수입국의 통관지 관할 세관장의 수입신고필증 또는 이와 동등한 효력이 있는 서류

🔵 개별소비세법 기본통칙 15−22…5 【수출면세 반출승인신청서에 첨부하는 서류의 효력】

① 영 제22조 제1항에 따른 "그 밖에 수출을 증명하는 서류"란 구매계약서·수출계약서· 수출 허가서 등을 말한다.

② 수출면세 반출승인신청(신고)서에 첨부된 수출신용장상의 선적기일이 이미 경과 되었다 하더라도 그 신용장으로 수출할 수 있다는 증빙서를 별도로 첨부하는 경우 에는 수출면세 반출승인신청(신고)을 할 수 있다.

🔵 개별소비세법 기본통칙 15−22…6 【자유무역지역에 반출한 물품의 관리】

- 자유무역지역은 「자유무역지역의 지정 및 운영에 관한 법률」 제2조 제1호에 따라 보세구역의 성격을 띤 지역을 말하므로 동 지역에 반입한 미납세 또는 면세물품의 사후관리책임은 해당 지역을 관할하는 세관장에게 있으며, 동 지역에 반입한 물품에 대한 용도증명은 해당 지역을 관할하는 세관장이 확인하는 증명서로 한다.

3 외교관 면세 (법 §16)

(1) 주한외교공관 및 주한외교관 면세 개요(법 §16, 조특법 §110, §111의4)

① 국내에 주재하는 외교공관, 영사기관, 국제연합과 이에 준하는 국제기구 등에서 공용품으로 사용하기 위하여 제조장이나 보세구역에서 반출하는 물품과, ② 주한외교관이나 외교사절 및 그 가족이 사용하기 위하여 수입하는 물품에 대해서는 개별소비세를 면제한다(법 §16, 영 §25 ①).

다만, 외교관 면세는 해당 국가에서 우리나라의 공관 또는 외교관 등에게 그 국가의 조세로서 우리나라의 개별소비세 또는 이와 유사한 성질의 조세를 면제하는 경우와 해당 국가에 우리나라의 개별소비세 또는 이와 유사한 성질의 조세가 없는 경우에만 적용한다(법 §16 ⑤, 상호면세주의).[207]

또한 ③ 국내에 주재하는 외교관과 협정에 의하여 등록된 외국 민간 원조단체가 구입하는 국산승용자동차의 개별소비세를 면제하고(조특법 §110), ④ 주한외교공관·주한외교관 등은 유류구매카드를 사용하여 부가가치세 및 개별소비세액, 교통·에너지·환경세액 등이 면제된 자동차에 사용되는 석유류를 구입할 수 있다(조특법 §111의4).

| 외교관 면세 규정 요약 |

구분	개별소비세법	조세특례제한법
승용자동차	**외교공관** (국산, 수입)	**외교관 및 민간원조단체** (국산)
연료용 석유류	외교공관 및 외교관 자동차용 **면세석유구입추천서 제도**	외교공관 및 외교관 자동차용 **유류구매카드**
기타물품	외교관(가족) 자가용품 **수입**	–
	입국 시 휴대물품 (§19)	
	관세면제 수입 이사화물 (§19)	

---

207) 2010. 12. 27. 조문을 신설하여 외국에서 우리나라 외교관 등에 대하여 동일한 면세를 하는 경우에만 적용하는 국가 간 상호주의 원칙을 도입하여 면세를 축소하였다.

<table>
<tr><td colspan="2">면세반출 제도의 주요 개정 연혁</td></tr>
</table>

□ 외교관 면세
  ① 제도개요
    - 주한외교공관 등에서 공용품으로 수입하거나 제조장에서 구입하는 물품과 주한외교관 등과 그 가족이 자가용품으로 수입하는 물품 등에 대하여 개별소비세를 면제
  ② 제도변경 주요내용
    - 2011.1.1. 시행 (법률 제10404호, 2010.12.27.)
      • 종전에는 외교공관 및 외교관 등이 사용하는 석유류 전체에 대하여 개별소비세를 면제하던 것을, 외교공관 및 외교관 등이 사용하는 차량에 사용되는 석유류에 대해서만 면세하도록 함(법 제16조).
      • 주한외교관 등에 대한 사후관리기간 단축(5년→3년)
      • 외국에서 우리나라 외교관 등에 대하여 동일한 면세를 하는 경우에만 면세적용(상호주의)
    - 2013.7.1. 시행 (법률 제11614호, 2013.1.1.)
      • 외교부장관이 발행하는 구입추천서를 제출하여 면세유류를 구입하던 방식에서 국세청장이 정하는 신용카드를 이용하여 유류를 구입하는 경우 카드사를 통하여 환급하는 제도 도입
    - 2015.1.1. 시행 (법률 제12846호, 2014.12.23.)
      • 주한외교관 등의 면세 자동차 양도에 대한 세액징수 예외 신설 (주한외교관의 이임 등 부득이한 경우 등)

(2) 면세 반출 승인대상

가. 외교공관 등의 공용품

우리나라에 주재하는 외교공관과 이에 준하는 기관에서 공용품으로 수입하거나 제조장에서 구입하는 것에 대해서는 개별소비세를 면제한다(법 §16 ① 1.).

주한외교공관이란 주한 각국의 대사관·공사관·영사관(명예영사관원을 장으로 하는 영사기관은 제외한다) 및 특권과 면제에 관하여 공관에 준하는 대우를 받는 외국기관과 국제연합전문기구(그 주재기관을 포함한다) 등과 문화체육관광부장관의 인가를 받아 설립한 외신기자클럽을 말한다(개별소비세법 기본통칙 16-23…2).

이에 준하는 기관은 우리나라에 상주하는 영사기관, 국제연합과 이에 준하는 국제기구를 말하며, 국제연합에 준하는 국제기구는 우리나라가 당사국인 조약과 그 밖의 국내법령에 따라 특권과 면제를 부여받을 수 있는 경우만 해당한다(영 §25 ①).

공용품이란 외교공관 등이 공용에 사용하기 위하여 해당 공관 등의 예산으로 구입하고 또한 구입 후에 해당 공관 등의 자산 또는 비품으로 처리하는 물품을 말한다(개별소비세법 기본통칙 16 – 23…3).

나. 외교관 및 가족의 자가용품

우리나라에 주재하는 외교관과 이에 준하는 사람과 그 가족이 자가용품으로 수입하는 것에 대해서는 개별소비세를 면제한다(법 §16 ① 2.).

외교관에 준하는 사람은 주한영사기관(명예영사 제외)·국제연합과 이에 준하는 국제기구의 소속직원으로서 해당 국가로부터 공무원 신분을 부여받은 자 또는 외교부장관으로부터 이에 준하는 신분임을 확인받은 자 중 내국인이 아닌 자를 말한다.

다. 외교관 등이 구입하는 국산승용자동차

외교관으로서 우리나라에 주재하는 자가 구입하는 국산승용자동차와 협정에 의하여 등록된 외국 민간 원조단체가 주무부장관의 추천을 받아 그 사업용으로 구입하는 국산승용자동차에 대해서는 개별소비세를 면제한다(조특법 §110). 이 경우 외교관이란 「개별소비세법 시행령」 제25조 제2항에 규정된 자로서 우리나라에 상주하는 영사기관(명예영사관을 제외한다), 국제연합과 이에 준하는 국제기구의 소속 직원으로서 해당 국가로부터 공무원 신분을 부여받은 자 또는 외교부장관으로부터 이에 준하는 신분임을 확인받은 자 중 내국인이 아닌 자를 말한다.

라. 외교공관 및 외교관의 자동차용 석유류

주한외교공관등과 주한외교관등이 사용하는 자동차에 사용되는 석유류에 대해서는 개별소비세를 면제한다(면세석유구입추천서 제도, 법 §16).

주한외교공관, 주한외교관 등은 유류구매카드를 사용하여 부가가치세 및 개별소비세액, 교통·에너지·환경세액 등이 면제된 자동차에 사용되는 석유류를 구입할 수 있다. 이 경우 해당 석유류에 대해서는 「개별소비세법」 제16조 제1항 제3호 또는 「교통·에너지·환경세법」 제14조 제1항에 따른 면세 및 「부가가치세법」 제24조 제1항에 따른 영세율을 적용하지 아니한다(유류구매카드 제도, 조특법 §111의4).

⬤ 외교관면세 관련 기본통칙

⬤ 개별소비세법 기본통칙 16-23…1 【외교관면세의 의의】

- 법 제16조에 따른 "외교관면세"란 국내에 주재하는 외교공관에서 공용품으로 사용하기 위하여 제조장에서 반출하거나 보세구역에서 반출하는 물품과 주한외교관이나 원조사절 및 그 가족이 사용하기 위하여 수입하는 물품에 대하여 세액을 부담시키지 않는 제도를 말한다.

⬤ 개별소비세법 기본통칙 16-23…2 【주한외교공관의 범위】

- 법 제16조 제1항 제1호에 따른 "주한외교공관"이란 주한 각국의 대사관·공사관·영사관(명예영사를 제외한다) 및 특권과 면제에 관하여 공관에 준하는 대우를 받는 외국기관과 국제연합전문기구(그 주재기관을 포함한다) 등과 문화체육관광부장관의 인가를 받아 설립한 외신기자클럽을 말한다.

⬤ 개별소비세법 기본통칙 16-23…3 【공용품의 범위】

- 법 제16조 제1항 제1호에 따른 "공용품"이란 외교공관 등이 공용에 사용하기 위하여 해당 공관 등의 예산으로 구입하고 또한 구입 후에 해당 공관 등의 자산 또는 비품으로 처리하는 물품을 말한다.

해석사례

◼ 외교관면세물품의 양도제한 기간을 국가별로 상호주의에 따라 적용 가능 여부

- 「개별소비세법」 제16조의 상호주의 규정은 면세 적용 여부에 대한 규정으로 국가별로 양도제한 기간을 상호주의에 따라 차등적용 할 수 있는 근거 규정으로 보기 어려우며, 「조세특례제한법」 제110조의 경우 우리나라에 주재하는 외교관이 구입하는 국산 승용자동차에 대한 개별소비세 면제규정으로 상호주의를 규정하지 아니함.

◼ 주한외교관이 자동차수입업자와 수입대행하는 방식으로 차량을 구입하는 경우 개별소비세 면제 여부(소비세과-128, 2009.4.24.)

- 「개별소비세법 시행령」 제25조 제2항에서 정한 우리나라에 주재하는 외교관과 우리나라에 파견된 외교관 또는 원조사절 및 그 가족이 자가용품으로 수입하는 과세물품에 대하여는 같은 법 제16조 제1항 제2호에 따라 개별소비세를 면제하는 것이나, 자동차수입업자가 자기의 책임과 계산으로 승용자동차를 수입하는 경우에는 개별소비세 면제대상에 해당하지 아니하는 것임.

(3) 면세 반출 승인 절차

가. 외교관 면세 절차(영 §23)

외교관 면세물품(개별소비세법 제16조 제1항 각 호, 공용품·자가용품·석유류)에 대하여 면세를 받으려는 자는 다음의 사항을 적은 「개별소비세 외교관면세 반출 승인신청서」*에 주한외교공관등의 장이 해당 사실을 증명한 서류(취득승인서, 외교관신분증)를 첨부하여 해당 물품을 반출할 때에(수입물품의 경우에는 그 수입신고 시부터 수입신고 수리 전까지) 관할 세무서장(세관장)에게 제출하여 그 승인을 받아야 한다.

* 「개별소비세 (외교관, 무조건) 면세 반출 (승인신청서, 승인서)」(시행규칙 제11호 서식)

1. 신청인의 인적사항
2. 반출 장소
3. 면세대상 물품의 명세
4. 반입장소
5. 반입자의 인적사항
6. 반출 예정 연월일
7. 신청 사유
8. 그 밖의 참고사항

나. 외교관 등의 국산승용자동차 면세구입 절차

외교관 면세 국산승용자동차를 제조장에서 반출하려는 내국인은 「개별소비세법 시행령」 제23조(외교관 면세 절차) 또는 제30조(조건부 면세 절차)의 규정을 준용하여 관할 세무서장의 승인을 받아야 한다.

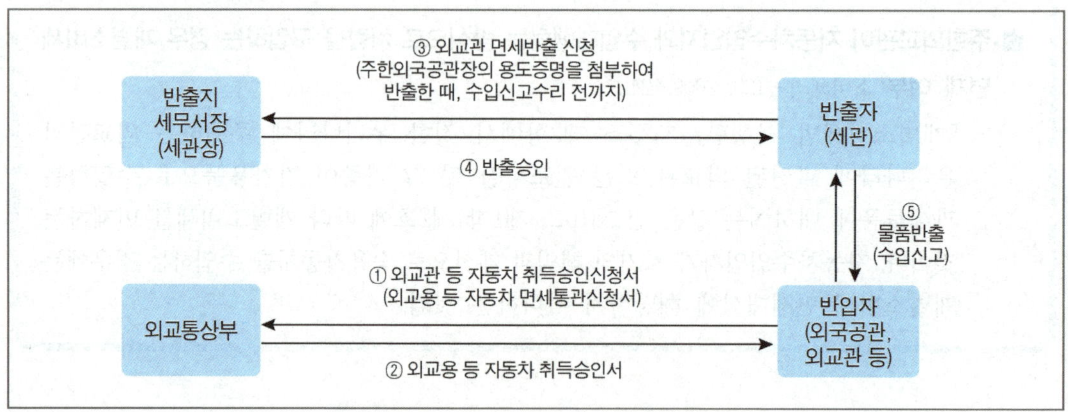

다. 면세유류구입추천서 제도

외교관 면세, 무조건 면세는 반입증명제도가 없으므로 관련증빙을 첨부하여 반출승인을
받아 물품을 반출하는 것으로 면세절차가 종료되나 외교관용 자동차의 석유류(법 §16 ① 3.)의
경우에는 아래와 같이 별도의 특례규정(영 §24)을 적용한다.

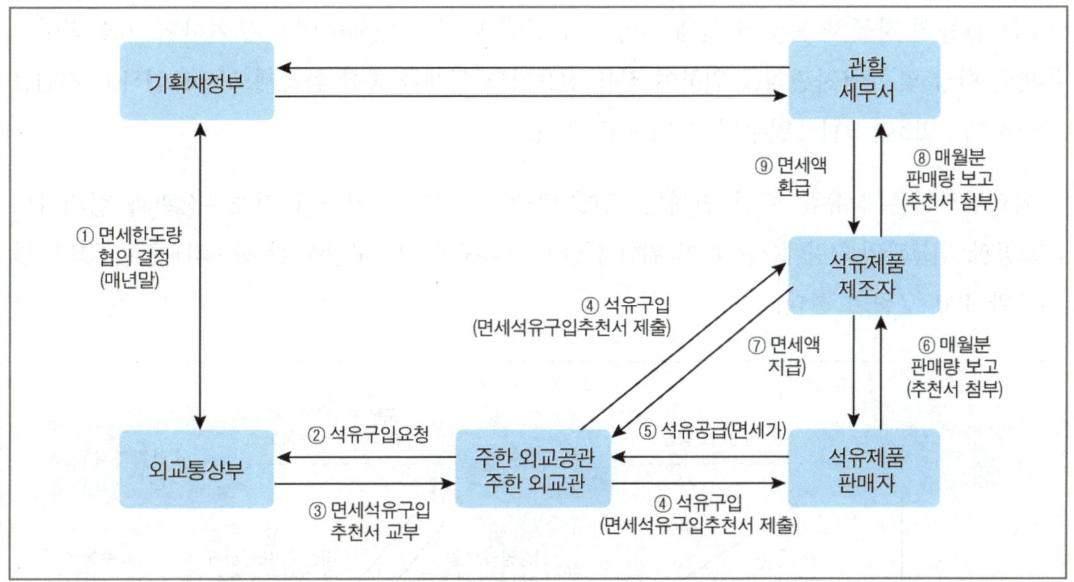

1) 판매 · 제조업자의 면세석유 공급

⑤ [석유공급] 외교공관용으로 석유류를 판매한 자(석유 판매자 · 정유사)는 외교부장관이
발행한 외교공관명, 유류의 종류별 사용량, 그 밖의 필요한 사항을 적은 면세석유류
구입추천서를 받고 개별소비세를 공제한 가격으로 석유류를 공급한다.

⑥ [매월분 판매량 보고] 석유류 판매자는 면세석유류 구입추천서를 갖추어 매월분 판매량을
정유사에 통보하여야 한다.

⑦ [면세액 지급] 그 통보를 받은 정유사는 공제된 개별소비세를 석유류 판매자에게
지급하여야 한다.

2) 정유사의 면세석유 공급에 대한 세액의 환급

⑧ [매월분 판매량 보고] 정유사는 주한외교공관에 직접 판매한 석유류의 매월분 판매량과
판매자로부터 통보받은 매월분 판매량을 면세석유류 구입추천서를 갖추어 관할 세무
서장에게 보고(국세정보통신망을 통한 보고를 포함한다)하고, 관할 세무서장에게 면세액의
환급(공제)을 신청한다.

⑨ [면세액 환급] 보고를 받은 관할 세무서장은 석유류 판매자가 판매한 석유류에 대하여 이미 납부한 개별소비세액을 정유사에게 환급하여야 한다. 자동차세는 울산광역시장이 환급(공제)한다.

라. 외교관 자동차용 석유류(유류구매카드 제도, 조특법 §111의4)

외교관등의 자동차 운행에 실제 사용한 유류에 대하여 면세혜택을 부여하되, 효율적이고 투명한 환급 및 사용자편의를 위하여 전용 신용카드 결제를 통한 환급제도를 도입하고 지침을 마련하여 2013년 9월 1일부터 시행하고 있다.

외교부장관은 석유류 매년 면세한도량을 전년도 12월 31일까지 기재부장관과 협의하며 외교공관, 외교관의 차량에 사용하기 위한 환급용 유류구매카드 구입량 한도는 외교공관 600ℓ/월, 외교관 400ℓ/월로 한다.

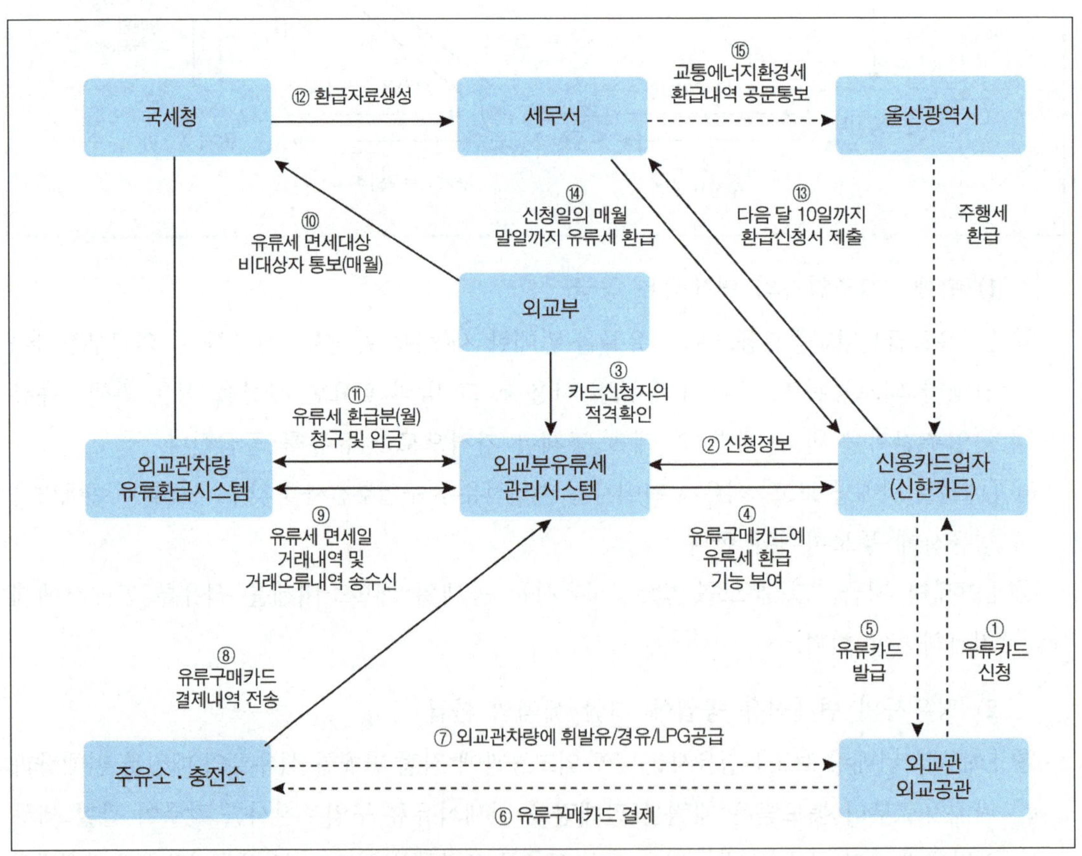

(4) 세액의 징수

외교관 면세로 개별소비세를 면제받은 물품을 면세 승인을 받은 날로부터 ① 3년[208] 내에 타인에게 양도한 경우에는 양수자가, ② 3년 내에 타인이 소지한 경우에는 소지한 자가 반출 또는 수입신고를 한 것으로 보아 개별소비세를 징수한다.

면세물품이 반입 장소에 반입되기 전에 재해나 그 밖의 부득이한 사유로 멸실된 경우로서 「개별소비세법 시행령」 제21조 또는 「교통·에너지·환경세법 시행령」 제18조의 멸실승인을 받는 경우에는 세액을 징수하지 아니한다.

* 「개별소비세 [미납세·면세] 반출물품 멸실승인신청서」 (시행규칙 제14호 서식)
「교통·에너지·환경세 [미납세·면세] 반출물품멸실승인 [신청서·승인서]」 (시행규칙 제10호 서식)

가. 물품가격

개별소비세를 징수할 때의 물품 가격은 양수한 금액(수입한 물품에 대한 세액을 징수하는 경우에는 양수한 금액과 이를 과세가격으로 하는 관세를 합한 금액)으로 한다. 다만 증여를 받았거나 소지한 것에 대해서는 「관세법」 제33조부터 제35조까지의 규정을 준용한다(영 §12 ①).

나. 징수면제

외교관 면세물품 중 자동차에 대해서는 주한외교관 등이 이임(移任)하는 등 다음의 부득이한 사유가 있는 경우에는 면세 승인을 받은 날부터 3년 내에 타인에게 양도하거나 타인이 소지한 경우에도 개별소비세를 징수하지 아니한다(영 §25의2).[209]

1. 주한외교관 등이 본국이나 제3국으로 이임하는 경우(조특령 §112의5)
2. 주한외교관 등의 직무가 종료되거나 직위를 상실한 경우(조특령 §112의5)
3. 주한외교관 등이 사망한 경우(조특령 §112의5)
4. 주한외교공관 등이 우리나라와의 외교단절 등으로 인하여 폐쇄되는 경우

개별소비세의 징수를 면제받으려는 자는 다음의 사항을 적은 「외교관등 면세차량 개별소비세 징수 면제 승인신청서」*에 외교부장관이 위의 어느 하나에 해당하는 사유가 있다는 것을 증명하는 서류를 첨부하여 관할 세무서장 또는 세관장에게 제출하여 그 승인을 받아야 한다(영 §23 ②).

* 「외교관등 면세차량 개별소비세 징수 면제 [승인신청·승인]서」 (시행규칙 제11호의2 서식)

---

208) 국제적 관례인 공관원의 임기를 고려하여 사후관리기간을 종전 5년에서 3년으로 단축하였다.
209) 이임 등 공적인 사유가 있는 경우에는 면제된 승용자동차를 양도제한기간(3년) 내에 양도하더라도 징수를 면제하도록 단서를 신설하였다. (2015.4.1. 시행, 법률 제12846호, 2014.12.23.)

1. 신청인의 인적사항
2. 면세대상 물품의 명세
3. 면세 승인 연월일
4. 양도 또는 소지 예정 연월일
5. 신청 사유
6. 그 밖의 참고사항

외교관등 면세차량 개별소비세 징수 면제 신청을 받은 관할 세무서장(세관장)이 이를 승인하였을 때에는 그 신청서에 준하는 내용의 승인서*를 발급하여야 한다(영 §23 ③).

* 「외교관등 면세차량 개별소비세 징수 면제 [승인신청 · 승인]서」 (시행규칙 제11호의2 서식)

해석사례

■ **용도변경 시 세율적용 및 과세표준**(소비 12653 - 2999, 1982.11.29.)

- 외교관 면세승용차를 타인에게 양도한 경우에 당해 양수자로부터 징수하는 세액은 동법 시행령 제12조 제3호의 규정에 의하여 양수한 금액을 과세가격으로 산정하는 것이며, 이때의 세율은 납세의무성립 시(양도 · 양수한 때)의 규정을 적용하는 것임.

■ **외교관 면세 차량을 5년 이내 양도 시 특별소비세 등의 세율**(소비 22641 - 1622, 1987.8.1.)

- 특별소비세법 제16조 규정에 의한 외교관 면세로 구입한 승용자동차를 5년 이내에 양도하는 경우 양도가액을 과세표준으로 하여 양도차량의 배기량별 세율에 따른 특별소비세로 납부하여야 하는 것임.

■ **외국공관이 공용품에 해당하는 승용자동차를 5년 내에 타인에게 양도 시 개별소비세 징수 여부**(소비세과 - 2871, 2008.12.12.)

- 「개별소비세법」 제16조 제1항 제1호에 따라 개별소비세를 면제받은 물품을 면세 승인일로부터 5년 내에 타인에게 양도하는 경우에는 이를 양수한 자가 반출한 것으로 보아 개별소비세를 징수하는 것이며, 이때의 과세표준은 같은 법 시행령 제12조 제3호에 따라 양수한 금액으로 하는 것임.

4 외국인 전용 판매장 면세 (법 §17)

(1) 외국인 전용 판매장 면세 개요 (법 §17)

관할 세무서장이 지정하는 외국인 전용 판매장에서 비거주자 또는 국내에 주소나 거소를 둔 주한외교관등에게 판매할 목적으로 그 판매장에 반입하게 하기 위하여 제조장에서 반출하는 물품에 대해서는 면세반출 승인을 받아 개별소비세를 면제한다.

여기에서 「비거주자」는 「외국환관리법」에서 비거주자로 인정되는 자이다.

🔵 관련 기본통칙

개별소비세법 기본통칙 17 – 26…1 【외국인 전용 판매장 면세의 의의】
- 비거주자 또는 주한외교관에게 외화를 받고 판매하기 위하여 정부가 지정하는 장소에 특정한 과세물품을 반출함에 있어 세액을 부담시키지 않는 제도를 말한다.

해석사례

■ **수입물품은 외국인 전용 판매장 면세대상 물품 아님**(소비 22641 – 1809, 1987.8.31.)
- 외국인 전용 판매장 면세는 특별소비세법 제17조 제1항 및 동법 시행령 제26조 제1항의 규정에 의하여 제조장으로부터 반출하는 물품만 해당되는 것이므로 수입하는 물품은 이에 해당하지 아니함.

〈 면세판매장의 종류 〉

① 보세판매장(관세법 §196)
② 제주도 지정면세점(제주특별자치도 설치 및 국제자유도시 조성을 위한 특별법 §27)
③ 외국인관광객 면세판매장(사후면세점, 조세특례제한법 §107)
④ 외국인전용판매장(개별소비세법 §17)
⑤ 외국인전용 관광기념품판매업(관광진흥법 시행령 §2, 부가가치세법 시행령 §26)

면세반출 제도의 주요 개정 연혁

□ 외국인 전용 판매장 면세
　① 제도개요
　　- 관할 세무서장이 지정하는 외국인 전용 판매장에서 비거주자 또는 국내에 주소나 거소를 둔 주한외교관 등에게 판매할 목적으로 그 판매장에 반입하기 위하여 제조장 또는 판매장에서 반출하는 특정한 물품에 대하여 개별소비세를 면제
　② 제도변경 주요내용
　　- 1999.12.3. 시행 (법률 제6032호, 1999.12.3.)
　　　• 외국인 전용 판매장 경영자가 특별소비세를 면제 받아 반입한 물품을 외화로 판매하지 아니한 때에 그 경영자로부터 특별소비세를 징수하는 규정(법 제17조 제4항) 삭제
　　- 2009.1.1. 시행 (법률 제9259호, 2008.12.26.)
　　　• 면세판매신고 매월 신고에서 분기별 신고로 변경(유류는 제외)
　　- 2009.2.4. 시행 (대통령령 제21294호, 2009.2.4.)
　　　• 면세 반출 승인신청에 대한 특례제출기한 연장(반출한 날이 속하는 달의 다음 달 말일까지 신고서 및 반입(용도)증명서 제출 → 반출한 날이 속하는 분기의 다음 달 25일까지 제출(유류는 제외))(영 제19조의2)

(2) 면세 반출 승인대상

개별소비세를 면제받아 외국인 전용 판매장으로 면세반출할 수 있는 물품은 ① 보석류·귀금속 제품, ② 골패·화투류, ③ 고급가구, ④ 고급융단, ⑤ 고급가방이다(영 §27).

(3) 외국인 전용 판매장의 지정 절차(영 §28)

가. 외국인 전용 판매장 지정

외국인 전용 판매장의 지정을 받으려는 자는 다음의 사항을 적은 「외국인전용판매장 지정신청서」*를 판매장 관할 세무서장에게 제출하여야 한다. 이 경우 외국인만 이용하는 판매장으로서 법령에 따라 정부의 허가 또는 등록을 받아야 하는 것에 대해서는 해당 허가증 또는 등록증 사본을 첨부하여 제출(국세정보통신망을 통한 제출을 포함한다)하여야 한다.

* 「외국인전용판매장 지정신청서」 (시행규칙 제18호 서식)

1. 신청인의 인적사항
2. 판매장의 소재지 및 상호
3. 면세판매하려는 물품명

외국인 전용 판매장 지정신청을 받은 관할 세무서장은 신청인이 다음의 어느 하나에 해당하는 경우에는 그 지정을 하지 않을 수 있다.

1. 외국인의 이용도가 낮다고 인정되는 장소에서 판매장을 경영하려는 경우
2. 판매에 필요한 인원 및 물적 시설을 갖추지 못한 경우
3. 신청일부터 기산하여 과거 1년 이내에 국세에 관한 범칙행위를 한 경우
4. 판매장 경영에 필요한 자력(資力) 및 신용을 갖추지 못하였다고 인정되는 경우

나. 외국인 전용 판매장 지정증 발급

외국인 전용 판매장으로 지정한 관할 세무서장은 다음의 사항을 적은 지정증*을 발급하여야 한다.

*「외국인 전용 판매장 지정증」(시행규칙 제19호 서식)

1. 지정번호
2. 판매장의 소재지 및 상호
3. 대표자의 인적사항
4. 면세판매할 물품명

다. 외국인 전용 판매장 지정 취소

관할 세무서장은 외국인 전용 판매장의 지정을 받은 자가 다음의 어느 하나에 해당하는 경우에는 그 지정을 취소할 수 있다.

1. 면세물품을 부정하게 판매한 사실이 있는 경우
2. 「개별소비세법」 제25조에 따른 관할 지방국세청장 또는 관할 세무서장의 명령을 위반하여 처벌 또는 처분을 받은 경우
3. 관계 법령에 따른 허가 또는 등록이 취소되거나 그 밖의 처분을 받은 경우
4. 사업자 또는 법인의 임원이 국세 또는 지방세를 50만원 이상 포탈하여 처벌 또는 처분을 받은 경우
5. 해당 판매장을 양도하거나 대여한 경우
6. 외국인 전용 판매장 지정신청서의 서류에 거짓 내용을 적은 사실이 발견된 경우
7. 국내에 거주하지 아니하거나 실종된 사실이 발견된 경우. 다만, 관리인이 따로 있는 경우는 제외한다.

(4) 면세 효과

가. 세액의 면제

외국인 전용 판매장에 반출 승인을 받아 과세물품을 반출하는 것에 대해서는 개별소비세를 면제한다.

나. 반입자의 납세의무 의제

면세반출 승인을 받아 물품을 반입한 반입 장소(외국인 전용 판매장)를 제조장으로 보고, 반입자를 법 제3조(납세의무자)에 따른 제조자로 보아 반입자가 반입지에서 판매 또는 반출할 때 납세의무를 이행한다.

(5) 면세 반출 승인절차

가. 사전승인 절차

외국인 전용 판매장에 면세 반출된 물품에 관한 반입 증명, 멸실, 납세의무와 반입 사실의 신고에 관하여는 미납세반출 규정(법 §14 ②~⑤)을 준용한다.

① 승인신청

외국인 전용 판매장에 반출하는 물품에 대하여 개별소비세 면세를 받으려는 자는 다음의 사항을 적은 「외국인전용판매장면세 반출 승인 신청서」*에 외국인 전용 판매장 지정증 사본을 첨부하여 해당 물품을 판매 또는 반출할 때에 관할 세무서장에게 제출(국세정보통신망을 통한 제출을 포함한다)하여 그 승인을 받아야 한다.

* 「개별소비세 [미납세·외국인전용판매장면세·조건부 면세] 반출[승인·승인신청·통보]서」 (시행규칙 제9호 서식)

1. 신청인의 인적사항
2. 반출 장소
3. 면세대상 물품의 명세
4. 반입장소
5. 반입자의 인적사항
6. 반출 예정 연월일
7. 반입증명서 제출기한

8. 신청 사유

9. 그 밖의 참고사항

이 경우 관할 세무서장은 「전자정부법」 제36조 제1항에 따른 행정정보의 공동이용을 통하여 사업자등록증을 확인하여야 하며, 신청인이 확인에 동의하지 않는 경우에는 사업자등록증 사본을 첨부하도록 하여야 한다.

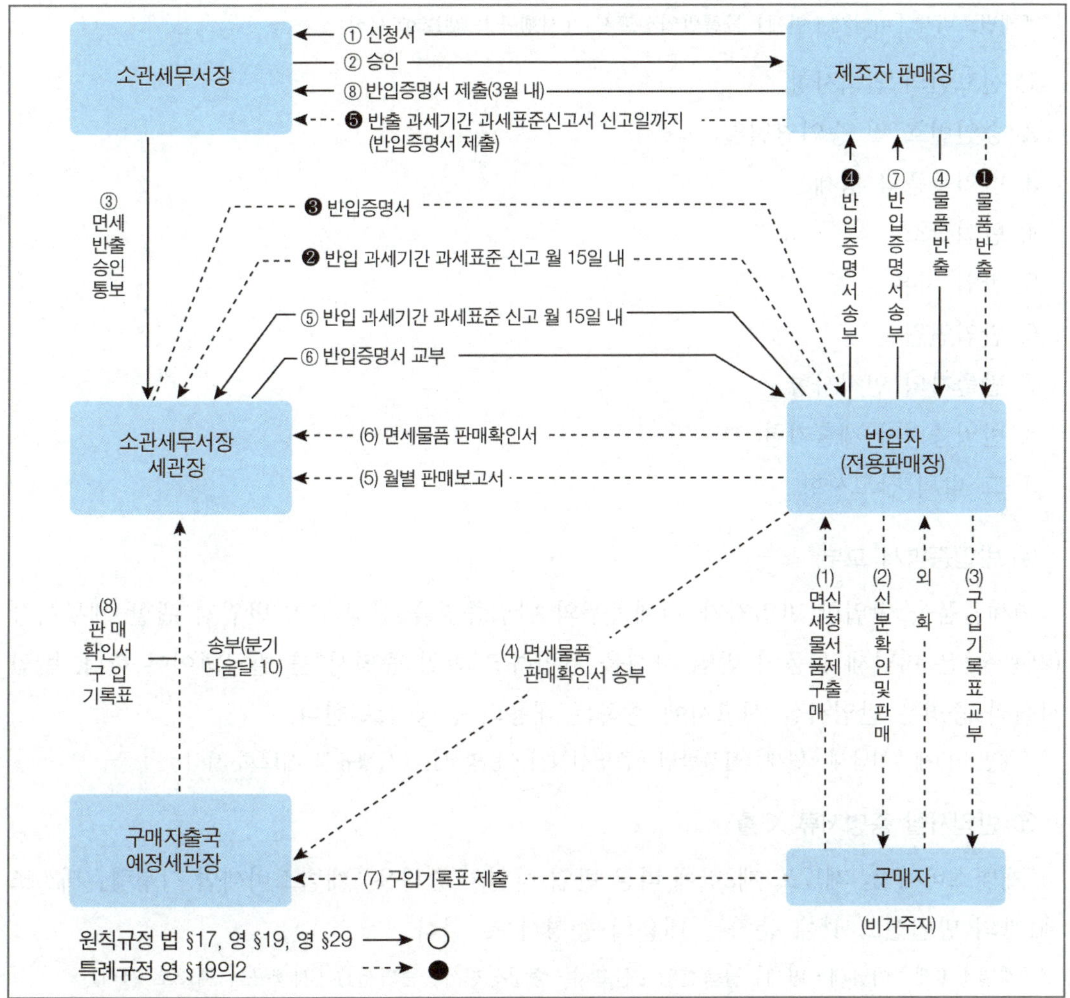

② 승인 및 승인서 발급 · 통보

신청을 받은 관할 세무서장이 이를 승인하였을 때에는 그 신청서에 준하는 내용의 승인서*를 발급하고 반입지 관할 세무서장에게 그 사실을 통지하여야 한다.

* 「개별소비세 [미납세 · 외국인전용판매장면세 · 조건부 면세] 반출[승인 · 승인신청 · 통보]서」 (시행규칙 제9호 서식)

③ 반입신고

면세 반출 승인을 받아 과세물품을 반입 장소에 반입한 자는 반입한 날이 속하는 분기의 다음 달 15일까지 다음의 사항을 기재하여 반입사실을 반입지 관할 세무서장(세관장)에게 신고*하여야 한다.

* 「개별소비세 [미납세 · 면세] 물품반입신고서」 (시행규칙 제12호 서식)

1. 신고인의 인적사항
2. 승인번호 및 승인연월일
3. 반입물품의 명세
4. 반입장소
5. 반입 사유
6. 반입연월일
7. 반출자의 인적사항
8. 반입증명서 제출기한
9. 그 밖의 참고사항

④ 반입증명서 교부

면세물품을 반입한 반입자가 면세물품의 반입증명을 신청하면, 반입지 관할 세무서장(세관장)은 미납세 물품의 반입 사실을 확인하고 반입 증명서*를 발급하여야 한다. 반입 사실의 증명은 반입사실 신고서에 준하는 내용의 증명서로 한다.

* 「개별소비세 [미납세 · 면세] 물품반입 [증명신청서 · 증명서]」 (시행규칙 제12호 서식)

⑤ 반입사실 증명서류 제출

「개별소비세법」 제17조 제2항에 따른 반입 사실의 증명은 「개별소비세법 시행령」 제20조 제1항의 반입신고서*에 준하는 내용의 증명서*로 한다.

* 「개별소비세 [미납세 · 면세] 물품반입 [신고서 · 증명신청서 · 증명서]」 (시행규칙 제12호 서식)

면세 반출자는 면세 승인을 받은 물품이 반입 장소에 반입된 사실 또는 정해진 용도로 제공한 사실을 증명하기 위한 서류를 해당 물품을 반출한 날부터 3개월의 범위에서 반출지 관할 세무서장(세관장)이 지정하는 날까지 제출하여야 한다.

다만, 해당 사실을 증명하기 위한 서류를 부득이한 사정으로 지정한 기한까지 제출할 수 없는 경우에는 관할 세무서장(세관장)에게 제출기한의 연장을 신청할 수 있으며, 관할 세무서장(세관장)은 지정기한이 경과한 날부터 3개월의 범위에서 그 기한을 연장할 수 있다.

면세 승인을 받은 물품으로서 반입 장소에 반입된 사실 또는 정해진 용도로 제공한 사실을 증명하지 아니한 것에 대해서는 반출자 또는 수입신고인으로부터 개별소비세를 징수한다. 이때의 물품가격은 면세된 물품의 가격으로 한다(영 §12 ① 7.).

나. 면세 반출 승인신청에 대한 특례(영 §19의2)

외국인 전용 판매장에 대한 반출 사전승인(영 §26 ①) 및 용도증명서류 제출(영 §20 ④)의 규정에도 불구하고 면세 용도에 사용하기 위하여 제조장 또는 하치장에서 반출(타인을 통해 지체 없이 반출하는 경우를 포함한다)하는 물품에 대하여 면세를 받으려는 자는 해당 물품을 반출한 날이 속하는 분기의 다음 달 25일까지 해당 분기분의 과세표준 신고서에 「개별소비세법 시행령」 제20조 제2항에 따른 서류(반입증명서)를 첨부하여 제출하여야 한다.

(6) 면세물품 판매 · 보고 절차(영 §29)

가. 면세물품 판매

외국인 전용 판매장의 지정을 받은 자가 면세물품을 판매할 때에는 해당 물품 구입자의 신분을 확인한 후 다음의 사항을 적은 「개별소비세 면세물품 구입기록표」*를 작성하여 구입자의 여권에 첨부하고 간인(間印)하여야 한다.

＊「개별소비세 면세물품 구입기록표」(시행규칙 제20호 서식)

1. 판매자의 인적사항, 판매장 소재지 및 관할 세무서
2. 구입자의 인적사항, 입국 및 출국 관련 사항
3. 면세구입물품의 명세

나. 면세물품 판매신고

외국인 전용 판매장 면세물품을 판매한 자는 「개별소비세 면세물품 구입기록표」의 기재사항 외에 면세구매물품의 휴대 여부 또는 세액의 징수 내용을 적은 「개별소비세 면세물품 판매확인서」* 2통을 작성하여 그 중 1통은 구입자(주한외교관 및 주한외국군 장병의 경우는

제외한다)의 출국 예정항 관할 세관장에게 판매한 때마다 제출하고, 다른 1통은 판매장 관할 세무서장에게 「면세판매신고서」(법 §17 ③)를 제출할 때에 「과세물품 총판매명세서」(면세분으로 구분하여 적는다)에 첨부하여 각각 제출하여야 한다. 다만, 보세구역에 있는 판매장에서 판매한 경우에는 해당 관할 세관장에게는 제출하지 않아도 된다.

   * 「개별소비세 면세물품 판매확인서」(시행규칙 제21호 서식)

   외국인 전용 판매장의 경영자는 매 분기 판매한 면세물품에 대하여 개별소비세 과세표준 신고 규정(법 §9 ①)을 준용하여 관할 세무서장에게 「면세판매신고서」를 제출하여야 한다.

다. 구입 사실의 확인

   「개별소비세 면세물품 판매확인서」*를 받은 세관장은 구입자가 출국할 때에 「개별소비세 면세물품 구입기록표」*를 제출받아 구입 사실을 확인한 후 해당 물품의 소지 사실을 확인하여야 한다.

   * 「개별소비세 면세물품 판매확인서」(시행규칙 제21호 서식)
   * 「개별소비세 면세물품 구입기록표」(시행규칙 제20호 서식)

   세관장은 매 분기분의 「개별소비세 면세물품 구입기록표」와 「개별소비세 면세물품 판매확인서」를 판매장 관할 세무서장에게 해당 분기의 다음 달 10일까지 송부하여야 한다.

   세관장이 구입 사실을 확인하는 경우에 재해나 그 밖의 사정으로 해당 구입물품이 멸실되었다는 사실을 멸실한 즉시 세관장에게 신고하였거나 우편 등의 방법으로 출국 전에 외국으로 반출한 물품에 대해서는 그 사실에 관하여 세관장 또는 우체국장이 발행한 증명서류를 제출한 경우에만 그 물품을 휴대한 것으로 본다.

(7) 세액의 징수

가. 판매자에 대한 징수

   관할 세무서장은 판매자가 제출한 「개별소비세 면세물품 판매확인서」와 구매자의 출국항 관할 세관장이 송부한 「개별소비세 면세물품 구입기록표」 및 「개별소비세 면세물품 판매확인서」를 대조·확인한 후 면세로 반입한 물품의 판매량과 재고량을 조사하여 차이가 있는 경우에는 그 차이에 상당하는 물품에 대한 개별소비세를 판매자로부터 징수한다.

나. 면세구입자에 대한 징수

외국인 전용 판매장에서 개별소비세가 면제되는 물품을 구입한 자가 출국 당시 그 물품을 소지하지 아니한 경우에는 그 구입자로부터 개별소비세를 징수한다. 이때의 물품가격은 면세로 판매장에서 구입한 가격에 상당하는 금액으로 한다(영 §12 ① 5.).

다. 면세물품 소지자에 대한 징수

개별소비세를 면제받아 반입된 물품을 해당 외국인 전용 판매장에서 구입할 수 없는 자가 소지한 경우에는 그 소지한 자로부터 개별소비세를 징수한다. 이때의 물품가격은 소지 당시 면세판매장의 판매가격에 상당하는 금액으로 한다(영 §12 ① 6.).

다만, 해당 경영자가 구입자로부터 개별소비세를 징수한 사실이 확인되는 경우에는 그러하지 아니한다.

(8) 면세승인 물품의 멸실 승인절차

면세 반출 승인을 받은 물품이 반입장소에 반입되기 전에 재해나 그 밖의 부득이한 사유로 멸실된 경우에는 개별소비세를 징수하지 아니한다.

면세승인 물품이 반입지에 반입되기 전에 멸실되어 세액을 면제받으려는 자는 해당 반입증명서의 제출기한까지 해당 물품의 멸실 사실을 증명하는 서류를 첨부하여 반출지 관할 세무서장(세관장)에게 지체 없이 제출하여 그 승인을 받아야 한다.

* 「개별소비세 [미납세·면세] 반출물품 멸실승인신청서」 (시행규칙 제14호 서식)
  「교통·에너지·환경세 [미납세·면세] 반출물품멸실승인 [신청서·승인서]」 (시행규칙 제10호 서식)

멸실한 장소가 다른 세무서장의 관할에 속하는 경우에는 해당 멸실지 관할 세무서장이 발급하는 증명서를 첨부하여야 한다.

* 「개별소비세 [미납세·면세] 멸실 증명서」 (시행규칙 제15호 서식)
  「교통·에너지·환경세 [미납세·면세] 반출물품멸실승인 [신청서·증명서]」 (시행규칙 제11호 서식)

5 | 조건부 면세 (법 §18)

(1) 조건부 면세의 의의

조건부 면세는 과세물품에 대하여 당해 물품이 법령이 정한 특수한 용도에 사용되는 것을 조건으로 제조장 또는 보세구역으로부터 반출할 때 일정한 절차에 따라 세액을 부담시키지 않는 제도이다(개별소비세법 기본통칙 18-0…1).

원래 개별소비세를 과세할 물품에 대하여 당해 물품이 법령이 정한 특수한 용도에 계속 제공되는 것을 조건으로 하여 면세의 혜택을 부여하는 것으로서, 조건부 면세로 반출한 후 과세관청이 그와 같은 조건의 이행 여부를 서면조사 또는 실지확인조사를 통하여 확인·점검하고 만약 면세 조건을 위반한 사실이 확인되는 경우에는 면세된 세액을 징수하여야 한다.

조건부 면세반출 제도의 주요 개정 연혁

□ 조건부 면세
　① 제도변경 주요내용
　　- 2004.1.1. 시행 (대통령령 제18179호, 2003.12.30.)
　　　• 선박잔존유류에 대한 용도변경시 징수주체를 관할 세관장으로 명확화(영 제34조)
　　- 2009.2.4. 시행 (대통령령 제21294호, 2009.2.4.)
　　　• 면세 반출 승인신청에 대한 특례제출기한 연장(반출한 날이 속하는 달의 다음 달 말일까지 신고서 및 반입(용도)증명서 제출 → 반출한 날이 속하는 분기의 다음 달 25일까지 제출(유류는 제외))(영 제19조의2)
　　- 2010.1.1. 시행 (법률 제9909호, 2010.1.1.)
　　　• 조건부 면세물품 용도변경 시 신고의무 신설(법 제18조)
　　　• 조건부 면세 시 반입 신고기한 연장(반입한 날이 속하는 달의 다음 달 15일까지 신고 → 반입한 날이 속하는 분기의 다음 달 15일까지(유류는 제외)) (법 제14조, 제18조)
　　- 2012.2.2. 시행 (대통령령 제23597호, 2012.2.2.)
　　　• 조건부 면세 후 용도변경 등으로 세액을 신고·납부하는 경우 해당 세액은 용도변경 등의 사유가 발생할 때의 세율을 적용하되, 해당 세율이 면제받은 때의 세율보다 높은 경우에는 면제받은 때의 세율을 적용하도록 함.
　　　• 조건부 면세물품의 사후관리기간을 최초 반출일로부터 통산하여 5년으로 한정(영 제33조)
　　- 2014.7.1. 시행 (법률 제12157호, 2014.1.1.)
　　　• 전기사업법에 따른 발전사업 외의 용도로 사용하는 유연탄에 대하여 면세 대상에 추가

조건부 면세반출 제도의 주요 개정 연혁

- 2021.2.17. 시행 (대통령령 제31451호, 2021.2.17.)
  • 외국항행 선박 석유류에 대한 조건부 면세 용도변경 범위 명확화(외국항행 종료 후 국내 재입항시 유류세가 부과된 경우에는 용도변경에 따른 과세대상에서 제외)

(2) 조건부 면세 반출 승인대상

개별소비세의 조건부 면세 적용대상 물품과 면세를 적용받기 위한 사용용도는 다음과 같으며, 조건부 면세로 반입한 물품을 조건부 면세 또는 무조건 면세 용도로 제공하기 위해 재반출하는 경우에도 개별소비세를 면제한다.

가. 산업용 보석 · 귀금속 제품

1. 원자로 · 원자력 또는 동위원소의 생산 · 사용 · 개발에 제공하거나 그 물품의 제조용 원료로 사용하는 물품
   원자로 · 원자력 또는 동위원소의 생산 · 사용 · 개발에 제공되는 시설자재나 그 물품의 제조용 원료로 사용하는 물품을 말하므로 교육목적으로 사용하는 물품은 이에 해당하지 아니한다(개별소비세법 기본통칙 18-0…4).
2. 보석으로서 이화학 실험연구용, 공업용 및 축음기 침(針) 제작용의 것

나. 재수출 물품

재수출할 물품을 보세구역에서 반출하는 것으로서 관세가 면제되는 것[교]은 조건부 면세 승인 절차에 따라 개별소비세를 면제한다.

다. 교육 · 구호 · 종교용 물품

1) 교재용 표본 · 참고품

1. 학교, 「영유아보육법」에 따른 어린이집, 「과학관의 설립 · 운영 및 육성에 관한 법률」에 따른 과학관, 「박물관 및 미술관 진흥법」에 따른 박물관, 물품 진열장소 등에 진열하거나 교재로 사용하기 위한 표본 또는 참고품
   여기서 교재로 사용하는 표본 또는 참고품이라 함은 학습하는 데 쓰이는 여러 가지 재료로 연구 · 실험 · 실습 · 분석 · 분해 등의 대상이 되는 물품을 말하는 것이고, 과세물품 본래의 용도에 사용되는 것은 이에 해당되지 아니한다(개별소비세법 기본통칙 18-0…2, 소비

46420 - 535, 1999.11.2.).

물품 진열장소 등은 「박물관 및 미술관 진흥법」 제5조에 따른 자료관 등으로서 문화체육관광부장관이 인정하는 시설을 말한다.

2) 국외에서 기증하는 물품

1. 외국으로부터 자선 또는 구호를 위하여 자선 또는 구호기관·단체에 기증되는 물품〈교〉

2. 외국으로부터 사원·교회 등에 기증되는 의식용품 또는 예배용품으로서 탁자류, 불기(佛器), 화병, 염주, 다기, 솥, 교단, 촛대, 성찬용(聖餐用) 각종 기구, 법의(가사 (袈裟)를 포함한다), 예복, 성포(聖布), 성막(聖幕) 및 베일

3. 외국으로부터 학술연구용 또는 교육용에 사용하기 위하여 학술연구단체 또는 교육기관에 기증되는 물품

라. 외국항행선박·항공기용 석유제품과 소모품

1. 외국무역선·원양어업선박 또는 외국항행 항공기에서 사용할 것으로 인정되는 연료 이외의 소모품

2. 외국항행선박·원양어업선박 또는 항공기에 사용하는 석유류〈교〉

외국항행선박 및 원양어업선박에 사용하는 조건으로 개별소비세가 면제되었으나 외국항행 및 원양어업을 종료하여 사용하고 남은 석유류를 다시 국내로 반입함에 따라 「관세법」 제14조에 따른 과세물건에 해당하여 개별소비세 또는 교통·에너지·환경세가 부과된 경우에는 조건부 면세물품 용도변경 사유에서 제외한다.[210]

해석사례 ●

■ **북한지역 운항선박에 대한 석유류의 특별소비세 등 면세 여부**(서면인터넷방문상담3팀 - 1422, 2005.8.30.)

- 외국항행용역에 사용하는 석유류는 특별소비세법 제18조 및 교통세법 제15조의 규정에 의거 조건부 면세대상에 해당하는 것이나, 특별소비세법 시행령 제30조 및 교통세법 시행령 제22조에 규정하는 면세승인절차를 이행하여야만 특별소비세 및 교통세 조건부 면세를 받을 수 있는 것임.

---

210) 2021.2.17. 수입신고분부터 외국항행 석유류의 조건부 면세물품에 대한 용도변경 범위를 명확히 하였다.

마. 특정 승용자동차

승용자동차로서 다음의 어느 하나에 해당하는 것은 조건부 면세 승인 절차에 따라 개별소비세를 면제한다.

1. 일정요건의 장애인이 구입하는 것(세액 500만원 한도, 장애인 1명당 1대로 한정)

2. 환자 수송을 전용으로 하는 것

3. 「여객자동차운수사업법」에 따른 여객자동차운송사업용에 사용하는 것

    여객자동차운송사업이란 다른 사람의 수요에 응하여 자동차를 사용하여 유상(有償)으로 여객을 운송하는 사업을 말한다(「여객자동차 운수사업법」 §2 3.).

4. 「여객자동차운수사업법」에 따른 자동차대여사업에 사용되는 것. 다만, 구입일부터 3년 이내에 동일인 또는 동일 법인에 대여한 기간의 합이 6개월을 초과하는 것은 제외한다 (대여한 기간의 합을 계산할 때 시간단위로 해당 자동차를 대여한 경우에는 시간단위로 합산해 24시간을 1일로 계산한다).

    자동차대여사업이란 다른 사람의 수요에 응하여 유상으로 자동차를 대여(貸與)하는 사업을 말한다(「여객자동차 운수사업법」 §2 4.).

5. 미래창조과학부장관의 인정을 받은 기업부설연구소 및 기업의 연구개발 전담부서가 신제품 또는 신기술을 개발하기 위하여 시험·연구용으로 수입하여 사용하는 것[211]

6. 18세 미만의 자녀(가족관계등록부를 기준으로 하고, 양자 및 배우자의 자녀를 포함하되, 입양된 자녀는 친생부모의 자녀 수에는 포함하지 아니한다) 3명 이상을 양육하는 사람이 구입하는 것[212]

---

211) 국가자원의 낭비를 방지하고 환경오염을 줄이기 위하여 승용자동차에 대한 환경친화적 기술투자의 지원을 강화할 필요가 있고 자동차산업의 국제경쟁력을 제고하고, 고유가 장기화 및 기후변화협약 등에 대한 효율적 대응하기 위해 「기술개발촉진법」에 따른 기업부설연구소 또는 기업의 연구개발전담부서에서 신제품 또는 신기술을 개발하기 위하여 수입하는 승용자동차에 대해서는 개별소비세를 면제하도록 하였다.(2009. 1. 1. 이후 수입분부터 적용)

212) 다자녀가구에 대한 지원을 확대하기 위하여 18세 미만의 자녀 3명 이상을 양육하는 사람이 구입하는 승용자동차에 대하여 개별소비세를 300만원 한도로 면제한다. (2023. 1. 1. 이후 제조장에서 반출하거나 수입신고하는 분부터 적용)

    다만, 납세의무자는 이 법 시행 전에 제조장에서 반출하거나 수입신고한 승용자동차에 대하여 개별소비세를 납부하였거나 납부할 세액이 있는 경우로서 다음의 요건을 모두 갖춘 경우에는 면세분에 해당하는 세액을 환급받거나 납부하여야 할 세액에서 공제받을 수 있다.

    ① 자동차 제조업자, 수입업자 또는 도·소매업자가 이 법 시행일 현재 하치장·직매장·보세구역 등 국세청장 또는 관세청장이 정하는 장소에 해당 승용자동차를 보유하고 있을 것

    ② 자동차 제조업자, 수입업자 또는 도·소매업자가 이 법 시행 이후 다자녀 양육용 승용자동차 면세요건에 해당하는 사람에게 해당 승용자동차를 인도할 것

다자녀 양육을 위한 승용자동차의 개별소비세 면제규정은 2023년 1월 1일 이후 제조장에서 반출하거나 수입신고하는 분부터 적용한다.

바. 산업용 석유제품과 유연탄

1. 의료용·의약품제조용·비료제조용·농약제조용 또는 석유화학공업용 원료로 사용하는 석유류[교][213]

2. 산업용 등 전기사업법에 따른 발전사업 외의 용도로 사용하는 유연탄

   「전기사업법」 제2조 제3호에 따른 발전사업(「집단에너지사업법」 제2조 제2호에 따른 사업을 하는 과정에서 생산한 전기 및 「신에너지 및 재생에너지 개발·이용·보급 촉진법」 제2조 제1호 다목에 따른 석탄을 액화·가스화한 에너지를 사용하여 생산한 전기를 공급하는 발전사업은 제외한다) 외의 용도로만 사용되는 유연탄을 말한다.

해석사례

■ **개별소비세법 집행기준 18-0-6【석유화학공업용 원료로 사용하는 석유류의 범위】**

- 석유화학공업이란 석유, 천연가스 또는 정유폐가스를 화학적으로 처리하여 저급탄화수소류를 제조하는 공업과 저급탄화수소류, 방향족 탄화수소류, 석유, 천연가스 또는 정유폐가스를 주원료로 하여 합성수지, 합성섬유, 합성세제, 가소제 등 석유화학제품의 원료를 제조하는 공업을 말한다.
- 석유화학공업용 원료로 사용하는 석유류에 해당하는 경우 예시
  등유(경유)를 원료로 하여 증류공정·수첨공정을 이용하여 탄화수소 별로 분리, 인체에 유해성분을 제거한 용제로 석유화학제품 제조에 직접 사용하는 경우
- 석유화학공업용 원료로 사용하는 석유류에 해당하지 않는 경우 예시
  제품의 본질을 변화시키는 것이 아니고 물리적으로 점성을 저하시키는 용제로 사용되는 등유는 석유화학제품(에틸렌, 프로필렌 등) 제조에 사용된 것으로 보지 아니함.

---

③ 납세의무자는 해당 승용자동차를 인도한 날이 속하는 분기의 다음 달 25일까지 국세청장 또는 관세청장이 정하는 바에 따라 자동차등록증 등 증명서류를 첨부하여 관할 세무서장 또는 관할 세관장에게 신고할 것

213) 중화학공업육성·가스의 주연료화 및 낙농진흥시책을 세제면에서 지원하기 위해 1978. 12. 5. 일부개정으로 '석유화학나프타분해공업 원료인 석유류, 외국항공기용소모품, 화공약품제조용 사당 등'을 면세로 규정하였고, 이후 1993. 12. 31. 개정에서 '석유화학공업용 원료'로 확대하였다.

 **자료**

▶ 석유화학공업용 원료 조건부 면세 처리 절차

① 석유화학공업용 원료(과세제품) 구매 시 과세관청(세무서/세관)에 조건부 면세를 받기 위한 물품반입신고서(시행규칙 제12호 서식) 및 면세용도 물품증명서(시행규칙 제22호 서식) 제출
   * 시행령 §19의2, 시행령 §20

② 면세용도 물품증명서(시행규칙 제22호 서식)는 소관 행정기관(지방자치단체)에게 신청하여 발급
   – 일부 회사의 경우 해당 연도에 석유화학공업용 원료로 반입할 물량을 추정하여 연 단위 면세용도 물품증명서 발급
     * 면세용도 물품증명서 기간은 소관 행정기관과 협의

③ 면세 반입 후 반입일로부터 6개월 이내에 면세용도 사용보고서(시행규칙 제23호 서식) 및 면세용도 사용확인서(시행규칙 제24호 서식) 구비하여 제출
   – 면세용도 사용확인서는 해당 월에 반입 신고한 물량에 대해 행정기관(지방자치단체)으로부터 확인
     * 지방자치단체는 신청사의 증빙자료(수불자료) 및 물품반입신고서로 물량 확인
   – 면세용도 사용보고서(시행규칙 제23호 서식)는 회사 날인, 면세용도 사용확인서(시행규칙 제24호 서식)는 회사 및 지자체 날인 후 세무서에 제출
     * 시행령 §33 ① 3. 나목, 시행규칙 §13

(3) 조건부 면세 승인 절차

가. 사전 반출승인

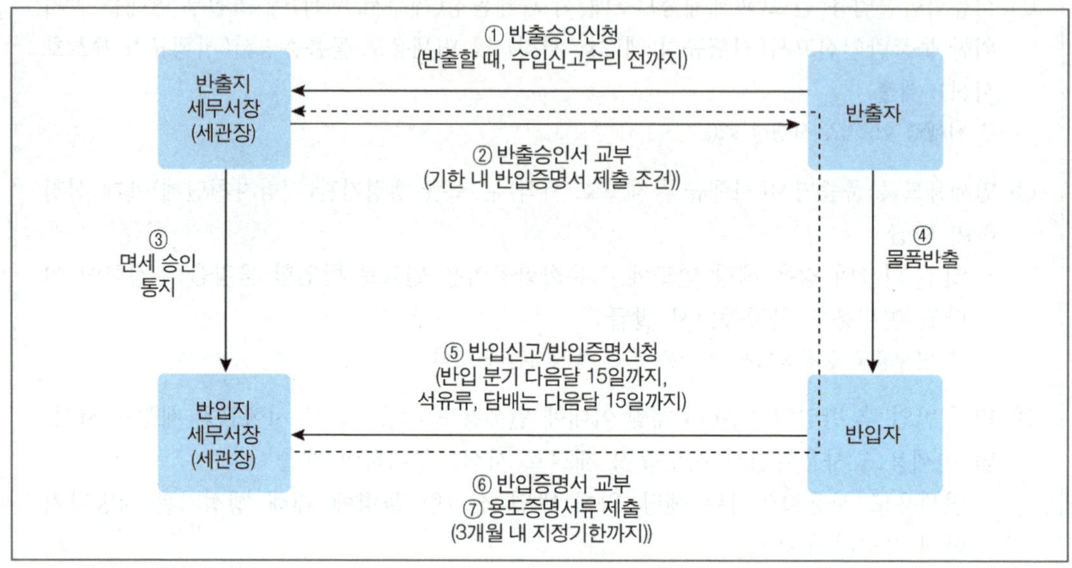

① 승인신청

조건부 면세를 받으려는 자는 다음의 사항을 적은 「조건부 면세 반출승인신청서」*를 해당 물품을 반출할 때 관할 세무서장에게 제출하여야 한다. 보세구역에서 반출하려는 자는 그 수입신고 시부터 수입신고 수리 전까지 세관장에게 제출하여야 한다.

* 「개별소비세 [미납세・외국인전용판매장면세・조건부 면세] 반출승인신청서」 (시행규칙 제9호 서식)
　「교통・에너지・환경세 [미납세・조건부 면세] 반출승인신청서」 (시행규칙 제6호 서식)

1. 신청인의 인적사항
2. 반출 장소
3. 면세대상물품의 명세
4. 반입장소
5. 반입자의 인적사항
6. 반출 예정 연월일
7. 반입증명서, 물품반입확인서, 유류공급명세서, 선(기)적허가서(내항선인 원양어업선박의 경우에는 반입자의 반입보고서) 제출기한
8. 신청 사유
9. 그 밖의 참고사항

면세반출 승인된 물품이 반출할 수 없는 사유가 발생한 경우에는 그 승인을 취소하여야 한다.

「조건부 면세 반출승인신청서」에는 다음의 구분에 따른 서류를 첨부하여야 한다. 다만, 관세의 감면을 위하여 증명된 사항에 관하여는 해당 서류를 첨부하지 않아도 된다.

조건부 면세 반출 사유	신청시 첨부서류
① 원자로·원자력 또는 동위원소의 생산·사용·개발에 제공하거나 그 물품의 제조용 원료로 사용하는 물품 ④ 외국으로부터 자선 또는 구호를 위하여 자선 또는 구호기관·단체에 기증되는 물품 ⑤ 외국으로부터 사원·교회 등에 기증되는 의식용품 ⑥ 「과학관의 설립·운영 및 육성에 관한 법률」에 따른 과학관, 「박물관 및 미술관 진흥법」에 따른 박물관, 물품 진열장소 등에 진열하거나 교재로 사용하기 위한 표본 또는 참고품 ⑨ 외국항행선박·원양어업선박 또는 항공기에 사용하는 석유류	• 소관 중앙행정기관의 장 (주무부처의 장)이 발행한 해당 사실을 증명하는 서류
⑩ 의료용·의약품제조용·비료제조용·농약제조용 또는 석유화학공업용 원료로 사용하는 석유류 ⑪ 외국무역선·원양어업선박 또는 외국항행 항공기에서 사용할 것으로 인정되는 연료 이외의 소모품 ⑬ 산업용 등 전기사업법에 따른 발전사업 외의 용도로 사용하는 유연탄(제13호)	
⑥ 학교 또는 어린이집에 진열하거나 교재로 사용하기 위한 표본 또는 참고품 ⑦ 외국으로부터 학술연구용 또는 교육용에 사용하기 위하여 학술연구단체 또는 교육기관에 기증되는 물품	• (학교) 학교장이 발행하는 것 • (어린이집) 특별자치도지사 또는 시장·군수·구청장이 발행하는 것
② 보석으로서 이화학 실험연구용, 공업용 및 축음기 침(針) 제작용의 것	• 특별시장·광역시장·도지사 또는 특별자치도지사가 발행한 해당 사실을 증명하는 서류
⑧ 재수출할 물품을 보세구역에서 반출하는 것으로서 관세가 면제되는 것	• 「관세법」에 따른 면세 신청에 필요한 서류
• 관수용(官需用) 물품의 경우	• 면제를 받으려는 기관의 장이 발행한 해당 사실을 증명하는 서류

* 위 조건부 면세 반출 사유의 각 사실을 증명하려는 자는 해당 사유가 발생하였을 때에 그 사실을 국세청장 또는 관세청장에게 즉시 통지하여야 함(영 §33 ②).

② 승인서 발급

조건부 면세 반출승인신청을 받은 반출지 관할 세무서장(세관장)이 해당 물품에 대한 면세를 승인하였을 때에는 그 신청서에 준하는 내용의 승인서*를 발급하여야 한다.

* 「개별소비세 [미납세·외국인전용판매장면세·조건부 면세] 승인서」 (시행규칙 제9호 서식)
  「교통·에너지·환경세 [미납세·조건부 면세] 반출승인서」 (시행규칙 제6호 서식)

③ 승인사실 통보

승인서를 발급한 반출지 관할 세무서장(세관장)은 반입지 관할 세무서장(세관장)에게 통지하여야 한다.

* 「개별소비세 [미납세·외국인전용판매장면세·조건부 면세] 통보서」 (시행규칙 제9호 서식)
  「교통·에너지·환경세 [미납세·조건부 면세] 반출통보서」 (시행규칙 제6호 서식)

④ 물품반출

반출자는 조건부 면세 반출승인 물품을 반입자에게 반출한다.

⑤ 반입신고

조건부 면세물품을 반입 장소에 반입한 자는 반입한 날이 속하는 분기의 다음 달 15일(석유류와 담배는 반입한 날이 속하는 달의 다음 달 15일)까지 다음의 사항을 기재하여 반입사실을 반입지 관할 세무서장(세관장)에게 신고하여야 한다.

* 「개별소비세 [미납세·면세] 물품반입신고서」 (시행규칙 제12호 서식)
  「교통·에너지·환경세 [미납세·면세] 물품반입신고서」 (시행규칙 제9호 서식)

1. 신고인의 인적사항
2. 승인번호 및 승인연월일
3. 반입물품의 명세
4. 반입장소
5. 반입 사유
6. 반입연월일
7. 반출자의 인적사항
8. 반입증명서 제출기한
9. 그 밖의 참고사항

⑥ 반입증명서 교부

조건부 면세물품을 반입한 반입자가 조건부 면세물품의 반입증명을 신청하면, 반입지 관할 세무서장(세관장)은 조건부 면세물품의 반입 사실을 확인하고 반입증명서*를 발급하여야 한다.

신고기한이 경과하더라도 해당 물품이 사용되기 전에 납세자가 장부·기타 증빙 등으로 반입사실을 입증하는 경우에는 입증되는 부분에 대하여 반입증명을 발급할 수 있다. 반입 사실의 증명은 반입사실 신고서에 준하는 내용의 증명서로 하며, 아래 물품의 경우에는 다음 각 구분에 따른 서류로 증명한다.

다만, 조건부 면세 반입물품과 다른 물품을 구분할 수 없는 경우에는 반입증명을 발급할 수 없다.

* 「개별소비세 [미납세·면세] 물품 반입 [증명신청서·증명서]」(시행규칙 제12호 서식)
「교통·에너지·환경세 [미납세·면세] 물품 반입 [증명신청서·증명서]」(시행규칙 제9호 서식)

조건부 면세 반출 사유	반입사실 증명서류
보세구역과 수출자유지역에 반입되는 물품	관할 세관장이 발행하는 물품반입확인서
조건부 면세 승용자동차	자동차등록증
외국항행선박 또는 원양어업선박에 사용하는 석유류	유류공급명세서 (내항선인 원양어업선박의 경우에는 반입자의 반입보고서)
항공기에 사용하는 석유류 및 외국 무역선, 원양어업선박 또는 외국항행항공기에서 사용하는 소모품	관할 세관장이 발행하는 선(기)적허가서 (내항선인 원양어업선박의 경우에는 반입자의 반입보고서)
개별소비세를 징수하지 아니하거나 면제하는 담배	반입사실 신고서에 준하는 내용의 증명서

⑦ 반입사실 및 용도증명 서류 제출

「개별소비세법」 제18조 제2항에 따른 반입 사실의 증명은 「개별소비세법 시행령」 제20조 제1항의 반입신고서*에 준하는 내용의 증명서*로 한다.

* 「개별소비세 [미납세·면세] 물품 반입 [신고서·증명신청서·증명서]」(시행규칙 제12호 서식)

조건부 면세물품이 반입된 사실 또는 정해진 용도로 제공한 사실을 증명하기 위한 서류는 해당 물품을 반출한 날부터 3개월의 범위에서 반출지 관할 세무서장(세관장)이 지정하는 날까지 제출하여야 한다.

다만, 해당 사실을 증명하기 위한 서류를 부득이한 사정으로 지정한 기한까지 제출할 수 없는 경우에는 관할 세무서장(세관장)에게 제출기한의 연장을 신청할 수 있으며, 관할 세무서장(세관장)은 지정기한이 경과한 날부터 3개월의 범위에서 그 기한을 연장할 수 있다.

조건부 면세 승인을 받은 물품으로서 반입 장소에 반입된 사실 또는 정해진 용도로 제공한 사실을 증명하지 아니한 것에 대해서는 반출자 또는 수입신고인으로부터 개별소비세 또는 교통·에너지·환경세를 징수한다.

나. 조건부 면세 반출 승인신청에 대한 특례(영 §19의2)

조건부 면세 반출 사전승인(영 §30 ①) 및 용도증명서류 제출(영 §20 ④)의 규정에도 불구하고 조건부 면세 등의 용도에 사용하기 위하여 판매장, 제조장 또는 하치장에서 반출(타인을 통해 지체 없이 반출하는 경우를 포함한다)하는 물품에 대하여 면세를 받으려는 자는 해당 물품을 반출한 날이 속하는 분기의 다음 달 25일까지 해당 분기분(에너지물품에 해당하는 과세물품은 반출한 날이 속하는 달의 다음 달 말일까지 해당 월분)의 과세표준 신고서에 「개별소비세법 시행령」 제20조 제2항 또는 제30조 제2항에 따른 아래의 서류(반입증명서 또는 용도증명서 등)를 첨부하여 제출하여야 한다.[214]

---

214) 「개정세법 해설」(국세청, 1982년) 면세반출절차 간소화(법 제14조 제2항, 제15조 제2항 본문 제17조 제2항, 제18조 제2항 전단, 영 제19조의2, 제20조)

과세물품의 제조자가 과세물품을 면세로 반출하는 경우에는 동 물품을 반출하기 전에 소관 세무서장에게 면세반출승인신청(수출용 물품은 반출신고)을 한 후 승인을 얻어 반출하였으나 이를 생략하도록 하여 사전규제로 인한 불편을 제거하도록 하였으며, 면세로 반출한 물품의 사후관리를 위한 면세용도증명의 제출기한을 세무서장이 지정하였으나 앞으로는 반출한 날이 속하는 다음 달 말일까지 과세표준신고시에 제출하도록 법정화하여 세무서장의 재량권을 없애도록 하였다. 그리고 과세물품을 수출했거나 기타 특정한 용도에 사용되고 있어도 절차상의 오차 등으로 면세용도증명을 기한 내에 제출하지 못하면 즉시 세금을 징수하였으나 앞으로는 기한 내에 제출하지 아니하면 1개월 내에 제출할 것을 일단 최고한 후 동 기간이 경과할 때까지 기다렸다가 세액을 징수하도록 하여 불측의 세액징수를 배제하도록 하였다.

개정 전	개 정
○ 면세반출시 사전에 반출승인신청을 한 후 승인을 얻어 반출	사전 면세반출승인신청 생략
○ 반출자 소관 세무서장이 승인 시에는 면세용도증명등의 제출기한을 지정	면세용도증명 등 제출기한을 과세표준신고 시(다음 달 말일까지)로 법정
○ 지정기한까지 미제출시에는 무조건 세액추징	미제출 시는 1개월 내 제출을 최고하고 최고기간의 경과 후 세액추징

조건부 면세 반출 사유	반입사실 증명서류
보세구역과 수출자유지역에 반입되는 물품	관할 세관장이 발행하는 물품반입확인서
조건부 면세 승용자동차	자동차등록증
외국항행선박 또는 원양어업선박에 사용하는 석유류	유류공급명세서 (내항선인 원양어업선박의 경우에는 반입자의 반입보고서)
항공기에 사용하는 석유류 및 외국 무역선, 원양어업선박 또는 외국항행항공기에서 사용하는 소모품	관할 세관장이 발행하는 선(기)적허가서 (내항선인 원양어업선박의 경우에는 반입자의 반입보고서)
개별소비세를 징수하지 아니하거나 면제하는 담배	반입사실 신고서에 준하는 내용의 증명서

(4) 조건부 면세 승인효과

조건부 면세 대상 용도로 사용하기 위한 반출 승인을 받는 경우 과세물품의 반출에 대해 개별소비세 또는 교통·에너지·환경세를 면제한다.

(5) 세액의 징수

가. 반입사실 또는 용도사용 미입증

반입지에 반입한 사실을 증명하지 아니한 것에 대해서는 관할 세무서장(세관장)이 반출자 또는 수입신고인으로부터 개별소비세 또는 교통·에너지·환경세를 징수하여야 한다.

> **관련판례**
>
> ■ **면세유가 외항선박에 반입되기 전에 부정사용된 경우에는 반출자인 정유사로부터 교통세 등을 징수함**(대법원 2009두3682, 2011.10.27.)
> - 외국항행선박에 사용하는 물품에 대하여 관할 세무서장 또는 세관장의 승인을 얻은 경우에는 교통세를 면제하도록 규정하면서, 같은 조 제2항, 시행령 제23조 제1항 제3호, 제17조 제2항 단서는 선적허가서에 의하여 외국항행선박에 반입한 사실을 증명하지 아니한 것에 대하여는 그 반출자로부터 교통세를 징수하며, 외국항행선박에 반입된 후 그 용도를 변경하거나 양도한 때에는 그 반입자로부터 교통세를 징수하도록 정하고 있다.
> - 외국항행선박에 사용되는 물품에 대한 교통세의 환급·공제는 당해 물품이 외국항행

> 선박에 반입되는 것을 요건으로 하는 점, 법 제17조 제8항은 교통세의 환급·공제
> 요건을 충족하지 아니한 사실이 확인된 경우 환급·공제된 교통세를 사후에 추징하기
> 위한 규정인 점, 법 제15조 제2항에 의하면 조건부 면세의 경우 당해 물품이
> 외국항행선박에 반입되지 아니하면 반출자로부터 그 교통세를 징수하여야 하는데
> 교통세 환급·공제의 경우도 조건부 면세의 경우와 면세 시기만을 달리할 뿐이므로
> 위와 같은 사유에 대하여 달리 취급할 필요가 없는 점 등을 종합하면, 교통세 과세물품의
> 반출자가 당해 물품이 외국항행선박에 사용된다는 이유로 교통세를 환급·공제받은
> 후 당해 물품이 외국항행선박에 반입되지 아니하고 타에 유출됨으로써 **외국항행
> 선박에서 사용되지 아니한 사실이 확인된 때에는 그 반출자**를 시행령 제24조 제5항
> 소정의 **'당해 물품을 소정의 용도에 사용하지 아니한 자'**로 보아 그로부터 **환급·공제된
> 교통세를 징수**하여야 한다고 봄이 상당하다.

나. 용도변경 등

조건부 면세 물품으로서 반입지에 반입된 후에 면세를 받은 물품의 용도를 변경하는 등
다음의 사유가 발생하는 경우에는 반입자는 사유가 발생한 날이 속하는 분기의 다음 달 25일
까지(에너지물품과 담배는 그 사유가 발생한 날이 속하는 달의 다음 달 말일까지)「개별
소비세법」제9조(또는 교통·에너지·환경세법 제6조)에 따른 과세표준 신고서를 반입지
관할 세무서장 또는 세관장에게 제출하고 세액을 납부하여야 한다.

이때의 물품가격은 판매가격에 상당하는 금액으로 한다(영 §12 ① 8.).

용도별 구분	개별소비세 징수사유
법 제18조 제1항 1., 2., 4.~8., 13. 물품	− 반입일로부터 5년 내에 용도변경을 하거나 양도한 경우 　* 면세용도로 재반출한 물품을 반입한 경우 재반출자의 사용기간을 포함
법 제18조 제1항 3. 조건부 면세 승용자동차	− 반입일로부터 5년 내에 용도변경을 하거나 양도한 경우 − 다음의 경우는 징수대상에서 제외 　가) 장애인·다자녀양육자가 5년 내에 사망한 경우 　나) 여객자동차운송사업용 5년 내에 사망하여 상속인이 상속 　　　개시일부터 3개월 내에 동일용도로 양도하는 경우 − 종전의 장애인전용 승용자동차를 새로 취득한 장애인전용 승용 　자동차의 취득일부터 3개월 이내에 처분하지 않은 경우

용도별 구분	개별소비세 징수사유
법 제18조 제1항 9. 중 항공기용 석유류 및 10.의 석유류	− 반입일로부터 6월 내에 반입지세무서장에게 다음 서류를 제출하지 않은 경우(부득이한 사유가 있는 경우에는 반입지세무서장은 3개월의 범위에서 그 기한을 연장할 수 있다.) 1) 항공기용 석유류는 사용자의 사용보고서 2) 기타의 석유류는 사용자의 사용보고서와 소관 중앙행정 기관의 장이 발행한 사용확인서
법 제18조 제1항 9., 11. (항공기용 제외)	−유류공급명세서, 선(기)적허가서(내항선인 원양어업선박의 경우에는 반입자의 반입보고서)를 제출한 후 그 용도를 변경하거나 양도한 경우

다. 세액징수의 예외

다음의 경우에는 세액을 징수하지 아니한다.

1. 조건부 면세물품이 반입 장소에 반입되기 전에 재해나 그 밖의 부득이한 사유로 멸실된 경우로서 「개별소비세법 시행령」 제21조의 멸실승인을 받는 경우
2. 반입지에 반입한 물품이 부패·파손 또는 이와 유사한 사유로 정해진 용도로 계속하여 사용할 수 없어 「개별소비세 면세물품 폐기 승인신청서 및 승인서」(시행규칙 제25호 서식)에 따라 승인을 받은 후 폐기한 경우
3. 부패·파손 또는 이와 유사한 사유로 정해진 용도로 계속하여 사용할 수 없는 승용자동차의 경우 말소등록하고 그 사실을 증명하는 서류를 폐기한 날이 속하는 달의 다음 달 말일까지 제출한 경우

(6) 조건부 면세승인 물품의 멸실 승인절차

조건부 면세 반출 승인을 받은 물품이 반입장소에 반입되기 전에 재해나 그 밖의 부득이한 사유로 멸실된 경우에는 개별소비세 또는 교통·에너지·환경세를 징수하지 아니한다.

조건부 면세승인 물품이 반입지에 반입되기 전에 멸실되어 세액을 면제받으려는 자는 해당 반입증명서의 제출기한까지 해당 물품의 멸실 사실을 증명하는 서류를 첨부하여 반출지 관할 세무서장(세관장)에게 지체 없이 제출하여 그 승인을 받아야 한다.

* 「개별소비세 [미납세·면세] 반출물품 멸실승인신청서」(시행규칙 제14호 서식)
  「교통·에너지·환경세 [미납세·면세] 반출물품멸실승인 [신청서·승인서서]」(시행규칙 제10호 서식)

멸실한 장소가 다른 세무서장의 관할에 속하는 경우에는 해당 멸실지 관할 세무서장이 발급하는 증명서를 첨부하여야 한다.

* 「개별소비세 [미납세·면세] 멸실 증명서」 (시행규칙 제15호 서식)

　「교통·에너지·환경세 [미납세·면세] 반출물품멸실승인 [신청서·증명서]」 (시행규칙 제11호 서식)

(7) 조건부 면세물품의 재반출

조건부 면세로 개별소비세 또는 교통·에너지·환경세를 면제받아 반입지에 반입한 물품을 조건부 면세 또는 무조건면세 용도로 제공하기 위하여 재반출하면서 개별소비세 또는 교통·에너지·환경세를 면제받기 위해서는 별도의 면세승인절차(법 §18 ①~④, §19)를 밟아야 한다.

> **관련판례**
>
> **대법원 2011두6356**(전심 서울고등법원 2010누16020, 2011.2.10.)
> – 조건부 면세승인의 경우에는 과세관청으로 하여금 면세조건의 이행 여부를 확인·점검하는 등 **엄격한 사후관리가 필요**하므로 반입자가 사업양도로 인하여 당해 물품을 재반출하는 경우에도 사후관리를 위하여 면세승인절차가 필요하다고 보아야 하는 점, ② 부가가치세법에서도 사업양도를 원칙적으로 재화의 공급으로 보면서 조세정책적인 필요에 의하여 예외규정을 둔 것인데, 개별소비세법 제18조 제4항에서 **사업양도의 경우 재반출로 보지 않는다는 명시적인 규정을 두지 아니한 이상 달리 볼 여지가 없고**, 조세법률주의에 따라 엄격하게 해석하여야 하는 점, ③ 개별소비세법 기본통칙 18-33…9 전단에서 "자동차대여사업체를 포괄적으로 양도·양수하거나 합병하는 경우에는 조건부 면세로 반입한 차량을 양도한 것으로 보지 아니한다"라고 규정하고 있으나, 위 **기본통칙은 과세관청 내부의 업무처리 준칙을 정한 것에 불과**한 점, ④ 아래에서 보는 바와 같이 조건부 면세물품을 **같은 용도로 재반출하는 경우에도 면세승인절차를 이행하여야 하는데 사업양도의 경우에 예외를 인정할 이유가 없고**, 아울러 면세승인절차만 이행하면 면세혜택이 주어지는 것이므로 납세의무자에게 불합리한 의무를 지운다고 보기 어려운 점(납세의무자는 승용자동차 개별소비세면세 반출신고서, 자동차말소사실 증명서, 자동차매매계약서 사본 등을 첨부하여 신고하는 것으로 족하다) 등에 비추어 보면, 포괄적 사업양도의 경우에도 개별소비세법 제18조 제4항 소정의 '**조건부 면세물품의 재반출**'에 해당하여 개별소비세를 면제받기 위해서는 별도의 면세승인절차를 밟아야 한다고 봄이 마땅하다(대법원 2007.4.26. 선고 2005두10644 판결 참조).
> – 개별소비세법 제18조에서 정한 조건부 면세 제도는 원래 개별소비세를 과세할 물품에

대하여 당해 물품이 **법령이 정한 특수한 용도에 계속 제공되는 것을 조건으로 하여 면세의 혜택을 부여하는 것**으로서, 과세관청이 그와 같은 조건의 이행 여부를 확인·점검하는 등 엄격한 사후 관리를 위하여 일정한 절차적 규제조치를 하는 것이 필요하고, 이러한 **절차적 규제의 필요성**은 반입자가 당해 물품을 같은 용도에 제공하기 위하여 **재반출하는 경우 당해 개별소비세를 면제할 때도 그대로 인정되는 것임**에 비추어 보면, 조건부 면세로 반출된 물품을 반입자가 재반출하면서 다시 조건부 면세를 받기 위하여는 개별소비세법 제18조 제1항 내지 제3항에서 정한 면세절차 요건을 마찬가지로 이행하여야 한다(대법원 1993.9.24. 선고 92누12445 판결, 대법원 2007.4.26. 선고 2005두10644 판결 등 참조).

조건부 면세 관련 기본통칙

통칙 18-0…5 【질권이 설정된 면세물품의 사후관리】

- 법 제18조에 따라 과세물품을 면세반입하거나 보세구역에서 면세반입한 후 법정기간 내에 해당 물품에 질권을 설정하는 때에는 반입자가 해당 물품을 본래의 용도 이외의 용도에 사용한 것이 되므로 용도변경으로 보아 당해 면세된 세액을 징수한다.

통칙 18-20…11 【면세구입 물품의 폐기】

- 「조세특례제한법」 제110조부터 제111조까지에 따라 면세로 구입한 날부터 5년 이내에 부패, 파손 또는 이와 유사한 사유로 해당 용도에 계속하여 사용할 수 없게 되어 폐기하려는 경우에는 영 제33조 제3항 또는 「교통·에너지·환경세법 시행령」 제23조 제3항을 준용하여 관할 세무서장의 승인을 얻은 때에는 면제된 세액을 징수하지 아니한다.

통칙 18-20…12 【면세 및 환급절차의 준용】

- 「조세특례제한법」 제113조 제3항에 따른 면세절차 및 세액의 징수에 관하여는 법 제18조 또는 「교통·에너지·환경세법」 제15조를 준용하며, 환급 또는 공제절차에 관하여는 법 제20조 또는 「교통·에너지·환경세법」 제17조를 준용한다.

통칙 18-33…8 【면세물품의 용도변경의 범위】

- 법 제18조 제1항 및 영 제30조에 따라 면세반입한 후 영 제33조 제1항 각 호에 따른 기간 내에 반입자의 사망으로 인하여 상속하는 경우에는 면제된 세액을 징수한다. 다만, 상속에 의하여 피상속인의 권리·의무가 포괄적으로 승계되고 면세물품이 당초 면세용도에 따라 계속 사용되는 경우에 한하여 세액을 징수하지 아니한다.

○ 통칙 18-20…10 【국내생산이 곤란한 물품 등에 대한 면세】

① 「조세특례제한법」 제111조 및 제114조에 따른 면세를 받으려는 자는 영 제30조 제1항에 따른 조건부 면세 반출 승인신청서에 다음 각 호의 서류를 붙여 해당 물품을 반출할 때에(수입물품의 경우에는 그 수입신고시부터 수입신고수리 전까지) 관할 세무서장 또는 세관장에게 제출하여 그 승인을 얻어야 한다. 다만, 관세의 면제를 받기 위하여 증명된 사항에 관하여는 해당 서류를 붙이지 아니한다.

1. 삭 제
2. 「조세특례제한법」 제111조의 규정에는 석유류공급계약서
3. 「조세특례제한법」 제114조의 경우에는 납품계약서, 국방부 조달본부장 또는 군단위부대의 장이 발행한 납품요구서

② 제1항의 신청을 받은 세무서장 또는 세관장이 이를 승인하는 때에는 그 신청서에 준하는 내용의 승인서를 교부하고 반입지관할 세무서장에게 그 뜻을 통지한다.

③ 제1항에 따라 반입장소에 반입한 자는 해당 물품을 반입지에 반입한 날이 속하는 달의 다음 달 15일까지 그 반입사실을 반입지 관할 세무서장에게 신고하여야 한다.

④ 제1항의 물품으로서 반입장소에 반입된 사실을 반출지관할 세무서장 또는 세관장이 지정하는 기한 내에 증명하지 아니한 것에 대하여는 반출자로부터 특별소비세를 징수한다.

⑤ 제3항 및 제4항의 경우 「조세특례제한법」 제111조 제1항 제1호 및 같은 법 제114조에 따른 물품에 대한 반입신고서 및 반입증명서는 국군복지단장이 발행한 납품증명서로 갈음할 수 있으며 같은 법 제111조 제1항 제2호에 따른 물품에 대한 반입증명서는 다음 각 호의 서류로 갈음할 수 있다.

1. 수산업협동조합중앙회에 직접 공급하는 석유류의 경우에는 수산업협동조합중앙회장이 발행한 유류구입증명서 및 반입지수산업협동조합장의 유류인수확인서
2. 농업협동조합중앙회에 직접 공급하는 석유류의 경우에는 농업협동조합중앙회장이 발행한 유류구입증명서 및 반입지단위 농업협동조합장의 유류구입확인서
3. 한국해운조합에 직접 공급하는 석유류의 경우에는 한국해운조합회장이 발행한 유류구입증명서 및 한국해운조합지부장 또는 출장소장의 유류인수확인서

⑥ 세무서장 또는 세관장은 면세승인신청서상 작성하는 각종 서류 중에서 군사기밀이 누설될 우려가 있다는 국방부 조달본부장 또는 군단위부대의 장의 의견표시가 있는 때에는 이의 기재를 아니하게 할 수 있다. 〈개정 1999.5.3.〉

⑦ 「조세특례제한법」 제111조·제114조에 따라 제조장으로부터 반출하는 물품에 대하여 면세를 받으려는 자가 영 제19조의2에 따른 면세반출승인신청 등에 대한 특례규정을 준용하는 경우에는 제1항은 이를 적용하지 아니한다.

■ 박물관 전시용 노벨상 메달의 조건부 면세 여부

(서면 - 2019 - 소비 - 2035 [소비세과 - 1321], 2019.8.2.)

- 개별소비세 과세물품인 노벨상 메달을 「박물관 및 미술관 진흥법」에 따른 박물관 등에 진열하기 위해 수입하는 경우에는 개별소비세법 제18조에 따라 개별소비세를 면제하는 것이나, 이에 해당하는지는 보세구역 관할 세관장이 사실판단할 사항임.
- 또한, 개별소비세법 제18조 및 같은 법 시행령 제30조에 따라 면세 승인을 받지 못하여 개별소비세가 부과된 수입물품이 조건부 면세에 해당하고 납세의무자가 보세구역 관할 세관장에게 수입신고를 한 경우에는 「관세법」 제38조의3에 따라 관할 세관장에게 경정을 청구할 수 있는 것임.

■ 조건부 면세에 사용된 물품을 용도사용 6월 경과 후 환급 또는 공제할 수 없으나 경정청구 가능(소비세과 - 271, 2012.9.5.)

- 수입시 과세된 부탄을 석유화학공업용 원료로 사용한 후 6개월이 경과한 경우 과세표준신고시 공제 또는 환급 신청할 수 없으나, 해당 법정신고 기간 내에 개별소비세 과세표준신고를 한 경우 관세법에 따라 2년 이내 기간에 대하여 관할 세관장에 경정청구할 수 있음.

■ 집단에너지사업에 사용되는 유연탄에 대한 개별소비세 조건부 면세 적용 여부

(기획재정부 환경에너지세제과 - 204, 2016.6.9.)

- 집단에너지사업법 제2조 제2호에 따른 '사업'의 용도로 사용되는 유연탄은 개별소비세법 시행령 제32조의2에 따른 조건부 면세가 적용되는 유연탄의 범위에 해당함.

■ 교재용 조건부 면세물품의 범위(서삼 46016 - 10818, 2001.12.5.)

- 당해 과세물품을 학교·영육아보육법에 의한 보육시설·박물관·물품진열소 등에 진열하거나, 당해 과세물품이 교재용으로 사용하기 위한 표본 또는 참고품으로 반출하는 경우에는 같은 법 제18조 제1항에 의하여 특별소비세 조건부 면세에 해당하는 것임.

■ 공업용 휘발유를 생산하기 위한 원료로 사용하는 등유의 과세대상 여부

(재소비 46430 - 146, 1994.6.28.)

- 공업용 휘발유(용제5호)를 생산하기 위한 원료로 사용하는 등유는 특별소비세법 제18조 제1항 제12호에 규정한 석유화학공업용 원료로 사용하는 석유류에 해당되지 않음.

석유화학공업용 원료로 사용하는 석유가스의 조건부 면세 절차

(서면 – 2018 – 소비 – 1899, 2018.6.22.)

- 과세물품인 석유가스를 개별소비세법 제18조 제1항 제10호의 석유화학공업용 원료로 사용하기 위하여 수입하는 경우, 그 수입신고 시부터 수입신고 수리 전까지 같은 법 시행령 제30조 및 시행규칙 제6조에 따라 면세반출승인신청서에 실제 반입자를 기재하여 관할 세관장의 승인을 받은 경우 면세반출이 가능한 것이며,
- 개별소비세법 제18조 제1항에 따라 개별소비세를 면제받아 반입지에 반입한 물품을 같은 항 각 호의 용도로 제공하기 위하여 재반출하는 경우 조건부 면세를 적용받기 위하여는 같은 조 제1항부터 제3항까지의 면세절차 요건을 다시 이행하여야 하는 것임.

천연가스(LNG)를 원료로 사용하여 만든 수소를 과산화수소의 제조 원료로 사용하는 경우 석유화학공업용 원료로 사용하는 석유류에 해당하는지 여부

(서면 – 2018 – 소비 – 3637 [소비세과 – 2074], 2018.12.7.)

- 천연가스(LNG)를 원료로 수소를 만들고, 해당 수소를 원료로 과산화수소를 제조하여 섬유표백제, 산화세척제 등 용도로 판매하는 경우, 해당 천연가스는 「개별소비세법」 제18조 제1항 제10호에 따른 '석유화학공업용 원료로 사용한 석유류'에 해당하지 아니하는 것임.

PPG(Polypopylene Glycol) 제조에 사용된 등유에 대하여 특별소비세 과세 여부

(소비 46430 – 111, 1998.9.9.)

- PPG(Polypopylene Glycol) 제조에 사용된 등유는 제품의 본질을 변화시키는 것이 아니고 물리적으로 점성을 저하시키는 용제로 사용된 것으로 석유화학제품 (에틸렌 프로필렌 등) 제조에 사용된 것으로 볼 수 없으므로 「특별소비세법」 제18조 제1항 제12호에 규정한 "석유화학공업용 원료로 사용하는 석유류"에 해당되지 않는 것임.

부탄가스로 이소부탄을 만들어 석유화학공업용 원료로 공급하는 경우

(재소비 46430 – 220, 1993.10.4.)

- 부탄가스에서 이소부탄(ISO BUTANE)을 정제하여 고순도 이소부탄을 만들어 고밀도폴리에틸렌(HDPE) · 폴리에틸렌발포제 · 중합용제 등의 원료로 공급할 경우 특별소비세법 제18조 제1항 제12호 규정에 의한 면세대상임.

스프레이제품 등을 제조하는 데 사용하는 액화석유가스의 특별소비세 과세 여부

(소비 46430 – 17, 1998.7.21.)

- 액화석유가스(프로판 및 부탄)에서 수분, 유황분 및 고비점 물질 등을 제고하여 각종 스프레이 제품 등의 생산에 원료가 되는 가스를 제조하는 데 사용하는 액화석유가스는

석유화학공업제품 제조에 사용된 것으로 볼 수 없을 뿐만 아니라 액화석유가스의 본질이 변하는 것이 아니고 상온·상압에서 기화되는 물리적 특성을 이용한 분무제로 사용하는 것이므로 특별소비세법 제18조 제1항 제12호에 규정한 "석유화학공업용 원료로 사용하는 석유류"에 해당되지 아니하므로 특별소비세를 면세받을 수 없는 것임.

■ **이소부탄 제조용 부탄가스의 조건부 면세**(제도 46016-12433, 2001.7.26.)

- 특별소비세법상 과세대상 물품인 '석유가스 중 부탄'은 노말부탄·이소부탄에 관계없이 부탄성분을 지닌 것을 의미하며 폴리에틸렌 합성용으로 사용되는 것도 포함됨. 다만, 폴리에틸렌 합성용으로 사용되는 이소부탄은 석유화학공업용 원료로 사용되는 것이므로 특별소비세법 제18조에 의하여 조건부 면세가 적용됨.

■ **천연가스를 원료로 사용하여 석유화학제품을 제조하는 경우 개별소비세가 면제되는 것임**

(서면법규과-290, 2013.3.15.)

- 석유화학제품을 제조하여 판매하는 법인이 천연가스(LNG)를 원료로 사용하여 옥탄올 등 석유화학제품을 제조하는 경우 해당 천연가스는 개별소비세법 제18조 제1항 제10호에 따른 '석유화학공업용 원료로 사용하는 석유류'에 해당하므로 개별소비세가 면제되는 것임.

■ **무수마레인산의 제조용 원료로 사용되는 액화석유가스의 특별소비세 과세 여부**

(소비 22641-1419, 1991.10.30.)

- 무수마레인산의 제조용 원료로 사용되는 액화석유가스는 특별소비세법 제18조 제1항 제12호의 규정에 의하여 특별소비세가 면제되는 석유류에 해당하는 것임.

■ **프로필렌의 제조용 원료로 사용되는 액화석유가스의 특별소비세 면세 여부**

(재소비 22601-388, 1990.4.20.)

- 프로필렌의 제조용 원료로 사용되는 액화석유가스는 특별소비세법 제18조 제1항 제12호의 규정에 의하여 특별소비세가 면제되는 석유류에 해당하는 것임.

■ **천연가스가 석유화학제품 제조원료로 사용되는 경우 개별소비세가 면제됨**

(소비세과-174, 2014.8.26.)

- 천연가스를 원료로 하여 합성수지(PVC)의 원료인 VCM(염화바이닐)과 가소제(DOP, DINP)의 원료인 PA(프탈산무수물)를 제조하는 경우, 해당 천연가스는 「개별소비세법」 제18조 제1항 제10호에 따른 '석유화학공업용 원료로 사용하는 석유류'에 해당되어 개별소비세가 면제되는 것임.

6 조건부 면세 승용차 (법 §18)

(1) 승용자동차의 조건부 면세 의의

개별소비세가 과세되는 승용자동차를 구입일로부터 5년 이상 특정용도에 사용하는 조건으로 구입하는 경우에는 개별소비세를 면제한다.

여기서 특정용도는 ① 장애인 복지증진과 국가유공자 예우를 위한 장애인용, ② 대중교통수단인 여객자동차운송사업용(택시 등), ③ 자동차대여사업용(단기렌터카 등), ④ 시험연구용(수입에 한함), ⑤ 환자수송전용 및 ⑥ 다자녀양육용에 한한다.

조건부 면세 승용자동차 반출 제도의 주요 개정 연혁

☐ 조건부 면세 승용자동차
- 1995.1.1. 시행 (법률 제4809호, 1994.12.22., 대통령령 제14472호, 1994.12.31.)
  - 장애인이 승용차를 구입시 특별소비세를 면세 받는 범위를 당해 장애인과 생계를 함께하는 자가 대리운전을 할 경우에도 가능하도록 면세 범위를 확대(법 제18조 제1항 제5호, 영 제31조의2)
- 1996.1.1. 시행 (대통령령 제14865호, 1995.12.30.)
  - 승용자동차에 대한 특별소비세 면세절차를 사전 승인제도에서 사후 신고제도로 전환·간소화하여 장애인등이 용도증명서 및 반입증명서를 발급받기 위하여 행정기관을 따로 방문하는 등의 불편을 해소함(영 제19조의3·제20조 및 제30조).
- 1997.1.1. 시행 (대통령령 제15185호, 1996.12.31.)
  - 장애인용 승용차에 대한 특별소비세 면세요건 완화(종전에 장애인 본인명의로 구입하는 경우만 가능하였으나 장애인과 생계를 함께하는 자와의 공동명의로 구입하는 경우에도 면세 가능하도록 변경, 영 제31조)
- 2002.12.11. 시행 (대통령령 제17795호, 2002.12.11.)
  - 택시, 렌터카 등 조건부 면세 승용차의 특별소비세 추징세액 계산방법 개선(특별소비세 추징시 적용하는 과세표준을 지방세법상의 취득세 시가표준 금액으로 변경하여 감면세액을 추징, 영 제12조)
- 2004.1.1. 시행 (대통령령 제18179호, 2003.12.30.)
  - 승용차 조건부 면세 구입자 범위에 광주민주화운동부상자 및 고엽제후유의증환자(경도 장애 이상) 추가(영 제31조)
  - 반입자의 사망시 조건부 면세 승용차를 일정한 요건을 갖추어 양도하는 경우 특별소비세 추징 배제(영 제33조)
- 2006.2.9. 시행 (대통령령 제19334호, 2006.2.9.)

조건부 면세 승용자동차 반출 제도의 주요 개정 연혁

- 장애인에 대한 승용차 면세특례시 내국인 장애인 가족을 둔 외국국적 거주자의 경우 외국인등록증명 또는 국내거소신고사실 증명으로 동일세대임이 확인되는 경우 승용차 구입시 특별소비세가 면제될 수 있도록 함(영 제19조의3, 영 제31조).
  - 2007.2.28. 시행 (대통령령 제19895호, 2007.2.28.)
- 장애인이 승용차를 면세로 구입한 후 5년 이내에 사망하는 경우 특별소비세를 추징당하지 않을 요건(상속인이 상속개시일 부터 3월 이내에 조건부 면세 용도로 양도) 폐지(영 제33조)
- 2009.1.1. 시행 (법률 제9259호, 2008.12.26.)
  - 기업부설연구소 및 기업의 연구개발전담부서가 신제품 또는 신기술을 개발하기 위하여 시험·연구용으로 수입하는 승용자동차를 면세대상에 추가(법 제18조)
- 2010.2.18. 시행 (대통령령 제22031호, 2010.2.18.)
  - 확인서류 중 일부(자동차말소사실 증명서, 운전면허증) 삭제(영 제19조의3)
  - 기존 장애인용 차량의 교체를 위한 새로운 차량구입시 기존 승용차의 처분결과를 신차 취득일부터 3월 내 신차의 반입지 관할 세무서장에 알리도록 개정(영 제31조)하고, 3월 내에 기존차량을 처분하지 않은 경우 신차에 대한 개별소비세를 신고·납부하도록 개정함(영 제33조).
- 2014.1.1. 시행 (법률 제12157호, 2014.1.1.)
  - 조건부면세승용차를 동일인에게 장기임대시 과세방법 변경
    (반입일로부터 5년 내 동일인에 1년 초과 임대시 잔존가치율 적용하여 과세
    → 반입일로부터 3년 내 동일인에 6개월 초과 임대시 면세액 전액 추징, 다만 최초 대여한 일자가 반입일로부터 3개월을 초과하는 경우 잔존가치율 적용하여 과세)(법 제18조, 영 제33조)
- 2023.2.28. 시행 (대통령령 제33273호, 2023.2.28.)
  - 다자녀가구에 대한 지원을 확대하기 위하여 18세 미만의 자녀 3명 이상을 양육하는 사람이 구입하는 승용자동차에 대해 개별소비세를 300만원 한도로 면제하는 내용 등으로 「개별소비세법」이 개정된 것에 맞추어, 해당 승용자동차에 대한 개별소비세의 면세 등에 관한 절차를 마련

(2) 조건부 면세 승용차의 범위

가. 장애인이 구입하는 것

1) 장애인 면세 적용대상자

다음의 어느 하나에 해당하는 자가 구입하는 것은 장애인 1명당 1대, 장애인을 위한 특수장비 설치비용을 과세표준에서 제외하고 산출한 개별소비세 500만원을 한도로 면제한다(2012년 1월 1일부터).

1. 「국가유공자 등 예우 및 지원에 관한 법률」에 따른 국가유공자 중 장애인
2. 「장애인복지법」에 따른 장애인(장애의 정도가 심한 장애인으로 한정)
3. 「5·18민주유공자예우에 관한 법률」에 따른 5·18민주화운동부상자로서 같은 법 제7조에 따라 등록된 사람
4. 「고엽제후유의증 등 환자지원 및 단체설립에 관한 법률」에 따른 고엽제후유의증환자로서 경도 장애 이상의 장애등급 판정을 받은 사람

2) 공동명의자의 범위

장애인이 본인 명의로 구입하거나 그 장애인과 주민등록표, 외국인등록표 또는 국내거소 신고원부에 의하여 세대를 함께 하는 것이 확인되는 배우자, 직계존비속, 형제자매 또는 직계비속의 배우자와 공동명의로 구입하는 것으로 한정한다.

'장애인과 주민등록표 등에 의하여 세대를 함께하는 것'은 장애인과 한 세대를 이루어 함께 살면서 장애인을 상시 보호하는 상태를 말한다. 따라서 실제 생계를 함께하지 아니하면서 주민등록만 위장 전출·입하여 주민등록표에만 세대를 함께하는 경우에는 면세대상이 아니다.

│ 공동명의로 취득가능한 동거생계가족의 범위 │

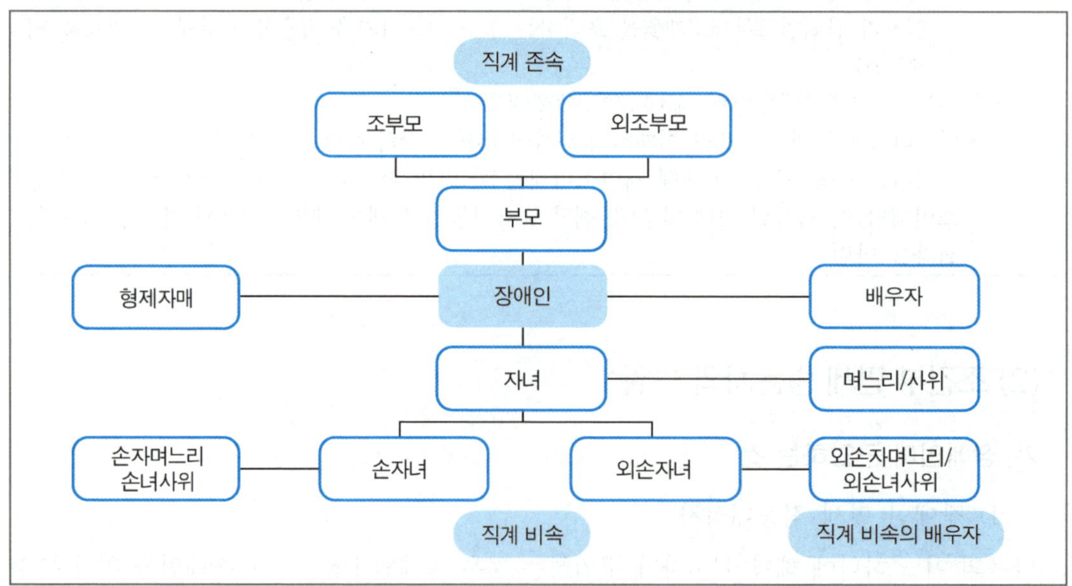

가족(친족)관계 해당 여부 판정

○ 배우자는 법률상 혼인신고를 마친 배우자만 해당 (내연관계 제외)
○ 직계존비속은 민법 제768조에 의한 자기의 직계존속과 직계비속인 혈족
  ① 출양한 자의 경우에는 양가 및 생가에 모두 해당
  ② 출가녀인 경우에는 친가에서는 직계존속과의 관계, 시가에서는 직계비속과의 관계에만 해당
  ③ 외조부모와 외손자는 직계존비속에 해당
  ④ 재혼한 부부사이에 전처의 출생자가 있을 경우 그 전처소생의 자와 후처의 관계인 계모자 또는 혼인외의 자(서자)와 적모(부의 배우자)의 적모서자 관계는 직계존비속에 해당하지 아니함.
  ⑤ 입양을 통하여 혼인 중의 자와 같은 신분이 부여된 의제적인 친자인 양친자는 해당
○ 外祖母는 母의 母이므로 직계존속으로 봄(대법원 80도485호)

3) 노후 장애인 차량 교체시 면세요건

노후한 장애인 전용 승용차를 교체하거나 폐차하기 위하여 새로 장애인전용 승용자동차를 취득하여 1인 2대가 된 경우에는 종전의 승용자동차를 새로 취득한 장애인 전용 승용자동차의 취득일부터 3개월 이내에 처분하고, 같은 기간 내에 그 처분 사실을 「장애인 전용 승용자동차 처분 사실 신고서」(시행규칙 제22호의2 서식)에 기재하여 반입지 관할 세무서장에게 제출하여야 한다.

새로 장애인 전용 승용자동차를 취득한 날부터 3개월 이내에 처분하지 않거나, 종전 승용자동차가 5년을 경과하지 않은 경우 양도에는 따른 개별소비세를 신고·납부하여야 한다.

나. 환자수송 전용

환자수송을 전용으로 인가(면허)를 받은 승용차는 개별소비세를 면제한다.

다. 여객자동차운송사업용

「여객자동차 운수사업법」에 따른 여객자동차운송사업에 사용하는 승용차는 개별소비세를 면제한다. 인가(면허)를 받은 승용차에 한하며, 개인택시 면허자는 1인 1대에 한한다.

라. 자동차대여사업용

「여객자동차 운수사업법」 제2조 제4호에 따른 자동차대여사업에 사용되는 승용자동차는 개별소비세를 면제한다.

1) 6개월 초과 대여 면세제외

다만, 구입일부터 3년 이내에 동일인 또는 동일 법인에 대여한 기간의 합이 6개월을 초과하는 것은 제외한다. 이에 해당되는 승용자동차의 경우 반입자는 동일인 또는 동일 법인에 대여한 기간의 합이 6개월을 초과하는 날이 속하는 분기의 다음 달 25일까지 「개별소비세법」 제9조에 따른 과세표준 신고서를 반입지 관할 세무서장(세관장)에게 제출하고 개별소비세 전액을 납부하여야 한다. 이때 대여한 기간의 합은 시간단위로 합산하여 24시간을 1일로 계산한다.

2) 단기대여 후 6개월 초과 대여 용도변경

승용자동차의 구입일부터 3개월 이상의 기간 동안 동일인 또는 동일 법인에 대여한 사실이 없는 경우에는 동일인 또는 동일 법인에게 최초로 대여한 날에 용도변경이 된 것으로 보아 납부할 개별소비세액을 계산한다.

해석사례

■ **운용리스로 승용자동차 구입시 조건부 면세**(제도 46016-12391, 2001.7.25.)
- 여신전문금융업법상 시설대여업자(리스사)가 여객자동차운수사업법에 의한 자동차 대여사업자(렌터카회사)에게 운용리스 계약에 의거 승용자동차를 대여공급하여 영업용으로 사용하고 자동차대여사업자(렌터카회사) 명의로 자동차 등록을 하는 경우에는 특별소비세법 제18조 제1항 제5호의 규정에 의하여 조건부 면세에 해당하는 것이며,
- 특별소비세법에 의한 사후관리 기간 내(5년 이내) 리스기간이 종료되어 승용자동차를 리스회사에 반납하여 자동차 등록명의가 변경되는 경우에는 용도변경 또는 양도한 것으로 보아 자동차대여사업자(반입자)에게 같은 법 시행령 제33조 및 제12조의 규정에 의거 특별소비세 및 동 교육세를 징수하는 것임.

■ **렌터카를 리스구입할 경우 조건부 면세 여부**(재소비 46016-286, 1995.12.20.)
- 제조장 또는 보세구역 반출시점에 자동차매매계약서, 자동차대여사업등록증, 수입신고서 및 그 부속서류, 수입면장 등으로 실수요자(렌터카사업자)의 확인이 가능하고, 실수요자(렌터카사업자)의 명의로 자동차등록을 하는 경우에는 특별소비세법 제18조 제1항 제5호의 규정에 의한 조건부 면세에 해당함.

마. 시험연구용 수입차

「기초연구진흥 및 기술개발지원에 관한 법률」 제14조의2 제1항에 따라 인정받은 기업부설 연구소 및 기업의 연구개발전담부서가 신제품 또는 신기술을 개발하기 위하여 시험·연구용 으로 수입하여 사용하는 승용자동차는 개별소비세를 면제한다.

바. 다자녀가구 양육용

다자녀가구에 대한 지원을 확대하기 위하여 2022년 12월 23일 세법개정으로 18세 미만의 자녀 3명 이상을 양육하는 사람이 구입하는 승용자동차에 대하여 개별소비세를 300만원 한도로 면제한다.

18세 미만의 자녀는 실제 동거여부에 관계없이 가족관계등록부를 기준으로 하고, 양자 및 배우자의 자녀를 포함하되, 입양된 자녀는 친생부모의 자녀 수에는 포함하지 아니한다.

2023년 1월 1일 이후 제조장에서 반출하거나 수입신고하는 분부터 적용하며, 2022년 12월 31일 이전에 제조장에서 반출하거나 수입신고한 승용자동차에 대하여 개별소비세를 납부 하였거나 납부할 세액이 있는 경우로서 다음의 요건을 모두 갖춘 경우에는 면세분에 해당하는 세액을 환급받거나 납부하여야 할 세액에서 공제받을 수 있도록 하였다.

1. 자동차 제조업자, 수입업자 또는 도·소매업자가 2023년 1월 1일 현재 하치장·직매장· 보세구역 등 국세청장 또는 관세청장이 정하는 장소에 해당 승용자동차를 보유하고 있을 것
2. 자동차 제조업자, 수입업자 또는 도·소매업자가 2023년 1월 1일 이후 18세 미만의 자녀 3명 이상을 양육하는 사람에게 해당 승용자동차를 인도할 것
3. 납세의무자는 해당 승용자동차를 인도한 날이 속하는 분기의 다음 달 25일까지 국세청장 또는 관세청장이 정하는 바에 따라 자동차등록증 등 증명서류를 첨부하여 관할 세무서장 또는 관할 세관장에게 신고할 것

(3) 승용자동차의 조건부 면세 절차

가. 면세반출 (영 §19의3)

개별소비세법 제18조 제1항 제3호(조건부 면세 승용자동차)에 대한 면세절차는 「개별소비세법 시행령」 제20조 제4항(반입사실 및 용도증명 서류제출) 및 제30조 제1항(조건부 면세 사전승인)

에도 불구하고 「개별소비세법 시행령」 제19조의3에서 규정하는 '장애인 등에 대한 승용자동차 면세 특례'에 따른다.

① 면세반출

조건부 면세 용도에 사용하기 위하여 제조장 또는 보세구역에서 반출하는 승용자동차에 대하여 면세를 받으려는 자(제조사 또는 수입자, 재반출자)는 「개별소비세법」 제9조에 따른 과세표준 신고서에 ① 「승용자동차 개별소비세 면세 반출 신고서」(시행규칙 제42호 서식)를 첨부하여 분기 다음 달 25일까지 관할 세무서장(세관장)에게 제출하여야 한다.

조건부 면세 승용자동차를 같은 용도의 것으로 양도한 경우에는 ② 자동차매매계약서 사본을 함께 첨부하여야 한다.

「승용자동차 개별소비세 면세 반출 신고서」(시행규칙 제42호 서식)를 국세정보보통신망 (홈택스)을 통하여 전자제출하는 경우에는 「승용차 개별소비세 조건부 면세 구입·반출 신고서」(사무처리규정 제23호 서식)에 따르며 자동차매매계약서 사본은 제출하지 않는다.

다만, 조건부 면세 승용차를 구입한 자가 「승용차 개별소비세 조건부 면세 구입·반출 신고서」를 전자제출하지 않거나 행정정보 공동이용 동의서를 제출하지 않은 경우에는 아래 구비서류를 제출하여야 한다.

서면제출하거나 행정정보 공동이용에 동의하지 않는 경우 구비서류
• 장애인등록증 또는 상이등급이 기재된 국가보훈등록증 • 주민등록표 등본, 외국인등록사실증명 또는 국내거소사실 증명 (공동명의 등록) • 국내거소신고사실증명 (공동명의 등록) • 자동차등록증 사본 (제조장 반출) • 사업자등록증 (환자수송용 또는 영업용인 경우) • 가족관계등록부(법 제18조 제1항 제3호 바목(다자녀 양육용)의 경우만 해당한다)

② 용도증명서류 제출

조건부 면세용도에 사용하기 위하여 자동차등록을 한 자는 해당 승용자동차를 제조장 또는 보세구역에서 반출한 날이 속하는 달의 다음 달 20일까지 자동차등록증 사본을 승용자동차 제조사 또는 세관장(보세구역에서 반출한 경우)에게 제출하여야 한다.

③ 면세통보

조건부 면세 승용자동차에 대한 과세표준신고를 접수한 반출지 관할 세무서장(세관장)은 다음의 사항을 적은 「승용자동차 개별소비세 면세반출 통보서」(시행규칙 제42호 서식)를 과세표준신고를 접수한 달의 다음 달 말일까지 반입지 관할 세무서장에게 전산통보하여야 한다.

1. 반출자의 인적사항
2. 반출장소
3. 반출연월일
4. 반입자의 인적사항
5. 반입장소
6. 자동차등록 연월일
7. 면세대상 물품의 명세
8. 면세 사유
9. 그 밖의 참고사항

④ 행정정보의 확인

과세표준의 신고를 받은 관할 세무서장(세관장)은 「전자정부법」 제36조 제1항에 따른 행정정보의 공동이용을 통하여 다음의 행정정보를 확인하여야 한다. 다만, 신고인이 확인에 동의하지 않는 경우에는 해당 서류(사업자등록증, 자동차등록증, 장애인등록증, 국가보훈등록증의 경우에는 그 사본)를 첨부하도록 하여야 한다.

1. 사업자등록증(환자수송용 또는 영업용의 경우만 해당한다)
2. 자동차등록증(제조장에서 반출하는 경우만 해당한다)
3. 다음 각 목의 경우에는 주민등록표 등본 또는 외국인등록사실증명
   가. 주민등록표, 외국인등록표 또는 국내거소신고원부를 통해 장애인과 세대를 함께 하는 것이 확인되는 배우자, 직계존비속, 형제자매 또는 직계비속의 배우자와 공동 명의로 장애인 전용 승용자동차를 구입하는 경우
   나. 다자녀 양육용 조건부 면세 승용자동차의 경우
4. 장애인등록증 또는 상이등급이 적힌 국가보훈등록증
5. 국내거소신고 사실증명(주민등록표 등본 또는 외국인등록사실증명에 따라 확인할 수

없는 경우만 해당한다)

6. 가족관계등록부(다자녀 양육용 조건부 면세 승용자동차의 경우만 해당한다)

나. 면세용도 재반출

조건부 면세로 반입한 승용차를 반입일(차량등록일)로부터 5년 이내에 같은 용도로 사용하려는 자에게 재반출(양도)할 때에는 당초 반입자가 「개별소비세법」 제18조 제6항에 따라 처음 반출할 때와 동일한 절차에 따라 제반신고의무를 이행하여야만 개별소비세를 조건부로 다시 면세받을 수 있다(개별소비세법 기본통칙 18-19…13).

따라서 면세조건에 해당하는 자에게 면세용도로 다시 양도하는 경우에는 주소지(사업장) 관할 세무서에 「승용자동차 개별소비세 면세반출 신고서」(시행규칙 제42호 서식)와 증빙서류를 양도한 달이 속하는 분기의 다음 달 25일까지 개별소비세 과세표준 신고서와 함께 제출하여야만 개별소비세를 면제받을 수 있다.

또한 자동차대여 사업체를 포괄적으로 양도·양수하거나 합병하는 경우에도 조건부 면세로 반입한 승용자동차를 같은 자동차대여 용도에 사용하기 위하여 재반출하는 때에는 처음 면세반출할 때와 같은 절차를 이행하여야만 개별소비세를 면제받을 수 있다.

같은 용도(모든 조건부 면세 또는 무조건면세)가 아닌 경우로서 면세사유에 해당하지 않는 경우에는 양도일이 속하는 분기의 다음 달 25일까지 개별소비세를 신고·납부하여야 한다.

다. 부패·파손 등으로 폐차 말소등록 (영 §33 ③ 단서)

조건부 면세 승용자동차가 부패·파손 또는 이와 유사한 사유로 정해진 용도로 계속하여 사용할 수 없게 된 경우 「자동차관리법」 제13조 제1항, 제2항 및 제7항에 따라 말소등록을 하고 그 사실을 증명하는 서류(자동차등록증원부)를 폐기한 날이 속하는 달의 다음 달 말일까지 관할 세무서장에게 제출하는 경우에는 「개별소비세법 시행령」 제33조 제3항 본문의 면세물품 폐기승인을 받은 것으로 보아 개별소비세를 징수하지 아니한다.

부패·파손에 대한 자동차관리법 말소등록 사유(예시, 「자동차관리법」 §13 ①, ② 및 ⑦)

- 천재지변·교통사고 또는 화재로 자동차 본래의 기능을 회복할 수 없게 되거나 멸실된 경우
- 본인이 소유하는 자동차를 도난당한 경우
- 본인이 소유하는 자동차를 횡령 또는 편취당한 경우
- 자동차 제작·판매자 등에게 반품한 경우(교환, 환불 요구에 따라 반품된 경우를 포함)

조건부 면세 재반출 관련 기본통칙

통칙 18-19…13 【조건부 면세 승용차 재반출(양도)시 면세절차】

① 조건부 면세로 반입한 승용차를 반입일(차량등록일)로부터 5년 이내에 같은 용도로 사용하려는 자에게 재반출(양도)할 때에는 당초 반입자가 법 제18조 제5항에 따라 처음 반출할 때와 동일한 절차에 따라 제반신고의무를 이행하여야만 개별소비세를 조건부로 다시 면세받을 수 있다. 〈개정 2011.2.1.〉

② 재반출(양도)시 조건부 면세요건에 부합하는 경우 영 제19조의3에 따른 제반서류를 구비하여 재반출(양도)한 날이 속하는 분기의 다음 달 25일까지 개별소비세과세표준신고서(구비서류 첨부)를 관할 세무서장에게 신고하여야 한다.

③ 같은 용도로 사용하기 위한 재반출(양도)의 범위에는 법 제18조 제1항 제3호에 따른 모든 용도별 재반출을 포함한다. 〈개정 2011.2.1.〉

〈예〉당초 용도 재반출 용도

장애인용	⇒	개인택시용
렌터카용	⇒	환자수송용
개인택시용	⇒	렌터카용
렌터카용	⇒	장애인용

해석사례

■ 포괄적 사업양도로 별도의 면세승인절차를 거치지 않은 경우 개별소비세 과세대상인지 여부

(적부-국세청-2020-0212, 2021.4.23.)

- 「개별소비세법」 제1조 및 제3조에 의하면, 승용자동차를 제조하여 반출하는 자는 개별소비세를 납부할 의무가 있다. 다만, 같은 법 제18조에 의해, 자동차대여사업에 사용되는 승용자동차에 대해서는 같은 법 시행령 제30조 및 제19조의3이 정하는 면세승인절차(이하 "면세승인절차"라 한다)에 따라 개별소비세를 면제한다.

- 면세승인절차에 따라 개별소비세가 면제된 승용자동차는 「개별소비세법」 제18조 제3항 및 같은 법 시행령 제33조 제1항에 따라 반입자가 반입한 날부터 5년 이내에 양도하는 경우에는 개별소비세를 신고·납부하여야 한다.

- 다만, 「개별소비세법」 제18조 제6항에 의해, 개별소비세를 면제받아 반입지에 반입한 승용차를 다시 자동차대여사업에 제공하기 위하여 재반출하는 경우에는 당초 반입자가 면세승인절차를 이행하여 개별소비세를 면제받을 수 있다. (중략)

- 만일, 청구법인의 주장과 같이 본 건 양수도를 포괄적 사업양도로 본다고 하더라도, 다음과 같은 사정을 고려하면, 포괄적 사업양도의 경우에도 개별소비세법 제18조

제6항 소정의 '조건부 면세물품의 재반출'에 해당하여 개별소비세를 면제받기 위해서는 별도의 면세승인절차를 밟아야 한다고 봄이 마땅하다(서울고등법원 2010누16020, 2011.2.10., 대법원 2005두10644, 2007.4.26. 참조).

① 조건부 면세승인의 경우에는 과세관청으로 하여금 면세조건의 이행 여부를 확인·점검하는 등 엄격한 사후관리가 필요하므로 반입자가 사업양도로 인하여 당해 물품을 재반출하는 경우에도 사후관리를 위하여 면세승인절차가 필요하다고 보아야 한다.

② 부가가치세법에서도 사업양도를 원칙적으로 재화의 공급으로 보면서 조세정책적인 필요에 의하여 예외규정을 둔 것인데, 개별소비세법 제18조 제4항에서 사업양도의 경우 재반출로 보지 않는다는 명시적인 규정을 두지 아니한 이상 달리 볼 여지가 없고, 조세법률주의에 따라 엄격하게 해석하여야 한다.

③ 사업양도의 경우에 예외를 인정할 이유가 없고, 아울러 면세승인절차만 이행하면 면세혜택이 주어지는 것이므로 납세의무자에게 불합리한 의무를 지운다고 보기 어렵다(납세의무자는 승용자동차 개별소비세면세반출신고서, 자동차말소사실증명서, 자동차매매계약서 사본 등을 첨부하여 신고하는 것으로 족하다).

- 따라서, 쟁점계약에 따른 렌터카 양도에 대해 별도의 면세승인절차를 거치지 않은 이상 개별소비세 과세 대상이라고 본 이 건 과세예고통지는 달리 잘못이 없다.

🔵 관련판례

■ 대법원 2011두6356(전심 서울고등법원 2010누16020, 2011.2.10.)

- ① 조건부 면세승인의 경우에는 과세관청으로 하여금 면세조건의 이행 여부를 확인·점검하는 등 **엄격한 사후관리가 필요**하므로 반입자가 사업양도로 인하여 당해 물품을 재반출하는 경우에도 사후관리를 위하여 면세승인절차가 필요하다고 보아야 하는 점, ② 부가가치세법에서도 사업양도를 원칙적으로 재화의 공급으로 보면서 조세정책적인 필요에 의하여 예외규정을 둔 것인데, 개별소비세법 제18조 제4항에서 **사업양도의 경우 재반출로 보지 않는다는 명시적인 규정을 두지 아니한 이상 달리 볼 여지가 없고,** 조세법률주의에 따라 엄격하게 해석하여야 하는 점, ③ 개별소비세법 기본통칙 18-33…9 전단에서 "자동차대여사업체를 포괄적으로 양도·양수하거나 합병하는 경우에는 조건부 면세로 반입한 차량을 양도한 것으로 보지 아니한다"라고 규정하고 있으나, 위 **기본통칙은 과세관청 내부의 업무처리 준칙을 정한 것에 불과**한 점, ④ 아래에서 보는 바와 같이 조건부 면세물품을 **같은 용도로 재반출하는 경우에도 면세승인절차를 이행하여야 하는데** 사업양도의 경우에 예외를 인정할 이유가 없고, 아울러 면세승인절차만 이행하면 면세혜택이 주어지는 것이므로 납세의무자에게

> 불합리한 의무를 지운다고 보기 어려운 점(납세의무자는 승용자동차 개별소비세면세
> 반출신고서, 자동차말소사실 증명서, 자동차매매계약서 사본 등을 첨부하여 신고하는
> 것으로 족하다) 등에 비추어 보면, 포괄적 사업양도의 경우에도 개별소비세법 제18조
> 제4항 소정의 '**조건부 면세물품의 재반출**'에 **해당하여 개별소비세를 면제받기 위해
> 서는 별도의 면세승인절차를 밟아야 한다고 봄이 마땅하다**(대법원 2007.4.26. 선고
> 2005두10644 판결 참조).
>
> – 개별소비세법 제18조에서 정한 조건부 면세 제도는 원래 개별소비세를 과세할 물품에
> 대하여 당해 물품이 **법령이 정한 특수한 용도에 계속 제공되는 것을 조건으로 하여
> 면세의 혜택을 부여하는 것**으로서, 과세관청이 그와 같은 조건의 이행 여부를
> 확인·점검하는 등 엄격한 사후 관리를 위하여 일정한 절차적 규제조치를 하는 것이
> 필요하고, 이러한 **절차적 규제의 필요성**은 반입자가 당해 물품을 같은 용도에 제공하기
> 위하여 **재반출하는 경우 당해 개별소비세를 면제할 때도 그대로 인정되는 것임**에
> 비추어 보면, 조건부 면세로 반출된 물품을 반입자가 재반출하면서 다시 조건부 면세를
> 받기 위하여는 개별소비세법 제18조 제1항 내지 제3항에서 정한 면세절차 요건을
> 마찬가지로 이행하여야 한다(대법원 1993.9.24. 선고 92누12445 판결, 대법원 2007.4.26. 선고
> 2005두10644 판결 등 참조).

(4) 용도위반 등에 따른 세액의 징수

가. 반입사실 미확인

반입지에 반입한 사실을 증명하지 아니한 것에 대해서는 관할 세무서장(세관장)이 반출자
또는 수입신고인으로부터 개별소비세를 징수하여야 한다.

나. 양도 또는 용도변경

1) 면세 구입·반출신고서 전자제출

조건부 면세 승용차가 반입지에 반입된 후에 면세 용도를 변경하는 등 다음의 사유가 발생
하는 경우에는 반입자는 사유가 발생한 날이 속하는 분기의 다음 달 25일까지 「개별소비세법」
제9조에 따른 과세표준 신고서를 반입지 관할 세무서장 또는 세관장에게 제출하고 세액을
납부하여야 한다.

1. 반입자가 반입한 날(자동차등록일)부터 5년 이내에 면세 승용차의 용도를 변경하거나
   양도한 경우

2. 종전의 장애인 전용 승용자동차를 새로 취득한 장애인 전용 승용자동차의 취득일부터
   3개월 이내에 처분하지 않은 경우

용도변경 및 면제조건 위반 사유 (예시)

- 면세조건에 해당하지 않는 사람에게 양도(판매)한 경우
- 공동명의자인 가족이 장애인 세대에 주민등록표상 위장 전출·입, 공동명의자인 가족의 전출
- 장애(상이)등급이 변경되거나 국가유공자 지정이 취소되는 경우
- 외관상 승용차대여이나 실제 사용자에게 판매한 경우
- 자동차대여사업용 승용자동차를 동일인 또는 동일 법인에 6개월을 초과하여 대여한 경우
- 자동차대여용을 당해 법인의 업무에 사용하거나 수출한 경우(재소비 46016-10086, 2001.9.1.)
- 노후한 장애인 전용 승용차를 교체 또는 폐차하기 위하여 장애인 전용 승용자동차를 취득하여
  1인 2대가 된 경우로서 신차 취득일부터 3개월 이내에 종전 차량을 처분하지 않은 경우
- 택시사업자가 사망한 경우(단, 상속인이 상속개시일부터 3개월 이내에 면세용도로 양도하는 경
  우는 과세 제외)

---

2) 징수제외

다음의 어느 하나에 해당하는 경우에는 개별소비세를 징수하지 아니한다.

용도변경시 신고·납부 제외

- 장애인용·다자녀양육용의 반입자가 반입한 날부터 5년 이내에 사망한 경우
- 여객자동차운송사업용 반입자가 반입한 날부터 5년 이내에 사망하여 그 상속인이 상속개시일
  부터 3개월 이내에 여객자동차운송사업 용도로 양도하는 경우
- 자동차대여사업체를 포괄적으로 양도·양수하거나 합병하는 경우
- 다자녀양육용 승용자동차의 경우
  ⓐ 같은 세대의 배우자에게 양도하거나 같은 세대의 배우자 또는 자녀와 공동으로 소유권을 등록
     하는 경우
  ⓑ 이혼으로 자녀와 함께 거주하지 않게 된 경우
  ⓒ 반입일 이후 자녀가 18세 이상이 되는 경우
  ⓓ 반입일 이후 자녀가 사망한 경우

다. 장기대여 세액징수

1) 6개월 초과 대여 세액징수

자동차대여사업용 승용자동차의 반입자가 구입일부터 3년 이내에 동일인 또는 동일 법인에
대여한 기간의 합이 6개월을 초과하는 경우에는 6개월을 초과하는 날이 속하는 분기의 다음
달 25일까지 과세표준 신고서를 반입지 관할 세무서장에게 제출하고 면제받은 개별소비세
전액을 납부하여야 한다.

이 경우 동일인 또는 동일 법인에 승용자동차를 대여한 기간의 합을 계산할 때 시간단위로 대여한 경우에는 시간단위로 합산해 24시간을 1일로 계산한다.

2) 단기대여 후 6개월 초과 대여 용도변경

승용자동차의 구입일부터 3개월 이상의 기간 동안 동일인 또는 동일 법인에 대여한 사실이 없는 경우에는 동일인 또는 동일 법인에게 최초로 대여한 날에 용도변경이 된 것으로 보아 「용도변경 등으로 세액을 징수하는 승용자동차에 대한 가격 계산방법 등 고시」에 따라 납부할 개별소비세액을 계산한다.

라. 공동명의자의 연대납세의무

용도변경 및 양도한 조건부 면세 승용자동차가 공동명의인 경우에는 「국세기본법」 제25조에 따라 공유자에게 연대납세의무가 있다.

해석사례

■ **장애인 조건부 면세 차량 공동명의 기준**(소비 46430-448, 1999.9.6.)

- 특별소비세법 제18조 제1항 제5호의 규정에 의하여 장애인이 전용으로 사용하기 위하여 구입하는 승용자동차는 특별소비세가 면세되는 것이며, 같은 법 시행령 제31조 제3항의 규정에 의하여 장애인 본인명의(장애인 본인이 운전면허가 없을 경우 생계를 함께하는 자와의 공동명의)로 구입하는 1인 1대에 한하고 생계를 함께하는 자의 확인은 위 같은 법 시행령 제31조 제2항의 규정에 의하여 주민등록표상 장애인과 주민등록이 함께 되어 있는 장애인의 배우자, 주민등록법상 장애인과 세대를 함께하는 장애인의 직계존비속, 비속의 배우자, 형제자매를 말함.

■ **조건부 면세 승용차 반입 후 5년 내 수출하는 경우**(재소비 46016-10086, 2001.9.1.)

- 특별소비세법 제18조 제4항의 규정에 의거 동조 제1항에 의한 특별소비세 면제를 받아 반입한 물품을 동항 각 호 또는 제19조 각 호의 용도에 공하기 위하여 재반출하는 때에는 특별소비세를 면제하나,
- 귀 질의와 같이 제18조 제1항에 의한 조건부 면세로 구입한 승용자동차를 반입한 날로부터 **5년 내에 수출하고자 재반출**하는 경우에는 동법 시행령 제33조 제1항 제3호의 사유에 해당하므로 면제받은 **특별소비세를 징수**하는 것임.

■ **조건부 면세차량 자격요건 성립기준일**(서면3팀-65, 2008.1.9.)

- 특별소비세법 제18조 제1항 제5호 및 같은 법 시행령 제31조 규정에 의한 특별소비세 조건부 면세요건 부합 여부는 **승용차 반출일을 기준으로 판정**하는 것임.

■ **수입차량을 조건부 면세승인 반출 후 기한 내 차량등록증 미제출하면 수입신고인이 납세의 무자임**(소비 46430-86, 2003.3.27.)

- 여객자동차운수사업법에 의한 자동차대여사업용으로서 여객운송에 사용되는 수입 캠핑용자동차가 관할 세관장으로부터 특별소비세 조건부 면세 반출승인을 받고 보세구역에서 이미 반출하였으나 수입 캠핑용자동차 등록을 하지 못한 상태에서 자동차대여사업자 등록이 취소됨에 따라 다른 대여사업자 또는 일반개인 회원에게 양도·지방자치단체에 기증·환경인증시험 등의 사유라 하더라도 정한 기한까지 자동차등록증을 제출하지 못하였다면 수입신고인으로부터 특별소비세를 징수 하는 것임.

■ **장애인 조건부 면세차량 구입 후 사망시 용도변경 아님**(소비-178, 2009.5.26.)

- 장애인인 모친과 조건부 면세 승용차 공동등록 후 5년 이내 모친이 사망한 경우에는 개별소비세법 시행령 제33조 제1항 제3호의2 가목의 규정에 따라 개별소비세 및 교육세를 징수하지 않는 것이며 이는 2007.2.28. 이후 최초로 해당 물품의 반입자가 사망하는 분부터 적용되는 것임.

■ **면허증 소지 공동명의인이 세대를 달리할 경우 장애인 단독명의 또는 동일세대 내 가족과 공동명의로 변경하는 것은 용도변경 아님**(법규과-1918, 2010.12.24.)

- 「개별소비세법 시행령」 제31조에 따른 장애인이 운전면허가 없어 「개별소비세법」 제18조에 따라 개별소비세를 조건부 면세받는 승용자동차를 주민등록표상 세대를 함께하는 가족(이하 "보호운전 가족"이라 함)과 공동명의로 등록한 경우
- 같은 법 시행령 제19조의3 제4항에서 운전면허증이 면세 특례 첨부서류에서 삭제됨에 따라 2010.2.18. 이후 최초로 면세 신고하는 분과 기존에 면세요건을 충족하여 조건부로 반입된 것도 2010.2.18. 이후에는 5년 내에 **다른 보호운전 가족과 공동명의로 변경** 하거나 **장애인 단독명의로 변경**하는 것은 **용도변경에 해당하지 아니하는 것임.**

■ **조건부 면세차량 용도위반으로 추징된 경우 사후관리는 종결됨**(소비세과-105, 2011.4.6.)

- 개별소비세법 제18조 제1항에 따라 조건부 면세 되었으나 제5항에 따라 동일용도 목적으로 재반출한 것에 대한 신고를 하지 않아 국세청 고시 제2009-45호에 의하여 **추징된 경우** 용도위반에 대한 **사후관리가 종결되는 것임.**

(5) 용도변경에 따른 과세가격과 세액 계산

가. 과세가격의 산정 (영 §12 ① 8. 후단)

반입자가 용도변경, 양도 및 장기대여 등으로 개별소비세를 신고·납부하거나, 과세관청이 면세된 세액을 추징하는 경우 승용자동차의 가격은 「지방세법」 제4조 제2항에 따라 결정한 취득세 시가표준액을 준용하여 국세청장이 정하여 고시한 「용도변경 등으로 세액을 징수하는 승용자동차에 대한 가격 계산방법 등 고시」에 따라 산정한다.

다만, ① 동일인 또는 동일 법인에 대여한 기간의 합이 6개월을 초과하는 경우와 ② 반입한 사실을 증명하지 아니한 것은 면세된 개별소비세 전액을 징수하여야 한다.

나. 세율 적용 (영 §12 ②)

개별소비세 세율은 ① 용도변경 등의 사유가 발생할 때의 세율과 ② 면제받은 때의 세율 중 낮은 세율로 한다. [Min (①, ②)] 교육세의 세율은 개별소비세의 30%로 한다.

배기량	연도별 개별소비세 세율							
	기본	'15.1.1.	'15.8.27.	'16.7.1.	'18.7.19.	'20.1.1	'20.7.1.	'23.7.1.
2,000cc 초과	5%	5%	3.5%	5%	3.5%	5%	3.5%	5%
2,000cc 이하	5%	5%	3.5%	5%	3.5%	5%	3.5%	5%

다. 세액산정

조건부 면세 승용자동차의 용도변경에 따른 세액은 다음과 같이 산정한다.

$$개별소비세 = 차량가액 \times 경과연수별\ 잔존가치율 \times Min\ [\ ①,\ ②\ ]$$

승용자동차의 경과연수별 잔존가치율은 다음과 같다.

용도		경과 연수					
		6개월 이하	1년 이하	1년 초과 2년 이하	2년 초과 3년 이하	3년 초과 4년 이하	4년 초과 5년 이하
영업용		0.800	0.779	0.618	0.348	0.196	0.100
비영업용	국산	0.826		0.725	0.614	0.518	0.437
	외산	0.842		0.729	0.605	0.500	0.412

* 택시, 렌터카는 영업용에 해당

(6) 조건부 면세 승용차의 준수사항

가. 조건부 면세 승용차 제조자 및 반출자

1) 면세 구입·반출의 전자신고

조건부 면세 승용차를 반출한 제조장 또는 본점은 「승용차 개별소비세 조건부 면세 구입·반출 신고서」를 취합하여 전자신고 방식(홈택스)으로 제출하여야 한다.

2) 면세요건 확인

조건부 면세 승용차를 반출한 제조장 또는 본점은 구입자로부터 주민등록증, 장애인등록증(장애인증명서), 국가유공자증, 사업자등록증, 호적등본, 기타 입증서류 등을 받아 반출일(면세조건 판정기준일)을 기준으로 면세조건의 부합여부를 판정하여야 한다.

3) 신고서 교부 및 보관

면세구입자와 영업소 직원은 「승용차 개별소비세 조건부 면세 구입·반출 신고서」에 서명(날인)하여 면세구입자보관용을 면세구입자에게 교부하고, 면세반출자보관용을 영업소 등에서 5년간 보관하여야 한다.

4) 명령사항 교부 및 수령증 보관

「개별소비세 조건부 면세 승용차를 구입한 자에 대한 안내문」을 면세구입자에게 교부하고 「수령증」에 서명(날인)하도록 하여 영업소에서 5년간 보관하여야 한다. 다만, 법인택시 및 렌터카사업자에게는 교부하지 않는다.

나. 조건부 면세 승용차 구입자

1) 구입·반출신고서의 제출 및 보관

조건부 면세 승용차를 구입한 자는 영업소에서 교부한 「승용차 개별소비세 조건부 면세 구입·반출 신고서」를 제출하고 면세구입자 보관용을 5년간 보관하여야 하며, 면세구입한 달의 다음 달 20일까지 자동차영업소에 자동차등록에 관한 사항(자동차등록증 사본)을 통보하여야 한다.

> **사후관리 관련 기본통칙**
>
> **● 통칙 18-33…9【면세승용자동차 사후관리】**
>   ① 법 제18조 제1항 제3호에 따라 조건부 면세로 반입한 승용자동차를 5년 이내 그 용도를 변경하거나 양도하는 때에는 영 제33조에 따라 개별소비세 징수시 과세표준 계산은 영 제12조 제1항 제8호 및 국세청고시 제2021-1호(2021.2.23.)에 따른다.
>   ② 자동차대여사업체를 포괄적으로 양도·양수하거나 합병하는 경우로서 조건부 면세로 반입한 승용자동차를 같은 용도에 사용하기 위하여 재반출하는 때에는 법 제18조 제6항에 따라 처음 반출할 때와 같은 절차에 따라 개별소비세를 면세받을 수 있다.
>   ③ 「조세특례제한법」 제110조 제1항에 따라 면세로 구입한 승용차를 구입한 날로부터 3년 이내에 타인에게 양도한 경우에는 영 제12조 제1항 제4호에 따라 양수한 금액을 과세표준으로 하여 양수인으로부터 면세된 세액을 징수한다.

(7) 조세범칙처분

조건부 면세 승용차를 구입한 자가 사기·기타 부정한 방법으로 개별소비세를 면세받은 경우에는 면제세액을 전액 추징하고 면제받은 자 및 교사·통정한 자에 대해 「조세범 처벌법」에 따라 범칙처분을 한다.

사기·기타 부정한 행위의 예시

- 면세구입자와 영업소 직원의 담합, 또는 어느 일방에 의하여 「승용차 개별소비세 조건부 면세 구입·반출신고서」, 또는 관련 증빙서류를 위조, 변조, 허위기재하여 면세 구입하는 경우
- 면세구입자와 영업소 직원의 담합, 또는 어느 일방에 의하여 면세 구입 후 자동차등록을 하지 아니하고 타인에게 재판매한 경우
- 쌍방의 담합에 의하여 자동차등록은 렌터카 사업자로 하고, 사실상의 승용차 소유자가 렌터카 사업자에게 승용차대금(또는 보증금 등)을 지급하고 장기 렌트하는 형식을 빌려 위장 면세구입 하는 경우
- 적법한 면세구입 조건을 갖추었으나, 면세구입한 후 단기간 내 또는 반복적 주기적으로 재판매 (용도변경)함으로써 면세용도에 사용하기보다 면세차익(또는 다른 용도 사용) 목적으로 면세 구입하는 경우
- 장애인용(국가유공자용)의 경우에 있어서 장애인이나 가족이 실제로 세대를 함께하지 아니하나, 위장 주민등록 전·출입을 하여 세대를 함께하는 것처럼 꾸며 면세 받는 경우와 건강한 가족이 운행할 목적으로 고의로 면세 받는 경우
- 5년 이내에 타인에게 양도함에 있어서 거래 쌍방의 담합 또는 어느 일방에 의하여 승용차매매 계약서를 허위로 작성 제출하거나 사실과 다른 승용차매매계약서를 제출하여 개별소비세를 포탈한 경우와 아예 개별소비세를 신고·납부하지 아니하고 포탈한 경우

> **참고**

▶ 조건부 면세 승용차의 개별소비세액 계산 연혁

① 2002.12.10. 이전 용도위반
  - 실제매매금액을 과세표준으로 하여 매매당시의 세율 적용. 다만, 상속, 증여 등 매매가 아닌 경우에는 지방세 과세 시가표준액을 과세표준으로 하여 계산

② 2002.12.11. ~ 2004.6.30.까지 이후 용도위반 (국세청 고시 2004−11호)

> 취득(반출)가격 × 경과년월 잔존가치율 × 세율 (이하 동일)

③ 2004.7.1. ~ 2009.8.31.까지 용도위반 (국세청고시 2004−23호)

④ 2009.9.1. ~ 2012.1.31.까지 용도위반 (국세청고시 2009−45호)

⑤ 2012.2.1. 이후 용도위반(국세청고시 2012−4호)

  ※ 재반입 후 용도변경 시
    - (2012.1.31. 이전) 경과연수는 재반입자의 등록일부터 새로 시작하며 취득가격은 재반입자의 취득가격으로 한다.
    - (2012.2.1. 이후) 경과연수는 최초 반출자의 등록일부터 합산하며 취득가격은 최초 반출자의 취득가격으로 한다.

⑥ 2012. 8. 1. 이후 용도위반 (국세청고시 2012−36호)

⑦ 2014. 3. 1. 이후 용도위반 (국세청고시 2014−6호)

⑧ 2017. 3. 1. 이후 용도위반 (국세청고시 2017−2호)

⑨ 2020. 2. 28. 이후 용도위반 (국세청고시 2020−3호)

⑩ 2021. 3. 1. 이후 용도위반 (국세청고시 2021−1호)

7 : 무조건 면세 (법 §19)

무조건 면세는 국가의 시책으로 특정용도에 사용되는 과세물품을 제조장 또는 보세구역으로부터 반출함에 있어 아무런 조건을 붙이지 아니하고 세액을 부담시키지 않는 제도를 말한다(개별소비세법 기본통칙 19-0…1).

면세는 비과세와 달라 일정한 조건을 달아 납세의무를 면제하는 것이 일반적이나 무조건 면세는 다른 면세 유형과는 달리 반출승인 절차를 제외하고 반입신고, 반입증명 및 사후관리가 필요하지 않은 면세제도라는 점이 특징이다.

(1) 무조건 면세 승인요건

가. 적용대상

과세물품의 반출에 대해 관할 세무서장 또는 세관장의 승인을 받아 조건없이 세액을 면제하는 대상 물품은 다음과 같다. 조건부 면세로 반입한 물품을 무조건 면세 용도로 제공하기 위해 재반출하는 경우에도 관할 세무서장 또는 세관장의 승인을 받아 개별소비세 또는 교통·에너지·환경세를 면제한다.

1. 외국의 자선 또는 구호기관·단체에 기증하는 물품[교]
2. 외국으로부터 수여되는 훈장·기장 또는 이에 준하는 표창품과 상패
3. 외국에 항행 중인 군함 또는 재외공관으로부터 송부되는 공용품
4. 우리나라의 선박이나 그 밖의 운송기관이 조난으로 해체되어서 생긴 해체재와 장비품
5. 수출 물품의 용기로서 재수입하는 것
6. 외국무역선 또는 원양어업 선박이 세관장의 승인을 받아 내항선이 된 경우에 선박에 실린 것으로서 그 선박에서 사용할 것으로 인정되는 연료나 그 밖의 소모품 중 관세가 부과되지 아니하는 것[교]
7. 국가 또는 지방자치단체에 기증하는 물품[교]
8. 군사원조로 수입하는 원조 물품 또는 그 물품을 원료로 하여 제조하는 군수용물품.[교] 다만, 원조 물품 외의 물품을 원료로 섞어 사용하는 경우 그 원료에 대해서는 면제하지 아니한다.

9. 거주 이전 외의 목적으로 우리나라에 입국하는 사람이 입국할 때에 휴대하여 수입하거나 따로 수입하는 물품으로서 자기가 직접 사용할 것으로 인정되어 관세가 면제되는 것

10. 거주 이전을 목적으로 입국하는 사람이 입국할 때에 휴대하여 수입하거나 따로 수입하는 이사 화물로서 관세가 면제되는 물품

11. 거주자가 받는 소액물품으로서 해당 거주자가 사용할 것으로 인정되어 관세가 면제되는 물품

12. 외국으로부터 수입하는 상업용 견본 또는 광고용 물품으로서 관세가 면제되는 것

13. 외국에서 개최되는 박람회 등에 출품하기 위하여 해외로 반출하는 물품

14. 개별소비세 또는 교통·에너지·환경세가 부과된 물품으로서 수출한 후 이 법에 따른 환급이나 공제를 받은 사실이 없다는 것을 관할 세무서장이 증명하는 물품이 재수입되어 보세구역에서 반출하는 것[교]

15. 국내에서 제조한 물품으로서 개별소비세 또는 교통·에너지·환경세가 부과되지 아니한 물품이 국외로 반출된 후 수출신고 수리일부터 6개월 내에 재수입됨으로써 과세물품이 되는 경우에 그 물품의 제조·가공에 사용한 원재료에 대하여 이 법 또는 「수출용 원재료에 대한 관세 등 환급에 관한 특례법」에 따른 면제·환급 또는 공제를 받은 사실이 없다는 것을 관할 세무서장(또는 세관장)이 증명하는 물품이 재수입되어 보세구역에서 반출하는 것[교]

16. 국가원수의 경호용으로 사용할 물품

나. 무조건 면세 반출 승인 절차

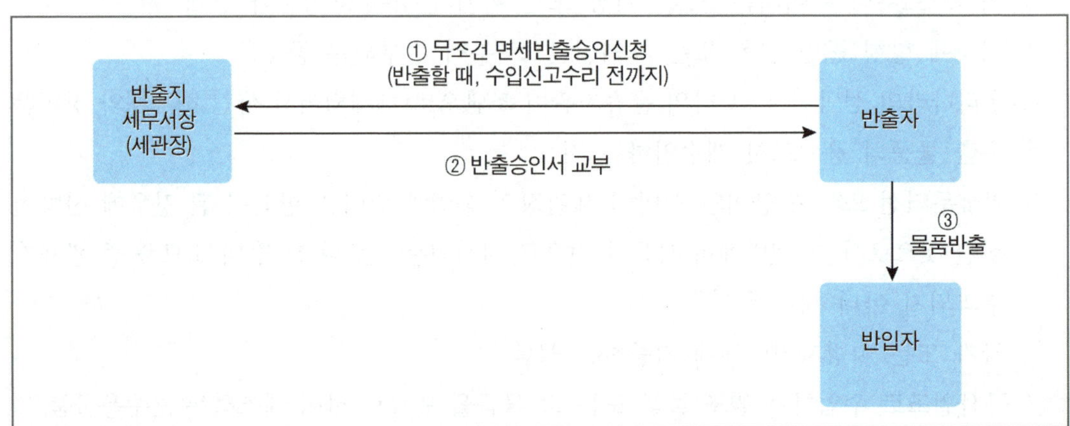

① 승인신청

무조건 면세를 받으려는 자는 다음의 사항을 적은 「무조건 면세 반출 승인신청서」*를 해당 물품을 반출할 때에(수입물품의 경우에는 그 수입신고 시부터 수입신고수리 전까지) 관할 세무서장(세관장)에게 제출하여 그 승인을 받아야 한다.

* 「개별소비세 [외교관·무조건] 면세 반출 승인신청서 및 그 승인서」 (시행규칙 제11호 서식)
  「교통·에너지·환경세 무조건면세반출승인신청서」 (시행규칙 제8호 서식)

1. 신청인의 인적사항
2. 반출 장소
3. 면세대상물품의 명세
4. 반입장소
5. 반입자의 인적사항
6. 반출 예정 연월일
7. 반입증명서, 물품반입확인서, 유류공급명세서, 선(기)적허가서(내항선인 원양어업선박의 경우에는 반입자의 반입보고서) 제출기한
8. 신청 사유
9. 그 밖의 참고사항

「무조건 면세 반출 승인신청서」에는 다음의 구분에 따른 서류를 첨부하여야 한다. 다만, 관세의 감면을 위하여 증명된 사항에 관하여는 해당 서류를 첨부하지 않아도 된다.

무조건 면세 반출 사유	신청시 첨부서류
① 외국의 자선 또는 구호기관·단체에 기증하는 물품 ② 외국으로부터 수여되는 훈장·기장 또는 이에 준하는 표창품과 상패 ③ 외국에 항행 중인 군함 또는 재외공관으로부터 송부되는 공용품 ⑧ 군사원조로 수입하는 원조 물품 또는 그 물품을 원료로 하여 제조하는 군수용물품. 다만, 원조 물품 외의 물품을 원료로 섞어 사용하는 경우 그 원료에 대해서는 면제하지 아니한다. ⑯ 국가원수의 경호용으로 사용할 물품	• 소관 중앙행정기관의 장이 발행한 해당 사실을 증명하는 서류 * '소관 중앙행정기관의 장'에는 「행정권한의 위임 및 위탁에 관한 규정」에 따라 그 권한을 위임받은 지방자치단체의 장을 포함
⑬ 외국에서 개최되는 박람회 등에 출품하기 위하여 해외로 반출하는 물품	• 소관 중앙행정기관의 장, 한국무역협회 또는 대한상공회의소의 장이 발행한 해당 사실을 증명하는 서류

무조건 면세 반출 사유	신청시 첨부서류
⑦ 국가 또는 지방자치단체에 기증하는 물품	• 해당 물품을 기증받은 정부 기관 또는 지방자치단체의 장이 발행한 기증받은 사실을 증명하는 서류
⑭ 개별소비세/교통·에너지·환경세가 부과된 물품으로서 수출한 후 이 법에 따른 환급이나 공제를 받은 사실이 없다는 것을 관할 세무서장이 증명하는 물품이 재수입되어 보세구역에서 반출하는 것 ⑮ 국내에서 제조한 물품으로서 개별소비세/교통·에너지·환경세가 부과되지 아니한 물품이 국외로 반출된 후 수출신고 수리일부터 6개월 내에 재수입 됨으로써 과세물품이 되는 경우에 그 물품의 제조·가공에 사용한 원재료에 대하여 이 법(또는 수출용 원재료에 대한 관세 등 환급에 관한 특례법)에 따른 면제·환급 또는 공제를 받은 사실이 없다는 것을 관할 세무서장이 증명하는 물품이 재수입되어 보세구역에서 반출하는 것	• 관할 세무서장이 발행한 해당 사실을 증명하는 서류
• 관수용(官需用) 물품의 경우	• 면제를 받으려는 기관의 장이 발행한 해당 사실을 증명하는 서류
④ 우리나라의 선박이나 그 밖의 운송기관이 조난으로 해체되어서 생긴 해체재와 장비품 ⑤ 수출 물품의 용기로서 재수입하는 것 ⑥ 외국무역선 또는 원양어업 선박이 세관장의 승인을 받아 내항선이 된 경우에 선박에 적재된 것으로서 그 선박에서 사용할 것으로 인정되는 연료나 그 밖의 소모품 중 관세가 부과되지 아니하는 것 ⑨ 거주 이전 외의 목적으로 우리나라에 입국하는 사람이 입국할 때에 휴대하여 수입하거나 따로 수입하는 물품으로서 자기가 직접 사용할 것으로 인정되어 관세가 면제되는 것 ⑩ 거주 이전을 목적으로 입국하는 사람이 입국할 때에 휴대하여 수입하거나 따로 수입하는 이사 화물로서 관세가 면제되는 물품 ⑪ 거주자가 받는 소액물품으로서 해당 거주자가 사용할 것으로 인정되어 관세가 면제되는 물품 ⑫ 외국으로부터 수입하는 상업용 견본 또는 광고용 물품으로서 관세가 면제되는 것	• 「관세법」에 따른 면세 신청에 필요한 서류

② 승인서 발급

무조건 면세반출 승인 신청을 받은 관할 세무서장(세관장)이 해당 물품에 대한 면세를 승인하였을 때에는 그 신청서에 준하는 내용의 승인서를 발급하여야 한다.

③ 물품반출

반출자는 면세반출 승인을 받은 물품을 반입자에게 반출한다.

(2) 무조건 면세반출 승인 효과

무조건 면세반출 대상물품으로서 관할 세무서장 또는 세관장의 면세승인을 받은 경우에는 개별소비세 또는 교통·에너지·환경세를 조건없이 면제한다. 무조건 면세반출 후에는 반입신고, 반입증명 및 사후관리 등을 요하지 않는다.

 **참고**

▶ ATA까르네

■ 개요

○ **(정의)** 물품의 일시수입통관증서에 관한 관세협약에 근거하여 1년간 관세 및 개별소비세 등 제세금을 면제하는 국제표준 통관서식
  - **(ATA협약)** 국제적인 민관 세관협력 프로그램으로 우리나라는 1978. 4월 협약에 가입하여 전 세계 77개국 및 2,000여 발급기관이 참여
○ **(효력)** 협약의 체약국 세관은 다른 체약국에서 발행되어 제시된 ATA까르네를 국내의 통관서류를 대신하는 유효한 서류로 간주
  - 관세 및 개별소비세 등 제세금을 담보하는 적법한 담보증서로 인정

■ 적용대상

○ **(각 협약국이 지정한 물품)** ATA까르네 고시 제2조 제1항에 의한 7개 협약에 지정한 **일시수출입** 목적에 따라 구분
  ① 직업용구(조약 제642호)
  ② 전시회, 박람회, 회의 등 행사에서 사용될 물품(조약 제560호)
  ③ 상품견본 및 광고용 물품(조약 제643호)
  ④ 포장용기(조약 제559호)
  ⑤ 선원의 후생용품(조약 제561호)
  ⑥ 과학장비(조약 제790호)
  ⑦ 교육용구(조약 제791호)

■ 신청절차

○ **(신청)** 대한상공회의소 무역인증시스템(cert.korcham.net)을 통해 신청 및 발급
○ **(세관제출)** 해당 세관에 총괄목록의 물품과 까르네 증서 원본 제출

■ 효과

○ **(제세 면세)** 일시 수입통관 물품에 대한 관세 및 내국세를 면제
○ **(승인 절차 간소화)** ATA까르네가 각종 면세승인 절차 및 서류를 대신
○ **(제세 부과)** 재수출되지 않는 경우 관세 및 개별소비세 등 제세금을 부과

8 : 담배에 대한 미납세 반출·면제 특례규정

흡연율을 낮추기 위하여 피우는 담배를 2015년 1월 1일부터 새롭게 과세대상으로 추가하면서 담배소비세와의 과세 적용의 형평을 위하여 개별소비세의 미납세 반출, 면제와 세액의 공제·환급의 사유에 관하여는 「지방세법」의 관련 규정을 준용하도록 규정하였다.

(1) 담배의 미납세 반출 특례

담배에 대하여 개별소비세를 징수하지 아니하는 사유에 관하여는 「개별소비세법」의 미납세 사유(법 §14 ①)에도 불구하고 「지방세법」 제53조를 준용하며, 절차 및 추징 등에 관하여는 「개별소비세법」의 규정에 따른다.

가. 담배의 미납세 사유(지방세법 §53)

다음의 담배에 대하여는 담배소비세를 징수하지 아니한다.

1. 담배 공급의 편의를 위하여 제조장 또는 보세구역에서 반출하는 것으로서 다음의 어느 하나에 해당하는 것
   ① 제54조 제1항에 따른 과세면제 담배를 제조장에서 다른 제조장으로 반출하는 것
   ② 「관세법」 제2조 제4호에 따른 외국물품인 담배를 보세구역에서 다른 보세구역으로 반출하는 것
   ③ 제조장 또는 보세구역에서 반출할 때 담배소비세 납세의무가 성립된 담배를 다른 제조장 또는 보세구역에서 반출하는 것
2. 담배를 다른 담배의 원료로 사용하기 위하여 반출하는 것
3. 그 밖에 제조장을 이전하기 위하여 담배를 반출하는 등 대통령령으로 정하는 바에 따라 반출하는 것(지방세법 시행령 §62)
   ① 제조장을 이전하기 위하여 담배를 반출하는 것
   ② 수출할 담배를 제조장으로부터 다른 장소에 반출하는 것
   ③ 담배를 폐기하기 위하여 제조장 또는 수입판매업자의 담배 보관장소로부터 폐기 장소로 반출하는 것

나. 담배의 미납세

담배의 미납세 절차 및 추징 등에 관하여는 「개별소비세법」의 규정(법 §14 ① 각 호 외의 부분, 같은 조 ②~⑤)에 따른다.

1) 사전승인 절차

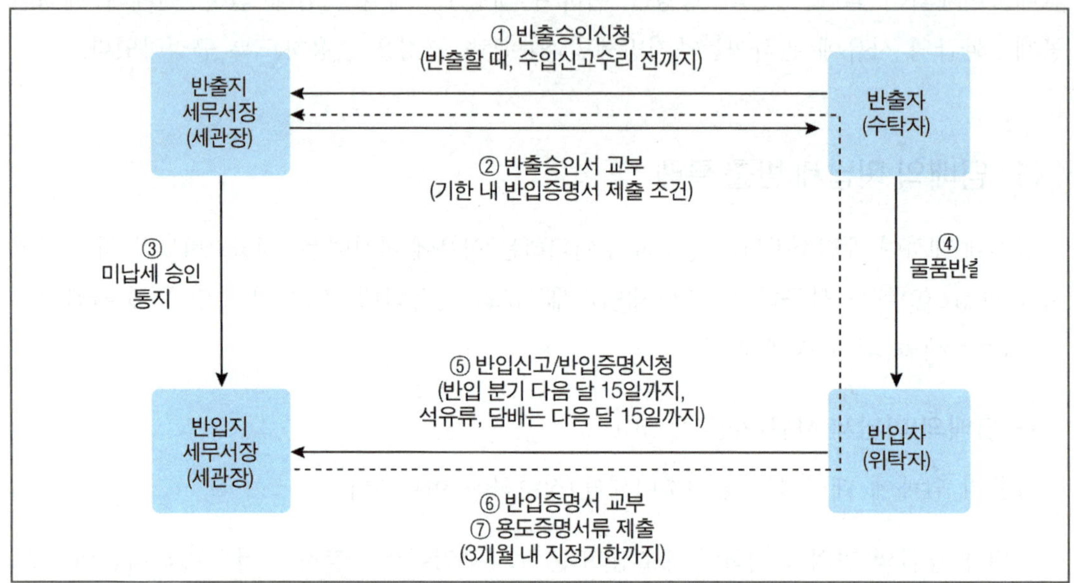

미납세 대상 물품을 판매장, 제조장 또는 하치장에서 반출하려는 자는 해당 물품을 반출할 때에 아래의 서류를 첨부하여 다음의 사항을 적은 「미납세반출승인신청서」*를 관할 세무서장에게 제출하고 그 승인을 받아야 한다. 보세구역에서 반출하려는 자는 그 수입신고 시부터 수입신고 수리 전까지 「미납세반출승인신청서」를 세관장에게 제출하여 승인을 받아야 한다(영 §19 ①, ③).

* 「개별소비세 [미납세·외국인전용판매장면세·조건부 면세] 반출승인신청서」 (시행규칙 제9호 서식)

1. 신청인의 인적사항
2. 판매 또는 반출 장소
3. 반출할 물품의 명세
4. 반입장소
5. 반입자의 인적사항
6. 반출 예정 연월일
7. 반입증명서 제출기한

8. 신청 사유

9. 그 밖의 참고사항

2) 반입자의 납세의무 의제

미납세 반출 승인을 받은 물품의 반입 장소를 제조장으로 보고, 반입자를 법 제3조(납세의무자)에 따른 제조자로 보아 반입자가 반입지에서 판매 또는 반출할 때 납세의무를 이행한다.

3) 미납세 반출 물품의 멸실승인

미납세 물품이 반입지에 반입되기 전에 부득이한 사유로 멸실되어 세액을 면제받으려는 자는 해당 반입증명서의 제출기한까지 해당 물품의 멸실 사실을 증명하는 서류를 첨부하여 다음의 각 사항을 적은 「멸실승인신청서」*를 반출지 관할 세무서장(세관장)에게 지체 없이 제출하여 그 승인을 받아야 한다.

* 「개별소비세 [미납세 · 면세] 반출물품 멸실승인신청서」 (시행규칙 제14호 서식)

1. 신청인의 인적사항
2. 제조장의 소재지, 승인번호 및 승인연월일
3. 멸실물품의 명세
4. 멸실연월일, 멸실장소 및 멸실물품의 처리방법
5. 반입증명서 제출기한
6. 그 밖의 참고사항

미납세 물품이 멸실된 장소가 다른 세무서장의 관할에 속하는 경우에는 해당 멸실지 관할 세무서장이 발급하는 다음의 사항을 적은 증명서*를 첨부하여야 한다.

* 「개별소비세 [미납세 · 면세] 멸실 증명서」 (시행규칙 제15호 서식)

1. 신청인의 인적사항
2. 제조장의 소재지
3. 원(原) 승인 세무서명, 승인연월일 및 승인번호
4. 멸실물품의 명세
5. 반출자 또는 인도자의 인적사항
6. 멸실연월일, 멸실장소 및 멸실 사유
7. 그 밖의 참고사항

4) 세액의 징수

미납세 반출 승인을 받은 물품으로서 ① 반입장소에 반입된 사실 또는 ② 정해진 용도로 제공한 사실을 증명하지 아니하거나, ③ 타인에게 양도하는 등 용도를 변경하는 경우에는 반출자 또는 수입신고인으로부터 세액을 징수한다.

관할 세무서장(세관장)은 해당 세액을 징수하려는 경우에 반출자 또는 수입신고인이 해당 세액을 징수할 수 있는 날부터 30일 이내에 해당 사실을 증명하기 위한 서류를 제출하지 않을 때에는 해당 세액을 징수한다는 뜻을 지체없이 통지하여야 한다.

(2) 담배의 면세 특례

「개별소비세법」의 수출 및 군납 면세(법 §15 ①), 외교관 면세(법 §16 ①), 조건부 면세(법 §18 ①) 및 무조건 면세(법 §19) 규정에도 불구하고 담배에 대하여 개별소비세를 면제하는 사유에 관하여는 「지방세법」 제54조를 준용하며, 그 절차 및 추징 등에 관하여는 「개별소비세법」 제20조의3 제2항 각 호의 구분에 따른다.

다만, 개별소비세를 면제받은 담배를 반출한 후 해당 용도에 사용하지 아니하고 매도, 판매, 소비와 그 밖의 처분을 한 경우에는 그 처분을 한 자로부터 개별소비세를 징수한다.

가. 담배의 면제 사유 (지방세법 §54)

제조자 또는 수입판매업자가 담배를 다음의 어느 하나의 용도에 제공하는 경우에는 개별소비세와 담배소비세를 면제한다.

1. 수출(수출 상담을 위한 견본용 담배를 포함한다)
2. 주한외국군의 관할 구역에서 다음 각 목의 사람에 대한 판매
    ① 주한외국군의 군인
    ② 외국 국적을 가진 민간인으로서 주한외국군대에서 근무하는 사람
    ③ '가' 또는 '나'에 해당하는 사람의 가족
3. 보세구역에서의 판매
4. 외항선 또는 원양어선의 선원에 대한 판매
5. 국제항로에 취항하는 항공기 또는 여객선의 승객에 대한 판매
6. 시험분석 또는 연구용

7. 「남북교류협력에 관한 법률」 제13조에 따라 반출승인을 받은 담배로서 북한지역에서 취업 중인 근로자 및 북한지역 관광객에게 판매하는 담배

8. 1.부터 7.까지의 담배용도와 유사한 것으로서 대통령령으로 정하는 용도

   ⓐ 해외 함상훈련에 참가하는 해군사관생도 및 승선장병에게 공급

   ⓑ 외국에 주류(駐留)하는 장병에게 공급하는 용도

9. 입국자가 반입하는 담배로서 여행자의 휴대품 · 별송품 · 탁송품으로 반입되는 담배(200개비)

우리나라에서 수출된 담배가 포장 또는 품질의 불량, 판매부진, 그 밖의 부득이한 사유로 다시 수입되어 제조장 또는 수입판매업자의 담배보관장소로 반입할 목적으로 보세구역으로부터 반출된 경우에는 담배소비세를 면제한다.

나. 담배의 수출 면세 절차

| 담배의 개별소비세 면제 |

면제사유 (지방세법)	절차 및 추징규정 (개별소비세법)
수출 (수출 상담을 위한 견본용 담배는 제외)	「개별소비세법」 수출 및 군납면세(§15)
수출 외의 면세	「개별소비세법」 조건부 면세(§18)

1) 면세승인 절차

「지방세법」 제54조 제1항 제1호에 따른 수출(수출 상담을 위한 견본용 담배는 제외한다)의 경우에는 「개별소비세법」 수출 및 군납 면세(법 §15 제1항 각 호 외의 부분 및 같은 조 제2항부터 제5항까지)의 규정에 따른다.

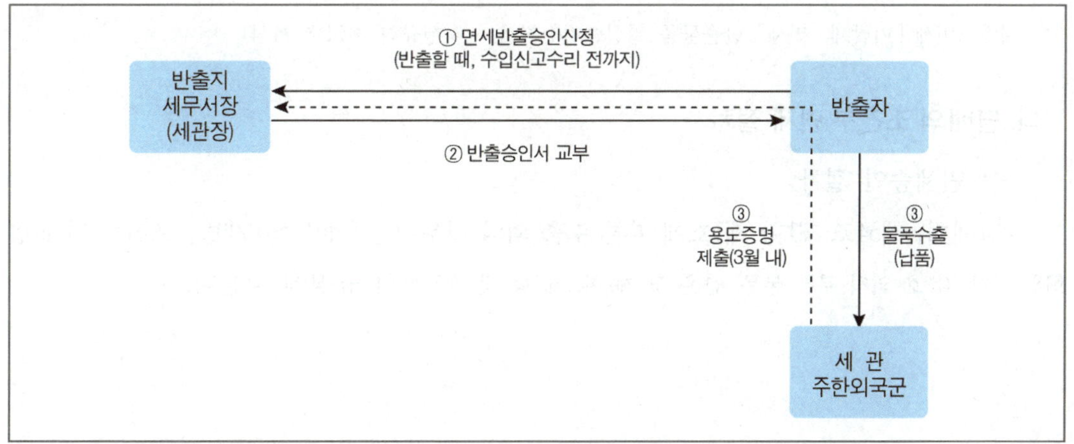

2) 용도사용 미확인 등에 따른 세액징수(법 §15 ②~④)

수출 및 군납 면세 담배로서 정해진 용도로 제공한 사실을 ① 「개별소비세법 시행령」 제20조 제2항 제5호 또는 제3항에 정하는 바에 따라 증명하지 아니한 것에 대해서는 반출자 또는 수입신고인으로부터 개별소비세를 징수한다. ② 다만, 해당 담배의 용도를 변경한 사실이 확인된 경우에는 대통령령으로 정하는 바에 따라 즉시 개별소비세를 징수한다. 이 경우 해당 물품의 가격은 면세된 때의 가격으로 한다.

③ 수출을 위해 개별소비세를 면제받은 담배를 반입하는 자에 대해서는 대통령령으로 정하는 일정한 사유가 발생한 경우에 그 반입자로부터 개별소비세를 징수한다. 현재 대통령령으로 정하고 있는 것은 없다. 이 경우 해당 물품의 가격은 면세된 때의 가격으로 한다.

우리나라에 주둔하는 외국군대에 납품하기 위해 개별소비세를 면제받은 담배를 대통령령으로 정하는 바에 따라 ④ 면제의 승인을 받은 날부터 5년 내에 타인에게 양도한 경우에는 이를 양수한 자가, ⑤ 타인이 소지한 경우에는 이를 소지한 자가 반출 또는 수입신고를 한 것으로 보아 개별소비세를 징수한다. 이 경우 해당 물품의 가격은 양수한 금액(수입한 물품에 대한 세액을 징수하는 경우에는 양수한 금액과 이를 과세가격으로 하는 관세를 합한 금액)으로 한다. 다만, 증여를 받았거나 소지한 것에 대해서는 「관세법」 제33조부터 제35조까지의 규정을 준용한다.

3) 면세반출 물품의 멸실 승인(법 §15 ⑤)

면세승인 받은 담배가 반입 장소에 반입되기 전에 재해나 그 밖의 부득이한 사유로 멸실된 경우에는 대통령령으로 정하는 바에 따라 「멸실승인신청서」*를 반출지 관할 세무서장(세관장)에게 제출하여 그 승인을 받은 경우 개별소비세를 징수하지 아니한다.

* 「개별소비세 [미납세·면세] 반출물품 멸실승인신청서」 (시행규칙 제14호 서식)

다. 담배의 조건부 면세 절차

1) 면세승인 절차

「지방세법」 제54조 제1항 제1호에 따른 수출 외의 경우에는 「개별소비세법」 조건부 면세(법 §18 제1항 각 호 외의 부분 본문, 같은 조 제2항, 제3항 및 제5항)의 규정에 따른다.

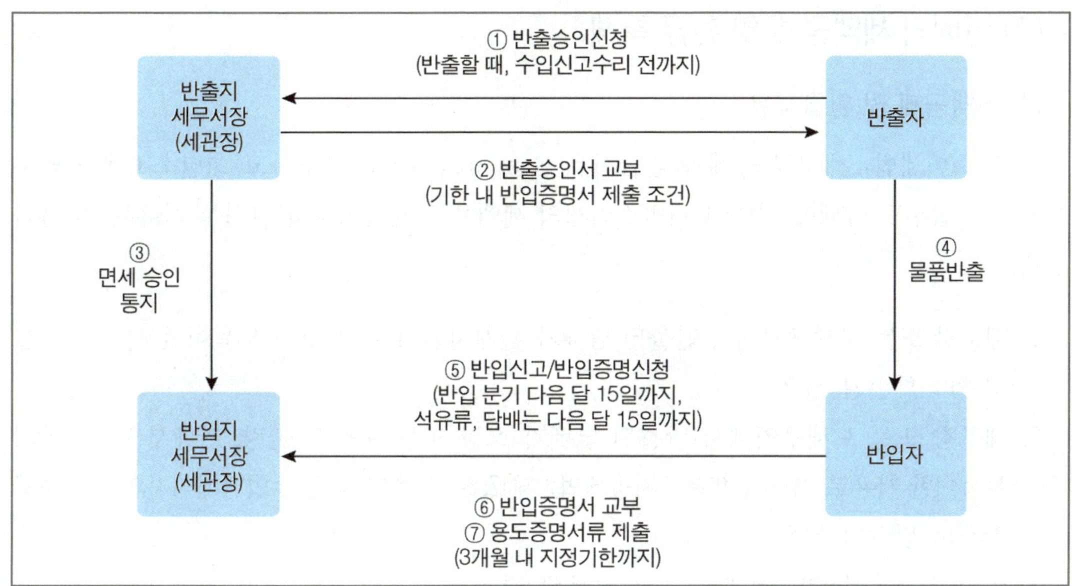

2) 용도 외 사용에 따른 세액징수(법 §18 ②, ③)

면세 반출 승인을 받은 담배로서 대통령령으로 정하는 바에 따라 반입지에 반입한 사실을 증명하지 아니한 것에 대해서는 관할 세무서장(세관장)이 그 반출자 또는 수입신고인으로부터 개별소비세를 징수한다.

면세 반출 승인을 받은 담배로서 반입지에 반입된 후에 면세를 받은 담배의 용도를 변경하는 등 대통령령으로 정하는 사유가 발생하는 경우에는 반입자는 사유가 발생한 날이 속하는 달의 다음 달 말일까지 개별소비세 과세표준 신고서를 반입지 관할 세무서장(세관장)에게 제출하고 개발소비세를 납부하여야 한다.

3) 반입신고(법 §18 ⑤)

면세 반출 승인을 받은 담배를 반입 장소에 반입한 자는 반입한 날이 속하는 달의 다음 달 15일까지 「개별소비세 [미납세·면세] 물품 반입 신고서」(시행규칙 제12호 서식)로 반입사실을 반입지 관할 세무서장(세관장)에게 신고하여야 한다.

4) 멸실신고(법 §18 ⑤)

면세승인 받은 물품이 반입 장소에 반입되기 전에 재해나 그 밖의 부득이한 사유로 멸실된 경우에는 대통령령으로 정하는 바에 따라 「멸실승인신청서」*를 반출지 관할 세무서장(세관장)에게 제출하여 그 승인을 받은 경우 개별소비세를 징수하지 아니한다.

* 「개별소비세 [미납세·면세] 반출물품 멸실승인신청서」 (시행규칙 제14호 서식)

(3) 담배의 세액공제 및 환급 특례

가. 세액공제 및 환급사유

「개별소비세법」 세액의 공제와 환급사유(법 §20 ①, ②)에도 불구하고 개별소비세가 납부되었거나 납부될 담배에 대하여 개별소비세의 세액을 공제하거나 환급하는 사유는 다음과 같다.

1. 제조장 또는 보세구역에서 반출된 담배가 천재지변이나 그 밖의 부득이한 사유로 멸실되거나 훼손된 경우
2. 제조장 또는 보세구역에서 반출된 담배가 포장 또는 품질의 불량, 판매부진, 그 밖의 부득이한 사유로 제조장 또는 「지방세법」 제47조 제6호에 따른 수입판매업자의 담배보관장소로 반입된 경우
3. 이미 신고·납부한 세액이 초과 납부된 경우
4. 개별소비세가 면제되는 담배와 그 담배의 원재료로 사용되는 담배

나. 세액공제 및 환급 절차

담배에 대한 개별소비세의 공제 및 환급 절차와 추징 등은 「개별소비세법」의 규정(법 §20 ① 및 ② 각 호 외의 부분, 같은 조 ③ ~ ⑦)에 따른다. 자세한 내용은 제2절 개별소비세법 해설의 '8. 세액의 공제와 환급'을 참고하기 바란다.

> **해석사례**
>
> ■ **담배의 면세반출에 대한 실무절차 등은 별도 규정이 없는 한 다른 면세품목에 대한 개별소비세법 절차에 따름**(사전-2015-법령해석부가-22407, 2015.5.29/기획재정부 환경에너지세과-154, 2015.5.18.)
>
> - 「개별소비세법」 제18조에 따라 조건부 면세 규정이 적용되는 담배를 제조업자가 "1차 공급자"에게 반출한 경우 해당 제조업자는 면세반출에 대한 같은 법 시행령 제20조 제2항에 따른 반입증명을 **최종 소매점 관할 세무서장 또는 세관장으로부터** 받아야 하는 것임.
> - 제조업자의 담배가 최종 소매점에 반출되어 다음 달 말일까지 해당 월에 판매된 담배의 반입증명을 제출하지 아니하는 경우 및 해당 월에 판매되지 아니한 재고 담배에 대하여는 개별소비세를 신고·납부하는 것임. 다만, 판매부진 등으로 해당 제조업자에게 반입된 경우에는 「지방세법」 제63조 제1항의 준용하여 개별소비세를 환급하는 것임.

- 「개별소비세법」 제20조의3 제2항 제2호에 따라 같은 법 제18조 제1항 각 호 외의 부분 본문, 같은 조 제2항, 제3항 및 제5항의 규정에 따르도록 되어 있는 주한외국군 종사자 판매용 담배의 경우에는 최종 소매점(주한 외국군 영내 snack bar 등)에서 그 반입사실을 관할하는 세무서장에게 신고하고 반입증명서를 받아야 하는 것임.

◾ 사업자가 사후적으로 면세 담배에 대한 반입증명서 등을 제출하는 경우 개별소비세 공제 환급가능(기획재정부 환경에너지세제과 - 124, 2016.3.31.)

- 사업자가 면세반출한 면세담배에 대하여 반입 · 용도증명 기한 내에 반입증명서를 제출하지 못하여 개별소비세를 신고 · 납부하고, 그 후 반입 · 용도증명서를 수취하여 **공제환급기한 내 제출**하는 경우 기 납부한 개별소비세를 **공제 · 환급받을 수 있는 것임.**

◾ 멸각을 위해 폐기물처리시설로 반출하는 담배의 개별소비세 과세 여부

(서면 - 2015 - 법령해석부가 - 1190 [법령해석과 - 2385], 2015.9.16.)

- 담배를 제조 및 판매하는 사업자가 품질 불량, 판매 부진, 유통기한 경과 등으로 제조장에 반입된 담배, 아직 미판매되었으나 제조과정에서 불량이 발생하여 판매가 불가능한 담배 또는 수출이 취소되어 판매할 수 없는 담배를 폐기하기 위하여 폐기물처리업자의 폐기물처리시설로 반출하여 해당 담배를 폐기한 사실이 확인되는 경우 **폐기물처리시설에 반출**하는 해당 담배에 대하여는 **개별소비세가 과세**되는 것이나, 제조장에서 반출하면서 납부하였거나 납부할 개별소비세는 해당 **담배의 폐기사실이 객관적으로 확인된 때**에 「개별소비세법」 제20조의3 제3항 및 「지방세법」 제63조 제1항 제1호에 따라 **공제 또는 환급**하는 것임.
    * 불량으로 폐기할 담배를 소각시설이 없어 폐기물처리업자를 통해 소각한다고 하여 제조장에서 반출되는 담배에 대하여 종국적으로 개별소비세를 부담시키는 것은 입법취지에 맞지 아니함.

◾ 제조장으로 환입된 담배에 대한 개별소비세 환급시 제출할 서류

(서면 - 2015 - 법령해석부가 - 1272 [법령해석과 - 3013], 2015.11.13.)

- 제조장으로부터 반출된 담배가 지방세법 제63조 제1항 제2호의 포장 또는 품질의 불량, 판매부진, 그 밖의 부득이한 사유로 제조장으로 환입되어 납부하였던 개별소비세의 환급을 신청하려는 자는 개별소비세 환급신청서에 개별소비세법 시행령 제34조 제1항 및 제2항 제6호에 따라 관할 세무서장으로부터 담배의 환입 사실을 확인받은 서류와 이미 개별소비세가 납부된 사실을 증명하는 서류를 첨부하여야 하는 것임.

◾ 개별소비세 납부 여부가 불명확한 물품이 환입된 경우 공제 · 환급 가능 여부

(서면 - 2015 - 소비 - 1103 [소비세과 - 877], 2015.7.10.)

- 품질 불량 등의 사유로 제조장으로 반입된 물품이 반출시기가 불명확하여 개별소비세를 **납부한 사실을 증명할 수 없는 경우**에는 개별소비세 **공제 · 환급 불가**

| 면세 담배의 공급절차 |

수출 외의 면제사유 (지방세법)	1차 공급자	최종 소매지
• 주한외국군의 관할 구역에서 다음 각 목의 사람에 대한 판매 가. 주한외국군의 군인 나. 외국 국적을 가진 민간인으로서 주한외국군대에서 근무하는 사람 다. 가목 또는 나목에 해당하는 사람의 가족	• 주한외국군으로부터 판매사업권을 받은 자	• 주한외국군 영내 소매점
• 보세구역에서의 판매	• 면세점(세관장 특허)	• 면세점 이용자
• 외항선 또는 원양어선의 선원에 대한 판매 • 국제항로에 취항하는 여객선의 승객에 대한 판매	• 항만운송사업법상 물품공급업으로 신고한 선용업체	• 외항선, 원양어선 • 국제항로 여객선
• 국제항로에 취항하는 항공기의 승객에 대한 판매	• 기내용품 판매업체 (세관장 특허)	• 국제항로 항공기
• 시험분석 또는 연구용	• 제조장 자가소비	−
• 「남북교류협력에 관한 법률」 제13조에 따라 반출 승인을 받은 담배로서 북한지역에서 취업 중인 근로자 및 북한지역 관광객에게 판매하는 담배	• 북한지역으로의 반출을 승인받은 자	• 북한지역
• 제1호부터 제7호까지의 담배용도와 유사한 것으로서 대통령령으로 정하는 용도[215] 가. 해외 함상훈련에 참가하는 해군사관생도 및 승선장병에게 공급하는 용도 나. 외국에 주류(駐留)하는 장병에게 공급하는 용도	• 해당 기관을 관장하는 기관장	• 해외 함상훈련 장병 • 외국에 주류하는 장병
• 입국자가 반입하는 담배로서 대통령령으로 정하는 범위의 담배 • 우리나라에서 수출된 담배가 포장 또는 품질의 불량, 판매부진, 그 밖의 부득이한 사유로 다시 수입되어 제조장 또는 수입판매업자의 담배보관장소로 반입할 목적으로 보세구역으로부터 반출	• 수입자 및 제조장 자가소비	−

---

215) 2015. 7. 24. 「지방세법 시행령」 개정으로 담배소비세 면제 대상을 축소하여 해외 함상훈련에 참가하는 해군사관생도 등에게 공급하는 등의 용도로 제공되는 경우로 한정하였다.

 **관련판례**

■ **미납세 반출의 납세의무 성립**(대법원 2020두51341, 2023.7.13.)

- 개정 후 개별소비세법 제4조 제1호는 물품에 대한 개별소비세의 납세의무 성립시기를 '과세물품을 제조장에서 반출할 때 또는 수입신고를 할 때'로 규정하고 있다. 개정 후 개별소비세법 부칙 제1조가 시행일을 2015. 1. 1.로 정하고, 제2조가 '이 법 시행 후 담배를 제조장에서 반출하거나 수입신고하는 경우부터 적용한다'고 규정하는 것은 물품에 대한 개별소비세의 납세의무 성립시기에 관한 위 규정과 일치한다. 부칙 제2조는 개정 후 개별소비세법의 적용대상을 명확히 하기 위하여 일반적 적용례를 규정한 것이지, 개별소비세의 납세의무 성립시기에 관한 일반원리를 배제하기 위하여 특례규정을 둔 것이라고까지 해석할 수는 없다. 따라서 부칙 제1조 및 제2조는 '2015. 1. 1. 이후에 개별소비세의 납세의무가 성립하는 담배에 대하여 개정 후 개별소비세법을 적용한다'는 의미로 해석해야 한다.
- 개별소비세법은 2014. 12. 23. 개정되기 전부터 미납세 반출 제도를 두고 있었고, 제14조 제4항은 반입장소를 제조장으로, 반입자를 납세의무자인 제조자로 본다고 규정하고 있다. 이러한 미납세 반출 제도는 특정한 과세물품에 대하여 개별소비세의 부담이 유보된 상태로 반출하는 것을 허용하는 과세유보조치로서, 개별소비세가 최종소비자를 담세자로 예정하여 과세되는 조세인 점을 감안하여 과세물품의 단순한 보관장소의 변경이나 제조공정상 필요에 의한 반출 등의 경우에는 개별소비세의 부담이 유보된 상태로 반출을 허용함으로써 반출과세 원칙에 따른 문제점을 보완하려는 데 취지가 있다. 위와 같은 규정의 문언과 입법취지 등에 비추어 보면, 미납세 반출한 과세물품의 경우에는 개별소비세법 제14조 제4항에 따라 반입장소가 제조장으로 의제되므로 과세물품을 미납세 반출한 때가 아니라 그 과세물품을 반입장소에서 다시 반출하는 때 납세의무가 성립한다고 보아야 한다.
- 이 사건 제2담배는 구 지방세법 제53조에 따라 미납세 반출되었는데, 미납세 반출은 반입장소에서 과세물품을 반출하는 시점까지 과세물품에 관한 부과권과 징수권을 포함한 조세채권 일체의 행사를 유예하는 제도에 해당하므로, 반입장소에서 반출하는 시점에 시행되는 법률에 따라 납세의무의 성립 여부와 범위가 정해진다고 보아야 한다. 원고가 미납세 반출한 이 사건 제2담배를 반입장소인 이 사건 각 물류센터에서 다른 장소로 현실적으로 반출하지 않은 이상 반출된 것처럼 전산시스템에 입력을 하였다 하여 그 무렵에 납세의무가 성립하였다고 볼 수는 없다.
- 결국 이 사건 제2담배는 2015. 1. 1. 이후에 제조장으로 의제되는 반입장소인 이 사건 각 물류센터에서 반출되었으므로, 그 반출시점에 시행되는 개정 후 개별소비세법에 따라 개별소비세를 부과할 수 있다고 보아야 한다.

9. 면세 및 미납세에 대한 특례규정

「개별소비세법」과 「교통·에너지·환경세법」에 의한 미납세, 수출 및 군납 면세, 외교관 면세, 외국인전용판매장 면세, 조건부 면세, 무조건 면세는 해당 물품을 반출할 때(수입물품의 경우에는 그 수입신고 시부터 수입신고수리 전까지) 관할 세무서장 또는 세관장에게 반출 승인을 받도록 규정하고 있다.

그러나 「개별소비세법 시행령」 제19조의2 【미납세 및 면세 반출 승인신청에 대한 특례】 및 「교통·에너지·환경세법 시행령」 제16조 【면세반출승인신청등에 대한 특례】에 의하여 미납세, 수출 및 군납 면세, 외국인전용판매장 면세, 조건부 면세에 해당하는 물품을 반출할 경우 반출승인을 받지 않고 과세표준 신고서에 반입증명서 또는 용도증명서(조건부 면세의 경우 법정증빙서류 포함)를 첨부하여 제출하도록 함으로써 반출승인 절차를 간소화하였다.[216]

미납세, 수출 및 군납 면세, 외국인 전용 판매장 면세, 조건부 면세에 따른 용도에 사용하기 위하여 판매장, 제조장 또는 하치장에서 판매 또는 반출(타인을 통하여 지체없이 반출하는 경우를 포함)하는 물품에 대하여 면세를 받으려는 자는 미납세·면세 반출승인 규정에도 불구하고 해당 물품을 반출한 날이 속하는 분기의 다음 달 25일(에너지물품과 담배는 반출한

---

216) 「개정세법 해설」(국세청, 1982년) 면세반출절차 간소화(법 제14조 제2항, 제15조 제2항 본문 제17조 제2항, 제18조 제2항 전단, 영 제19조의2, 제20조)

과세물품의 제조자가 과세물품을 면세로 반출하는 경우에는 동 물품을 반출하기 전에 소관 세무서장에게 면세반출승인신청(수출용 물품은 반출신고)을 한 후 승인을 얻어 반출하였으나 이를 생략하도록 하여 사전규제로 인한 불편을 제거하도록 하였으며, 면세로 반출한 물품의 사후관리를 위한 면세용도증명의 제출기한을 세무서장이 지정하였으나 앞으로는 반출한 날이 속하는 다음 달 말일까지 과세표준신고시에 제출하도록 법정화하여 세무서장의 재량권을 없애도록 하였다. 그리고 과세물품을 수출했거나 기타 특정한 용도에 사용되고 있어도 절차상의 오차 등으로 면세용도증명을 기한 내에 제출하지 못하면 즉시 세금을 징수하였으나 앞으로는 기한 내에 제출하지 아니하면 1개월 내에 제출할 것을 일단 최고한 후 동 기간이 경과할 때까지 기다렸다가 세액을 징수하도록 하여 불측의 세액징수를 배제하도록 하였다.

개정 전	개 정
1. 면세반출시 사전에 반출승인신청을 한 후 승인을 얻어 반출	사전 면세반출승인신청 생략
2. 반출자 소관 세무서장이 승인 시에는 면세용도증명등의 제출기한을 지정	면세용도증명 등 제출기한을 과세표준신고 시(다음 달 말일까지)로 법정
3. 지정기한까지 미제출시에는 무조건 세액추징	미제출 시는 1개월 내 제출을 최고하고 최고기간의 경과 후 세액추징

날이 속하는 달의 다음 달 말일)까지 과세표준 신고서에 반입증명서와 용도증명서를 첨부하여 제출하여야 한다.

단, 해당 특례규정은 제조장, 판매장, 하치장에서 반출하는 물품에 한하여 적용하므로 보세구역으로부터 반출하는 물품과 관세를 징수하는 물품은 특례규정을 적용하지 않는다.

해석사례

■ **수입 물품은 미납세 및 면세 반출 승인신청에 대한 특례를 적용하지 않음**

(소비 46430 – 166, 1999.4.10.)

– 보세구역으로부터 반출하는 물품에 대하여는 특별소비세법 시행령 제19조의2의 특례규정이 적용되지 아니함.

제 5 절
과세장소·과세유흥장소의 면세

1. 과세장소 입장행위의 면세 (법 §19의2)

입장행위의 면세는 개별소비세 법령에서 정하는 특정인이 과세장소에 입장하는 경우에 개별소비세를 면제하는 제도를 말한다.

(1) 적용대상

「개별소비세법」 제19조는 골프장과 카지노의 입장행위에 대하여 개별소비세를 면제하는 규정을 두고 있으며 그 대상은 다음과 같다.

가. 골프장 입장행위의 면세 (법 §19의2 1., 2.)

① 「국민체육진흥법」에 따른 대한체육회 및 그 회원인 단체 또는 대통령령으로 정하는 단체(「민법」 제32조에 따라 설립된 프로골프선수를 회원으로 하는 사단법인으로서 문화체육관광부장관이 지정하는 단체)[217]가 개최하는 경기대회에 참가하는 선수가 대회 기간 중 경기시설을 이용하거나 입장하는 행위는 개별소비세를 면제한다.

또한 ② 아래의 골프선수가 골프장에 입장하는 행위에 대해서는 운동선수의 육성과 훈련을 위하여 개별소비세를 면제[218]하며, 골프장의 경영자는 면제대상 선수의 입장 내역을 기록한

---

[217] 대한골프협회(KGA), 한국프로골프협회(KPGA), 한국여자프로골프협회(KLPGA)
[218] 「개정세법 해설」(국세청, 2000년) 면세조항 신설
    가. 개정취지
      ○ 운동선수는 육성과 훈련을 위하여 골프장 입장시 특소세 면세
    나. 개정내용

종 전	개 정
○ (신 설)	○ 골프선수의 골프장 입장시 면세

장부를 갖춰 두어야 한다.

1. 「국민체육진흥법」에 따른 대한체육회 및 그 회원인 단체에 등록된 학생선수[219]
2. 「민법」 제32조에 따라 설립된 프로골프선수를 회원으로 하는 사단법인으로서 문화체육관광부장관이 지정하는 단체에 등록된 정회원인 선수

나. 카지노 입장행위의 면세 (법 §19의2 3.)

① 외국인이나 「해외이주법」 제2조에 따른 해외이주자(해외 거주 국민)가 「폐광지역개발 지원에 관한 특별법」 제11조에 따라 허가받은 카지노에 입장하는 경우에는 개별소비세를 면제한다.

② 「관광진흥법」 제5조에 따라 허가를 받은 외국인전용의 카지노로서 외국인(「해외이주법」 제2조에 따른 해외이주자를 포함한다)이 입장하는 경우에는 개별소비세 과세대상에서 제외된다(과세제외, 영 별표2).

해외 거주 국민은 「해외이주법」 제2조에 따른 해외이주자로 생업에 종사하기 위하여 외국에 이주하는 사람과 그 가족(「민법」 제779조에 따른 관계에 있는 사람을 말한다) 또는 외국인과의 혼인(외국에서 영주권을 취득한 대한민국 국민과 혼인하는 경우를 포함한다) 및 연고(緣故) 관계로 인하여 이주하는 사람을 말한다.

다. 적용시기 및 적용례
　○ 1999. 12. 3. 이후 과세장소 입장시부터 적용
[219] 당초 「국민체육진흥법」에 따른 대한체육회 및 그 회원인 단체가 개최한 경기대회에 연 1회 이상 참가한 학생선수 중에서 성적순으로 상위 100분의 30 이내에 든 사람으로 제한하였으나, 2019. 2. 12. 시행령 개정으로 골프장 입장 시 개별소비세가 면제되는 학생선수의 범위를 확대하였다.

2 유흥음식행위의 면세 (법 §19의3)

주한 국제연합군이나 미국군이 주둔하는 지역의 과세유흥장소[220]의 경영자로서 관할 세무서장의 지정을 받은 자가 외국 군인에게 외화를 받고 제공하는 유흥음식행위에 대하여는 2012년 12월 31일까지 「개별소비세법 시행령」 제33조의3에 따라 개별소비세를 면제한다.[221]

가. 과세유흥장소의 면세지정 절차

주한 국제연합군이나 미국군이 주둔하는 지역의 과세유흥장소의 경영자로서 관할 세무서장의 지정을 받으려는 자는 다음 사항을 적은 「과세유흥장소 면세지정 신청서」(시행규칙 제25호의3 서식)를 관할 세무서장에게 제출하여야 한다. 이 경우 법령에 따라 정부의

---

220) 「개정세법 해설」(국세청, 2011년) 외국인 관광객 등의 유흥음식행위 개별소비세 면제제도 폐지
　　가. 개정취지
　　　　○ 불건전한 소비를 지원하는 제도 폐지
　　나. 개정내용

종 전	개 정
□ 다음 유흥음식행위는 개별소비세 면제 　○ 주한 국제연합군이나 미국군이 주둔하는 지역에 소재하는 관할 세무서장의 지정을 받은 과세유흥장소에서 외국군인·외국인 선원에게 외화를 받고 제공하는 유흥음식행위 　○ 「관광진흥법」에 따른 관광숙박업의 경영자가 외국인 관광객·재외국민·외국인 선원에게 외화를 받고 숙박용역과 함께 제공하는 유흥음식행위 　○ 관할 세무서장의 지정을 받은 과세유흥장소에서 주한외교관 등에게 외화를 받고 제공하는 유흥음식행위 　○ 「관광진흥법」에 따른 한국음식점업의 경영자가 외국인 관광객·재외국민·외국인 선원에게 제공하는 유흥음식행위	○ 주한 국제연합군이나 미국군이 주둔하는 지역에 소재하는 관할 세무서장의 지정을 받은 과세유흥장소에서 외국군인·외국인 선원에게 외화를 받고 제공하는 유흥음식행위 〈폐　지〉

　　다. 적용시기 및 적용례
　　　　○ 2011.1.1. 이후 유흥음식행위를 하는 분부터 적용
221) 「개별소비세법」[시행 2011.1.1.] [법률 제10404호] 일부개정: 외국인 관광객 등에게 제공하는 유흥음식행위에 대한 개별소비세 면제는 불건전한 관광을 지원하는 측면이 있으므로 이를 폐지하고, 외국군인에게 제공하는 유흥음식행위에 대한 개별소비세 면제도 2012년 12월 31일까지 적용하도록 일몰기한을 설정하였다(부칙 〈제10404호, 2010.12.27.〉 제7조).

허가 · 등록(사업자 등록은 제외한다) · 지정을 받아야 하는 것에 대해서는 해당 허가증 · 등록증 또는 지정증 사본을 첨부하여 제출하여야 한다.

1. 신청인의 인적사항
2. 면세받으려는 과세유흥장소의 소재지, 상호 및 대표자의 인적사항
3. 신청 사유

과세유흥장소의 면세지정의 경우 지정증(시행규칙 제25호의4 서식)의 발급 · 지정의 취소 또는 지정의 거부에 관하여는 외국인 전용 판매장의 지정 및 지정취소(시행령 제28조 제2항부터 제4항까지)의 규정을 준용한다. 이 경우 "판매장의 소재지"는 "과세유흥장소의 소재지"로, "판매장"은 "과세유흥장소"로 본다.

나. 증빙서류의 제출

유흥음식행위에 대하여 개별소비세를 면제받으려는 과세유흥장소의 경영자는 외국군인에게 판매한 영수증 등의 서류를 갖춰 두어 기록하고 해당 월분의 과세표준 신고서의 제출기한까지 외국환 매입증명서를 첨부하여 관할 세무서장에게 제출하여야 한다.

다. 적용시한

유흥음식행위의 면세에 관한 제19조의3 규정은 2012년 12월 31일까지 효력을 가진다.

해석사례

■ **유흥음식행위의 특별소비세 면제 요건**(서면인터넷방문상담3팀 −2024, 2005.11.14.)

- 주한국제연합군 또는 미국군이 주둔하는 지역 내의 과세유흥장소의 경영자로서 관할 세무서장의 지정을 받은 자가 외국군인 및 외국인선원에게 외국신용카드로 결제받고 제공하는 유흥음식행위는 특별소비세법 제19조의3 제2항의 규정에 의하여 특별소비세를 면세하는 것이며, 당해 유흥음식행위에 대하여 특별소비세의 면제를 받고자 하는 경우에는 같은 법 시행령 제33조의3의 규정에 의하여 외국인에게 판매한 영수증과 외국환매입증명서를 제출하는 것임.

제6절
과태료와 조세범칙처분

1 과태료 부과

과태료(과료와 과태금 포함)는 법률상의 질서유지를 위하여 법령 위반자에 대하여 법률 또는 지방자치단체의 조례 등에 의하여 부과하는 금액으로 행정의 실효성 확보를 위한 간접적인 행정질서벌로 구분된다.

이와 달리 벌금이나 과료(통고처분에 의한 벌금 또는 과료에 상당하는 금액 포함)는 형법이 규정하는 형벌의 일종으로서 법률에 근거를 두고 이를 위반하였을 때에 부과하는 행정형벌이라는 점에서 차이가 있다.

또한 행정질서벌인 과태료는 과세권의 행사 및 조세채권의 실현을 용이하게 하기 위하여 납세자가 정당한 이유 없이 법에 규정된 신고·납세의무 등을 위반한 경우에 법이 정하는 바에 의하여 조세의 형식으로 부과하는 행정상의 제재인 가산세(대법원 2002. 11. 13. 선고 2001두1918, 대법원 2003. 9. 5. 선고 2001두403 판결 참고)와도 구별된다.

> **참고**
>
> ▶ **벌금과 과태료**
>
> 행정법상 행정의 실효성 확보수단은 직접적인 '행정강제(강제집행, 즉시 강제)'와 간접적인 '행정벌' 내지 '기타 실효성 확보수단'으로 분류된다. 이 중 행정벌은 행정법상의 의무위반(명령, 금지)에 대하여 과세권 또는 일반 통치권에 근거하여 과하는 제재로서 **행정형벌과 행정질서벌(과태료)로 구분**되며, 기타 행정의 실효성 확보수단으로 '금전상의 제재'에는 가산세, 가산금, 과징금, 범칙금 등이 있다.
> 행정형벌과 행정질서벌은 일반적으로 피침해 규범의 성질에 따라서 구별되는데(상대적 구별설), **행정형벌**은 형벌의 일종으로 법 이전에 당연히 해서는 안 될 **반사회적 행위를 벌하는 것**인 반면, **행정질서벌(과태료)**은 행정목적의 실현이라는 정책적, 기술적 요청에 의하여 편의적, 합목적적 견지에서 **행정법규 위반행위를 벌하는 것**이다.

(1) 과태료 부과의 규정체계

「개별소비세법」과 「교통·에너지·환경세법」은 ① 면세 석유제품의 법정용도 외 판매에 따른 과태료[222]와 ② 납세보전을 위한 명령 사항 위반에 따른 과태료를 규정하고 있고, 「조세특례제한법」은 ③ 농·임·어업용 면세석유류를 공급받은 자로부터 취득하여 판매한 자에 대한 과태료를 규정하고 있다.

2021년 12월 21일 세법개정으로 「개별소비세법」 제29조 제3항, 「교통·에너지·환경세법」 제25조 제3항과 「조세특례제한법」 제106조의2 제21항을 신설하여 과태료 부과기준을 각 세법의 대통령령으로 위임[223]함에 따라 그 기준을 「개별소비세법 시행령」 [별표3], 「교통·에너지·환경세법 시행령」 [별표], 「농·축산·임·어업용 기자재 및 석유류에 대한 부가가치세 영세율 및 면세 적용 등에 관한 특례규정」 [별표7]에 정하고 있다.

이에 따라 「개별소비세법 시행령」 [별표3], 「교통·에너지·환경세법」 [별표]와 「농·축산·임·어업용 기자재 및 석유류에 대한 부가가치세 영세율 및 면세 적용 등에 관한 특례규정」 [별표7]은 과태료 부과기준을 일반기준과 개별기준으로 구분하여 정하고 「질서위반

---

222) 「개별소비세법」 [시행 2019.4.1.] [법률 제16091호, 2018.12.31.] 일부개정: 「조세범 처벌법」에 규정되어 있던 면세유 부정유통 및 납세보전을 위한 명령 사항 위반에 대한 과태료 규정을 이 법으로 이관하였다(2019. 1.1.부터). 이에 따라 국세청 훈령 「조세범 처벌법상 과태료양정규정」을 「세법상 과태료양정규정」으로 명칭을 변경하고 개별 세법 체계에 맞춰 조문을 정비하여 시행하고 있다.

223) 「개정세법 해설」(국세청, 2022년) 과태료 부과기준 상향입법
   가. 개정취지
     ○ 국민의 권리·의무 관련 중요사항 법령화
   나. 개정내용

종 전	개 정
○ (신 설)	□ 과태료 부과기준
	○ 외국항행선박용 용도로 조건부 면세를 받은 석유류를 그 외의 용도로 판매(취득)한 경우
	− 초범 : 판매(취득)가액의 0.5~1배
	− 재범 : 판매(취득)가액의 2~3배
	○ 관할 세무서장의 납세보전 명령을 위반한 경우
	− 명령위반자 위반행위 및 직전연도 수입금액 기준에 따라 300만원~1,000만원
	○ 위반 정도, 위반 횟수, 위반행위의 동기 및 그 결과 등을 고려하여 과태료 금액의 2분의 1의 범위에서 가중·감경

   다. 적용시기 및 적용례
     ○ 2022.2.15. 이후 법령상 의무를 위반한 경우부터 적용

행위규제법」을 반영해 위반 정도, 위반 횟수, 위반행위의 동기 및 그 결과 등을 고려하여 부과권자가 과태료 금액의 2분의 1의 범위에서 가중·감경하도록 하였다.

> **해석사례**
>
> ■ **주세 보전명령 위반 시 조세범 처벌법상 과태료 부과기준**
>
> (기준-2019-법령해석기본-0323[법령해석과-1723], 2019.7.2.)
>
> -「주세법」 제40조에 따른「주류거래질서 확립에 관한 명령위임 고시」에서 정하는 준수사항에 대하여 동일한 유형의 위반행위를 수차례 행한 경우, '**행위의사의 단일성**'과 '**위반행위의 동일성**'이 모두 인정되면 하나의 행위로 보는 것임.

(2) 과태료 부과 절차와 기준

가. 일반절차

1) 사전통지 및 의견제출

과태료의 부과·징수 및 재판 등에 관한 사항을 규정하는「질서위반행위규제법」 제16조에 의하면, 질서위반행위에 대하여 과태료를 부과하고자 하는 때에는 미리 당사자에게 통지하고 10일 이상의 기간을 정하여 의견을 제출할 기회를 주어야 하며, 당사자는 의견제출기한 이내에 행정청에 의견을 진술하거나 필요한 자료를 제출할 수 있다.

2) 과태료의 부과

행정청은 의견 제출 절차를 마친 후에 당사자가 제출한 의견에 상당한 이유가 있는 경우에는 과태료를 부과하지 아니하거나 통지한 내용을 변경할 수 있고, 그렇지 않은 경우에는 「질서위반행위규제법」 제17조에 따라 서면으로 과태료를 부과하여야 한다.

과태료 부과 고지서에는 질서위반행위, 과태료 금액 등 다음의 각 사항을 모두 기재하여야 한다(질서위반행위규제법 시행령 §4)

1. 당사자의 성명(법인인 경우에는 명칭과 대표자의 성명)과 주소
2. 과태료 부과의 원인이 되는 사실, 과태료 금액 및 적용법령
3. 과태료를 부과하는 행정청의 명칭과 주소
4. 과태료 납부 기한, 납부 방법 및 수납 기관

5. 과태료를 내지 않으면 다음 각 목의 불이익이 부과될 수 있다는 사실과 그 요건

　① 「질서위반행위규제법」 제24조에 따른 가산금 부과

　② 「질서위반행위규제법」 제52조에 따른 관허사업 제한

　③ 「질서위반행위규제법」 제53조 제1항에 따른 신용정보 제공

　④ 「질서위반행위규제법」 제54조에 따른 감치(監置)

　⑤ 「질서위반행위규제법」 제55조에 따른 자동차 등록번호판의 영치

6. 「질서위반행위규제법」 제20조에 따른 이의제기 기간과 방법

7. 그 밖에 과태료 부과에 관하여 필요한 사항

3) 과태료의 납부

「질서위반행위규제법」 제18조는 ① 행정청은 당사자가 의견 제출기한 이내에 과태료를 자진하여 납부하고자 하는 경우에는 과태료를 감경할 수 있고, ② 당사자가 감경된 과태료를 납부한 경우에는 해당 질서위반행위에 대한 과태료 부과 및 징수절차는 종료한다.

4) 이의제기

행정청의 과태료 부과에 불복하는 당사자는 과태료 부과 통지를 받은 날부터 60일 이내에 해당 행정청에 서면으로 이의제기를 할 수 있고, 당사자의 이의제기가 있는 경우에는 행정청의 과태료 부과처분은 그 효력을 상실한다.

이의제기를 받은 행정청은 당사자가 이의제기를 철회하거나 이의제기에 이유가 있어 과태료를 부과할 필요가 없는 경우를 제외하고 이의제기를 받은 날부터 14일 이내에 이에 대한 의견 및 증빙서류를 첨부하여 관할 법원에 통보하여야 하며, 관할 법원에 통보를 하거나 통보하지 아니하는 경우에는 그 사실을 즉시 당사자에게 통지하여야 한다.

나. 과태료의 면제

① 고의 또는 과실이 없는 질서위반행위, ② 심신(心神)장애로 인하여 행위의 옳고 그름을 판단할 능력이 없거나 그 판단에 따른 행위를 할 능력이 없는 자의 질서위반행위 및 ③ 14세가 되지 아니한 자의 질서위반행위는 과태료를 부과하지 아니한다(질서위반행위규제법 §7, §9, §10).

④ 자신의 행위가 위법하지 아니한 것으로 오인하고 행한 질서위반행위는 그 오인에 정당한 이유가 있는 때에 한하여 과태료를 부과하지 아니한다(질서위반행위규제법 §8).

다. 일반기준

법률에 따르지 아니하고는 어떤 행위도 질서위반행위로 과태료를 부과하지 아니한다. 과태료의 부과·징수, 재판 및 집행 등의 절차에 관한 다른 법률의 규정 중 이「질서위반행위규제법」의 규정에 저촉되는 것은「질서위반행위규제법」으로 정하는 바에 따른다(질서위반행위규제법 §5).

행정청 및 법원은 과태료를 정함에 있어서 다음의 사항을 고려하여야 한다(질서위반행위규제법 §14).

1. 질서위반행위의 동기·목적·방법·결과
2. 질서위반행위 이후의 당사자의 태도와 정황
3. 질서위반행위자의 연령·재산상태·환경
4. 그 밖에 과태료의 산정에 필요하다고 인정되는 사유

하나의 행위가 2 이상의 질서위반행위에 해당하는 경우에는 각 질서위반행위에 대하여 정한 과태료 중 가장 중한 과태료를 부과한다. 이를 제외하고 2 이상의 질서위반행위가 경합하는 경우에는 각 질서위반행위에 대하여 정한 과태료를 각각 부과한다. 다만, 다른 법령(지방자치단체의 조례를 포함한다)에 특별한 규정이 있는 경우에는 그 법령으로 정하는 바에 따른다.

「질서위반행위규제법」,「개별소비세법」제29조 제1항부터 제2항,「교통·에너지·환경세법」제25조 제1항부터 제2항 및「조세특례제한법」제106조의2 제21항에 따른 과태료 부과의 일반기준은 다음과 같다.

1) 과태료의 가중처분

1. 위반행위의 횟수에 따른 과태료의 가중된 부과기준은 최근 3년간 같은 위반행위로 과태료 부과처분을 받은 경우에 적용한다. 이 경우 기간의 계산은 위반행위에 대하여 과태료 처분을 받은 날과 그 처분 후 다시 같은 위반행위를 하여 적발한 날을 기준으로 한다.
2. 위 1.에 따라 가중된 부과처분을 하는 경우에는 가중처분의 적용 차수는 그 위반행위 전 부과처분 차수(가목에 따른 기간에 과태료 부과처분이 둘 이상 있었던 경우에는 높은 차수를 말한다)의 다음 차수로 한다.
3. 부과권자는 다음의 어느 하나에 해당하는 경우에는 개별기준에 따른 과태료 금액의

2분의 1 범위에서 그 금액을 늘려 부과할 수 있다. 다만, 늘려 부과하는 경우에도 「개별소비세법」 제29조 제1항부터 제2항, 「교통·에너지·환경세법」 제25조 제1항부터 제2항 및 「조세특례제한법」 제106조의2 제21항에 따른 과태료의 상한을 넘을 수 없다.

① 위반행위가 고의나 중대한 과실에 따른 것으로 인정되는 경우

② 위반행위의 내용·정도가 중대하여 그 피해가 크다고 인정되는 경우

③ 그 밖에 위반행위의 정도, 위반행위의 동기와 그 결과 등을 고려하여 늘릴 필요가 있다고 인정되는 경우

2) 과태료의 경감처분

1. 심신(心神)장애로 인하여 행위의 옳고 그름을 판단할 능력이 없거나 그 판단에 따른 행위를 할 능력이 미약한 자의 질서위반행위는 과태료를 감경한다. 그러나 스스로 심신장애 상태를 일으켜 질서위반행위를 한 자에 대하여는 과태료를 면제하거나 경감하지 아니한다(질서위반행위규제법 §10).

2. 행정청은 당사자가 의견 제출기한 이내에 과태료를 자진하여 납부하고자 하는 경우에는 부과될 과태료의 100분의 20의 범위 이내에서 과태료를 감경할 수 있다(질서위반행위규제법 §18, 질서위반행위규제법 시행령 §5).

3. 행정청은 사전통지 및 의견 제출 결과 당사자가 다음의 어느 하나에 해당하는 경우에는 해당 과태료 금액의 100분의 50의 범위에서 과태료를 감경할 수 있다. 다만, 과태료를 체납하고 있는 당사자에 대해서는 그러하지 아니하다(질서위반행위규제법 시행령 §2의2).

① 「국민기초생활 보장법」 제2조에 따른 수급자

② 「한부모가족 지원법」 제5조 및 제5조의2 제2항·제3항에 따른 보호대상자

③ 「장애인복지법」 제2조에 따른 장애인 중 장애의 정도가 심한 장애인

④ 「국가유공자 등 예우 및 지원에 관한 법률」 제6조의4에 따른 1급부터 3급까지의 상이등급 판정을 받은 사람

⑤ 미성년자

4. 부과권자는 다음의 어느 하나에 해당하는 경우 개별기준에 따른 과태료의 2분의 1 범위에서 그 금액을 줄여 부과할 수 있다. 다만, 과태료를 체납하고 있는 위반행위자에 대해서는 그렇지 않다.

① 위반행위가 사소한 부주의나 오류로 인한 것으로 인정되는 경우

② 위반행위의 내용·정도가 경미하여 그 피해가 적다고 인정되는 경우

③ 위반행위자가 법 위반상태를 시정하거나 해소하기 위해 노력한 것이 인정되는 경우
④ 그 밖에 위반행위의 정도, 위반행위의 동기와 그 결과 등을 고려하여 줄일 필요가 있다고 인정되는 경우

라. 개별기준

「개별소비세법」 제29조 제1항부터 제2항, 「교통·에너지·환경세법」 제25조 제1항부터 제2항 및 「조세특례제한법」 제106조의2 제21항에 따른 과태료 부과의 개별기준은 다음과 같다.

1) 해상면세유 부정유통 과태료

관할 세무서장은 외국항행선박 또는 원양어업선박에 사용할 목적으로 개별소비세(또는 교통·에너지·환경세)를 면제받는 석유류 중 ① 외국항행선박 또는 원양어업선박 외의 용도로 반출한 석유류를 판매하거나, ② 그 사실을 알면서 취득한 자에게는 판매가액 또는 취득가액의 3배 이하의 과태료를 부과·징수한다(조세범 처벌법 §4 ④ → 개별소비세법 §29 ①, 교통·에너지·환경세법 §25 ① 이관).

1차 위반		재범(최근 3년간)	
		2차 위반	3차 위반
판매 또는 취득가액	비 율	판매(취득)가액의 2배	판매(취득)가액의 3배
1억원 이하	판매 또는 취득가액의 0.5배		
1억원 초과	판매 또는 취득가액 − 5천만원		

2) 농·임·어업용 면세유 부정유통 과태료

관할 세무서장은 농민, 임업에 종사하는 자 및 어민이 농업·임업 또는 어업에 사용하기 위한 면세 석유류를 공급받은 자로부터 취득하여 판매한 자에게 판매가액의 3배 이하의 과태료를 부과한다(처벌법 §4 ② → 조세특례제한법 §106조의2 ㉑ 이관, 영농기자재등면세규정 [별표7]).

1차 위반		재범(최근 3년간)	
		2차 위반	3차 위반
판매 또는 취득가액	비 율	판매(취득)가액의 2배	판매(취득)가액의 3배
1억원 이하	판매가액의 0.5배		
1억원 초과	판매가액 − 5천만원		

3) 명령사항 위반 과태료

「개별소비세법」 제25조 및 「교통·에너지·환경세법」 제21조에 따른 납세보전을 위한 명령사항을 위반한 자에게는 2,000만원 이하의 과태료를 부과·징수한다(조세범 처벌법 §17 → 개별소비세법 §29 ②, 교통·에너지·환경세법 §25 ② 이관).

구 분	과태료 금액
1. 과세물품 제조자의 명령사항 위반	
가. 직전 사업연도 수입금액이 50억원 미만	300만원
나. 직전 사업연도 수입금액이 50억원 이상 100억원 미만	500만원
다. 직전 사업연도 수입금액이 100억원 이상	1,000만원
2. 과세장소 경영자의 명령사항 위반	
가. 직전 사업연도 수입금액이 50억원 미만	300만원
나. 직전 사업연도 수입금액이 50억원 이상 100억원 미만	500만원
다. 직전 사업연도 수입금액이 100억원 이상	1,000만원
3. 과세유흥장소 경영자의 명령사항 위반	
가. 직전 사업연도 수입금액이 5억원 미만	300만원
나. 직전 사업연도 수입금액이 5억원 이상 10억원 미만	500만원
다. 직전 사업연도 수입금액이 10억원 이상	1,000만원
4. 외국인 전용 판매장 경영자의 명령사항 위반	300만원
7. 조건부 면세 승용차를 제조·반출하는 사업자의 명령사항 위반	1,000만원
6. 조건부 면세 승용차를 반입한 자의 명령사항 위반	
가. 직전 사업연도 수입금액이 50억원 미만	300만원
나. 직전 사업연도 수입금액이 50억원 이상 100억원 미만	500만원
다. 직전 사업연도 수입금액이 100억원 이상	1,000만원
5. 개별소비세 환급(공제) 신청자(가정용 부탄 환급자 등 포함)의 명령사항 위반	300만원

"수입금액"이란 다음의 구분에 따른 금액을 말한다. 다만, 「법인세법」 제66조 또는 「소득세법」 제80조에 따라 결정·경정된 금액이 있는 경우에는 그 결정·경정된 금액을 말하며, 직전연도의 기간이 신규 사업 개시, 휴업 등으로 1년에 미달하는 경우에는 해당 기간 동안의 수입금액만을 직전 사업연도 수입금액으로 본다.

1. 법인의 경우 : 「법인세법」 제60조 제1항(같은 법 제97조 제1항 제2호에 따라 준용하는 경우를 포함한다)에 따라 신고된 수입금액

2. 개인의 경우 : 「소득세법」 제24조에 따른 총수입금액(같은 법 제70조, 제70조의2, 제71조 및 제74조에 따라 신고된 금액으로서 사업소득에 따른 금액으로 한정한다)

2 · 조세범칙처분

(1) 조세범칙처분 개요

「조세범 처벌법」은 「개별소비세법」, 「교통・에너지・환경세법」 및 「조세특례제한법」에서 정하는 면세유 규정을 위반한 자와 가짜석유제품의 제조자 또는 판매자 등에 대한 형벌을 규정하고 있다.

가. 전속고발권

「조세범 처벌법」에 따른 범칙행위에 대해서는 국세청장, 지방국세청장 또는 세무서장의 고발이 없으면 검사는 공소를 제기할 수 없다(조세범 처벌법 §21).

나. 공소시효

조세범칙행위의 공소시효는 7년이 지나면 완성된다. 다만, 「조세범 처벌법」 제18조(양벌규정)에 따른 행위자가 「특정범죄가중처벌 등에 관한 법률」 제8조의 적용을 받는 경우에는 「조세범 처벌법」 제18조에 따른 법인에 대한 공소시효는 10년이 지나면 완성된다(조세범 처벌법 §22).

다. 양벌규정

법인(「국세기본법」 제13조에 따른 법인으로 보는 단체를 포함한다)의 대표자, 법인 또는 개인의 대리인, 사용인, 그 밖의 종업원이 그 법인 또는 개인의 업무에 관하여 「조세범 처벌법」에서 규정하는 범칙행위(「국제조세조정에 관한 법률」 제57조를 위반한 행위는 제외한다)를 하면 그 행위자를 벌할 뿐만 아니라 그 법인 또는 개인에게도 해당 조문의 벌금형을 과(科)한다.

다만, 법인 또는 개인이 그 위반행위를 방지하기 위하여 해당 업무에 관하여 상당한 주의와 감독을 게을리 하지 아니한 경우에는 그러하지 아니한다(조세범 처벌법 §18).

(2) 조세범에 대한 처벌

가. 조세포탈(조세범 처벌법 §3)

1) 조세포탈에 대한 처벌

사기나 그 밖의 부정한 행위로써 개별소비세(또는 교통·에너지·환경세)를 포탈하거나 환급·공제를 받은 자는 2년 이하의 징역 또는 포탈세액, 환급·공제받은 세액의 2배 이하에 상당하는 벌금에 처한다.

다만, 포탈세액 등이 3억원 이상이고, 그 포탈세액 등이 신고·납부하여야 할 세액의 30% 이상인 경우 또는 포탈세액 등이 5억원 이상인 경우에는 3년 이하의 징역 또는 포탈세액 등의 3배 이하에 상당하는 벌금에 처한다.

조세포탈의 죄를 범한 자에 대해서는 정상(情狀)에 따라 징역형과 벌금형을 병과할 수 있고 상습적으로 조세포탈을 범한 자는 형의 2분의 1을 가중한다.

조세포탈의 죄를 범한 자가 포탈세액등에 대하여 「국세기본법」 제45조에 따라 법정신고기한이 지난 후 2년 이내에 수정신고를 하거나 같은 법 제45조의3에 따라 법정신고기한이 지난 후 6개월 이내에 기한 후 신고를 하였을 때에는 형을 감경할 수 있다.

2) 기수시기

납세의무자의 신고에 의하여 정부가 부과징수하는 개별소비세와 교통·에너지·환경세의 조세포탈 범칙행위의 기수(旣遂)시기는 해당 세목의 과세표준을 정부가 결정하거나 조사결정한 후 그 납부기한이 지난 때이다. 다만, 납세의무자가 조세를 포탈할 목적으로 세법에 따른 과세표준을 신고하지 아니함으로써 해당 세목의 과세표준을 정부가 결정하거나 조사결정할 수 없는 경우에는 해당 세목의 과세표준의 신고기한이 지난 때로 한다.

3) 사기 기타 부정한 행위의 범위

"사기나 그 밖의 부정한 행위"란 다음의 어느 하나에 해당하는 행위로서 조세의 부과와 징수를 불가능하게 하거나 현저히 곤란하게 하는 적극적 행위를 말한다.

1. 이중장부의 작성 등 장부의 거짓 기장
2. 거짓 증빙 또는 거짓 문서의 작성 및 수취
3. 장부와 기록의 파기

4. 재산의 은닉, 소득·수익·행위·거래의 조작 또는 은폐

5. 고의적으로 장부를 작성하지 아니하거나 비치하지 아니하는 행위 또는 계산서, 세금
   계산서 또는 계산서합계표, 세금계산서합계표의 조작

6. 「조세특례제한법」 제5조의2 제1호에 따른 전사적 기업자원 관리설비의 조작 또는
   전자세금계산서의 조작

7. 그 밖에 위계(僞計)에 의한 행위 또는 부정한 행위

4) 조세포탈의 가중 처벌

「조세범 처벌법」 제3조의 조세포탈의 죄를 범한 사람은 다음의 구분에 따라 가중처벌한다.
이 경우 그 포탈세액등의 2배 이상 5배 이하에 상당하는 벌금을 병과한다(특정범죄 가중처벌
등에 관한 법률 §8).

1. 포탈하거나 환급받은 세액 또는 징수하지 아니하거나 납부하지 아니한 세액(이하
   "포탈세액등"이라 한다)이 연간 10억원 이상인 경우에는 무기 또는 5년 이상의 징역에
   처한다.

2. 포탈세액등이 연간 5억원 이상 10억원 미만인 경우에는 3년 이상의 유기징역에 처한다.

 **관련판례**

■ **세금계산서를 허위기재하거나 발급하지 아니하여 매출액을 축소 신고하는 행위는 사기 기타
부정한 행위에 해당함**(서울고등법원 2014노2074, 2015.10.20.)

  – 위 제3항 '피고인의 사실오인 주장에 대한 판단'의 나. 2)항에서 살펴본 바와 같이,
    '피고인이 C에 대한 2008년 4월 공급가액 중 10억원을 누락하여 허위기재한 세금
    계산서를 C에 교부하였다'는 점을 인정할 수 없으므로, 2008.4.30.자 세금계산서를
    허위기재하여 교부하는 방법으로 2008.7.26. 부가가치세 1억원(공급가액 10억원×
    부가가치세율 10%)을 포탈하였다는 공소사실은 범죄의 증명이 없는 경우에 해당
    하여 형사소송법 제325조 후단에 의하여 무죄를 선고하여야 하나, **이와 일죄의 관계에
    있는 같은 날 부가가치세 1억 1,000만원 포탈로 인한 조세범 처벌법위반죄를 유죄로
    인정**하는 이상 이 부분에 대하여 따로 주문에서 무죄를 선고하지 아니한다.

  – 위 제3항 '피고인의 사실오인 주장에 대한 판단'의 나. 2)항과 「무죄 부분」 제2의
    가.항에서 살펴본 바와 같이, 피고인이 2009년도에 포탈한 세액은 443,501,050원
    (부가가치세 13,000,000원 + 소득세 430,501,050원)이다. 그러므로 연간 포탈세액이
    5억원 이상임을 전제로 한 특정범죄가중처벌등에관한법률위반(조세)의 공소사실은
    범죄사실의 증명이 없는 경우에 해당하여 형사소송법 제325조에 의하여 무죄를

선고하여야 할 것이나, 위 공소사실에 포함되어 있는 판시 **각 조세포탈로 인한 조세범처벌법 위반죄를 유죄로 인정**하는 이상 이 부분에 대하여 따로 주문에서 무죄를 선고하지 아니한다.

■ **유사경유를 제조 · 판매하면서 경유로 기재하여 세금계산서를 발행교부한 행위는 사기 기타 부정한 행위에 해당함**(광주고등법원 2004노482, 2004.12.28.)

– 피고인들의 위 각 주장 중 위 1.가.(1)항에 관하여 보건대, 원심이 적법하게 증거조사를 행하여 채택한 각 증거 및 피고인들의 원심과 당심에서의 진술 등을 종합하면, 피고인들이 유사경유를 유통함에 있어서 거래상대방에게 세금계산서 또는 거래명세표 등을 발행 · 교부하였는데, 그 거래품목을 유사경유가 아닌 경유로 기재하는 한편, 세무사를 통하여 이러한 내용을 관할 세무서에 신고하게 한 사실 등을 인정할 수 있는 바, 피고인들의 위와 같은 행위는 과세관청으로 하여금 교통세의 부과와 징수를 불가능하게 하거나 현저히 곤란하게 하는 사기 기타 부정한 적극적 행위로 볼 수 있을 것이므로 피고인들의 위 주장부분은 그 이유 없다.

– 피고인들의 위 각 주장 중 위 1.가.(2)항에 관하여 보건대, 원심이 적법하게 증거조사를 행하여 채택한 각 증거 및 피고인들의 원심과 당심에서의 진술 등을 종합하면, 피고인들은 유류 등의 도매회사인 주식회사 **오일,**에너지 주식회사 및 주식회사 **유업 등을 운영한 사실, 유류가격에는 상당한 금액의 교통세가 반영되어 있는 사실 등을 인정할 수 있고, 앞에서 본 바와 같이 피고인들이 유사경유를 유통하면서 세금계산서 또는 거래명세표 등을 발행, 교부하고 세무사를 통하여 이러한 내용을 관할 세무서에 신고하게 하였는 바, 위 인정사실에 비추어 보면

– 피고인들에게 과세관청으로 하여금 교통세의 부과와 징수를 불가능하게 하거나 현저히 곤란하게 함으로써 교통세를 포탈하려는 고의가 있었다고 할 것이어서 피고인들의 위 주장 부분도 그 이유 없다.

– 피고인들의 위 각 주장 중 위 1.가.(3)항에 관하여 보건대, 원심이 적법하게 증거조사를 행하여 채택한 각 증거 및 피고인들의 원심과 당심에서의 진술 등을 종합하여 인정되는 피고인들의 연령, 직업, 경력 등에 비추어 보면 피고인들이 주장하는 사정만으로는 피고인들에게 교통세 납세의무를 이행할 기대가능성이 없었다고 보기는 어렵다고 할 것이므로 피고인들의 위 주장도 그 이유 없다.

나. 면세유의 부정 유통(조세범 처벌법 §4)

1) 농·임·어업용 면세유 부정 유통

농업·임업·어업에 사용하기 위하여 감면 받은 석유류를 다른 용도로 사용·판매하여 조세를 포탈하거나 조세의 환급·공제를 받은 석유판매업자는 3년 이하의 징역 또는 포탈세액 등의 5배 이하의 벌금에 처한다.

□ 벌과금 상당액 양정규정 제4조 및 [별표1]

〈 면세유 부정유통자에 대한 벌과금상당액 양정 표준금액 〉

포탈(환급·공제)세액	벌과금 양정기준	산 식
10억원 초과	5배	포탈세액×5배−22억원
1억원 초과 10억원 이하	3배	포탈세액×3배−2억원
1억원 이하	1배	포탈세액×1배

2) 해상 면세유 부정 유통

외국항행선박, 원양어업선박에 사용할 목적으로 개별소비세 및 교통·에너지·환경세를 면제받는 석유류를 다른 용도로 반출하여 조세를 포탈하거나, 외국항행선박 또는 원양어업선박 외의 용도로 사용된 석유류에 대하여 환급·공제받은 자는 3년 이하의 징역 또는 포탈세액의 5배 이하의 벌금에 처한다.

□ 벌과금 상당액 양정규정 제4조 및 [별표1]

〈 면세유 부정유통자에 대한 벌과금상당액 양정 표준금액 〉

포탈(환급·공제)세액	벌과금 양정기준	산 식
10억원 초과	5배	포탈세액×5배−22억원
1억원 초과 10억원 이하	3배	포탈세액×3배−2억원
1억원 이하	1배	포탈세액×1배

3) 면세유 부정유통에 의한 조세포탈의 가중 처벌

「조세범 처벌법」 제4조(면세유의 부정 유통)의 조세포탈의 죄를 범한 사람은 다음의 구분에 따라 가중처벌한다. 이 경우 그 포탈세액등의 2배 이상 5배 이하에 상당하는 벌금을 병과한다(특정범죄 가중처벌 등에 관한 법률 §8).

1. 포탈하거나 환급받은 세액 또는 징수하지 아니하거나 납부하지 아니한 세액(이하

"포탈세액등"이라 한다)이 연간 10억원 이상인 경우에는 무기 또는 5년 이상의 징역에 처한다.

2. 포탈세액등이 연간 5억원 이상 10억원 미만인 경우에는 3년 이상의 유기징역에 처한다.

해석사례

■ 해상면세유를 용도 외로 사용하는 경우 조세범 처벌법 대상인지 여부

(기준-2016-법령해석기본-0018[법령해석과-1115], 2016.4.5.)

– 조세범 처벌법 제4조 제3항 적용대상은 **석유판매업자에 한정되지 아니하고 해상면세유를 외국항행선박 등 외의 용도로 반출한 자는 모두 해당되는 것이며, 외국항행선박에 벙커링하는 과정에서 자연 발생하는 잔유와 외국항행선박의 선장 등으로부터 불법적으로 매입한 해상면세유를 용도외 사용·유통한 행위에 대해서도 조세범 처벌법 제4조 제3항이 적용**되며, 조세범 처벌법 제4조 제3항과 제4항이 동시에 적용될 경우 형벌인 징역 또는 벌금과 행정벌인 과태료는 병과 가능한 것임.

관련판례

■ 면세유를 판매하지 않았음에도 판매한 것처럼 결제하여 감면세액을 환급받는 행위 등은 사기 기타 부정한 행위에 해당(대구지방법원의성지원 2011고단10, 2011.9.1.)

– 피고인은 2008.7.2.경 위 주유소에서 위 F로부터 받아둔 면세유 카드를 이용하여 사실은 선박용 면세 휘발유 100ℓ를 F에게 100,000원에 판매하지 않았음에도 판매한 것처럼 결제한 것을 비롯하여 그 때부터 2008.7.31.까지 F 등 어업인들에게 1일 최대 공급량인 1회 100ℓ씩 86회에 걸쳐 공급가액 합계 8,600,000원 상당의 면세 휘발유 합계 8,600ℓ를 판매한 것처럼 결제하고, 위 F 등 어업인은 선박용 면세 휘발유를 차량용 경유, 보일러용 등유로 바꾸어 사용하거나, 정상적으로 어업활동을 한 것처럼 가장하기 위하여 선박에 부착된 운행계측기(일명 '타코메타')의 운행거리를 조작하였다.

– 피고인은 위와 같이 허위로 결제한 전표를 근거로 '석유판매업자의 면세유류 감면세액 환급신청서'를 작성하여 **세무서에 제출하고 2008. 8월경 이에 속은 **세무서와 **광역시로부터 교통세, 교육세, 부가세, 주행세 등 감면세액 합계 7,228,470원을 환급·공제 받아 조세를 포탈하였다.

– 이를 포함하여 피고인은 그때부터 2010. 6. 27.경까지 위와 같은 방법으로 별지 범죄일람표(7) 기재와 같이 1회 100ℓ씩 총 1,730회에 걸쳐 면세 휘발유 합계 173,000ℓ를 선박용에 사용한 것처럼 속여 위 면세 휘발유 합계 173,000ℓ에 해당하는

세금환급금 합계 151,691,220원을 사기 기타 부정한 행위로써 환급·공제 받아 조세를 포탈하였다.

– 위 피고인들은 피고인 C, D이 실제로 어업활동에 유류를 사용하였으므로 이 부분 사기죄 및 조세범 처벌법위반죄는 성립되지 아니한다고 주장하고, 위 증거들에 의하면 실제로 피고인 C, D은 일부 어업활동을 한 사정이 엿보이기는 하나, 위 증거들에 의하면 피고인 C, D이 피고인 A으로부터 실제로 면세유류를 정상적으로 매수하지 아니하고 마치 매수한 것처럼 세금환급금 상당을 취하면서 위 범죄사실과 같이 행동한 사실을 인정할 수 있어 위 피고인들을 모두 유죄로 인정할 수 있다(세금환급금 상당을 취하는 것 자체가 범죄이고 그와 같이 취한 세금환급금 상당 유류를 그나마 어업활동에 사용하였다는 것은 양형자료에 불과하다).

■ **면세유를 일반인에게 판매하고 수입금액을 신고 누락하여 조세를 포탈한 행위는 사기 기타 부정한 행위에 해당함**(광주지방법원순천지원 2006고단1534, 2007.3.30.)

– 피고인은 2006. 2. 10. 광주지방법원 순천지원에서 특정경제범죄가중처벌등에관한법률위반(횡령) 등으로 징역 3년에 집행유예 5년을 선고받고, 같은 달 18. 위 판결이 확정된 자로서 일반석유판매업소인 공소외 B를 운영하던 자인 바, 2002. 12. 1.경 E과 면세유류공급계약을 체결하고 위 E의 면세유 보관·공급대행 업무를 하던 중, 공소외 F 등 어민들과 공모하여 위 E을 위하여 보관 중인 면세유를 어업용으로 정상 출고하는 것처럼 속인 후, 이를 임의로 빼돌려 일반인들에게 면세유 가격이 아닌 일반유 가격으로 유통시키고 그 매출을 누락하여 조세를 포탈할 것을 마음먹고,

1. 2004. 7.경 순천시 연향동 소재 순천세무서에서, 2004년 1기 부가가치세 신고·납부를 함에 있어, 위 과세기간 중 위와 같이 임의로 빼돌린 면세 경유 등 합계 1,368,947,272리터를 일반인들에게 일반유 가격으로 유통시키고도 그 매출액을 누락하여 신고하는 부정한 방법으로 부가가치세 금 136,894,728원을 포탈한 것을 비롯하여, 별지 범죄일람표 순번 1 내지 5 기재와 같이 같은 방법으로 4회에 걸쳐 부가가치세 합계 금 349,310,367원, 법인세 138,740,838원을 각 포탈하고,

2. 2006. 3.경 위 1항 기재 장소에서, 2005년 법인세 신고·납부를 함에 있어, 별지 범죄일람표 순번 6 기재와 같이 위 1항 기재와 같은 방법으로 14,282,060원의 법인세를 포탈한 것이다.

다. 면세유류 구입카드등의 부정 발급(조세범 처벌법 §4의2)

면세유류 관리기관인 조합이 거짓이나 그 밖의 부정한 방법으로 면세유류 구입카드등을 발급하는 경우에는 3년 이하의 징역 또는 3천만원 이하의 벌금에 처한다.[224]

라. 가짜석유제품의 제조 또는 판매(조세범 처벌법 §5)

1) 가짜석유제품 제조·판매를 통한 조세포탈

「석유 및 석유대체연료 사업법」 제2조 제10호에 따른 가짜석유제품을 제조 또는 판매하여 조세를 포탈한 자는 5년 이하의 징역 또는 포탈 세액의 5배 이하의 벌금에 처한다.[225]

이에 따라 가짜석유제품을 제조 또는 판매하여 조세를 포탈한 포탈범에 대해서는 포탈세액의 1배의 금액을 벌금상당액으로 한다. 다만, 범칙행위일 전 3년 이내에 같은 범칙행위로서 1회 처벌받은 사실이 있는 경우에는 3배, 2회 이상 처벌받은 사실이 있는 경우에는 5배의 금액을 벌금상당액으로 한다(벌과금 상당액 양정규정 §5).

□ 벌과금 상당액 양정규정 제5조

초 범	재범(3년 이내)	
	1회	2회 이상
포탈세액의 1배	포탈세액의 3배	포탈세액의 5배

2) 가짜석유제품 제조·판매에 따른 조세포탈의 가중 처벌

「조세범 처벌법」 제5조(가짜석유제품의 제조 또는 판매)의 조세포탈의 죄를 범한 사람은 다음의 구분에 따라 가중처벌한다. 이 경우 그 포탈세액등의 2배 이상 5배 이하에 상당하는 벌금을 병과한다(특정범죄 가중처벌 등에 관한 법률 §8).

1. 포탈하거나 환급받은 세액 또는 징수하지 아니하거나 납부하지 아니한 세액(이하 "포탈세액등"이라 한다)이 연간 10억원 이상인 경우에는 무기 또는 5년 이상의 징역에 처한다.

2. 포탈세액등이 연간 5억원 이상 10억원 미만인 경우에는 3년 이상의 유기징역에 처한다.

---

224) 「조세범 처벌법」 [시행 2014.1.1.] [법률 제12172호] 일부개정 참고: 면세유 구입카드 등의 발급 규정을 위반한 부정 발급 행위를 처벌할 수 있도록 하여 면세유 구입카드 등의 부정 발급 행위를 근절하기 위해 신설하였다.

225) 「조세범 처벌법」 [시행 2013.7.2.] [법률 제11613호] 일부개정: 유사 석유제품에 대한 국민의 이해를 명확히 하기 위하여 '유사 석유제품'을 '가짜석유제품'으로 용어를 변경하는 내용으로 「석유 및 석유대체연료 사업법」이 개정(법률 제11234호, 2012. 1. 26. 개정, 5. 15. 시행)됨에 따라 용어를 통일하고, 가짜석유제품으로 인한 조세포탈에 대한 처벌을 강화하기 위하여 조세포탈의 행위 유형에 현행 "제조" 외에 "판매"를 추가하며, 그 처벌수준을 상향하였다.

▶ 가짜석유제품

가짜석유제품은 아래 어느 하나의 방법으로 자동차 등(휘발유·경유를 연료로 사용하는 것)의 연료로 사용하거나 사용하게 할 목적으로 제조된 것
① 석유제품에 다른 석유제품 또는 석유화학제품을 혼합한 것
② 석유화학제품에 다른 석유화학제품을 혼합한 것
③ 석유제품이나 석유화학제품에 탄소와 수소가 들어있는 물질을 혼합한 것

 **관련판례**

■ **솔벤트, 톨루엔, 메탄올을 혼합하여 유사 석유를 제조하여 판매한 후 매출신고를 누락한 것은 사기 기타 부정한 행위에 해당함**(광주전주고등법원 2014노55, 2014.5.13.)

- 피고인은 2009.7.15.부터 2010.9.16.까지 익산시 ○○면 ○○리 ××× ○○산업2공단 내 상호 없는 저장소에서 양○○, 성○○으로부터 공급받은 솔벤트, 톨루엔, 메탄올을 혼합하여 약 2,160,534ℓ 상당의 유사 석유를 제조한 다음 불상의 미등록 중간도매상 등에게 합계 1,709,714,191원 상당의 유사 석유를 판매하였다.
- 이 사건 각 범행은 피고인이 1년 남짓 동안 **유사 석유제품을 제조·판매하면서 14억원을 초과하는 조세를 포탈하여 국가의 조세징수 질서를 심각하게 훼손한** 사안으로서 그 죄질이 좋지 아니한 점, 피고인이 포탈한 세액만 하더라도 14억원을 초과는 고액일 뿐만 아니라 그 포탈세금이 현재까지도 납부되지 않고 있는 점 등의 사정은 피고인에게 불리한 정상이다.

■ **유사 석유제품을 제조·판매하였음에도 교통세를 신고·납부하지 않는 사실이 인정됨**
(광주지방법원순천지원 2004고합34, 2004.8.20.)

1. (중략) 여수시에 있는 여천산업단지 내 주식회사 M이 제조·판매중인 석유화학제품으로서 솔벤트류의 토파졸(TOPASOL) P-250이 가격이 저렴하고 비중이나 비점, 외관이 석유제품인 경유와 유사하여 경유와 일정 비율로 섞으면 외관상 경유와 똑같고 그 혼합품을 자동차용 연료로 사용할 수 있다는 점을 이용하여 유사 석유제품을 제조·판매하기로 마음먹고 피고인 A는 가짜경유의 제조·판매를 총괄하고, 피고인 B은 주식회사 H을 이용하여 위 주식회사 M로부터 위 토파졸 P-250을 N으로부터 윤활기유인 P-8, P-9을 각 구입하고, 피고인 C는 위 주식회사 L 및 J 주식회사를 이용하여 위 주식회사 M로부터 토파졸 P-250을 정유회사 등으로부터 정품의 경유를 각 구입하여 가짜 경유를 제조·판매하기로 공모하여, 2002.8. 일자불상경부터 2004.3.8.경까지 여수시에 있는 주식회사 P의 지하저장탱크에서 피고인 B은 주식회사

H 명의로 위 주식회사 M로부터 토파졸(TOPASOL) P-250 총 12,907,300리터를, N으로부터 윤활기유인 P-8, P-9 불상의 양을 각 구입하고, 피고인 C는 주식회사 L 및 J 주식회사 명의로 위 주식회사 M로부터 토파졸 P-250 총 13,015,500리터를 구입한 후 2002. 8.경부터 2003.4.경까지는 정상적으로 구입한 경유 및 토파졸 P-250을 절반씩 섞고, 같은 해 5.경부터 2004.3.8.경까지는 토파졸 P-250 및 정상적으로 구입한 경유, P-8, P-9을 4(토파졸) : 2(경유) : 4(P-8, P-9) 비율로 섞어 혼합하는 방법으로 총 61,700,050리터 시가 41,339,033,500원 상당의 유사 석유제품을 제조·판매하고,

2. 경유 및 이와 유사한 대체유류를 제조한 자는 매월 제조장으로부터 반출한 물품의 수량 및 가격과 산출세액, 미납세액, 면제세액, 공제세액, 환급세액, 납부세액 등을 기재한 신고서를 다음 달 말일까지 제조장을 관할하는 세무서장에게 제출하고 이에 대한 교통세를 납부하여야 함에도 불구하고, 가짜 경유를 제조한 후 경유에 부과되는 교통세를 포탈하기로 마음먹고, 공모하여

　가. 2002.8.1.경부터 같은 달 31.경까지 위 제1항과 같은 곳에서 위 제1항과 같이 가짜경유 214,200리터를 제조하여 판매한 다음 그 수량 및 가격과 산출세액, 납부세액 등을 기재한 신고서를 신고·납부 기한인 같은 해 9. 30.경까지 여수세무서장에게 제출하지 아니하여 교통세 금24,847,200원을 포탈한 것을 비롯하여 그때부터 같은 해 12. 31.경까지 위와 같은 방법으로 별지 범죄일람표(1) 기재와 같이 교통세 합계 금365,144,800원의 조세를 포탈하고,

　나. 2002.12.1.경부터 같은 달 31.경까지 위 제1항과 같은 곳에서 위 제1항과 같이 가짜경유 2,337,600리터를 제조하여 판매한 다음 그 수량 및 가격과 산출세액, 납부세액 등을 기재한 신고서를 신고·납부 기한인 2003.1.31.경까지 여수세무서장에게 제출하지 아니하여 교통세 금271,161,600원을 포탈한 것을 비롯하여 그때부터 2003.12.31.경까지 위와 같은 방법으로 별지 범죄일람표(2) 기재와 같이 교통세 합계 금8,226,975,190원의 조세를 포탈하고,

　다. 2003.12.1.경부터 같은 달 31.경까지 위 제1항과 같은 곳에서 위 제1항과 같이 가짜경유 5,422,500리터를 제조하여 판매한 다음 그 수량 및 가격과 산출세액, 납부세액 등을 기재한 신고서를 신고·납부 기한인 2004.1.31.경까지 여수세무서장에게 제출하지 아니하여 교통세 금1,132,218,000원을 포탈한 것을 비롯하여 그때부터 2004.2.29.경까지 위와 같은 방법으로 별지 범죄일람표(3) 기재와 같이 교통세 합계 금2,404,384,200원의 조세를 포탈한 것이다.

마. 장부의 소각 · 파기 등(조세범 처벌법 §8)

조세를 포탈하기 위한 증거인멸의 목적으로 세법에서 비치하도록 하는 장부 또는 증빙서류를 해당 국세의 법정신고기한이 지난 날부터 5년 이내에 소각·파기 또는 은닉한 자는 2년 이하의 징역 또는 2천만원 이하의 벌금에 처한다.

세법에서 비치하도록 하는 장부 또는 증빙서류에는 「국세기본법」 제85조의3 제3항(장부 등의 비치와 보존)에 따른 전산조직을 이용하여 작성한 장부 또는 증빙서류를 포함한다.

바. 성실신고 방해 행위(조세범 처벌법 §9)

납세의무자를 대리하여 세무신고를 하는 자가 조세의 부과 또는 징수를 면하게 하기 위하여 타인의 조세에 관하여 거짓으로 신고를 하였을 때에는 2년 이하의 징역 또는 2천만원 이하의 벌금에 처한다.

납세의무자로 하여금 과세표준의 신고(신고의 수정을 포함)를 하지 아니하게 하거나 거짓으로 신고하게 한 자 또는 조세의 징수나 납부를 하지 않을 것을 선동하거나 교사한 자는 1년 이하의 징역 또는 1천만원 이하의 벌금에 처한다.

사. 세금계산서 발급의무 위반(조세범 처벌법 §10)

1) 세금계산서 미발급 및 거짓발급 등

다음의 어느 하나에 해당하는 행위를 한 자는 1년 이하의 징역 또는 공급가액에 부가가치세의 세율을 적용하여 계산한 세액의 2배 이하에 상당하는 벌금에 처한다.

1. 「부가가치세법」에 따라 세금계산서(전자세금계산서를 포함한다)를 발급하여야 할 자가 세금계산서를 발급하지 아니하거나 거짓으로 기재하여 발급한 행위
2. 「소득세법」 또는 「법인세법」에 따라 계산서(전자계산서를 포함한다)를 발급하여야 할 자가 계산서를 발급하지 아니하거나 거짓으로 기재하여 발급한 행위

2) 세금계산서 미수취 및 거짓세금계산서 수취 등

다음의 어느 하나에 해당하는 행위를 한 자는 1년 이하의 징역 또는 공급가액에 부가가치세의 세율을 적용하여 계산한 세액의 2배 이하에 상당하는 벌금에 처한다.

1. 「부가가치세법」에 따라 세금계산서를 발급받아야 할 자가 통정하여 세금계산서를 발급받지 아니하거나 거짓으로 기재한 세금계산서를 발급받은 행위

2. 「소득세법」 또는 「법인세법」에 따라 계산서를 발급받아야 할 자가 통정하여 계산서를 발급받지 아니하거나 거짓으로 기재한 계산서를 발급받은 행위

3) 매출처별 세금계산서합계표 거짓제출 등

다음의 어느 하나에 해당하는 행위를 한 자는 1년 이하의 징역 또는 공급가액에 부가가치세의 세율을 적용하여 계산한 세액의 2배 이하에 상당하는 벌금에 처한다.

1. 「부가가치세법」에 따라 매출처별 세금계산서합계표를 제출하여야 할 자가 매출처별 세금계산서합계표를 거짓으로 기재하여 제출한 행위
2. 「소득세법」 또는 「법인세법」에 따라 매출처별 계산서합계표를 제출하여야 할 자가 매출처별 계산서합계표를 거짓으로 기재하여 제출한 행위

4) 매입처별 세금계산서합계표 거짓제출 등

다음의 어느 하나에 해당하는 행위를 한 자는 1년 이하의 징역 또는 공급가액에 부가가치세의 세율을 적용하여 계산한 세액의 2배 이하에 상당하는 벌금에 처한다.

1. 「부가가치세법」에 따라 매입처별 세금계산서합계표를 제출하여야 할 자가 통정하여 매입처별 세금계산서합계표를 거짓으로 기재하여 제출한 행위
2. 「소득세법」 또는 「법인세법」에 따라 매입처별 계산서합계표를 제출하여야 할 자가 통정하여 매입처별 계산서합계표를 거짓으로 기재하여 제출한 행위

5) 가공세금계산서 발급 및 합계표 거짓제출 등

재화 또는 용역을 공급하지 아니하거나 공급받지 아니하고 다음의 어느 하나에 해당하는 행위를 한 자는 3년 이하의 징역 또는 공급가액에 부가가치세의 세율을 적용하여 계산한 세액의 3배 이하에 상당하는 벌금에 처한다. 정상(情狀)에 따라 징역형과 벌금형을 병과할 수 있다.

1. 「부가가치세법」에 따른 세금계산서를 발급하거나 발급받은 행위
2. 「소득세법」 및 「법인세법」에 따른 계산서를 발급하거나 발급받은 행위
3. 「부가가치세법」에 따른 매출·매입처별 세금계산서합계표를 거짓으로 기재하여 제출한 행위
4. 「소득세법」 및 「법인세법」에 따른 매출·매입처별 계산서합계표를 거짓으로 기재하여 제출한 행위

또한 영리를 목적으로 위의 죄를 범한 사람은 다음의 구분에 따라 가중처벌한다(특정범죄 가중처벌 등에 관한 법률 §8의2).

1. 세금계산서 및 계산서에 기재된 공급가액이나 매출처별 세금계산서합계표·매입처별 세금계산서합계표에 기재된 공급가액 또는 매출·매입금액의 합계액(이하 이 조에서 "공급가액등의 합계액"이라 한다)이 50억원 이상인 경우에는 3년 이상의 유기징역에 처한다.
2. 공급가액등의 합계액이 30억원 이상 50억원 미만인 경우에는 1년 이상의 유기징역에 처한다.

이 경우에는 공급가액등의 합계액에 부가가치세의 세율을 적용하여 계산한 세액의 2배 이상 5배 이하의 벌금을 병과한다.

6) 가공세금계산서 발급 행위 알선·중개

재화 또는 용역을 공급하지 아니하거나 공급받지 아니하고 다음의 행위를 알선하거나 중개한 자는 3년 이하의 징역 또는 공급가액에 부가가치세의 세율을 적용하여 계산한 세액의 3배 이하에 상당하는 벌금에 처한다. 이 경우 세무를 대리하는 세무사·공인회계사 및 변호사가 다음의 행위를 알선하거나 중개한 때에는 「세무사법」 제22조 제2항에도 불구하고 해당 형의 2분의 1을 가중한다.

1. 「부가가치세법」에 따른 세금계산서를 발급하거나 발급받은 행위
2. 「소득세법」 및 「법인세법」에 따른 계산서를 발급하거나 발급받은 행위
3. 「부가가치세법」에 따른 매출·매입처별 세금계산서합계표를 거짓으로 기재하여 제출한 행위
4. 「소득세법」 및 「법인세법」에 따른 매출·매입처별계산서합계표를 거짓으로 기재하여 제출한 행위

또한 영리를 목적으로 위의 죄를 범한 사람은 다음의 구분에 따라 가중처벌한다(특정범죄 가중처벌 등에 관한 법률 §8의2).

1. 세금계산서 및 계산서에 기재된 공급가액이나 매출처별 세금계산서합계표·매입처별 세금계산서합계표에 기재된 공급가액 또는 매출·매입금액의 합계액(이하 이 조에서 "공급가액등의 합계액"이라 한다)이 50억원 이상인 경우에는 3년 이상의 유기징역에

처한다.

2. 공급가액등의 합계액이 30억원 이상 50억원 미만인 경우에는 1년 이상의 유기징역에
   처한다.

이 경우에는 공급가액등의 합계액에 부가가치세의 세율을 적용하여 계산한 세액의 2배
이상 5배 이하의 벌금을 병과한다.

 **관련판례**

■ **거래품목을 다르게 기재한 세금계산서를 발행하고 부가가치세를 신고를 한 행위는
교통세에 있어 사기 기타 부정한 행위로 볼 수 없음**(대법원 2005도370, 2005.3.25.)

  – 부가가치세와 관련하여 거래상대방에게 세금계산서를 발행하고 이에 맞추어 관할
    세무서에 부가가치세 신고를 하였을 뿐 교통세에 관련하여서는 별도로 세금계산서를
    발행하거나 관할 세무서에 신고한 일이 없음을 인정할 수 있고, 교통세법 제2조,
    제3조, 제6조, 제7조 등에 의하면 **교통세는 국가가 휘발유 및 이와 유사한 대체유류
    또는 경유 및 이와 유사한 대체유류를 과세물품으로 하여 이를 제조하여 반출하는
    자에게 그 과세물품의 반출수량에 따라 부과하는 세금으로서 사업상 독립적으로
    재화 또는 용역을 공급하는 자에게 부과하는 부가가치세와는 독립된 별개의 국세임을**
    알 수 있는바,
  – 이에 비추어 보면 부가가치세와 관련하여 발행한 세금계산서가 교통세의 부과와
    징수에 있어서도 어떤 역할을 한다는 등의 특별한 사정이 없는 한, 피고인들이
    거래품목을 다르게 기재한 세금계산서를 발행하고 이에 맞추어 관할 세무서에
    부가가치세 신고를 하였다고 하더라도, 피고인들의 그러한 행위가 **부가가치세와
    별도의 세목인 교통세의 부과와 징수에 어떠한 영향을 주었다고 볼 수는 없다.** (중략)
  – 피고인들이 위와 같이 **거래품목을 다르게 기재한 세금계산서를 발행**하고 이에 맞추어
    관할 세무서에 부가가치세의 신고를 한 행위는 교통세에 대해서는 위에서 본 바와
    같은 특별한 사정이 없는 한 그 세금의 부과와 징수를 불능 또는 현저히 곤란하게
    하는 적극적 행위로 볼 수 없어 조세범 처벌법 제9조 제1항에서 말하는 사기 기타
    부정한 행위에 해당한다고 할 수 없다. (중략)

아. 명의대여행위 등(조세범 처벌법 §11)

조세의 회피 또는 강제집행의 면탈을 목적으로 타인의 성명을 사용하여 사업자등록을 하거나
타인 명의의 사업자 등록을 이용하여 사업을 영위한 자는 2년 이하의 징역 또는 2천만원
이하의 벌금에 처한다.

조세의 회피 또는 강제집행의 면탈을 목적으로 자신의 성명을 사용하여 타인에게 사업자 등록을 할 것을 허락하거나 자신 명의의 사업자 등록을 타인이 이용하여 사업을 영위하도록 허락한 자는 1년 이하의 징역 또는 1천만원 이하의 벌금에 처한다.

제3장

소비제세의 조세특례

제**1**절
총 설

1   소비제세 조세특례 개요

(1) 조세특례규정 체계

개별소비세와 교통·에너지·환경세의 일반적인 조세특례 사항은 「조세특례제한법」, 「조세특례제한법 시행령」 및 「조세특례제한법 시행규칙」에 정하고 있다. 다만, 다음에 대한 조세특례에 대해 위임된 사항과 그 시행에 관하여 필요한 사항은 각각의 특례규정과 특례규정 시행규칙을 두고 있다.

가. 농·임·어업용 석유류의 감면 규정

「조세특례제한법」 제106조의2에 따른 농·축산·임·어업용 석유류의 감면에 대해 위임된 사항과 그 시행에 관하여 필요한 사항은 「농·축산·임·어업용 기자재 및 석유류에 대한 부가가치세 영세율 및 면세 적용 등에 관한 특례규정」, 「농·축산·임·어업용 기자재 및 석유류에 대한 부가가치세 영세율 및 면세 적용 등에 관한 특례규정 시행규칙」에 따로 규정하고 있다.

나. 외국인관광객 면세판매장 물품의 감면 규정

「조세특례제한법」 제107조 제2항에 따라 외국인관광객 등이 국외로 반출하기 위하여 외국인관광객 면세판매장에서 구입하는 물품에 대한 개별소비세의 면제에 관하여 외국인관광객 등의 범위, 대상 재화의 범위, 구입·판매의 절차, 세액 환급, 그 밖에 필요한 사항은 「외국인관광객 등에 대한 부가가치세 및 개별소비세 특례규정」(약칭: 외국인관광객면세규정)에 정하고 있다.

면세물품에 대한 부가가치세 및 개별소비세에 관하여 「외국인관광객면세규정」에서 특별히 규정한 것을 제외하고는 부가가치세 및 개별소비세에 관한 법령이 정하는 바에 의한다.

다. 제주도여행객 면세점 물품의 감면 규정

「조세특례제한법」 제121조의13에서 정한 제주특별자치도 면세점에 대한 간접세 등의 특례에 관하여 위임된 사항과 그 시행에 관하여 필요한 사항은 「제주특별자치도 여행객에 대한 면세점 특례규정」으로 정하고 있다. 제주특별자치도 면세점의 면세물품에 대한 부가가치세, 개별소비세, 주세, 관세 및 담배소비세에 관하여 「제주특별자치도 여행객에 대한 면세점 특례규정」에서 특별히 규정한 것을 제외하고는 해당 법령이 정하는 바에 의한다.

| 소비제세의 조세특례제도 |

구 분	조 문	조세특례
자동차	제109조	환경친화적 자동차에 대한 개별소비세 감면
	제109조의2	노후(경유)자동차 교체에 대한 개별소비세 감면 [일몰]
	제109조의4	자동차에 대한 개별소비세 감면 [일몰]
	제110조	외교관용 등 승용자동차에 대한 개별소비세의 면제
과세물품	제107조	외국사업자 등에 대한 간접세의 특례
	제109조의3	여수세계박람회용 물품에 대한 개별소비세 면제 [일몰]
	제114조	군인 등에게 판매하는 물품에 대한 개별소비세와 주세의 면제
	제121조의3	관세 등의 면제
	제121조의13	제주도여행객 면세점에 대한 간접세 등의 특례
석유류	제106조의2	농업·임업·어업용 및 연안여객선박용 석유류에 대한 부가가치세 등의 감면 등
	제111조	석유류에 대한 개별소비세의 면제 (군용, 도서자가발전용)
	제111조의2	경형자동차 연료에 대한 개별소비세의 환급에 관한 특례
	제111조의3	택시연료에 대한 개별소비세 등의 감면
	제111조의4	외교관용 등 자동차 연료에 대한 개별소비세 등의 환급 특례
	제111조의5	연안화물선용 경유에 대한 교통·에너지·환경세 감면
	제111조의6	석유제품 생산공정용 원료로 사용하는 석유류에 대한 개별소비세 면제 [일몰]
	제113조의2	면세유등의 공급에 대한 통합관리
과세장소	제112조	위기지역 소재 골프장에 대한 개별소비세 감면 [일몰]
	제121조의15	제주특별자치도 소재 골프장에 대한 개별소비세 감면 [일몰]
	제121조의18	관광 중심 기업도시 내 골프장에 대한 개별소비세 감면 [일몰]
감면절차	제113조	개별소비세의 감면절차 등

(2) 감면절차(조특법 §113)

「조세특례제한법」 제106조의2 제1항에 따른 농업·임업·어업용(같은 조 제2항에 따라 환급 또는 공제받는 경우는 제외한다), 같은 항 제2호(연안여객선박용 석유류), 제110조 (외교관용 등 승용자동차) 및 제111조(군용·도서자가발전용 석유류)에 따른 개별소비세의 면세절차(면세절차를 이행하지 아니한 경우의 처리를 포함한다)와 세액의 징수, 환급 또는 세액공제의 절차는 해당 물품에 따라 「개별소비세법」을 준용한다.

면세절차 및 세액징수에 관하여는 「개별소비세법」 제18조 또는 「교통·에너지·환경세법」 제15조의 규정을 준용한다(개별소비세법 기본통칙 18-20…10 참조, 조세특례제한법 기본통칙 113-0…1).

가. 용도외 사용·양도에 따른 세액징수(조특법 §113 ①)

「조세특례제한법」 제106조의2 제1항 제2호(연안여객선박용 석유류)에 따른 석유류 및 제110조(외교관용 등 승용자동차) 및 제111조(군용·도서자가발전용 석유류)에 따른 다음의 물품을 면세(세액을 감면받은 경우를 포함한다)로 반입한 날부터 5년(외교관용 등 국산승용 자동차로서 외교관이 구입한 경우는 3년) 이내에 ① 해당 용도에 사용하지 아니하거나 ② 양도한 경우에는 그 면세된 세액을 징수한다.

1. 「조세특례제한법」 제106조의2 제1항 제2호에 따른 석유류 (연안여객선박용 석유류)[226]
2. 「조세특례제한법」 제110조에 따라 개별소비세가 면제되는 외교관용 등 승용자동차
3. 「조세특례제한법」 제111조 제1항에 따른 석유류
   ① 국군부대에 납품하는 석유류

   「국군조직법」에 따라 설치된 부대 또는 기관에 공급하는 석유류(「군인복지기본법」 제2조 제4호에 따른 체육시설 중 군 골프장과 그 밖에 이와 유사한 시설로서 대통령령으로 정하는 것[227]에 공급하는 경우는 제외한다)

   ② 도서 자가발전용 석유류

   「전기사업법」 제2조에 따른 전기사업자가 전기를 공급할 수 없거나 상당한 기간 전기공급이 곤란한 도서(島嶼)로서 산업통상자원부장관(같은 법 제98조에 따라 위임을 받은 기관을 포함한다)이 증명하는 도서지방의 자가발전에 사용할 목적으로

---

226) 연안여객 운임을 적정한 수준으로 유지하여 도서지방 거주민을 포함한 여객선 이용객의 경제적 부담을 경감하는 한편, 운항원가 상승억제로 연안여객운송사업을 활성화하기 위해 연안여객석박용 석유류의 개별 소비세 면제를 도입하였다.
227) 골프연습장(조세특례제한법 시행령 제105조 제1항)

「수산업협동조합법」에 따라 설립된 수산업협동조합중앙회에 직접 공급하는 석유류

다만, 「조세특례제한법」 제110조에 따른 국산승용자동차로서 외교관이 구입한 경우에는 외교관이 이임(移任)하는 등 다음의 부득이한 사유(조특령 §112의5)가 있는 경우에는 그 면세된 세액을 징수하지 아니한다.[228]

1. 법 제110조 제1항에 따른 외교관[229]이 본국이나 제3국으로 이임하는 경우
2. 외교관의 직무가 종료되거나 직위를 상실한 경우
3. 외교관이 사망한 경우

나. 세액의 공제(환급)

개별소비세가 과세된 석유류가 농업·임업·어업용(조세특례제한법 제106조의2 제1항 제1호, 같은 조 제2항에 따라 환급 또는 공제받는 경우는 제외한다), 연안여객선박용 석유류(조세특례제한법 제106조의2 제1항 제2호), 국군에 납품하는 석유류(조세특례제한법 제105조 제1항 제2호), 도서 자가발전용 석유류(조세특례제한법 제106조 제1항 제1호)에 따른 면세에 해당되는 경우에는 그 면세되는 세액을 환급하거나 납부 또는 징수할 세액에서 공제할 수 있다.

세액의 환급 또는 공제절차에 관하여는 「개별소비세법」 제20조 또는 「교통·에너지·환경세법」 제17조의 규정을 준용한다(개별소비세법 기본통칙 20-34…13 참조, 조세특례제한법 기본통칙 113-0…1).

다. 면세물품의 폐기

「조세특례제한법」 제109조 내지 제111조에 따라 면세로 구입한 날로부터 5년(국세청장이 기간을 정하는 물품의 경우에는 그 정한 기간) 이내에 부패·파손 또는 이와 유사한 사유로 소정의 용도에 계속하여 사용할 수 없게 되어 이를 폐기하고자 하는 경우 「개별소비세법 시행령」 제33조 제3항 또는 「교통·에너지·환경세법 시행령」 제23조 제3항을 준용하여 소관

---

228) 「조세특례제한법」[시행 2016.1.1.] [법률 제12853호] 일부개정 이유참고: 주한외교관이 개별소비세를 면제받은 국산승용차에 대한 양도제한 기간을 현행 5년에서 3년으로 단축하고, 주한외교관이 이임하는 등 불가피한 사유가 있는 경우에는 양도제한 기간 내에 양도하는 경우에도 개별소비세를 징수하지 아니하도록 하였다(2015년 4월 1일 당시 면세 받은 국산승용자동차로서 2015년 4월 1일 이후 양도하는 경우에도 적용한다).
229) 「개별소비세법 시행령」 제25조 제2항에 규정된 자(조특령 §112 ①)로서 우리나라에 상주하는 영사기관(명예영사관원을 장으로 하는 영사기관은 제외한다), 국제연합과 이에 준하는 국제기구(우리나라가 당사국인 조약과 그 밖의 국내법령에 따라 특권과 면제를 부여받을 수 있는 경우만 해당한다)의 소속 직원으로서 해당 국가로부터 공무원 신분을 부여받은 자 또는 외교부장관으로부터 이에 준하는 신분임을 확인받은 자 중 내국인이 아닌 자

세무서장의 승인(말소등록, 면세물품 폐기 승인)을 얻은 때에는 당해 면세된 세액을 징수하지 아니한다(조세특례제한법 기본통칙 109-0…1).

군납물품의 인도장소에서 품질불량으로 제조장에 환입하거나 재해 기타 부득이한 사유로 인하여 멸실된 것에 대하여 그에 상당하는 대치품을 반출하고자 하는 경우에는 다시 면세 반출승인을 얻어야 한다(조세특례제한법 기본통칙 114-113…1).

라. 면세유 폐유 · 누손에 대한 신고 · 납부

연근해어업용 선박에 사용할 목적이나 도서지방의 자가발전에 사용할 목적 또는 연안을 운항하는 여객선박에 사용할 목적으로 수산업협동조합 또는 한국해운조합에 공급한 석유류가 유류저장조의 세척 등 사유로 폐유가 발생하거나 선박에 공급하는 과정에서 온도의 차이 등으로 인한 누손이 발생한 경우 당해 반입자는 그 폐유량 또는 누손량에 대한 면세상당액을 신고 · 납부하여야 한다(조세특례제한법 기본통칙 113-0…2).

(3) 면세유등의 공급에 대한 통합관리(조특법 §113의2)

가. 관리대상 면세유

국세청장은 공급실적 관리 및 전산대사를 통한 부정수급 방지를 위해 다음에 해당하는 석유류(「석유 및 석유대체연료 사업법」에 따른 석유 및 석유제품, 이하 "면세유등"이라 한다)의 공급내역 등을 통합적으로 관리하기 위한 전산시스템을 구축하여야 한다.

1. 「조세특례제한법」 제106조의2 제1항에 따른 석유류(농업 · 임업 · 어업용 및 연안여객 선박용 석유류)
2. 「조세특례제한법」 제111조 제1항에 따른 석유류
   ① 국군부대에 납품하는 석유류(조특법 §105 ① 2.)
   ② 도서 자가발전용 석유류로서 2025년 12월 31일까지 제조장 또는 보세구역에서 반출되는 것(조특법 §106 ① 1.)
3. 「개별소비세법」 제16조 제1항 제3호 및 「교통 · 에너지 · 환경세법」 제14조 제1항에 따른 자동차용 석유류 (외교관 등이 사용하는 자동차용 석유류)
4. 「개별소비세법」 제18조 제1항 제9호 및 「교통 · 에너지 · 환경세법」 제15조 제1항 제3호에 따른 외국항행선박 또는 원양어업선박에 사용하는 석유류

나. 자료의 제출요구

국세청장은 면세유등을 통합 관리하기 위한 전산시스템 구축 및 운영을 위하여 필요한 경우에는 다음의 기관이나 단체 등에게 면세유등의 공급내역 등 대통령령이 정하는 정보 또는 자료의 제공을 요청할 수 있다. 이 경우 요청을 받은 자는 정당한 사유가 없으면 이에 따라야 한다(조특법 §113 ②, 조특령 §112의6 ①).

1. 「국가재정법」 제6조에 따른 중앙관서(중앙관서의 업무를 위임받거나 위탁받은 기관을 포함한다)
2. 「농업협동조합법」에 따른 농업협동조합 및 중앙회
3. 「산림조합법」에 따른 산림조합 및 중앙회
4. 「수산업협동조합법」에 따른 수산업협동조합 및 중앙회
5. 「한국해운조합법」에 따른 한국해운조합
6. 「개별소비세법」 또는 「교통·에너지·환경세법」에 따라 석유류에 대해 면세를 받거나 세액의 환급 또는 공제를 받는 자

다. 자료 제출

자료의 제출을 요구받은 기관이나 단체의 장은 분기별 자료를 그 분기의 다음 달 말일까지 국세청장에게 국세정보통신망을 통하여 제출하여야 한다. 다만, 관련 자료의 생산빈도와 활용시기 등을 고려하여 국세청장은 자료의 제출시기를 달리 정할 수 있다.

자료의 제출서식, 제출절차 등 그 밖에 필요한 세부사항은 국세청장이 정한다.

1. 법 제106조의2 제4항에 따른 면세유류 구입카드 또는 출고지시서의 발급내역 및 거래내역
2. 「농·축산·임·어업용 기자재 및 석유류에 대한 부가가치세 영세율 및 면세 적용 등에 관한 특례규정」 제22조에 따른 면세유류공급증명서의 발급내역
3. 「개별소비세법 시행령」 제20조 제3항 제3호, 제34조 제4항 제4호(주한외국군에 납품) 및 「교통·에너지·환경세법 시행령」 제17조 제3항 제2호, 제24조 제2항 제2호(주한외국군에 납품)에 따른 납품(사실)증명서 발급내역
4. 「수출용 원재료에 대한 관세 등 환급에 관한 특례법」 제4조 제4호에 따른 외국항행선박·원양어업선박에 사용되는 석유류에 대한 적재확인서 발급내역
5. 법 제113조의2 제1항에 해당하는 석유류(면세유류)를 부정한 방법으로 공급받거나 해당

용도 외의 다른 용도로 사용·반출 또는 판매한 사실 등의 적발·단속내역

6. 그 밖에 면세유등의 거래내역 및 수급자격의 검증 등 법 제113조의2 제1항에 따른 전산시스템의 구축 및 운영에 필요한 정보 또는 자료로서 기획재정부령으로 정하는 정보 또는 자료

기획재정부령으로 정하는 정보 또는 자료는 다음과 같다. (2024년 3월 22일 신설)

1. 「조세특례제한법 시행규칙」 별표 15에 따른 정보 또는 자료
2. 그 밖에 법 제113조의2 제1항에 따른 전산시스템의 구축 및 운영을 위해 필요하다고 인정되어 국세청장이 정하는 면세유등의 거래내역

■ 조세특례제한법 시행규칙 [별표 15] 〈신설 2024. 3. 22.〉

| 면세유등 관리 전산시스템 구축 및 운영에 필요한 정보 또는 자료(제50조의4 제1호 관련) |

1. 「농어업경영체 육성 및 지원에 관한 법률」 제4조에 따른 농어업경영체의 등록 정보
2. 「선박법」 제8조에 따른 선박등록 내역
3. 「수산업법」 제7조에 따른 어업면허 내역
4. 「수산업법」 제27조 제1항에 따른 관리선 사용 지정 내역
5. 「내수면어업법」 제6조 제1항에 따른 내수면어업 면허 내역
6. 「내수면어업법」 제9조 제1항에 따른 내수면어업 허가 내역
7. 「내수면어업법」 제11조 제1항에 따른 내수면어업 신고 내역
8. 「낚시 관리 및 육성법」 제25조 제1항에 따른 낚시어선업 신고 내역
9. 「양식산업발전법」 제10조에 따른 양식업 면허 내역
10. 「양식산업발전법」 제43조에 따른 양식업 허가 내역
11. 「수산종자산업육성법」 제21조 제1항에 따른 수산종자생산업 허가 내역
12. 「해운법」 제4조에 따른 해상여객운송사업 면허 내역
13. 「해운법」 제24조에 따른 해상화물운송사업 등록 내역
14. 「항만운송사업법」 제4조에 따른 항만운송사업 등록 내역
15. 「항만운송사업법」 제26조의3 제1항에 따른 선박연료공급업 등록 내역
16. 「어선법」 제13조에 따른 어선원부 등록 내역
17. 「개별소비세법 시행령」 제20조 제2항 제3호에 따른 유류공급명세서

제 2 절
자동차에 대한 세액감면

1 ː 친환경차의 개별소비세 감면

(1) 환경친화적 자동차에 대한 개별소비세 감면(조특법 §109)

환경친화적 자동차는 「환경친화적 자동차의 개발 및 보급 촉진에 관한 법률」에 따라 전기자동차, 태양광자동차, 하이브리드자동차, 수소전기자동차 또는 같은 법 시행규칙으로 정하는 환경기준에 부합하는 자동차로 구분하며, ① 하이브리드자동차, ② 전기자동차, ③ 수소전기자동차에 대해서는 개별소비세를 감면한다. 이에 따라 개별소비세에 부가되는 교육세(개별소비세 감면액에 대한 30%) 및 감면세액(개별소비세, 교육세)에 대한 부가가치세도 감면되는 효과가 있다.

「환경친화적 자동차의 개발 및 보급 촉진에 관한 법률」에 따른 환경친화적 자동차는 아래 요건을 갖춘 자동차 중 산업통상자원부장관이 환경부장관과 협의하여 고시[230]한 자동차를 말한다.

1. 에너지소비효율이 산업통상자원부령으로 정하는 기준[231]에 적합할 것
2. 「대기환경보전법」 제2조 제16호에 따라 환경부령으로 정하는 저공해자동차의 기준에 적합할 것
3. 자동차의 성능 등 기술적 세부 사항에 대하여 산업통상자원부령으로 정하는 기준에 적합할 것

---

230) 「환경친화적 자동차의 요건 등에 관한 규정」(산업통상자원부 고시 제2024-77호, 2024. 4. 30.)
231) 「환경친화적 자동차의 개발 및 보급 촉진에 관한 법률 시행규칙」 제2조 제1항에 따라 「환경친화적 자동차의 요건 등에 관한 규정」(산업통상자원부 고시 제2024-77호, 2024. 4. 30.)에 환경친화적자동차의 종류·배기량 및 동력원별로 정하여 고시하고 있다.

환경친화적 자동차의 종류

① 하이브리드자동차	휘발유·경유·액화석유가스·천연가스 또는 산업통상자원부령으로 정하는 연료[232]와 전기에너지(전기 공급원으로부터 충전받은 전기에너지를 포함)를 조합하여 동력원(動力源)으로 사용하는 자동차
② 전기자동차	전기 공급원으로부터 충전받은 전기에너지를 동력원으로 사용하는 자동차
③ 수소전기자동차(연료전지[233]자동차)	수소를 사용하여 발생시킨 전기에너지를 동력원으로 사용하는 자동차
④ 태양광자동차	태양에너지를 동력원으로 사용하는 자동차
⑤ 환경기준에 부합하는 자동차	산업통상자원부장관이 환경부장관과 협의하여 고시한 자동차

* 환경친화적 자동차의 개발 및 보급 촉진에 관한 법률 제2조

| 친환경자동차의 감면비교 |

구 분	하이브리드자동차	전기자동차	수소전기자동차
감면금액	• 100만원 이하 전액 • 100만원 초과 100만원	• 300만원 이하 전액 • 300만원 초과 300만원	• 400만원 이하 전액 • 400만원 초과 400만원
적용시기	2009년 7월~2024년	2012년~2024년	2017년~2024년

---

232) 「환경친화적 자동차의 개발 및 보급 촉진에 관한 법률 시행규칙」 제3조는 ① 디메틸에테르(Dimethylether)와 ② 「신에너지 및 재생에너지 개발·이용·보급 촉진법」 제2조 제1호 각 목의 어느 하나에 해당하는 신에너지 및 재생에너지로서 별도의 특별한 장치를 부착하지 아니하고도 자동차용 연료로 직접 사용이 가능한 에너지로 정하고 있다.

233) 연료전지(fuel cell)는 수소를 연료로 전기를 생산하는 장치로서 수소와 공기 중 산소의 화학적 반응을 통해 전기에너지 및 열에너지를 생성하는 것으로 에너지 변환효율이 높고 오염물질, 소음·진동이 적은 친환경 전원설비를 말한다.

| 친환경차 유형별 특성 및 개별소비세 감면 현황 |

구분		전기차 (EV)	수소전기차 (FCEV)	하이브리드차	
				하이브리드차 (HEV)	플러그인 하이브리드차 (PHEV)
동력계 구조					
구동원		모터	모터	엔진 + 모터	모터 엔진(방전시)
에너지원		전기	수소	화석연료 전기	전기 화석연료(방전시)
특징		• Zero-Emission • 1회 충전시 160 ~400km 주행	• 수소/산소반응으 로 전기를 생산하 여 모터 구동 • Zero-Emission • 수소탱크, 스택 등 장착 • 시스템 고가	• 구동시 내연기관/ 모터 적절히 작동 시켜 연비 향상 • 별도 인프라 필요 없음. • 배터리 전용 주행 5km 내외	• 단거리 전기로만 주행 • 장거리 주행시 엔진 직구동 • HEV대비 배터리 용량 증대 (주행 60km 내외)
구매비용		고가	초고가	다소 고가	다소 고가
운영비용		저비용	고비용	다소 저비용	다소 저비용
운전편의		내연기관 대비 불편 (충전 필요)	내연기관 대비 불편 (수소충전 필요)	내연기관 대비 동일	내연기관 대비 거의 동일
적용 사례	현대	코나, 아이오닉5	투싼ix ECEV, 넥소	소나타, 그랜저	소나타
	기아	니로, EV6	–	K5, 니로	K5
	기타	토레스EVX(KGM) 테슬라 모델3 (테슬라)	미라이(도요타)	아르카나 E-테크 (르노) 카이엔 E-하이브리드 (포르쉐)	A7(아우디) 렉서스NX(렉서스)
개별소비세 감면		(한도) 300만원 (일몰) 2024.12.31.	(한도) 400만원 (일몰) 2024.12.31.	(한도) 100만원 (일몰) 2024.12.31.	(한도) 100만원 (일몰) 2024.12.31.

(2) 하이브리드자동차의 세액감면

가. 감면대상

고유가, 기후변화협약 및 미래 자동차산업 변화에 대응하기 위해 「환경친화적 자동차의 개발 및 보급 촉진에 관한 법률」 제2조 제5호에 따른 하이브리드자동차로서 아래의 요건[234]을 갖춘 자동차에 대해서는 개별소비세를 감면한다.

1. 에너지소비효율이 산업통상자원부령으로 정하는 기준[235]에 적합할 것
2. 「대기환경보전법」 제2조 제16호에 따라 환경부령으로 정하는 저공해자동차의 기준에 적합할 것
3. 자동차의 성능 등 기술적 세부 사항에 대하여 산업통상자원부령으로 정하는 기준에 적합할 것

하이브리드자동차는 외부 전기 공급원으로부터 충전 받은 전기에너지로 구동 가능한 차량은 플러그인 하이브리드자동차와 외부 전기 공급원으로부터 충전 받을 수 없는 차량은 일반 하이브리드자동차로 구분한다.

일반 하이브리드자동차의 에너지소비효율의 기준은 다음과 같다.

구 분	에너지소비효율 기준(km/L)		
	휘발유	경유	LPG
경형	19.4	24.0	15.5
소형	17.0	21.6	13.8
중형	14.3	18.8	12.1
대형	13.8	16.0	9.7

* 일반 하이브리드자동차의 에너지소비효율은 「자동차의 에너지소비효율 및 등급표시에 관한 규정」에 따른 복합에너지소비효율을 말한다.
* 경형·소형·중형·대형의 구분은 「자동차관리법 시행규칙」 [별표1]의 규모별 세부기준을 적용한다.

플러그인 하이브리드자동차의 에너지소비효율의 기준은 18.0km/ℓ[236]이다.

---

234) 「환경친화적 자동차의 개발 및 보급촉진에 관한 법률」 제2조 제2호 각 목
235) 「환경친화적 자동차의 개발 및 보급 촉진에 관한 법률 시행규칙」 제2조 제1항에 따라 「환경친화적 자동차의 요건 등에 관한 규정」(산업통상자원부 고시 제2024-77호, 2024. 4. 30.)에 환경친화적 자동차의 종류·배기량 및 동력원별로 정하여 고시하고 있다.
236) 플러그인 하이브리드자동차의 에너지소비효율은 「자동차의 에너지소비효율 및 등급표시에 관한 규정」에

나. 감면금액

하이브리드자동차의 개별소비세는 100만원을 한도로 감면한다.

① 개별소비세액이 100만원 이하인 경우에는 개별소비세액 전액

② 개별소비세액이 100만원을 초과하는 경우에는 100만원

다. 적용시기

2009년 7월 1일부터 2024년 12월 31일까지 제조장 또는 보세구역에서 반출되는 자동차에만 적용한다.

라. 하이브리드자동차의 종류

「환경친화적 자동차의 요건 등에 관한 규정」(산업통상자원부 고시 제2024-77호, 2024.4.30.)에서 정하는 개별소비세 감면대상 하이브리드자동차는 다음과 같다.

제조사	일반 하이브리드자동차	플러그인 하이브리드자동차
현대자동차	아반떼 1.6 LPI 하이브리드 아반떼 1.6 GDI 하이브리드 더 뉴 아반떼 더 뉴 아반떼 빌트인캠 더 뉴 아반떼 하이브리드 N Line 쏘나타 2.0 YF 하이브리드 쏘나타 2.0 LF 하이브리드 쏘나타 2.0 DN8 하이브리드 쏘나타 2.0 DN8 하이브리드 빌트인캠 그랜저 하이브리드 그랜저 2.4 HG 하이브리드 그랜저 2.4 IG 하이브리드 그랜저 2.4 IG 하이브리드 빌트인캠 아이오닉 1.6 GDI 하이브리드 코나 1.6 하이브리드 코나 1.6 하이브리드 빌트인캠 투싼 하이브리드 투싼 하이브리드 빌트인캠	쏘나타 2.0 플러그인 하이브리드 아이오닉 1.6 GDI 플러그인 하이브리드

따른 복합에너지소비효율을 말하며, 이 경우 도심주행 및 고속도로주행 각각의 에너지소비효율은 CD모드와 CS모드의 에너지소비효율을 조화평균하여 산정한다.

제조사	일반 하이브리드자동차	플러그인 하이브리드자동차
현대자동차	투싼 하이브리드 4WD 더 뉴 투싼 하이브리드 싼타페 하이브리드 2WD 디 올 뉴 싼타페 하이브리드 2WD	
한국GM	말리부 1.8 하이브리드(1,796cc)	쉐보레 볼트 플러그인 하이브리드
르노코리아	XM3 하이브리드, 르노 arkana 하이브리드	–
포드	Fusion Hybrid(2,488cc) Fusion Hybrid(1,999cc) Lincoln MKZ Hybrid(1,999cc)	
볼보	–	S90T8 AWD 플러그인 하이브리드
기아자동차	포르테 1.6 LPI 하이브리드 K5 2.0 TF 하이브리드 K5 2.0 JF 하이브리드 K5 2.0 DL3 하이브리드 K5 2.0 DL3 하이브리드 빌트인캠 더 뉴 K5 하이브리드 K7 2.4 VG하이브리드 K7 2.4 YG 하이브리드 니로 1.6 GDI 하이브리드 K8 1.6T GDI 하이브리드 스포티지 하이브리드 쏘렌토 하이브리드 2WD 더 뉴 쏘렌토 하이브리드 2WD	K5 2.0 플러그인 하이브리드 니로 1.6 GDI 플러그인 하이브리드
혼다	CIVIC HYBRID(1,339cc, 1,497cc) INSIGHT(1,339cc) CR-Z 하이브리드(1,497cc) ACCORD HYBRID(1,993cc) CR-V HYBRID 4WD(1,993cc, 에너지소비 효율 14.3km/L 이상인 차종에 한정) CR-V HYBRID 2WD(1,993cc)	–
렉서스	렉서스 CT200h(1,798cc) ES300h(2,494cc, 2,487cc) UX250h(1,987cc) NX350h(2,487cc)	NX450h+, RX450h+ 플러그인 하이브리드

제조사	일반 하이브리드자동차	플러그인 하이브리드자동차
토요타	PRIUS(1,798cc) Prius AWD, Prius 2WD Camry Hybrid(2,362cc, 2,487cc, 2,494cc) Camry Hybrid LE, PRIUS V(1,798cc) RAV4 Hybrid(2,487cc) PRIUS C(1,497cc) Avalon Hybrid(2,487cc) Sienna Hybrid 2WD Crown Hybrid Highlander Hybrid	Prius Prime 플러그인 하이브리드, Prius PHEV, RAV4 플러그인 하이브리드

(3) 전기자동차의 세액감면

가. 감면대상

전기승용차가 2012년부터 개별소비세 과세대상에 포함되면서 향후 세계 자동차산업이 전기자동차 등 친환경차 중심으로 재편될 것에 대비하여 자동차산업의 국제경쟁력 확보와 저탄소 녹색성장을 지원하기 위해 「환경친화적 자동차의 개발 및 보급 촉진에 관한 법률」 제2조 제3호에 따른 전기자동차로서 아래의 요건을 갖춘 자동차에 대해서는 개별소비세를 감면한다.

1. 에너지소비효율이 산업통상자원부령으로 정하는 기준[237]에 적합할 것
2. 「대기환경보전법」 제2조 제16호에 따라 환경부령으로 정하는 저공해자동차의 기준에 적합할 것
3. 자동차의 성능 등 기술적 세부 사항에 대하여 산업통상자원부령으로 정하는 기준에 적합할 것

전기자동차의 에너지소비효율의 기준은 다음과 같다.

---

237) 「환경친화적 자동차의 개발 및 보급 촉진에 관한 법률 시행규칙」 제2조 제1항에 따라 「환경친화적 자동차의 요건 등에 관한 규정」(산업통상자원부 고시 제2024-77호, 2024. 4. 30.)에 환경친화적 자동차의 종류·배기량 및 동력원별로 정하여 고시하고 있다.

구분	승용자동차	
	초소형 · 경형 · 소형	중 · 대형
에너지소비효율 (km/kWh)	5.0 이상	3.7 이상

* 초소형 · 경형 · 소형 · 중형 · 대형의 구분은 자동차관리법 시행규칙 [별표1]의 규모별 세부 기준 중 배기량 기준을 제외한 길이 · 너비 · 높이 기준만 적용한다.
* 전기자동차의 에너지소비효율은 "자동차의 에너지소비효율 및 등급표시에 관한 규정"에 따른 복합에너지 소비효율을 말한다. 다만, 전기버스의 에너지소비효율은 한국산업표준 "전기자동차 에너지 소비율 및 일 충전 주행거리 시험 방법(KS R 1135)"에 따른 에너지소비효율을 말한다.

나. 감면금액

전기자동차의 개별소비세는 300만원을 한도로 감면한다.

① 개별소비세액이 300만원 이하인 경우에는 개별소비세액 전액
② 개별소비세액이 300만원을 초과하는 경우에는 300만원

다. 적용시기

2012년 1월 1일부터 2024년 12월 31일까지 제조장 또는 보세구역에서 반출되는 자동차에만 적용한다.

라. 전기자동차의 종류

「환경친화적 자동차의 요건 등에 관한 규정」(산업통상자원부 고시 제2024-77호, 2024.4.30.)에서 정하는 개별소비세 감면대상 전기자동차는 다음과 같다.

제조사	전기자동차
기아자동차	쏘울 전기자동차(30kWh, 39.2kWh, 64kWh), 니로 전기자동차, 니로 플러스, EV6 기본형 2WD, EV6 기본형 4WD, EV6 항속형 2WD, EV6 항속형 4WD, EV6 GT, EV9 4WD, EV9 2WD, EV9 GT-line, 레이 EV
현대자동차	아이오닉 전기자동차(28.1kWh, 38.3kWh), 코나 전기자동차, 코나 일렉트릭, 코나 일렉트릭 빌트인캠, 아이오닉5 항속형 2WD, 아이오닉5 항속형 4WD, 아이오닉5 기본형 2WD, 아이오닉5 기본형 4WD, 아이오닉5 N, 아이오닉6 기본형 RWD, 아이오닉6 항속형 RWD, 아이오닉6 항속형 AWD, G80 Electrified, GV60, GV70 전기자동차
한국GM	CHEVROLET BOLT EV, CHEVROLET BOLT EUV 전기자동차

제조사	전기자동차
르노코리아	SM3 ZE(35.9kWh), ZOE, TWIZY 전기자동차
BMW	i3(33.2kWh, 42.4kWh), iX xDrive40, iX xDrive 50(에너지소비효율 3.7km/kWh 이상인 차종에 한정), i7 eDrive50, i7 xDrive60, iX1 xDrive30, iX3 M Sport, i4 M50, i4 eDrive40, i5 eDrive40, i5 M60 xDrive, MINI Cooper SE 전기자동차
테슬라	모델 S 75D, S 90D, S 100D, S P100D, S Long Range, S Performance, S Standard Range, X 100D, X 75D, X Long Range, X Performance, X Standard Range, 3 Performance, 3 Long Range, 3 Standard Range Plus, 3 RWD, Y RWD, Y Long Range, Y Performance, Y Standard Range, S AWD, S Plaid, X AWD, X Plaid 전기자동차
닛산	LEAF 전기자동차(40.3kWh)
스마트솔루션즈	SMART EV Z 전기자동차, D2C, D2P 전기트럭
대창모터스	다니고3, 다니고3 픽업, 다니고 밴, 다니고C, 다니고C2, 다니고R, 다니고R2
스텔란티스	PEUGEOT e-208, PEUGEOT e-2008 SUV, PEUGEOT e208, DS3 CROSSBACK E-TENSE, DS3 E-TENSE 전기자동차
케이지모빌리티	코란도 e-motion, 토레스 EVX 2WD 전기자동차
마스타전기차	마스타VAN 전기자동차
코리아에어카고에이전시	LSEV 전기자동차
디피코	포트로-탑, 포트로-픽업 전기자동차
세보모빌리티	CEVO-C SE, CEVO-C SE 1인승 밴형, CEVO-C 전기자동차
마이브	마이브 M1 전기자동차
메르세데스벤츠	EQA250, EQS450+, EQS350, EQB300 4MATIC, EQE300, EQE350 4MATIC, EQS450 4MATIC, EQE350 4MATIC SUV, EQE 350+, EQE500 4MATIC SUV 전기자동차
케이모터	MG ZS EV 전기자동차
렉서스	UX300e, RZ450e 전기자동차
비바모빌리티	비바 전기자동차
볼보	C40 Recharge Twin, XC40 Recharge Twin 전기자동차
폴스타	Polestar2 Long Range Single Motor, Polestar2 Long Range Dual Motor, Polestar2 Standard Range Single Motor 전기자동차
이브이케이엠씨	MASADA 2밴, MASADA 3세대 2밴, MASADA 4 밴, MASADA 3세대 4밴, MASADA 픽업 전기자동차
제이스모빌리티	이티4밴

제조사	전기자동차
폭스바겐	ID.4 Pro
GS글로벌	T4K
테라팩토리	테라밴키즈, 테라밴키즈11, 테라밴
에스에스라이트	젤라 피이백, 젤라
모빌리티네트웍스	SE－A2밴

(4) 수소전기자동차의 세액감면

가. 감면대상

「환경친화적 자동차의 개발 및 보급 촉진에 관한 법률」 제2조 제6호에 따른 수소전기자동차로서 아래의 요건을 갖춘 자동차에 대해서는 개별소비세를 감면한다.[238]

1. 에너지소비효율이 산업통상자원부령으로 정하는 기준[239]에 적합할 것
2. 「대기환경보전법」 제2조 제16호에 따라 환경부령으로 정하는 저공해자동차의 기준에 적합할 것
3. 자동차의 성능 등 기술적 세부 사항에 대하여 산업통상자원부령으로 정하는 기준에 적합할 것

수소전기자동차의 에너지소비효율의 기준은 75.0㎞/㎏ 이상이다.

「환경친화적 자동차의 요건 등에 관한 규정」(산업통상자원부 고시 제2024－77호, 2024.4.30.)에서 정하는 개별소비세 감면대상 수소전기자동차는 다음과 같다.

제조사	전기자동차
현대자동차	투싼 수소전기자동차, 넥쏘 수소전기차

---

238) 수소전기자동차에 대한 개별소비세 감면 특례제도는 2017년부터 신설·시행된 것으로, 신설 당시 적용기한을 2019. 12. 31.로 규정하여 3년간 시행되도록 하였으나 일몰연장하여 2022. 12. 31.까지 적용한다.
239) 「환경친화적 자동차의 개발 및 보급 촉진에 관한 법률 시행규칙」 제2조 제1항에 따라 「환경친화적 자동차의 요건 등에 관한 규정」(산업통상자원부 고시 제2024－77호, 2024. 4. 30.)에 환경친화적 자동차의 종류·배기량 및 동력원별로 정하여 고시하고 있다.

나. 감면금액

수소전기자동차의 개별소비세는 400만원을 한도로 감면한다.

① 개별소비세액이 400만원 이하인 경우에는 개별소비세액 전액
② 개별소비세액이 400만원을 초과하는 경우에는 400만원

다. 적용시기

2017년 1월 1일부터 2024년 12월 31일까지 제조장 또는 보세구역에서 반출되는 자동차에 적용한다.

2 노후자동차 교체에 따른 세액감면

(1) 노후차 교체에 대한 개별소비세 감면(조특법 §109의2, 일몰)

노후경유자동차 또는 노후자동차의 폐차 촉진과 미세먼지 저감 및 자동차 산업 활성화 지원을 위해 10년 이상 된 노후경유차 또는 노후차를 말소하고 구입하는 신차에 대한 개별소비세의 70%를 100만원 한도로 감면하였다.

| 노후(경유)자동차 교체에 대한 개별소비세 감면제도 연혁 |

시행기간	대상	감면내용	한도
2009. 5. 1. ~ 2009. 12. 31. (8개월 간)	노후자동차	• 노후자동차 교체 • 개별소비세 70% 감면	100만원
2016. 12. 5. ~ 2017. 6. 30. (7개월 간)	노후경유자동차	• 노후경유자동차 교체 • 개별소비세 70% 감면	100만원
2019. 1. 1. ~ 2019. 12. 31. (1년 간)	노후경유자동차	• 노후경유자동차 교체 • 개별소비세 70% 감면	100만원
2020. 1. 1. ~ 2020. 6. 30. (6개월 간)	노후자동차	• 노후자동차 교체 • 개별소비세 70% 감면	100만원

(2) 노후경유자동차 교체에 대한 개별소비세 감면(2019년 시행, 일몰)

노후경유자동차의 폐차 촉진을 위해 2019년도 중에 10년 이상(2008.12.31. 이전 등록) 된 노후경유자동차를 말소하고 구입하는 신차에 대한 개별소비세의 70%를 100만원 한도로 감면하였다.

가. 감면대상

① 「자동차관리법」에 따라 2008년 12월 31일 이전에 신규 등록(등록일 기준)한 경유자동차를 등록일을 기준으로 2018년 6월 30일 현재 소유하고 있는 자(법인 포함)가 ② 노후경유자동차를 폐차하거나 또는 수출하여 신조차의 신규 등록일 전후 2개월 이내에 말소등록하고, ③ 말소 등록일 전후 2개월 이내에 신조차를 본인의 명의로 신규 등록하는 경우 구입하는 신차에 대한 개별소비세의 70%를 100만원 한도로 감면한다.

노후경유자동차는 「자동차관리법」에 따라 2008년 12월 31일 이전에 신규등록한 자동차로서 경유를 사용하는 것(이륜자동차와 「자동차관리법」에 따라 자동차매매업으로 등록한 자가 매매용으로 취득한 중고자동차는 제외)을 말한다.

신차는 2019년 1월 1일부터 2019년 12월 31일까지 제조장에서 반출되거나 수입된 차량(중고차 및 수입중고차는 제외)을 해당 기간 동안 신차를 취득하여 등록하여야 한다.

다만, 2019년 1월 1일 이전에 반출되거나 수입신고 된 차량이지만 2018년 12월 31일까지 판매되지 않고 제조업자·도소매업자·수입업자가 보유하고 제조업자 등의 판매확인서, 재고물품확인서, 환급신청서 등 증거서류를 첨부하여 확인받으면 감면받을 수 있다.

나. 감면금액

노후경유자동차 1대당 신차 1대의 개별소비세 70%를 100만원 한도로 감면한다. 이에 따라 개별소비세에 부가되는 교육세는 30만원, 부가가치세는 13만원까지 감면되는 효과가 있다.

(3) 노후자동차 교체에 대한 개별소비세 감면(2020년 시행, 일몰)

노후자동차 교체 지원을 통한 자동차산업 활력 제고를 위하여 10년 이상(2019.12.31. 이전 등록) 된 노후자동차를 말소하고 신조차를 구입하는 경우 개별소비세의 70%를 100만원 한도로 감면하였다.

2019년에 시행한 노후경유자동차 교체 지원제도와 달리 말소하는 차량의 차종을 제한하지 않고 신규등록하는 자동차를 경유를 사용하지 아니하는 승용자동차로 제한하였다.

가. 감면대상

① 「자동차관리법」에 따라 2009년 12월 31일 이전에 신규등록(등록일 기준)한 자동차를 등록일을 기준으로 2019년 6월 30일 현재 소유하고 있는 자(법인 포함)가 ② 노후자동차를 폐차하거나 또는 수출하여 신조차의 신규 등록일 전후 2개월 이내에 말소등록하고, ③ 말소 등록일 전후 2개월 이내에 신조차를 본인의 명의로 신규 등록하는 경우 구입하는 신차에 대한 개별소비세의 70%를 100만원 한도로 감면한다.

노후자동차는 「자동차관리법」에 따라 2009년 12월 31일 이전에 신규등록한 자동차 (이륜자동차와 「자동차관리법」에 따라 자동차매매업으로 등록한 자가 매매용으로 취득한 중고자동차는 제외)를 말한다.

신차는 2020년 1월 1일부터 2020년 6월 30일까지 제조장에서 반출되거나 수입된 차량(중고차 및 수입중고차, 경유 승용자동차는 제외)으로 해당 기간 동안 취득(세금계산서 발급일 기준)하여 등록하여야 한다.

다만, 2019년 12월 31일 이전에 반출되거나 수입신고 된 차량이지만 2019년 12월 31일까지 판매되지 않고 제조업자 · 도소매업자 · 수입업자가 보유하고 제조업자 등의 판매확인서, 재고물품확인서, 환급신청서 등 증거서류를 첨부하여 확인받으면 감면받을 수 있다.[240]

나. 감면금액

노후자동차 1대당 신차 1대의 개별소비세 70%를 100만원 한도로 감면한다. 이에 따라 개별소비세에 부가되는 교육세는 30만원, 부가가치세는 13만원까지 감면되는 효과가 있다.

| 노후(경유)자동차 교체에 대한 개별소비세 감면 절차 |

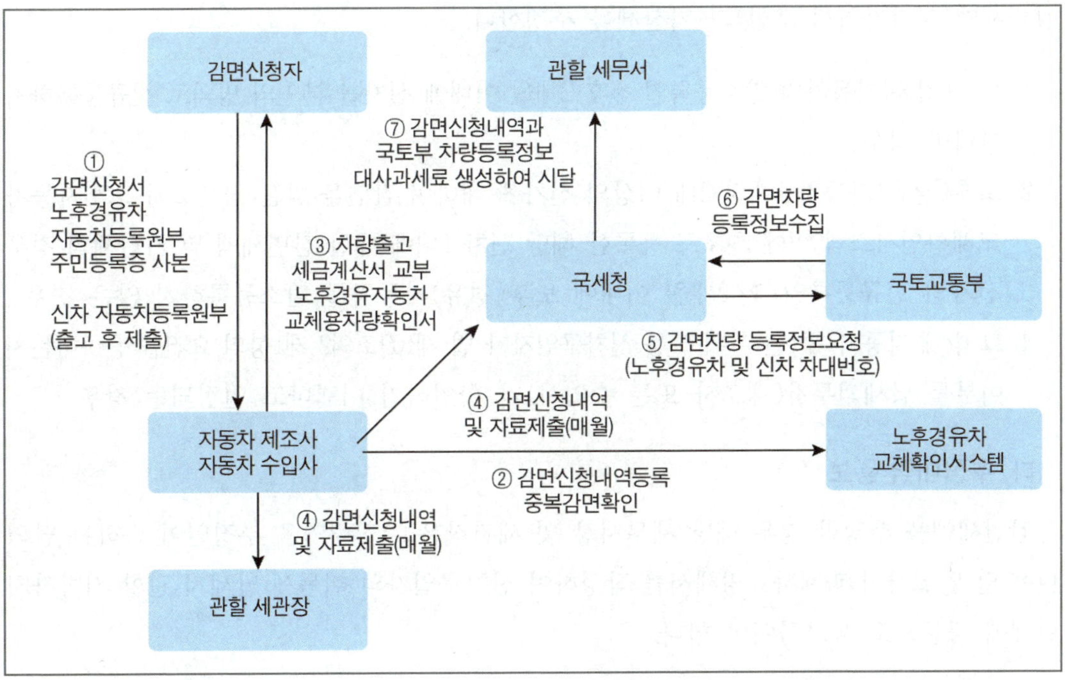

---

240) 2020.1.1. 전일 현재 제조업자, 도소매업자, 수입업자가 보유하고 있는 승용차(기 반출되어 재고로 있는 승용차)에 대해서도 요건을 갖춘 경우 환급대상으로 하였다.

(4) 노후자동차 교체에 대한 감면세액의 징수

가. 납세의무자(제조사 또는 수입사)에 대한 추징

「조세특례제한법」 제109조의2 제3항은 감면요건을 갖추지 못한 납세의무자(제조사 또는 수입사)를 징수대상자로 정하고 있다.

관할 세무서장 또는 세관장은 요건을 갖추지 아니한 신차 구입자가 개별소비세를 감면 받은 경우에는 개별소비세 납세의무자(자동차 제조사 또는 수입사)에게 감면세액(부가가치세 포함)과 감면세액의 100분의 10에 상당하는 금액의 가산세를 추징한다.

노후(경유)자동차 1대당 신차 2대 이상을 감면받은 경우에는 신차 모두에 해당하는 감면세액을 추징하며, 감면세액의 100분의 40에 상당하는 금액을 가산세로 추징한다.

나. 신차 구입자에 대한 추징

다음의 사유에 해당하는 경우에는 신차구입자를 개별소비세 납세의무자로 보아 감면세액(부가가치세 포함)과 가산세를 추징한다.

1. 노후(경유)자동차의 말소등록일 전후 2개월 이내에 신차를 본인의 명의로 신규등록하지 아니한 경우
2. 노후(경유)자동차 1대당 2대 이상의 신차에 대하여 감면을 받은 경우로서 노후자동차 교체확인시스템[241]에 최초로 등록한 해당 신차 1대에 대한 감면세액 및 가산세의 경우
3. 신차의 신규등록일 후 2개월 이내에 노후(경유)자동차를 말소등록하지 않은 경우
4. 그 밖에 자동차등록원부 위조 등 신차구입자가 법 제109조의2 제1항의 요건을 충족하는지 여부를 납세의무자(제조사 또는 수입사)가 확인하기 어렵다고 인정되는 경우

다. 추징내역 통보

감면세액을 추징한 경우 해당 세무서장 및 세관장은 추징내역을 추징일이 속하는 달의 다음 달 말일까지 과세자료명세서를 작성하여 신차구입자의 취득세 납세지 관할 지방자치 단체에 공문으로 통보하여야 한다.

---

241) 차량계약 시 노후(경유)자동차 교체 중복감면 등을 확인하기 위해 자동차산업협회(사단법인으로서 정관에 따라 자동차산업의 발전 방향에 관한 조사·연구사업을 하는 법인 중 기획재정부장관이 정하여 고시하는 법인)가 운영하는 시스템

또한 납세의무자에게 추징한 경우에도 취득세의 과세기초인 차량 취득가액이 변동되므로 구입자 관할 지자체에 자료 통보해야 한다.

라. 추징제외 사유

신차의 신규등록일부터 2개월 이내에 다음의 불가피한 사유가 있는 경우에는 감면세액 및 가산세를 추징하지 아니한다.

1. 신차구입자가 사망하거나 천재지변이 발생하여 노후(경유)자동차를 폐차 또는 수출하지 못한 경우
2. 신차의 신규등록일부터 2개월 이내에 「자동차관리법」 제13조 제1항 제1호에 따라 자동차해체재활용업자에게 노후(경유)자동차의 폐차를 요청하였으나 폐차 절차(조기폐차 보조금 처리 등)의 지연 등으로 해당 노후(경유)자동차가 신차의 신규등록일부터 2개월 후에 말소등록된 경우
3. 천재지변이나 「재난 및 안전관리 기본법」 제3조 제1호의 재난으로 공장가동이 중단되는 등의 사유로 생산 또는 수입이 지연되어 신차가 노후자동차의 말소등록일부터 2개월 후에 신규등록된 경우

조기폐차보조금 처리에 따른 말소지연의 경우 신차구입자는 「노후차량 조기폐차 보조금 지급대상 확인 신청서」를 제출한 접수증 등 신규등록일부터 2개월 내에 조기폐차보조금 신청을 입증하는 서류를 세금계산서 교부일부터 2개월이 속하는 달의 말일까지 납세의무자에게 노후경유차 교체 감면신청서, 신차의 등록원부 등과 함께 제출하여야 한다.

> **해석사례**
>
> ■ **피상속인 소유의 자동차를 상속인이 이전받은 후 폐차하고 신차 등록하는 경우 개별소비세 감면 여부**(사전-2020-법령해석부가-0538, 2020.6.22.)
> - 2019년 6월 30일 현재 피상속인이 소유한 노후자동차를 상속인이 이전 받은 후 폐차하고, 노후자동차의 말소등록일을 전후하여 2개월 이내에 상속인 명의로 신차를 신규등록하는 경우에는 조세특례제한법 제109조의2에 따른 개별소비세를 감면받을 수 있는 것임(기획재정부 환경에너지세제과-147, 2020.4.27. 같은 뜻).

3 | 신차 취득에 따른 세액감면

(1) 자동차에 대한 개별소비세 감면(조특법 §109의4, 일몰)

2020년 2월 코로나바이러스감염증-19의 국내 확산으로 인하여 위축된 내수경제를 활성화하고 취약해진 민생경제 안정을 도모하기 위해 2020년 3월 1일부터 6월 30일까지 자동차를 제조장에서 반출하거나 수입신고를 하는 경우에는 개별소비세액의 100분의 70을 감면하는 제도를 신설하였다.

가. 감면대상

「개별소비세법」 제1조 제2항 제3호에 따른 자동차를 2020년 3월 1일부터 2020년 6월 30일까지 제조장에서 반출하거나 수입신고를 하는 경우 개별소비세액의 100분의 70을 감면한다.

또한 「개별소비세법」 제3조에 따른 납세의무자는 다음의 요건을 모두 충족하는 자동차에 대하여 2020년 6월 30일까지 관할 세무서장 또는 관할 세관장에게 신고하면 해당 자동차를 2020년 3월 1일 이후 제조장에서 반출하거나 수입신고를 한 것으로 보아 감면분에 해당하는 세액을 환급받거나 납부하여야 할 세액에서 공제받을 수 있다.

이 경우에는 국세청장 또는 관세청장이 정하는 바에 따라 해당 자동차에 대한 재고물품확인서, 판매확인서, 환급신청서 등 증명서류를 첨부하여야 한다.

1. 2020년 2월 29일 이전에 제조장에서 반출하거나 수입신고를 한 자동차일 것
2. 자동차 제조업자, 수입업자 또는 도·소매업자가 2020년 3월 1일 현재 하치장·직매장·보세구역 등 국세청장 또는 관세청장이 정하는 장소에 해당 자동차를 보유하고 있을 것
3. 자동차 제조업자, 수입업자 또는 도·소매업자가 2020년 3월 1일부터 2020년 6월 30일까지 해당 자동차를 소비자에게 판매할 것

나. 감면금액

자동차에 대한 개별소비세액의 100분의 70을 감면하며, 감면액이 100만원을 초과하는 경우에는 100만원을 감면한다.

4 외교관용 승용자동차의 세액감면

(1) 외교관용 등 승용자동차에 대한 개별소비세 면제(조특법 §110)

가. 면세요건

「개별소비세법 시행령」 제25조 제2항의 외교관으로서 우리나라에 주재하는 자가 구입하는 국산승용자동차와 협정에 의하여 등록된 외국 민간 원조단체가 주무부장관의 추천을 받아 그 사업용으로 구입하는 국산승용자동차에 대해서는 개별소비세를 면제한다.

외교관이란 「개별소비세법 시행령」 제25조 제2항에 규정된 자로 주한영사기관(명예영사 제외)·국제연합과 이에 준하는 국제기구의 소속직원으로서 해당 국가로부터 공무원 신분을 부여받은 자 또는 외교부장관으로부터 이에 준하는 신분임을 확인받은 자 중 내국인이 아닌 자를 말한다.

> **관련법령**
>
> ● **개별소비세법 시행령 제25조 【주한외교공관 등의 범위】**
> ① 법 제16조 제1항 제1호에서 "대통령령으로 정하는 기관"이란 우리나라에 상주하는 영사기관(명예영사관원을 장으로 하는 영사기관은 제외한다), 국제연합과 이에 준하는 국제기구(우리나라가 당사국인 조약과 그 밖의 국내법령에 따라 특권과 면제를 부여받을 수 있는 경우만 해당한다)를 말한다.
> ② 법 제16조 제1항 제2호에서 "대통령령으로 정하는 사람"이란 제1항에 따른 기관의 소속 직원으로서 해당 국가로부터 공무원 신분을 부여받은 자 또는 외교부장관으로부터 이에 준하는 신분임을 확인받은 자 중 내국인이 아닌 자를 말한다.〈개정 2013.3.23.〉

나. 면세절차

외교관 면세 국산승용자동차를 제조장에서 반출하려는 내국인은 「개별소비세법 시행령」 제23조(외교관 면세 승인 신청) 또는 같은 법 시행령 제30조(조건부 면세 승인신청)의 규정을 준용하여 관할 세무서장의 승인을 받아야 한다.

외교관 면세 국산승용자동차에 대하여 면세를 받으려는 자는 다음의 사항을 적은 「개별소비세

외교관 면세 반출 승인신청서」*에 주한외교공관등의 장이 해당 사실을 증명한 서류(취득 승인서, 외교관신분증)를 첨부하여 해당 물품을 반출할 때에(수입물품의 경우에는 그 수입신고 시부터 수입신고 수리 전까지) 관할 세무서장(세관장)에게 제출하여 그 승인을 받아야 한다.

* 「개별소비세 (외교관, 무조건) 면세 반출 (승인신청서, 승인서)」 (시행규칙 제11호 서식)

1. 신청인의 인적사항
2. 반출 장소
3. 면세대상 물품의 명세
4. 반입장소
5. 반입자의 인적사항
6. 반출 예정 연월일
7. 신청 사유
8. 그 밖의 참고사항

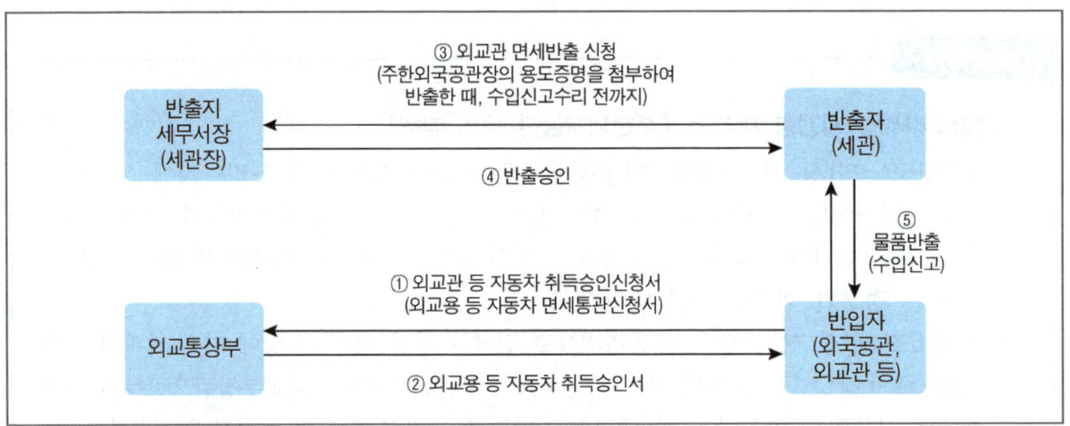

다. 세액의 징수

「조세특례제한법」 제110조 제1항에 따라 외교관 면세로 구입한 자동차를 구입한 날로부터 3년 이내에 타인에게 양도한 경우에는 「개별소비세법」 제16조 제2항을 준용하여 그 양수인으로부터 면세된 세액을 징수하며 이때의 과세표준은 같은 법 시행령 제12조 제1항 제4호에 따라 양수금액으로 한다(조세특례제한법 통칙 110-0…1 ①).

과세물품에 대한 감면제도

1 외국사업자 등에 대한 특례

(1) 외국사업자 등에 대한 개별소비세 특례(조특법 §107 ②)

외국인관광객 등이 국외로 반출하기 위하여 외국인관광객 면세판매장에서 구입하는 물품에 대한 개별소비세의 면제는 「조세특례제한법」 제107조 제2항에서 규정하고 외국인관광객 등의 범위, 대상 재화의 범위, 구입·판매의 절차, 세액 환급, 그 밖에 필요한 사항은 「외국인관광객 등에 대한 부가가치세 및 개별소비세 특례규정」(약칭: 외국인관광객면세규정)에 정하고 있다.

면세물품에 대한 부가가치세 및 개별소비세에 관하여 「외국인관광객면세규정」에서 특별히 규정한 것을 제외하고는 부가가치세 및 개별소비세에 관한 법령이 정하는 바에 의한다.

가. 감면대상

외국인관광객 등이 국외로 반출하기 위하여 「외국인관광객면세규정」 제4조 제2항으로 정하는 판매장에서 구입하는 물품에 대해서는 「외국인관광객면세규정」으로 정하는 바에 따라 개별소비세를 면제하거나 해당 물품에 대한 개별소비세액을 환급할 수 있다.

1) 외국인관광객

외국인관광객 등의 범위는 「외국환거래법」에 따른 비거주자로 한다. 다만, 다음의 자를 제외한다.

1. 법인
2. 국내에 주재하는 외교관(이에 준하는 외국공관원을 포함한다)
3. 국내에 주재하는 국제연합군 및 미국군의 장병 및 군무원

2) 대상물품

외국인관광객 등이 구입하는 물품에 대한 개별소비세 면제 대상재화(면세물품)의 범위는 다음의 재화를 제외한 물품으로 한다.

1. 「총포·도검·화약류 등의 안전관리에 관한 법률」에 따른 총포·도검 및 화약류
2. 「문화재보호법」에 따라 문화재로 지정을 받은 물품
3. 「약사법」에 따른 중독성·습관성 의약품
4. 부가가치세 및 개별소비세(개별소비세에 부과되는 교육세 및 농어촌특별세를 포함한다. 이하 같다)를 포함한 1회 거래가액이 기획재정부령이 정하는 금액에 미달하는 물품 (외국인관광객면세규정 시행규칙 §2 ①, 1만5천원)
5. 법령에 의하여 거래가 제한되는 물품
6. 외화도피 또는 부정유통 방지 등의 사유로 판매의 제한이 필요한 것으로서 기획재정부령이 정하는 물품(담배사업법 제2조에 따른 담배, 관세법 제234조에 따른 수출입 금지 물품)

(2) 면세판매장의 지정

가. 외국인관광객 면세판매장의 지정

면세판매장의 지정을 받으려는 자는 「외국인관광객 면세판매장 지정신청서」(외국인관광객 면세규정 시행규칙 별지 제1호 서식)를 관할 세무서장에게 제출하여야 한다. 이 경우 다른 법령에 의하여 허가 또는 지정을 받거나 등록을 하여야 하는 사업의 경우에는 해당 허가증·지정증 또는 등록증 사본을 첨부하여야 한다.

외국인관광객 면세판매장 지정 신청을 받은 관할 세무서장은 신청인이 다음의 요건을 모두 갖춘 경우에만 면세판매장을 지정할 수 있다. 다만, 주한국제연합군 또는 미국군이 주둔하는 지역 중 「관광진흥법」에 따른 관광특구 안에서 소매업·양복점업·양장점업 및 양화점업을 영위하는 사업자의 경우에는 간이과세자 배제요건을 적용하지 않는다.

1. 간이과세자가 아닐 것
2. 외국인관광객의 예상이용도, 판매인원 및 시설의 규모, 면세판매장의 경영에 필요한 자금력 및 신용 등을 고려하여 국세청장이 정하는 기준에 적합할 것

면세판매장 지정신청을 받은 세무서장은 신청인이 각 요건 중 일부를 갖추지 아니한 경우에 이를 보완할 수 있다고 인정할 때에는 상당한 기간을 정하여 보완할 것을 요구할 수 있다.

외국인관광객 면세판매장 지정 신청을 받은 관할 세무서장은 신청일부터 7일 이내에 면세판매장의 지정여부를 결정하여야 하며, 면세판매장의 지정을 한 때에는 「외국인관광객 면세판매장 지정증」(외국인관광객면세규정 시행규칙 별지 제2호 서식)을 신청인에게 교부하여야 한다. 다만, 지정하지 아니하는 경우에는 그 사유를 지체 없이 신청인에게 통지하여야 한다.

나. 외국인관광객 면세판매장 지정취소

관할 세무서장은 면세판매자가 다음의 어느 하나에 해당하는 경우에는 그 지정을 취소할 수 있다. 이 경우 관할 세무서장은 그 사실을 지체 없이 해당 사업자에게 통지하고 지정증을 회수하여야 한다.

1. 관계 법령에 따른 허가·지정 또는 등록이 취소된 경우
2. 해당 면세판매장을 양도 또는 대여한 경우
3. 국세 또는 지방세를 50만원 이상 포탈하여 처벌 또는 처분을 받은 경우
4. 면세 판매자가 세액상당액의 송금을 하지 아니하여 「조세범 처벌법」에 따라 「부가가치세법」에 따른 1과세기간에 2회 이상 처벌을 받은 경우
5. 「외국환거래법」에 따라 처벌을 받은 경우
6. 외국인관광객 면세판매장의 지정요건에 해당되지 아니하게 된 경우
7. 면세판매자가 면세판매장의 지정의 취소를 요구한 경우
   면세판매장의 지정취소를 요구하려는 자는 「외국인관광객 면세판매장 지정취소 요구서」(외국인관광객면세규정 시행규칙 별지 제3호 서식)에 외국인면세판매장 지정증을 첨부하여 관할 세무서장에게 제출하여야 한다.
8. 면세판매장의 지정을 받은 후 6월이 되는 날까지 외국인관광객에게 면세물품을 판매한 실적이 없는 경우
9. 「부가가치세법」에 따른 1과세기간 동안의 제8조 제1항 후단에 따른 물품판매 수기확인서의 발급 건수가 「외국인관광객면세규정」 제10조 제1항에 따른 판매확인서 총 발급 건수의 100분의 10 이상인 경우. 다만, 해당 과세기간 중에 면세판매장의 지정을 받았거나 해당 과세기간 동안의 제10조 제1항에 따른 판매확인서 총 발급 건수가 20건 미만인 경우는 제외한다.

10. 하나의 면세물품 가액을 분할하여 2개 이상의 다음의 확인서로 발급한 사실이 「부가가치세법」에 따른 1과세기간 동안 2회 이상인 경우

  ① 제8조 제4항에 따른 즉시환급전자판매확인서

  ② 제10조 제1항에 따른 판매확인서

    ⓐ 국세 또는 지방세를 50만원 이상 포탈하여 처벌 또는 처분을 받은 경우, ⓑ 면세판매자가 세액상당액의 송금을 하지 아니하여 「조세범 처벌법」에 따라 「부가가치세법」에 따른 1과세기간에 2회 이상 처벌을 받은 경우, ⓒ 「외국환거래법」에 따라 처벌을 받은 경우. ⓓ 하나의 면세물품 가액을 분할하여 2개 이상의 확인서로 발급한 사실이 「부가가치세법」에 따른 1과세기간 동안 2회 이상인 경우로 면세판매장의 지정이 취소된 때에는 그 지정이 취소된 날부터 2년간 면세판매장의 지정을 받을 수 없다.

다. 외국인관광객 면세판매장 지정사항 변경

면세판매자가 휴업 또는 폐업하거나 지정증의 기재사항에 변경이 있는 경우에는 「부가가치세법」 제8조 제8항 또는 「개별소비세법」 제21조를 준용하여 신고하여야 하며, 신고를 하는 때에는 「외국인관광객 면세판매장의 휴업·폐업 또는 지정사항 변경 신고서」(외국인관광객 면세규정 시행규칙 별지 제4호 서식)에 지정증을 첨부하여 관할 세무서장(면세판매장을 이전한 때에는 이전 후의 면세판매장 관할 세무서장을 말한다)에게 제출하여야 한다.

면세판매자가 휴업 또는 폐업하거나 지정증의 기재사항의 변경 신고를 받은 관할 세무서장은 변경내용을 확인하고 지정증의 기재사항을 정정하여 재교부하여야 한다.

(3) 환급창구운영사업자

가. 환급창구운영사업자의 지정

관할 지방국세청장은 외국인관광객이 면세물품을 구입한 때에 부담한 부가가치세 및 개별소비세상당액을 「외국인관광객면세규정」 제10조의2【세액상당액의 송금】 및 제10조의4【전자판매확인서를 통한 세액상당액 환급 등의 특례】에 따라 환급 또는 송금하는 사업을 영위하는 자(환급창구운영사업자)를 지정할 수 있다.

환급창구운영사업자의 지정을 받고자 하는 자는 「환급창구운영사업자 지정신청서」를 관할

지방국세청장에게 제출하여야 한다. 이 경우 다른 법령에 의하여 허가 또는 지정을 받거나 등록을 하여야 하는 사업에 있어서는 당해 허가증·지정증 또는 등록증 사본을 첨부하여야 한다.

환급창구운영사업자 지정 신청을 받은 관할 지방국세청장은 신청인이 다음의 요건을 모두 갖춘 경우에 한하여 환급창구운영사업자로 지정할 수 있다.

1. 당해 사업에 필요한 자력 및 신용이 있을 것
2. 환급에 필요한 인원 및 시설을 갖출 것
3. 기타 환급창구의 운영에 필요한 것으로서 기획재정부령이 정하는 요건을 갖출 것

환급창구운영사업자의 지정 신청을 받은 관할 지방국세청장은 신청일부터 30일 이내에 환급창구운영사업자의 지정여부를 결정하여야 하며, 환급창구운영사업자로 지정을 한 경우에는 환급창구운영사업자지정증을 교부하여야 한다.

나. 환급창구운영 사업자의 지정취소

관할 지방국세청장은 다음의 어느 하나에 해당하는 경우에는 환급창구운영사업자의 지정을 취소할 수 있다.

1. 관계 법령에 따른 허가·지정 또는 등록이 취소된 경우
2. 국세 또는 지방세를 50만원 이상 포탈하여 처벌 또는 처분을 받은 경우
3. 「외국환거래법」에 따라 처벌을 받은 경우
4. 환급창구운영사업자 지정요건에 해당하지 아니하게 된 경우
5. 환급창구운영사업자가 당해 사업을 하지 아니하게 된 경우
6. 환급창구운영사업자가 지정취소를 요청한 경우
7. 「외국인관광객면세규정」 제10조의2【세액상당액의 송금】부터 제10조의4【전자판매 확인서를 통한 세액상당액 환급 등의 특례】까지의 규정에 따른 환급절차 또는 송금절차를 위반한 경우

다. 환급창구운영 사업자의 지정사항 변경

환급창구운영사업의 휴·폐업과 지정증의 기재사항변경에 관하여는 「외국인관광객 면세 규정」의 외국인관광객 면세판매장 지정사항 변경 규정을 준용한다.

(4) 부가가치세 영세율 적용 및 개별소비세액의 환급

가. 면세물품의 반출 또는 세액상당액의 송금

면세판매자는 면세판매장에서 외국인관광객에게 면세물품을 세액상당액을 포함한 가격으로 판매한 후 다음에 해당하는 경우에는 부가가치세 영세율을 적용받거나 당해 면세물품에 대한 개별소비세액을 환급 받을 수 있다.

1. 외국인관광객이 면세물품을 구입한 날로부터 3월 이내에 국외로 반출한 사실이 「외국인관광객면세규정」 제9조【세관장의 반출확인】 또는 제10조의4【전자판매확인서를 통한 세액상당액 환급 등의 특례】에 따라 확인되는 경우
2. 면세판매자가 「외국인관광객면세규정」 제10조【세액상당액의 송금】의 규정에 의하여 당해 세액상당액을 외국인관광객에게 송금하거나 제10조의2【세액상당액의 환급 또는 송금】 또는 제10조의4【전자판매확인서를 통한 세액상당액 환급 등의 특례】에 따라 환급창구운영사업자를 통하여 환급 또는 송금한 것이 확인되는 경우

나. 즉시환급한 가격으로 판매

면세판매자는 외국인관광객이 다음의 요건을 모두 충족하여 면세물품을 구입하는 경우에는 면세판매장에서 외국인관광객에게 면세물품을 세액상당액을 차감(즉시환급)한 가격으로 판매한 후 부가가치세 영세율을 적용받거나 해당 면세물품에 대한 개별소비세액을 환급받을 수 있다.

1. 세액상당액을 포함한 1회 거래가액이 100만원 미만일 것
2. 입국 후 즉시환급을 받은 세액상당액을 포함한 총 거래가액이 500만원 이하일 것

면세판매자는 세액상당액을 즉시환급하는 경우 해당 세액상당액에서 환급에 따른 제비용 등으로서 환급창구운영사업자가 「외국인관광객면세규정」 제10조의2【세액상당액의 환급 또는 송금】 제2항에 따라 국세청장의 승인을 얻은 금액을 공제할 수 있다.

외국인관광객이 입국 후 면세물품을 구입한 날부터 3개월(면세물품반출기간) 이내에 국외로 반출하지 아니한 물품이 있는 경우에는 그 면세물품반출기간 후에 구입하는 면세물품에 대해서는 즉시환급한 가격으로 판매 후 부가가치세 영세율 적용이나 개별소비세액의 환급을 적용하지 아니한다.

다. 부가가치세 영세율 및 개별소비세액의 환급 배제

면세판매자가 면세물품을 판매한 날로부터 3월이 되는 날이 속하는 과세기간(예정신고기간 및 영세율 등 조기환급기간을 포함한다)의 종료 후 20일까지 「외국인관광객면세규정」제10조 제1항에 따른 판매확인서나 제10조의3 또는 제10조의4 제5항에 따른 환급·송금증명서를 송부(정보통신망을 이용한 전송을 포함한다)받지 못한 경우에는 면세물품의 반출 또는 세액상당액의 송금(외국인관광객면세규정 §6 ①)에 따른 부가가치세 영세율을 적용하지 아니한다.

면세판매자가 면세물품을 판매한 날로부터 3월이 되는 날이 속하는 달의 다음 달 20일까지 「외국인관광객면세규정」 제10조 제1항에 따른 판매확인서나 제10조의3 또는 제10조의4 제5항에 따른 환급·송금증명서를 송부받지 못하거나 제12조 제1항의 규정에 의한 개별소비세 환급신청을 하지 아니한 경우(첨부서류를 제출하지 아니한 경우 이와 관련된 환급세액을 포함한다)에는 면세물품의 반출 또는 세액상당액의 송금(외국인관광객면세규정 §6 ①)에 따른 개별소비세액의 환급을 하지 아니한다.

(5) 면세물품의 판매와 세액상당액의 송금

가. 면세물품의 반출

개별소비세 과세대상물품을 면세판매장에 반출 또는 판매하는 자는 「개별소비세 과세물품 반출(판매)명세서」(수입물품의 경우에는 수입신고필증 사본으로 한다)를 면세판매자에게 교부하여야 한다.

「개별소비세 과세물품반출(판매)명세서」를 교부받은 면세판매자는 이를 면세판매장에 비치하여야 한다.

나. 면세물품의 판매

면세판매자가 외국인관광객에게 면세물품을 판매할 때에는 여권 등에 의하여 해당 물품을 구입하는 자의 신분을 확인한 후 「외국인관광객 물품판매확인서」(물품판매확인서, 외국인관광객면세규정 시행규칙 별지 제5호 서식) 2부와 반송용봉투를 내주어야 한다. 이 경우 전산장애 등 부득이한 사유가 있는 경우에는 「물품판매확인서」 대신 「외국인관광객 물품판매 수기확인서」(물품판매 수기확인서, 외국인관광객면세규정 시행규칙 별지 제5호의2 서식)를 내줄 수 있다.

면세판매자가 환급창구운영사업자 또는 출국항 관할 세관장에게 정보통신망을 이용하여 전자적 방식의 「외국인관광객 물품판매확인서」(전자판매확인서)를 전송한 경우에는 「물품판매확인서」 또는 「물품판매 수기확인서」와 반송용봉투를 내주지 아니할 수 있다.

면세판매자가 면세물품을 판매할 때에는 해당 외국인관광객에게 송금절차 및 환급절차 등을 알려주어야 한다.

면세판매자는 「외국인관광객면세규정」 제6조 제2항에 따라 외국인관광객에게 즉시 환급하여 물품을 판매하는 경우에는 여권을 확인하고 정보통신망을 이용하여 전자적 방식의 「외국인관광객 즉시환급용 물품판매확인서」(즉시환급 전자판매확인서, 외국인관광객면세규정 시행규칙 별지 제5호의3 서식)를 출국항 관할 세관장에게 전송하여야 한다.

다. 세관장의 반출확인

외국인관광객이 면세물품을 구입하는 때에 부담한 세액상당액을 환급 또는 송금받았거나 환급 또는 송금받으려는 경우에는 출국하는 때에 출국항 관할 세관장에게 「물품판매확인서」 또는 「물품판매 수기확인서」 1부와 함께 구입물품을 제시하고 확인을 받아야 한다. 다만, 구입물품을 우편 등 그 밖의 방법에 의하여 따로 송부하는 경우에는 기획재정부령으로 정하는 다음의 서류를 구입물품에 갈음하여 제시할 수 있다.

1. 소포우편으로 보낸 경우에는 해당 우체국장이 발행하는 소포 수령증
2. 그 밖의 경우에는 관할 세관장이 발급하는 수출신고필증

출국항 관할 세관장은 면세판매자 또는 환급창구운영사업자로부터 「전자판매확인서」 또는 「즉시환급 전자판매확인서」를 전송받은 경우에는 「외국인관광객에게 물품판매확인서」 또는 「물품판매 수기확인서」의 제시를 생략하게 할 수 있다. 다만, 전송받은 「전자판매확인서」 또는 「즉시환급 전자판매확인서」의 내용에 오류가 있거나 사실 확인이 필요하다고 판단되는 경우에는 외국인관광객에게 면세판매자로부터 받은 해당 물품에 대한 영수증 등의 제시를 요구할 수 있다.

출국항 관할 세관장은 「물품판매확인서」, 「물품판매 수기확인서」, 「전자판매확인서」 또는 「즉시환급 전자판매확인서」에 기획재정부령으로 정하는 면세물품의 반출에 관한 확인인을

날인(정보통신망을 통한 전자적 처리를 포함한다)하여 지체 없이 다음의 자에게 송부하거나 내주어야 한다.

1. 면세판매자
2. 외국인관광객
3. 환급창구운영사업자

출국항 관할 세관장은 면세물품의 반출에 관한 확인인을 날인하는 경우 외국인관광객이 제시한 면세물품(제1항 단서의 경우에는 기획재정부령으로 정하는 서류로 한다)과 「물품판매확인서」, 「물품판매 수기확인서」, 「전자판매확인서」 또는 「즉시환급 전자판매확인서」 기재사항의 일치 여부를 출국항 관할 세관장이 정하는 기준에 따라 선별하여 검사할 수 있다.

국제연합군 및 미국군의 장병 및 군무원이 「외국인관광객면세규정」 제2조 제2항에 따라 구입한 면세물품을 소포우편에 의하여 「외국인관광객면세규정」 제2조 제2항에 따른 주한국제연합군 또는 미국군이 주둔하는 지역에서 반출하는 경우에는 관세청장이 정하는 바에 따라 제1항부터 제4항까지의 규정을 준용한다. 이 경우 "출국"을 "반출"로, "출국항 관할 세관장"을 "관할 세관장"으로 본다.

라. 세액상당액의 송금

1) 면세판매자의 세액상당액 송금

면세판매자는 출국항 관할 세관장(제2조 제2항의 규정에 의한 경우에는 관할 세관장을 말한다)이 확인인을 날인한 「물품판매확인서」, 「물품판매 수기확인서」 또는 「전자판매확인서」를 출국항 관할 세관장 또는 외국인관광객으로부터 송부받은 날부터 20일 이내에 외국인관광객이 면세물품을 구입한 때에 부담한 세액상당액을 당해 외국인관광객에게 송금하여야 한다.

면세판매자가 세액상당액을 송금하는 때에는 당해 세액상당액에서 송금에 따른 제비용(송금수수료, 송금을 위한 국제우편요금 및 기타 송금에 따른 비용으로서 국세청장이 정하는 금액)을 공제할 수 있다.

2) 환급창구운영사업자의 세액상당액 송금

환급창구운영사업자는 출국항 관할세관장이 확인한 「판매확인서」[242]를 제출받은 때에는

---

242) 「물품판매확인서」, 「물품판매 수기확인서」 또는 「전자판매확인서」

지체없이 외국인관광객이 면세물품을 구입한 때에 부담한 세액상당액을 면세판매자를 대리하여 당해 외국인관광객에게 환급 또는 송금하여야 한다. 다만, 그 외국인관광객이 「외국인관광객면세규정」 제10조의4 제3항에 따라 환급 또는 송금받는 경우에는 그러하지 아니하다.

환급창구운영사업자가 세액상당액을 환급 또는 송금하는 때에는 당해 세액상당액에서 환급 또는 송금에 따른 제비용 등으로서 환급창구운영사업자가 국세청장의 승인을 얻은 금액을 공제할 수 있다.

마. 환급 · 송금증명서의 송부 등

외국인관광객에게 세액상당액을 환급 또는 송금한 환급창구운영사업자는 기획재정부령이 정하는 바에 따라 환급 또는 송금사실을 증명하는 서류(환급 · 송금증명서)를 면세판매자에게 송부하여야 한다. 환급창구운영사업자가 면세판매자에게 송부하는 환급 · 송금증명서는 구입자의 성명, 물품내용, 환급세액 등이 적힌 것으로서 국세청장이 인정하는 것(정보통신망을 이용하여 전송하는 전자문서를 포함한다)이어야 한다.

환급 · 송금증명서를 송부받은 면세판매자는 환급창구운영사업자가 「외국인관광객면세규정」 제10조의2 제1항에 따라 환급 또는 송금한 세액상당액(같은 조 제2항에 따라 환급 또는 송금에 따른 제비용을 공제하기 전의 금액을 말한다)을 환급창구운영사업자에게 지급해야 한다.

바. 전자판매확인서를 통한 세액상당액 환급 등의 특례

「외국인관광객면세규정」 제8조 제1항에도 불구하고 면세판매자는 부가가치세 및 개별소비세를 포함한 1회 거래가액이 600만원 이하이고, 외국인관광객이 「외국인관광객면세규정」 제9조 및 제10조의4 제4항에 따라 출국항 관할 세관장의 반출확인을 받기로 하고 면세물품을 구입하는 때에 부담한 세액상당액을 환급 또는 송금하여 줄 것을 요구하는 경우에는 「전자판매확인서」를 환급창구운영사업자에게 전송하여야 한다.

「전자판매확인서」를 전송받은 환급창구운영사업자는 전송받은 「전자판매확인서」를 출국항 관할 세관장에게 전송하여야 한다.

「전자판매확인서」를 전송받은 환급창구운영사업자는 외국인관광객이 요구하는 경우 「외국인관광객면세규정」 제10조의2 제1항 본문에도 불구하고 면세물품(부가가치세 및 개별소비세를 포함한 1회 거래가액이 600만원 이하인 경우로 한정한다)을 구입한 때에 부담한 세액상당액을 면세판매자를 대리하여 외국인관광객에게 환급하거나 송금하여야 한다. 이 경우 환급창구운영사업자는 해당 외국인관광객에게 「외국인관광객면세규정」 제9조 및 제10조의4 제4항에 따른 출국항 관할 세관장의 반출확인을 담보하기 위하여 환급 또는 송금하는 세액상당액을 한도로 담보를 제공할 것을 요구할 수 있다.

「판매확인서」 또는 「전자판매확인서」를 전송받은 출국항 관할 세관장은 「외국인관광객면세규정」 제9조 제3항에 따라 「전자판매확인서」에 확인인을 날인하고 그 확인 결과를 환급창구운영사업자에게 전송하여야 하며, 국세청장에게 그 확인을 한 날이 속하는 달의 다음 달 10일까지 그 결과를 통보하여야 한다.

「판매확인서」 또는 「전자판매확인서」에 따라 외국인관광객에게 세액상당액을 환급하거나 송금한 환급창구운영사업자는 관할 세관장으로부터 「판매확인서」 또는 「전자판매확인서」의 확인 결과를 전송받은 경우 「환급·송금증명서」를 면세판매자에게 전송하여야 한다.

환급창구운영사업자가 세액상당액을 외국인관광객에게 환급 또는 송금하는 경우에는 「외국인관광객면세규정」 제10조의2 제2항을 준용하며, 「환급·송금증명서」를 전송받은 면세판매자에 관하여는 「외국인관광객면세규정」 제10조의3 제2항을 준용한다.

사. 신고 및 환급 절차

1) 부가가치세 신고

면세판매자가 부가가치세 영세율을 적용받기 위하여는 「판매확인서」 또는 「환급·송금증명서」를 송부받은 날이 속하는 과세기간의 과세표준과 납부세액 또는 환급세액을 관할 세무서장에게 신고하는 때에 당해 「판매확인서」에 「송금증명서」 또는 「환급·송금증명서」를 첨부하여 제출하여야 한다. 다만, 세액상당액을 송금한 경우로서 부득이한 사유로 「송금증명서」를 첨부할 수 없는 때에는 국세청장이 정하는 서류로써 이에 갈음할 수 있다.

환급창구운영사업자로부터 「환급·송금증명서」를 전송받은 면세판매자는 부가가치세 영세율을 적용받기 위해서는 「외국인관광객 면세물품 판매 및 환급실적명세서」를 첨부하여 제출하여야 한다.

면세판매자가 부가가치세 영세율이 적용되는 과세표준을 신고할 때 첨부서류를 당해 신고서에 첨부하여 제출하지 아니한 경우에는 이와 관련된 과세표준은 「외국인관광객

면세규정」 제11조 제1항 또는 제2항에 따른 신고로 보지 아니한다.

면세판매자가 면세물품을 판매한 날로부터 3월이 되는 날이 속하는 과세기간(예정신고기간 및 영세율등 조기환급기간을 포함한다)의 종료 후 20일까지 「판매확인서」나 「환급·송금증명서」를 송부받지 못하여 부가가치세 영세율 적용이 배제(외국인관광객면세규정 제7조 제1항)되는 경우에는 면세물품을 판매한 날로부터 3월이 되는 날이 속하는 과세기간의 신고기한까지 부가가치세의 과세표준과 세액을 신고·납부하여야 한다.

면세판매자는 「외국인관광객면세규정」 제6조 제2항에 따라 즉시환급한 가격으로 판매한 후 부가가치세 영세율을 적용받으려는 경우에는 면세물품을 판매하는 날이 속하는 과세기간의 과세표준과 납부세액 또는 환급세액을 관할 세무서장에게 신고할 때 기획재정부령으로 정하는 「외국인관광객 즉시환급 물품 판매실적 명세서」를 첨부하여 제출하여야 한다.

2) 개별소비세 환급신청

면세판매자가 개별소비세액을 환급받고자 하는 경우에는 「즉시환급 전자판매확인서」를 발급하거나 「판매확인서」 또는 「환급·송금증명서」를 송부받은 날이 속하는 달의 다음 달 말일까지 기획재정부령이 정하는 개별소비세 환급신청서에 다음의 하나에 해당하는 서류를 첨부하여 제출하여야 한다.

1. 세액상당액을 외국인관광객에게 송금한 경우에는 「판매확인서」 및 「송금증명서」
   다만, 부득이한 사유로 「송금증명서」를 첨부할 수 없는 때에는 국세청장이 정하는 서류로써 이에 갈음할 수 있다.
2. 환급창구운영사업자를 통하여 환급 또는 송금한 경우에는 「판매확인서」 및 「환급·송금증명서」. 다만, 면세판매자가 제10조의4 제5항에 따라 환급창구운영사업자로부터 「환급·송금증명서」를 전송받은 경우에는 「면세물품 판매 및 환급실적명세서」를 말한다.
3. 외국인관광객에게 즉시환급을 한 경우에는 「즉시환급 전자판매확인서」
   개별소비세 환급신청서를 받은 관할 세무서장은 환급신청을 받은 날로부터 20일 이내에 면세판매자에게 개별소비세를 환급하여야 한다. 이 경우 납부할 세액이 있는 때에는 이를 공제한다.

아. 세액징수

정부는 개별소비세를 면제(부가가치세 영세율의 적용을 포함한다) 또는 환급받은 재화를 국외로 반출하지 아니하는 경우에는 「외국인관광객면세규정」으로 정하는 바에 따라 부가가치세 및 개별소비세를 징수하여야 한다.

자. 명령사항

국세청장, 관할 지방국세청장 또는 관할 세무서장은 부정 유통 방지를 위하여 필요하다고 인정하면 「외국인관광객면세규정」으로 정하는 바에 따라 면세판매장에 대하여 필요한 명령을 할 수 있다.

1) 면세판매자에 대한 명령사항

국세청장, 관할 지방국세청장 또는 관할 세무서장은 면세판매자에게 다음에 관한 사항을 명할 수 있다.

1. 면세판매장의 표시
2. 외국인관광객이 알아야 할 사항에 관한 안내문의 게시 또는 고지
3. 송금비용의 부담, 송금방법등 송금에 따른 세부사항
4. 기타 단속상 필요한 사항

2) 환급창구운영사업자에 대한 명령사항

국세청장, 관할 지방국세청장 또는 관할 세무서장은 환급창구운영사업자에게 다음의 사항을 명할 수 있다.

1. 환급창구의 표시
2. 외국인관광객이 알아야 할 사항에 관한 안내문의 게시 또는 고지
3. 납세보전상 필요한 서류의 제출 및 영업에 관한 보고

2 여수세계박람회용 물품의 면제

(1) 여수세계박람회용 물품에 대한 개별소비세 면제(조특법 §109의3)

2012여수세계박람회조직위원회 또는 다음의 박람회 참가자가 「여수세계박람회 지원 및 사후활용에 관한 특별법」 제2조 제2호에 따른 박람회 직접시설의 제작·건설 및 박람회 운영에 사용하기 위하여 구입하는 물품으로서 국내제작이 곤란한 물품에 대해서는 개별소비세를 면제한다.

1. 2012여수세계박람회조직위원회와 박람회 참가계약(위락시설의 제작, 건설 또는 운용에 대한 참가계약 및 상업시설의 운영에 대한 참가계약은 제외한다)을 체결한 자
2. 제1호에 따른 참가자 또는 조직위원회와 「2012여수세계박람회 지원특별법」 제2조 제2호에 따른 박람회 직접시설의 제작·건설에 관하여 도급계약을 체결한 자

여수세계박람회가 끝난 후 박람회 참가자가 다음의 박람회장 관리주체에게 출품물을 무상으로 양도할 때에는 그에 대한 개별소비세를 면제한다.

1. 조직위원회
2. 조직위원회가 해산된 후 그 박람회장 관련 사업 및 자산을 관리하기 위한 법인이 설립되는 경우에는 그 법인

3 : 군인 등에게 판매하는 물품의 면제

(1) 군인 등에게 판매하는 물품에 대한 개별소비세 면제(조특법 §114)

군이 직영하는 매점에서 대통령령으로 정하는 군인, 군무원과 태극·을지무공훈장 수훈자에게 판매하는 물품(국내에서 제조된 물품만 해당한다)에 대해서는 개별소비세와 주세를 면제한다.

가. 감면대상

군이 직영하는 매점에서 국내에서 제조한 물품을 판매할 때 개별소비세를 면제하는 군인, 군무원과 태극·을지무공훈장수훈자는 다음의 자를 말한다.

1. 군인, 군무원은 「군인사법」 또는 「군무원인사법」에 규정하는 자와 「병역법」에 의하여 입영군사교육을 받는 병역준비역의 군간부후보생 및 병력동원훈련소집 또는 군사교육 소집 중에 있는 자
2. 태극·을지무공훈장수훈자는 태극무공훈장 또는 을지무공훈장을 받은 자로서 「국가유공자 등 예우 및 지원에 관한 법률」 제14조에 따라 생활조정수당을 지급받는 자

나. 감면절차

국방부장관은 기획재정부장관과 협의하여 매 연도분의 물품별면세한도량을 그 전년도 12월 31일까지 결정하여야 한다.

국방부장관은 면세물품납품계약을 체결한 때에는 그 내용을 지체없이 국세청장에게 통지하여야 한다.

개별소비세와 주세가 면세되는 물품에 대해서는 국세청장이 정하는 바에 따라 해당 물품 또는 그 포장 및 용기에 면세물품임을 표시하여야 하며, 면세사무의 처리절차 및 단속상 필요한 조건을 정할 수 있다.

4 : 관세 등의 면제

(1) 외국인투자 자본재의 관세 등의 면제(조특법 §121의3 ①)

「조세특례제한법」 제121조의2 제1항 제1호의 신성장동력산업기술 수반 사업 및 제2호의 외국인투자기업이 경영하는 사업에 필요한 특정 자본재 중 「조세특례제한법 시행령」 제116조의5 제1항으로 정하는 자본재가 「외국인투자 촉진법」에 따른 외국인투자를 하기 위하여 같은 법에 따라 신고된 내용에 따라 도입되는 경우에는 관세·개별소비세 및 부가가치세를 면제한다.

가. 감면대상 사업의 범위

관세·개별소비세 및 부가가치세를 면제하는 「조세특례제한법」 제121조의2 제1항 제1호 및 제2호의 사업은 다음과 같다.

1. 국내산업구조의 고도화와 국제경쟁력 강화에 긴요한 신성장동력산업에 속하는 사업으로서 신성장·원천기술 및 이와 직접 관련된 소재, 생산공정 등에 관한 기술로서 「조세특례제한법 시행규칙」 별표14에 정하는 기술(이하 "신성장동력산업기술"이라 한다)을 수반하는 사업

2. ① 「외국인투자촉진법」 제18조 제1항 제2호에 따른 외국인투자지역에 입주하는 같은 법 제2조 제1항 제6호에 따른 외국인투자기업(이하 "외국인투자기업"이라 한다)이 경영하는 사업 및 ② 「경제자유구역의 지정 및 운영에 관한 특별법」 제2조 제1호에 따른 경제자유구역에 입주하는 외국인투자기업이 경영하는 사업(조특법 §121의2 ① 2의2.), ③ 「새만금사업 추진 및 지원에 관한 특별법」 제2조에 따라 지정되는 새만금사업지역(이하 이 장에서 "새만금사업지역"이라 한다)에 입주하는 외국인투자기업이 경영하는 사업(조특법 §121의2 ① 2의8.), ④ 「제주특별자치도 설치 및 국제자유도시 조성을 위한 특별법」 제161조에 따라 지정된 제주첨단과학기술단지(이하 "제주첨단과학기술단지"라 한다)에 2025년 12월 31일까지 입주한 기업이 생물산업, 정보통신산업 등 대통령령으로 정하는 사업(조특법 §121의8 ①) 또는 ⑤ 「제주특별자치도 설치 및 국제자유도시 조성을 위한 특별법」 제162조에 따라 지정되는 제주투자진흥지구(이하 "제주투자진흥지구"라 한다)

에 2025년 12월 31일까지 입주하는 기업이 해당 구역의 사업장에서 하는 사업(조특법 §121의9 ① 1.)의 사업 중 외국인투자기업이 경영하는 사업으로서 다음 각 목의 위원회의 심의·의결을 거치는 사업

■ 조세특례제한법 시행규칙 [별표 14] 〈신설 2017. 3. 17.〉

| 신성장기술 직접 관련 소재·공정 기술(제51조 관련) |

유형 분류	대상기술	적용분야
1. 소재 기술	가. 고집적도 반도체 소재 기술: 기존 반도체 메모리와 달리 얇은 자성 박막으로 만들어진 새로운 비휘발성(nonvolatile, 非揮發性) 메모리 소자로 외부 전원 공급이 없는 상태에서 정보를 유지할 수 있고 고속 동작과 집적도(degree of integration, 集積度)를 높일 수 있는 소재를 개발·제작하는 기술	5 - 가, 지능형반도체·센서
	나. 플렉서블 전도성 소재 기술: 초소형 웨어러블 부품 등에 활용되는 인체 신호 전달용 전극 디스플레이용 소재[플라스틱, 금속, 탄소나노튜브(carbon - nanotube), 그래핀(Gra-phene) 등]를 개발·제작하는 기술	2 - 마, 착용형 스마트기기, 9 - 가, 고기능섬유
	다. 마이크로 LED 소재 기술: 광 응용 분야에 적용할 수 있는 플렉서블 디스플레이, 스마트 섬유, 바이오 콘택트렌즈, HMD(Head Mounted Display), 인체 부착 및 무선 통신 분야에 활용되는 칩 사이즈가 0~100㎛ 수준의 마이크로 LED 소재를 개발·제작하는 기술	1 - 가, 자율주행차, 1 - 나, 전기구동차, 2 - 마, 착용형 스마트기기, 3 - 나, 융합보안, 5 - 가, 지능형반도체·센서, 5 - 다, OLED, 7 - 가, 바이오화합물·의약, 7 - 나, 의료기기·헬스케어
	라. 전기자동차용 배터리 소재: 소형의 고에너지(high energy) 밀도를 가지는 나트륨 - 유황 전지, 아연 - 브롬 전지, 아연 - 염소 전지 등의 리튬이온 이차전지로 주로 전기자동차 또는 전력저장을 위한 배터리 소재를 개발·제작하는 기술	1 - 나, 전기구동차
	마. 지능형·기능성 센서 소재: 자동차, 로봇, 등의 카메라, 라이다, 레이더 등에 적용하여 전방위 물체 정보 처리, 주변 상황 인지, 자율 주행 등과 가스, 광 등 주변 변화에 민감하게 반응하는 전극용 소재 기술	1 - 가, 자율주행차, 2 - 나, IoT, 5 - 가, 지능형반도체·센서, 10 - 나, 안전로봇

유형 분류	대상기술	적용분야
	바. 탄소복합체 신소재 기술: 탄소섬유 강화 플라스틱(CFRP, Carbon Fiber Reinforced Plastics), 경량화 미래형 핵심소재로서 아크릴섬유를 1000℃~2000℃의 초고온 환경에서 특수 열처리해(코팅 등) 만드는 특수 소재 기술	11-나, 우주
	사. 3D프린팅용 복합소재기술(친환경, 의료용, 심미용): 인체 유해성을 배제한 프린팅용 소재기술로 3D 프린팅 원료를 출력 가능한 형태로 가공하여 공정성 및 흐름성을 부여하고, 3차원 형상물 제조 공정 중 상변화가 용이하거나 고른 분산성을 유지하여 강한 층간결합력 및 높은 해상도를 달성할 수 있도록 하는 생체적합성(biocompatibility, 生體適合性) 소재, 능동형 하이브리드(hybrid; 혼합) 스마트 소재, 복합기능성 고분자 소재 기술	5-라, 3D프린팅
	아. 고기능성 화학품 신소재 기술: AMOLED(Active Matrix Organic Light-Emitting Diode; 능동형 유기발광다이오드) 패널 및 플렉서블 디스플레이용 회로 형성에 필요한 식각액(etchant), 박리액(Stripper), 세정액 등에 사용되는 화학품 신소재	5-다, OLED
1. 소재 기술	자. 유전자 검사용 초소형 바이오 반도체 소재: 나노반도체 기술을 바이오 분야에 접목하여 멀티 센싱(multi-sensing)을 이용해 미량의 생체분자(organic molecule, 生體分子) 혹은 생체표지자(biomarker, 生體標識子)를 검출하는 등 실시간 진단이 가능한 고기능 바이오 반도체 및 센서용 소재 기술	7-나, 의료기기, 헬스케어
	차. 유무기 나노 하이브리드소재(Organic-Inorganic Hybrid Nano-Materials)기술: OLED, 연료전지, 이차전지, 태양전지 등의 고경도, 친수(親水), 발수(撥水), 방청(防錆), 전자파 차단 등 표면 특성 강화를 위한 코팅용 유무기(有無機) 소재 기술	5-다. OLED 8-나, 신재생에너지 8-다, 에너지효율향상
	카. 슈퍼 엔지니어링 플라스틱(SEP, Super engineering plastics) 소재기술 : 무인기, 위성 및 우주발사체, 플렉서블 디스플레이 등의 경량화, 전자기기 오작동 방지 등을 위한 PPS(Poly Phenylene Sulfide) 소재, PI(Polyimide) 소재, 컴파운딩, TPEE(thermoplastic polyester elastomer) 소재, 친환경 PETG(Polyethylene terephthalate glycol-modified)소재, 생분해성(生分解性, biodegradability) 플라스틱 등 금속을 대체하는 플라스틱 소재 기술	9-나, 초경량금속 11-나, 우주

유형 분류	대상기술	적용분야
2. 공정 기술	가. 지능형 전력반도체 모듈 기술: 가전기기, 산업용 전동기, 자동차, 신재생 에너지 분야에 적용 가능한 전력용 반도체 모듈로서 전력 소자, 구동 회로, 보호회로 및 기타 주변 회로를 한 패키지 안에 집적한 제품의 설계 및 제조 기술	8 – 다. 에너지효율향상
	나. 대화면 플렉서블 OLED 제작 기술: 대면적 플렉서블 OLED 디스플레이의 제작을 위해 유리 봉지기술, 하이브리드 봉지기술 등을 통한 플라스틱 기판 소재 및 투명 필름 제작 공정 기술	5 – 다. OLED
	다. 난삭(難削) 메탈소재 가공 및 공정 기술: 항공/우주 산업의 티타늄, 복합재료 및 니켈합금, 자동차 산업의 CGI (Compacted Graphite Iron), 세라믹 및 고경도강, 바이오 산업의 바이오 세라믹 및 코발트 크롬 등 난삭(難削) 메탈 소재 가공 및 공정 기술	9 – 라. 타이타늄
	라. 기능성(내열성, 초소형) 렌즈 수지 및 제조 공정 기술: 내충격성이 우수한 고굴절 광학렌즈용 수지 조성물을 이용하여 가공성을 향상시키고 아베수(Abbe's number), 투명성, 자외선 차단성 등의 광학 특성이 우수한 기능성 광학렌즈 제조 및 공정기술	1 – 가. 자율주행차, 2 – 나. IoT, 2 – 마. 착용형스마트기기
	마. OLED 소재 패턴 정밀화 향상 기술: Fine Metal Mask (FMM) 방식으로 주로 저분자 재료를 적용하여 고진공 (高眞空)하에서 박막의 금속 마스크(Metal mask)를 기판에 밀착시켜서 원하는 위치에만 OLED 재료를 증착하여 화소를 형성시키는 방법으로 주로 OLED에 이용되는 금속 박막을 이용한 제조 기술	5 – 다. OLED

비고 : 적용분야란 「조세특례제한법 시행령」 별표7에 따른 신성장동력·원천기술 분야별 대상기술과 관련된 분야를 말한다.

나. 감면대상 자본재의 범위

관세·개별소비세 및 부가가치세를 면제하는 자본재(「외국인투자촉진법」 제2조 제1항 제9호에 따른 "자본재"를 말한다)는 다음과 같다. 「외국인투자촉진법」의 "자본재"란 산업시설(선박, 차량, 항공기 등을 포함한다)로서의 기계, 기자재, 시설품, 기구, 부분품, 부속품 및 농업·임업·수산업의 발전에 필요한 가축, 종자, 수목(樹木), 어패류, 그 밖에 주무부장관 (해당 사업을 관장하는 중앙행정기관의 장을 말한다)이 해당 시설의 첫 시험운전(시험사업을 포함한다)에 필요하다고 인정하는 원료·예비품 및 이의 도입에 따르는 운임·보험료와 시설을 하거나 조언을 하는 기술 또는 용역을 말한다.

관세·개별소비세 및 부가가치세가 감면되는 자본재는 「조세특례제한법」 제121조의2에 따라 법인세, 소득세, 취득세 또는 재산세가 감면되거나 「지방세특례제한법」 제78조의3에 따라 취득세 또는 재산세가 감면되는 사업에 직접 사용되는 것으로서 「외국인투자촉진법」 제5조의 규정에 의한 신고를 한 날부터 5년(공장설립승인의 지연 그 밖의 부득이한 사유로 인하여 위 기간 이내에 수입신고를 완료할 수 없는 경우로서 그 기간이 종료되기 전에 기획재정부장관에게 연장신청하여 승인을 받은 경우에는 6년으로 한다) 이내에 「관세법」에 따른 수입신고가 완료되는 것으로 한다.

1. 외국인투자기업이 외국투자가로부터 출자받은 대외지급수단 또는 내국지급수단으로 도입하는 자본재
2. 외국투자가가 「외국인투자촉진법」 제2조 제1항 제8호에 해당하는 출자목적물(이하 "출자목적물"이라 한다)로 도입하는 자본재

외국인투자기업이 외국투자가로부터 출자받은 대외지급수단 또는 내국지급수단으로 도입하는 자본재의 관세·개별소비세 및 부가가치세 면제 한도는 외국인투자기업이 「조세특례제한법」 제121조의2 제8항에 따른 감면대상 해당 여부 결정 이후 면제대상 자본재를 최초로 도입하는 때에 선택하는 통화(이하 "기준통화"라 한다)를 기준으로 산정한다. 이 경우 외국인투자기업이 기준통화와 다른 통화로 자본재를 도입하는 경우 관세·개별소비세 및 부가가치세 면제에 있어서 그 자본재의 가액은 면제대상 자본재 도입시 「관세법」 제18조에 따라 관세청장이 정하는 환율을 이용하여 기준통화와 자본재 도입대가 지급 통화 간 환율을 산정하여 이에 따라 기준통화로 환산한 금액으로 한다.

다. 감면대상 외국인투자

관세·개별소비세 및 부가가치세를 면제하는 자본재의 "외국인투자"는 외국인이 「외국인투자촉진법」에 따라 대한민국 법인 또는 기업(설립 중인 법인을 포함한다)의 경영활동에 참여하는 등 그 법인 또는 기업과 지속적인 경제관계를 수립할 목적으로 대통령령으로 정하는 바에 따라 대한민국 법인 또는 기업이 새로 발행하는 주식 또는 지분(이하 "주식등"이라 한다)을 취득하여 소유하는 것을 말한다.

라. 감면신청

관세·개별소비세 및 부가가치세의 면제신청을 하고자 하는 자는 「관세·특별소비세·부가가치세 면제신청서」에 다음 각 호의 서류를 첨부하여 세관장에게 제출하여야 한다.

1. 당해 사업이 「조세특례제한법」 제121조의2 제1항의 규정에 의한 법인세등의 감면대상이 되는 사업임을 증명하는 서류 사본 1부
2. 당해자본재가 「조세특례제한법」 제121조의3 제1항 각 호의 1에 해당하는 것임을 증명하는 서류 사본 1부
3. 「외국인투자촉진법 시행령」 제38조 제2항의 규정에 의한 확인을 받은 자본재의 도입물품명세확인서 사본 1부

마. 적용배제

① 「외국인투자촉진법」 제2조 제1항 제4호 가목 2)에 따라 대한민국 법인 또는 기업이 이미 발행한 주식 또는 지분(이하 "기존주식등"이라 한다)을 취득하거나, ② 「외국인투자촉진법」 제5조 제2항 제1호에 따라 「자본시장과 금융투자업에 관한 법률」에 따른 주권상장법인(같은 법 제152조 제3항에 따른 공공적 법인 및 개별법상 주식취득이 제한되는 기업은 제외한다)이 발행한 기존주식등을 취득하는 경우 및 ③ 「외국인투자촉진법」 제6조에 따라 산업통상자원부장관의 허가를 받는 외국인투자에 대해서는 관세·개별소비세 및 부가가치세를 면제하지 아니한다.

5 : 제주도여행객 면세점의 특례

(1) 제주도여행객 면세점에 대한 간접세 등의 특례(조특법 §121의13)

제주도여행객이 제주특별자치도 면세점(지정면세점)에서 면세물품을 구입하여 제주도 외의 다른 지역으로 휴대하여 반출하는 경우에는 그 물품에 대해 부가가치세 영세율을 적용하고, 개별소비세, 주세, 관세 및 담배소비세를 면제한다.

「조세특례제한법」 제121조의13에서 정한 제주특별자치도 면세점에 대한 간접세 등의 특례에 관하여 위임된 사항과 그 시행에 관하여 필요한 사항은 「제주특별자치도 여행객에 대한 면세점 특례규정」으로 정하고 있다. 제주특별자치도 면세점의 면세물품에 대한 부가가치세, 개별소비세, 주세, 관세 및 담배소비세에 관하여 「제주특별자치도 여행객에 대한 면세점 특례규정」에서 특별히 규정한 것을 제외하고는 해당 법령이 정하는 바에 의한다.

가. 감면대상 제주도여행객

「제주특별자치도 설치 및 국제자유도시 조성을 위한 특별법」 제255조에 따른 면세품 판매장에서 면세물품을 구입하여 반출할 때 부가가치세, 개별소비세, 주세, 관세 및 담배소비세를 면제하는 제주도여행객은 제주특별자치도에서 제주특별자치도 외의 지역으로 다음의 어느 하나에 해당하는 항공기 또는 선박에 의하여 출항하는 내국인 및 외국인(제주특별자치도에 주소 또는 거소를 두고 있는 자를 포함하며, 이하 "제주특별자치도여행객"이라 한다)을 말한다.

1. 「항공사업법」 제7조 또는 제10조에 따라 항공운송사업의 면허를 받거나 등록을 마친 자가 운항하는 항공기
2. 「해운법」 제4조에 따라 해상여객운송사업의 면허를 받은 자가 운항하는 여객선

나. 면세품판매장

「제주특별자치도 설치 및 국제자유도시 조성을 위한 특별법」 제170조 제1항 제4호 가목에 따른 면세품판매장(이하 "지정면세점"이라 한다)은 개발센터와 같은 법 제250조에 따른 지방공사가 운영하는 면세품판매장으로서 제주자치도를 관할하는 세관장이 지정·고시[243]

---

243) 「제주국제자유도시 지정면세점 운영에 관한 고시」(관세청고시 제2022-20호)

하는 면세품판매장을 말한다. 지정면세점의 설치 및 시설요건 등에 관하여 필요한 사항은 관세청장이 정한다. 이 경우 면세품판매장을 운영하는 자(이하 "면세점운영자"라 한다)는 「제주특별자치도 설치 및 국제자유도시 조성을 위한 특별법」 제250조에 따라 설립된 지방공사와 같은 법 제166조에 따라 설립된 제주국제자유도시 개발센터가 된다.

지정면세점은 「관세법」 제174조에 따라 특허를 받은 보세판매장으로 본다. 이 경우 해당 보세판매장에서는 「관세법」 제196조 제1항에도 불구하고 제1항에 따라 제주도 외의 다른 지역으로 휴대하여 반출하는 면세물품을 판매할 수 있다.

다. 면제물품의 범위

면세물품은 다음과 같다. 지정면세점에서 판매할 수 있는 면세물품은 한 품목당 판매가격이 미합중국 화폐 800달러 이하의 것으로 한다.

1. 주류	2. 담배
3. 시계	4. 화장품
5. 향수	6. 핸드백, 지갑, 벨트
7. 선글라스	8. 과자류
9. 인삼류	10. 넥타이
11. 스카프	12. 신변장식용 액세서리
13. 문구류	14. 완구류
15. 라이터	

16. 기획재정부장관이 정하여 고시하는 신변잡화류
17. 그 밖에 제주특별자치도 조례가 정하는 물품

제주특별자치도지사는 「제주특별자치도 여행객에 대한 면세점 특례규정」 제4조 제17호의 규정에 따라 면세물품을 정한 조례가 공포되는 때에는 즉시 기획재정부장관에게 통보하여야 한다.

라. 감면한도

제주도여행객이 지정면세점에서 구입할 수 있는 면세물품의 금액한도는 1회당 미합중국 화폐 800달러 이하로 한다. 이 경우 주류 및 담배는 금액한도 계산에서 제외한다.

제주도여행객은 지정면세점에서 면세물품을 연도별로 6회까지 구입할 수 있다. 면세주류와 면세담배의 경우에는 19세 이상인 제주특별자치도여행객 1명이 1회에 아래 표의 범위에서 구입할 수 있다.

구분	수 량		비 고
주류	2병		2병 합산하여 용량은 2리터(L)이하, 가격은 미합중국 화폐 400달러 이하로 한다.
담배	궐련	200개비	1회에 한 가지 종류로 한정한다.
	엽권련	50개비	
	전자담배 궐련형	200개비	
	전자담배 니코틴용액	20밀리리터	
	전자담배 기타유형	110그램	
	그 밖의 담배	250그램	

마. 감면절차

사업자가 면세물품을 지정면세점에 공급하는 경우에는 「제주특별자치도 여행객에 대한 면세점 특례규정」으로 정하는 바에 따라 부가가치세, 개별소비세, 주세 및 담배소비세를 면제한다.

1. 외국물품은 지정면세점에 반입된 물품에 한하여 부가가치세·개별소비세·주세·관세 및 담배소비세(이하 "부가가치세등"이라 한다)를 면제(부가가치세의 경우에는 영세율을 적용하는 것을 말한다)한다.
2. 사업자가 제조장에서 제조·가공한 물품(이하 "내국물품"이라 한다)을 지정면세점에 직접 반출한 경우에는 부가가치세·개별소비세·주세 및 담배소비세를 면제한다.

1) 면세물품의 공급

지정면세점에 내국물품을 공급하는 사업자는 당해 내국물품의 공급과 관련하여 다음의 의무를 이행하여야 한다.

1. 「부가가치세법」 제48조 및 제49조에 따라 부가가치세 과세표준과 납부세액 또는 환급세액을 신고하는 때에는 국세청장이 정하는 제주특별자치도여행객 면세점 공급실적 명세서에 당해 신고기간의 면세물품의 공급실적을 기록·작성하여 면세점운영자의 확인을 받아 사업장 관할 세무서장에게 제출하여야 한다.

2. 개별소비세 과세대상물품의 경우에는 「개별소비세법 시행령」 제26조 【외국인전용 판매장
에서 판매할 물품의 면세 승인신청】, 주류의 경우에는 「주세법 시행령」 제20조 제1항
및 제2항, 담배의 경우에는 「지방세법」 제55조를 각각 준용하여 처리하여야 한다.

2) 면세물품의 판매 및 인도절차

면세점운영자가 제주특별자치도여행객에게 면세물품을 판매하는 때에는 주민등록증 (신분을
확인할 수 있는 각종 신분증을 포함한다) 또는 여권 등에 의하여 당해 물품을 구입하는 자의
신분을 확인한 후 판매하여야 한다.

면세물품의 판매 및 인도절차 등에 관하여 필요한 사항은 「관세법 시행령」 제213조 제2항
및 제5항의 규정에 의하여 정한 보세판매장에서 판매하는 물품의 판매 및 인도방법, 반입·
반출의 절차 등에 준하여 관세청장이 정한다.[244]

내국물품의 판매 및 인도절차 등에 관하여 필요한 사항은 따로 국세청장이 정할 수 있다.

3) 면세 판매된 외국물품이 내국물품으로 되는 시기

외국물품(「수출용 원재료에 대한 관세 등 환급에 관한 특례법」에 의하여 관세등이 환급
되는 물품을 포함한다. 이하 같다)은 관세청장이 정하는 바에 따라 제주특별자치도여행객이
면세물품을 구매하는 때에 「관세법」 제241조의 규정에 의하여 수입신고를 한 것으로 보고,
공항이나 항만에서 당해 물품을 구매한 제주특별자치도여행객에게 인도하는 때에 「관세법」
제248조의 규정에 의하여 수입신고가 수리되어 내국물품이 된 것으로 본다.

4) 장부기록

면세점운영자는 면세물품의 구입·판매사항 등과 관련하여 관세청장이 정하는 바에 의하여
장부를 기록하고 5년간 이를 보관하여야 한다.

바. 명령사항

제주특별자치도세관장은 면세점운영자에 대하여 다음에 관한 사항을 명할 수 있다.

1. 지정면세점의 표시
2. 제주특별자치도여행객이 알아야 할 사항에 관한 안내문의 게시 또는 고지
3. 납세보전상 필요한 서류의 제출 및 영업에 관한 보고
4. 그 밖에 지정면세점 관리·운영에 관하여 필요한 사항

---

244) 「제주국제자유도시 지정면세점 운영에 관한 고시」 (관세청 고시 제2022-20호)

사. 부정구매자등의 감면세액 징수 및 이용제한

다음의 어느 하나에 해당하는 경우에는 외국물품은 관할 세관장이, 내국물품은 관할 세무서장이 감면받거나 환급받은 부가가치세·개별소비세·주세 및 관세를 그 행위를 한 자로부터 징수하여야 한다.

1. 지정면세점에서 타인의 명의로 면세물품을 구입하는 경우
2. 면세점운영자가 면세물품을 부정유출하는 경우
3. 제주특별자치도여행객이 면세물품을 타인에게 판매하는 경우
4. 제주특별자치도여행객으로부터 면세물품을 구입하는 경우(면세물품을 판매한 제3호의 여행객이 외국에 거주하는 외국인인 경우에 한한다)

면세점운영자는 다음의 어느 하나에 해당하는 자(이하 "부정구매자등"이라 한다)에 대하여는 해당 면세물품 구입일부터 1년간 지정면세점의 이용을 제한하여야 한다. 또한 면세점운영자는 부정구매자등에 대한 인적사항 등을 기록·관리하여야 한다.

1. 타인의 명의로 면세물품을 구입한 자
2. 면세물품의 구입을 위하여 타인에게 명의를 대여한 자
3. 지정면세점에서 구입한 면세물품을 타인에게 판매한 자
4. 제주특별자치도여행객으로부터 면세물품을 구입한 자

아. 고유식별정보의 처리

면세점운영자는 다음의 사무를 수행하기 위하여 불가피한 경우「개인정보 보호법 시행령」제19조 제1호, 제2호 또는 제4호에 따른 주민등록번호, 여권번호 또는 외국인등록번호가 포함된 자료를 처리할 수 있다.

1. 「조세특례제한법」제121조의13 제5항 및 「제주특별자치도여행객에 대한 면세점 특례규정」제5조 제2항·제3항에 따른 면세물품 구입한도 관리에 관한 사무
2. 「조세특례제한법」제121조의13 제6항에 따른 연도별 면세물품 구입횟수 관리에 관한 사무
3. 「제주특별자치도여행객에 대한 면세점 특례규정」제6조에 따른 면세물품 종류별 구입수량 관리에 관한 사무

1 ː 농업 · 임업 · 어업용 석유류에 대한 감면

(1) 농 · 임 · 어업용 면세유 제도

가. 면세유 제도 개요

일정한 농민, 임업에 종사하는 자 및 어민(농어민등)이 농업 · 임업 또는 어업에 사용하기 위한 석유류(「석유 및 석유대체연료 사업법」에 따른 석유제품을 말한다. 이하 면세유라 한다)를 2023년 12월 31일까지 공급하는 경우 해당 석유류의 공급에 대한 부가가치세와 제조장 또는 보세구역에서 반출되는 것에 대한 개별소비세, 교통 · 에너지 · 환경세, 교육세 및 자동차 주행에 대한 자동차세를 면제한다.[245]

1971년 12월 29일에 (구)「조세감면규제법」 제11조의2(석유류의 면제)에 연근해 어선 석유류의 석유류세 면세 조항으로 신설[246]된 후, 농민 등의 경제적 안정 및 농임업의 기계화 촉진을 위해 대상세목과 품목을 확대하여 1985년에 농업용을 추가[247]하였으며, 2002년에 임업용을 추가하고 부가가치세, 교통세 등 다른 간접세까지 확대 시행하였다.[248]

---

245) 1971년에 석유류세의 면제 조항이 신설되어 당초에는 연근해어업용 선박의 부가가치세에만 적용하던 것을 1985년부터 농업용을 추가하였으며, 2002년부터 임업용을 추가하고 개별소비세, 교통세 등 다른 간접세까지 확대 시행하였다.

246) (구)「조세감면규제법」 [시행1972.1.1.] [법률 제2332호] 본조신설

247) 1986년부터 농임업용 석유류에 부과하는 교통 · 에너지 · 환경세, 개별소비세 및 부가가치세 등을 면제한 면세유를 유류구입권을 통해 공급하여 왔다. 그러나 유류구입권 무단양도 등의 문제로 2008년 7월부터 유류구매전용카드를 도입하여 주유소에 제세금을 환급하도록 개선하였다.

248) 특별소비세 면제(1976년) → 부가가치세 면제(1977년) → 교통세 면제(2000년) → 교육세 및 주행세 면제 (2002년) → 자동차세 면제(2007년)

나. 조세지원 규정 체계

개별소비세와 교통·에너지·환경세 조세특례의 일반적인 사항은 「조세특례제한법」, 「조세특례제한법 시행령」 및 「조세특례제한법 시행규칙」에 정하고 있다.

다만, 「조세특례제한법」 제106조의2에 따른 농·축산·임·어업용 석유류의 감면에 대해 위임된 사항과 그 시행에 관하여 필요한 사항은 「농·축산·임·어업용 기자재 및 석유류에 대한 부가가치세 영세율 및 면세 적용 등에 관한 특례규정」(약칭: 영농기자재등면세규정), 「농·축산·임·어업용 기자재 및 석유류에 대한 부가가치세 영세율 및 면세 적용 등에 관한 특례규정 시행규칙」에 따로 규정하고 있다.

「영농기자재등면세규정」은 「조세특례제한법」의 개정(2001. 12. 29., 법률 제6538호)으로 농·어업용으로 공급하는 면세유류의 부정유출을 방지하기 위한 제도가 신설됨에 따라 「조세특례제한법」에서 위임한 환급 및 사후관리절차 등을 별도로 정한 것이다.

다. 면세유 공급절차 규정 체계

농업협동조합중앙회장, 산림조합중앙회장 및 수산업협동조합중앙회장은 면세유가 용도 외로 부당하게 사용되지 않도록 다음 각 호의 규정을 준수하여 면세유류구입카드 등의 교부와 사후관리를 철저히 하여야 한다(농·임·어업용 면세유 공급절차 및 면세유류판매업자의 환급(공제) 신청에 따른 감면세액의 환급절차 등 고시 §13).

1. 농림축산식품부장관이 고시하는 「농업용 면세유류 공급요령」
2. 해양수산부장관이 발령하는 「어업용 면세유류 공급 및 사후관리 요령」
3. 산림청장이 고시하는 「임업용 면세유류 공급지침」

(2) 면세유류구매카드와 출고지시서

농어민등이 면세유를 공급받으려면 면세유류 관리기관인 조합으로부터 면세유류 구입카드 또는 출고지시서를 발급받아야 한다(조특법 §106의2 ④).

가. 면세유류구매카드의 발급

면세유류구입카드는 다음의 어느 하나에 해당하는 자가 면세유류관리기관이 배정하는 한도 내에서 면세유를 공급받을 수 있도록 면세유류관리기관으로부터 「여신전문금융업법」에 따라 교부받은 직불카드 또는 신용카드를 말한다(특례규정 §16).

1. 농민
2. 농업협동조합에 내수면어업용 선박 및 내수면육상양식어업용 시설을 신고한 어민
3. 직전 연도에 면세유(「수산업협동조합법」에 따른 조합이 직영하는 주유소 또는 그 조합과 공급대행계약이 체결된 주유소가 공급한 면세유에 한한다)를 40킬로리터(휘발유의 경우에는 20킬로리터) 이상 공급받은 어민. 다만, 「신용정보의 이용 및 보호에 관한 법률」 제25조 제2항 제1호에 따른 종합신용정보집중기관에 약정한 기일 내에 채무를 변제하지 아니한 자로 관리되고 있거나 이와 비슷한 경우에 해당하여 해양수산부장관이 정하여 고시하는 자는 제외한다.

면세유류구입카드는 직불카드의 교부를 원칙으로 하되, 농림축산식품부장관 또는 해양수산부장관이 면세석유류의 원활한 공급 및 사용자의 편의를 위하여 필요하다고 인정하여 신용카드업자에게 통보하는 경우에는 신용카드를 교부한다(영농기자재등면세규정 시행규칙 §9).

나. 출고지시서의 발급

출고지시서등은 어민(면세유류구입카드를 발급받은 자는 제외한다) 및 임업인이 면세유를 공급받을 수 있도록 면세유류관리기관이 교부하는 출고지시서 또는 구입권으로서 국세청장이 그 서식 등을 「농·임·어업용 면세유 공급절차 및 면세유류 판매업자의 환급(공제) 신청에 따른 감면세액의 환급절차 등」(국세청 고시)에 정하였다. 면세유류관리기관장은 출고지시서 또는 구입권을 교부하는 때에는 연도별 발행번호를 부여한 후 날인하여야 한다(영농기자재등 면세규정 §20 ④).

(3) 농·임·어업용 면세유 판매업자

가. 면세유 판매업자

주유소 등 석유판매업자가 부가가치세, 개별소비세, 교통·에너지·환경세, 교육세 및 자동차세가 과세된 석유류를 공급받아 농어민등에게 「조세특례제한법」 제106조의2 제1항 각 호의 어느 하나에 해당하는 면세유를 공급한 경우에는 「영농기자재등면세규정」으로 정하는 바에 따라 신청하여 면제되는 세액을 환급받거나 납부 또는 징수할 세액에서 공제받을 수 있다.

「조세특례제한법」 제106조의2 제2항에서 "대통령령으로 정하는 석유판매업자"란 다음 각 호의 어느 하나에 해당하는 자를 말한다.

1. 「석유 및 석유대체연료 사업법」 제2조 제7호부터 제9호까지의 규정에 따른 석유정제업자·석유수출입업자 또는 석유판매업자 및 「액화석유가스의 안전관리 및 사업법」 제2조 제3호에 따른 액화석유가스 수출입업자
2. 「액화석유가스의 안전관리 및 사업법」 제2조 제5호·제9호 및 같은 법 제44조 제2항에 따른 액화석유가스 충전사업자, 액화석유가스 판매사업자 및 액화석유가스 특정사용자
3. 「고압가스 안전관리법」 제4조에 따른 고압가스제조자

나. 면세유 판매업자의 지정(조특법 §106의2 ⑦)

농업협동조합중앙회, 산림조합중앙회 및 수산업협동조합중앙회 등 면세유류 관리기관인 중앙회는 면세유 관리업무의 효율화 및 부정 유통 방지를 위하여 필요하면 석유판매업자의 신청을 받아 농어민등에게 면세유를 판매할 수 있는 석유판매업자를 지정할 수 있다.

석유판매업자의 신청을 받은 면세유류관리기관인 중앙회는 신청일부터 30일 이내에 면세유 판매업자 지정 여부를 결정하고 면세유류판매업자 지정증을 신청인에게 교부하여야 한다(영농기자재등면세규정 §20의2 ②).

다. 면세유 판매업자의 지정취소

석유판매업자가 다음의 어느 하나에 해당하는 경우에는 면세유류 관리기관인 중앙회는 면세유를 판매할 수 있는 석유판매업자의 지정을 취소할 수 있으며, 지정 취소된 석유판매업자는 각 기간 동안 면세유 판매업자 지정 신청을 할 수 없다.

1. ① 농어민등이 아닌 자가 면세유류 구입카드등을 발급받거나 ② 농어민등 또는 농어민등이 아닌 자가 농어민등으로부터 면세유류 구입카드등 또는 그 면세유류 구입카드등으로 공급받은 석유류를 양수받은 경우 또는 ③ 석유판매업자가 환급·공제세액을 초과 신청하여 징수하는 사유가 생긴 경우 : 지정취소일부터 5년간
2. 직전 2회계연도의 기간 동안 면세유류 판매실적이 없는 경우 : 지정취소일부터 1년간

지정취소일부터 5년간 지정 신청을 할 수 없는 사유가 생긴 석유판매업자와 다음의 관계에 있는 자에 대하여도 석유판매업자의 지정취소 및 면세유 판매금지를 적용한다. 다만, 그 양수인

(해당 석유판매업자와 특수관계[249])에 있는 자는 제외한다) 또는 법인이 종전 석유 판매업자의 감면세액 추징 사유가 생긴 것을 알지 못하였음을 증명하는 경우에는 그러하지 아니하다.

1. 석유판매업자가 사망한 경우 그 상속인
2. 석유판매업자가 그 석유판매업의 전부를 양도한 경우 그 양수인
3. 법인인 석유판매업자가 다른 석유판매업자와 합병을 한 경우 합병 후 존속하는 법인이나 합병에 의하여 설립되는 법인

(4) 농·임·어업용 면세유 배정과 한도

가. 면세유 연간 한도량 관리(조특법 §106의2 ⑮, ⑯)

석유류의 연간 한도량은 농림축산식품부장관, 해양수산부장관 또는 산림청장의 신청을 받아 기획재정부장관이 석유제품별로 정한다.

면세유류 관리기관인 중앙회는 석유류의 연간 한도량의 범위에서 면세유류 구입카드등이 발급되고 사용되도록 관리하여야 하며, 면세유류한도량을 초과하여 면세유류 구입카드등이 발급되어 농·임·어업용 석유류가 공급되었을 경우에는 그 면세유류한도량을 초과하는 석유류에 대해서는 면세유류 관리기관인 중앙회가 공급받은 것으로 보아 면세유류 관리기관인 중앙회로부터 부가가치세, 개별소비세, 교통·에너지·환경세, 교육세 및 자동차세의 감면 세액을 추징한다.

나. 면세유 사용한도 배정(조특법 §106의2 ⑥)

면세유류 관리기관인 조합은 농어민등의 농기계등의 보유 현황, 영농·영림 또는 어업 경영 규모 등을 고려하여 면세유류 구입카드등을 발급(면세유의 구입한도를 배정하는 것을 포함한다)하여야 한다.

1) 면세유 공급기준(영농기자재등면세규정 §19)

농업기계, 임업기계 또는 어업기계에 대하여는 각각 농림축산식품부장관, 해양수산부장관 또는 산림청장이 기종별·규격별 시간당 연료소모량 및 연간 기종별 사용시간 등을 감안하여 산정한다.

---

249) 「국세기본법 시행령」 제1조의2 제1항에 따른 친족관계에 있는 자

농업기계, 임업기계 또는 어업기계를 제외한 농기계등에 대하여는 해양수산부장관이 선박 및 시설 등의 업종별·규모별 연료소모량, 연간 조업 및 가동시간 등을 감안하여 산정한다.

농기계등의 종류별 면세유의 연간 공급량은 연간 한도량의 범위 안에서 농기계등의 종류별 공급기준량을 기준으로 하되, 농어민등 별로 영농·영림·영어규모 또는 재배작목 등에 따라 실제 소요되는 양을 파악하여 조정할 수 있다.

2) 면세유류구입카드등의 한도배정(영농기자재등면세규정 §20)

면세유류관리기관은 제출된 사용 실적 등 증명서류(영농기자재등면세규정 §17 ③, ⑤)에 의하여 전년도 면세유 공급량에 가감하여 면세유류구입카드등을 월별로 교부하여야 한다. 다만, 선박의 경우에는 수시로 교부할 수 있다.

연중 사용하는 농기계등의 경우에는 월별로 교부하는 것을 원칙으로 하되, 일정시기에 집중적으로 사용하는 농기계등이나 영농·영림·영어규모 등이 많아 월별로 교부한 양이 부족한 경우에는 영농·영림 또는 영어시기를 고려하여 교부할 수 있다. 다만, 선박의 경우에는 수시로 교부할 수 있으며, 제출된 사용 실적이 천재·지변 등으로 인하여 통상적인 사용 실적에 미달한다고 판단되는 경우에는 이를 감안하여 교부할 수 있다.

수산업협동조합은 해양수산부장관이 정하는 바에 따라 최근 어업을 영위하는지를 확인할 수 있는 서류를 제출받은 후 면세유류구입카드등을 교부하여야 한다.

농어민등이 교부받은 출고지시서 또는 구입권을 분실한 경우에는 이를 재교부받을 수 없다. 다만, 화재로 인한 소실, 용지손상 등으로 재사용이 불가능하다고 인정되는 경우에는 그러하지 아니하다.

(5) 농·임·어업용 면세유에 대한 세액의 공제환급

가. 부가가치세 매입세액 공제

석유판매업자가 부가가치세를 면제 또는 감면받거나 부가가치세의 감면세액을 환급 또는 공제받으려면 농어민등 또는 「한국해운조합법」에 따른 한국해운조합에 공급한 해당 석유류를 구입하는 때에 부담한 부가가치세 매입세액은 매출세액에서 공제되는 매입세액으로 보아 부가가치세를 신고하여야 한다. 신고를 하는 때에는 국세청장이 정하는 「면세유류공급증명서」 (국세청 고시 제14호 서식)를 첨부하여야 한다(특례규정 §15의2 ②).

내수면어업용 선박 및 내수면육상어업용 시설에 사용되는 것으로서 「수산업협동조합법」에 따른 조합에 신고된 석유류를 공급한 사업자가 부가가치세를 감면받으려면 「부가가치세법」에 따른 예정신고·확정신고 또는 영세율 등 조기환급신고를 하는 때에 그 신고서에 국세청장이 정하여 고시하는 「면세유류공급증명서」(국세청 고시 제14호 서식)를 첨부하여야 한다 (영농기자재등면세규정 §22).

나. 개별소비세등의 환급(조특법 §106의2 ②, 영농기자재등면세규정 §15의2 ③)

주유소 등 면세유 판매업자로 지정된 석유판매업자가 부가가치세, 개별소비세, 교통·에너지·환경세, 교육세 및 자동차세가 과세된 석유류를 공급받아 농어민등에게 공급한 석유류가 면세유에 해당하는 경우에는 석유판매업자는 감면세액의 환급을 신청하여 면제되는 세액을 환급받거나 납부 또는 징수할 세액에서 공제받을 수 있다.

석유판매업자가 개별소비세, 교통·에너지·환경세, 교육세 및 자동차 주행에 대한 자동차세의 감면세액을 환급받으려면 농어민등에게 매월 공급한 면세유의 석유제품별 수량 및 환급세액 등이 기재된 「석유판매업자의 면세유류 감면세액 환급신청서」(특례규정 제10호 서식)에 국세청장이 정하는 「면세유류공급명세서」(국세청 고시 제1호 서식)를 첨부하여 다음 달 10일까지 관할 세무서장에게 제출하여야 한다.

다. 환급결정(영농기자재등면세규정 §15의2 ④)

환급신청을 받은 세무서장은 그 달의 25일까지 석유판매업자에게 개별소비세, 교통·에너지·환경세 및 교육세의 감면세액을 환급하여야 한다.

라. 환급내역 통보(영농기자재등면세규정 §15의2 ⑤)

세무서장이 석유판매업자에게 감면세액을 환급한 경우에는 자동차세 감면세액의 환급을 위하여 「교통·에너지·환경세의 감면세액 환급내역」(특례규정 제11호 서식)을 환급일의 다음 달 10일까지 울산광역시장에게 통보하여야 한다.

마. 자동차세 환급(영농기자재등면세규정 §15의2 ⑥)

울산광역시장은 환급신청한 날의 다음 달 20일까지 자동차세의 감면세액을 석유판매업자에게 환급하여야 한다.

(6) 면세유 사용 및 생산실적 제출(조특법 §106의2 ⑤)

농어민등은 사용실적 확인장치를 부착하고 각 장치의 사용명세를 기록한「사용실적신고서」(특례규정 시행규칙 별지 제12호) 및 생산실적을 확인할 수 있는 서류를 매반기 마지막 달의 다음 달 말일까지 제출하여야 하며, 제출하지 아니한 경우에는 면세유류 관리기관인 조합은 농어민등에게 제출기한부터 1개월이 되는 날(최종 제출기한)까지 해당 서류를 제출할 것을 요구하여야 한다.

1. 면세유 공급대상 농업기계, 어업기계 및 선박의 경우 : 사용 실적 등을 확인할 수 있는 장치의 사용명세를 기록한 사용실적신고서를 제출기한까지 면세유류 관리기관인 조합에 제출할 것
2. 농업기계, 어업기계 및 농어업용 시설의 경우 : 생산 실적 등을 확인할 수 있는 서류를 제출기한까지 면세유류 관리기관인 조합에 제출할 것

직전 연도에 면세 석유류를 10킬로리터 이상 공급받은 농민과 40킬로리터(휘발유의 경우에는 20킬로리터) 이상 공급받은 어민은 다음의 농업기계, 어업기계 및 농어업용 시설에 생산실적 등을 확인할 수 있는 서류를 제출하여야 한다.

1. 수산물생산기초시설·양식어업용 시설 및 수산종자생산시설
2. 농업기계, 어업기계 및 내수면육상양식어업용 시설

생산실적 확인서류(영농기자재등면세규정 §17 ⑤)

- 농·어업생산의 개시를 증명할 수 있는 종묘·치어 등의 구입서류 사본 (농업 중 시설작물재배업 및 어업 중 양식어업에 해당되는 경우에 한한다)
- 농·수산물 판매사실을 증명할 수 있는 도매·소매 및 중개업자 등에 대한 판매·출하량 등 판매서류 사본
- 생산 실적을 증명할 수 있는 사실을 기록한 국세청장이 고시하는「생산실적신고서」
- 농·어업용 전기요금청구서 사본

농업협동조합중앙회, 수산업협동조합중앙회장은 농어민으로부터 제출받은 생산실적신고서를 국세청장이 정하는 바에 따라 전산처리된 테이프 또는 디스켓으로 국세청장에게 제출하여야 한다(영농기자재등면세규정 §17 ⑦).

(7) 농·임·어업용 면세유의 사후관리

농림축산식품부장관, 해양수산부장관 및 산림청장은 면세유류한도량의 준수 등 면세유가
적정하게 공급되도록 농어민등과 석유판매업자에 대한 조사·단속 및 면세유류관리기관과
한국해운조합에 대한 관리감독 등 사후관리를 철저히 하여야 한다.

농림축산식품부장관 또는 해양수산부장관은 면세유 부정유통 방지의 실효성 확보에 필요한
경우에는 국립농산물품질관리원 등 관련 전문기관을 지정하여 면세유류 사후관리 업무의
일부를 대행하게 할 수 있다.

(8) 농·임·어업용 면세유의 정보공개 및 자료제공

가. 정보공개

면세유류 관리기관인 중앙회와 면세유류 관리기관인 조합은 농어민등에 대한 면세유의
다음의 공급 명세를 면세유류 관리기관의 홈페이지에 공개할 수 있다.

1. 성명(사업자인 경우에는 상호 및 대표자)
2. 주소(사업자인 경우에는 사업장소재지)
3. 석유제품별 전년도 공급량
4. 석유제품별 월별 공급량
5. 농기계등의 보유현황

나. 자료제공

면세유류 관리기관은 면세유 관리업무를 효율적으로 수행하기 위하여 행정기관 등에 다음 각 호의 자료를 요청할 수 있으며, 요청받은 행정기관 등은 정당한 사유가 없으면 면세유류 관리기관에 요청받은 자료를 제출하여야 한다(조특법 §106의2 ⑳).

1. 농어민등의 「가족관계의 등록 등에 관한 법률」 제9조에 따른 사망에 관한 자료
2. 농어민등의 「주민등록법」 제16조에 따른 전입신고에 관한 자료
3. 「어선법」 제5조의2에 따른 어선위치발신장치의 선박위치 관련 자료
4. 제9항에 따른 추징세액의 납부 여부에 관한 자료
5. 농어민등이 보유한 화물자동차의 「자동차관리법」 제69조에 따른 전산자료(자동차등록번호, 소유자 성명 및 주민등록번호를 포함한 자동차의 신규등록·이전등록·변경등록· 말소등록에 관한 자료)

면세유류관리기관 및 한국해운조합은 직전 월의 석유제품별 면세유 사용량을 매월 10일까지 농림축산식품부장관, 해양수산부장관 및 산림청장에게 보고하여야 한다.

2 : 농업용 석유류에 대한 감면

(1) 면세개요

「영농기자재등면세규정」으로 정하는 농민이 농업에 사용하기 위한 석유류로서 「농업협동조합법」에 따른 조합·중앙회에 신고된 것에 사용할 목적으로 공급하는 「석유 및 석유대체연료 사업법」에 따른 석유제품의 공급에 대한 부가가치세와 제조장 또는 보세구역에서 반출되는 것에 대한 개별소비세, 교통·에너지·환경세, 교육세 및 자동차 주행에 대한 자동차세를 면제한다.

(2) 감면대상

가. 농업용 면세석유류 적용대상 농민의 범위(영농기자재등면세규정 §14 1.)

통계청장이 고시하는 한국표준산업분류상의 농업 중 작물재배업·축산업·작물재배 및 축산복합농업 또는 농산물건조장운영업에 종사하는 다음의 농민에게 공급하는 석유류에 대해서 면제한다. 다만, 시설작물재배업 중 콩나물재배업에 종사하는 자를 제외한다.

1. 개인 (「농어업경영체 육성 및 지원에 관한 법률」 제4조 제1항에 따라 농어업경영정보를 등록한 자만 해당하되, 농산물건조장운영업에 종사하는 자는 그러하지 아니하다)
2. 「농어업경영체 육성 및 지원에 관한 법률」에 따라 설립된 영농조합법인과 농업회사법인
3. 「농업협동조합법」에 따른 조합, 조합공동사업법인 및 중앙회(같은 법에 따라 설립된 농협경제지주회사 및 그 자회사를 포함한다)
4. 「엽연초생산협동조합법」에 따른 조합과 중앙회

나. 지원대상 농업기계

「영농기자재등면세규정」 제15조 제2항 및 「영농기자재등면세규정 시행규칙」 [별표 2]에 정하는 다음의 시설에 사용할 목적으로 「농업협동조합법」에 따른 조합·중앙회에 신고된 농업기계에 공급하는 석유류에 대해서 면제한다.

■ 농·축산·임·어업용 기자재 및 석유류에 대한 부가가치세 영세율 및 면세 적용 등에 관한 특례규정 시행규칙 [별표 2] 〈개정 2014.3.14.〉

| 면세유류 구입카드 등 교부대상 농업기계(제7조 제2항 관련) |

1. 동력경운기
2. 농업용 트랙터
3. 동력이앙기
4. 주행형 동력분무기(액체형태의 약탱크가 부착된 것에 한한다)
5. 고속분무기(스피드스프레이)
6. 바인더
7. 콤바인
8. 곡물건조기
9. 주행형 탈곡기
10. 예도형 동력예취기
11. 동력중경제초기
12. 동력수확기
13. 농산물 건조기
14. 관리기
15. 삭제 〈2008.4.24.〉
16. 동력이식기
17. 농업용 난방기(비닐하우스용·온실용 또는 농가의 축산용에 사용되는 것으로서 농림축산식품부장관이 정하여 고시하는 것만 해당되며, 이 난방기에는 경유 면세유 공급은 제외한다)
18. 동력절단기
19. 농업용 병충해방제기
20. 농업용 양수기
21. 동력예취기
22. 동력탈곡기
23. 삭제 〈2008.4.24.〉
24. 동력배토기
25. 동력시비기
26. 삭제 〈2008.4.24.〉
27. 동력탈피기 및 박피기
28. 농산물 결속기
29. 농산물 운반대 및 운반차
30. 농산물 세척기
31. 삭제 〈2008.4.24.〉
32. 동력혈굴기
33. 동력구절기
34. 동력가지절단기 및 파쇄기
35. 동력수피기 및 파쇄기
36. 동력파종기
37. 삭제 〈2008.4.24.〉
38. 농선
39. 잔디깎는 기계(농업용으로서 25마력 이하인 것에 한한다)
40. 녹차채엽기
41. 버섯재배소독기
42. 농업용 무인헬리콥터
43. 농업용 로더(4톤 미만)
44. 농업용 동력제초기
45. 농업용 화물자동차(「자동차관리법 시행규칙」 별표 1에 따른 경형 및 소형 화물자동차로 한정하며, 밴형 화물자동차 및 지붕구조 덮개의 탈부착이 가능하도록 제작된 화물자동차는 제외한다)
46. 농업용 굴삭기(1톤 미만)
47. 화식(火食) 사료용 사료배합기

다. 면세유 사용시설 신고(조특법 §106의2 ③)

농민등이 면세유를 공급받기 위해서는 면세유를 관리하는 농업협동조합에 면세유 공급대상 농업기계의 보유 현황과 영농 사실을 신고하여야 하며, 농기계등의 취득·양도 또는 농민등의 사망, 이농(離農) 등으로 그 신고 내용에 달라진 사항이 있으면 그 사유 발생일부터 30일 이내에 그 변동 내용을 신고하여야 한다.

라. 사용실적 확인장치 부착(조특법 §106의2 ⑤, 영농기자재등면세규정 §17)

농민등이 면세유를 농업용 트랙터, 농업용 콤바인, 농업용 난방기, 농선(10톤 이상인 것만 해당한다), 버섯재배소독기, 곡물건조기 및 농산물건조기에 사용하려는 경우에는 사용실적 등을 확인할 수 있는 측정장치(시간계측기, 가동시간을 자동으로 측정할 수 있는 계측장치)를 부착하여야 한다.

다만, 농업용 난방기, 버섯재배소독기, 곡물건조기 및 농산물건조기 중 등유 또는 액화 석유가스를 연료로 사용하는 것은 제외한다.

(3) 감면절차

가. 면세유류구매카드등의 사용(특례규정 §20 ⑥, ⑦)

농업협동조합이 교부한 면세유류구입카드에 배정된 면세유 한도량은 배정일이 속하는 해당 연도 내에 사용하여야 한다. 배정된 월에 사용하지 않은 유류는 다른 월로 이월할 수 있으나 12월에 남은 잔량은 지역조합장이 회수하여야 한다.

농림축산식품부장관은 면세유의 부정유통 방지에 필요한 경우에는 작업장 또는 주소지가 소재하는 시·군 등으로 면세유류구입카드의 사용지역을 제한할 수 있다.

나. 면세유 공급 및 환급절차

1) 농민의 면세유 구입

농민은 농업협동조합이 발급한 '면세유 구매전용카드'로 지정된 면세유 판매 주유소에서 면세유를 구입한다.

2) 지정 석유판매업자의 환급신청

석유판매업자가 과세 석유류를 매입하여 농민에게 면세로 공급한 다음 개별소비세 등 제세금을 다음 달 10일까지 관할 세무서에 환급신청한다.

3) 관할 세무서의 환급결정

석유판매업자 관할 세무서장은 농업협동조합중앙회가 전산통보한 공급내역과 판매업자의 환급신청 내역을 확인하고 일치하는 경우에는 일괄환급을 결정한다. 단, 매월 20일이 경과한 후에는 개별환급으로 결정하여야 한다.

4) 환급자료 통보

환급을 결정한 관할 세무서장은 주행분 자동차세 환급자료를 다음 달 10일까지 울산광역시에 공문으로 통보한다.

| 농업용 면세유 공급 및 환급절차 |

3 어업용 석유류에 대한 감면

(1) 면세개요

「영농기자재등면세규정」으로 정하는 어민이 어업에 사용하기 위한 석유류로서 「수산업협동조합법」에 따른 수산업협동조합중앙회를 통해 공급하는 「석유 및 석유대체연료 사업법」에 따른 석유제품의 공급에 대한 부가가치세와 제조장 또는 보세구역에서 반출되는 것에 대한 개별소비세, 교통·에너지·환경세, 교육세 및 자동차 주행에 대한 자동차세를 면제한다.

(2) 감면대상

가. 어업용 면세석유류 적용대상 어민의 범위(영농기자재등면세규정 §14 3.)

통계청장이 고시하는 한국표준산업분류상의 어업 또는 수산물 자숙(煮熟)·건조장운영업에 종사하는 다음의 자에게 공급하는 석유류에 대해서 면제한다.

1. 개인
2. 「농어업경영체 육성 및 지원에 관한 법률」 제16조에 따른 영어조합법인
3. 「수산업협동조합법」에 의한 수산업협동조합과 어촌계
4. 어업주업법인

나. 지원대상 선박, 어업기계 및 시설

「영농기자재등면세규정」 제15조 제2항 및 「영농기자재등면세규정 시행규칙」에 정하는 다음의 시설에 사용할 목적으로 「수산업협동조합법」에 따른 조합·중앙회에 신고된 ① 선박, ② 별표 4에 정하는 어업기계[250], ③ 별표 1에 정하는 어민이 직접 운영하는 수산물생산기초시설·양식어업용 시설 및 수산종자생산시설, ④ 내수면어업용 선박 및 내수면육상양식어업용 시설(수온유지용 및 양수용에 한한다)에 공급하는 석유류에 대해서 면제한다.

1) 선박

1. 연근해 및 연안구역 어업용 선박(「어선법」 제3조에 따른 어선의 설비를 포함한다)

---

250) 2013. 2. 15. 개정으로 어업용 면세유 공급대상을 확대하였다.

  2. 나잠어업(裸潛漁業) 종사자의 탈의실용 난방시설 및 수송용 선박(「수산업법」에 따른 관리선 및 어업허가를 받은 어선만 해당한다)

  3. 「어선법」 제2조 제1호에 따른 선박으로서 어민이 직접 포획·채취한 어획물을 어업장으로부터 양육지까지 운반하는 용도로 사용하는 해당 어민 소유의 선박(같은 법 제3조에 따른 어선의 설비를 포함한다)

  4. 「낚시 관리 및 육성법」에 의하여 신고한 낚시어선업용 선박(「수산업·어촌 발전 기본법」 제3조 제3호에 따른 어업인이 「어선법」 제13조 제1항에 따라 등록한 선박만 해당한다)

2) 어업기계

■ 농·축산·임·어업용 기자재 및 석유류에 대한 부가가치세 영세율 및 면세 적용 등에 관한 특례규정 시행규칙 [별표 4] 〈개정 2016.3.9.〉

| 면세유류 구입카드 등 교부대상 어업기계 (제7조 제2항 관련) |

1. 어업용 화물자동차(「자동차관리법 시행규칙」 별표 1에 따른 경형 및 소형 화물자동차로 한정하며, 밴형 화물자동차 및 지붕구조 덮개의 탈부착이 가능하도록 제작된 화물자동차는 제외한다)	2. 어업용 경운기 3. 어업용 트랙터 4. 어업용 크레인 5. 패류선별기 6. 어망 세척기

3) 어업시설

■ 농·축산·임·어업용 기자재 및 석유류에 대한 부가가치세 영세율 및 면세 적용 등에 관한 특례규정 시행규칙 [별표 1] 〈개정 2014.3.14.〉

| 면세유류 구입카드 등 교부대상 시설 (제7조 제1항 관련) |

1. 김, 가시파래 건조시설 2. 멸치 자숙(煮熟)·건조시설 3. 미역, 다시마 및 톳 자숙·건조시설 4. 오징어 건조시설 5. 새우 자숙·건조시설 6. 패류 자숙시설	7. 「수산업법 시행령」 제8조 제3항 제2호에 따른 축제식양식어업용 시설 8. 「수산업법 시행령」 제36조 제1항 및 같은 조 제2항 제1호의 육상해수양식어업용 시설 및 육상종묘생산어업용 시설 9. 양식어업용 양수기와 세척기 10. 해삼 자숙·건조시설

4) 내수면어업용 선박

    내수면어업용 선박은 「내수면어업법」에 의한 내수면어업에 사용되는 선박으로서 「어선법」에 따라 동력어선으로 지방자치단체에 등록된 선박을 말한다.

5) 내수면육상양식어업용 시설

내수면육상양식어업용 시설은 「내수면어업법」에 따른 양식어업에 사용되는 시설 또는 「수산종자산업육성법」에 따른 수산종자생산업에 사용되는 시설 중 육상에 인공적으로 조성된 내수면에서 양식어업 또는 수산종자생산업에 사용되는 시설을 말한다.

다. 면세유 사용시설 신고(조특법 §106의2 ③)

어민등이 면세유를 공급받기 위해서는 면세유를 관리하는 수산업협동조합에 면세유 공급대상 어업기계 또는 선박 및 시설의 보유 현황과 어업경영 사실을 신고하여야 하며, 어업기계등의 취득·양도 또는 어민등의 사망, 이농(離農) 등으로 그 신고 내용에 달라진 사항이 있으면 그 사유 발생일부터 30일 이내에 그 변동 내용을 신고하여야 한다.

라. 사용실적 확인장치 부착(조특법 §106의2 ⑤, 영농기자재등면세규정 §17)

어민등이 면세유를 다음의 어업기계 및 선박에 사용하려는 경우에는 사용 실적(조업사실 및 조업시간) 등을 확인할 수 있는 측정장치(시간계측기, 어선위치발신장치, 가동시간 계측장치)를 부착하여야 한다.

1. 선박으로서 10톤 이상인 것과 선외내연기관을 부착한 선박
2. 내수면어업용 선박으로서 10톤 이상인 것과 선외내연기관을 부착한 선박

(3) 감면절차

가. 면세유류구매카드등의 사용(특례규정 §20 ⑥, ⑦)

수산업협동조합이 교부한 출고지시서는 휘발유인 경우에는 교부일까지 사용하여야 한다. 다만, 섬 또는 벽지(僻地) 중 해양수산부장관이 정하여 고시하는 지역인 경우에는 교부일부터 3일 이내, 그 밖의 석유류인 경우에는 교부일부터 3일 이내에 사용하여야 한다.

해양수산부장관은 면세유의 부정유통 방지에 필요한 경우에는 작업장 또는 주소지가 소재하는 시·군 등으로 면세유류구입카드의 사용지역을 제한할 수 있다.

나. 어업용 면세유 공급 및 환급절차

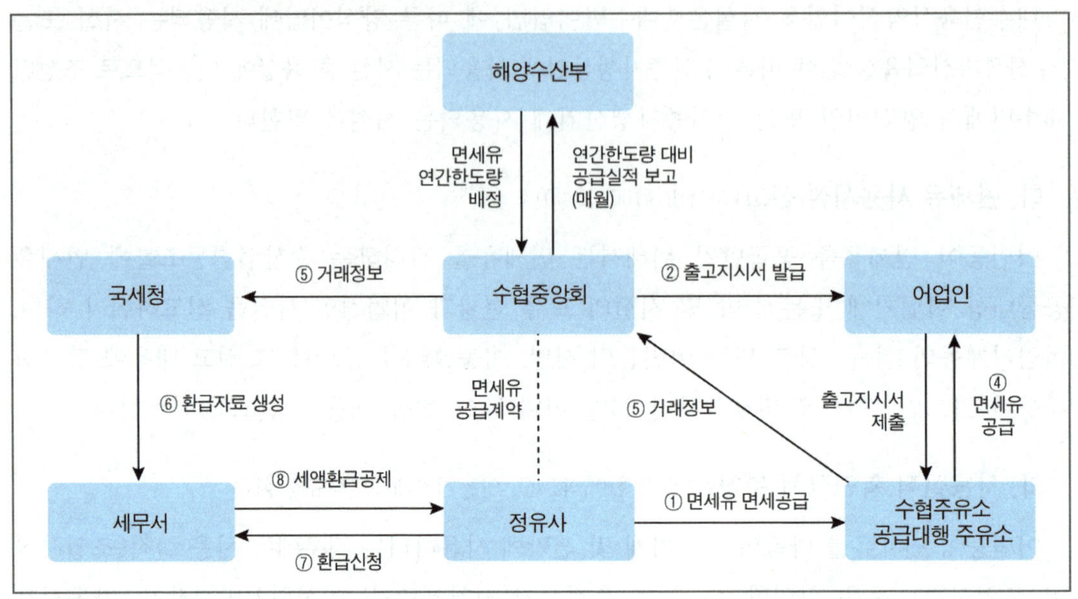

4 : 임업용 석유류에 대한 감면

(1) 면세개요

「영농기자재등면세규정」으로 정하는 임업인이 임업에 사용하기 위한 석유류로서 「산림조합법」에 따른 조합·중앙회에 신고된 것에 사용할 목적으로 공급하는 「석유 및 석유대체연료 사업법」에 따른 석유제품의 공급에 대한 부가가치세와 제조장 또는 보세구역에서 반출되는 것에 대한 개별소비세, 교통·에너지·환경세, 교육세 및 자동차 주행에 대한 자동차세를 면제한다.

(2) 감면대상

가. 임업용 면세석유류 적용대상 임업인의 범위(영농기자재등면세규정 §14 2.)

한국표준산업분류상의 임업 중 영림업 또는 벌목업에 종사하는 개인 및 「산림조합법」에 의한 조합에게 공급하는 석유류에 대해서 면제한다.

나. 지원대상 임업기계

「영농기자재등면세규정」 제15조 제2항 및 「영농기자재등면세규정 시행규칙」 [별표 3]에 정하는 다음의 시설에 사용할 목적으로 「산림조합법」에 따른 조합·중앙회에 신고된 임업 기계에 공급하는 석유류에 대해서 면제한다.

■ 농·축산·임·어업용 기자재 및 석유류에 대한 부가가치세 영세율 및 면세 적용 등에 관한 특례규정 시행규칙 [별표 3] 〈개정 2011.3.21.〉

| 면세유류 구입카드 등 교부대상 임업기계 (제7조 제2항 관련) |

1. 임업용 동력기계톱	6. 톱밥제조기
2. 임업용 동력천공기	7. 자동지타기
3. 임업용 윈치	8. 동력상하차기
4. 임업용 동력집재기	9. 동력임내차
5. 목재파쇄기	10. 타워야더

다. 면세유 사용시설 신고(조특법 §106의2 ③)

임업인이 면세유를 공급받기 위해서는 면세유를 관리하는 산림조합에 면세유 공급대상 임업기계의 보유 현황과 영림 사실을 신고하여야 하며, 임업기계등의 취득·양도 또는 임업인의 사망, 이농(離農) 등으로 그 신고 내용에 달라진 사항이 있으면 그 사유 발생일부터 30일 이내에 그 변동 내용을 신고하여야 한다.

라. 면세유류구매카드등의 사용(특례규정 §20 ⑥, ⑦)

산림조합법이 교부한 구입권은 교부일부터 1개월 이내에 사용하여야 한다.

5 ┊ 농·임·어업용 면세유 부정유통에 대한 제재

(1) 면세유 부정유통에 대한 세액추징

가. 농어민등의 용도외 사용에 대한 추징 (조특법 §106의2 ⑨)

농어민등이 면세유류 구입카드등으로 공급받은 석유류를 농업·임업·어업용 외의 용도로 사용한 경우에는 관할 세무서장이 국세징수의 예에 따라 부가가치세, 개별소비세, 교통·에너지·환경세, 교육세 및 감면세액의 40%에 해당하는 가산세를 추징한다.

또한 자동차세 특별징수의무자가 지방세 징수의 예에 따라 자동차세의 감면세액과 감면세액의 40%에 해당하는 가산세를 추징한다.

나. 면세유 관리조합의 부실 카드발급에 대한 추징

면세유류 관리기관인 조합이 거짓이나 그 밖의 부정한 방법으로 면세유류 구입카드등을 발급하는 경우에는 해당 석유류에 대한 부가가치세, 개별소비세, 교통·에너지·환경세, 교육세 및 자동차세의 감면세액의 100분의 40에 해당하는 금액을 가산세로 징수한다.

면세유류 관리기관인 조합이 관련 증거서류를 확인하지 아니하는 등 관리 부실로 인하여 농어민등에게 면세유류 구입카드등을 잘못 발급하거나 농어민등 외의 자에게 면세유류 구입카드등을 발급하는 경우에는 해당 석유류에 대한 부가가치세, 개별소비세, 교통·에너지·환경세, 교육세 및 자동차세의 감면세액의 100분의 20에 해당하는 금액을 가산세로 징수한다.

다. 면세유카드 부정 수급, 면세유 부정양수 및 초과 환급신청에 대한 추징

① 농어민등이 아닌 자가 면세유류 구입카드등을 발급받거나 ② 농어민등 또는 농어민등이 아닌 자가 농어민등으로부터 면세유류 구입카드등 또는 그 면세유류 구입카드등으로 공급받은 석유류를 양수받은 경우 또는 ③ 석유판매업자가 환급·공제세액을 초과 신청한 경우에는 다음에 따라 계산한 금액을 추징한다.

1. 면세유류 관리기관인 조합으로부터 면세유류 구입카드등을 발급받거나 농어민등으로부터 면세유류 구입카드등을 양수받은 경우에는 발급 또는 양수 당시 면세유류 구입카드

등으로 석유류를 공급받을 경우의 부가가치세, 개별소비세, 교통·에너지·환경세, 교육세 및 자동차세의 감면세액 상당액과 감면세액 상당액의 100분의 40에 해당하는 금액의 가산세

2. 농어민등으로부터 면세유류 구입카드등으로 공급받은 석유류를 양수받은 경우에는 해당 석유류에 대한 부가가치세, 개별소비세, 교통·에너지·환경세, 교육세 및 자동차세의 감면세액과 감면세액의 100분의 40에 해당하는 금액의 가산세

3. 석유판매업자가 신청한 환급·공제세액이 신청하여야 할 환급·공제세액을 초과하는 경우에는 다음 각 목에 따라 계산한 금액을 합친 금액.

　① 해당 석유류에 대한 부가가치세, 개별소비세, 교통·에너지·환경세, 교육세 및 자동차세의 감면세액

　② 부당한 방법으로 신청하는 경우에는 감면세액의 100분의 40에 해당하는 금액의 가산세

라. 면세유류한도량 초과분 감면세액 추징 (조특법 §106의2 ⑯)

면세유류 관리기관인 중앙회는 면세유류한도량의 범위에서 면세유류 구입카드등이 발급되고 사용되도록 관리하여야 하며, 면세유류한도량을 초과하여 면세유류 구입카드등이 발급되어 면세유류가 공급되었을 경우에는 그 면세유류한도량을 초과하는 석유류에 대해서는 면세유류 관리기관인 중앙회가 공급받은 것으로 보아 면세유류 관리기관인 중앙회로부터 부가가치세, 개별소비세, 교통·에너지·환경세, 교육세 및 자동차세의 감면세액을 추징한다.

마. 감면세액 추징 통보 (조특법 §106의2 ⑲)

관할 세무서장은 감면세액 추징 사유 등이 발생하였음을 알았을 때에는 지체 없이 「지방세법」 제137조 제1항에 따른 자동차세의 특별징수의무자(교통·에너지·환경세의 납세지를 관할하는 지방자치단체의 장)와 면세유류 관리기관인 조합에 그 사실을 알려야 한다.

| 위반유형에 따른 과세처분 요약 |

추징대상	조특법 조항	위반유형	추징대상
양수자	§106의2 ⑫ 2.	면세 석유류를 양수받은 경우	감면세액(상당액)과 가산세 40%
	§106의2 ⑫ 1.	면세유류 구입카드 양수	
농어민	§106의2 ⑨	농업용 외의 용도로 양도·사용	
석유 판매업자	§106의2 ⑫ 3.	환급·공제세액 초과 신청	부당 가산세 40%
면세유 관리조합	§106의2 ⑪ 1.	거짓·부정한 방법으로 발급	가산세 40%
	§106의2 ⑪ 2.	관리 부실로 잘못 발급	가산세 20%
		농민 등 외의 자에게 발급	

해석사례

■ 위·변조된 면세유 쿠폰으로 공제받은 교통세 및 부가가치세 등에 본세 부과처분은 적법하나, 그 진위여부를 미확인한 데 대한 해태를 탓할 수 없는 정당한 사유가 있으므로 납부불성실가산세 부과처분은 위법함(대법원 2014두11649, 2015.2.26.)

- 원고들(정유사)이 위·변조된 면세유 쿠폰에 근거하여 환급세액, 공제세액을 신고한 것은 경정사유인 신고내용의 오류 또는 탈루가 있는 경우에 해당하고, 원고들이 **면세유 쿠폰의 위·변조에 귀책사유가 없다는 사정이 고려될 것은 아니라는 이유**로, 피고들이 구 교통세법 제9조 제1항 등에 근거하여 한 이 사건 교통세 등 본세 부과처분은 적법하다고 판단하고, 나아가 이러한 **교통세 등 본세 부과처분은 원고들이 원래 납부하였어야 할 교통세 등을 징수한 것일 뿐**이므로 원고들 주장과 같이 헌법상 자기책임의 원리에 반한다고 할 수도 없다고 판단하였다.
- 원고들에게 이 사건 부가가치세 및 교통세 등의 **신고·납부의무 해태를 탓할 수 없는 정당한 사유가 있다**고 보아 그 각 납부불성실가산세 부과처분이 위법하다고 판단한 것은 정당하고, 거기에 상고이유 주장과 같이 납부불성실가산세를 면할 정당한 사유 등에 관한 법리를 오해한 위법이 없다(대법원 2012두6858, 2012.7.12. 같은 뜻).

(2) 면세유 판매 및 사용 중단

면세유류 관리기관인 조합은 감면세액 또는 가산세의 추징 사유가 발생하였음을 알았거나 농어민등이 「수산업법」 등 관련 법령에 따라 어업 등에 대한 제한이나 정지처분을 갈음하는 과징금을 부과받은 경우에는 면세유류 구입카드등의 발급 및 사용을 즉시 중지시키고 지체 없이 그 사실을 관할 세무서장에게 알려야 한다(조특법 §106의2 ⑱).

가. 면세유 공급중단

면세유류관리기관장은 농어민등이 다음의 어느 하나에 해당하는 경우 면세유류 구입카드등의 교부를 즉시 중지하거나 사용을 즉시 중지하고 관할 세무서장 및 「지방세법」 제137조 제1항에 따른 자동차세의 특별징수의무자에게 통보하여야 한다(영농기자재등면세규정 §20 ⑧, ⑨).

1. 농기계등의 매매, 지목변경 또는 어업정지 등으로 농·임·어업을 수행하지 아니하는 경우 : 해당 농·임·어업을 수행하지 아니하는 기간
2. 「수산업법」 제91조 제1항에 따라 어업 등에 대한 제한이나 정지처분을 갈음하는 과징금을 부과받은 경우 :「수산업법 시행령」 제79조 및 별표 5에 따른 과징금(감경하거나 가중하기 전의 금액을 기준으로 한다)에 상응하는 정지처분 기간
3. 농기계등의 신고 또는 영농등의 사실신고를 거짓이나 그 밖의 부정한 방법으로 하거나 변동신고를 하지 아니한 경우
4. 면세유류 구입카드등과 그 면세유류 구입카드등으로 공급받은 석유류를 타인에게 양도한 경우
5. 사용실적확인 서류 및 생산실적확인 서류를 최종 제출기한까지 제출하지 아니하거나 거짓으로 제출한 경우
6. 감면세액의 추징 사유가 발생한 경우

나. 면세유 사용제한

농어민등이 다음의 어느 하나에 해당하는 경우에는 그 농어민등(그 농어민등과 공동으로 생산 활동을 하는 배우자 및 직계존비속으로서 생계를 같이하는 자를 포함한다)은 면세유류 관리기관이 그 사실을 안 날부터 2년간 면세유를 사용할 수 없다(조특법 §106의2 ⑩).

1. 농기계등의 신고 및 영농등의 사실신고를 거짓이나 그 밖의 부정한 방법으로 하거나 변동신고를 하지 아니한 경우
2. 발급받은 면세유류 구입카드 및 출고지시서와 그 면세유류 구입카드등으로 공급받은 석유류를 타인에게 양도한 경우
3. 사용실적 및 생산실적 확인 서류를 최종 제출기한까지 제출하지 아니하거나 거짓으로 제출한 경우 (1년간)

4. 농어민등이 용도 외 사용으로 감면세액의 추징 사유가 발생한 경우 (추징세액을 2년이 지난 날까지 납부하지 아니한 경우에는 그 추징세액을 납부하는 날까지)

다만, 천재지변 등 다음의 사유로 농기계등의 시설신고 및 영농등의 사실신고 등 변동신고를 하지 못하거나 사용실적확인 서류 및 생산실적확인 서류를 최종 제출기한까지 제출하지 못한 경우에는 면세유를 사용할 수 있다.

1. 천재지변
2. 농어민등이 재해를 입거나 도난을 당한 경우
3. 농어민등 또는 그 동거가족이 질병이나 중상해로 3개월 이상의 치료가 필요하거나 사망하여 상중(喪中)인 경우

면세유류관리기관장은 천재지변 등의 사유로 농기계등 및 영농등의 변동신고 또는 사용실적확인 서류 및 생산실적확인 서류제출 의무를 이행하지 못한 농어민등이 그 의무를 이행한 경우에는 교부 또는 사용이 중지된 면세유류 구입카드등을 다시 교부하거나 사용하게 하고, 지체 없이 그 사실을 관할 세무서장 및 자동차세 특별징수의무자에게 통보해야 한다(영농기자재등면세규정 §20 ⑪).

이 경우 농어민등이 천재지변 등의 사유에 해당하는지 여부를 확인하는 방법 및 절차 등 세부적인 사항은 농림축산식품부장관, 해양수산부장관 또는 산림청장이 따로 정할 수 있다.

(3) 면세유 부정유통에 과태료 부과 및 범칙처분

가. 과태료 부과

관할 세무서장은 면세유를 공급받은 자로부터 취득하여 판매한 자에게 판매가액의 3배 이하의 과태료를 부과한다(영농기자재등면세규정 §29, 별표7).

초 범		재범(3년 내)	
판매 또는 취득가액	비 율	1회	2회 이상
1억원 이하	판매(취득)가액의 0.5	판매(취득)가액의 2배	판매(취득)가액의 3배
1억원 초과	판매(취득)가액 −5천만원		

나. 조세범칙처분

면세용도 외로 사용하거나 판매하여 조세를 포탈하거나 환급·공제받은 석유판매업자는 3년 이하의 징역 또는 포탈세액등의 5배 이하의 벌금에 처한다(처벌법 §4).

포탈(환급·공제)세액	양정기준	산 식
10억원 초과	5배	포탈세액 × 5배 − 22억원
1억원 초과 10억원 이하	3배	포탈세액 × 3배 − 2억원
1억원 이하	1배	포탈세액 × 1배

거짓이나 부정한 방법으로 면세유류 구입카드 발급한 자는 3년 이하의 징역 또는 3천만원 이하의 벌금에 처한다(처벌법 §4의2).

| 위반 사유에 따른 과태료 및 조세범칙 처분 요약 |

대 상	조특법 조항	사 유	제재내용
농어민	§106의2 ⑩ 1.	어업기계 등의 취득·양도 또는 사망, 이농 등을 미·허위 신고	2년간 공급중단 (4호 : 2년 이내 무납부 시 추징세액 납부하는 날까지 공급중단)
	§106의2 ⑩ 2.	면세유류구입카드 등이나 면세유 타인 양도	
	§106의2 ⑩ 4.	어업용 외의 용도로 사용	
석유 판매 업자	§106의2 ⑬	환급·공제세액 초과 신청	5년간 면세유 판매업 지정취소
	조범 §4 ①	면세유를 다른 용도로 사용·판매하여 조세포탈(환급·공제)	3년 이하의 징역 또는 포탈세액의 5배 이하 벌금
면세유 매집상	조범 §4 ②	면세유를 공급받은 자로부터 취득하여 판매하는 자	판매가액의 3배 이하 과태료 부과

제 5 절
석유제품에 대한 감면제도(2)

(1) 면세개요

여객운항원가 상승을 억제하여 도서민 등 여객선 이용객의 경제적 부담을 경감하고, 연안여객 운송사업의 활성화를 도모하기 위해 연안을 운항하는 여객선박에 사용할 목적으로 공급하는 석유류에 대한 개별소비세 또는 교통·에너지·환경세, 교육세 부가가치세 및 자동차 주행에 대한 자동차세를 면제한다.

교통이 불편한 도서에 취항하는 연안해운선박에 사용할 목적으로 한국해운조합에 직접 공급하는 석유류에 대한 석유류세 면제규정을 1974년 12월 19일 신설[251]하여 1975년부터 시행하였다. 그 후 면제되는 세목이 특별소비세(현행 개별소비세), 부가가치세, 교통세(현행 교통·에너지·환경세), 교육세 및 주행세(현행 자동차 주행에 대한 자동차세)로 확대되었다.

1999년 (구)「조세감면규제법」은 「조세특례제한법」으로 전부 개정되었으며, 제도의 적용 기한을 계속 연장하여 현재는 2025년 12월 31일까지 공급하는 연안여객선박용 석유류에 대해 개별소비세 등을 면제하고 있다.

---

251) (구)「조세감면규제법」[시행 1975.1.1.] [법률 제2678호] 일부개정

(2) 감면대상

연안을 운항하는 여객선박에 사용할 목적으로 「한국해운조합법」에 따라 설립된 한국해운조합[252]에 직접 공급하는 석유류의 공급에 대해서는 2025년 12월 31일까지 부가가치세와 제조장 또는 보세구역에서 반출되는 것에 대한 개별소비세, 교통·에너지·환경세, 교육세 및 자동차 주행에 대한 자동차세를 면제한다. 다만, 「관광진흥법」 제2조에 따른 관광사업 목적[253]으로 사용되는 여객선박은 제외한다.

| 한국해운조합의 석유류 공급유형 |

공급 유형	공급 내용
면세 석유류	「조세특례제한법」 제106조의2에 따라 연안을 운항하는 여객선박에 공급
영세 석유류	「부가가치세법」 및 「교통·에너지·환경세법」 등에 따라 외국항행선박에 공급하는 석유류
과세 석유류	내항을 운항하는 선박 및 항만사업에 공급하는 석유류
윤활유	선박에 사용되는 윤활유 제품

(3) 감면절차

「조세특례제한법」 제106조의2 제1항 제2호에 따른 연안여객선박용 석유류의 개별소비세 면세절차(면세절차를 이행하지 아니한 경우의 처리를 포함한다)와 세액의 징수, 환급 또는 세액공제의 절차는 해당 물품에 따라 「개별소비세법」을 준용한다.

면세절차 및 세액징수에 관하여는 「개별소비세법」 제18조 또는 「교통·에너지·환경세법」 제15조의 규정을 준용한다(개별소비세법 기본통칙 18-20…10 참조, 조세특례제한법 기본통칙 113-0…1).

---

252) 「한국해운조합법」에 따라 연안해운업자의 지위향상과 국민경제의 균형있는 발전을 위해 1949년 9월 21일 설립하여 재해대비 공제사업, 운항지원, 면세유 공급 등의 업무를 담당한다.
　　해운조합은 조합원이 제출한 여객선박용 석유류 소요량 기준표를 근거로 여객선박용 석유류 공급 및 소요량 확인서(월별로 석유류 공급량, 운항횟수, 산출소요량, 실제소요량, 잔량 등에 대한 정보를 기록)를 작성하여 관리한다.
253) 여행업, 관광객 이용시설업, 관광편의시설업 등 (해외사례 : 독일, 프랑스, 이탈리아, 그리스, 덴마크 등 다수의 국가에서 내항운송업에 대해 면세유 제도를 운영하고 있으며, 독일, 프랑스, 이탈리아는 경유 등 일부 유류에 대해서만 면세 혜택을 부여함)

가. 면세유 공급

「한국해운조합법」에 의해 설립된 한국해운조합이 수산업협동조합중앙회와 함께 정유사로부터 과세 석유제품을 공동구매하여 조합원(여객운송사업자)에게 면세로 공급한다. 연안여객 석유제품을 과세로 구매한 한국해운조합은 면세유에 대한 환급금을 정유사로부터 지급받는다.

나. 감면신청 및 세액공제(환급)

연안여객선박용 석유류에 대한 개별소비세의 면세절차(면세절차를 이행하지 아니한 경우의 처리를 포함한다)와 세액의 징수, 환급 또는 세액공제의 절차는 「개별소비세법」을 준용[254] 한다(조특법 §113).

다. 부가가치세 감면절차

연안여객선박용 면세유류를 공급한 사업자가 부가가치세를 감면받으려면 「부가가치세법」에 따른 예정신고 · 확정신고 또는 영세율 등 조기환급신고를 하는 때에 그 신고서에 국세청장이 정하여 고시하는 「면세유류공급증명서」(국세청 고시 제14호 서식)를 첨부하여야 한다(특례규정 §22).

---

254) (편주) 정유사에서 과세 반출 후 면세용도에 제공한 것이므로 「개별소비세법」 제20조 제2항의 세액환급절차를 준용하여야 한다는 의미로 이해된다.

│ 한국해운조합의 면세유 공급절차 │

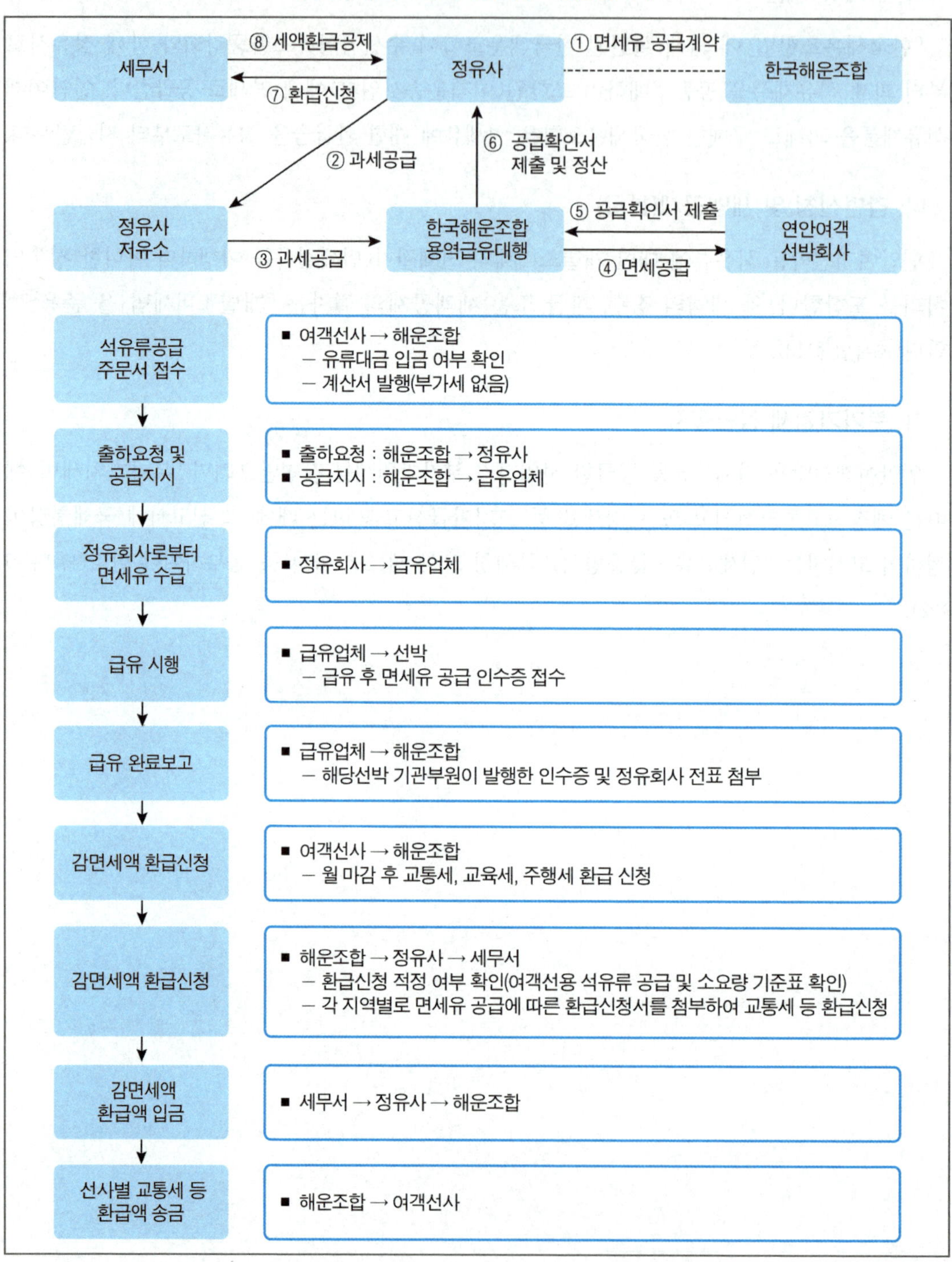

(4) 사후관리

가. 사용량 보고

한국해운조합은 직전 월의 석유제품별 면세유 사용량을 매월 10일까지 해양수산부장관에게 보고하고, 「연안여객선박용 면세석유류 공급명세서」(특례규정 시행규칙 별지 제15호)를 매년 3월 31일까지 국세청장에게 제출해야 한다.

해양수산부장관은 면세유류한도량의 준수 등 면세유가 적정하게 공급되도록 석유판매업자에 대한 조사·단속 및 한국해운조합에 대한 관리감독 등 사후관리를 철저히 하여야 한다.

나. 용도외 사용·양도에 따른 세액징수(조특법 §113 ①)

「조세특례제한법」 제106조의2 제1항 제2호(연안여객선박용 석유류)에 따른 석유류를 면세(세액을 감면받은 경우를 포함한다)로 반입한 날부터 5년 이내에 ① 해당 용도에 사용하지 아니하거나 ② 양도한 경우에는 그 면세된 세액을 징수한다.

면제 세액의 징수에 관하여는 「개별소비세법」 제18조 또는 「교통·에너지·환경세법」 제15조의 규정을 준용한다(개별소비세법 기본통칙 18-20…10 참고, 조세특례제한법 기본통칙 113-0…1 참고).

따라서 반입자가 연안여객선박용 면세 석유류를 반입한 날부터 5년 이내에 그 용도를 변경하거나 양도한 경우에는 반입자는 반입지 관할 세무서장에게 개별소비세 또는 교통·에너지·환경세를 신고·납부하여야 한다.

해석사례

■ **연안을 운항하는 여객선박의 범위**(부가 46015-1878, 1998.8.24.)

- 조세감면규제법 제100조 제1항 제3호의 "연안을 운항하는 여객선박"이라 함은 해운법의 규정에 의하여 **해상여객운송사업에 대한 면허를 받아 여객운송에 사용되는 선박**을 말하는 것으로 귀 질의의 선박은 이에 해당하지 아니하여, 당해 선박에 사용하는 석유류는 부가가치세가 면제되지 아니하는 것임.

■ **연안여객선이 운항되지 아니한 해역에서 도서민의 운송여객을 담당하는 선박**

(부가 46015-2442, 1998.10.29.)

- 육지와 도서간, 도서와 도서간 등 근거리를 운항, 연안여객선이 운항되지 아니한 해역에서 도서민의 운송여객을 담당하는 경우 유선 및 도선사업법 제3조 제1항의 규정에 의하여 해양경찰청장의 면허를 받거나 **해양경찰청장에게 신고를 한 도선**으로서 그 영업구역이 바다인 도선은 조세특례제한법 제106조의2 제1항 2호의 "연안을 운항하는 여객선박"에 해당하는 것임.

■ **도선면허를 받아 거주민이 없는 섬을 운항하는 선박의 면세유 공급대상 여부**

(소비세과-264, 2018.2.19.)

- 연안여객선에 제공되는 면세유는 도서민 등 여객선이용객의 부담을 줄이고 낙도주민의 생활교통수단 확보를 지원하기 위한 것으로 도서주민이 없는 **공원형태의 섬을 운항하는 여객선박은 제외**되는 것임(소비세과-288, 2013.9.24. 같은 뜻).

연안여객선박 면세유의 용도 변경 등에 따른 세액계산

☐ **선박의 폐기 및 선박의 용도 변경 등의 사유로 선박 내 잔존유량의 과세표준 계산**

① **면세된 잔존유량 파악**
- 선박의 잔존유량 확인을 위해 한국해운조합에 잔존유량 및 함유량 비율에 대한 자료요청
- 요청할 자료

  ⓐ 마지막 급유이전 잔량, ⓑ 마지막 급유량, ⓒ 사용량, ⓓ 현재잔량, ⓔ ⓑ에 대한 교통세, 개별소비세, 교육세, 주행세 환급액 계산근거, ⓖ ⓑ에 대한 공급가액이 기재된 계산서

  ※ 한국해운조합은 선박에 공급한 유종, 유량, 교통세 등에 대한 환급계산서 등을 보관하고 있으며 선박의 운항 거리, 잔량 등에 관한 보고를 받으며 운항 거리 등을 참고하여 유류 사용량이 명백히 허위인지 여부에 대하여 검토함.

② **잔존유량에 대한 교통세 등 과세액 계산**
- 선박에 사용하는 유류는 순수한 중유 또는 경유를 사용하는 것이 아니라 구입한 중유와 경유를 혼합(브랜딩)하여 사용하므로 이를 반영하여 면세액을 계산 (잔존유를 구성하는 유종별 비율에 따라 과세액이 달라짐)
- 브랜딩 비율 계산(경유비율 = 전체유량/경유량, 중유비율 = 전체유량/중유량) 제출받은 ⓔ자료(환급액 계산근거)로 잔존유에 대한 브랜딩 비율 계산

  > 예) 경유 40,000 ℓ (교통세 15,000,000원, 교육세 2,250,000원, 주행세 3,900,000원 환급)
  > 　　중유 10,000 ℓ (개별소비세 170,000원, 교육세 25,500원 환급)
  > 　　= 잔량에 대한 개별소비세 과세 유종과 교통세 과세 유종은 각각 20%와 80%임.

- 유류 잔량에 대한 납부할 세액계산

  (a) 교통세 = 잔존유량 × 경유비율 × 경유세율(375원)

  (b) 개별소비세 = 잔존유량 × 중유비율 × 중유세율(17원)

  (c) 교육세 = ((a) + (b)) × 15%

  (d) 부가가치세 = {(a) + (b) + (c) + (유류공급가액 × (잔존유량/급유량))} × 10%

  > 예) 제출받은 ⓓ자료(현재잔량)로 잔존유에 대한 납부할 세액계산(20,000 ℓ 라고 가정)
  > 　(a) 교통세 : 20,000 ℓ × 80% × 375원 = 6,000,000원
  > 　(b) 개별소비세 : 20,000 ℓ × 20% × 17원 = 68,000원
  > 　(c) 교육세 : 6,068,000원 × 15% = 910,200원
  > 　(d) 부가가치세 : (6,000,000원 + 68,000원 + 910,210원 + 18,000,000원*) × 10%
  > 　　　= 2,479,821원
  > 　※ ⓖ(45,000,000원이라고 가정) × ⓓ(20,000 ℓ) / ⓑ(50,000 ℓ) = 18,000,000원

③ **교통세 과세내역을 지방자치단체(울산광역시장)에 주행세 자료통보**

  ※ 선사(납세자)측에서 한국해운조합이 회신한 공문에 따른 잔존유량에 이의가 있을 경우 선박검사업체(ship survery)부터 잔존유량을 확인받아 제출하도록 하여 계산

2 연안화물선용 경유에 대한 감면 (조특법 §111의5)

(1) 면세개요

국제해사기구(IMO : International Maritime Organization)가 선박연료유의 황 함유량에 대한 환경규제를 강화[255]함에 따라 중유에서 경유로 유종 전환한 선박들의 유류비 부담 증가를 한시적으로 완화하여 주기 위하여 내항 화물운송사업용 선박에 사용할 목적으로 공급하는 경유에 부과되는 교통·에너지·환경세, 교육세 등 유류세를 2021년 1월 1일부터 2025년 12월 31일까지 15%를 감면한다.[256]

연안화물선박이란 「해운법」에 따른 내항 화물운송사업에 사용되는 선박으로서 정해진 항로 없이 화주의 의뢰를 받아 국내항에서 국내항으로 화물을 운송하는 선박을 말한다.

> **관련법령**
>
> ○ **해운법 제23조【사업의 종류】**
> 해상화물운송사업의 종류는 다음과 같다.
> 1. 내항 화물운송사업 : 국내항과 국내항 사이에서 운항하는 해상화물운송사업
>
> ○ **해운법 제24조【사업의 등록】**
> ① 내항 화물운송사업을 경영하려는 자는 해양수산부령으로 정하는 바에 따라 해양수산부장관에게 등록하여야 한다.

(2) 감면대상

「해운법」 제24조 제1항에 따라 내항 화물운송사업자로 등록한 내항 화물운송사업자가 해당

---

255) 국제해사기구(IMO)는 2016년 10월 해양오염방지협약을 체결하여 2020년 1월부터 선박연료유의 황 함유량 기준을 0.5%로 강화하기로 결정하였다.
이에 따라 우리나라도 선박연료유의 황 함유량 기준을 경유와 중유 모두 0.5%로 강화하는 내용으로 관련 법령을 개정하였으며, 특히 배출규제해역(5대 대형항만 – 부산, 인천, 울산, 여수·광양, 평택·당진항)을 주로 항해하는 연안화물선은 황 함유량 0.1%의 연료유 사용을 의무화 하였다.
256) 「조세특례제한법」[시행 2021.7.1.] [법률 제17759호] 일부개정으로 신설

사업용으로 운항하는 선박에 사용할 목적으로 2025년 12월 31일까지 「한국해운조합법」에 따라 설립된 한국해운조합에 직접 공급하는 「교통·에너지·환경세법」 제2조 제1항 제2호에 따른 경유에 대해서는 교통·에너지·환경세액을 ℓ당 56원 감면한다(조특법 §111의5 ①).

내항 화물운송사업자가 해당 사업용으로 운항하는 선박은 「내항화물운송사업등록증」의 「운항선박명세서」에 등록된 선박을 말한다.

구분	감면세액 계	교통·에너지·환경세	교육세	자동차세
ℓ당 감면세액	78.96원	56원	8.4원	14.56원

(3) 감면절차

가. 면세유 공급

「한국해운조합법」에 의해 설립된 한국해운조합이 정유사로부터 과세 경유를 구입하여 조합원(내항 화물운송사업자)에게 감면 후 금액으로 공급한다. 내항 화물운송사업용 선박에 사용하는 감면대상 경유를 과세로 구매한 한국해운조합은 면세유에 대한 감면세액을 정유사로부터 지급받는다.

1. 내항 화물운송사업자는 한국해운조합에 연안화물선용 경유 공급신청을 한다.
2. 내항 화물운송사업자는 감면세액 환급에 필요한 다음의 서류를 다음 달 10일까지 한국해운조합에 제출한다.
   ⓐ 연안화물선용 연료유 소모량 내역서(한국해운조합의 서식)
   ⓑ 항해·기관일지 각 사본 1부
3. 한국해운조합은 연료유 적정 소모량을 확인하고 내항 화물운송사업자에게 다음 달 20일까지 감면세액(환급세액에 대한 부가가치세를 포함한다)을 지급한다.

나. 감면신청 및 세액공제(환급)

내항 화물운송사업용 선박에 사용하는 경유의 교통·에너지·환경세 등 유류세는 다음의 절차에 따라 감면한다. 다만, 「교통·에너지·환경세법」 제3조에 따른 납세의무자가 감면대상에 해당하는 경유에 대하여 다음의 절차에 따라 감면받지 못한 경우에는 세액을 환급받거나 납부 또는 징수할 세액에서 공제받을 수 있다(조특법 §111의5 ②).

1. 「교통·에너지·환경세법」 제3조에 따른 납세의무자가 교통·에너지·환경세의 감면 세액을 환급받거나 납부 또는 징수할 세액에서 공제 받으려면 「한국해운조합법」에 따른 한국해운조합에 매월 공급한 경유의 수량과 유류공급명세 및 환급세액 등이 기재된 「연안화물선용 경유 교통·에너지·환경세 감면세액 환급·공제 신청서」를 다음 달 10일까지 관할 세무서장에게 제출해야 한다(조특령 §112의7 ①).

2. 환급 신청을 받은 세무서장은 그 달의 25일까지 납세의무자에게 교통·에너지·환경세 및 그에 따른 교육세의 감면세액을 환급해야 한다(조특령 §112의7 ②).

3. 세무서장이 납세의무자에게 감면세액을 환급한 경우에는 자동차 주행에 대한 자동차세 감면세액의 환급을 위하여 「연안화물선용 경유 교통·에너지·환경세 감면세액 환급 내역 통보서」를 환급일이 속하는 달의 다음 달 10일까지 울산광역시장에게 통보해야 한다(조특령 §112의7 ③).

4. 「연안화물선용 경유 교통·에너지·환경세 감면세액 환급내역 통보서」에 따라 감면세액 환급내역을 통보받은 울산광역시장은 환급신청한 날이 속하는 달의 다음 달 20일까지 자동차 주행에 대한 자동차세의 감면세액을 납세의무자에게 환급해야 한다(조특령 §112의7 ④).

(4) 사후관리

가. 사용량 보고

한국해운조합은 감면, 환급 또는 공제받은 경유의 직전 월 공급량을 매월 10일까지 해양수산부장관에게 보고하고 직전 연도 공급량 등 「연안화물선용 경유 연간 공급 명세서」를 매년 3월 31일까지 국세청장에게 제출해야 한다(조특령 §112의7 ⑦, ⑧).

감면, 환급 또는 공제받은 경유의 적정한 공급 및 관리에 필요한 사항은 해양수산부장관이 기획재정부장관과 협의하여 정할 수 있다.

나. 용도 외 사용·양도에 따른 세액징수(조특법 §111의5 ③)

1) 용도 외 사용

내항 화물운송사업자가 감면, 환급 또는 공제받은 경유를 해당 사업 이외의 다른 목적에 사용한 경우[257)]에는 관할 세무서장이 다음에 따른 금액의 합계액을 국세징수의 예에 따라

---

257) 연안화물선용 경유를 공급받은 내항 화물운송사업자가 다른 해상사업과 겸업 또는 사업계획변경(외항운항

추징한다.

1. 해당 경유에 대한 교통·에너지·환경세, 교육세 및 자동차 주행분 자동차세의 감면세액
2. 위 1.에 따른 감면세액의 100분의 40에 해당하는 금액의 가산세

해당 경유에 대한 자동차세의 감면세액등은 「지방세법」 제137조 제1항에 따른 자동차세의 특별징수의무자(자동차세특별징수의무자)가 지방세징수의 예에 따라 추징한다.

한국해운조합은 감면, 환급 또는 공제받은 경유가 「해운법」 제24조 제1항에 따른 내항 화물운송사업 외의 용도로 사용된 사실을 알게 되었을 경우 공급을 즉시 중지하거나 해당 경유의 사용을 즉시 중지하도록 요구하고, 지체 없이 그 사실을 관할 지방해양수산청장과 관할 세무서장 및 자동차세특별징수의무자에게 통보해야 한다(조특령 §112의7 ⑥).

2) 내항 화물운송사업자가 아닌 자에게 공급한 경우

교통·에너지·환경세가 감면된 경유를 공급하는 한국해운조합이 관련 증거서류를 확인하지 아니하는 등 부실관리로 내항 화물운송사업자가 아닌 자에게 감면, 환급 또는 공제받은 경유를 공급한 경우에는 한국해운조합으로부터 감면세액의 100분의 20에 해당하는 금액을 관할 세무서장이 국세징수의 예에 따라 가산세로 징수한다(조특법 §111의5 ④).

해당 경유에 대한 자동차세의 감면세액등은 「지방세법」 제137조 제1항에 따른 자동차세의 특별징수의무자(자동차세특별징수의무자)가 지방세징수의 예에 따라 추징한다.

해석사례 🔘

■ **선박연료공급업자의 연안화물선용 경유에 대한 교통·에너지·환경세 감면 여부**

(기획재정부 환경에너지세제과-261, 2021.6.10.)

- 「항만운송사업법」상 **항만운송사업(선박연료공급업)**으로 등록한 사업자가 「해운법」 제24조 제1항에 따른 내항운수사업으로 등록을 하여 **연료공급 목적으로 운항하는 선박**에 공급받는 경유에 대해서는 「조세특례제한법」 제111조의5에 따른 **감면이 적용되지 않는 것임.**

등) 등의 불가피한 사유로 인하여 다른 용도로 사용하거나 폐업 또는 선박매각 등의 사유가 발생하는 경우에는 「연안화물선용 경유 공급 및 관리지침」 제9조에 따라 한국해운조합에 공급받은 연안화물선용 경유에 대한 용도 외 사용량을 신고하여야 한다.

3 국군부대용 석유류에 대한 세액면제

(1) 석유류에 대한 개별소비세의 면제(조특법 §111 ① 1.)

가. 면세개요

「국군조직법」에 따라 설치된 부대 또는 기관에 공급하는 석유류에 대해서는 「조세특례제한법」 제105조 제1항에 따라 해당 석유류의 공급에 대한 부가가치세의 경우에는 영(零)의 세율을 적용하고 같은 법 제111조 제1항 제1호에 따라 개별소비세를 면제한다. 다만, 「군인복지기본법」 제2조 제4호에 따른 체육시설 중 군 골프장과 그 밖에 이와 유사한 시설(골프연습장)에 공급하는 경우는 제외한다(조특법 §111 ① 1.).

나. 공급절차

국군부대 또는 기관에 공급하는 석유류는 각 유종별로 방위사업청의 입찰공고에 따라 정유사가 입찰하여 면세로 납품한다.

| 국군부대용 면세유 공급절차 |

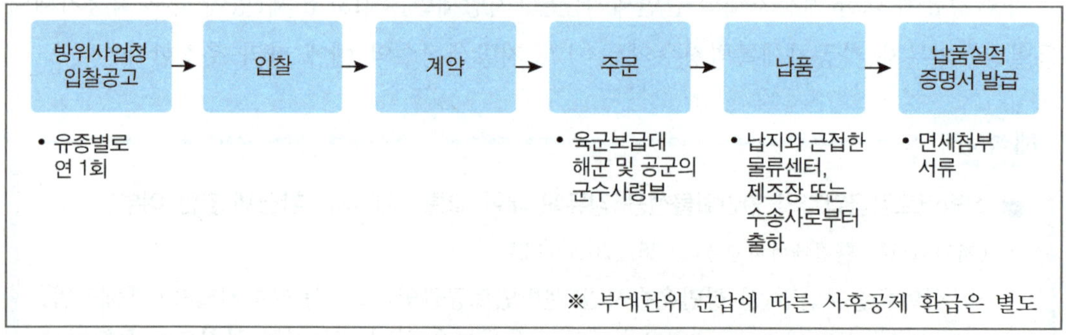

일괄구매한 면세유을 공급하는 것이 어려운 격오지부대는 인근의 주유소로부터 직접 면세로 구매하고 면세유를 판매한 주유소는 군부대납품증명서와 세액공제(환급) 신청서를 정유사에 송부하면 해당 정유사가 환급금을 지급하는 방법으로 면제한다.

| 격오지부대의 면세유 공급절차 |

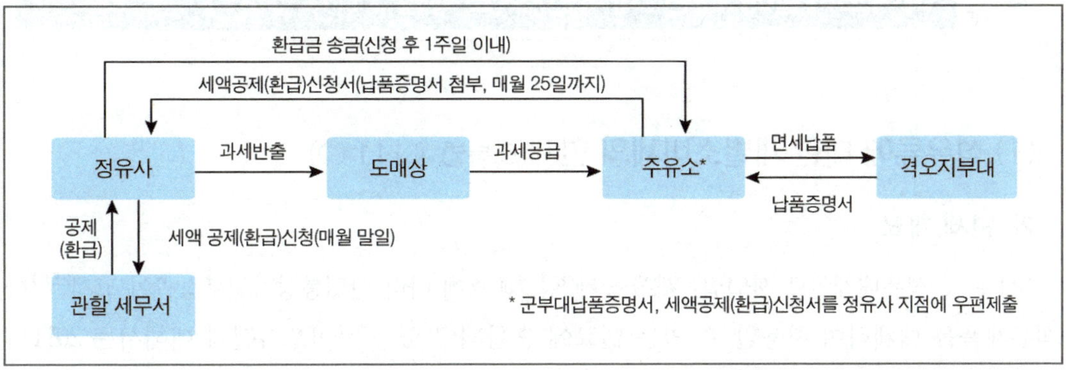

다. 감면절차

개별소비세의 면세절차(면세절차를 이행하지 아니한 경우의 처리를 포함한다)는 「개별소비세법」을 준용한다.

라. 세액징수

국군이 사용하는 석유류는 국방부가 일괄구매 방식으로 면세로 조달하여 사용하며 면세로 반입한 날부터 5년 이내에 해당 용도에 사용하지 아니하거나 양도한 경우에는 그 면세된 세액을 징수한다.

개별소비세가 과세된 석유류가 국군부대 등에 공급되어 면제하는 경우에는 그 면세되는 세액을 환급하거나 납부 또는 징수할 세액에서 공제할 수 있다. 개별소비세의 징수, 환급 또는 세액공제의 절차는 「개별소비세법」을 준용한다.

면세절차 관련 기본통칙

조특법 기본통칙 113-0…1 【면세 및 환급절차의 준용】

① 법 제113조 제3항에 규정하는 면세절차 및 세액징수에 관하여는 「개별소비세법」 제18조 또는 「교통・에너지・환경세법」 제15조의 규정을 준용한다(「개별소비세법」 기본통칙 18-20…10 참조).

② 법 제113조 제3항에서 규정하는 세액의 환급 또는 공제절차에 관하여는 「개별소비세법」 제20조 또는 「교통・에너지・환경세법」 제17조의 규정을 준용한다(「개별소비세법」 기본통칙 20-34…13 참조).

4 바이오디젤에 대한 세액면제 (조특법 §111)

(1) 석유류에 대한 개별소비세의 면제(조특법 §111 ②)

가. 면세 개요

「석유 및 석유대체연료 사업법」 제29조 제2항 제6호에 따라 산업통상자원부장관이 고시[258]한 석유제품을 대체하여 사용할 수 있는 연료에 혼합되어 있는 바이오디젤에 대해서는 2011년 12월 31일까지 제조장 또는 보세구역에서 반출되는 것만 개별소비세를 면제한다.

바이오디젤에 대한 개별소비세의 면제는 2007년 12월 31일 조세특례제한법 일부개정으로 도입하여 2008년 1월 1일부터 시행하였으며, 그 적용범위는 2011년 12월 31일까지 제조장 또는 보세구역에서 반출되는 것으로 하였다.

나. 면제 대상

산업통상자원부장관이 구 「이용 및 보급 확대 연료의 인정에 관한 고시」(제2007 - 152호, 2007.12.27.) 제2조에 규정한 '석유제품을 대체하여 사용할 수 있는 연료'는 다음과 같다.

1. 바이오디젤[식물성 유지(폐식용유, 대두유, 유채유 등)와 알코올을 반응시켜 만든 지방산 메틸에스테르로서 순도가 96.5% 이상인 것을 말한다]을 「석유 및 석유대체연료 사업법」 제24조 제2항의 규정에 의하여 산업자원부장관이 고시[259]하는 경유 품질기준에 적합하도록 혼합 사용하는 경우
   구 「석유 및 석유대체연료 사업법」 [제8399호, 2007.4.27.] 제24조 제2항의 규정에 의하여 산업자원부장관이 고시하는 경유 품질기준은 다음과 같다.

---

258) 구 이용 및 보급 확대 연료의 인정에 관한 고시(산업통상자원부고시 제2007 - 152호, 2007.12.27.)
259) 구 석유제품의 품질기준과 검사방법 및 검사수수료에 관한 고시(산업통상자원부고시 제2005 - 123호, 2005.12.30.)

3. 경유

경유는 디젤엔진 또는 이와 유사한 내연기관의 연료로서 다음의 품질기준에 적합하여야 한다.

항목　　　　　　　　　　　　　등급	자동차용	선박용
유동점(℃)	0.0 이하 (겨울용 : −17.5 이하)	0.0 이하 (겨울용 : −12.5 이하)
인화점(℃)	40 이상	
동점도(40℃, mm^2/s)	1.9 이상~5.5 이하	1.5 이상~6.0 이하
증류성상(90% 유출온도, ℃)	360 이하	
10% 잔유 중 잔류탄소분(무게%)	0.15 이하	0.20 이하
물과 침전물(부피%)	0.02 이하	
황분(mg/kg)	30 이하	1.0 이하(무게%)
회분(무게%)	0.02 이하	0.01 이하
세탄값(세탄지수)	45 이상	40 이상
동판부식(100℃, 3h)	1 이하	
필터막힘점(℃)	−16 이하	−
윤활성@60℃(HFRR 마모흔경, ㎛)	460 이하	−
밀도@15℃(kg/m^3)	815 이상~845 이하	−
다고리방향족 함량(무게%)	11 이하	−
지방산메틸에스테르 함량(부피%)	5 이하	−

주) 1. 겨울용 기준은 생산·수입단계검사는 10월 1일부터 다음 해 3월 31일까지, 유통단계검사는 11월 1일부터 다음 해 3월 31일까지 적용한다. 다만, 자동차용의 경우 3월 16일부터 3월 31일까지 생산·수입단계 및 유통단계검사 모두 −12.5℃를 적용한다.
　 2. 필터막힘점은 혹한기(11월 15일부터 다음 해 2월 28일까지)에 생산·수입단계검사에만 적용한다.
　 3. 윤활성 및 다고리방향족함량은 생산·수입단계검사에 한하여 적용한다.

2. 바이오디젤혼합연료유(자동차용 경유 80%와 바이오디젤 20%를 혼합한 연료를 말한다. 이하 "BD20"이라 한다)를 이 고시 규정에 의하여 산업자원부장관이 추진하는 보급사업 규정에 따라 공급하는 경우

구「석유대체연료의 품질기준과 검사방법 및 검사수수료에 관한 고시」(산업통상자원부고시 제2007−150호, 2007.12.27.)에서 정한 바이오디젤연료유의 품질기준은 다음과 같다.

1. 바이오디젤연료유 〈2006년 7월 1일 이후 적용〉

바이오디젤연료유(BD20)는 자가 정비시설(자동차관리법 시행규칙 제62조 별표9에서 규정하는 자동차 정비시설로서 사업자의 계약에 의한 위탁 정비시설 등을 포함한다) 및 자가용주유취급소(위험물 안전관리법 시행규칙 제37조 별표13에서 규정하는 자가용주유취급소를 말한다)를 갖추고 관리가 가능한 사업장의 버스, 트럭 및 건설기계에 사용하기 위하여 석유제품인 자동차용 경유 80%와 제2호의 바이오디젤(BD100) 20%을 혼합한 연료로서 다음의 품질기준에 적합하여야 한다.

항목 　　　　　　　　　　　구분	품질기준	시험방법
지방산메틸에스테르함량(부피%)	20±3 (겨울용: 10±3)	EN14078
유동점(℃)	0.0 이하 (겨울용: −17.5 이하)	KS M 2016
인화점(℃)	40 이상	KS M 2010
동점도(40℃, ㎟/s)	1.9 이상~5.5 이하	KS M 2014
증류성상(90% 유출온도, ℃)	360 이하	KS M ISO 3405
10% 잔유 중 잔류탄소분(무게%)	0.15 이하	KS M ISO 10370
황분(mg/kg)	30 이하	KS M 2027
회분(무게%)	0.02 이하	KS M ISO 6245
세탄가(세탄지수)	45 이상	KS M ISO 5165 KS M ISO 4264
동판부식(100℃, 3h)	1 이하	KS M 2018
필터막힘점(℃)	−16 이하	KS M 2411
밀도@ 15℃(kg/㎥)	815 이상~845 이하	KS M 2002
물과 침전물(부피%)	0.02 이하	KS M 2115
전산가(mg KOH/g)	0.10 이하	KS M ISO 6618
윤활성 @60℃ (HFRR 마모흔경, ㎛)	460 이하	KS M ISO 12156−1

주) 1. 겨울용 기준은 11월 1일부터 다음 해 3월 31일까지 적용한다.
　　2. 필터막힘점은 혹한기(11월 15일부터 다음 해 2월 28일까지)에 적용한다.
　　3. 지방산메틸에스테르 함량은 11월과 4월 중에 한하여 10(±3)~20(±3)을 적용할 수 있다.

5 ## 도서자가발전용 석유류에 대한 세액면제 (조특법 §111)

(1) 석유류에 대한 개별소비세의 면제(조특법 §111 ① 2.)

가. 면세 개요

「전기사업법」 제2조에 따른 전기사업자가 전기를 공급할 수 없거나 상당한 기간 전기공급이 곤란한 도서(島嶼)로서 산업통상자원부장관(같은 법 제98조에 따라 위임을 받은 기관을 포함한다)이 증명하는 도서지방의 자가발전[260]에 사용할 목적으로 「수산업협동조합법」에 따라 설립된 수산업협동조합중앙회에 2025년 12월 31일까지 직접 공급하는 석유류는 「조세특례제한법」 제106조 제1항에 따라 부가가치세를 면제하고, 2025년 12월 31일까지 제조장 또는 보세구역에서 반출되는 것은 「조세특례제한법」 제111조 제1항 제2호에 따라 개별소비세를 면제한다.

도서지방의 자가발전에 사용할 목적으로 공급하는 석유류에 대한 부가가치세 및 개별소비세를 면제하여 도서지방의 자가발전 비용을 경감하고 도서지방 주민의 기본적인 생활여건 조성을 도모하기 위해 부가가치세가 처음 도입된 1977년에 도입하였다.

도서자가발전용 석유류의 면세규정이 처음 신설될 당시에는 적용기한이 따로 없었으나 1998년 말에 (구)「조세감면규제법」을 「조세특례제한법」으로 전부개정하면서 2003년 말까지로 처음 기한을 두었고, 부가가치세 및 개별소비세 면제제도의 적용기한을 연장함으로써 도서지방의 자가발전 비용을 경감하고 도서지방 주민의 기본적인 생활여건 조성을 도모하기 위해 2025년 12월 31일까지 계속 연장하여 왔다. 도서자가발전용 석유류는 주로 저유황 경유가 사용된다.

나. 감면절차

도서자가발전용 석유류는 수산업협동조합중앙회가 정유사로부터 면세로 일괄구입하여 자가발전시설에 공급한다. 정유사는 산업자원부장관 및 수산업협동조합중앙회장이 발행하는 「구입증명서」, 「발전기 소유자별 공급명세서」를 첨부하여 개별소비세 과세표준을 면세반출로

---

260) 「농어촌전기공급사업촉진법」에 따라 도서자가발전시설을 지방자치단체가 효율적으로 관리·운영하는데 필요한 세부 사항은 「도서자가발전시설 관리·운영규정」(산업통상자원부 훈령 제271호, 2023.12.29.)에 정하고 있다.

신고한다.

개별소비세가 과세된 석유류가 도서자가발전용 석유류에 따른 면세에 해당되는 경우에는 그 면세되는 세액을 환급하거나 납부 또는 징수할 세액에서 공제할 수 있다.

도서자가발전용 석유류에 따른 개별소비세의 면세절차(면세절차를 이행하지 아니한 경우의 처리를 포함한다)와 세액의 징수, 환급 또는 세액공제의 절차는 해당 물품에 따라 「개별소비세법」을 준용한다.

| 면세유 공급대상 도서지방 자가발전시설 현황(2021년) |

지역	도서지역 수	자가발전 도서지역 현황
인천	3	지도, 굴업도, 백아도(옹진)
경남	5	지심도(거제), 와도, 국도, 소매물도, 수도(통영) 등
충남	1	죽도
전남	18	하태도, 장도, 만재도, 상태도, 우이도, 금죽도, 각이도, 소각시도, 안마도, 모항도, 소늑도, 대늑도, 맹골도, 서거차도, 외병도, 광대도, 가사도, 삼마도
전북	2	관리도, 방축도(군산)
제주	2	추포도, 횡간도(제주)

다. 용도 외 사용·양도에 따른 세액징수(조특법 §113 ①)

도서자가발전용 석유류에 따른 다음의 물품을 면세(세액을 감면받은 경우를 포함한다)로 반입한 날부터 5년 이내에 ① 해당 용도에 사용하지 아니하거나, ② 양도한 경우에는 그 면세된 세액을 징수한다.

라. 면세유 폐유·누손에 대한 신고·납부

도서지방의 자가발전에 사용할 목적으로 수산업협동조합에 공급한 석유류가 유류저장조의 세척 등 사유로 폐유가 발생하거나 온도의 차이 등으로 인한 누손이 발생한 경우 당해 반입자는 그 폐유량 또는 누손량에 대한 면세상당액을 신고·납부하여야 한다(조세특례제한법 기본통칙 113-0…2).

6 **경형자동차 연료에 대한 환급특례 (조특법 §111의2)**

(1) 자동차 연료에 대한 개별소비세의 환급에 관한 특례 개요

경형자동차 보급을 확대하고 서민들의 유류비 부담을 덜어주기 위해 경형자동차 연료로 사용하는 유류(휘발유, 경유, LPG)에 부과된 개별소비세 또는 교통·에너지·환경세 중 일정액을 환급하는 제도를 2008년 6월 5일 신설하였다.

2008년에 한시적으로 도입 후 2008년 5월 1일 이후 구매 분부터 적용하여 연간 환급 한도액을 10만원으로 하여 시행하였으며, 2017년 4월 10일부터는 연간 환급 한도액을 20만원으로, 2022년 1월 1일부터는 연간 환급 한도액을 30만원으로 상향하고 2026년 12월 31일까지 일몰연장하여 시행하고 있다.

(2) 자동차 연료에 대한 개별소비세 환급 요건

가. 환급대상자

「자동차관리법」에 따른 승용자동차, 승합자동차, 화물자동차 또는 이륜자동차로서 배기량 1,000cc 미만의 경형 승용자동차 또는 승합자동차(길이 3.6m, 너비 1.6m, 높이 2.0m 이하)를 소유하는 자로서 다음의 요건을 모두 충족하는 자는 2026년 12월 31일까지 해당 자동차 연료를 구매하는 경우에는 해당 연료에 부가된 개별소비세 중 연간 30만원을 한도로 환급받을 수 있다.

1. 환급대상자동차 소유자 및 주민등록표상 동거가족이 소유한 승용자동차 또는 승합자동차의 각각의 합계가 1대일 것
2. 「에너지 및 자원사업 특별회계법 시행령」 제3조 제1항 제10호의2의 석유가격구조개편에 따른 지원사업의 수혜대상자인 장애인 또는 국가유공자가 아닐 것

나. 환급대상자동차

환급대상자동차는 「자동차관리법」 제3조 제1항 제1호부터 제3호까지 및 제5호의 규정에 따른 승용자동차, 승합자동차, 화물자동차 또는 이륜자동차로서 배기량 1,000cc 미만, 길이 3.6m, 너비 1.6m, 높이 2.0m 이하인 승용자동차 또는 승합자동차를 말한다.

<table>
<tr><td colspan="1" align="center">환급대상자 여부 (예시)</td></tr>
</table>

- 1세대 1경형자동차(승용 또는 승합) 소유 : 대상
- 1세대 1경형승용차와 1경형승합차 소유 : 대상 (각각 1대)
- 1세대 2경형승용차 또는 2경형승합차 소유 : 대상 아님
- 1세대 1경형승용차와 개인택시 소유 : 대상 아님
- 1세대 1경형자동차(승용 또는 승합)와 경형자동차 이외의 동종 차량 소유 : 대상 아님
  * (주의) 법인 소유 차량과 개인 이름으로 된 단체 등 관용(영업용)차량은 대상이 아님

다. 환급대상 유류

환급대상자가 환급대상자동차 연료로 사용하기 위하여 「경차 유류구매카드」로 구입한 휘발유, 경유, 석유가스 중 부탄(LPG)에 부과된 개별소비세 중 다음의 세액을 환급한다. 자동차 주행에 대한 자동차세는 환급대상이 아니다.

- 휘발유 · 경유 : ℓ당 250원의 교통 · 에너지 · 환경세를 환급
- 부탄 : 해당 물품에 부과된 개별소비세 전액(기본세율 kg당 275원)[261]을 환급

라. 연간 세액환급 한도

2017년 4월 10일부터 경차 사용을 확대하고 서민들의 유류비 부담을 덜어주기 위해 당초 연간 10만원이던 환급 한도액을 연간 20만원으로 상향하였고, 2022년 2월 「조세특례제한법 시행령」을 개정하여 연간 30만원으로 한도액을 증액하였다.

또한 경차 유류구매카드의 부정사용을 방지하기 위해 유류 결제대금 1회당 6만원, 1일 12만원의 사용한도를 두고 있다.

| 자동차 연료 환급 한도액 연혁 |

구 분	2008년부터	2017년부터*	2022년부터
연간 세액환급 한도액	10만원	20만원	30만원

* 연간 환급 한도액의 산정은 2019년 1월 1일부터 2019년 12월 31일까지의 기간, 2020년 1월 1일부터 2020년 12월 31일까지의 기간 및 2021년 1월 1일부터 2021년 12월 31일까지의 기간을 각각 기준으로 한다.

---

261) 2024년 6월 30일까지는 유류세 인하조치로 부탄은 193원/kg을 환급한다.

마. 경차 유류구매카드

「경차 유류구매카드」는 자동차 연료에 대한 개별소비세 및 교통·에너지·환경세 환급대상자가 환급대상 유류구매를 위해 국세청장이 지정하는 「여신전문금융업법」 제2조 제2호의2에 따른 신용카드업자(신한카드 주식회사, 롯데카드 주식회사, 현대카드 주식회사)로부터 발급받은 환급용 유류구매카드를 말한다. 국세청장이 신용카드업자를 지정할 때에는 환급용 유류구매카드에 대한 연회비를 받지 아니할 것을 조건으로 할 수 있다.

2017년 8월 이전에는 신한카드(주)에서 발급한 유류구매카드를 사용하였으나, 2017년 9월 1일부터는 롯데·신한·현대카드 3개사에서 발급하고 있다. 다만, 환급대상자는 하나의 신용카드업자로부터만 환급용 유류구매카드를 발급받을 수 있다.

환급용 유류구매카드를 발급받은 자가 환급대상자에 해당되지 아니하게 되었을 때에는 즉시 신용카드업자에게 환급용 유류구매카드를 반납하여야 한다. 이 경우 신용카드업자는 지체 없이 이를 국세청장에게 통보하여야 한다.

(3) 자동차 연료에 대한 개별소비세 환급 절차

경차 유류세 환급은 환급액을 경차 소유자에게 직접 지급하지 않고 신용카드업자에게 지급하는 간접환급방식을 택하고 있다. 따라서 신용카드업자는 경차 소유자에게 유류세 해당액을 제외한 카드이용대금을 청구하고, 청구금액에서 제외한 유류세 해당액을 국세청에 환급신청하여 환급금을 수령한다.

환급용 유류구매카드의 종류에 따라 '신용카드'의 경우 신용카드업자가 결제금액에서 환급금액을 차감하여 청구하고, '체크카드'의 경우에는 결제금액에서 환급금액을 차감하여 환급대상자의 통장에서 인출한다.

가. 환급절차

1) 경차 유류구매카드 발급 신청

교통·에너지·환경세 및 개별소비세를 환급받으려는 자(환급대상자)는 신용카드업자에게 환급용 유류구매카드의 발급을 신청하여야 한다. 신용카드업자는 관할관청에서 제공받은 정보를 바탕으로 환급대상자 적격 여부를 판단한 후 신청을 받은 날부터 15일 이내에 신청인에게 환급용 유류구매카드를 발급하거나 발급대상이 아님을 통지하여야 한다.

신용카드업자는 환급대상자에게 환급용 유류구매카드를 발급할 때 부당하게 발급받거나 부정사용할 경우 받을 수 있는 불이익에 대하여 상세히 설명하여야 하며, 환급용 유류구매카드의 신청 및 발급과 관련하여 세법령에서 정하고 있지 아니한 사항은 「여신전문금융업법」에 따른 신용카드 및 직불카드의 신청과 발급의 예에 따른다.

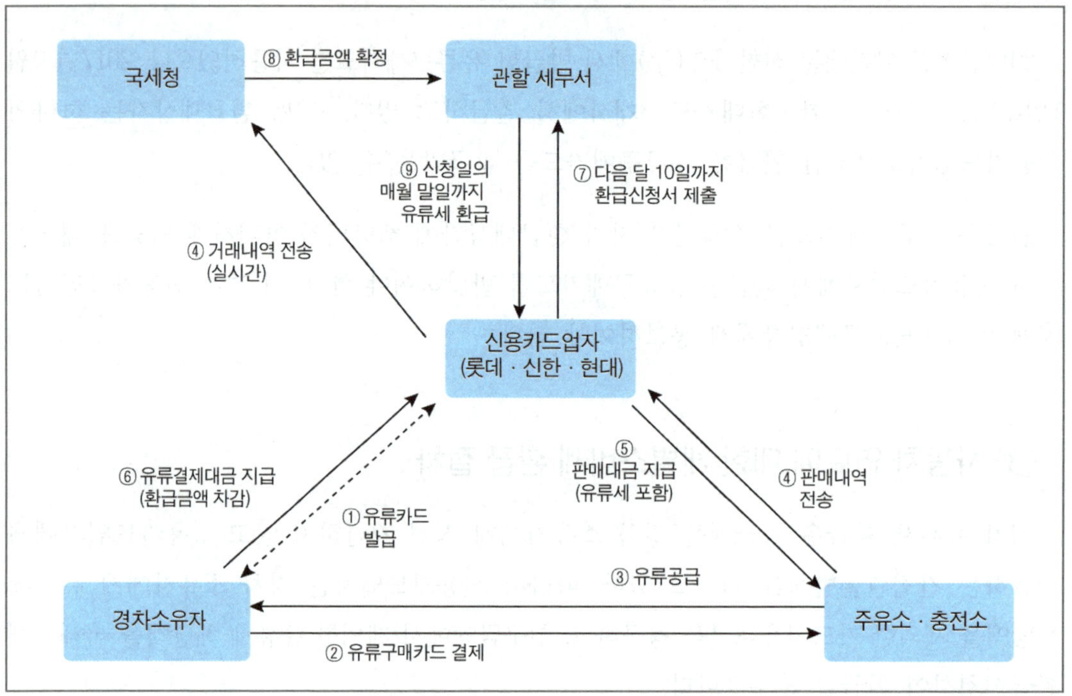

2) 자동차용 면세유류의 구매

환급대상자는 국세청장이 지정한 신용카드업자로부터 발급받은 유류구매카드를 사용하여 유류를 구입하면, 신용카드업자는 환급유류세액을 제외한 유류구매대금만을 환급대상자에게 청구한다(연간 30만원 한도 내에서 청구 제외).

3) 신용카드업자의 환급신청

신용카드업자는 유류세액을 포함한 유류대금 전액을 주유소 및 충전소에 지급한 후 환급대상자에게 청구하지 않은 유류세 해당액을 관할 세무서에 환급을 신청하여 환급세액을 환급받거나 그 신용카드업자가 납부할 세액에서 공제받을 수 있다.

신용카드업자는 매월 환급대상자가 환급용 유류구매카드로 구입한 환급대상 유류의 수량 및 환급세액 등을 적은 「신용카드업자의 유류 감면세액 환급신청서[경차, 택시, 주한외교관등]」(조특법 시행규칙 제69호의4 서식) 및 증거서류를 다음 달 10일까지 관할 세무서장에게 제출하여야 한다.

4) 세액의 환급

관할 세무서는 신용카드업자의 유류세 환급신청서 접수를 접수하여 신청내용의 적정 여부를 확인한 후 매월 말일까지 신용카드업자에 환급하여야 한다. 자동차 주행에 대한 자동차세는 환급대상이 아니다.

환급 또는 감면 대상 수량은 유류구매카드 이용금액을 한국석유공사가 조사·공표하는 해당 주유소 또는 충전소 소재 특별시·광역시·특별자치시·도·제주특별자치도의 유류 단위당 주유소 또는 충전소의 매주 평균판매단가(기준유가)로 나누어 산정한다(조특법 시행규칙 §50의3 1.).

> 유류의 수량 = (환급용 유류구매카드 구입금액) ÷ (한국석유공사가 조사·공표하는 해당 시·도의 유류 단위당 주유소 또는 충전소의 평균판매가격)

나. 자료의 제출요구 및 교환

국세청장은 환급대상자의 효율적 관리를 위해 관계 행정기관 등으로 하여금 필요한 자료를 국세청장 또는 신용카드업자에게 제공할 것을 요청할 수 있으며, 요청을 받은 관계 행정기관 등은 정당한 사유가 없으면 이에 따라야 한다.

국토교통부장관은 환급대상자 적격여부 확인을 위해 「자동차관리법」 제69조 제2항에 따른 자동차 등록 전산자료를 관할관청에 제공하여야 한다.

국세청장은 환급을 위한 환급대상자 적격여부를 확인하기 위하여 국가보훈처장 및 환급대상자의 주소지 관할 특별자치도지사·시장·군수·구청장(구청장은 자치구의 구청장을 말한다)에게 주민등록 전산정보자료, 「자동차관리법」 제69조 제2항에 따른 자동차 등록 전산자료, 「에너지 및 자원사업 특별회계법 시행령」 제3조 제1항 제10호의2에 따른 지원사업의 수혜대상자인 국가유공자 및 장애인 명부 등 환급대상자 적격 여부 확인에 필요한 정보를 신용카드업자에게 제공할 것을 요청할 수 있으며 요청을 받은 국가보훈처장 및 관할관청은 즉시 관련 정보를 제공하여야 한다. 이 경우 관할관청은 환급대상자 해당 여부만을 전자적 방법으로 제공한다.

(4) 환급용 유류구매카드 부정사용에 따른 세액징수

가. 용도 외 사용

환급대상자의 주소지 관할 세무서장은 환급대상자가 환급용 유류구매카드로 구입한 유류를 해당 자동차 연료 외의 용도로 사용하는 경우에는 다음의 금액을 합친 금액을 징수한다.

1. 해당 자동차 연료 외의 용도로 사용하는 유류의 환급세액
2. 해당 유류 환급세액의 100분의 40에 상당하는 금액의 가산세

나. 부정사용자에 대한 유류구매카드 사용정지

국세청장 또는 신용카드업자는 환급대상자가 환급용 유류구매카드로 구입한 유류를 해당 자동차 연료 외의 용도로 사용하거나 타인에게 환급용 유류구매카드를 양도하는 경우 그 사실을 안 날부터 환급대상자에서 제외한다.

환급용 유류구매카드 기능 정지 사유
• 환급대상자에 해당되지 아니하게 된 경우 • 환급대상자가 유류구매카드의 용도 외 사용 및 타인양도 등으로 환급대상자에서 제외된 경우 • 유류구매카드를 양수하여 사용하거나 환급대상자이 아닌 자가 유류구매카드를 발급받은 경우   ※ 유류구매카드 발급자가 자격 정지된 경우에도 유류구매카드 기능만 정지되고 신용카드는 계속 이용 가능

다. 신용카드업자의 부정환급에 대한 세액징수

관할 세무서장은 신용카드업자가 거짓이나 그 밖의 부정한 방법으로 환급세액을 과다하게 환급받거나 공제받은 경우에는 과다환급세액과 과다환급세액의 100분의 40에 상당하는 금액의 가산세를 합친 금액을 징수한다.

라. 유류구매카드의 부정사용에 대한 세액징수

다음의 경우에는 환급대상자의 주소지 관할 세무서장은 유류의 환급세액과 환급세액의 40%에 상당하는 가산세를 포함하여 징수하고 유류구매카드 양도자 및 사용자를 환급대상자에서 제외한다.

1. 환급대상자로부터 경차 유류구매카드를 양수하여 사용하는 경우

2. 환급대상자가 아닌 자가 유류구매카드를 발급받아 사용하여 환급받은 경우

3. 환급용 유류구매카드를 발급받은 자가 환급대상자에 해당되지 아니하게 된 이후에 환급용 유류구매카드를 사용한 경우

해석사례

■ **경형승용차 1대를 소유한 세대가 개인택시 승용차 1대를 동시에 소유하는 경우 유류세 환급대상에 해당하지 아니함**(기획재정부 환경에너지세제과 – 49, 2017.1.26.)

– 경형자동차 유류세 환급대상 여부와 관련하여 경형승용차 1대를 소유한 세대가 개인택시 승용차 1대를 동시에 소유하는 경우 유류세 환급대상에 해당하지 아니함 (기준 – 2017 – 법령해석부가 – 0008[법령해석과 – 312], 2017.1.31. 같은 뜻).

7 : 택시연료에 대한 세액감면 (조특법 §111의3)

(1) 택시연료에 대한 개별소비세 등의 감면 개요

2007년 국제유가의 상승과 택시 초과 공급 등에 따른 택시업계의 경영난 해소를 지원하기 위해 택시운송사업에 사용하는 자동차의 유류세 감면제도를 2009년 6월 9일 도입하였다.

택시연료에 대한 개별소비세 등의 감면은 2008년 5월 1일부터 택시면세유류구매카드로 구매하는 분부터 적용하였으며 2010년 12월 31일까지 택시용 LPG 부탄에 대한 개별소비세·교육세 185원/ℓ을 전액 면제하였으나, 2011년 1월 1일부터는 kg당 40원(ℓ당 23.39원)만을 감면하고 나머지는 유가보조금[262]으로 지원하고 있다. 택시연료의 개별소비세 감면 적용 기한은 2012년, 2015년, 2018년, 2021년, 2023년에 각각 연장하여 2026년 12월 31일까지 일몰연장하였다.[263]

| 택시연료의 개별소비세 등 감면연혁 |

감면기간	개별소비세	교육세	간이과세자 부가가치세**
2008.5.1. ~ 2010.12.31.	275원/kg	41.25원/kg	31.62원/kg
2011. 1. 1. 이후	kg당 40원*		31.62/kg

* (일반과세자) 개별소비세+교육세 : 23.39원/ℓ
** (간이과세자) 개별소비세+교육세 : 23.39원/ℓ, 부가가치세 : 18.49원/ℓ[264]

(2) 택시연료에 대한 개별소비세 등의 환급 요건

가. 환급대상자

「여객자동차운수사업법」 제3조 제2항 및 「여객자동차 운수사업법 시행령」 제3조 제2호

---

262) 유가보조금은 택시·버스·화물차에 2011년 에너지세제 개편으로 인상된 유류세분을 지원하는 제도로서 국토교통부의 「여객자동차 유가보조금 지급지침」에 따라 지방세인 자동차 주행에 대한 자동차세를 재원으로 지급된다. 택시에 사용되는 LPG 부탄에 대한 유가보조금은(현재 유류세－조세특례제한법에 의한 감면액)의 구조로 면세 규모가 축소되는 경우 이에 연동하여 상향조정된다.
263) 2010.12.27. 세법개정으로 택시에 대해 버스·화물차·연안화물선 등 타 운수업계와 마찬가지로 유가보조금 도입취지(유류세 인상분 지급)에 맞게 지원토록 택시의 부탄에 대한 유류세 총 지원규모(221원/ℓ)는 동일하게 유지하되 유가보조금 및 면세 지급단가를 조정(185원/ℓ → 23원/ℓ)하여 지원체계를 합리화하였다.
264) 「조세특례제한법」 부칙〈제10406호, 2010.12.27.〉 제50조, 기재부 환경에너지세제과－63(2008. 4. 23.)

다목과 라목에 의한 일반택시운송사업자 및 개인택시운송사업자가 사용하는 자동차에 공급하는 부탄에 대하여 개별소비세 등을 감면한다.

환급대상자에는 「여객자동차 운수사업법 시행규칙」 제21조에 따른 개인택시운송사업자의 대리운전기사를 포함한다.

나. 환급대상 유류와 환급세액

일반택시운송사업 및 개인택시운송사업에 사용하는 자동차에 공급하는 「개별소비세법」 제1조 제2항 제4호 바목에 따른 석유가스 중 부탄에 대한 개별소비세 및 교육세 합계액 중 kg당 40원(23.39원/ℓ)을 감면한다.

석유가스 중 부탄을 공급하는 개인택시운송사업자가 「부가가치세법」 제25조 제1항에 따른 간이과세자인 경우에는 「개별소비세법」 제1조 제7항 및 같은 법 시행령 제2조의2에 따른 세율과 그에 따른 교육세율을 적용한 부가가치세(31.62/kg)를 면제한다.

다. 환급한도

환급대상자의 자동차에 공급하는 부탄은 1회 72.25ℓ 및 1일 4회를 초과하여 충전할 수 없다. 또한 부탄을 충전한 후 1시간 이내 재충전할 수 없다.

라. 택시면세유류구매카드

택시면세유류구매카드는 일반택시운송사업자 및 개인택시운송사업자가 택시에 사용하는 부탄의 면세를 위해 국세청장이 지정하는 신용카드업자(신한카드, 롯데카드, 현대카드 주식회사)로부터 발급받은 유류구매카드를 말한다.

개별소비세 및 교육세를 감면받으려는 일반택시운송사업자 및 개인택시운송사업자는 국세청장이 지정하는 「여신전문금융업법」 제2조 제2호의2에 따른 신용카드업자에게 면세를 위한 유류구매카드의 발급을 신청하여야 한다.

신청을 받은 신용카드업자는 신청을 받은 날부터 15일 이내에 신청한 택시운송사업자가 면허를 받은 특별시장·광역시장·도지사(도지사의 권한이 시장·군수에게 위임된 경우에는 시장·군수를 말한다)·특별자치도지사에게 택시운송사업자 적격 여부를 확인한 후 택시면세 유류구매카드를 발급하거나 발급대상이 아님을 통지하여야 한다.

택시면세유류구매카드를 발급받은 자가 택시운송사업자에 해당되지 아니하게 되었을 때에는 즉시 신용카드업자에게 택시면세유류구매카드를 반납하여야 한다. 이 경우 신용카드업자는 지체 없이 그 사실을 국세청장에게 통보하여야 한다.

(3) 택시연료에 대한 개별소비세 등의 환급 절차

택시운송사업자가 택시면세유류구매카드를 사용하여 유류를 구매하면, 신용카드업자는 택시운송사업자에게 카드이용대금을 청구할 때 유류세를 제외하고 청구한다. 신용카드업자는 유류세를 포함한 택시운송사업자의 유류대금을 충전소에 지급한 후 해당 유류세를 관할 세무서에 환급 신청한다.

가. 환급절차

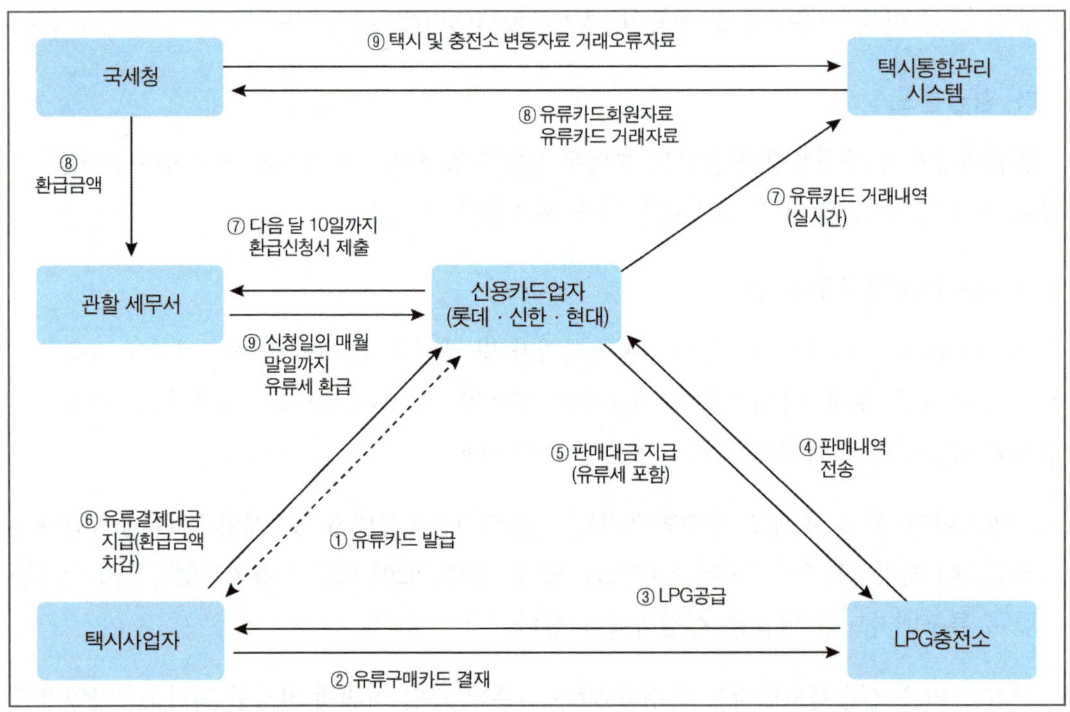

1) 택시 면세유류의 구매

환급대상자는 국세청장이 지정하는 신용카드업자가 발급하는 택시면세유류구매카드를 이용하여 부탄(LPG)을 구매하고 유류세를 차감한 카드이용대금을 신용카드업자에 결제한다.

2) 신용카드업자의 환급신청

택시면세유류구매카드를 발급받은 택시운송사업자가 해당 카드로 부탄을 구입한 경우 신용카드업자는 관할 세무서장에게 해당 부탄에 대하여 감면액 환급을 신청하여 감면액을 환급받거나 납부할 세액에서 공제받을 수 있다.

신용카드업자는 매월 택시운송사업자가 택시면세유류구매카드를 통하여 구입한 감면대상 부탄의 수량(조특법 시행규칙 §50의3으로 정하는 계산방법에 따라 산출한다) 및 환급세액 등을 적은 신청서 및 증거서류를 다음 달 10일까지 관할 세무서장에게 제출하여야 한다.

3) 세액의 환급

환급신청을 받은 세무서장은 그 달 말일까지 신용카드업자에게 감면세액을 환급하거나 납부할 세액에서 공제한다.

환급 또는 감면 대상 수량은 유류구매카드 이용금액을 한국석유공사가 조사·공표하는 해당 충전소 소재 특별시·광역시·특별자치시·도·제주특별자치도의 유류 단위당 충전소의 매주 평균판매단가(기준유가)로 나누어 산정한다(조특법 시행규칙 §50의3 2.).

> 부탄의 수량 = (택시면세유류구매카드 구입금액) ÷ (한국석유공사가 조사·공표하는 해당
> 시·도의 부탄 단위당 충전소의 평균판매가격)

나. 자료의 제출요구 및 교환

국세청장은 택시운송사업자에 대한 관리를 효율적으로 수행하기 위하여 관계 행정기관 등으로 하여금 필요한 자료를 국세청장 또는 신용카드업자에게 제공할 것을 요청할 수 있으며, 요청받은 관계 행정기관 등은 정당한 사유가 없으면 이에 따라야 한다.

(4) 택시면세유류구매카드 부정사용에 따른 세액징수

가. 용도 외 사용

택시운송사업자의 주소지 관할 세무서장은 택시운송사업자가 택시면세유류구매카드로 구입한 부탄을 택시운송사업용 외의 용도로 사용하는 경우에는 택시운송사업용 외의 용도로 사용하는 부탄에 대한 감면액과 감면액의 100분의 40에 상당하는 금액의 가산세를 합친 금액을 징수한다.

나. 부정사용자에 대한 유류구매카드 사용정지

국세청장 또는 신용카드업자는 택시운송사업자가 택시면세유류구매카드로 구입한 부탄을 택시운송사업용 외의 용도로 사용하거나 타인에게 택시면세유류구매카드를 양도하는 경우에는 그 사실을 안 날부터 그 택시운송사업자를 택시면세유류구매카드 발급대상자에서 제외한다.

관할관청, 국세청장 및 신용카드업자는 다음의 어느 하나에 해당되는 경우 즉시 서로 통보하여야 하고, 신용카드업자는 지체 없이 해당자의 택시면세유류구매카드의 기능을 정지하여야 한다.

1. 택시운송사업자가 폐업 또는 면허양도 등으로 더 이상 택시운송사업자에 해당되지 아니하게 된 경우
2. 택시운송사업자가 택시면세유류구매카드로 구입한 부탄을 택시운송사업용 외의 용도로 사용하거나 타인에게 택시면세유류구매카드를 양도하여 택시면세유류구매카드 발급대상자에서 제외된 경우
3. 택시운송사업자로부터 택시면세유류구매카드를 양수하여 사용하거나 택시운송사업자가 아닌 자가 택시면세유류구매카드를 발급받아 사용한 경우

다. 신용카드업자의 부정환급에 대한 세액징수

관할 세무서장은 신용카드업자가 거짓이나 그 밖의 부정한 방법으로 감면액을 과다하게 환급받거나 공제받은 경우에는 과다환급세액과 과다환급세액의 100분의 40에 상당하는 금액의 가산세를 합친 금액을 징수한다.

라. 유류구매카드의 부정사용에 대한 세액징수

다음의 경우에는 해당하는 자의 주소지 관할 세무서장이 감면액과 감면액의 100분의 40에 상당하는 금액의 가산세를 합친 금액을 징수한다.

1. 택시운송사업자로부터 택시면세유류구매카드를 양수하여 사용한 경우
2. 택시운송사업자가 아닌 자가 택시면세유류구매카드를 발급받아 사용한 경우
3. 택시면세유류구매카드를 발급받은 자가 택시운송사업자에 해당되지 아니하게 된 이후에 택시면세유류구매카드를 사용한 경우

8 : 외교관용 등 자동차 연료에 대한 환급 (조특법 §111의4)

(1) 외교관용 등 자동차 연료에 대한 개별소비세액 등의 환급 특례 개요

외교관등의 자동차 운행에 실제 사용한 유류에 대하여 면세혜택을 부여하되, 외교관용 면세유 구매절차 개선 및 관리 체계화를 위하여 전용 구매카드 결제를 통한 환급 제도를 도입하여 2013년 7월 1일 이후 구입하는 유류분부터 적용하여 왔다.

종전에는 외교부장관이 교부한 추천서를 수동으로 유통하고 검증함에 따라 업무효율성이 떨어지고 절차가 불편한 문제점이 제기되어 외교관 전용 유류구매카드를 도입하였다.

이 경우 해당 석유류에 대해서는 「개별소비세법」 제16조 제1항 제3호 또는 「교통·에너지·환경세법」 제14조 제1항에 따른 면세 및 「부가가치세법」 제24조 제1항에 따른 영세율을 적용하지 아니한다.

(2) 외교관용 등 자동차 연료에 대한 개별소비세 등의 환급 요건

가. 환급대상자

외교부장관이 법에 정한 자격여부를 확인한 주한외교공관, 주한외교관 등으로서 「조세특례제한법」 제111조의4 및 같은 법 시행령 제112조의4에 해당하는 자와 기관이 유류구매카드를 사용하여 자동차에 사용되는 석유류를 구입하는 경우에 환급한다.

「조세특례제한법」 제111조의4 및 같은 법 시행령 제112조의4에 해당하는 자는 다음과 같다.

1. 우리나라에 상주하는 외교공관, 영사기관(명예영사관원을 장으로 하는 영사기관은 제외한다), 국제연합과 이에 준하는 국제기구(우리나라가 당사국인 조약과 그 밖의 국내 법령에 따라 특권과 면제를 부여받을 수 있는 경우만 해당)
2. 위 기관의 소속 직원으로서 해당 국가로부터 공무원 신분을 부여받은 자 또는 외교부장관 으로부터 이에 준하는 신분임을 확인받은 자 중 내국인이 아닌 자

이 경우 「개별소비세법」 제16조 제5항 또는 「교통·에너지·환경세법」 제14조 제3항 및 「부가가치세법」 제25조에 규정한 상호주의를 준용한다. 즉, 해당 국가에서 우리나라의 공관 또는 외교관 등에게 그 국가의 조세로서 우리나라의 개별소비세, 교통·에너지·환경세 또는 부가가치세 등 이와 유사한 성질의 조세를 면제하는 경우와 해당 국가에 우리나라의 개별소비세, 교통·에너지·환경세 또는 부가가치세 등 이와 유사한 성질의 조세가 없는 경우에만 적용한다.

나. 환급대상 유류

주한외교공관 및 주한외교관의 차량에 사용하기 위하여 '환급용 유류구매카드'로 구입한 연료의 교통·에너지·환경세, 교육세, 자동차 주행에 대한 자동차세 및 부가가치세를 신용카드업자를 통하여 환급한다.

다. 환급한도

외교부장관과 기획재정부장관은 외교공관 및 외교관의 차량에 사용하기 위한 면세유류 구입한도를 월간 및 연간으로 정하고 있으며, 현재 환급용 유류구매카드 구입량 한도는 외교 공관 600ℓ/월, 외교관 400ℓ/월(2022년 현재)이다.

또한 외교관용 면세 유류구매카드의 부정사용 방지를 위해 1회 주유 시 100ℓ까지만 사용할 수 있도록 하였다.

라. 유류구매카드

외교관등의 유류구매카드는 환급대상자가 소유한 승용차에만 사용이 가능한 카드로서 국세청장이 면세유류구매전용카드제 시행을 위하여 사업시행자로 선정한 신용카드업자(현재 신한카드 주식회사)가 발행한 것을 말한다.

국세청장은 외교관 면세유의 환급을 위한 유류구매카드를 발급할 「여신전문금융업법」 제2조 제2호의2에 따른 신용카드업자를 지정한다. 이 경우 국세청장은 신용카드업자를 지정할 때 유류구매카드에 대하여 연회비를 받지 아니할 것을 조건으로 할 수 있다.

1) 유류구매카드 발급신청

환급대상자는 외교부장관이 환급대상자에 해당됨을 확인하는 서류를 첨부하여 국세청장이 지정하는 「여신전문금융업법」 제2조 제2호의2에 따른 신용카드업자(현재 신한카드 주식회사) 로부터 환급을 위한 유류구매카드를 발급받아야 한다.

2) 환급대상자 확인

신용카드업자는 카드 신청서 접수 시 환급대상 적격 여부를 판단할 수 있는 정보(차량번호, 외교관신분증번호, 공관고유번호 등)를 취득하여 외교부에 통보하고, 외교부장관은 환급대상 적격여부를 확인하여 승인하고 승인자료를 매 월 단위로 취합하여 다음 달 5일까지 국세청장에게 통보하여야 한다.

3) 유류구매카드 발급

신용카드업자는 그 신청을 받은 날로부터 15일 이내에 신청인에게 유류구매카드를 발급하여야 한다.

마. 조세특례제한법의 우선 적용

주한외교공관, 주한외교관 등이 유류구매카드로 자동차에 사용하기 위해 유류구매카드로 구입하는 석유류에 대해서는 「개별소비세법」 제16조 제1항 제3호 또는 「교통·에너지·환경세법」 제14조 제1항에 따른 면세 및 「부가가치세법」 제24조 제1항에 따른 영세율을 적용하지 아니한다.

(3) 외교관용 등 자동차 연료에 대한 개별소비세 등의 환급절차

신용카드업자는 카드사용자(외교관 등)에게 카드대금을 청구할 때 환급세액을 제외하여 청구하고 해당 환급세액은 국세청에 일괄 환급청구하여 지급받는다.

가. 환급 절차

1) 외교관의 면세유류 구매

외교관등 환급대상자가 국세청장이 지정한 신용카드업자(신한카드)로부터 발급받은 카드를 환급대상 지정차량에 사용하기 위하여 유류를 구매하면, 신용카드업자는 환급대상자에게 카드이용대금을 청구할 때 유류에 과세된 유류세와 자동차세를 차감(면세가격)하여 청구한다.

신용카드업자는 외교관등 환급대상자가 유류를 구매한 주유소에 유류세액을 포함한 유류대금 전액(과세가격)을 지급한다.

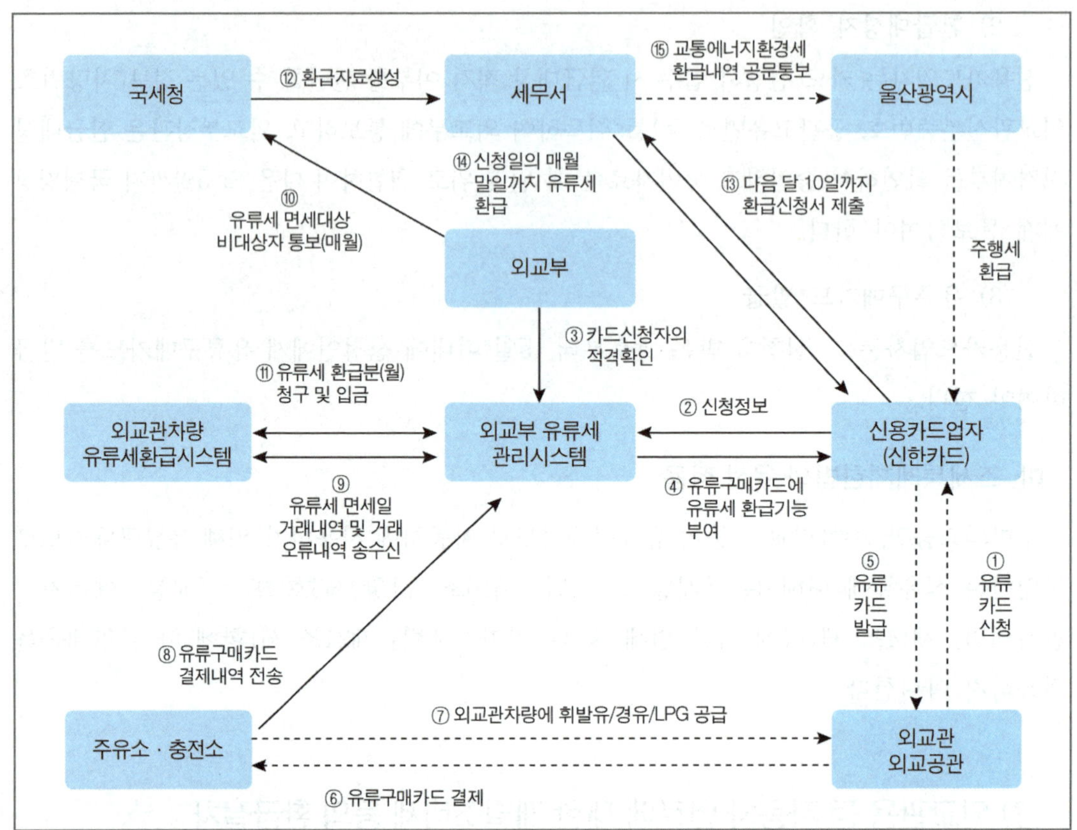

2) 신용카드업자의 환급신청

신용카드업자는 세액 환급을 신청하여 해당 석유류에 부과되는 개별소비세액, 교통·에너지·환경세액, 교육세액, 자동차 주행에 대한 자동차세액 및 부가가치세액을 환급받거나 납부할 세액에서 공제받을 수 있다.

신용카드업자는 유류세와 자동차세액을 포함한 유류대금을 주유소(충전소)에 지급한 후 해당 세액 중 유류세 해당액을 관할 세무서에 환급 신청한다.

매월 환급대상자가 유류구매카드를 통하여 구입한 환급대상 석유류의 종류, 수량(조특법 시행규칙 §50의3에 따라 산출) 및 환급세액 등을 적은 「신용카드업자의 유류 감면세액 환급신청서[경차, 택시, 주한외교관등]」 및 증거서류를 다음 달 10일까지 관할 세무서장에게 제출하여야 한다.

3) 세액의 환급

환급신청을 받은 세무서장은 그 달 말일까지 신용카드업자에게 환급세액을 환급하거나 납부할 세액에서 공제한다.

세무서장이 환급 또는 공제를 한 경우에는 「신용카드업자에 대한 교통·에너지·환경세 환급내역 통보서」(조특법 시행규칙 제69호의6 서식)를 환급일의 다음 달 10일까지 울산광역시장에게 통보하여야 하고, 울산광역시장은 제5항에 따라 환급신청한 날의 다음 달 20일까지 자동차 주행에 대한 자동차세액을 신용카드업자에게 환급하여야 한다.

환급 또는 감면 대상 수량은 유류구매카드 이용금액을 한국석유공사가 조사·공표하는 해당 주유소 또는 충전소 소재 특별시·광역시·특별자치시·도·제주특별자치도의 유류 단위당 주유소 또는 충전소의 매주 평균판매단가(기준유가)로 나누어 산정한다(조특법 시행규칙 §50의3 3.).

> 석유류의 수량 = (유류구매카드 구입금액) ÷ (한국석유공사가 조사·공표하는 해당 시·도의 석유류 단위당 주유소 또는 충전소의 평균판매가격)

나. 자료의 제출요구 및 교환

국세청장은 환급대상자에 대한 관리를 효율적으로 수행하기 위하여 관계 행정기관 등으로 하여금 필요한 자료를 국세청장 또는 신용카드업자에게 제공할 것을 요청할 수 있으며, 요청받은 관계 행정기관 등은 정당한 사유가 없으면 이에 따라야 한다.

국세청장은 외교부장관과 협의하여 유류구매카드의 사용 등과 관련하여 필요한 사항을 정할 수 있다.

(4) 외교관용 유류구매카드 부정사용에 따른 세액징수

가. 용도 외 사용

환급대상자의 주소지 관할 세무서장은 환급대상자가 유류구매카드로 구입한 석유류를 환급대상자의 자동차에 대한 연료 외의 용도로 사용하는 경우에는 국세의 환급세액을 징수하여야 한다.

가산세는 징수하지 아니하며, 자동차 주행에 대한 자동차세액의 환급세액은 울산광역시장이 징수한다.

나. 부정사용자에 대한 유류구매카드 사용정지

외교부장관, 국세청장, 울산광역시장 및 신용카드업자는 다음의 어느 하나에 해당되는 경우 즉시 서로 통보하여야 하고, 부정사용의 경우 신용카드업자는 유류구매카드의 기능을 정지하여야 한다.

1. 유류구매카드를 발급받은 자가 환급대상자에 해당되지 아니하게 된 경우
2. 환급대상자가 아닌 자가 유류구매카드를 발급받거나 양수하여 사용한 경우
3. 환급대상자가 유류구매카드로 구입한 유류를 해당 자동차 연료 외의 용도로 사용하는 경우

다. 신용카드업자의 부정환급에 대한 세액징수

신용카드업자 사업장의 관할 세무서장은 신용카드업자가 거짓이나 그 밖의 부정한 방법으로 환급세액을 과다하게 환급받거나 공제받은 경우에는 과다환급세액과 과다환급세액의 100분의 40에 상당하는 금액의 가산세를 합친 금액을 징수한다.

라. 유류구매카드의 부정사용에 대한 세액징수

환급대상자가 아닌 자가 유류구매카드를 발급받거나 양수하여 그 유류구매카드로 석유류를 구입하는 경우에는 국세의 환급세액과 환급세액의 100분의 40에 상당하는 금액의 가산세를 포함하여 징수한다.

9 : 석유제품 생산공정용 원료에 대한 감면 (조특법 §111의6)

(1) 도입배경

일반적으로 석유 정제공정에는 원유를 원료로 투입하지만, 최근 석유 정제기술이 발달하여 중유 등으로도 석유제품을 생산할 수 있게 됨에 따라, 정유사들이 생산비용을 절감하기 위해 중유 등을 원료로 사용하고 있는 비중을 늘려가고 있다.

이와 같이 정유사가 정제공정 원료용 중유를 수입하거나 다른 제조장에서 구매하여 석유제품 정제를 위해 투입하는 경우 LPG, 휘발유, 등유, 경유, 중유, 나프타, 아스팔트, 윤활기유 등 다양한 석유제품이 생산되는데, 이들 연산품(連産品) 중 개별소비세가 과세되는 LPG · 휘발유 · 등유 · 경유 등 과세 석유제품의 원료로 사용된 중유에 대해서는 이중과세 방지를 위해 「개별소비세법」 제20조 제1항 제1호에 따라 이미 부과된 개별소비세를 공제 · 환급하고 있으나, 나프타 · 아스팔트 · 윤활기유 등 개별소비세가 과세되지 않는 비과세 석유제품의 원료로 사용된 중유 등[265]에 부과된 개별소비세에 대해서는 공제 · 환급을 할 수 없었다.[266]

| 원재료 구입구분에 따른 석유제품의 개별소비세 환급 여부 |

중유 구입구분	생산제품		중유에 대한 공제환급 여부
국내 매입	내수용	과세 석유제품	세액공제 · 환급 (법 §20 ① 1.)
국외 수입		비과세 석유제품	**세액공제 · 환급 제외**
	수출용 석유제품		수출용 원재료로 세액공제 · 환급

---

265) 정유공정용 석유류(중유)를 수입구매 시 납부하는 유류세는 총 19.55원/ℓ으로, 수출용 비과세물품의 경우 「수출용 원재료에 대한 관세 등 환급에 관한 특례법」에 따라 원료에 대한 개별소비세를 환급하고 있으나, 내수용 비과세물품 생산에 투입되는 부문에 대해서는 환급이 이루어지지 않았다.
   총 19.55/ℓ = 개별소비세(17/ℓ) + 교육세(개별소비세 × 15%)

266) 코로나19에 따른 정제마진 하락으로 어려움을 겪고 있는 정유업계의 생산비용 절감 노력을 지원하기 위하여 석유제품 생산공정용 원료로 사용하는 석유류(중유)에 부과되는 개별소비세, 교육세 등 유류세를 2021. 1. 1.부터 2022. 12. 31.까지 2년간 면제하였다. (2020. 12월 신설, 2022. 12월 일몰)

| 생산원료로 사용되는 석유제품의 개별소비세 환급 여부 예시 |

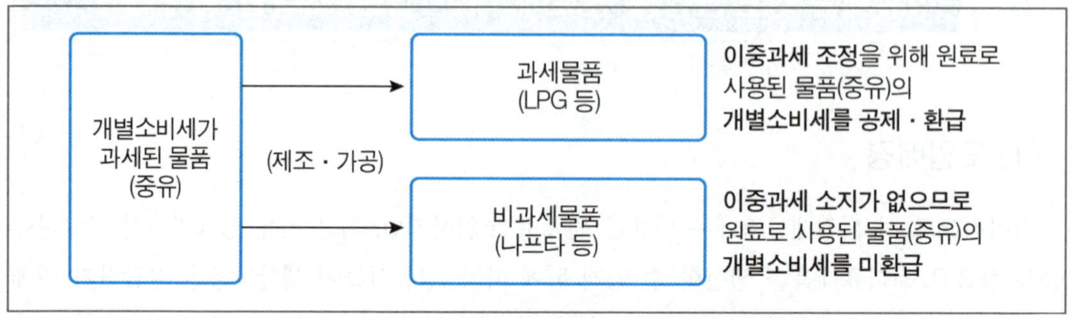

이처럼 휘발유, 경유, 등유 등 과세물품의 제조에 소요된 중유 물량은 환급이 가능한데 반해, 나프타, 아스팔트, 윤활기유 등 내수용 비과세물품 제조에 소요된 중유 물량은 환급이 불가능한 점을 개선함으로써 코로나19에 따른 정제마진 하락으로 어려움을 겪고 있는 정유업계의 생산비용 절감 노력을 지원하기 위하여 석유제품 생산공정용 원료로 사용하는 석유류에 부과되는 개별소비세, 교육세 등 유류세를 2021년 1월 1일부터 2022년 12월 31일까지 2년간 면제하는 제도를 2020년 12월 세법개정으로 도입하였다.

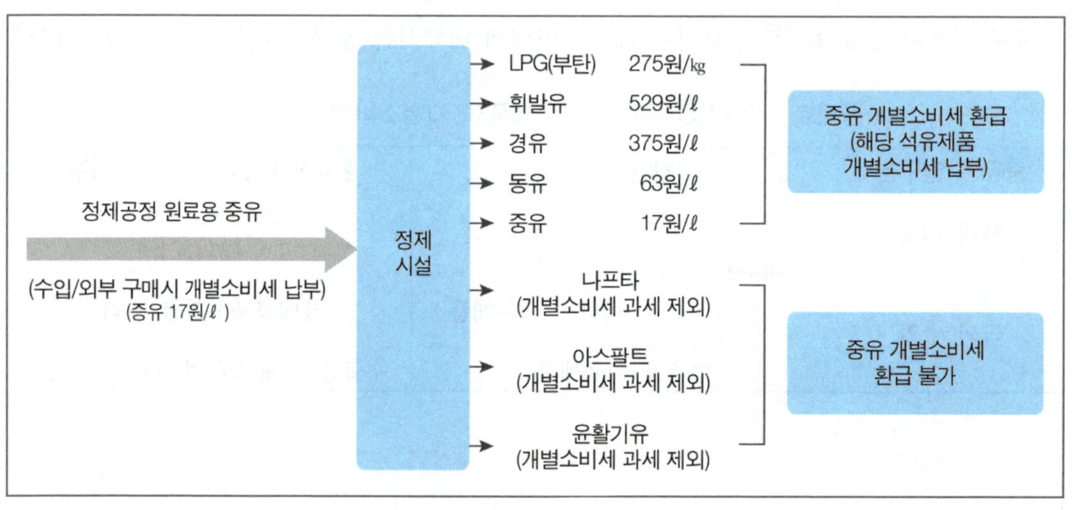

(2) 감면개요

가. 감면대상

2021년 1월 1일부터 2022년 12월 31일까지 석유제품 생산공정용 원료로 사용하기 위하여 반입지에 반입하는 석유류(중유)에 대해서는 개별소비세를 면제한다.

나. 감면절차

석유제품 생산공정용 석유류에 대한 개별소비세 면세절차, 환급 또는 세액공제, 세액의 징수 또는 납부절차는 「개별소비세법」 제18조 제1항 제10호에 해당하는 물품(조건부 면세 석유류)의 면세, 환급, 세액공제, 징수 및 납부절차를 준용한다.

납세의무자가 면세대상에 해당하는 석유류에 대하여 면제받지 못한 경우에는 그 면세되는 세액을 환급받거나 납부 또는 징수할 세액에서 공제받을 수 있다.

다. 감면효과

중유 등을 투입하여 어떠한 석유제품을 생산하더라도 원료로 사용된 중유 등에 대한 개별소비세가 면제되어, 내수용 나프타·아스팔트·윤활기유 등의 비과세 석유물품에 사용된 중유 등에 대해서도 개별소비세가 면제된다.

(3) 세액의 징수

석유제품 생산공정용 면세 석유류로서 「개별소비세법」 제18조 제2항에 따라 반입지에 반입한 사실을 증명하지 아니한 것에 대하여는 그 면세, 환급 또는 공제된 세액을 징수하고, 「개별소비세법」 제18조 제3항에 따라 용도를 변경하거나 사용보고서 및 사용확인서를 제출하지 아니한 경우에는 그 면세, 환급 또는 공제된 세액을 납부하여야 한다.

(4) 조세특례 일몰

석유제품 생산공정용 원료에 대한 감면 특례제도는 코로나19 상황에서 정유업계의 경영 여건을 개선하기 위해 한시적으로 도입된 것으로, 조세특례의 도입 취지가 달성되어 2022년 12월 31일로 정한 적용기한을 종료하였다.

제6절
과세장소에 대한 감면제도

위기지역 골프장에 대한 감면 (조특법 §112)

(1) 조세감면 개요

위기지역에 있는 골프장 입장행위(2020년 1월 1일부터 2021년 12월 31일까지 입장하는 경우만 해당한다)에 대해서는 「개별소비세법」 제1조 제3항 제4호(1명 1회 입장에 대하여 1만2천원)에도 불구하고 3천원의 세율을 적용한다.

(2) 조세감면 연혁

서비스산업 활성화를 위해 2008년 10월 1일부터 2010년 12월 31일까지 서울, 인천, 경기도를 제외한 지방 회원제 골프장 입장에 대하여 개별소비세를 면제하였으나, 일몰 종료하고 2019년 12월 31일 세법개정[267]으로 내수경기 활성화를 지원하기 위해 위기지역과 제주특별자치도의 골프장에 대한 개별소비세 감면을 신설하였다.

(3) 조세감면 대상

다음의 어느 하나에 해당하는 지역을 위기지역이라 한다(조특법 §5 ④).

1. 「고용정책 기본법」 제32조 제1항에 따라 지원할 수 있는 지역으로서 「고용정책기본법 시행령」 제29조에 따라 고용노동부장관이 지정·고시한 지역(고용위기 지역 지정고시)
2. 「고용정책 기본법」 제32조의2 제2항에 따라 선포된 고용재난지역
3. 「국가균형발전 특별법」 제17조 제2항에 따라 지정된 산업위기대응특별지역

---

267) 「조세특례제한법」 [시행 2021.1.1.] [법률 제16835호]

2 : 제주특별자치도 골프장에 대한 감면 (조특법 §121의15)

(1) 조세감면 개요

제주특별자치도에 있는 골프장 입장행위(2020년 1월 1일부터 2021년 12월 31일까지 입장하는 경우만 해당한다)에 대해서는 「개별소비세법」 제1조 제3항 제4호(1명 1회 입장에 대하여 1만2천원)에도 불구하고 3천원의 세율을 적용한다.

(2) 조세감면 연혁

2019년 12월 31일 세법개정[268]으로 내수경기 활성화를 지원하기 위해 위기지역과 제주특별자치도의 골프장에 대한 개별소비세 감면을 신설하였다.

---

268) 「개정세법 해설」(국세청, 2020년) 제주도 및 위기지역 소재 골프장 개별소비세 감면
    가. 개정취지
        ○ 내수경기 활성화 지원
    나. 개정내용

개정 전	개 정

□ 회원제 골프장에 대한 개별소비세 부과
 	
○ (세율) 1회 입장 시 12,000원
  * 교육세 · 농특세 · 부가가치세 포함 시 21,120원
	□ 회원제 골프장에 대한 개별소비세 한시적 감면(75%) 신설
	○ (세율) 1회 입장 시 3,000원
	  * 교육세 · 농특세 · 부가가치세 포함 시 5,280원
	○ (적용지역) 제주특별자치도, 고용위기 · 산업위기대응특별지역(조특법상 위기지역 9곳 : 군산, 거제, 통영, 고성, 창원시 진해구, 울산시 동구, 목포, 영암, 해남)
	○ (적용기한) 2020.1.1.~2021.12.31. (2년)

    다. 적용시기 및 적용례
        ○ 2020.1.1. 이후 입장행위를 하는 분부터 적용

3 : 관광 중심도시 골프장에 대한 감면 (조특법 §121의18)

(1) 조세감면 개요

「기업도시개발 특별법」 제30조 제1항에 따른 관광 중심 기업도시에 설치된 골프장의 입장 행위(2015년 12월 31일까지 입장하는 경우만 해당한다)에 대해서는 「개별소비세법」 제1조 제3항 제4호(1명 1회 입장에 대하여 1만2천원)에도 불구하고 개별소비세를 부과하지 아니한다.

관광 중심 기업도시에는 기업도시개발 특별법 일부개정법률 시행 당시 지정된 종전의 「기업도시개발 특별법」 제2조 제1호 다목에 따른 관광레저형 기업도시를 포함한다.

(2) 입장요금 관리

관광 중심 기업도시를 관할하는 광역시장·시장 또는 군수(광역시 관할 구역에 있는 군의 군수는 제외한다)는 관광 중심 기업도시 안의 골프장에 대한 과세특례가 기업도시의 관광 진흥에 기여하도록 필요한 조치를 하여야 한다.

관광 중심 기업도시를 관할하는 광역시장·시장 또는 군수(광역시 관할구역에 있는 군의 군수를 제외한다)는 「조세특례제한법」 제121조의18 제2항의 규정에 의하여 다음의 조치를 하여야 한다(영 §116의22).

1. 관광 중심 기업도시 내에 설치된 골프장의 입장요금에 「조세특례제한법」 제121조의18 제1항의 규정에 의한 조세인하분의 반영 여부를 심의하기 위하여 골프장입장요금심의 위원회의 설치·운영
2. 골프장입장요금심의위원회가 골프장 입장요금에 조세인하분이 적정하게 반영되지 아니한 것으로 인정한 경우에는 이에 대한 가격인하 등의 시정권고

제**4**장

개별소비세 과세대상

제**1**절
과세물품

1 : 사행성 물품 및 수렵용 총포류

(1) 투전기 · 오락용 사행기구 · 기타 오락용품

> ▶ **과세물품 [별표1]**
>
> 가. 투전가오락용 사행기구기타 오락용품
> - 슬롯머신 · 핀볼머신(호스 스피너와 빙고를 포함한다) · 룰렛머신 · 카지노용 기구 · 골패와 화투류(마작 · 투전 · 트럼프류를 포함한다)

가. 과세물품 개요

투전기란 동전 · 지폐 또는 그 대용품(代用品)을 넣으면 우연의 결과에 따라 재물 등이 배출되어 이용자에게 재산상 이익이나 손실을 주는 기기를 말하며(「사행행위 등 규제 및 처벌 특례법」 §2 ① 5.) 투전기를 시설한 영업 등 사행행위영업을 하려는 자는 법정시설 등을 갖추어 지방경찰청장 또는 경찰청장의 허가를 받아야 한다.

사행기구는 사행행위영업(복권발행업, 현상업, 회전판돌리기 · 추첨 · 경품업)에 이용되는 기계, 기판, 용구 또는 컴퓨터프로그램을 말한다(「사행행위 등 규제 및 처벌 특례법」 §2 ① 3.).

사행성 게임물은 「게임산업진흥에 관한 법률」에 규정하는 다음의 게임물로서 그 결과에 따라 재산상 이익 또는 손실을 주는 것을 말한다.

1. 베팅이나 배당을 내용으로 하는 게임물
2. 우연적인 방법으로 결과가 결정되는 게임물

3. 「한국마사회법」에서 규율하는 경마와 이를 모사한 게임물

4. 「경륜·경정법」에서 규율하는 경륜·경정과 이를 모사한 게임물

5. 「관광진흥법」에서 규율하는 카지노와 이를 모사한 게임물

6. 그 밖에 대통령령이 정하는 게임물

이러한 사행기구와 사행성 게임물 중 「개별소비세법 시행령」 [별표1]에 열거한 물품은 개별소비세의 과세대상이 된다.

나. 과세물품의 판정

과세물품의 판정은 그 명칭이 무엇이든 상관없이 그 물품의 형태·용도·성질이나 그 밖의 중요한 특성에 의한다.

개별소비세의 과세대상이 되는 물품은 그 물품의 명칭이나 작동방법이 「개별소비세법 시행령」 [별표1]에 열거한 것과 유사할 뿐 아니라 구조와 형태 및 용도 등이 기본적으로 동일하여 해당 품목으로서 적합한 것이어야 한다(대법원 92누5980, 1993.4.27. 참조).

이 중 '용도'는 반드시 특정한 용도에 맞추어 그 전용으로만 사용되게끔 특수하게 제작된 것만이 아니라 해당 용도 이외로도 사용될 수는 있으나 그 제조목적상 해당 용도의 사용이 주요한 목적으로 제조된 것을 그 용도에 사용하고자 하는 경우도 포함하는 것으로 해석하여야 할 것이며 다른 용도로 사용될 가능성이 있는 물품을 해당 용도로 볼 수 없다고 해석하여야 할 것은 아니다(대법원 89누7405, 1990.10.10. 참조).

다. 과세대상 물품

구 분	과세물품 해설
① 슬롯 머신 (Slot Machine)	동전을 넣고 손잡이를 제치면 3~4개의 바퀴가 회전하여 12~16개의 조합 중의 어느 것에 맞았을 때(Jackpot) 일정 액수의 상금이 쏟아져 나오는 도박용 자동 기계 (속칭 빠징코)
② 핀볼 머신 (Pinball Game Machine)	평평한 탁자를 경사지게 세워놓고 밑쪽에서 용수철이 달린 막대 손잡이로 구슬을 쳐서 올린 다음에 아래로 내려오는 구슬을 계속 쳐서 올라가게 만들면서 각종 장애물을 피하거나 건드려 점수를 얻는 오락 기기 또는 그런 효과를 나타내도록 만들어진 아케이드 게임
③ 호스 스피너 (Horse Spiner)	기구 위에 설치한 여러 마리의 모형말이 경주를 하고 자기가 선택한 모형말이 먼저 들어오면 상금을 주거나 이기게 되는 사행기구
④ 룰렛 머신 (Roullete machine)	적색과 흑색이 번갈아 칠해진, 0에서 36까지의 숫자를 적은 구멍 뚫린 원반을 돌리면서 구슬을 굴리다가 멈추었을 때 구슬이 들어간 구멍의 색이나 숫자로 승패를 결정하는 도박 기구
⑤ 빙고(Bingo)	각각 다른 숫자로 배열된 카드를 가지고 숫자가 기입되어 있는 Box 주위에 앉아 공이나 화살같은 것을 던져 다른 사람보다 빨리 자기 카드에 일렬로 배열(가로·세로·대각선)되어 있는 숫자와 먼저 일치한 사람이 이기게 되는 사행기구
⑥ 골패(骨牌)	납작하고 네모진 작은 나뭇조각 32개에 각각 흰 뼈(상아 또는 백수골)를 붙이고, 여러 가지 수효의 구멍을 판 장방형의 노름 기구로 점복 등에도 사용
⑦ 화투(花鬪)	포르투칼에서 일본을 통하여 전래된 것으로 48장으로 된 놀이용 딱지. 또는 그것으로 행하는 오락이나 노름. 계절에 따른 솔, 매화, 벚꽃, 난초, 모란, 국화, 오동 따위 열두 가지의 그림이 각각 네 장씩 모두 48장이며, 짓고 땡·육백·고스톱 등에 사용
⑧ 마작(麻雀)	중국의 실내 오락. 파이, 샤이츠, 쵸완즈, 추마 및 탁자 등으로 구성되며 네 사람의 경기자가 글씨나 숫자가 새겨진 136개의 패를 가지고 짝을 맞추며 진행
⑨ 트럼프(trump)	서양식 놀이용 딱지. 또는 그것으로 하는 놀이. 다이아몬드·클로버·하트·스페이드 무늬가 그려진 카드가 각각 13장씩 네 벌로 나뉘고, 이 밖에 조커 한 장이 더 있어 모두 53장으로 구성

※ 바둑·장기·체스용 기구는 과세물품에 열거하지 않음.

| 카지노 기구 |

룰 렛	빅 휠	다이사이
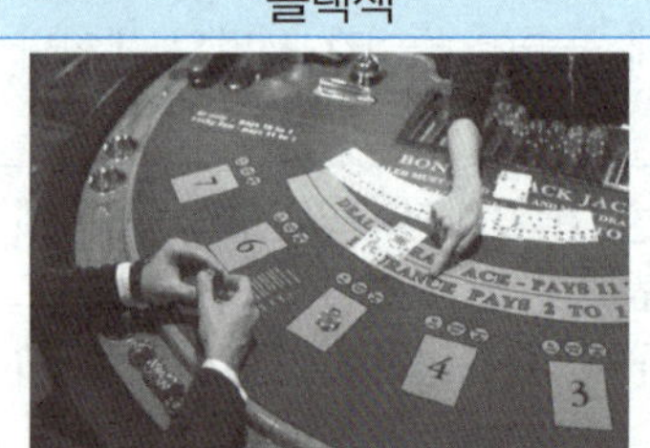		
Wheel의 방향과 반대 방향으로 볼을 회전시킨 후 볼이 Wheel의 특정 번호에 낙착되면 그 번호 또는 구역에 베팅한 플레이어가 당첨	딜러에 의해 회전된 Wheel이 천천히 멈추어 섰을 때 Wheel 위에 부착된 가죽 띠가 멈춘 Symbol에 베팅한 플레이어가 당첨	플레이어가 베팅한 숫자 혹은 숫자의 조합이 Shaker(주사위 용기)에 의해 결정된 3개의 주사위 숫자의 합과 일치하도록 맞추는 게임
블랙잭	바카라	카지노 워
		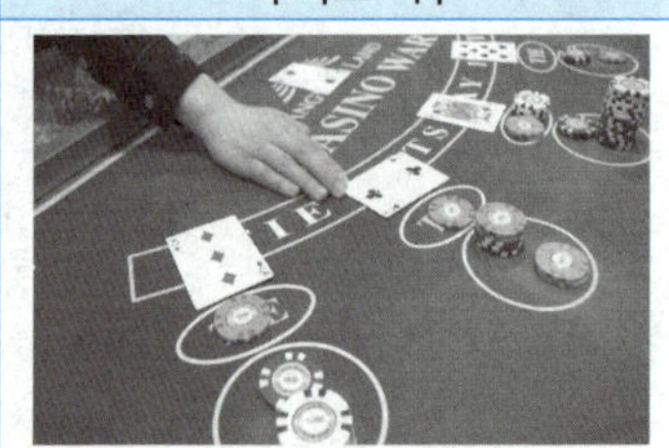
플레이어와 딜러가 각각 카드를 나누어 받아 그 합이 21 또는 21에 가까운 숫자를 얻어 승부를 겨루는 게임	플레이어 카드와 뱅커 카드를 게임규칙에 따라 받고 합을 비교하여 9에 가까운 측이 이기는 게임	1장의 카드로 정해진 카드별 가치에 따라 하우스와 고객이 우열을 겨루고 높은 가치를 가진 측이 이기는 게임

| 기타의 사행성 기구 |

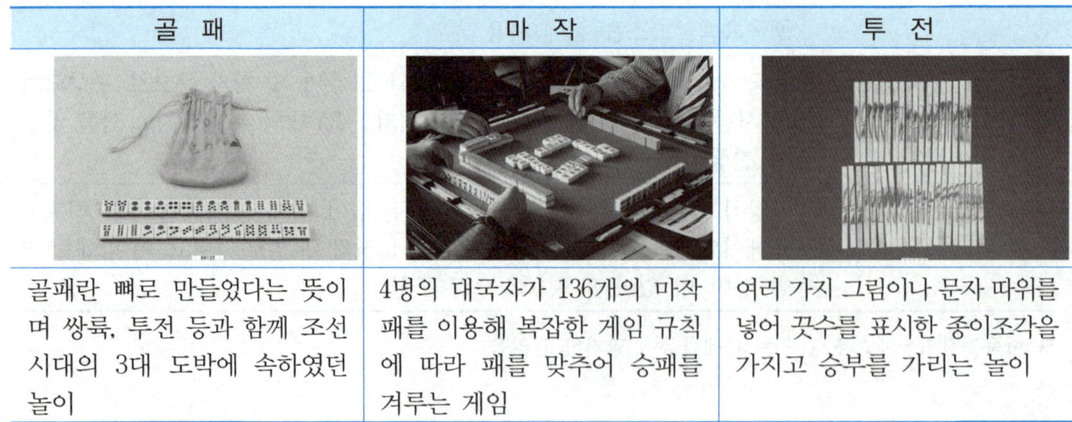

골 패	마 작	투 전
골패란 뼈로 만들었다는 뜻이며 쌍륙, 투전 등과 함께 조선시대의 3대 도박에 속하였던 놀이	4명의 대국자가 136개의 마작패를 이용해 복잡한 게임 규칙에 따라 패를 맞추어 승패를 겨루는 게임	여러 가지 그림이나 문자 따위를 넣어 끗수를 표시한 종이조각을 가지고 승부를 가리는 놀이

 참고

▶ (구) 카지노업 영업준칙

(문화체육관광부 고시 제2012－13호, 2012.3.29.) [별표1] 게임기구의 종류(제11조 관련)

게 임	사용기구
룰렛	테이블, 룰렛휠, 룰렛공, 룰렛마커, 터미널
블랙잭	테이블, 카드, 디스카드홀더, 슈, 터미널
다이스	테이블, 주사위, 스틱
포커	테이블, 카드, 터미널
바카라	테이블, 카드, 디스카드홀더, 슈, 스쿠퍼, 터미널
다이사이(식보)	테이블, 주사위, 주사위흔들개, 전광장치, 터미널
키노	키노티켓, 키노보드, 키노머신
빅휠	테이블, 빅휠, 터미널
빠이까우	테이블, 주사위, 주사위흔들개, 도미노, 뱅커마커
판탄	테이블, 버턴, 버턴막대, 보울
죠커세븐	테이블, 카드
라운드크랩스	테이블, 주사위
트란타콰란타	테이블, 카드
프렌치볼	테이블, 프렌치공
챠카락	테이블, 주사위, 주사위흔들개
빙고	빙고티켓, 빙고보드, 빙고머신
마작	테이블, 마작도미노, 마커
슬롯머신	슬롯머신 게임기
비디오게임	비디오게임기
카지노 워	테이블, 카드, 터미널

참고

▶ 카지노업의 영업 종류

관광진흥법 시행규칙 [별표8] 카지노업의 영업 종류(제35조 제1항 관련)

영업 구분	영업 종류
1. 테이블게임 (Table Game)	가. 룰렛(Roulette) 나. 블랙잭(Blackjack) 다. 다이스(Dice, Craps) 라. 포커(Poker) 마. 바카라(Baccarat) 바. 다이 사이(Tai Sai) 사. 키노(Keno) 아. 빅 휠(Big Wheel) 자. 빠이 까우(Pai Cow) 차. 판 탄(Fan Tan) 카. 조커 세븐(Joker Seven) 타. 라운드 크랩스(Round Craps) 파. 트란타 콰란타(Trent Et Quarante) 하. 프렌치 볼(French Boule) 거. 차카락(Chuck – A – Luck) 너. 빙고(Bingo) 더. 마작(Mahjong) 러. 카지노 워(Casino War)
2. 전자테이블게임 (Electronic Table Game)	가. 룰렛(Roulette) 나. 블랙잭(Blackjack) 다. 다이스(Dice, Craps) 라. 포커(Poker) 마. 바카라(Baccarat) 바. 다이 사이(Tai Sai) 사. 키노(Keno) 아. 빅 휠(Big Wheel) 자. 빠이 까우(Pai Cow) 차. 판 탄(Fan Tan) 카. 조커 세븐(Joker Seven) 타. 라운드 크랩스(Round Craps) 파. 트란타 콰란타(Trent Et Quarante) 하. 프렌치 볼(French Boule) 거. 차카락(Chuck – A – Luck) 너. 빙고(Bingo) 더. 마작(Mahjong) 러. 카지노 워(Casino War)
3. 머신게임(Machine Game)	가. 슬롯머신(Slot Machine) 나. 비디오게임(Video Game)

라. 과세사례

■■ **특별소비세 과세대상이 되는 투전기·오락용 사행기구의 범위**(재소비 46016-5, 2002.1.8.)

현행 특별소비세법상 투전기·오락용 사행기구로서 특별소비세 과세대상이 되는 물품은 특별소비세법 시행령 [별표1]에서 규정하고 있는 슬럿머신, 핀볼머신, 롤렛머신, 골패와 화투류 및 카지노용 기구에 해당되는 경우에 한하여 과세되는 것이며 특별소비세 과세대상이 되는 카지노용 기기의 범위는 (구)관광진흥법 시행규칙 [별표6]에 규정된 물품을 말하는 것임.

■■ **카지노용 기구**(소비 46430-757, 1996.4.23.)

카지노영업장에서 사용되는 LAYOUT(테이블보자기)은 특별소비세법 시행령 [별표1] 제1종 제1호의 카지노용 기구에 해당됨.

■■ **트럼프(카드)와 프라스틱동전(칩)을 함께 포장하여 판매하는 경우**(소비 46430-88, 1999.3.6.)

트럼프는 특별소비세법 시행령 제1조 별표1 제1호에서 규정하는 트럼프류에 해당하는 과세물품이며, 트럼프와 함께 사용하는 플라스틱동전(칩)은 카지노용구로 사용하는 것 이외에는 과세대상물품이 아니나, 그 반출과정에서 트럼프와 칩을 같이 반출하고 그 칩가격을 트럼프 반출가격에 포함시켜 반출하는 경우에는 칩가격을 포함한 금액을 과세표준으로 하는 것임.

■■ **미술품, 디자인 홍보용 등 다양한 용도로 제작된 트럼프**(소비세과-161, 2014.8.6.)

다양한 용도로 제작된 트럼프는 개별소비세법 시행령 [별표1]에서 규정하는 트럼프류에 해당하여 개별소비세 과세대상임.

■■ **마술용으로 제작된 트럼프카드가 특별소비세 과세대상에 해당되는지 여부**(서삼 46016-11915, 2002.11.8.)

다양한 용도로 제작된 트럼프는 특별소비세법 시행령 [별표1]에서 규정하는 트럼프류에 해당하여 특별소비세 과세대상임.

■■ **카지노게임관리 소프트웨어의 개별소비세 과세 여부**(서면-2016-법령해석부가-5800, 2017.2.7.)

사업자가 카지노 고객이 가상 게임칩스를 이용하여 베팅에 참여의사를 표현하도록 하고 딜러가 진행하는 게임의 승패를 전자적인 방식으로 인식하여 카지노 고객의 승패 및 게임 금액을 추적·감독하는 프로그램인 소프트웨어와 그 부속 하드웨어(산업용 PC)를 공급하는 경우 해당 소프트웨어 등은 「개별소비세법」 제1조 제2항에 따른 개별소비세 과세대상에 해당하는 것임.

■ 룰렛게임에 사용되는 '룰렛공'이 개별소비세 과세대상인지 여부(서면-2016-법령해석부가-5692, 2016.12.16.)

수입하는 '룰렛공'이 「관광진흥법 시행규칙」 별표8에 열거된 '룰렛'게임에 사용되는 경우로서 문화체육관광부장관이 고시하는 「카지노 영업준칙」 [별표1]에 열거된 사용기구에 해당하는 경우에는 「개별소비세법」 제1조 제2항에 따른 과세물품에 해당하는 것임(카지노 영업준칙 [별표1]은 삭제되었음).

마. 과세제외 사례

■ 가정용 소형 핀볼 게임기(사전-2022-법규부가-0393, 2022.5.3.)

사업자가 수입하여 문구점 등에 가정용으로 판매하는 소형 핀볼 게임기는 그 크기, 재질, 가격 및 유통경로 등으로 보아 주용도와 기능이 어린이 장난감용의 것으로서 해당 게임기가 「개별소비세법」 제1조 제2항 제1호 가목 및 같은 법 시행령 [별표1]에서 규정하고 있는 핀볼머신에 해당하지 아니한 경우 개별소비세 과세물품에 해당하지 아니하는 것임.

■ 장난감용 종이 빙고카드(소비 46430-61, 1998.8.17.)

완구용 종이 빙고카드는 그 크기, 재질, 가격, 유통경로 등으로 보아 주용도와 기능이 어린이 장난감용으로, 특별소비세가 과세되는 오락용 사행기구인 빙고기구로 보지 아니함.

■ 미카도 게임 용구는 개별소비세 과세대상에 해당되지 않음(서면-2017-소비-3537, 2017.12.26.)

JUMPING MIKADO GAME 용구는 개별소비세법 시행령 별표1에서 과세대상으로 열거하고 있지 아니하여 개별소비세 과세대상에 해당되지 않음.

■ 만화 캐릭터가 삽입된 트럼프류 카드를 수입하는 경우 개별소비세 과세대상인지 여부(서면-2017-법령해석부가-1816, 2017.8.31.)

사업자가 트럼프류 카드 앞·뒷면에 어린이 만화 캐릭터, 게임 배경화면 등의 그림이 삽입된 트럼프류 카드를 수입하는 경우로서, 해당 트럼프류 카드의 주된 용도와 기능이 어린이 놀이용인 경우에는 「개별소비세법 시행령」 [별표1]에서 규정하는 개별소비세 과세대상 물품인 트럼프류에 해당하지 아니하는 것이나, 이에 해당하는지 여부는 트럼프류 카드의 형태·용도·성질이나 그 밖의 중요한 특성에 따라 사실판단할 사항임.

■ 상품권 지급 게임물이 '오락용 사행기구'에 해당하는지

시행령 [별표1]에 열거한 물품이 아니므로 상품권을 지급하는 게임기에 대해서는 특별소비세를 과세할 수 없음.

■ 트럼프 검사장치가 개별소비세 과세물품인 카지노용 기구에 해당하는지 여부(서면–2020–법령해석부가–5045, 2021.1.28.)

사업자가 트럼프의 구성 및 인쇄상태를 검사하는 물품을 수입하여 카지노에 공급하는 경우로서 해당 물품이 카지노 게임에 사용되지 아니하고 「관광진흥법 시행규칙」 제33조에 따라 문화체육관광부장관이 고시한 「카지노기구 기준」의 카지노기구로 규정되지 아니한 경우 「개별소비세법」 제1조 제2항에 따른 개별소비세 과세대상에 해당하지 아니하는 것임.

(2) 수렵용 총포류

> ▶ **과세물품 [별표1]**
> 나. 수렵용 총포류
> • 수렵용 총포류(공기총은 제외한다)

가. 과세물품 개요

수렵용 총포(Hunting Gun)는 보통 엽총(獵銃)이라고 하며 화약류에 의해 금속제 탄환을 발사하는 총기를 말한다. 수렵(狩獵)은 총이나 활 등으로 산이나 들의 짐승을 잡는 것을 말하며, 수렵용 총포는 크게 장약총과 공기총으로 구분하며 그 종류는 「총포·도검·화약류 등의 안전관리에 관한 법률」 제2조 및 같은 법 시행령 제3조에 규정하고 있다.

이 중 수렵용 장약총포가 개별소비세 과세대상이며 총포·화약류의 제조업을 하려는 자는 「총포·도검·화약류 등의 안전관리에 관한 법률」 제4조에 따라 제조소마다 경찰청장의 허가를 받아야 한다.

1. 산탄총(Shot Gun) : 총신의 총공이 평활한 활공총으로 산탄을 사용하며, 주로 조류 또는 작은 짐승 사냥에 쓰임
2. 실탄총(Rifle) : 총신의 총공에 나선형의 홈이 파져 있고 실탄을 탄환으로 사용하며, 주로 큰 짐승 사냥에 쓰임

나. 과세사례

▪▪ 마취용 엽총의 특별소비세 과세대상 여부(상담3팀-798, 2005.6.10.)

마취용 엽총이 수렵용으로도 사용할 수 있도록 제작된 경우에는 과세물품임.

▪▪ 사격경기용 엽총의 특별소비세 과세물품 여부(상담3팀-939, 2005.6.24.)

사격경기용 총기가 수렵용으로도 사용할 수 있도록 제작된 경우에는 특별소비세법 시행령 별표1 제1호 나목 (2)의 수렵용 총포류에 해당하는 과세물품임.

■ 총포 · 도검 · 화약류 등의 안전관리에 관한 법률 시행규칙 [별표 1]

| 총의 성능기준 (제2조 제2항 관련) |

1. 장약총

총의 종류	탄알	유효사거리 (m 이내)	최대도달거리 (m 이하)
산탄총	18.3mm 이하	60	560
강선총	22호	100	1,600
	30호	300	2,000
	38호	300	4,000

2. 공기총

총의 종류	구 경	연지탄의 에너지	압축실 시린다 전체체적
단탄총	4.5mm	60J 이하	500㎤ 이하
	5.0mm	〃	〃
	5.5mm	〃	〃
산탄총	5.5~6.4mm	〃	〃

2 사치성 물품

(1) 보석 · 귀금속 제품

▶ **과세물품 [별표1]**

가. 보석(공업용 다이아몬드와 가공하지 아니한 원석 및 나석은 제외한다) · 진주 · 별갑 · 산호 · 호박 및 상아와 이를 사용한 제품(나석을 사용한 제품을 포함한다. 기준가격 5백만원)
  (1) 보석 및 보석을 사용한 제품
    (가) 보석(합성 또는 재생의 것을 포함한다)
        다이아몬드 · 루비 · 사파이어 · 알렉산드라이트 · 크리소베릴 · 토파즈 · 스피넬 · 에메랄드 · 아콰마린 · 베릴 · 투르말린 · 지르콘 · 크리소라이트 · 가넷 · 오팔 · 비취(연옥은 제외한다) · 마노 · 묘안석 · 공작석 · 터키석 · 월장석 · 청금석 · 쿤자이트 · 블러드스톤 · 헤마타이트
    (나) 보석을 사용한 제품 장신용구 · 화장용구
  (2) 진주 및 진주를 사용한 제품
    (가) 진주
    (나) 진주를 사용한 제품 장신용구 · 화장용구
  (3) 별갑(귀갑을 포함한다) · 산호(흑산호는 제외한다) · 호박 및 상아와 이를 사용한 제품
    (가) 별갑(별갑 또는 귀갑을 피복한 것을 포함한다) · 산호 · 호박 및 상아
    (나) 별갑 · 산호 · 호박 및 상아를 사용한 제품 장신용구 · 화장용구 · 끽연용구 · 식탁용구

나. 귀금속제품
  장신용구, 화장용구, 끽연용구, 식탁용구, 우승배, 우승패, 실내장식용품, 기념품, 그 밖에 이와 유사한 용품(중고품인 귀금속제품을 사용하여 가공한 것과 국가적 기념행사용으로 특별히 제작한 것은 제외한다. 기준가격 500만원)

가. 과세물품 개요

보석(precious stone, gem stone)은 중량이 가벼워 휴대가 간편하고 희소성과 아름다움, 강한 경도(hardness)를 가진 가치 있는 광석으로 다이아몬드, 루비, 사파이어 등이 있다. 보석은 광물유기보석으로 구분하며 명칭으로 구분되는 것만 108종이 있으나 국내에서 채굴되는 보석은 '자수정', '옥', '전복진주'에 한정되고 생산량은 극히 미미하여 대부분 수입에 의존하고 있다.

이 중 30종의 보석과 보석을 사용한 제품을 개별소비세의 과세대상으로 열거하고 있다. 보석 중 천연 및 양식진주와 그 제품, 백옥·경옥(비취의 일종)으로 과세되나, 연옥은 과세대상에 해당하지 않는다. 보석을 사용한 제품으로는 다이아몬드를 박은 안경테·넥타이핀·소매단추·만년필 등을 예로 들 수 있다.

| 보석의 종류별 분류 |

보석	천연보석	광물보석	귀보석 : 다이아몬드, 루비, 오팔, 사파이어
			준보석 : 수정(16종), 비취, 가닛(6종), 투어멀장군석(6종), 터키석, 경옥 등 약 50종
		유기물보석 : 진주(2종), 산호, 호박, 상아 등	
	인조보석	합성보석	합성귀보석 : 합성루비, 사파이어, 에메랄드 등 20여종
			합성준보석 : 합성수정
		모조보석 : 각종 신변 장신구류(유리, 도자기 제품)	

귀금속(precious metal)은 상대적으로 가치를 가지고 있어 귀하게 쓰이는 금속으로 대표적인 귀금속으로 금(Au), 백금(Pt), 은(Ag), 이리듐(Ir), 필라듐(Pd), 로듐(Rh), 오스뮴(Os), 루테늄(Ru) 등이 있다.

이 중 장신용구, 화장용구, 끽연용구, 식탁용구, 우승배, 우승패, 실내장식용품, 기념품, 그 밖에 이와 유사한 용품으로 제조하거나 수입하는 것을 과세대상으로 한다. 다만, 중고품인 귀금속제품을 사용하여 가공한 것과 국가적 기념행사용으로 특별히 제작한 것은 제외한다.
따라서 장신용구 등에 해당하지 아니하는 금괴, 은괴, 지금은 귀금속제품이 아니다.

| 귀금속의 분류 |

주요 귀금속	금, 은, 백금
보조 귀금속	팔라듐, 이리듐, 오스듐, 로듐, 루세늄

금의 순도 표시는 금 함유를 나타내는 것으로 순금은 24K로 표시하며 18K는 75%의 금
함유를 나타낸다.

$$\langle 예시 \rangle \ 18K : \frac{18}{24} \times 100\% = 75\%$$

보석 및 귀금속 제품의 구분은 상품학의 분류기준이나 국제적 상품분류방식인 HS(Harmo-
nized Commodity Description and Coding System) 분류체계에 의한 것은 아니다.

보석 및 귀금속 제품은 1개의 세전(稅前) 가격이 기준가격을 초과하는 금액을 과세표준
으로 하여 개별소비세를 과세한다. 세전가격은 제조장 반출가격, 수입시 수입신고가격(관세
포함)을 말한다.

이 경우 귀고리와 같이 "쌍(2개)"으로 거래되는 것이라도 1개의 가격을 기준으로 기준
가격, 과세표준을 계산한다.

나. 과세대상 유기 보석

구분	형상	과세물품 해설
진주 (眞珠, 珍珠)		• 진주조개·대합·전복 따위의 조가비(껍데기)나 살 속에 생기는 딱딱한 덩어리 • 조개의 체내에 침입한 모래알 따위의 이물(異物)이 조가비를 만드는 외투막(外套膜)을 자극하여 분비된 진주질이 모래알을 에워싸서 생성(탄산칼슘이 주성분인 진주핵과 미결정질 주변에 형성되는 유기물질인 콘키올린으로 만들어짐 • 진주광택(orient)sms 겹겹이 쌓인 진주층의 층상구조에서 나오며 분홍색, 청색, 녹색 순으로 높은 가치로 인정 • (특성) 경도 2.5~4.5, 탄산 칼슘, 사방정계의 아라고나이트 구조

구분	형상	과세물품 해설
		• (주요산지) 천연진주 : 페르시아만, 스리랑카, 호주, 멕시코, 타히티 등 양식진주 : 일본, 중국, 타히티, 미국 등
별갑(鱉甲) Tortoise shell		• 인도양이나 카리브해 앞을 회유하는 자라의 등딱지 • 머리장식 등의 장신구, 안경테, 한약재 등에 사용되었으며, 바탕색과 반점의 무늬에 따라 등급이 결정
귀갑 (귀각, 龜甲)		• 거북의 등딱지 • 무병장수의 상징인 거북이 등딱지로 그 의미를 부여해 장신구, 안경테, 강장제 등에 사용
산호 (珊瑚)		• 깊이 100~300미터의 바다 밑에 많은 산호충(coral polyp)이 모여 높이 50cm 정도의 나뭇가지 모양의 군체를 형성하였다가 개체가 죽어 남긴 골격 • 골격의 바깥쪽은 무르고 속은 단단한 석회질로 되어 있어 속을 가공하여 장식물로 제작, 칠보의 하나 • 가지산호, 돌산호, 뿔산호류 따위가 있으며 따뜻한 해류가 지나는 바다에 널리 분포 • 구형으로 가공되어 구멍이나 색얼룩이 위에서 보이지 않아야 높은 가치로 인정 • (특성) 경도 3.5~4, $CaCO_3$, 결정구조가 없음.
호박 (琥珀)		• 지질 시대(약 4,000~6,000만년 전) 소나무의 송진 따위가 땅 속에 묻혀서 탄소, 수소, 산소 따위와 화합하여 굳어진 누런색 광물 • (특성) 경도 2~2.5, $C10H16O$, 결정구조가 없음. • (주요산지) 발틱해 연안, 러시아, 도미니카 등
상아 (象牙)		• 코끼리의 엄니. 위턱에 나서 입 밖으로 뿔처럼 길게 뻗어 있으며, 악기, 도장 등의 공예품 제조에 사용 • (특성) 맑고 연한 노란색, 단단하고 갈면 갈수록 윤이 남

다. 과세대상 일반 보석

구분	형상	과세물품 해설
다이아몬드 Diamond (금강석)		• 순수한 탄소로 이루어진 탄소 동소체의 하나＝금강석 • (특성) 경도 10, 탄소, C, 등축정계 • 등축정계에 속하는 팔면체의 결정으로, 순수한 것은 무색투명하나 누런색, 붉은색, 푸른색, 녹색, 검은색 등이 있고 천연의 광물 중에서는 제일 단단하고 광택과 굴절률이 큼 • (유통과정) 채굴량의 75%는 대규모 투자회사(드비어스 등)에서 원석 채굴 → 중앙판매기구(CSO, 런던) → 사이트홀더(sight holder, 원석) → 연마센터 → 주얼리 제조사・도매상 • 나머지 25%는 2차 광상에서 채굴 → 중간 수집상 → 원석딜러 → 도매상 → 연마업자 　＊ (연마) 벨기에, 이스라엘, 인도, 미국, 러시아, 중국, 태국 등 약 30개국(국내는 없음) • (주요산지) 보츠와나, 러시아, 남아공, 중앙아프리카, 호주 등
루비 Ruby (강옥석)		• 강옥(鋼玉)에 속하는 붉은빛의 단단한 보석≒홍보석, 홍보옥, 홍옥 • 비둘기 핏빛(Pigeon's blood)같은 진홍색이 가장 높은 가치로 인정 • (명칭) 적색을 의미하는 라틴어(Rubeus)에서 유래 • (주요산지) 미얀마 만달레, 스리랑카, 태국, 탄자니아, 호주 등
사파이어 Sapphire (강옥석)		• 푸르고 투명하며 다이아몬드 다음으로 단단한 강옥(鋼玉)에 속하는 보석＝청옥 • 청색인 블루사파이어가 가장 높은 가치로 인정되며 그릇을 만드는 데 쓰이기도 함. • (명칭) 청색을 의미하는 그리스어(Sapphirus)에서 유래하였으며 구월의 탄생석 • (주요산지) 호주, 미얀마, 스리랑카, 태국 등
알렉산드라이트 Alexandrite		• 금록옥의 하나. 자연광에서는 짙은 녹색으로 보이지만 인공조명에서는 붉은 자주색으로 보이며 변색 효과가 클수록 높은 가치로 인정 • (명칭) 우랄산맥에서 처음 발견되어 알렉산더 2세에게 헌납되면서 명명 • (주요산지) 러시아(우랄산맥), 스리랑카 등

구분	형상	과세물품 해설
크리소베릴 Chrysoberyl (금록석)		• 알루미늄 산화 광물의 하나. 변종으로 알렉산드라이트와 묘안석이 있음. • (명칭) 하얀 금을 의미하는 그리스어(Chryso)와 베릴(Beryl)의 합성어 • (특성) 경도 8.5, BeAl2O4, 사방정계 • (주요산지) 러시아(우랄산맥), 스리랑카, 브라질 등
토파즈 Topaz		• 플루오린과 알루미늄을 함유한 규산염 광물로 가루로 만들어 유리나 금속 따위의 연마재로 쓰임＝황옥 • (명칭) 불꽃을 의미하는 산스크리트어(Topas)에서 유래 • (특성) 사방 정계에 속하는 기둥 모양의 결정을 이루며, 일반적으로 붉은 색조의 황색이나 분홍색이 가장 높은 가치로 인정 • (주요산지) 브라질, 미국, 멕시코, 호주, 미얀마 등
스피넬 Spinel		• 알루미늄과 마그네슘의 산화물로 이루어진 광물＝첨정석 • (명칭) 왕권을 의미하는 라틴어(Spina)에서 유래 • (특성) 등축정계에 속하는 팔면체의 결정으로, 열변성(熱變性) 작용을 받은 석회암이나 염기성 또는 초염기성 화성암에 들어 있다. 무색, 붉은색, 푸른색, 녹색 등이 있으며 적색이 가장 높은 가치로 인정
에메랄드 Emerald		• 크로뮴을 함유하여 비취색을 띤, 투명하고 아름다운 녹주석(녹색, 청록색~황록색)＝녹옥, 녹옥석, 녹주옥, 취록옥, 취옥 • (명칭) 녹색을 띠는 보석을 의미하는 그리스어 스마라그도스(Smaragdos)에서 유래 • (주요산지) 콜롬비아 무조 광산, 브라질, 남아공, 러시아, 탄자니아, 호주 등
아쿼마린 Aquamarine		• 녹주석의 일종(청색, 청록색~녹청색)＝남주석, 남옥
베릴 Beryl		• (명칭) 미의 여신 비너스에게 바쳐진 보석을 의미

구분	형상	과세물품 해설
투르말린 Tourmaline (전기석)		• 페그마타이트나 접촉 변성암 속에 있는 붕소, 알루미늄 따위를 함유한 규산염 광물 • 검은색, 푸른 녹색, 붉은색 등으로 유리광택이 있음. • (특성) 육방정계에 속하는 기둥모양의 결정으로 기둥면에 뚜렷한 세로줄이 있고, 100℃에서 가열하거나 마찰하면 전기가 발생
지르콘 Zircon		• 지르코늄으로 이루어진 규산염 광물. 보석, 고주파 전기로의 내화 재료로 쓰임 • (명칭) 금색을 의미하는 페르시아어(Zarkun)에서 유래 • (특성) 경도 7.5, 규산염, 정방정계, 무색 · 흰색 · 회색 · 갈색 · 엷은 붉은색으로 다이아몬드 광택이 있으나 자외선을 비추면 누런 형광 빛이 남 • (주요산지) 스리랑카, 미얀마, 태국, 호주 등
가넷 Garnet		• 알루미늄의 규산염으로 구성된 보석 = 석류석(石榴石) • (명칭) '많은 씨앗을 가졌다'는 의미의 라틴어(Granatus)에서 유래 • (종류) 파이로프 가넷(Pyrope Garnet), 알만딘 가넷(Almandine Garnet), 스페샤르타이트 가넷(Spessartite Garnet), 로돌라이트 가넷(Rhodolite Garnet), 그로슐라라이트 가넷(Grossularite Garnet), 하이드로그로슐라 가넷(Hydrogrossular Garnet), 안드라다이트 가넷(Andradite Garnet) 등
오팔 Opal		• 비결정질이나 그에 가까운 함수(含水) 규산염 광물 = 단백석 • 콩팥 또는 종 모양으로 진주 광택을 내며, 흔히 흰색 또는 무색이나 누런색, 붉은색, 초록색, 푸른색, 갈색으로 붉은 남색이 가장 높은 가치로 인정 • (특성) 이산화규소가 주성분으로 3~20%의 수분을 함유
비취 (翡翠)		• 경옥(硬玉, Jadeite) 중에서 에메랄드 녹색의 윤이 나는 구슬로 주로 장신구에 쓰임=비취옥 • (주요산지) 미얀마, 과테말라, 미국, 중국, 일본 등 • (연옥, Nephrite) 녹색이 가장 높은 가치로 인정 경옥보다 굴절률, 비중, 경도 등에서 낮으며 뉴질랜드, 중국, 러시아, 미국, 강원도 춘천일대

구분	형상	과세물품 해설
마노 Agate (瑪瑙)		• 층상구조의 칼세도니(chalcedony)석영, 단백석(蛋白石), 옥수(玉髓)의 혼합물ᄂ단석, 마노석, 문석 • (특성) 화학 성분은 송진과 같은 규산(硅酸)으로, 광택이 있고 때때로 다른 광물질이 스며들어 고운 적갈색이나 흰색 무늬를 띠기도 함.
묘안석 Cat's eye (猫眼石)		• 고양이 눈 모양의 가느다란 빛을 내는 보석 ᄂ 묘정석, 태양석 • 크리소베릴이 섬유상 내포물이 있을 때 캐보션형으로 가공하면 묘안효과(cat's eye)가 나옴. • 석영 가운데 각섬석 따위가 일정하게 배열된 것과 섬유상의 금록옥으로 이루어진 것의 두 종류가 있음.
공작석 (孔雀石)		• 녹색 보석의 하나. 공작새의 날개와 같이 아름다우며, 장식물이나 안료(顔料)로 쓰임ᄂ석록 • (명칭) 색 또는 경도가 약하다는 그리스어에서 유래, 고대 이집트, 그리스, 로마에서 장신구나 부적 또는 눈화장에 사용 • (특성) 불규칙한 통심원 또는 층상구조 • (주요산지) 러시아, 호주, 미국, 자이래, 남아공
터키석 (Turkey石)		• 구리, 알루미늄, 인 등을 함유한 보석ᄂ터키옥 • (명칭) 이란과 이집트 등에서 산출되어 페르시아에서 터키를 거쳐 유럽으로 전래되면서 '터키'로 명명 • (특성) 삼사 정계, 하늘색 또는 푸른 녹색, 균일한 청색이 가장 높은 가치로 인정
월장석 (月長石)		• 특정한 방향으로 푸른빛을 내는 알칼리 장석ᄂ문스톤 • (명칭) 닦으면 묘안석과 같은 빛이 나며, 달빛을 연상시키는 빛을 낸다하여 명명
청금석 (靑金石)		• 나트륨, 알루미늄 따위를 함유한 규산염 광물ᄂ라피스 라줄리 • 석회암 속에서 육면체 또는 십이면체의 결정이나 덩이로 나는데, 황철석의 결정이 박힌 것이 높은 가치로 인정 • (특성) 등축정계에 속하며 푸른색, 청자색, 녹청색 따위의 아름다운 빛깔에 유리와 같은 광택이 난다.
쿤자이트 Kunzite		• 스포듀민(Spodumene)의 변종으로 분홍~청색을 띤 자색 • (명칭) 원석의 회색빛 외양 때문에 그리스어로 '타서 재가 된다'는 뜻에서 유래 • (주요산지) 브라질, 마다가스카르, 미국, 미얀마 등
블러드스톤 Bloodstone		• 녹색을 띤 석영(石英)이나 옥수(玉髓)에 산화 철의 붉은 반점이 흩어져 있는 광석ᄂ혈석

구분	형상	과세물품 해설
헤마타이트 Hematite (적철석)		• 산화 철로 이루어진 산화 광물로 쇳빛 검은색, 덩어리 모양의 붉은색 또는 어두운 붉은색으로 퇴적암, 변성암, 열수 광상 등에서 생성

라. 그 밖의 희귀보석

아래의 보석들은 「개별소비세법」에서 과세대상으로 열거하지 아니하여 개별소비세를 과세하지 않는다.

• 액티놀라이트, 앨러배스터, 앰블리고나이트, 암모나이트, 아파타이트(아스파라거스석), 아라고나이트, 액시나이트, 애주라이트, down-말라카이트, 바라이트, 베니토아이트, 브라질리아나이트, 커시터라이트, 차로아이트, 코펄, 큐프라이트, 댄버라이트, 데이톨라이트, 다이옵테이스, 에카나이트, 엔스터타이트, 에피도트, 유클레이스, 노스피넬, 헤미모파이트, 혼, 하울라이트, 코르네루핀, 코르네루핀, 카이아나이트, 라줄라이트, 마우-싯-싯, 페탈라이트, 페나카이트, 포스포필라이트, 프로소파이트, 파이라이트, 소서라이트, 셀라이트, 실리머나이트, 신할라이트, 스미소나이트, 스팰러라이트, 스핀, 수길라이트, 타페아이트, 탤크, 톰소나이트, 컬투라이트, 유나카이트, 바리사이트, 클로라스트룰라이트, 펙툴라이트, 스카폴라이트, 스코롤라이트 등

마. 과세사례

■ **자수정에 금·은 등을 첨가 가공한 경우**(소비 22641-1419, 1986.7.16.)

자수정은 과세물품이 아니나 금·은 등을 첨가·가공한 경우에는 귀금속제품에 해당함.

■ **수입된 보석류의 특별소비세 과세 여부**(서삼 46015-11878, 2003.12.1.)

특별소비세법에서 보석류를 사용한 제품이라 함은 제작연도와 관계없이 모든 장신용구, 화장용구를 규정하는 것으로, 보석류(다이아몬드, 사파이어, 에머랄드, 진주)가 장착되어 있는 장식용구인 팬던트(Pendant)·브로치(Booch)로서 제작된 지 100년이 넘어 관세통계통합품목 분류표(HSK)상 골동품으로 분류된다 하더라도 특별소비세법상 과세대상에 해당하는 것임.

■ **양식진주 및 양식진주를 사용한 귀금속제품**(소비 22641-1532, 1988.8.31.)

양식진주 자체는 특별소비세 과세물품이 아니나, 양식진주를 사용하여 1개 또는 1조당 가격이 150,000원(현행규정 기준가격 500만원) 이상인 귀금속제품을 제조·반출하거나

판매할 때에는 특별소비세가 과세됨.

■■ **은의 표면에 칠보를 가공한 경우**(소비 22641 – 123, 1989.1.27.)

은의 표면에 칠보를 가공한 제품은 특별소비세법 시행령 제1조 별표1 제1종 제2호의 귀금속제품에 해당함.

■■ **상아 · 상아장식용구**(소비 46430 – 144, 1998.9.5.)

상아와 상아를 사용한 제품인 장신용구 등은 특별소비세법 시행령 제1조 별표1에 규정하는 특별소비세 과세물품에 해당하며, 상아 · 상아장식용구를 수입하는 경우에는 수입신고 시에, 국내 제조의 경우에는 제조장에서 반출시에 각각 특별소비세가 과세됨.

■■ **사리기(함)가 과세되는 물품인지**(재소비 46016 – 186, 1998.7.15.)

당해 해인사 경내에 건립 중인 ○○스님 사리탑 내에 영구 보존하기 위한 사리함과 사리기(순금, 18금, 금도금으로 만들어진 물품)의 수입통관 시 사리기(함)은 특별소비세법 시행령 별표1 제4종 제1류 제2호 귀금속제품 중 비과세대상인 「국가적 기념행사용의 것으로 특별히 제작된 것」에 해당되지 아니함.

※ 종교용 물품이지만, 외국에서 기증되는 것이 아니며, 국가적 기념행사에도 해당하지 아니함.

■■ **18K · 14K · 10K · 8K가 귀금속에 포함하는지**(소비 22641 – 2170, 1988.12.27.)

합금제품(18K · 14K · 10K · 8K 등)은 귀금속제품에 포함되고, 단순한 도금제품은 과세대상에 해당하지 아니함.

■■ **귀금속 제품의 판정**(소비 22641 – 1451, 1987.7.10.)

귀금속 제품이라 함은 특별소비세법 시행령 제3조 제2호에 의하여 원재료의 전부 또는 대부분이 귀금속으로 된 것을 말하며, 원가나 원재료의 구성 비율에 의하여 판정하는 것이므로, 자수정원가 비율이 60%, 금은의 비율이 40%인 경우 과세물품에 해당하지 아니하며, 자수정의 원가비율이 40%, 금은의 원가비율이 60%인 경우에는 과세물품인 것임.

바. 과세제외 사례

■ **미니골드바**(소비세과-324, 2011.11.2.)

골드바를 소량 단위의 미니골드바로 만들어 판매할 경우 개별소비세 과세대상이 아님.

■ **국가에서 수여하는 훈장**(재간세 12653-966, 1980.4.7.)

국가에서 수여하는 훈장은 특별소비세법 시행령 제1조 별표1 제1종 제1류 제2호의 귀금속 제품에 해당되지 아니함.

■ **기념주화가 과세대상 해당 여부**(재조법 12653-440, 1984.4.20.)

L·A올림픽 기념주화(금화, 은화)는 특별소비세법상 과세물품에 해당되지 아니함.

■ **일반금속제품에 은을 도금한 물품**(소비 22641-1305, 1991.10.7.)

귀금속이 아닌 일반금속제품에 은을 도금한 물품이라면 귀금속 제품에 해당하지 아니함.

■ **은괴·금괴 과세 여부**(소비 12653-2339, 1980.11.5.)

금·은괴는 특별소비세법상 과세물품인 귀금속 제품에 해당하지 아니함.

■ **기념메달 제조용 소재**(소비 12653-456, 1980.3.12.)

은괴를 매입하여 메달을 만들기 위한 소재로 가공한 후 완전한 기념메달을 만드는 제조자 (소재에 장식·글자를 새김)에게 납품하였을 경우 기념메달 제조용 소재만은 특별소비세법상 과세물품인 귀금속 제품 중 기념품이라고는 할 수 없으므로 과세물품이 아니며 특별소비세 납세의무가 없음.

■ **소재상태인 선·봉이 과세대상인지**(소비 12653-2639, 1981.10.10.)

귀금속 제품은 장신용구·화장용구·끽연용구·식탁용구·우승배(패) 실내장식용품, 기타 이와 유사한 용품에 과세하는 것이며, 소재 상태의 안경테 프레임 제조용 금·금합금 (18K, 14K 등) 재료인 선·봉 등은 과세대상에 해당하지 아니함.

■ **용접용, 납재, 도금재 등의 공업용 원료**(재조법 12653-122, 1994.2.3.)

귀금속과 일반금속 또는 비철금속을 합금하여 생산한 접점 등 공업용 부품과 용접용 납재, 도금재 등의 공업용 원재료는 특별소비세법 시행령 제1조 별표1 제1종 제1류 제2호 귀금속 제품 중 "기타 용품"에 해당하지 아니함.

(2) 고급시계

> ▶ **과세물품 [별표1]**
> 나. 고급시계
> [스톱워치 · 시각장애인용 · 차량용 · 항공기용 · 선박용 · 옥외용 · 시각기록(측정)용
> · 중앙집중식 시계 및 워치무브먼트를 제외한다](기준가격 200만원)

가. 과세대상 개요

고급시계는 그 명칭이 무엇이든 상관없이 그 물품의 형태 · 용도 · 성질이나 그 밖의 중요한 특성에 따라 판정하는 것이며, 상품학의 분류기준이나 국제적 상품분류방식인 HS(Harmo-nized Commodity Description and Coding System) 분류체계에 따라 판정하는 것은 아니다.

고급시계는 1개의 세전(稅前) 가격이 기준가격(200만원)을 초과하는 금액을 과세표준으로 하여 과세한다. 세전가격은 제조장 반출가격, 수입시 수입신고가격(관세포함)을 말한다. 다만, 스톱워치 · 시각장애인용 · 차량용 · 항공기용 · 선박용 · 옥외용 · 시각기록(측정)용 · 중앙집중식 시계 및 워치무브먼트를 제외한다.

나. 과세제외 사례

■■ **공공시설용으로 특수제작된 시계**(소비 1235-2071, 1979.8.3.)

발전소 · 철도 등 공공시설의 시각측정용으로 특수제작된 것은 특별소비세 과세대상에 해당하지 아니함.

■■ **전산장비 부분품인 고급시계의 개별소비세 과세 여부**(소비세과-458, 2020.3.10.)

네트워크 전산장비의 부분품으로서 다른 전산장비의 시각설정 등을 위해 시각을 표시하는 시계는 개별소비세를 과세하지 아니하는 '시각기록(측정)용' 시계에 해당함.

(3) 고급모피와 그 제품

> ● **과세물품 [별표1]**
> 다. 고급모피와 그 제품(토끼모피 및 그 제품과 생모피는 제외한다)
>   (기준가격 500만원)

가. 과세대상 개요

고급모피는 그 명칭이 무엇이든 상관없이 그 물품의 형태·용도·성질이나 그 밖에 중요한 특성에 따라 판정하는 것이며, 상품학의 분류기준이나 국제적 상품분류방식인 HS(Harmo-nized Commodity Description and Coding System) 분류체계에 따라 판정하는 것은 아니다.

고급모피의 기준가격은 1개의 세전(稅前) 가격이 기준가격(200만원)을 초과하는 금액을 과세표준으로 하여 과세한다. 세전가격은 제조장 반출가격, 수입시 수입신고가격(관세포함)을 말한다.

모피의 기준가격은 원자재 등 상품으로서 거래 단위인 개당 반출가격이며, 가공된 원피의 경우 1장당 반출가격이다. 모피제품의 과세판정을 예시하면, 의류의 구성이 칼라부분·소매부분은 모피이고 대부분이 모피가 아닌 의류로서 모피부분의 가격이 500만원 미만인 경우에는 고급모피제품으로 보지 아니한다.

백화점(위탁자)에서 모피를 제공하여 제조한 모피제품을 제조자(수탁자)가 반출하는 경우, 위탁자인 백화점에서 판매하는 가격에 상당하는 금액을 제조자(수탁자)의 반출가격으로 하여야 한다.

※ 시행령 제8조 제12호
  수탁가공한 물품(법 제1조 제2항 제2호 가목의 물품을 제외한다)에 대하여 수탁자가 당해세액을 납부하는 경우에는 그 물품을 인도한 날에 위탁자가 실제로 판매하는 가격에 상당하는 금액

나. 과세사례

■ **원재료 구성비율에 따른 과세물품 판정**(소비 22641 – 528, 1985.3.23.)

모피제품이라 함은 그 제품에 사용된 원재료의 전부 또는 대부분이 모피인 경우를 말하는 바, 과세되는 모피부분의 원가구성비가 모피 이외의 부분보다 높을 경우에는 「특별소비세법」상 모피제품에 해당하는 것임.

다만, 모피 이외의 부분에 대한 원가구성비가 높은 경우에는 사용된 모피 부분만이 과세대상인 것이며, 또한 원가구성률이 같은 경우에는 원재료의 구성비율이 높은 것에 의하는 것임.

■■ **과세되는 모피제품**(재소비 12653-1220, 1984.11.4.)

모피를 일부 사용하여(칼라부분, 소매부분 등) 제조한 의류를 반출할 경우 「특별소비세법」상 과세되는 모피제품이라 함은 그 제품에 사용된 원재료의 전부 또는 대부분이 모피를 사용하여 제조된 것을 말함.

다. 과세제외 사례

■■ **모피용도에 사용할 수 없는 작업폐물**(소비 22641-1022, 1985.6.4.)

모피가공 작업 시 발생하는 여우털 스크랩 등 모피조각이 모피의 용도에 사용할 수 없는 작업폐물이면 특별소비세가 과세되지 않는 것임.

(4) 고급융단

> ▶ **과세물품 [별표1]**
>
> 라. 고급융단(섬유를 부착·압착 또는 식모한 카펫과 표면깔개인 섬유매트를 포함한다.)
>   Max [기준가격은 200만원, ㎡×10만원을 곱하여 계산한 금액]

가. 과세대상 물품

융단이라 함은 깔개나 장식에 공하도록 제조·가공된 직물과 이와 유사한 것을 말하며, 그 제조방법에는 통상 섬유를 부착·압착·식모 또는 제직 등이 있다. 고급융단은 그 명칭이 무엇이든 상관없이 그 물품의 형태·용도·성질이나 그 밖의 중요한 특성에 따라 판정하는 것이며, 상품학의 분류기준이나 국제적 상품분류방식인 HS(Harmonized Commodity Description and Coding System) 분류체계에 따라 판정하는 것은 아니다.

고급융단은 1장당 200만원과 물품 면적에 ㎡당 10만원을 곱하여 계산한 금액 중 큰 금액(세전가격)을 초과하는 금액을 과세표준으로 하여 과세한다. 세전가격은 제조장 반출가격, 수입시 수입신고가격(관세 포함)을 말한다.

나. 과세방법 (통칙 8-8…14)

$$과세표준 \ = \ 물품가격 \ - \ 기준가격$$
$$산출세액 \ = \ 과세표준 \ \times \ 세율(20\%)$$
$$기준가격 \ = \ Max(① \ 1장당 \ 200만원, \ ② \ 물품의 \ 면적(㎡) \times 10만원)$$

※ 롤(Roll)제품으로서 절단하지 아니한 것은 전체를 1장으로 본다.

다. 과세사례

■ **휠트를 깔개용으로 사용하도록 특수가공한 융단**(간세 1235-198, 1971.12.6.)

「휠트」라 함은 모섬유를 단독 또는 타 섬유와 같이 방직·제직·편직 등의 과정을 거치지 않고 서로 교합시켜 만든 일정한 두께를 가진 쉬트상의 것을 말하는 것으로, 그 종류를 제조방법에 따라 구분하면 섬유를 웹(web) 상태로 카딩(carding)한 후 휠팅가공에 의하여 쉬트화한 것과, 동 쉬트 펀칭(punching) 처리한 것으로 구별되며 이러한 휠트를 깔개용으로 사용하도록 특수가공하거나 직물을 기포로 한 것은 「융단」으로 취급하는 것임.

■ **부직포가 과세대상에 해당되는지**(소비 22641-687, 1988.4.27.)

Poly propylen needle punching 부직포는 승용차의 내장재로서 뿐만 아니라 깔개로서 범용성이 있는 물품이므로 융단에 해당함.

■ **모의 함유량에 의한 과세물품 판정**(소비 22641-997, 1989.7.19.)

융단으로서 모제품의 것이라 함은 모의 함유량이 50%를 초과하는 것을 말함.

■ **고무판에 부착한 파일사**(소비 22641-349, 1990.3.21.)

파일사(길이 7㎜)로 제작하여 자동차 바닥 깔개용으로 고무판이 부착한 것은 융단의 범주에 해당함.

■ **기포에 혼방사로 이면에 수지를 부착**(소비 22641-1146, 1990.8.31.)

기포에 혼방사(아크릴사·면사·레이온사)로 loop를 형성시켜 이면에 플라스틱 수지를 부착하여 깔개용으로 제조한 것(상품명 : Toilet & kitchen mat)은 융단의 범주에 해당함.

■ **폴리프로필렌 기포에 폴리프로필렌사를 식모**(소비 22641-1149, 1990.8.31.)

기포를 사용하지 않고 섬유가 아닌 PVC수지를 불규칙한 loop형태로 제조한 것(상품명 :

PVC cushion mat)은 융단의 범위에 속하지 아니하나, 폴리프로필렌 기포에 폴리프로필렌사를 식모하고 이면에 비닐계 수지를 부착하여 깔개용으로 제조한 것(상품명 : PVC floor mat)은 융단의 범주에 해당함.

▨ 사이잘 끈과 코이어 끈을 엮어 만든 물품(소비 22641－1582, 1990.12.4.)

사이잘(soir) 끈을 경사로 하고 코이어(coir) 끈을 위사로하여 loop를 형성시키고 또 하나의 사이잘 끈으로 고정시켜 직조한 후 이면에 합성수지를 도포하여 제조한 것으로서 계단・보도・거실 등의 바닥재로 사용되는 물품(상품명 : Floor covering)은 융단에 해당함.

▨ 원단인 섬유를 고무판에 입모(재소비 22601－1289, 1990.12.21.)

원단인 섬유를 고무판에 입모형태로 부착한 물품은 융단에 해당함.

▨ 기포와 파일사를 제직・가공한 물품(재소비 22601－159, 1991.2.4.)

위사(씨줄)와 경사(날줄)로 제작된 기포와 pile사를 동시에 제직・가공한 물품 (상품명 : Table mat)은 융단에 해당함.

라. 과세제외 사례

▨ 인조잔디(소비 12653－1527, 1984.3.9.)

Poly propylen film상태로 제조된『인조잔디』는 과세대상에 해당하지 아니함.

▨ 홈매트(소비 12653－1527, 1984.3.9.)

문양직물에 스폰지를 부착한『홈매트』는 융단에 해당하지 아니함.

▨ 쿠션매트(재소비 22601－747, 1985.7.10.)

PVC 필라멘트를 불규칙한 루프(loop)상으로 접착시킨 제품으로서 상가・사무실・수영장・학교 복도 등의 미끄럼 방지용인『쿠션매트』(cushion mat)는 융단에 해당하지 아니함.

▨ 스폰지의 상・하단에 제직한 깔개(소비 22641－1850, 1988.10.26.)

스폰지의 상・하단에 제직한 천을 부착하여 만든 깔개는 융단에 해당하지 아니함.

(5) 고급가방

> ▶ **과세물품 [별표1]**
>
> 마. 고급가방
> 핸드백, 서류가방, 배낭, 여행가방, 지갑 및 이와 유사한 제품으로서 물품을 운반 또는 보관하기 위한 용도로 제조된 것(기준가격 200만원)
> (악기가방 등 제품의 외형 또는 구조가 특정한 물품을 전용으로 운반 또는 보관하기에 적합하도록 제조된 것은 제외한다)

가. 과세대상 개요

고급가방은 그 명칭이 무엇이든 상관없이 그 물품의 형태·용도·성질이나 그 밖의 중요한 특성에 따라 판정하는 것이며, 상품학의 분류기준이나 국제적 상품분류방식인 HS(Harmo-nized Commodity Description and Coding System) 분류체계에 의한 따라 판정하는 것은 아니다.

고급가방은 1개의 세전(稅前) 가격이 기준가격(200만원)을 초과하는 금액을 과세표준으로 하여 과세한다. 세전가격은 제조장 반출가격, 수입시 수입신고가격(관세 포함)을 말한다.

나. 과세사례

■ 화장용품 도구가방 수입 시 개별소비세 과세대상 여부(서면-2018-소비-3991, 2019.1.17.)

전문 배우가 사용하던 '화장도구 가방'으로서 외형 또는 구조가 화장용품만을 전용으로 운반 또는 보관하기에 적합하도록 제조된 것은 개별소비세 과세대상인 고급가방에 해당하지 아니함.

(6) 고급가구

> ▶ **과세물품 [별표1]**
> 바. 고급가구(공예창작품은 제외한다. 기준가격 개당 500만원, 조당 800만원)
> (1) 응접용의자, 의자, 걸상류
> (2) 장롱, 장롱 외의 장류, 침대, 상자류, 화장대, 책상, 탁자류, 경대, 목조조각병풍, 조명기구, 실내장식용품, 보석상자, 식탁용품

가. 과세대상 개요

고급가구는 그 명칭이 무엇이든 상관없이 그 물품의 형태·용도·성질이나 그 밖의 중요한 특성에 따라 판정하는 것이며, 상품학의 분류기준이나 국제적 상품분류방식인 HS(Harmo-nized Commodity Description and Coding System) 분류체계에 따라 판정하는 것은 아니다.

세전(稅前)가격이 기준가격을 초과하는 것만 과세하며 기준가격을 초과하는 금액을 과세표준으로 한다. 1조의 가격이 기준가격 이하인 경우라도 "조"를 구성하는 개별물품이 당해 개별물품의 "기준가격"을 초과하는 경우에는 개별소비세가 과세된다.

개별소비세의 과세대상에서 제외하는 "공예창작품"이라 함은 문화재보호법의 규정에 의하여 문화관광부장관이 중요무형문화재의 보유자로 인정한 자의 작품과 전통적인 공예기능·기술·기법으로 옻칠을 하여 제작한 물품을 말한다(영 §2 ① 10.).

> **공예창작품 관련법령**
>
> ○ **무형문화재 보전 및 진흥에 관한 법률 제12조 【국가무형문화재의 지정】**
> ① 문화재청장은 위원회의 심의를 거쳐 무형문화재 중 중요한 것을 국가무형문화재로 지정할 수 있다.
> ② 국가무형문화재의 지정 기준 및 절차 등에 필요한 사항은 대통령령으로 정한다.

주방가구의 경우 상부장(wall cabinet) 및 키큰장(tall cabinet)은 수납할 수 있는 장의 기능이 있어 특별소비세 과세물품인 고급가구 중 장롱 이외의 장류에 해당하는 것으로 볼 수 있으나, 하부장(base cabinet, 싱크대·조리대·가스대)은 용도 및 특성 면에서 단순한 받침대에 불과하여 장류의 기능을 하지 못한다고 보아 특별소비세 과세물품인 고급가구 중

장롱 이외의 장류에 해당하지 아니하는 것으로 해석하였다가 2002.2.16. 종전의 세법해석을 변경하여 하부장도 단순히 싱크대나 조리대 역할만을 하는 것이 아니라 식기세척기 등을 수납할 수 있는 장의 기능을 가지고 있고 상부장과 1조를 이루어 조립, 첨가 등 가공을 하여 공급되는 경우 그 기능변화나 가치증대가 이루어지는 것으로 보아 종전의 해석을 변경하였다 (국심 2002서1441, 2002.9.26.).

나. 과세대상 판정사례

1) 과세단위

■■ **짝을 이루어 거래되는 응접용 의자**(소비 22641 – 1185, 1990.9.7.)

응접용 의자로서 1인용 · 2인용 · 3인용 중 두 가지 이상이 짝을 이루어 반출되는 경우에는 『組』(조)에 해당함.

■■ **조의 개념에 탁자 · 보조의자 · 전화대가 포함하는지**(소비 46430 – 196, 1993.2.24.)

특별소비세법 시행령 제1조 별표1 제1종 제2류 제4호 "가"의 응접용 의자 1조에는 탁자 · 보조의자 · 전화대 등이 포함되는 것이며 기준가격 계산시 이를 모두 포함함.

■■ **독립적으로 거래 · 사용하는 물품**(소비 22641 – 1582, 1992.10.21.)

책상, 칸막이, 서류철장 등이 각각 독립적으로 거래 · 사용할 수 있는 물품인 경우에는 이들이 함께 거래되는 경우라도 "조"로서 과세되지 아니함.

■■ **특별장소 및 구조에 알맞게 특수제작된 물품들을 1조로 보아 과세하는지 여부**(소비 46430 – 394, 2000.10.31.)

특별소비세법 시행령 제2조 제4호의 규정에 의하여 『조(組)』라 함은 2개 이상이 함께 사용되는 물품으로서 보통 짝을 이루어 거래되는 것을 말합니다. 예를 들면 응접셋트(테이블, 3인용의자 1개, 1인용의자 3개, 전화대 등으로 구성), 장롱셋트(옷장, 이불장으로 구성), 문갑셋트(서랍용, 여닫이용 2~3개로 구성), 식탁셋트(식탁, 의자 2~4개로 구성)와 같이 보통 짝을 이루어 거래되는 물품을 말하나 장롱셋트와 문갑셋트가 같은 공간인 안방에서 사용되더라도 이를 합하여 하나의 조(組)로 보는 것은 아님.

2) 조명기구

■■ **실내 · 외 조명겸용 스포트라이트**(소비 12653 – 2738, 1983.12.24.)

실내와 실외의 조명에 겸용되는 스포트라이트(sport light)는 과세대상에 해당됨.

■■ 양복점·백화점 등에 설치한 조명기구(재간세 12653-3970, 1979.11.2.)

실험실 등에서의 색채판정 이외에 양복점·백화점 등에 설치되어 조명 작용에 의하여 무드를 조화하는 등 조명기구로서의 기능이 있는 물품(상품명 : Day light)은 과세대상으로 보는 것임.

■■ 가정용, 관광호텔용 산데리아나(소비 22641-1900, 1987.9.11.)

산데리아나(sanderiana)는 가정용, 관광호텔용 불문하고 모두 조명기구에 해당하는 것임.

※ 과세대상인 산데리아나를 대체하는 신형 조명기구로서, 주기능이 실내조명을 위한 것이며 실내장식의 기능도 겸하는 복합적인 붙박이형 조명기구는 과세대상에 해당(소비 46430-155, 2002.12.4.)

■■ 병원 수술실 무영등(소비 1235-3419, 1977.10.2.)

병원의 수술실에서 사용하는 무영등(無影燈)은 과세대상에 해당하지 아니함.

■■ 수중 집어등(재간세 1235-821, 1979.3.20.)

특별소비세법상 조명기구라 함은 가구로서의 기능이 있는 물품을 말하는 것인 바, 고기를 끌어 모으기 위하여 물속에 켜는 수중 집어등으로 전용되는 것은 과세대상에 해당하지 아니함.

■■ 무대조명용으로 전용되는 조명기구(재소비 22601-102, 1989.1.28.)

조명기구가 무대조명용으로 전용되는 물품인 경우에는 가구로서의 기능을 가지고 있는 것으로 볼 수 없음(소비 46430-2533, 1994.12.14. 같은 뜻).

※ 무대조명뿐만 아니라 일반조명용으로도 사용할 수 있는 물품인 경우에는 특별소비세법 시행령 제1조 별표1 제4종 제2류 제5호 고급가구 중 조명기구에 해당하는 과세물품임(소비 46430-1485, 1995.8.14.).

■■ 방송 녹화전용 조명기구(소비 22641-979, 1987.5.14.)

T.V방송국 스튜디오나 야외녹화 등 특수목적에만 전용되는 조명기구라면 특별소비세법 시행령 제1조 [별표 1] 제1종 제2류 제4호에 규정한 가구 중 조명기구에 해당되지 않는 것이나, 상점·백화점 등에 설치되어 조명작용에 의하여 무드를 조화하는 등의 기능을 함께 갖추고 있는 것이면 특별소비세 과세물품에 해당되는 것임(소비 22641-1956, 1986.9.24. 같은 뜻).

■■ 항공기 객실에 사용하는 조명기기(LED램프)(소비세과-2089, 2018.12.10.)

항공기에 사용하기 위하여 특수 제작된 질의의 조명기기는 그 주용도 및 특성으로 보아

「개별소비세법」 제1조 제2항 제2호 나목 및 같은 법 시행령 [별표1] 제4호 바목에 따른 고급가구 중 조명기구에 해당하지 아니하는 것임.

3) 장롱 외 장류

■ **주방의 하부장이 고급가구에 해당하는지**(국심 2002서1709, 2002.12.17.)

하부장이 단순한 싱크대, 가스대, 조리대 등의 역할을 하는 것이 아니라 하부장의 구조가 식기세척기, 각종 주방용품을 넣을 수 있는 장으로서의 기능이 있고, 상부장, 키큰장과 조(특별소비세법 시행령 제2조 제1항 제4호)를 이루는 것이라면 상부장, 키큰장 및 하부장 전체가 특별소비세 과세대상이 되는 고급가구에 해당함.

■ **도서목록카드 보관용 가구**(소비 1235 – 1408, 1978.4.12.)

도서관 및 학교에서 도서목록카드의 보관용으로 특수제작한 목록함(card box)은 과세대상에 해당됨.

■ **자동차 정비소 수납장**(소비세과 – 7, 2015.1.14.)

개별소비세가 과세되는 고급가구를 판매 목적이 아닌 물품 보관 등의 목적으로 수입하는 경우에도 개별소비세 과세대상에 해당함.

■ **절삭공구 관리 및 보관 장비**(서면 – 2015 – 소비 – 1206, 2015.7.27.)

절삭공구 관리 및 보관 등의 용도로 수입된 물품이 HS품목분류가 94류(가구 등)로 분류되었고 그 가격이 개별소비세 기준가격을 초과하는 경우 개별소비세 과세대상에 해당함.

■ **전시 · 보관목적 물품진열장**(소비 46430 – 2270, 1997.10.1.)

백화점의 매장 등에서 물품의 전시 · 보관 등의 목적으로 사용되는 물품진열장 중 1조당 500만원 또는 1개당 300만원을 초과하는 것은 특별소비세법 시행령 별표1 제4종 제2류 제5호의 고급가구에 해당하는 과세대상물품인 것이며,

여기서 "조"라 함은 2개 이상이 함께 사용되는 물품으로서 보통 짝을 이루어 거래되는 것을 말하는 것으로, 조를 이루어 거래하였는지의 여부는 사실판단할 사항임.

■ **상품전시 물품보관 진열장**(소비 46430 – 343, 1999.7.13.)

상품전시를 위한 물품보관 진열장은 특별소비세법 시행령 별표1 제4종 제2류 제5호에서 규정하는 특별소비세 과세물품인 "고급가구"에 해당하는 것임.

■■ **박물관 진열장**(서면인터넷방문상담3팀 – 1261, 2006.6.28.)

박물관 등에서 유물의 전시·보관 등을 목적으로 사용되는 진열장 중 1조당 800만원 또는 1개당 500만원을 초과하는 것은 「특별소비세법 시행령」 별표1 제5종 마목의 고급가구에 해당하는 과세물품인 것이며, 여기서 "조"라 함은 2개 이상이 함께 사용되는 물품으로써 보통 짝을 이루어 거래되는 것을 말하는 것임.

■■ **항공기 전용 옷장, 짐칸, 선반 등**(소비세과 – 294, 2010.7.30.)

항공기용으로 특수 제작된 옷장, 짐칸, 선반, 주방, 화장실은 「개별소비세법」 제1조 제2항 제2호 나목 및 같은 법 시행령 제1조 [별표1] 제4호 마목에 따른 "고급가구"에 해당하지 아니함.

■■ **반도체 장비 이설용 구조물(철제 프레임과 커버 등)**(소비세과 – 1466, 2018.8.23.)

통상적으로 가구라 함은 가정 등에서 일정기간 지속적으로 사용하는 것을 말하므로, 일회성으로 사용하고 폐기하는 물품은 그 특성상 과세물품인 고급가구에 해당하지 아니함.

■■ **특수 제작된 불단**(소비 22601 – 819, 1986.10.10.)

불상이나 납골을 모시기 위하여 특수 제작된 불단은 과세대상인 가구에 해당하지 아니함.

■■ **공장·창고의 물품 적치대**(소비 22641 – 191, 1987.2.4.)

공장·창고 등에서 원·부자재의 입·출고나 재고관리의 자동화를 위한 회전식 물품적치대(ROTARY STOCKER)는 특별소비세법상 가구에 해당하지 아니함.

4) 침대

■■ **침대의 몸체와 매트리스를 개별로 반출하는 경우 특별소비세 과세 여부**(소비 22641 – 1962, 1988.11.18.)

특별소비세 과세물품인 가구류 중 침대는 몸체와 매트리스가 합하여진 것을 말함.

가. 제조장에서 몸체 또는 매트리스 한 가지 만을 제조하여 반출하는 경우는 당해 부분품은 비과세이나, 동일제조장에서 몸체와 매트리스를 같이 제조하여 각각 개별로 반출하는 경우에는 특별소비세법 제1조 제9항의 규정에 의하여 과세물품인 침대를 분해하였거나 미조립 상태로 반출하는 것으로 보아 완제품(과세물품)으로 취급하는 것임.

나. 매트리스를 타인으로부터 상품으로 구입하여 몸체를 제조하는 자기 제조장에 반입한 후 자기상표, 모델명 등을 표시한 것이면 "제조의 의제"에 해당되는 것이므로 개별로

반출되더라도 위 "가"를 적용하여 완제품의 반출로 보는 것임.

다. 판매장에서 몸체와 매트리스를 다른 제조장에서 각각 구입하여 조립·판매하는 경우는 특별소비세법 제5조 제3호에 정한 "제조로 보는 경우"에 해당하여 과세물품으로 취급하는 것임.

■ 스파베드(소비 46430-2724, 1997.12.3.)

이용실·미용실·수영장·헬스클럽·휴게실에서 사용되고 전기를 이용하여 기구내(통)에 물을 가열하고 동시에 기구내(통)에 설치된 전기로 작동하는 안마봉이 누워있는 사람의 전신(全身)을 두들겨 피로회복에 사용하는 수입물품인『SPABED(스파베드)』는 특별소비세법 시행령 [별표1] 고급가구 중 나목의 침대에 해당하는 과세물품에 해당함.

■ 분만실에서 사용되는 환자 치료·보호용 침대(소비 46430-35, 1993.2.3.)

산부인과 분만실에서 사용되는 FUTURA BED가 병원에서 환자의 치료·보호용으로 전용되는 물품인 경우 과세물품에 해당하지 아니함(소비 46430-403, 2000.11.6. 같은 뜻).

※ 환자치료용으로 특수제작된 경우에는 과세대상이 아니나 범용성이 있는 경우에는 고급가구에 해당하는 과세물품임(소비 46430-2643, 1994.12.28.).

5) 의자

■ 가구형태의 예술품을 수입(환경에너지세제과-452, 2022.9.16.)

물품의 주요기능, 물품의 제작자, 해당 물품의 전시이력, 관세율표상 품목분류 등을 종합적으로 고려하여 해당 물품이 예술품인 경우에는 개별소비세법 제1조 제2항 제2호 나목 2)의 과세대상이 되지 않는 것이며, 특정물품이 이에 해당하는 지는 사실 판단할 사항임.

■ 마사지 안락의자(재소비 46430-219, 1993.10.2.)

엘레트로닉 마사지 안락의자는 가구 중 의자에 해당하는 과세물품에 해당함(소비 22641-1818, 1992.12.7. 같은 뜻).

■ 헬리콥터 조정석 의자(소비 46430-125, 1999.3.17.)

헬리콥터 조종석 의자는 그 특성상 조종목적에 적합하도록 설계되어 조종사가 안정된 자세를 유지하면서 충격흡수장치와 방탄의 기능까지 있는 등 일반의자와 상이하게 특수 제작된 물품이므로 특별소비세법 시행령 제1조 별표1에서 규정하고 있는 고급가구로 볼 수 없음.

■ 항공기용 의자(재정경제부 소비세제과-400, 2005.10.27.)

항공기용 의자는 특별소비세법에서 규정하는 고급가구에 해당하지 아니함.

> ※ 항공기 승객용 의자를 과세대상 고급가구로 해석한 사례(소비 46430-2149, 1993.9.3.)도 있으나, 자동차용 의자를 과세제외로 해석한 사례와의 형평 및 특수제작된 물품은 과세대상으로 보지 아니하는 해석이 보다 타당

■ 이발소전용 전동의자와 미용실 샴푸전용 전동의자(소비 22641-1871, 1987.9.9.)

이발소전용 전동의자와 미용실 샴푸전용 전동의자와 같이 특정목적에 사용되도록 특수제작된 것은 특별소비세법상 가구에 해당되지 아니함.

6) 책상 및 탁자류

■ 조립식 테이블과 구조물(소비세과-477, 2009.12.18.)

화상회의장비에 전용으로 사용하는 조립식 테이블 및 구조물과 화상회의장비를 함께 수입하면서 HS품목분류를 94류(가구 등)로 분류하고 그 가격이 개별소비세 기준가격 (1조당 800만원 또는 1개당 500만원)을 초과하는 경우 쟁점물품은 「개별소비세법」 제1조에서 정하는 고급가구에 해당되는 것임.

■ 벽면 등에 고정 설치된 분석 실험대(재조법 12653-1320, 1982.11.9.)

건물의 지면 및 벽면에 고정설치되고 상하수도·온냉수전·실험기구 세척장치·시약대·비커걸이 등이 부착되어 있는 실험실용 석유류 제품 분석실험대는 과세대상인 책상 및 탁자류에 해당하지 아니함.

■ 공항 내의 체크카운터·안내카운터·근무 Booth 등(재소비 46016-272, 2003.8.23.)

공항업무목적으로 특수하게 설계되어 제작된 것으로서 바닥과 벽면에 고정식으로 설치되어 항공사 직원이 근무하는 Check in counter 및 boarding gate counter, 세관직원이 근무하는 customs declaration counter, 출입국관리소 직원이 근무하는 passport control counter, 세관검역용 컨베이어장치물은 특별소비세법 제1조 제2항 제2호 나목 및 동법 시행령 제1조 [별표1] 제5호 마목의 고급가구에 해당되지 않음.

7) 경대

■ 거울과 체경(소비세과-190, 2014.9.16.)

개별소비세가 과세되는 고급가구에 해당 여부는 형태·용도·성질 등을 종합적으로 검토하여 판단할 사항으로 그 본래의 기능 이외의 특성이 강한 고가의 거울과 체경은 과세물품인 실내장식용품에 해당하는 것으로 보이나, 귀 질의의 내용이 이에 해당하는지 여부는 개별적으로 사실 판단할 사항임.

8) 실내장식용품

■ 백화점 인테리어용 목재판넬(소비세과-397, 2009.10.30.)

백화점 실내매장의 벽면 및 기둥에 고정 설치되어 실내매장의 인테리어용으로 사용되는 목재판넬을 매장의 여건에 따라 주문제작하여 수입하는 경우 당해 목재판넬은 「개별소비세법」 제1조의 고급가구에 해당하지 아니하는 것임.

■ 오리지날 조각으로 분류되는 물품(서면법규과-1370, 2013.12.17.)

개별소비세법 시행령 제4조 제2호에 따른 기준가격을 초과하는 이동식 수납물품이 관세율 품목분류상 예술품(제9703호)으로 분류된다 하더라도 같은 법 시행령 [별표1]의 '장롱', '장롱 외의 장류'에 해당하면서 실내장식용으로 사용되거나 사용가능한 경우에는 같은 법 제1조 제2항 제2호 나목, 같은 법 시행령 제1조 및 [별표1]에 따라 개별소비세가 과세되는 '고급가구'인 '실내장식용품'에 해당하는 것임. 다만, 해당 이동식 수납물품이 같은 법 시행령 [별표1]의 '장롱', '장롱 외의 장류'에 해당하는지 여부는 사실판단할 사항임.

다. 과세가격의 산정 및 절차

■ 응접용 의자의 과세가격 산정(재소비 46015-119, 1995.5.27.)

특별소비세법 시행령(1994.12.31. 이전 시행령 포함) 제1조 별표1에 게기된 응접용 의자는 1조의 가격이 과세최저한 금액 미만 또는 기준가격 이하인 경우라도 "조"를 구성하는 개별물품이 당해 개별물품의 "과세최저한 금액 이상" 또는 "기준가격"을 초과하는 경우에는 특별소비세가 과세됨.

■ 상·하부 매트리스 구조의 침대 과세가격(소비세과-1637, 2017.10.20.)

침대는 몸체와 매트리스가 합하여진 것을 말하는 것으로서 침대의 「개별소비세법 시행령」 제4조 기준가격은 침대의 구성품을 이루는 매트리스 개수와 상관없이 개당 가격을 적용하는 것임.

과세물품과 비과세물품이 결합된 경우(소비세과-1374, 2017.8.30.)

LED프로젝터와 메탈바디가 결합된 조명기구는 LED프로젝터의 가격과 메탈바디의 가격을 합한 금액을 개별소비세 과세가격으로 하는 것임.

과세최저한 미달 거래시 환급 여부(소비 1235-4257, 1977.11.23.)

제조장에서 반출할 때 과세대상으로 확정되어 특별소비세를 납부한 가구가 판매과정에서 과세최저한 금액 미만으로 거래된다고 하여 이미 납부한 세액을 환급할 수는 없는 것임.

제조장 반출 이후 가공없이 판매하는 경우(재간세 1235-197, 1978.1.23.)

가구류에 대한 특별소비세의 납세의무자는 특별소비세법 제3조 제2호의 규정에 의하여 동 물품을 제조하여 반출하는 자이므로, 판매업자가 과세최저한 금액 미만의 가구를 제조장에서 구입하여 과세최저한 금액 이상으로 판매하더라도 동법 제5조 제3호의 규정에 해당하는 가공없이 판매할 때에는 납세의무가 없는 것임.

3 자동차

> **● 과세물품 [별표1]**
>
> ○ 자동차
>
> 　가. 승용자동차
>
> 　　「자동차관리법」 제3조에 따른 구분기준에 따라 승용자동차로 구분되는 자동차 (정원 8명 이하의 자동차로 한정하되, 배기량이 1,000cc 이하의 것으로서 길이가 3.6m 이하이고, 폭이 1.6m 이하인 것은 제외한다.)
>
> 　나. 이륜자동차
>
> 　　「자동차관리법」 제3조에 따른 구분기준에 따라 이륜자동차로 구분되는 자동차 (내연기관을 원동기로 하는 것은 그 총배기량이 125cc를 초과하는 것으로 한정하며, 내연기관 외의 것을 원동기로 하는 것은 그 최고정격출력이 12kw를 초과하는 것으로 한정한다). 다만, 국방용 또는 경찰용으로서 당해 기관의 장이 증명하는 것은 제외한다.
>
> 　다. 캠핑용자동차
>
> 　　「자동차관리법」 제29조 제3항의 규정에 따라 캠핑용자동차로 구분되는 자동차 (캠핑용 트레일러를 포함한다)
>
> 　라. 전기승용자동차
>
> 　　「환경친화적 자동차의 개발 및 보급촉진에 관한법률」 제2조 제3호, 또는 제6호에 따른 전기자동차, 하이브리드자동차 또는 수소전기자동차로서 「자동차관리법」 제3조에 따른 구분기준에 따라 승용자동차로 구분되는 자동차(정원 8명 이하의 자동차로 한정하되, 길이가 3.6m 이하이고, 폭이 1.6m 이하인 것은 제외한다)

(1) 과세대상 물품

가. 자동차에 대한 세금

소비자는 자동차를 구입할 때 개별소비세, 교육세, 부가가치세를 차량의 공급대가에 포함하여 부담하게 되고, 이후 자동차의 등록·보유 등 각 단계에 따라 취득세, 자동차세 등을 납부하여야 한다.

| 자동차 구매·등록·보유 관련 세제 |

단 계	세 목	세율 및 과세표준
구매 단계 (국세)	개별소비세 (「개별소비세법」 제1조 제2항 제3호)	- 물품가격에 해당 세율(5%)을 적용 • 배기량이 2,000cc를 초과 승용자동차와 캠핑용자동차 • 배기량이 2,000cc 이하 승용자동차·이륜 자동차 (배기량이 1,000cc 이하인 것으로서 대통령령으로 정하는 규격의 것은 제외한다) • 전기승용자동차·수소전기자동차 (「자동차관리법」 제3조 제2항에 따른 세부기준을 고려하여 대통령령으로 정하는 규격의 것은 제외한다)
	교육세 (「교육세법」 제5조 제1항 제2호)	- 개별소비세의 30%
	부가가치세 (「부가가치세법」 제29조 및 제30조)	- (공급가액 + 개별소비세 + 교육세)의 10%
등록 단계 (지방세)	취득세 (「지방세법」 제12조 제1항 제2호 및 「지방세법 시행령」 제23조 제4항)	- 취득당시 가액에 표준세율을 적용해 계산 - 비영업용 승용자동차 : 7%(경자동차의 경우 4%) - 그 밖의 자동차 • 비영업용 자동차 : 5%(경자동차의 경우 4%) • 영업용 자동차 : 4% • 「자동차관리법」상 이륜자동차로서 「지방세법 시행령」 제23조 제4항이 정하는 자동차 : 2% - 위 목록 외의 자동차 : 2%
보유 단계 (지방세)	자동차세 (「지방세법」 제127조 제1항 제1호)	- 배기량에 따라 cc당 세액(80~200원) 적용 - 배기량과 자동차세는 비례
	지방교육세 (「교육세법」 제5조 제1항 제2호 본문)	- 자동차세의 30% 적용

| 자동차 취득 시 세금 비교 | [269]

구 분		출고가격	개별소비세	교육세	부가가치세	취득세	총세금
한국	기본세율	20,000,000	1,000,000	300,000	2,130,000	1,640,100	5,070,100
일본		20,000,000	–	–	2,000,000	660,000	2,660,000

---

269) 출처 : 2020. 9. 한국경제연구원 보도자료
   일본은 2019년 10월 1일부터 취득세를 폐지하고 연비에 따라 차등세율(승용차 0~3%)로 환경성능비율세를
   도입하였다.

| 자동차 제조공정 |

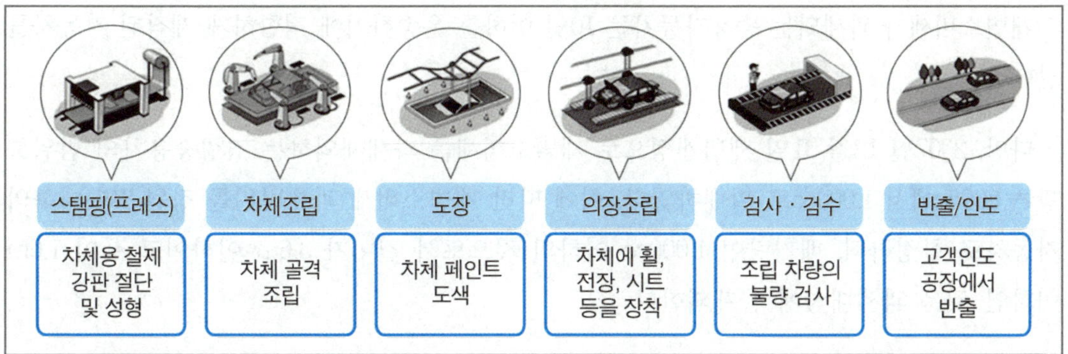

나. 개별소비세 과세대상 자동차

자동차란 원동기에 의하여 육상에서 이동할 목적으로 제작한 용구 또는 이에 견인되어 육상을 이동할 목적으로 제작한 용구(이하 "피견인자동차"라 한다)를 말하며, 다음의 것은 제외한다(자동차관리법 시행령 §2).

1. 「건설기계관리법」에 따른 건설기계
2. 「농업기계화 촉진법」에 따른 농업기계
3. 「군수품관리법」에 따른 차량
4. 궤도 또는 공중선에 의하여 운행되는 차량
5. 「의료기기법」에 따른 의료기기

개별소비세가 과세되는 승용자동차, 이륜자동차, 캠핑용자동차, 전기자동차(승용)는 「자동차관리법」 제3조에 따른 구분기준에 따라 판정한다. 따라서 「자동차관리법」에서 자동차로 분류하지 않는 것은 개별소비세의 과세대상이 아니다.

구 분	과세범위	과세제외
• 승용자동차 • 전기자동차	• 정원 8명 이하	• 배기량 1,000cc 이하 & 길이 3.6m & 폭 1.6m 이하
• 이륜자동차	• 총배기량 125cc 초과 • 최고정격출력 12kw 초과	• 국방용 또는 경찰용 (해당 기관의 장이 증명)
• 캠핑용자동차	•「자동차관리법 시행규칙」 제30조의2의 요건을 갖춘 것 • 캠핑용트레일러	

1) 승용자동차

개별소비세가 과세되는 승용자동차는 10인 이하를 운송하기에 적합하게 제작된 자동차를 말한다.

다만, 2007년 12월 31일 세법개정으로 개별소비세를 과세제외하는 경형승용차의 범위를 당초 800cc에서 1,000cc로 확대하였다. 이에 따라 개별소비세 과세범위를 정원 8명 이하의 자동차로 한정하되, 배기량이 1,000cc 이하의 것으로서 길이가 3.6m 이하이고 폭이 1.6m 이하인 것은 과세대상에서 제외한다.

2) 이륜자동차

「자동차관리법」에서 이륜자동차는 총배기량 또는 정격출력의 크기와 관계없이 1인 또는 2인의 사람을 운송하기에 적합하게 제작된 이륜의 자동차 및 그와 유사한 구조로 되어 있는 자동차로 규정하고 있다. 이 중 개별소비세가 과세되는 이륜자동차는 내연기관을 원동기로 하는 것은 그 총배기량이 125cc를 초과하는 것으로 한정하며, 내연기관 외의 것을 원동기로 하는 것은 그 최고정격출력이 12kw를 초과하는 것으로 한정한다.

3) 캠핑용자동차

1978년 12월 5일 세법개정으로 국민소득의 향상과 소비성향의 변화에 따라 사치성 물품에 대한 과세범위를 확대 조정하면서 캠핑용자동차를 과세대상에 추가하였다.

캠핑용자동차란 다음의 시설을 갖춘 자동차로서 캠핑에 사용하기 위해 제작된 자동차를 말한다(「자동차관리법 시행규칙」 제30조의2). 캠핑용자동차는 차종에 관계없이 개별소비세의 과세대상이다.

1. 「자동차 및 자동차부품의 성능과 기준에 관한 규칙」 제18조의4에 따른 취침시설
2. 다음의 어느 하나에 해당하는 시설
   ① 취사시설
   ② 세면시설
   ③ 개수대
   ④ 탁자(탈부착이 가능한 탁자를 포함한다)
   ⑤ 화장실 또는 이동용 변기를 설치할 수 있는 독립공간

캠핑용자동차의 범위관련 종전규정 (2020.2.27. 이전)

○ 국토부 질의회신(자동차정책과-3492, 2010.9.17.)
 - **캠핑용자동차** : 차실내에 거주 등을 할 수 있는 시설 또는 설비 등을 설치하여 야외 캠핑에 적합하도록 제작된 자동차로 다음 각 호의 기준을 갖춘 자동차로 판단됨.
  1. 취침, 취사, 세면 등을 할 수 있는 설비를 갖추어야 한다.
  2. 승차인원은 차실내에서 취침할 수 있는 인원 이내에서 허용하며, 취침공간은 1인당 길이 1.8m, 너비 0.5m, 이상의 연속된 평면을 갖추어야 한다.
  3. 취사장치 등 캠핑용 설비 등은 차체에 견고하게 고정되어야 한다.
  4. 오폐수 수거 장치를 갖추어야 한다.

다. 자동차의 개별소비세 주요 개정연혁

1) 세율

「특별소비세법」 제정 당시 자동차의 특별소비세는 배기량에 따라 1,500cc 이하, 2,000cc 이하, 2,000cc 초과로 구분하여 세율을 달리 적용하여 왔다.

그러나 2003년 7월 26일 세법개정으로 세율구간을 2,000cc를 기준으로 2단계로 간소화하고 배기량 2,000cc를 초과하는 자동차에 대하여는 특별소비세율을 10%로, 그 밖의 중·소형 자동차에 대하여는 특별소비세율을 5%로 각각 하향 조정하였다.[270]

종래 「개별소비세법」에서 정한 자동차의 개별소비세 기본세율은 배기량에 따라 달랐으나 2012년 3월 15일 발효한 한미FTA 협정에 따라 단계적으로 조정[271]하여 2015년 1월 1일부터 5%로 일원화되었다.

---

270) 중산·서민층의 조세부담을 경감하고 위축된 소비를 확대하여 국내경기를 활성화하기 위해 세율을 인하하였다.
271) 한·미FTA에 따른 세율인하 : 2,000cc 초과 승용자동차
  10% → 8%('12.3.15.) → 7%('13.1.1.) → 6%('14.1.1.) → 5%('15.1.1.)
  대한민국과 미합중국 간의 자유무역협정 (제2.12조 배기량 기준 조세)
  1. 대한민국은
   가. 다음을 규정하기 위하여 특별소비세법 제1조에 따라 설정된 특별소비세를 개정한다.
    1) 1,000cc 이하의 배기량을 가진 차량은 과세되지 아니하며, 1,001cc와 2,000cc 사이의 배기량을 가진 차량은 5퍼센트 이하의 단일의 율로 과세되며, 2,000cc를 초과하는 배기량을 가진 차량은 8퍼센트 이하의 단일의 율로 과세된다. 그리고
    2) 이 협정의 발효일로부터 3년 이내에, 1,000cc를 초과하는 배기량을 가진 차량은 5퍼센트 이하의 단일의 율로 과세된다.
  2. 대한민국은 2,000cc를 초과하는 배기량을 가진 차량에 대하여 제1항 가호 2목에 규정된 세율의 인하를 3년간 매년 균등하게 실시한다. 이 협정 발효일 이후에 이루어지는 각 연도별 인하는 해당 연도의 1월 1일에 효력이 발생한다.
  3. 대한민국은 차종간 세율의 차이를 확대하기 위하여 차량 배기량에 기초한 새로운 조세를 채택하거나 기존의 조세를 수정할 수 없다.

또한 경기활성화, 내수확대 및 자동차산업 활력 제고 등을 위해 기본세율의 30%의 범위에서 대통령령으로 조정할 수 있도록 하는 탄력세율과 「조세특례제한법」에 따른 세액감면을 시행하여 왔다.

적용기간		세 율	인하율	인하사유
시작일	종료일			
'08.12.19.	'09.6.30.	5% → 3.5% 10% → 7%	30%	리먼사태 등 국제금융위기 이후 경기침체 대응
'12.9.11.	'12.12.31.	5% → 3.5% 8% → 6.5%	30%	유럽 발 국제금융위기 이후 경기침체 대응
'15.1.1.	'15.8.26.	5%	기본세율	–
'15.8.27.	'16.6.30.	5% → 3.5%	30%	중동호흡기증후군(메르스) 확산에 따른 경기침체 대응
'16.7.1.	'18.7.18.	5%	기본세율	–
'18.7.19	'19.12.31.	5% → 3.5%	30%	세계경제 불확실성 확대에 따른 경기침체 대응
'20.1.1.	'20.2.29.	5%	기본세율	–
'20.3.1.	'20.6.30.	5% → 1.5% 수준	70%	코로나 극복(감면, 한도 100만원)
'20.7.1.	'20.12.31.	5% → 3.5%	30%	코로나 극복
'21.1.1.	'23.6.30.	3.5% 연장	30%	대내외 경제여건을 감안한 소비 활성화 지원(한도 100만원)
'23.7.1.		3.5% → 5%		기본세율로 환원

* 이 외에도 '80년 11월, '88년 3월, '98년 7월, '04년 3월에 탄력세율을 시행

2) 과세표준의 계산

납세의무자가 제조하여 반출하는 물품은 제조장에서 반출할 때의 가격 또는 수량을 과세표준으로 한다.

그러나 국내제조물품의 개별소비세 과세표준의 경우 제조 이후 판매 과정에서 발생하는 비용이 포함되어 수입신고 시 가격을 과세표준으로 하는 수입물품에 비해 과다하게 계산되는 것을 방지하기 위해 2023년 2월 28일 「개별소비세법 시행령」 제8조를 개정하여 납세의무자가 제조하여 반출하는 물품 중 제조장에서 별도의 판매장을 거치지 않고 소비자

에게 직접 반출하는 경우 등에 대해서는 국세청장이 업종과 기업의 특성에 따라 조사한 평균적인 판매비용 등을 고려하여 결정한 기준판매비율을 적용한 금액을 해당 물품의 판매가격에서 빼고 과세표준을 계산하도록 하였다.

이에 따라 다음의 어느 하나에 해당하는 경우에는 해당 물품의 판매가격(해당 물품에 대한 개별소비세와 부가가치세를 포함하지 않는 금액)에서 「개별소비세법 시행령」 제8조의2에 따른 기준판매비율과 판매가격을 곱하여 계산한 금액을 뺀 금액을 과세표준으로 한다.

1. 제조장과 특수한 관계에 있는 곳에 판매를 위탁하거나 판매를 전담하게 하는 경우로서 통상적인 거래를 할 때 실제 판매가격이 없거나 실제 판매가격에 상당하는 금액보다 저렴한 가격으로 반출하는 경우
2. 제조장에서 별도의 판매장을 거치지 않고 소비자에게 직접 반출하는 경우
3. 제조자와 판매자가 동일한 경우

> 과세표준(과세가격) = 해당 물품의 판매가격 − (기준판매비율 × 판매가격)

3) 기준판매비율의 결정

기준판매비율은 업종 및 기업의 특성에 따라 조사한 평균적인 판매비용(제조단계 후 발생하는 비용을 말한다) 등을 고려해 기획재정부령으로 정하는 절차를 거쳐 국세청장이 고시하는 비율로 한다. 이 경우 국세청장은 품목(법 제1조 제2항에 따라 분류된 물품을 말한다)을 구분해 기준판매비율을 고시할 수 있다. 이와 같이 국세청장이 고시한 기준판매비율은 그 고시한 날이 속하는 분기의 종료일 다음 날부터 3년간 적용한다.

국세청장은 기준판매비율을 결정하려면 기준판매비율심의회의 심의를 거쳐야 하며, 심의회는 국세청장 소속으로 설치하고, 심의회의 위원장은 국세청차장이 되며, 위원은 다음 각 호의 사람이 된다. 그 밖의 심의회의 구성·운영에 관하여 필요한 사항은 국세청장이 정한다.

1. 경상계대학, 학술연구단체, 경제단체 등으로부터 추천을 받아 국세청장이 위촉하는 사람 4명
2. 기획재정부장관의 추천을 받아 국세청장이 위촉하는 사람 3명
3. 국세청 소속 공무원 중에서 국세청장이 지명하는 사람 1명

(2) 캠핑용자동차

가. 과세대상 캠핑용자동차의 범위

「자동차관리법」 제3조의 구분기준에 따른 캠핑용자동차와 캠핑용트레일러를 제조하여 반출하는 경우에는 개별소비세를 과세한다.

> **캠핑용자동차 관련법령**
>
> ● **자동차관리법 시행규칙 제30조의2【캠핑용자동차】**
>
> 법 제29조 제3항에서 말하는 "국토교통부령으로 정하는 캠핑용자동차"란 야외 캠핑에 적합한 구조로 취침시설과 다음 각 호의 어느 하나에 해당하는 시설을 갖춘 자동차를 말한다.[272]
>
> 1. 취사시설　　　　　　　　　 2. 세면시설
> 3. 개수대　　　　　　　　　　 4. 탁자(탈부착이 가능한 경우 포함)
> 5. 화장실(이동용 변기를 설치할 수 있는 독립공간이 있는 경우 포함)

　본래의 용도로 사용하던 중고 캠핑용자동차를 신차와 동등한 정도로 그 가치를 높이기 위해 대부분의 재료를 대체 또는 보완하는 경우와 중고차의 부분품의 전부 또는 일부를 재료로 새로운 캠핑용자동차로 가공 또는 개조하는 경우에도 과세대상이 되며, "대부분의 재료를 대체·보완하는 것"이란 해당 물품가격의 100분의 50을 초과하는 재료나 부분품을 대체·보완하는 것을 말한다(법 §5, 통칙 5-0…9).

　당해 물품의 특성·형태·용도 등에 실질적인 변화를 가함이 없는 범위 안에서 당해 물품에 부착되어 있는 부분품을 제거 또는 부착하는 단순한 수리행위와 중고 과세물품에 도장 또는 단순한 불량부품을 대체하는 등의 수리행위는 과세대상에 해당하지 아니한다(통칙 4-0…4).

---

272) 차량의 실내에 거주 등을 할 수 있는 시설 또는 설비 등을 설치하여 야외 캠핑에 적합하도록 제작된 자동차로 다음 각 호의 기준을 갖춘 자동차를 캠핑용자동차로 해석(자동차정책과-3492, 2010.9.17.)하였으나, 2020. 2. 28.부터 캠핑용자동차의 정의를 시행규칙에 신설하면서 그 범위를 확대하였다.
　1. 취침, 취사, 세면 등을 할 수 있는 설비를 갖추어야 한다.
　2. 승차인원은 차실내에서 취침할 수 있는 인원 이내에서 허용하며, 취침공간은 1인당 길이 1.8m, 너비 0.5m, 이상의 연속된 평면을 갖추어야 한다.
　3. 취사장치 등 캠핑용 설비 등은 차체에 견고하게 고정되어야 한다.
　4. 오폐수 수거 장치를 갖추어야 한다.

나. 납세의무자

캠핑용자동차 등을 제작하거나 튜닝하여 판매 또는 반출하는 자동차정비업자, 자동차제작자 및 보세구역에서 반출하는 수입자는 개별소비세를 납부할 의무가 있다.

다. 과세표준

캠핑용자동차의 개별소비세 과세표준은 해당 자동차 등을 '실제로 반출하는 금액'으로 하는 것이며, 고객이 구입한 '베이스차량'으로 캠핑용자동차를 제작 또는 튜닝하는 경우에는 원칙적으로 '고객의 자동차구입가격과 구조변경비용을 합한 금액'을 과세표준으로 한다.

그러나 2021년 2월 17일 「개별소비세법 시행령」 제9조 개정을 통해 이중과세를 방지하기 위하여 승용자동차를 캠핑용자동차로 튜닝한 차량에 대하여 개별소비세 과세표준을 산정할 때 해당 자동차의 개조 전 차량가격을 과세표준에서 제외하도록 하였다. 다만, 캠핑용자동차(별표 1 제5호 가목 또는 라목 이외의 자동차를 「자동차관리법」 제34조에 따라 튜닝한 경우로 한정한다)의 경우에는 원재료의 가격과 위탁 공임을 합산한 금액으로 하며, 원재료 중 자동차의 가격은 제조장에서 반출할 때의 「지방세법 시행령」 제4조 제1항 제3호에 따른 시가표준액으로 한다.

1. 「개별소비세법 시행령」 [별표1] 제5호에 해당하는 자동차를 「자동차관리법」 제34조에 따라 캠핑용자동차로 튜닝한 경우에는 다음의 구분에 따른 금액
   ① 위탁자가 제공한 원재료만으로 제조·가공 또는 수리한 경우: 그 위탁 공임에 상당하는 금액
   ② 위탁자가 제공한 것 외의 원재료를 수탁자가 보충·첨가한 경우: 보충·첨가된 원재료의 가격과 위탁 공임을 합산한 금액
2. 「개별소비세법 시행령」 [별표1] 제5호에 해당하지 않는 자동차를 「자동차관리법」 제34조에 따라 캠핑용자동차로 튜닝한 경우에는 다음의 금액을 합산한 금액
   ① 위탁자가 제공한 자동차의 가격(수탁자의 제조장에서 반출한 때의 「지방세법 시행령」 제4조 제1항 제3호에 따라 산정된 시가표준액을 말한다)
   ② 수탁자가 보충·첨가한 원재료의 가격
   ③ 위탁 공임

라. 신고절차

캠핑용자동차를 반출한 날이 속하는 분기의 다음 달 25일까지, 수입하는 경우에는 수입신고를 할 때에 「개별소비세 과세물품 과세표준 신고서」를 제출하고 개별소비세 및 교육세 납부할 세액을 납부하여야 한다.

마. 부가가치세와의 관계

개별소비세가 과세되는 자동차의 구입과 임차 및 유지에 관한 매입세액은 매출세액에서 공제하지 아니한다.

(3) 과세판정 사례

가. 과세사례

■ 주거시설과 주방시설 갖춘 자동차(소비 46430-1943, 1994.9.23.)

「와이드봉고9모빌오피스카(JS-24WTL-MD)」는 주거시설과 주방설비를 갖추고 있어 이동집무용으로 뿐만 아니라 캠핑용으로도 사용될 수 있으므로 특별소비세법 시행령 별표1의 캠핑용자동차에 해당함.

■ 9인승 캠핑용 VAN(소비 96430-9, 1998.1.6.)

승합자동차 "DODGE RAM 2500 VAN"은 특별소비세법 제1조 제2항 제5종 제1류의 규정에 의한 캠핑용자동차에 해당하는 것이다.

> 【물품설명】
> - 차명 및 형식 : DODGE RAM 2500 VAN(AB), 세미본넷트형
> - 차종 및 승차정원 : 중형승합(일반형), 9인승
> - 좌석배치 : 운전석, 조수석, 운전석 뒷편 회전가능의자 1개, 양측면에 3인용 의자 각각 1개
> - 시설현황 : 최후면 내부 양측면 공간에는 옷장으로 사용할 수 있는 내부칸막이틀 및 책상 1개 설치
> - 장비현황
>   • 취사시설 : 마이크로웨이브 오븐 레인지
>   • 온수공급기, 물저장시설, 전원(110V~125V, AC)을 연결할 수 있는 단자

■ 특장차 제조회사에서 캠핑용으로 구조변경(소비 46430-286, 1999.6.9.)

자동차를 구입하여 특장차 제조회사에서 캠핑용으로 구조변경한 후 형식승인을 받아 반출하는 경우 과세대상이다.

■ 무쏘스포츠 픽업(재경부 소비 46016-261, 2002.10.4.)

○○자동차(주)에서 제작한 레져목적의 5인승 승용 및 화물겸용 "무쏘픽업자동차"에 대한 특별소비세 과세 여부는「주로 사람을 수송하기 위해 제작된 승용차」로 규정하고 있는 특별소비세법 시행령 별표1 제6호의 규정과「과세물품의 판정은 그 명칭 여하에 불구하고 당해물품의 형태·용도·성질 및 기타 중요한 특성에 의해 결정」하도록 한 특별소비세법 제1조 제7항의 규정에 비추어 볼 때 특별소비세 과세대상인 승용자동차에 해당되는 것임.

※ 시행령 [별표1] 개정으로 2002.12.11. 이후 반출분부터 과세되지 아니함.(자동차관리법상 화물차로 분류)

■ 비공도주행용 ATV(환경에너지세제과-322, 2011.9.6.)

2009.1.1. 이후 수입신고하는 ATV는「개별소비세법」제1조 제2항 제3호 및 동법 시행령 별표1 제5호 나목에 따른 이륜자동차에 해당함.

■ 레저용 ATV(소비세과-434, 2010.12.22.)

도로주행용이 아닌 레저용 ATV(All Terrain Vehicle)는 개별소비세법 제1조 제2항 제3호에 따른 개별소비세 과세물품(이륜자동차)에 해당되는 것임.

나. 과세제외 사례

■ 화물자동차 형식승인과 확인검사를 받은 자동차(소비 12653-1100, 1982.5.3.)

도로운송차량법규의 관계규정에 의하여 화물자동차로서 형식승인과 확인검사를 받은 자동차는 특별소비세의 과세대상에 해당하지 아니함.

■ 면허시험용으로 사용되는 이륜자동차(소비 46430-976, 1998.5.11.)

경찰청에서 면허시험용으로 사용되는 이륜자동차로서 당해 기관의 장이 증명하는 것은 "경찰용의 것" 해당되어 특별소비세 과세대상에서 제외됨.

■ 전기축전지로 구동되는 전기자동차(재조법 12653-869, 1984.8.23.)

전기축전지에 의하여 구동되는 전기자동차는 특별소비세법 규정에 의한 승용자동차에 해당되지 아니함.

■■ **저속전기자동차**(소비세과-199, 2010.6.3.)

「자동차관리법」제35조의2에 따른 저속전기자동차의 원동기최고출력이 18kw(배기량 기준 1,000cc 이하)이고, 차량의 길이와 폭이 각각 3.6m와 1.6m 이하인 경우

해당 저속전기자동차는 같은 법 시행규칙 [별표 1]에 따른 경형승용자동차로 분류되어 「개별소비세법」제1조 제2항 제3호에 따른 개별소비세 과세물품에 해당하지 아니함.

다. 캠핑용자동차에 대한 해석사례

■■ **캠핑용 시설물**(소비세과-0304, 2011.10.5.)

캠핑을 위한 주거시설과 취사시설을 갖추고 있으나, 차륜과 견인을 위한 연결장치가 없어 트럭 등에 실어야 운반이 가능한 시설물은 과세물품에 해당하지 아니함.

「캠퍼」의 과세 여부
「자동차관리법」제3조의 구분기준에 따라 자동차로 구분되지 않는 캠퍼(「자동차 튜닝에 관한 규정」제2조 제9호)* 장착은 개별소비세 과세대상이 아니다.   * 캠핑에 사용하기 위하여 화물자동차의 물품적재장치에 설치하는 분리형 부착물

■■ **캠핑용으로 사용가능한 MOBILE HOME**(서면인터넷방문상담3팀-418, 2004.3.5.)

주거시설과 주방시설을 갖추고 있으며, 차륜과 견인장치에 의해 원하는 장소에 이동 가능한 「MOBILE HOME」은 자동차의 형태를 갖추고 있어 야외 캠핑용으로 사용가능한 경우 특별소비세 과세대상인 캠핑용 트레일러에 해당함.

■■ **특장차 제조회사에서 캠핑용으로 구조변경**(소비 46430-286, 1999.6.9.)

자동차를 구입하여 특장차제조회사에서 캠핑용으로 구조변경한 후 형식승인을 받아 반출하는 경우 과세대상임.

■■ **특장차 제조회사에서 캠핑용으로 구조변경**(서면-2018-소비-2059 [소비세과-1674], 2018.10.2.)

「개별소비세법」제1조 제2항 제3호 가목의 과세대상 캠핑용자동차의 개별소비세 과세 여부는「자동차관리법」제3조에 따른 구분기준에 따라 판정하는 것임.

■■ **캠핑용 시설이 없는 보트트레일러**(소비 46430-174, 2003.6.2.)

주거시설이나 주방시설을 갖추고 있지 않으며, 자동차에 연결하여 보트 이동용으로만 사용하는 보트트레일러인 경우 특별소비세가 과세되는 캠핑용자동차 또는 캠핑용트레일러에 해당하지 않는 것임.

■■ **캠핑용 시설을 갖춘 방역용 자동차**(서면인터넷방문상담3팀-709, 2004.4.12.)

특별소비세 과세대상이 아닌 25인승 승합자동차에 긴급방역 목적의 내부설비를 함으로써 특별소비세 과세대상인 캠핑용자동차와 유사한 기능을 갖추었더라도, 동 차량이 캠핑용이 아닌 긴급방역 목적으로 국한하여 사용된다면 특별소비세법상 과세대상에 해당되지 않는 것임.

■■ **주거시설과 주방시설을 갖춘 모빌오피스카**(소비 46430-1943, 1994.9.23.)

「와이드봉고 모빌오피스카(JS-24WTL-MD)」는 주거시설과 주방설비를 갖추고 있어 이동집무용으로 뿐만 아니라 캠핑용으로도 사용할 수 있는 경우 특별소비세법 시행령 별표1 제2종 제8호 "라"목의 캠핑용자동차에 해당함.

■■ **캠핑용 시설을 갖춘 승합자동차**(소비 46430-9, 1998.1.6.)

승합자동차에 마이크로오븐렌지, 책상, 온수공급기, 물 저장시설과 외부전원을 연결할 수 있는 단자가 부착된 경우 특별소비세법 제1조 제2항 제5종 제1류의 규정에 의한 캠핑용자동차에 해당함.

■■ **렌터카 회사 등에 판매한 캠핑용자동차**(재소비 46016-232, 1999.6.29.)

캠핑카 및 트레일러가 레저용이 아닌 의료기관, 교육기관, 학술연구단체 혹은 자동차 임대사업자(렌터카 회사) 등에 판매될 경우에도 특별소비세 과세대상에 해당함.

■■ **견인장치가 없는 캠핑용 시설물**(소비세과-0304, 2011.10.5.)

주거와 취사 등 캠핑시설을 갖추고 있으나 차륜과 견인을 위한 연결장치가 없어 트럭 등에 실어 운반가능한 시설물은 개별소비세 과세대상에 해당하지 않음.

| 생산모델별 개별소비세 과세 및 부가가치세 매입세액 공제 여부(2017년 이후) |

업체명	차종	모델명	차종	승차정원	경차 여부	개별소비세 과세 여부	매입세액 공제여부
현대	승용차	ACCENT	승용	5	×	○	×
		ASLAN	승용	5	×	○	×
		AVANTE AD	승용	5	×	○	×
		AVANTE MD	승용	5	×	○	×
		AVANTE(CN7)	승용	5	×	○	×
		CASPER	승용	5	○	×	○
		EQUUS	승용	5	×	○	×
		G70	승용	5	×	○	×
		G80	승용	5	×	○	×
		G80(RG3)	승용	5	×	○	×
		G90	승용	5	×	○	×
		GENESIS COUPE	승용	5	×	○	×
		GENESIS(DH)	승용	5	×	○	×
		GRANDEUR HG	승용	5	×	○	×
		GRANDEUR IG	승용	5	×	○	×
		IONIQ	승용	5	×	○	×
		LF SONATA	승용	5	×	○	×
		SONATA(DN8)	승용	5	×	○	×
		VELOSTER	승용	5	×	○	×
		VELOSTER(JS)	승용	5	×	○	×
		YF SONATA	승용	5	×	○	×
		i30(GD)	승용	5	×	○	×
		i30(PD)	승용	5	×	○	×
		i40	승용	5	×	○	×
	SUV	GV70	승용	5	×	○	×
		GV80	승용	5	×	○	×
		IONIQ 5	승용	5	×	○	×
		KONA(OS)	승용	5	×	○	×
		MAXCRUZ	승용	6~7	×	○	×
		NEXO(FE)	승용	5	×	○	×

업체명	차종	모델명	차종	승차정원	경차 여부	개별소비세 과세 여부	매입세액 공제여부
현대	SUV	PALISADE	승용	7~8	×	○	×
		SANTAFE(DM)	승용	5	×	○	×
		SANTAFE(TM)	승용	5	×	○	×
		TUCSON IX	승용	5	×	○	×
		TUCSON IX FCEV	승용	5	×	○	×
		TUCSON(NX4)	승용	5	×	○	×
		TUCSON(TL)	승용	5	×	○	×
		VENUE	승용	5	×	○	×
	버스	AERO EXPRESS	승합	47	×	×	○
		AERO-TOWN	승합	18~32	×	×	○
		COUNTY	승합	12~33	×	×	○
		ELEC CITY	승합	27~71	×	×	○
		GRAND STAREX	승합 화물	3~12	×	×	○
		GRAND STAREX	승용 화물	4, 6	×	○	×
		GREEN CITY	승합	24~34	×	×	○
		SOLATI	승합 화물	11~16	×	×	○
		SOLATI	승용 화물	4	×	○ ×	× ○
		STARIA(US4)	승합 화물	3~11	×	×	○
		STARIA(US4)	승용	7	×	○	×
		SUPER A/C	승합	38	×	×	○
		UNI CITY	승합	46	×	×	○
		UNIVERSE	승합	45	×	×	○
		대형버스 E×PORT	승합	47	×	×	○
	트럭	11.5T CARGO	화물	2	×	×	○
		14T CARGO	화물	2	×	×	○
		15T DUMP	화물	2	×	×	○
		16T CARGO	화물	2	×	×	○

업체명	차종	모델명	차종	승차정원	경차 여부	개별소비세 과세 여부	매입세액 공제여부
현대	트럭	19T CARGO	화물	2	×	×	○
		20T CARGO	화물	2	×	×	○
		22T CARGO	화물	2	×	×	○
		25T CARGO	화물	2	×	×	○
		3.5T	화물	3	×	×	○
		4.5T	화물	3	×	×	○
		5T	화물	2, 3	×	×	○
		7T	화물	2	×	×	○
		8.5T CARGO	화물	2	×	×	○
		8T CARGO	화물	2	×	×	○
		9.5T CARGO	화물	2	×	×	○
		MIGHTY	화물	3, 7	×	×	○
		PORTER	화물	3, 6	×	×	○
		POREST	화물	2~4	×	○	×
		PAVISE	화물	2	×	×	○
		대형트럭	화물	2	×	×	○
		대형트럭 FCEV	화물	2	×	×	○
	특장	8X4 DUMP	화물	1, 2	×	×	○
		MIXER	화물	2	×	×	○
		PULL CARGO	화물	2	×	×	○
		TRACTOR	화물	2	×	×	○
		특장기타	화물	2	×	×	○
기아	승용차	K3	승용	5	×	○	×
		K3(BD)	승용	5	×	○	×
		K5(DL3)	승용	5	×	○	×
		K5(JF)	승용	5	×	○	×
		K7	승용	5	×	○	×
		K7(YG)	승용	5	×	○	×
		K8(GL3)	승용	5	×	○	×
		K9	승용	5	×	○	×
		K9(RJ)	승용	5	×	○	×

업체명	차종	모델명	차종	승차정원	경차 여부	개별소비세 과세 여부	매입세액 공제여부
기아	승용차	MORNING(JA)	승용	5	○	×	○
		MORNING(TA)	승용	5	○	×	○
		PRIDE(UB)	승용	5	×	○	×
		PRIDE(YB)	승용	5	×	○	×
		RAY	승용	5	○○	×	○
		STINGER	승용	5	×	○	×
		EV6	승용	5	×	○	×
	SUV	MOHAVE	승용	5, 7	×	○	×
		NIRO	승용	5	×	○	×
		SELTOS	승용	5	×	○	×
		SORENTO(MQ4)	승용	5, 7	×	○	×
		SORENTO(UM)	승용	5, 7	×	○	×
		SOUL BOOSTER	승용	5	×	○	×
		SOUL(PS)	승용	5	×	○	×
		SPORTAGE(QL)	승용	5	×	○	×
		SPORTAGE(NQ5)	승용	5	×	○	×
		STONIC	승용	5	×	○	×
	CDV	ALL NEW	승용	7	×	○	×
		ALL NEW CARNIVAL(YP)	승용 승합	9, 11	×	×	○
		CARENS(RP)	승용	5, 7	×	○	×
		CARNIVAL(KA4)	승용	4, 7	×	○	×
		CARNIVAL(KA4)	승용 승합	9, 11	×	×	○
	버스	그린필드	승합	47	×	×	○
		블루스카이	승합	47	×	×	○
		선샤인	승합	47	×	×	○
		실크로드	승합	47	×	×	○
		파크웨이	승합	47	×	×	○
	트럭	BONGO	화물	3, 6	×	×	○
	특장	1.2/1.4T	화물	3, 6	×	×	○
		IT	화물	3, 6	×	×	○

업체명	차종	모델명	차종	승차정원	경차 여부	개별소비세 과세 여부	매입세액 공제여부
기아	특장	특장기타	화물	3, 6	×	×	○
르노 삼성	승용차	ALL NEW SM7	승용	5	×	○	×
		CLIO	승용	5	×	○	×
		NEW SM3	승용	5	×	○	×
		NEW SM3 EV	승용	5	×	○	×
		NEW SM5	승용	5	×	○	×
		NEW SM5(L43)	승용	5	×	○	×
		SM3 EV	승용	5	×	○	×
		SM6	승용	5	×	○	×
		TWIZY	승용	2	○	×	○
		TWIZY(국내생산)	승용	2	○	×	○
		ZOE	승용	5	×	○	×
	SUV	CAPTUR	승용	5	×	○	×
		QM3	승용	5	×	○	×
		QM5	승용	5	×	○	×
		QM6	승용	5	×	○	×
		ROGUE	승용	5	×	○	×
		XM3	승용	5	×	○	×
	버스	MASTER BUS	승합	13	×	×	○
				15	×	×	○
	트럭	MASTER VAN	화물	3	×	×	○
쌍용	승용차	CHAIRMAN W	승용	5	×	○	×
	SUV	ACTYON	승용	5	×	○	×
		KORANDO C	승용	5	×	○	×
		KORANDO SPORTS	화물	5	×	×	○
		KORANDO(C300/뷰티풀)	승용	5	×	○	×
		REXTON(올뉴/G4)	승용	5	×	○	×
		REXTON(올뉴/G4)	승용	7	×	○	×
		REXTON SPORTS	화물	5	×	×	○
		TIVOLI	승용	5	×	○	×
		TIVOLI(에어)	승용	5	×	○	×

업체명	차종	모델명	차종	승차정원	경차 여부	개별소비세 과세 여부	매입세액 공제여부
쌍용	CDV	KORANDO TURISMO	승합	9	×	×	○
		KORANDO TURISMO	승합	11	×	×	○
	PICK UP	KORANDO SPORTS	화물	5	×	×	○
		RE×TON SPORTS	화물	5	×	×	○
		REXTON SPORTS(칸)	화물	5	×	×	○
	전기차	KORANDO e-motion	승용	5	×	○	×
한국 지엠	승용차	ALPHEON	승용	5	×	○	×
		AVEO	승용	5	×	○	×
		BOLT	승용	5	×	×	×
		CAMARO	승용	4	×	○	×
		CRUZE	승용	5	×	○	×
		CRUZE WAG	승용	5	×	○	×
		GENTRA	승용	5	×	○	×
		IMPALA	승용	5	×	○	×
		MALIBU	승용	5	×	○	×
		NEW MATIZ	승용	5	○	×	○
		NG CRUZE	승용	5	×	○	×
		NG MALIBU	승용	5	×	○	×
		NG SPARK	승용	5	○	×	○
		SPARK	승용	5	○	×	○
		VOLT	승용	5	×	○	×
	SUV	CAPTIVA	승용	7	×	○	×
		EQUINOX	승용	5	×	○	×
		TRAILBLAZER	승용	5	×	○	×
		TRAVERSE	승용	7	×	○	×
		TRAX	승용	5	×	○	×
	CDV	ORLANDO	승용	7	×	○	×
	PICK UP	COLORADO	화물	5	×	×	○
	버스	DAMAS COACH	승합	7	○	×	○
		DAMAS VAN	화물	2	○	×	○
	트럭	LABO LPG	화물	2	○	×	○

업체명	차종	모델명	차종	승차정원	경차 여부	개별소비세 과세 여부	매입세액 공제여부
타타 대우	트럭	11.5T CARGO	화물		×	×	○
		12.5T CARGO	화물		×	×	○
		14T CARGO	화물		×	×	○
		15T DUMP	화물		×	×	○
		16T CARGO	화물		×	×	○
		19T CARGO	화물		×	×	○
		22.5T CARGO	화물		×	×	○
		25.5T DUMP	화물		×	×	○
		25T CARGO	화물		×	×	○
		3T CARGO	화물		×	×	○
		4.5T CARGO	화물		×	×	○
		4T CARGO	화물		×	×	○
		5T CARGO	화물		×	×	○
		8T CARGO	화물		×	×	○
		8T DUMP	화물		×	×	○
		9.5T CARGO	화물		×	×	○
		대형트럭EXPORT	화물		×	×	○
	특장	MIXER	화물		×	×	○
		TRACTOR	화물		×	×	○

4 석유물품

> ◆ **과세물품 [별표1]**
>
> 가. **휘발유 및 휘발유와 유사한 대체유류**
>   1) 휘발유
>   2) 휘발유와 유사한 대체유류(「석유 및 석유대체연료 사업법」 제2조 제10호에 따른 가짜석유제품에 해당하는 것)
>
> 나. **경유 및 경유와 유사한 대체유류**
>   1) 경 유
>   2) 경유와 유사한 대체유류(「석유 및 석유대체연료 사업법」 제2조 제10호에 따른 가짜석유제품에 해당하는 것)
>
> 다. **등 유**
>
> 라. **중유 및 중유와 유사한 대체유류**
>   1) 중유
>   2) 중유와 유사한 대체유류(「석유 및 석유대체연료 사업법」 제24조 제2항에 따라 산업통상자원부장관이 고시하는 석유제품 중 부생연료유에 해당하는 것)
>
> 마. **석유가스 중 프로판**
>   프로판과 부탄을 혼합한 것으로서 탄소수 3개인 탄화수소의 혼합률이 몰백분율 기준으로 100분의 90 이상인 것을 포함
>
> 바. **석유가스 중 부탄**
>   부탄과 프로판을 혼합한 것으로서 마목에 해당하지 아니하는 것을 포함
>
> 사. **천연가스**

(1) 과세대상 물품

가. 석유 및 석유제품

석유란 원유, 천연가스(액화(液化)한 것을 포함 Liquefied Natural Gas, LNG) 및 석유제품을 말하며, 석유제품은 휘발유, 등유, 경유, 중유, 윤활유와 이에 준하는 탄화수소유 및 석유가스(액화한 것을 포함)로 구분된다.

탄화수소유는 항공유, 용제(溶劑), 아스팔트, 나프타, 윤활기유, 석유중간제품(석유제품 생산공정에 원료용으로 투입되는 잔사유(殘渣油) 및 유분(溜分)) 및 부생연료유(副生燃料油 : 등유나 중유를 대체하여 연료유로 사용되는 부산물인 석유제품)를 말한다.

석유가스(Liquefied Petroleum Gas, LPG)는 프로판·부탄 및 이를 혼합한 연료용 가스를 말한다.

부산물인 석유제품이란 석유제품 외의 물품을 제조할 때 그 제조공정에서 부산물로 생기는 석유제품을 말한다.

개별소비세 및 교통·에너지·환경세의 과세대상이 되는 석유 및 석유제품에 대해 개별 세법에서 정의하고 있지 않으나, 「조세특례제한법」 제113조의2에서 면세의 대상이 되는 석유류를 「석유 및 석유대체연료 사업법」에 따른 석유 및 석유제품으로 규정하고 있다.

나. 가짜석유제품

가짜석유제품을 판매하거나 판매하기 위하여 보관하는 자와 등유, 부생연료유(副生燃料油) 또는 용제(溶劑)를 차량 또는 기계 중 경유를 연료로 사용하는 차량 또는 기계의 연료로 판매한 자로부터 교통·에너지·환경세를 징수할 수 있다.

가짜석유제품이란 조연제(助燃劑), 첨가제(다른 법률에서 규정하는 경우를 포함한다), 그 밖에 어떠한 명칭이든 다음의 어느 하나의 방법으로 제조된 것으로서 「자동차관리법」 제2조 제1호에 따른 자동차 및 「자동차관리법 시행령」으로 정하는 차량·기계(휘발유 또는 경유를 연료로 사용하는 것만을 말한다)의 연료로 사용하거나 사용하게 할 목적으로 제조된 것(석유대체연료는 제외한다)을 말한다.

1. 석유제품에 다른 석유제품(등급이 다른 석유제품을 포함)을 혼합하는 방법
2. 석유제품에 석유화학제품(석유로부터 물리·화학적 공정을 거쳐 제조되는 제품 중 석유제품을 제외한 유기화학제품으로서 산업통상자원부령으로 정하는 것을 말한다. 이하 같다)을 혼합하는 방법
3. 석유화학제품에 다른 석유화학제품을 혼합하는 방법
4. 석유제품이나 석유화학제품에 탄소와 수소가 들어 있는 물질을 혼합하는 방법

다. 석유대체연료

석유대체연료란 석유제품 연소 설비의 근본적인 구조 변경 없이 석유제품을 대체하여 사용할 수 있는 연료(석탄과 천연가스는 제외한다)로서 다음의 것을 말한다.

1. 바이오디젤연료유 : 바이오디젤 및 이를 산업통상자원부장관이 정하여 고시하는 비율로 석유제품인 경유와 혼합하여 제조한 연료
2. 바이오에탄올연료유 : 자동차 연료용 바이오에탄올 및 이를 석유제품인 휘발유와 혼합하여 제조한 연료
3. 석탄액화연료유 : 석탄을 원료로 사용하여 물리·화학적 반응공정을 거쳐 생산된 연료(「신에너지 및 재생에너지 개발·이용·보급 촉진법」 제2조 제1호 다목에 따른 석탄액화연료유는 제외한다) 및 이를 석유제품과 혼합하여 제조한 연료
4. 천연역청유(天然瀝靑油) : 천연역청물질을 물 및 계면활성제 등과 혼합한 연료
5. 유화연료유 : 석유제품인 중유를 물 및 유화제와 혼합하여 제조한 연료
6. 가스액화연료유 : 천연가스나 바이오매스를 원료로 하는 합성가스를 사용하여 물리·화학적 반응공정을 거쳐 생산된 연료 및 이를 석유제품과 혼합하여 제조한 연료
7. 디메틸에테르연료유 : 디메틸에테르 및 이를 석유제품과 혼합하여 제조한 연료
8. 바이오가스연료유 : 유기성(有機性) 폐기물이나 바이오매스를 소화(消化) 또는 발효시켜 만든 연료 및 이를 석유제품 또는 천연가스와 혼합하여 제조한 연료
9. 그 밖에 에너지 이용효율을 높이기 위하여 이용 보급을 확대할 필요가 있고 사용기기[자동차 또는 이와 비슷한 내연기관, 보일러 및 노(爐)를 말한다]에 적합한 품질과 성능 및 안전성 등을 갖추고 있다고 인정하여 산업통상자원부장관이 관계 행정기관의 장과 협의하여 산업통상자원부령으로 정하는 연료

| 주요 국가별 석유에 대한 과세체계 비교 |[273]

구 분	세 목	과세대상	비 고
미국	연방유류세 소비세(주정부)	연료용 휘발유, 경유, 등유, 가스류	- 원료용 중유 과세제외
독일	에너지세	연료용 휘발유, 경유, 등유, 중유	- EU 에너지세 지침에 따라 휘발유, 경유 및 등유 등을 과세대상으로 최저세율을 준수해야 함 - 수송용 및 난방용 연료에 에너지세법을 적용하여 석유정제, 전해공정 등 산업공 정에 사용되는 경우 과세대상이 아님 - 면세사항에 석유정제, 전해공정 등 산업 공정 원료용 석유류가 포함되지 않음
프랑스	석유에너지소비세	연료용 휘발유, 경유, 등유, 중유	
영국	석유세	연료용 휘발유, 경유, 등유, 중유	
중국	자원세(국내채굴) 소비세	원유 및 중유 이용 모든 석유류	- 연속공정의 석유정제 원료용은 면세로 규정
싱가포르	소비세	수송용 휘발유, 경유	- 중유가 소비세 과세대상이 아님 - 특정 휘발유와 경유만 과세하고 나머지 는 면세
대만	상품세	연료용 휘발유, 경유, 등유, 연료유(중유)	- 연료용 중유가 연료유 범주에 속해 과세 대상에 포함 - 원료용 중유는 과세대상이 아님
인도	물품 및 용역세	수송용 휘발유, 경유, 등유, 기타, 가스류	- 면세대상 원유 및 석유오일에 중유 포함 - 또한 원료용 중유도 면세대상
일본	소비세 석유석탄세	연료용 휘발유, 등유, 경유, 중유	- 중유는 소비세 과세대상이 아님 - 석유정제용 중유는 원유와 같이 영세율 관세 적용

273) 출처 : 「원료용 중유 소비세 해외사례 조사」(한국조세정책학회, 2020. 6.)

(2) 과세판정 사례

가. 과세사례

■ **내연기관 연료로 사용될 수 있는 유사 유류**(소비 12653 – 1288, 1982.5.20.)

휘발유와 유사한 대체유류라 함은 휘발유용 내연기관의 연료로 사용될 수 있는 물품을 말하며, 자동차 내연기관용으로 첨가하여 연료절감의 효과를 가져오는 것이라면 과세대상임.

■ **휘발유와 혼합사용하는 조연제**(소비 12653 – 1971, 1982.7.23.)

메탄올 · 벤젠 · 톨루엔 등을 배합하여 만든 조연제로서 승용차용 휘발유에 15~30% 정도 혼합 사용하는 물품은 휘발유와 유사한 대체유류에 해당함.

■ **석유화학 공업제품 원료로 가공한 자동차용 연료**(소비 12653 – 1709, 1982.6.16.)

조연제, 첨가제 등의 명칭 여하에 불구하고 석유제품 또는 석유화학 공업제품(메타놀, 가시렌등)을 원료로 하여 제조가공한 것으로 자동차 및 이에 유사한 가솔린엔진 연료로 사용되는 것(일부 사용을 포함함)은 유사한 대체유류에 해당함.

■ **세녹스는 유사 휘발유**(소비 46430 – 373, 2002.10.11.)

세녹스는 석유사업법상 유사 석유제품으로서 교통세 과세물품임.

※ 산업자원부에서 유사휘발유로 판정함.

■ **단순첨가제가 휘발유 및 경유의 유사한 대체유류에 해당하는지 여부**(소비 46430 – 373, 2002.10.11.)

"○○"가 특별소비세법 시행령 제1조의 별표1 제7호 가목 및 석유사업법 시행령 제30조 규정에 의하여 자동차 연료로 사용되어 질 수 없는 단순첨가제라면 교통세 과세대상물품에 해당되지 아니함. 석유대체연료인 유화연료유는 특별소비세 과세대상에 해당하지 않으나 자동차 · 기계 및 차량의 연료로 사용이 가능할 경우에는 교통세 과세물품에 해당함.

■ **저유소에서 혼합하는 첨가제**(재소비 46016 – 280, 2003.8.27.)

정유사가 제조장 이외의 장소인 저유소에서 과세물품인 석유류에 첨가제를 혼합하는 것은 판매 목적의 가치증대를 위한 첨가 · 가공으로 '제조 등으로 보는 경우'에 해당하며, 소비자가 주유시에 연료첨가제를 혼합하는 것을 판매의 목적으로 첨가하는 것이 아니므로 '제조 등으로 보는 경우'에 해당하지 아니함.

■ 유화연료유의 특별소비세(교통세) 과세 여부(상담3팀-2018, 2005.11.14.)

석유대체연료인 유화연료유는 특별소비세 과세대상에 해당하지 않으나 자동차·기계 및 차량의 연료로 사용이 가능할 경우에는 교통세 과세물품에 해당함.

■ Heavy gas oil(소비 12653-99, 1983.1.19.)

코크스 제조과정에서 부산물로 생산되는 Heavy gas oil은 그 성상 및 용도가 경유에 해당함.

■ 노말부탄 및 이소부탄(재소비-108 2004.2.4.)

석유가스 중 부탄은 노말부탄·이소부탄에 관계없이 부탄성분을 지닌 것을 의미하며 폴리에틸렌 합성용으로 사용되는 것도 포함함.

■ 냉장고·냉매제조용 원료로 사용되는 이소부탄(99.5%)의 특별소비세 과세대상 여부

(서면인터넷방문상담3팀-1819, 2005.10.20.)

특별소비세법상 과세대상 물품인 '석유가스 중 부탄'은 노말부탄·이소부탄에 관계 없이 부탄성분을 지닌 것을 의미하는 것으로 연료용이 아닌 것도 이에 포함되는 것임.

나. 과세제외 사례

■ 크린솔·하이드로카본·솔벤트가 내연기관연료에 부적합한 경우

특별소비세법 시행령 제1조 별표1 제4종 제2류 제1호 나목에 규정된 특별소비세가 과세되는 휘발유와 유사한 대체유류라 함은 휘발유용 내연기관의 연료로 사용될 수 있는 물품을 말하는 것이므로, 물품[Cleansol, Hydrocarbon Solvent (Shellson-71)]은 다음 시험성적서와 같이 휘발유용 내연기관연료로 사용하기가 부적합한 물품이므로 특별소비세 과세대상 물품에 해당되지 아니하는 것임.

※ 참고 : 한국석유품질검사소 시험분석결과 ⇒ 자동차용 휘발유로 사용 불가하다.

■ 항공기 터빈 엔진용 제트연료유(재소비 46016-83, 1998.5.14.)

항공기 터빈 엔진용 제트연료유가 석유사업법 시행령 제3조 제1호의 항공유에 해당되는 경우에는 특별소비세법상 과세대상에 해당하지 아니함.

■ 코크스 제조과정에서 부산물로 생산하는 조경유(소비 22641-1530, 1985.8.10.)

석탄을 원료로 하여 코크스 제조과정에서 부산물로 생산하는 조경유(crude light oil)는 경유가 아니므로 과세대상에 해당하지 아니함.

■■ **PPG 제조에 사용되는 등유가 용제로 사용되는 경우**(소비 46430-111, 1998.9.9.)

PPG(Polypropylene Glycol) 제조에 사용된 등유는 제품의 본질을 변화시키는 것이 아니고 물리적으로 점성을 저하시키는 용제로 사용된 것으로 석유화학제품(에첼렌, 프로필렌 등) 제조에 사용된 것으로 볼 수 없으므로 특별소비세법 제18조 제1항 제12호에 규정한 "석유화학공업용 원료로 사용하는 석유류"에 해당하지 아니함.

■■ **등유유분 및 잔여유분이 별도의 제조공정을 거쳐야 하는 경우**(소비 46430-507, 1998.3.19.)

「등유유분(Heavy Kerosene)」 및 「잔여유분(Raffinate)」이 등유로서 용도 및 품질기준에 적합한 제품으로 판매하기 위하여 반드시 별도의 제조공정을 거쳐야 하는 경우에는 특별소비세가 과세되는 석유제품에 해당하지 아니함.

■■ **등유 계열 유류제품**(소비세과-154, 2014.7.31.)

수입하고자 하는 등유계열 제품(hydrotreated light paraffinic)에 대한 한국석유관리원의 품질검사 결과 등유의 품질기준에 적합하지 않는 것으로 나타나므로 동 제품이 잉크 제조 원료로 사용되는 경우에는 개별소비세 과세대상에 해당하지 아니함.

■■ **폐플라스틱을 재활용하여 생산한 액상연료유**(서면-2015-법령해석부가-1922, 2015.11.26.)

폐플라스틱을 재활용하여 생산한 액상연료유가 「석유사업법」에 따른 등유 및 등유를 대체하여 사용되는 부생연료유에 해당하지 아니하는 경우에는 개별소비세 과세대상물품에 해당하지 아니함.

■■ **액화석유가스 탈황분을 제거하여 분무제로 사용하는 경우**(소비 46430-17, 1998.7.21.)

액화석유가스(프로판 및 부탄)에서 수분, 유황분 및 고비점 물질 등을 제거하여 각종 스프레이 제품 등의 생산에 원료가 되는 가스를 제조하는 데 사용하는 액화석유가스는 석유화학공업제품 제조에 사용된 것으로 볼 수 없을 뿐만 아니라 액화석유가스의 본질이 변하는 것이 아니고 상온·상압에서 기화되는 물리적 특성을 이용한 분무제로 사용하는 것이므로 특별소비세법 제18조 제1항 제12호에 규정한 "석유화학공업용 원료로 사용하는 석유류"에 해당되지 아니하므로 특별소비세를 면세받을 수 없는 것임.

■■ **소량의 석유가스를 넣은 머리손질고데기 카트리지**(재소비 46015-216, 2000.7.15.)

과세되는 석유가스를 소량으로 소형 카트리지에 넣어 머리손질 고데기와 함께 소매용으로 포장된 경우에는 특별소비세 과세대상에 해당하지 아니함.

■ 수입물품인 F.C.C Mogas의 교통세 과세대상 여부(재소비-852, 2004.8.12.)

석유사업법상 석유정제업자가 휘발유를 제조하기 위하여 제조장으로 직접 반출하는 F.C.C Mogas는 휘발유 배합기재인 석유중간제품으로서, 휘발유로 제조되어 최종반출되는 단계에서 과세되는 것임.

> 품명 : F.C.C Mogas(Fluid Catalytic Cracking Motor Gasoline ; "유동상촉매분배자동차휘발유", 수입신고명 "Reformate")
>
> 기능 및 용도
> - 미국(ASTM 기준), 일본(JIS 기준) 등에서 정하는 자동차휘발유 결정기준을 충족하고, 우리나라의 산업표준화법에서 정하는 자동차휘발유 규격(KS262)에도 일치
> - 그러나 석유사업법에서 정하는 휘발유 규격에는 미치지 못하여 신소계 화합물첨가제(MTBE) 등을 첨가(Blending)하여야만 석유사업법상 자동차용 휘발유로 인정될 수 있음.

🔷 관련판례

■ 대체유류의 범위(광주지방법원-2017-구합-11404, 2018.5.3.)

- '중유와 유사한 대체유류'의 의미에 대하여 직접적으로 규정하지 않은 채 '석유 및 석유대체연료 사업법 제24조 제2항의 규정에 의하여 지식경제부장관이 고시하는 석유제품 중 부생연료유에 해당되는 것을 말한다'고 규정함으로써 그 의미를 원용하고 있다. 그런데 석유 및 석유대체연료 사업법 제24조 제2항과 이에 따라 지식경제부장관이 고시한 '석유제품의 품질기준과 검사방법 및 검사수수료'는 부생연료유에 대하여 '석유제품 (생산)판매업자가 석유제품 외의 제품을 제조함에 있어 부산물로 생산되어 보일러(가정용을 제외한다) 또는 노(furnace)의 연료로만 사용(내연기관은 제외한다) 하게 할 목적으로 판매하는 것'이라고 규정하고 있다.
- 개별소비세법이 정하는 과세대상인 '중유와 유사한 대체유류'는 위 고시가 정하고 있는 부생연료유, 즉 '석유제품 (생산)판매업자가 석유제품 외의 제품을 제조함에 있어 부산물로 생산되어 보일러(가정용을 제외한다) 또는 노(furnace)의 연료로만 사용(내연기관은 제외한다)하게 할 목적으로 판매하는 것'이라고 해석하여야 한다.

■ 석유류의 과세물품 판정(대법원-2019-두-35732, 2019.6.27.)

① 개별소비세법 제1조 제2항 제4호, 같은 법 시행령 [별표1]에 의하면, '중유와 유사한 대체유류'의 의미를 따로 규정하지 않은 채 「석유 및 석유대체연료 사업법」(이하 '석유사업법'이라 한다) 제24조 제2항에 따라 지식경제부장관이 고시(이하 '이 사건 고시'라 한다)하는 석유제품 중 부생연료유에 해당되는 것'으로 그 의미를 직접 원용하고 있으므로, 이 사건 고시의 부생연료유에 대한 '품질기준' 부분뿐만 아니라 '정의' 부분 역시 개별소비세 과세물품 해당 여부를 판단함에 있어 고려하여야 하고,

그렇지 않으면 이는 납세의무자에게 불리하게 축소 해석하는 것인바 엄격해석 원칙에 반하게 된다.

② 개별소비세법 제1조 제8항은 "과세물품의 판정은 그 명칭이 무엇이든 상관없이 그 물품의 형태·용도·성질이나 그 밖의 중요한 특성에 의한다."고 규정하고 있으나, 이는 과세물품에 대한 판정 시 형식상 명칭이 아닌 그 물품의 실질에 따라 판정한다는 의미일 뿐, 이 사건과 같이 과세물품의 의미를 관련 법령에 명시적으로 위임한 경우까지 그 관련 법령 규정을 무시한 채 독자적으로 판정하도록 하는 것은 아니고, 또한 이 사건 고시에서 부생연료유에 관해 '보일러(가정용을 제외한다) 또는 노(Furnace)의 연료로만 사용(내연기관은 제외한다)하게 할 목적으로 판매하는 것'이라고 정의하는 부분은, 그 물품의 용도를 정한 것이므로 개별소비세법 제1조 제8항에 의하더라도 이를 고려하는 것이 상당하다.

③ 피고가 원용하고 있는 대법원 1984.6.26. 선고 84누114 판결은 '과세물품의 성분, 형태, 용도, 성질, 그 밖의 특성에 비추어 보면 이는 특별소비세법 제1조 제2항 제4종 제2류 제1호, 같은 법 시행령 제1조 [별표 1]의 제4종 제2류 제1호 소정의 휘발유와 유사한 대체유류에 해당한다'는 취지의 판결로서, 같은 법 시행령 제1조 [별표 1]의 제4종 제2류 제1호는 휘발유와 유사한 대체유류에 대하여 "석유제품 또는 석유화학공업제품을 원료로 하여 제조·가공한 것으로서 자동차 및 이에 유사한 가솔린엔진의 연료로 사용되는 유류를 말한다. 다만, 가스류는 제외한다."고 규정하여 그 의미에 관하여 원용하는 규정을 두고 있지 않은 것이므로, 이 사건과는 사안을 달리한다.

④ 석유사업법 시행령 제2조 제1호 가 '일반대리점'에 관하여 정의하면서 그 취급 대상 석유제품에서 제외되는 제품 중의 하나로 '부생연료유'를 거론하며 그 괄호 안에서 '등유 및 중유를 대체하여 연료유로 사용하는 부산물인 석유제품을 말한다.'고 규정하고 있기는 하나, 위 규정은 '부생연료유'에 관한 정의 규정이 아니고, 개별소비세법령에서 위 규정을 원용하고 있지도 않을 뿐 아니라 이 사건 고시의 부생연료유 정의에도 불구하고 석유사업법 시행령 제2조 제1호에 따라 '부생연료유'를 '중유를 대체하는 연료유'로 보아 이 사건 고시에서 정한 중유의 사용용도인 내연기관용을 포함한다고 해석하는 것은 확장해석 또는 유추해석에 해당하므로 허용되지 않는다.

⑤ '부생연료유'를 개별소비세의 과세물품으로 포함시킨 입법취지가 저가의 '부생연료유'가 유통됨으로 인하여 석유제품의 시장질서가 교란되는 것을 방지하기 위한 것인 점을 고려하면, 석유제품의 시장질서를 교란시키는 판매에 대해 규제하려는 목적에서 이 사건 고시에서 '판매되는 것'이라고 규정하였다고 볼 수도 있고, 일반적으로 부생 연료유는 내연기관용으로 사용하기 어렵기 때문에 내연기관용으로 판매될 것을 쉽게 예상할 수 없으며, 설사 가능하더라도 시장질서를 교란시킬 정도에 이르지 않아

내연기관용으로 사용되는 경우를 제외한 것으로도 볼 수 있다. 또한 개별소비세법령이 이 사건 고시를 원용하는 것은 석유제품에 관한 경제적 · 사회적 상황의 변동에 따라 탄력적, 유동적으로 대처하여 신속한 입법적 대응을 하기 위한 것이므로 이 사건 물품에 대하여 개별소비세를 부과하고자 하였다면 이 사건 고시를 비교적 쉽고 빠르게 변경할 수도 있었다.

⑥ 사용 용도에 따라 개별소비세 부과를 달리하는 것은 관련 법령의 규정에 의한 것이고, 앞서 본 입법취지에 비추어 이 사건 물품의 경우 위와 같은 합리적인 이유도 있으므로 형평의 원칙에 반한다고 할 수도 없다.

■ **등유에 소량의 윤활유를 섞어 제조한 유사 석유의 경유 및 이에 유사한 대체유류 해당 여부**
(창원지방법원 2012구합1783, 2013.5.21.)

- 구 교통세법 제2조 제1항 제2호는 교통세의 과세대상 물품에 대하여 경유 및 이와 유사한 대체유류라고 규정하고 있고, 구 교통세법 시행령 제3조 제2호 나목은 위 대체유류에 구 석유 및 석유대체연료 사업법(2012.1.26. 법률 제11234호로 개정되기 전의 것) 제2조 제10호의 규정에 의한 경유와 유사한 유사 석유제품을 포함시키고 있으며, 구 석유 및 석유대체연료 사업법 제2조 제10호는 "유사 석유제품"이란 조연제(助戰劃), 첨가제(다른 법률에서 규정하는 경우를 포함한다), 그 밖에 어떠한 명칭이든 다음 각 목의 어느 하나의 방법으로 제조된 것으로서 자동차관리법 제2조 제1호에 따른 자동차 및 대통령령으로 정하는 차량 · 기계(휘발유 또는 경유를 연료로 사용하는 것만을 말한다)의 연료로 사용하거나 사용하게 할 목적으로 제조된 것(제11호의 석유대체연료는 제외한다)이라고 규정하고 있다.

- 살피건대, 앞서 본 바와 같이 원고가 주유소를 운영하는 A에게 유사 경유를 공급하겠다고 하면서 이 사건 유사 석유를 공급한 사실을 제8호증의 2의 기재 및 변론 전체의 취지에 의하면 A는 이 사건 유사 석유를 주식회사 B엔지니어링에 경유로 가장하여 판매하였고 주식회사 B엔지니어링은 위와 같이 구입한 경유를 덤프트럭 등 경유 차량의 연료로 사용한 사실이 인정되고, 여기에 거래현실에 비추어 경유를 연료로 사용하는 차량에 등유를 주입하여 사용하는 경우가 빈번하게 발생하고 있는 점, 앞서 본 바와 같이 원고는 등유에 소량의 윤활유를 섞어 이 사건 유사 석유를 제조하였는데 그러한 제조 방법을 감안하면 원고는 제조 당시부터 이 사건 유사 석유를 위와 같이 경유 차량의 연료로서 사용하기 위한 목적을 가지고 있었던 것으로 보이는 점 등을 종합하여 보면, 이 사건 유사 석유는 구 교통세법 제2조 제1항 제2호에서 정한 경유 및 이에 유사한 대체유류에 해당한다고 봄이 타당하다. 그러므로 이 사건 유사 석유가 교통세의 과세대상이 아니라는 원고의 이 부분 주장도 이유 없다.

5 ː 담배

🔵 담배의 종류

1. 궐련

잎담배에 향료 등을 첨가하여 일정한 폭으로 썬 후 궐련제조기를 이용하여 궐련지로 말아서 피우기 쉽게 만들어진 담배 및 이와 유사한 형태의 것으로서 흡연용으로 사용될 수 있는 것

2. 파이프담배

고급 특수 잎담배를 중가향(重加香) 처리하고 압착·열처리 등 특수가공을 하여 각 폭을 비교적 넓게 썰어서 파이프를 이용하여 피울 수 있도록 만든 담배

3. 엽궐련

흡연 맛의 주체가 되는 전충엽을 체제와 형태를 잡아 주는 중권엽으로 싸고 겉모습을 아름답게 하기 위하여 외권엽으로 만 잎말음 담배

4. 각련

하급 잎담배를 경가향(輕加香)하거나 다소 고급인 잎담배를 가향하여 가늘게 썰어, 담뱃대를 이용하거나 흡연자가 직접 궐련지로 말아 피울 수 있도록 만든 담배

5. 전자담배

니코틴이 포함된 용액 또는 연초 및 연초고형물을 전자장치를 이용하여 호흡기를 통하여 체내에 흡입함으로써 흡연과 같은 효과를 낼 수 있도록 만든 담배

6. 물담배

장치를 이용하여 담배연기를 물로 거른 후 흡입할 수 있도록 만든 담배

7. 씹는 담배

입에 넣고 씹음으로써 흡연과 같은 효과를 낼 수 있도록 가공처리된 담배

8. 머금는 담배

입에 넣고 빨거나 머금으면서 흡연과 같은 효과를 낼 수 있도록 특수가공하여 포장된 담배가루, 니코틴이 포함된 사탕 및 이와 유사한 형태로 만든 담배

9. 냄새 맡는 담배

특수 가공된 담배가루를 코 주위 등에 발라 냄새를 맡음으로써 흡연과 같은 효과를 낼 수 있도록 만든 가루 형태의 담배

(1) 과세개요

우리나라에서 담배 소비에 관하여 부과되는 제세부담금[274]은 세금으로서 담배소비세, 지방교육세, 개별소비세 및 부가가치세가 있고, 부담금으로서 국민건강증진부담금, 폐기물부담금, 엽연초생산안정화기금 등이 있다.

담배 관련 제세부담금에서는 담배를 '피우는 담배', '씹거나 머금는 담배', '냄새 맡는 담배'로 구분한 뒤, '피우는 담배'를 다시 '궐련', '파이프 담배', '엽궐련', '각련', '궐련형 전자담배', '액상형 전자담배', '물담배'로 구분하여 각 세율을 정하고 있으며, 담배의 개비 수, 중량 또는 니코틴 용액의 용량을 과세표준으로 하는 종량세 방식을 취하고 있다.

| 담배에 부과되는 제세부담금(궐련) |

제조원가 및 유통마진	제세부담금							판매 가격
	담배 소비세	지방 교육세	건강증진 부담금	개별 소비세	폐기물 부담금	VAT	소계	
1,182	1,007	443	841	594	24	409	3,318	4,500

(2) 과세대상 물품

담배는 ① 「담배사업법」 제2조 제1호에 따른 담배, ② 이와 유사한 것으로서 연초(煙草)의 잎이 아닌 다른 부분을 원료의 전부 또는 일부로 하여 피우거나, 빨거나, 증기로 흡입하거나, 씹거나, 냄새 맡기에 적합한 상태로 제조한 것, ③ 그 밖에 「담배사업법」의 담배와 유사한 것으로서 대통령령으로 정하는 것을 개별소비세 과세대상으로 한다.

담배에 대한 종류별 세율(제1조 제2항 제6호 관련)은 다음과 같다. 「담배사업법」 제2조 제1호는 담배를 연초(煙草)의 잎을 원료의 전부 또는 일부로 하여 피우거나, 빨거나, 증기로 흡입하거나, 씹거나, 냄새 맡기에 적합한 상태로 제조한 것으로 정의하고 있다.

---

274) 2005. 1. 1. 담배소비세(510원→641원), 국민건강증진부담금(150원→354원) 및 폐기물부담금(4원→7원)을 인상하였고, 2015. 1. 1. 개별소비세를 신설(594원)하고 담배소비세 인상(641원→1,007원), 국민건강증진부담금(354원→841원)과 폐기물부담금(7원→24.4원)을 인상하였다.

구　분	종　류	세　율
피우는 담배	제1종 궐련	20개비당 594원
	제2종 파이프담배	1그램당 21원
	제3종 엽궐련	1그램당 61원
	제4종 각련	1그램당 21원
	제5종 전자담배	니코틴 용액 1밀리리터당 370원
		연초 및 연초고형물을 사용하는 경우 1. 궐련형 : 20개비당 529원 2. 기타유형 : 1그램당 51원
	제6종 물담배	1그램당 422원
씹거나 머금는 담배		1그램당 215원
냄새 맡는 담배		1그램당　15원

관련법령

○ **담배사업법 제2조 【정의】**

법 제29조 제3항에서 말하는 "국토교통부령으로 정하는 이 법"에서 사용하는 용어의 뜻은 다음과 같다.

1. "담배"란 연초(煙草)의 잎을 원료의 전부 또는 일부로 하여 피우거나, 빨거나, 증기로 흡입하거나, 씹거나, 냄새 맡기에 적합한 상태로 제조한 것을 말한다.
2. "저발화성담배"란 담배에 불을 붙인 후 피우지 아니하고 일정시간 이상 내버려둘 경우 저절로 불이 꺼지는 기능을 가진 담배로서 제11조의5 제2항에 따른 인증을 받은 담배를 말한다.

(3) 과세해석 사례

■■ 멸각을 위해 폐기물처리시설로 반출하는 담배의 개별소비세 과세 여부(소비 서면 - 2015 - 법령 해석부가 - 1190, 2015.9.16.)

담배를 제조 및 판매하는 사업자가 품질 불량, 판매 부진, 유통기한 경과 등으로 제조장에 반입된 담배, 아직 미판매되었으나 제조과정에서 불량이 발생하여 판매가 불가능한 담배 또는 수출이 취소되어 판매할 수 없는 담배를 폐기하기 위하여 폐기물처리업자의 폐기물 처리시설로 반출하여 해당 담배를 폐기한 사실이 확인되는 경우 폐기물처리시설에 반출하는 해당 담배에 대하여는 개별소비세가 과세되는 것이나, 제조장에서 반출하면서 납부하였 거나 납부할 개별소비세는 해당 담배의 폐기사실이 객관적으로 확인된 때에 「개별소비세법」 제20조의3 제3항 및 「지방세법」 제63조 제1항 제1호에 따라 공제 또는 환급하는 것임.

■■ 담배의 면세반출에 대한 실무절차 등은 별도 규정이 없는 한 다른 면세품목에 대한 개별소비 세법 절차에 따름(사전 - 2015 - 법령해석부가 - 22407, 2015.5.29.)

「개별소비세법」 제18조에 따라 조건부 면세 규정이 적용되는 담배를 제조업자가 "1차 공급자"에게 반출한 경우 해당 제조업자는 면세반출에 대한 같은 법 시행령 제20조 제2항에 따른 반입증명을 최종 소매점 관할 세무서장 또는 세관장으로부터 받아야 하는 것임. 제조업자의 담배가 최종 소매점에 반출되어 다음 달 말일까지 해당 월에 판매된 담배의 반입증명을 제출하지 아니하는 경우 및 해당 월에 판매되지 아니한 재고 담배에 대하여는 개별소비세를 신고·납부하는 것입니다. 다만, 판매부진 등으로 해당 제조업자에게 반입된 경우에는 「지방세법」 제63조 제1항의 준용하여 개별소비세를 환급하는 것임.
「개별소비세법」 제20조의3 제2항 제2호에 따라 같은 법 제18조 제1항 각 호 외의 부분 본문, 같은 조 제2항, 제3항 및 제5항의 규정에 따르도록 되어 있는 주한외국군 종사자 판매용 담배의 경우에는 최종 소매점(주한외국군 영내 스넥바 등)에서 그 반입사실을 관할하는 세무서장에게 신고하고 반입증명서를 받아야 하는 것임.

■■ 제조장으로 환입된 담배에 대한 개별소비세 환급시 제출할 서류(법령해석과 - 3013, 2015.11.13.)

제조장으로부터 반출된 담배가 지방세법 제63조 제1항 제2호의 포장 또는 품질의 불량, 판매부진, 그 밖의 부득이한 사유로 제조장으로 환입되어 납부하였던 개별소비세의 환급을 신청하려는 자는 개별소비세 환급신청서에 개별소비세법 시행령 제34조 제1항 및 제2항 제6호에 따라 관할 세무서장으로부터 담배의 환입 사실을 확인받은 서류와 이미 개별 소비세가 납부된 사실을 증명하는 서류를 첨부하여야 하는 것임.

제**2**절
과세장소

> ▶ **과세물품 [별표2]**

1. 경마장 (2011.7.1.부터 장외발매소 포함)
   - 1명 1회 입장 1,000원(장외발매소 2,000원)

2. 투전기를 시설한 장소
   - 1명 1회 입장 1만원

3. 골프장
   - 1명 1회 입장 1만2천원
   - 다만, 다음 각 목의 어느 하나에 해당하는 골프장은 제외한다.
     - 가. 「체육시설의 설치·이용에 관한 법률 시행령」 제5조 제3항 단서에 따라 국방부 장관이 지도·감독하는 골프장
     - 나. (삭제)
     - 다. 「체육시설의 설치·이용에 관한 법률 시행령」 제7조 제1항 제2호에 따른 대중 체육시설업에 해당하는 골프장
       - ※ 제주도 내 회원제 골프장은 2016년 1월 1일부터 2017년 12월 31일까지 3천원 세율 적용 (조세특례제한법 법률 제13560호, 2015.12.15., 부칙 제62조)
       - ※ 지방(수도권인 서울, 인천, 경기도 제외) 회원제 골프장에 대한 개별소비세 감면 (2008.10.1. ~ 2010.12.31., 조세특례제한법 제112조, 제112조의2)
       - ※ 제주도 및 위기지역 소재 골프장은 2020년 1월 1일부터 2021년 1월 1일까지 3천원 세율 적용

4. 카지노
   - 1명 1회 입장 내국인 5만원, 외국인 2천원
     다만, 관광진흥법 제5조의 규정에 의하여 허가를 받은 외국인 전용의 카지노로서 외국인(해외이주법 제2조의 규정에 의한 해외이주자를 포함한다)이 입장하는 경우를 제외한다.
   - 폐광지역카지노 1인 1회 입장 내국인 6,300원

5. 경륜장·경정장 (2011.7.1.부터 장외매장 포함)
   - 1명 1회 입장 400원(장외매장 800원)
     ※ 법 §1 ③, §19의2, 영 §33의2, 규칙 §19

1 골프장 입장행위

　구 개별소비세법은 사회통념상 사치성이 있다고 여겨지는 골프장 입장행위를 원칙적인 개별소비세 과세대상으로 삼되, 그 중에서도 실제 개별소비세 과세대상이 되는 것은 대통령령이 정하는 것에 한정하여 그 적용대상을 제한하고 있는바, 구체적으로 골프장의 운영형태 및 규모 등 제반사정에 비추어 사치성이 없다고 볼 수 있는 골프장 입장에 대하여는 개별소비세를 배제할 수 있는 길을 열어 놓고 있으며(구 개별소비세법 제1조 제5항), 실제로 회원제 골프장이 아닌 대중골프장은 개별소비세 과세대상에서 제외하고 있다(구 개별소비세법 시행령 제1조 별표 2 제4호).

(1) 골프장의 과세범위

　「개별소비세법」은 골프장에 입장하는 행위를 과세대상으로 한다. 다만, 「체육시설의 설치·이용에 관한 법률 시행령」 제5조 제3항 단서에 따라 국방부장관이 지도·감독하는 골프장과 「체육시설의 설치·이용에 관한 법률」 제10조의2 제2항에 따라 문화체육관광부장관이 지정한 대중형 골프장은 제외한다. 다만, 문화체육관광부장관이 지정하는 대중형 골프장이 아닌 비회원제 골프장은 개별소비세 면세 대상에서 제외하였다(2023.7.1. 이후 입장행위부터 적용).[275]

　개별소비세 납세의무자로서 골프장 경영자는 「개별소비세법」 제1조 제3항 제4호의 골프장 입장행위에 대해 1인 1회 입장에 12,000원의 개별소비세와 교육세(30%) 및 농어촌특별세(30%)를 입장하는 날이 속하는 분기의 다음 달 25일까지 과세표준 신고서를 제출하고 납부하여야 한다.

---

275) 「체육시설의 설치·이용에 관한 법률」(법률 제18860호, 2022.5.3. 공포, 11.4. 시행)로 개정되기 전의 골프장 구분에 따른 개별소비세 과세 여부는 다음과 같다.

(2) 골프장의 구분

가. 골프장업의 세부 종류

「체육시설의 설치·이용에 관한 법률」(이하 '체육시설법'이라 한다) 제10조 및 같은 법 시행령 제7조는 골프장업을 시·도지사에게 등록하여야 하는 체육시설업으로 규정하고, 그 종류를 회원제체육시설업과 대중체육시설업으로 구분하여 왔다.

그러나 국민체육 진흥과 골프대중화 정책의 본래 취지를 달성하기 위하여 골프장업의 세부 종류를 회원제 골프장업과 비회원제 골프장업으로 구분하고, 문화체육관광부장관이 비회원제 골프장 중에서 이용료 등의 요건을 충족하는 골프장만을 대중형 골프장으로 지정하여 지원할 수 있도록 「체육시설의 설치·이용에 관한 법률」을 개정(법률 제18860호, 2022. 5. 3. 공포, 11. 4. 시행)하였다.

기존 분류 체계	개정 분류 체계		
회원제		회원제	회원을 모집하는 골프장
대중제		비회원제	회원을 모집하지 않는 골프장
		대중형	비회원제 골프장 중 일정요건을 충족하여 지정된 골프장

구 분		시설기준		과세 여부	
		골프코스	부지면적	'92.1.1.~ '00.6.30.	'00.7.1.~ '23.6.30.
회원제 골프장		3홀 이상	• 기본 108만㎡ • 18홀을 초과하는 9홀마다 46만8천㎡ 추가	과세	과세
대중 골프장	정규대중	18홀 이상	상 동	과세	과세제외
	일반대중	9홀 이상 18홀 미만	• 기본 50만㎡ – 9홀을 초과하는 1홀마다 2만㎡ 추가	과세제외	과세제외
간이 골프장		6홀 이상 9홀 미만	• 기본 34만㎡ – 6홀을 초과하는 1홀마다 1만5천㎡ 추가	과세제외	과세제외
		3홀 이상 6홀 미만	• 기본 6만㎡ – 3홀을 초과하는 1홀마다 1만3천㎡ 추가		
18홀 이상 골프장 중 국방부장관이 지도·감독하는 골프장					과세제외

* (구)체육시설의 설치·이용에 관한 법률 시행규칙에서 발췌

* 수도권 밖에 있는 회원제 골프장은 면제 2008.10.1. ~ 2010.12.31. (조특법 §112)

이에 따라 대중형 골프장으로 지정하기 위한 요건을 회원제 골프장의 비회원 대상 코스 이용료의 직전연도 평균 금액과 회원제·대중형 골프장 간 과세금액의 차이 등을 고려하여 문화체육관광부장관이 매년 고시하는 금액보다 낮은 액수의 코스 이용료를 책정할 것으로 정하고 있다.

회원제 골프장은 회원을 모집하여 경영하는 골프장으로 운영형태에 따라 입회금 회원제, 사단법인제, 주주회원제 등으로 구분된다. 회원을 모집하는 골프장업을 하려는 자에게 회원을 모집하지 아니하는 골프장을 직접 병설(竝設)하게 할 수 있다. 이 경우 병설 대중골프장의 이용 방법과 이용료 등 그 운영에 관하여 회원을 모집하는 해당 골프장과 분리하여야 한다.

이 경우 회원이란 체육시설업의 시설을 일반이용자보다 우선적으로 이용하거나 유리한 조건으로 이용하기로 체육시설업자(사업계획 승인을 받은 자를 포함한다)와 약정한 자를 말한다.

〈회원제 골프장 세부내용〉
- 회원을 모집하여 회원권을 발급하여 운영하는 골프장
- 회원에게 사용의 우선권을 부여, 예약제로 운영
- 운영형태
  - 〈**입회금 회원제**〉 경영회사에 입회금(예탁금)을 예탁하는 대신 회원자격을 부여받고 골프장을 우선적으로 유리한 조건으로 이용, 약정 거치기간이 지나면 입회금(원금) 반환 청구
  - 〈**사단법인제**〉 회원들이 골프장의 소유권과 이용권을 모두 소유하는 형태, 회원들로 구성된 법인격을 갖춘 사단법인이 골프장을 건설·운영하고, 그 회원들이 해당 시설을 이용
  - 〈**주주회원제**〉 경영회사의 주식을 전 회원이 나누어 가지고 이들의 총의에 의해 회사를 운영
  - 〈**연회원제**〉 1년에 한 번씩 납부하는 소멸성 회비로 운영

나. 대중형 골프장의 지정

문화체육관광부장관은 다음의 요건을 충족하는 비회원제 골프장을 대중형골프장으로 지정할 수 있다. 대중형골프장의 지정기간은 3년으로 한다.

1. 다음의 평균금액 및 과세금액의 차이를 고려하여 문화체육관광부장관이 매년 정하여 고시하는 금액보다 낮은 금액의 코스 이용료를 책정할 것

① 회원제 골프장의 비회원 대상 코스 이용료의 직전연도 평균 금액

　매년 물가상승률을 고려해 수도권(「수도권정비계획법」 제2조 제1호에 따른 수도권을 말한다)의 성수기(5월 및 10월을 말한다)를 기준으로 산정한다.

② 회원제 골프장과 대중형 골프장 간 과세금액의 차이

2. 「약관의 규제에 관한 법률」 제19조의3에 따른 표준약관 중 골프장 이용에 관한 표준약관을 사용할 것

대중형 골프장의 지정을 받으려는 비회원제 골프장업자는 지정신청서에 골프장 이용약관 등의 서류를 첨부하여 문화체육관광부장관에게 제출해야 한다.

※ 대중형 골프장 지정요건 · 절차
▶ (**요건**) 코스 이용료를 대중형 골프장 코스 이용료 상한 요금 * 보다 낮게 책정할 것
　* (고시 금액) 주중 18만 8천원, 주말 24만 7천원
▶ (**절차**) 대중형 골프장 지정신청을 시 · 도지사에게 하고, 시 · 도지사가 이를 문화체육관광부에 이관하고 문화체육관광부장관이 요건을 확인 · 통보

---

(3) 과세표준의 산정

과세장소는 1명 1회 입장을 과세표준으로 한다. 「개별소비세법」 제1조 제3항 제4호의 골프장 입장행위에 대해 1명 1회 입장에 대하여 12,000원의 개별소비세와 교육세(30%) 및 농어촌특별세(30%)를 입장하는 날이 속하는 분기의 다음 달 25일까지 과세표준 신고서를 제출하고 납부하여야 한다.

다만, 강설, 폭우, 안개 등 천재지변 또는 그 밖의 불가항력적인 사유로 골프행위를 중단하는 경우 과세표준은 입장할 때의 인원에 전체 이용 홀 수 중 실제 이용한 홀 수의 비율을 곱하여 계산한다.

$$\text{과세표준} = \text{당초 골프장에 입장할 때의 인원} \times \frac{\text{실제 이용한 홀 수}}{\text{전체 홀 수}}$$

구분	회원제 골프장·비회원제 골프장		지정 대중형 골프장	
	금액	근거	금액	근거
개별소비세	12,000원 (1명, 1회 입장)	개별소비세법 제1조 제3항 제4호	미부과	개별소비세법 시행령 별표2 문화체육관광부 장관이 지정한 대중형 골프장은 개별소비세 과세장소에서 제외
교육세	3,600원 (개별소비세의 30%)	교육세법 제3조 제2호 및 제5조		
농어촌특별세	3,600원 (개별소비세의 30%)	농어촌특별세법 제3조 제3호 및 제5조		
부가가치세	1,920원 (개별소비세+교육세 +농특세)×10%	부가가치세법 제4조, 제11조, 제29조, 제30조		
합계	21,120원			

(4) 골프장에 대한 지방세 및 종합부동산세

골프장 사업자에게 부과되는 세금은 지방세법 제13조(과밀억제권역 안 취득 등 중과) 및 제11조(부동산 취득의 세율)에 따른 취득세와 지방세법 제111조(세율) 제1항 제1호 및 제2호 재산세 등이 있다.

구 분	회원제 골프장·비회원제 골프장		지정 대중형 골프장	
	세 율	근 거	세 율	근 거
취·등록세	12%	지방세법 제13조 제5항 제2호 [4%(기본세율)+ 2%(중과세율)×4]	4%	지방세법 제11조 제1항 제7호 나목 (그 밖의 원인 농지 외 취득)
재산세	종합합산과세대상, 별도합산과세대상, 분리과세대상으로 구분			
개발지(코스)	4%	지방세법 제111조 제1항 제1호 다목 2) (분리과세)	0.2~ 0.4%	지방세법 제111조 제1항 제1호 나목 (별도합산)
원형보존지	0.2~ 0.4%	지방세법 제111조 제1항 제1호 나목 (별도합산)		

구 분	회원제 골프장 · 비회원제 골프장		지정 대중형 골프장	
	세 율	근 거	세 율	근 거
건물	4%	지방세법 제111조 제1항 제2호 가목 (분리과세)	0.25%	지방세법 제111조 제1항 제2호 다목 (일반과세)
종합부동산세	지방세법 상 종합합산과세대상 및 별도합산과세대상에 대해 부과			
원형보존지	1~3%	종합부동산세법 제14조 제1항 (종합합산, 공시가격 5억원 초과 금액 누진과세)	0.5~ 0.7%	종합부동산세법 제14조 제4항 (별도합산, 공시가격 80억원 초과금액 누진과세)
개발지(코스)	과세제외			

(5) 과세해석 사례

가. 과세 사례

■■ **추가 라운드시의 입장행위**(소비 46430 – 2366, 1997.10.17.)

특별소비세법상 골프장이라 함은 실질적인 골프행위가 가능한 골프코스를 말하는 것이며, 입장행위는 최초 출발지역인 스타트 홀 내의 티잉그라운드에 들어가는 행위로 보는 것임. 추가 라운드 시에는 새로운 입장행위로 보아 특별소비세가 다시 과세되는 것임.

■■ **19홀을 라운딩하는 경우**(소비세과 – 230, 2013.7.18.)

"골프장 1명 1회 입장"은 1인 1경기(18홀)를 기준으로 하며 19홀을 입장하는 경우 새로운 입장행위이므로 개별소비세가 다시 과세됨.

■■ **18홀 라운딩이 종료된 후 나머지 라운딩에 입장하는 행위**(소비 46430 – 100, 1999.3.9.)

개별소비세법 제1조 제3항 제4호에 "골프장 1인 1회 입장에 대하여 1만2천원"으로 규정되어 있으며, 여기에서 1회 입장이라 함은 1경기(18홀)를 기준으로 경기를 하기 위하여 입장하는 것으로 보아야 하며, 입장행위로 보는 시점은 최초 출발지역인 스타트홀 내의 티잉그라운드에 들어가는 행위를 말한다. 예약시에 27홀 또는 36홀을 라운딩하기로 하고 골프행위를 하는 경우 첫 경기 18홀 라운딩이 종료된 시점에서 첫 입장 행위가 끝난 것이며, 나머지 라운딩을 하기 위해 티잉 그라운드에 들어가는 행위는 두 번째 입장행위인 것이므로 개별소비세가 다시 과세되는 것임.

■ **미완성 골프장에서 골프행위를 할 경우**(소비 46430-453, 1999.9.11.)

골프장 입장행위란 최초 출발지역인 스타트홀 내의 티잉그라운드에 들어가는 행위를 말하며 비록 18홀 전체가 완공되지 아니하였더라도 골프행위가 가능한 일부 홀(9홀)에서 골프행위를 하는 경우에는 특별소비세가 과세되는 것임.

■ **감독기관의 승인 후 경륜장을 무료로 입장한 경우**(서면3팀-3265, 2006.12.26.)

경륜장에서 신규고객 창출 등 사업 활성화를 위해 감독기관의 승인을 득한 후 한시적으로 경륜장에서 고객입장료를 징수하지 않는 경우에도 특별소비세가 과세됨.

■ **미완공 골프장에서 무료로 코스점검을 하는 경우**(서면3팀-1820, 2005.10.20.)

미완공 골프장에서 모집된 일부 회원을 상대로 한시적으로 코스점검을 함에 있어, 입장하는 회원에게 아무런 금전적 대가를 받지 않고 경기보조원(캐디) 없이 1인용 수동카트를 직접 사용하여 무료로 코스점검을 실시하는 경우 골프장 입장행위에 해당하는 것으로 특별소비세 과세대상에 해당하는 것임.

나. 과세제외 사례

■ **코스답사 등 골프행위를 목적으로 하지 않는 입장**(소비 46430-1495, 1994.7.20.)

특별소비세법상 과세장소인 골프장은 같은 법 시행령 별표2 제4호에 의거 일반대중골프장의 면적기준을 초과하는 곳이며, 이 기준에 해당되고 실질적인 골프행위를 할 수 있는 장소라면 체육시설업의 등록 여부와 관계없이 같은 법 제4조에 의거 입장을 한 때에 과세되는 것임.

■ **경주로의 보수공사로 다른 경륜장의 경주를 스크린으로 중계하는 경우**(소비-239, 2010.6.25.)

「경륜·경정법」에 따라 경륜 경주사업을 위탁받은 사업자가 경주로의 보수공사로 경주를 개최하지 못하여 공사기간 동안 입장고객에게 다른 경륜장의 경주를 스크린으로 중계하는 경우 해당 기간의 입장행위는 「개별소비세법」 제1조 제3항 제2호에 따른 개별소비세 과세대상에 해당하지 아니하는 것임.

■ **회원제로 등록된 골프장을 사실상 대중골프장으로 운영하는 경우**(서면-2016-법령해석부가-3154, 2016.3.31.)

회원제 골프장에서 대중골프장으로 사업계획 변경승인이 보류된 상태에서 회원들의 권리가 소멸되고, 사실상 대중골프장으로 운영되는 경우에는 개별소비세가 면제되는 것임.

2 : 카지노 입장행위

카지노의 1명 1회 입장에 대하여 5만원의 개별소비세를 부과한다. 다만, 「폐광지역 개발 지원에 관한 특별법」 제11조에 따라 허가를 받은 카지노의 경우에는 6천300원, 외국인은 2천원을 부과하며, 「관광진흥법」 제5조에 따라 허가를 받은 외국인전용 카지노에 외국인 또는 해외이주자가 입장하는 경우에는 과세제외 한다.

개별소비세 부과대상인 카지노 영업은 허가받은 경우로 제한하지 않는다(서울고법 2010누17467, 2010.12.22. 참고).

■ **1인 1회 입장의 범위**(재소비 46016-17, 2002.1.16.)

폐광지역의 내국인 카지노의 경우 1일 개설시간 내에 발생하는 1인 1회 입장의 범위는 식사·휴식을 위한 장소의 설치 여부 등을 고려하여 판단할 사항임.

과세영업장소

과세개요

▶ 과세영업장소

「관광진흥법」 제5조 제1항에 따라 허가를 받은 카지노
「폐광지역개발 지원에 관한 특별법」 제11조에 따라 허가를 받은 카지노

▶ 과세표준 및 세율

연간 총매출액(「관광진흥법」 제30조 제1항에 따른 총매출액)

호별	연간 총매출액	세 율
1	500억원 이하	100분의 0
2	500억원 초과 1천억원 이하	500억원을 초과하는 금액의 100분의 2
3	1천억원 초과	10억원 + (1천억원을 초과하는 금액의 100분의 4)

▶ 과세영업장소 의제

「관광진흥법」, 그 밖의 법령에 따라 허가를 받지 아니하고 과세영업장소를 경영하는 경우에도 그 장소를 과세대상 과세영업장소로 의제

▶ 과세표준 신고

영업행위를 한 날이 속하는 해의 다음 해 3월 31일까지 과세표준 신고

(1) 과세개요

과세영업장소의 경영자는 「관광진흥법」 및 「폐광지역 개발 지원에 관한 특별법」에 따라 허가받은 카지노의 영업행위에 대하여 개별소비세를 신고·납부하여야 한다. 과세영업장소의 과세표준은 총매출액으로 「관광진흥법」 제30조 제1항에 따라 고객으로부터 받은 총금액에서 고객에게 지불한 총금액을 공제하여 계산하며 금액구간에 따라 0%, 2%, 4%의 세율을 적용하여 영업행위를 한 날이 속하는 해의 다음 해 3월 31일까지 관할 세무서장에게 신고·납부하여야 한다.

> **참고자료**

> ▶ **개별소비세법 [법률 제9259호, 2008.12.26., 일부개정] 발췌**
>
> ◇ **개정이유**
>
> 목적세인 교통·에너지·환경세와 부가세인 교육세 및 농어촌특별세를 폐지하고, 이를 개별소비세로 통합하는 방안이 추진됨에 따라 해당 개별소비세율을 조정하고, 개별소비세의 신고·납부 제도를 개선하여 납세 편의를 제고하며, 외국인관광객을 유치함으로써 관광산업을 활성화하고 관광수지를 개선하기 위하여 「관광진흥법」에 의한 관광편의시설업 중 한국음식점업에 대한 개별소비세 면세 범위를 확대하고, 카지노 영업행위를 개별소비세의 과세대상으로 신설하여 세원을 확충하며, 시험·연구용 수입 승용자동차에 대한 개별소비세를 면제하여 환경친화적 투자에 대한 지원을 강화하는 한편, 그 밖에 현행 제도의 운영상 나타난 일부 미비점을 개선·보완하려는 것임.
>
> ◇ **주요내용**
>
> 나. 카지노 영업행위에 대한 과세 신설(법 제1조 제5항, 제3조 제7호, 제6조 제3항, 제8조 제1항 제7호 및 제9조 제6항 신설)
>
>   1) 사행산업에 대한 과세를 강화하여 과세기반을 확충할 필요가 있음.
>
>   2) 개별소비세의 과세대상에 카지노 영업행위를 추가하고, 카지노의 경영자는 영업행위에 따른 총매출액의 100분의 0에서 100분의 4를 개별소비세로 납부하도록 하되, 시행시기를 3년간 유예하여 2012년부터 과세되도록 함.
>
>   3) 사행산업에 대한 신규 세원을 확충하여 재정운용의 건전성을 제고할 것으로 기대됨.

(2) 관광진흥법에 따른 카지노

가. 카지노업의 정의

관광사업은 관광객을 위하여 운송·숙박·음식·운동·오락·휴양 또는 용역을 제공하거나 그 밖에 관광에 딸린 시설을 갖추어 이를 이용하게 하는 업(業)을 말하며 여행업, 관광숙박업, 관광객 이용시설업, 국제회의업, 카지노업, 유원시설업, 관광 편의시설업으로 구분하고 있다.

관광사업 중 하나인 카지노업은 전문 영업장을 갖추고 주사위·트럼프·슬롯머신 등 특정한 기구 등을 이용하여 우연의 결과에 따라 특정인에게 재산상의 이익을 주고 다른 참가자에게 손실을 주는 행위 등을 하는 업으로서 「관광진흥법」에 따른 카지노는 외국인전용 카지노로 내국인의 입장을 제한하고 있다.

나. 허가

다음의 어느 하나에 해당하는 카지노업을 경영하려는 자는 전용영업장 등 일정시설과 기구 및 사업계획, 재정능력, 내부통제방안을 갖추어 문화체육관광부장관의 허가를 받아야 한다.

1. 국제공항이나 국제여객선터미널이 있는 특별시·광역시·특별자치시·도·특별자치도에 있거나 관광특구에 있는 관광숙박업 중 호텔업 시설(관광숙박업의 등급 중 최상 등급을 받은 시설만 해당하며, 시·도에 최상 등급의 시설이 없는 경우에는 그 다음 등급의 시설만 해당한다) 또는 국제회의업 시설의 부대시설에서 카지노업을 하려는 경우
2. 우리나라와 외국을 왕래하는 여객선에서 카지노업을 하려는 경우로서 여객선이 2만톤급 이상으로 문화체육관광부장관이 공고하는 총톤수 이상인 경우

다. 영업 및 준수사항

카지노사업자는 다음의 어느 하나에 해당하는 행위를 하여서는 아니 된다.

1. 허가받은 전용영업장 외에서 영업을 하는 행위
2. 내국인(「해외이주법」 제2조에 따른 해외이주자는 제외한다)을 입장하게 하는 행위
3. 총매출액을 누락시켜 제30조 제1항에 따른 관광진흥개발기금 납부금액을 감소시키는 행위
4. 카지노사업자는 매년 3월 말까지 공인회계사의 감사보고서가 첨부된 전년도의 재무제표를 문화체육관광부장관에게 제출하여야 한다.

라. 기금의 납부

카지노사업자는 총매출액의 100분의 10의 범위에서 일정 비율에 해당하는 금액을 「관광진흥개발기금법」에 따른 관광진흥개발기금에 내야 한다. 총매출액은 카지노영업과 관련하여 고객으로부터 받은 총금액에서 고객에게 지불한 총금액을 공제한 금액을 말한다.

| 관광진흥개발기금 납부율 |

구분	연간 총매출액	기금 납부비율
1	10억원 이하	100분의 1
2	10억원 초과~100억원 이하	1천만원 + (10억원 초과금액의 100분의 5)
3	100억원 초과	4억6천만원 + (100억원 초과금액의 100분의 10)

(3) 폐광지역 개발 지원에 관한 특별법에 따른 카지노

가. 허가

문화체육관광부장관은 폐광지역 중 경제사정이 특히 열악한 지역으로서 일정요건을 모두 갖춘 지역 중 도지사가 지정하는 지역의 한 곳에만 「관광진흥법」에 따른 허가요건에도 불구하고 카지노업의 허가를 할 수 있다. ((주)강원랜드)

나. 폐광지역개발기금

카지노업과 그 카지노업을 경영하기 위한 관광호텔업 및 종합유원시설업에서 발생되는 이익금 중 100분의 25를 폐광지역과 관련된 관광진흥 및 지역개발을 위하여 폐광지역 개발기금으로 납부하여야 한다.

다. 준수사항

카지노사업자는 매년 3월 말까지 공인회계사의 감사보고서가 첨부된 전년도의 재무제표를 산업통상자원부장관과 소재지 도의 도지사에게 제출하여야 한다.

과세개요

▶ **과세유흥장소의 종류**(영 §1, §2)

1) 유흥주점
2) 외국인전용 유흥음식점
3) 그 밖에 이와 유사한 장소
   「식품위생법 시행령」에 따른 유흥주점과 사실상 유사한 영업을 하는 장소
   (유흥종사자를 두지 않고 별도의 춤추는 공간이 없는 장소는 제외)

▶ **과세유흥장소 의제**(법 §1 ⑪)

「식품위생법」, 「관광진흥법」, 그 밖의 법령에 따라 허가를 받지 아니하고 과세유흥장소를
경영하는 경우에도 그 장소를 과세대상인 과세유흥장소로 본다.

(1) 과세개요

과세유흥장소(유흥주점, 외국인전용 유흥음식점, 그 밖에 이와 유사한 장소)에서의 유흥
음식행위에 대하여는 개별소비세를 부과한다. 과세유흥장소의 경영자는 유흥음식요금의
100분의 10에 해당하는 매월분의 개별소비세를 다음 달 25일까지 신고·납부하여야 한다.

그리고 개별소비세의 납세의무자는 「교육세법」 제3조 제2호에 따라 교육세를 납부할 의무
또한 부담한다.[276]

---

276) 「개정세법 해설」(국세청, 1982년) 과세표준은 유흥음식요금(음식료·연주료 기타 명목여하에 불구하고
　　　과세유흥장소의 경영자가 유흥음식행위를 하는 자로부터 영수하는 금액을 말함)으로 한다. 그러나
　　　금전등록기를 설치 사용하는 자가 금전등록기 영수증을 교부하고 감사테이프를 보관한 때에는 현금수입금액을
　　　과세표준으로 할 수 있다. 다만, 무상으로 유흥음식행위를 하게 한 것은 당해 월분의 과세표준에 합산하고
　　　외상으로 유흥음식행위를 하게 한 것으로 경영을 폐지한 때의 외상매출금 잔액은 폐업분 과세신고시의
　　　과세표준에 합산한다.

(2) 납세의무자

과세유흥장소에서의 유흥음식행위에 대한 개별소비세 납세의무자는 과세유흥장소의 경영자이다.

(3) 납세의무의 성립(과세시기)

유흥음식행위에 대한 개별소비세는 유흥음식행위를 하는 때 납세의무가 성립하며, 그 유흥음식행위 당시의 법령에 따라 부과한다.

(4) 과세유흥장소의 판정

「개별소비세법」 제1조 제4항은 유흥음식행위에 대하여 개별소비세를 부과하는 장소(과세유흥장소)는 유흥주점, 외국인전용 유흥음식점, 그 밖에 이와 유사한 장소로 규정하고 있다.

소관 세무서장은 과세유흥장소의 경영자에 대하여 납세보전상 필요하다고 인정하는 경우에는 전월에 납부한 특별소비세액(전월에 납부한 세액이 없는 경우에는 당해 월분에 납부할 특별소비세액의 추정액)의 2개월분에 상당하는 금액을 납세담보로 제공할 것을 요구할 수 있다. 이 경우 경영자는 담보제공의 요구를 받은 날로부터 30일 이내에 납세담보를 제공하여야 한다.

면세업소와 대상자	비치서류
○ 관광사업법에 의한 관광숙박업의 경영자가 외국인관광객 · 재외국민 · 외국인선원들에게 외화를 받고 숙박용역과 함께 제공하는 것	외국인숙박기록표
○ 주한국제연합군 또는 미국군이 주둔하는 지역 내의 과세유흥장소의 경영자로서 소관세무서장의 지정을 받은 자가 외국군인 및 외국인선원에게 외화를 받고 제공하는 것	외국인에게 판매한 영수증
○ 과세유흥장소의 경영자로서 소관 세무서장의 지정을 받은 자가 주한 외교관 중 대통령이 정하는 자와 우리나라에 파견된 외교관에게 외화를 받고 제공하는 것	외교관 면세판매기록표

※ 면세요건
  1. 소관 세무서장의 지정을 받을 것. 단, 관광호텔은 제외
  2. 외화를 받고 제공하여야 하며, 이를 확인할 수 있는 서류를 비치 · 기록하여야 한다.
     - 세액공제(법 제20조 제8항, 영 제34조 제6항)
       금전등록기를 사용하는 자는 금전등록기를 사용하여 교부한 영수증금액(면세분을 제외한 것으로서 월1천만원을 한도로 함)에 대하여 납부할 특별소비세의 100분의 5에 상당하는 금액을 당해 월에 납부할 세액에서 공제한다. 이 경우 세액을 공제받고자 하는 자가 당해 월분의 과세표준 신고서에 당해 월분에 납부할 특별소비세액에서 공제할 금액을 기재하여 제출하여야 한다.

한편, 「개별소비세법」 제1조 제12항은 '과세유흥장소 및 유흥음식행위의 판정에 필요한 사항은 대통령령으로 정한다'고 규정하고, 그 위임에 따라 「개별소비세법 시행령」 제2조 제3항은 '법 제1조 제4항에서 "그 밖에 이와 유사한 장소"란 식품위생법 시행령에 따른 유흥주점과 사실상 유사한 영업을 하는 장소를 말한다'고 규정하고 있다.

개별소비세는 특정한 장소에서의 유흥음식행위 대하여 부과하는 것이므로 과세유흥장소에 해당 여부를 영업허가 여부, 영업장의 크기 등에 따라 결정하는 것은 아니다. 유흥종사자를 두거나 별도의 춤추는 공간(무도장)을 설치한 경우에는 개별소비세의 과세대상이다.

'유흥종사자'는 손님과 함께 술을 마시거나 노래 또는 춤으로 손님의 유흥을 돋우는 유흥접객원을 말하며, '유흥시설'은 유흥종사자 또는 손님이 춤을 출 수 있도록 설치한 무도장을 말한다.

과세유흥장소의 종류는 유흥주점 · 외국인전용 유흥음식점 및 그 밖에 이와 유사한 장소로 하며, 「식품위생법」, 「관광진흥법」, 그 밖의 법령에 따라 허가를 받지 아니하고 과세유흥장소를 경영하는 경우에도 그 장소를 과세대상인 과세유흥장소로 본다.

참고자료

▶ 유흥음식세법 [시행 1949.10.1.] [법률 제52호, 1949.10.1., 제정]

[신규제정] 건국초기에 있어서의 국민생활태도를 개선하는 한편 긴박한 국가재정을 확보하기 위하여 유흥음식업소에 대하여 일정한 세부담을 과할 수 있도록 하려는 것임.
① 요리점, 음식점, 여관, 무도장에 있어서의 유흥 및 음식에 대하여 유흥음식세를 부과하도록 함.
② 유흥음식세의 세율은 제1종, 제2종, 제3종으로 분류하여 성질에 따라 다른 세율을 적용함.
③ 식사만 제공하는 음식점에 대하여는 과세를 하지 아니하도록 함.
④ 이 법 과세대상업체를 경영 또는 폐지할 때에는 정부에 미리 신고하도록 함.
⑤ 이 법 과세대상업체를 경영하는 자는 장부를 기재하고 정부에 신고하도록 하며, 요금영수증을 발행하도록 함.
⑥ 이 법에 위반한 자에 대한 벌칙을 정함.
⑦ 유흥음식세의 과세표준인 요금에 대하여는 지방세를 부과할 수 없도록 함.
⑧ 조선유흥음식세령은 이를 폐지함.

▶ 유흥음식세법 [시행 1962.1.1.] [법률 제780호, 1961.12.2., 폐지]

소득세 · 법인세 · 영업세 · 상속세 · 통행세 · 등록세 · 자산재평가세 · 주세 · 물품세 · 석유류세 · 입장세 · 전기가스세 · 인지세 · 관세 및 톤세를 국세로 하고, 토지세 · 유흥음식세 ·

재산세·자동차세·마권세·취득세·도축세·면허세 등 독립세와 소득세·법인세 및 영업세에 대한 부가세 및 기타 목적세를 지방세로 하며, 국세와 지방세 간에 과세물건이 중복되지 아니하도록 하려는 것임.

▶ **유흥음식세법** [시행 1977.1.1.] [법률 제2927호, 1976.12.22., 제정]

[신규제정] 유흥음식세가 국세로 전환됨에 따라 동일한 세원에 대한 중복과세를 지양하고 납세의무자의 불편과 세무행정의 번잡성을 제거하기 위하여 음식, 숙박업에 대한 영업세를 유흥음식세로 통합하는 한편 지방세제에서의 고세율을 인하조정하려는 것임.

① 과세장소와 세율을 다음과 같이 함.
- 제1종 장소 : 요리점, 무도장, 카바레, 빠 기타 이와 유사한 장소(유흥음식요금의 100분의 20)
- 제2종 장소 : 고급에 속하는 음식점과 호텔(유흥음식요금의 100분의 15)
- 제3종 장소 : 다방, 과자점, 대중음식점 기타 이와 유사한 장소(유흥음식요금의 100분의 5)
- 제4종 장소 : 과자점, 대중음식점 기타 이와 유사한 장소(제3종 장소에 속하는 것을 제외함) 및 여관, 여인숙 기타 이와 유사한 장소(유흥음식요금의 100분의 2)

② 납세의무자는 유흥음식장소의 경영자로 함.
③ 과세표준은 유흥음식장소에서의 유흥음식 및 숙박행위에 대한 유흥음식요금으로 함.
④ 매월분의 세액을 다음 달 20일까지 과세표준 신고서의 제출과 동시에 납부하도록 함.
⑤ 유흥음식장소에서의 금전등록기의 설치, 사용을 의무화하고 이를 이행한 자에게는 세액의 10% 범위 내에서 공제혜택을 부여토록 함.
⑥ 유흥음식업소가 발행한 영수증을 정부에 제출한 자에게는 세액에 대한 일정솔의 금액을 보상금으로 지급하도록 함.

▶ **특별소비세법** [시행 1982.1.1.] [법률 제3475호, 1981.12.31., 개정]

[일부개정] 국민소득수준의 향상과 소비생활의 변화에 따라 일반적으로 대중화된 물품에 대하여는 세부담을 경감하고 사치성 물품등 여유있는 소득층의 소비에 대하여는 중과함으로써 간접세 부담을 합리적으로 조정하는 한편 신기술개발촉진을 위한 산업정책적 유인기능을 강화하려는 것임.

① 가구, 소형냉장고, 텔레비전수상기, 전기음향기기, 전기전열이용기구, 저급융단의 세율을 인하함.
② 대형모터보트와 요트·고급융단의 세율을 인상함.
③ 크리스탈 유리제품·천연과실음료·스키장 및 유흥음식점 등을 과세대상으로 함.
④ 기술개발을 선도하는 물품으로서 수출전략상 내수기반의 확대가 필요한 물품에 대하여는 잠정세율을 적용할 수 있도록 함.
⑤ 유흥음식행위에 대한 과세방법을 정함.
⑥ 외국인관광객·재외국민·외국인선원·외국군인 및 주한외교관에 대하여는 유흥음식행위에 대한 특별소비세를 면제함.

(5) 과세유흥장소의 판정

개별소비세는 특정한 장소에서의 유흥음식행위 대하여 부과하는 것이므로 과세유흥장소에 해당 여부를 영업허가 여부, 영업장의 크기 등에 따라 결정하는 것은 아니다. 유흥종사자를 두거나 별도의 춤추는 공간(무도장)을 설치한 경우에는 개별소비세의 과세대상이다.

'유흥종사자'는 손님과 함께 술을 마시거나 노래 또는 춤으로 손님의 유흥을 돋우는 유흥접객원을 말하며, '유흥시설'은 유흥종사자 또는 손님이 춤을 출 수 있도록 설치한 무도장을 말한다.

과세유흥장소의 종류는 유흥주점 · 외국인전용 유흥음식점 및 그 밖에 이와 유사한 장소로 하며, 「식품위생법」, 「관광진흥법」, 그 밖의 법령에 따라 허가를 받지 아니하고 과세유흥장소를 경영하는 경우에도 그 장소를 과세대상인 과세유흥장소로 본다.

가. 식품위생법상 영업의 종류

1) 단란주점영업

주로 주류를 조리 · 판매하는 영업으로서 손님이 노래를 부르는 행위가 허용되는 영업을 말한다. 유흥종사자를 두지 않고 별도의 춤추는 공간이 없다면 과세유흥장소에 해당하지 아니한다.

2) 유흥주점업

「식품위생법」에 따라 주로 주류를 조리 · 판매하는 영업으로서 유흥종사자를 두거나 유흥시설을 설치할 수 있고 손님이 노래를 부르거나 춤을 추는 행위가 허용되는 영업이다.

3) 그 밖의 유사한 장소

과세유흥장소 중 '그 밖에 이와 유사한 장소'란 「식품위생법 시행령」에 따른 유흥주점과 사실상 유사한 영업을 하는 장소(유흥종사자를 두지 않고 별도의 춤추는 공간이 없는 장소는 제외한다)를 말한다.

4) 과세유흥장소 의제

단란주점업과 유흥주점업의 경우 「식품위생법 시행령」 제23조 제2호에 따라 해당 시·군·구청장의 허가를 받아야 한다. 그러나 「식품위생법」, 「관광진흥법」 그 밖의 법령에 따라 허가를 받지 아니하고 과세유흥장소를 경영하는 경우에는 그 장소를 과세대상인 과세유흥장소로 보아 개별소비세 과세 여부를 판정한다.

나. 관광진흥법의 외국인전용 유흥음식점

식품위생법령에 따른 유흥주점영업의 허가를 받은 자가 외국인이 이용하기 적합한 시설을 갖추어 그 시설을 이용하는 자에게 주류나 그 밖의 음식을 제공하고 노래와 춤을 감상하게 하거나 춤을 추게 하는 장소를 말한다.

해석사례

- **유흥음식행위 여부에 따라 과세대상 판정함**(대법원 2008두1658, 2008.3.14.)
  - 유흥주점 과세정상화 추진계획은 내부지침일 뿐이며 특별소비세법 제1조 제1항에서 특별소비세는 특정한 장소에서 유흥음식행위에 대하여 부과한다고 규정하고 있으므로 특별소비세의 과세대상인지 여부는 **영업장의 크기에 따라 결정되는** 것이 아니라 유흥음식행위를 한 것인지 여부에 따라 결정되는 것인바 유흥음식행위를 한 사실에 다툼이 없는 이상 환급신청을 거부한 처분은 잘못이 없는 것으로 판단됨.

- **유흥주점 과세정상화 추진계획(내부업무처리지침)은 공적인 견해 표명 아님**(서울고등법원 2006누2741, 2006.9.26.)
  - 제1·2단계 유흥주점 과세정상화 추진계획은 내부적 업무처리지침에 불과하여 납세자에 대하여 신뢰보호의 원칙이 적용되기 위한 **공적인 견해 표명한 것으로 볼 수 없음.**

- **유흥주점에 대한 개별소비세 과세 여부**(재소비 46016－295, 1998.10.29.)
  - 유흥주점업 허가를 받은 자가 주점업 이외에 기타 영업을 겸업하는 경우로서 기타 영업이 시간적 또는 장소적으로 주점업과 명확히 구분되고 요금체계 및 장부 등을 별도로 구분하여 관리하는 등 기타 영업의 내용을 객관적으로 확인할 수 있는 경우에는 동 기타 영업분 영수금액은 유흥음식요금에 해당되지 아니함.

- **유흥주점에 대한 개별소비세 과세 여부**(서면－2017－부가－1286 [부가가치세과－1832], 2017.7.30.)
  - 유흥주점업 허가를 받은 자가 주점업 이외에 기타 영업을 겸업하는 경우로서 기타

영업의 내용을 객관적으로 확인할 수 있는 경우에는 동 기타 영업분 영수금액은 특별소비세가 과세되는 유흥음식요금에 해당되지 아니함.

 참고

▶ **식품위생법 제36조에 따른 업종별 시설기준(시행규칙 별표14)**

8. 식품접객업의 시설기준

　가. 공통시설기준

　　1) 영업장

　　　가) 독립된 건물이거나 식품접객업의 영업허가를 받거나 영업신고를 한 업종 외의 용도로 사용되는 시설과 분리, 구획 또는 구분되어야 한다(이하 생략).

　　　나) 영업장은 연기·유해가스 등의 환기가 잘 되도록 하여야 한다.

　　　다) 음향 및 반주시설을 설치하는 영업자는 「소음·진동관리법」 제21조에 따른 생활소음·진동이 규제기준에 적합한 방음장치 등을 갖추어야 한다.

　　　라) 공연을 하려는 휴게음식점·일반음식점 및 단란주점의 영업자는 무대시설을 영업장 안에 객석과 구분되게 설치하되, 객실 안에 설치하여서는 아니 된다.

　　　마) 「동물보호법」 제2조 제1호에 따른 동물의 출입, 전시 또는 사육이 수반되는 시설과 직접 접한 영업장의 출입구에는 손을 소독할 수 있는 장치, 용품 등을 갖추어야 한다.

　　2) 조리장 (생략)

　　3) 급수시설 (생략)

　　4) 화장실 (생략)

　　5) 공통시설기준의 적용특례 (생략)

　나. 업종별 시설기준

　　1) 휴게음식점영업·일반음식점영업 및 제과점영업

　　　가)～라) (생략)

　　　마) 휴게음식점·일반음식점 또는 제과점의 영업장에는 손님이 이용할 수 있는 자막용 영상장치 또는 자동반주장치를 설치하여서는 아니 된다. 다만, 연회석을 보유한 일반음식점에서 회갑연, 칠순연 등 가정의 의례로서 행하는 경우에는 그러하지 아니하다.

　　　바) 일반음식점의 객실 안에는 무대장치, 음향 및 반주시설, 우주볼 등의 특수조명시설을 설치하여서는 아니 된다.

　　　사) 삭제 〈2012.12.17.〉

2) 단란주점영업
    가) 영업장 안에 객실이나 칸막이를 설치하려는 경우에는 다음 기준에 적합하여야 한다.
        (1) 객실을 설치하는 경우 주된 객장의 중앙에서 객실 내부가 전체적으로 보일 수 있도록 설비하여야 하며, 통로형태 또는 복도형태로 설비하여서는 아니 된다.
        (2) 객실로 설치할 수 있는 면적은 객석면적의 2분의 1을 초과할 수 없다.
        (3) 주된 객장 안에서는 높이 1.5미터 미만의 칸막이(이동식 또는 고정식)를 설치할 수 있다. 이 경우 2면 이상을 완전히 차단하지 아니하여야 하고, 다른 객석에서 내부가 서로 보이도록 하여야 한다.
    나) 객실에는 잠금장치를 설치할 수 없다.
    다) 「다중이용업소의 안전관리에 관한 특별법」 제9조 제1항에 따른 소방시설 등 및 영업장 내부 피난통로 그 밖의 안전시설을 갖추어야 한다.
3) 유흥주점영업
    가) 객실에는 잠금장치를 설치할 수 없다.
    나) 「다중이용업소의 안전관리에 관한 특별법」 제9조 제1항에 따른 소방시설 등 및 영업장 내부 피난통로 그 밖의 안전시설을 갖추어야 한다.

(6) 과세표준

과세유흥장소의 개별소비세 과세표준은 유흥음식행위를 하는 자로부터 받은 유흥음식요금으로 한다. 「유흥음식요금」이란 음식료, 연주료, 그 밖에 명목이 무엇이든 상관없이 과세유흥장소의 경영자가 유흥음식행위를 하는 사람으로부터 받는 금액이다.

다만, 금전등록기를 설치·사용하는 자는 현금수입금액으로 할 수 있다.

가. 영수증 교부

과세유흥장소의 경영자가 유흥음식요금을 받은 경우에는 「부가가치세법 시행령」이 정하는 바에 따라 영수증을 발급하고 그 사본을 보관하여야 한다(법 §23의2, 영 §36의2 ②).

그 받는 금액 중 종업원의 봉사료가 포함되어 있는 경우에는 부가가치세법에 따른 세금계산서·영수증·신용카드 매출전표 또는 직불카드 영수증에 봉사료 금액을 구분하여 기재하고, 봉사료가 해당 종업원에게 지급된 사실이 확인되는 경우에는 그 봉사료는 유흥음식요금에 포함하지 아니하되, 과세유흥장소의 경영자가 그 봉사료를 자기의 수입금액에 계상하는 경우에는 이를 포함한다.

과세유흥장소의 경영자가 유흥음식요금의 전부 또는 일부를 받지 아니하고 유흥음식행위를 하게 한 경우에는 그 요금의 전액을 받은 것으로 본다.

나. 금전등록기의 현금 수입금액(영 §14의2)

과세유흥장소의 경영자로서 「부가가치세법 시행령」에 정하는 자는 금전등록기를 설치·사용하고 금전등록기로 영수증을 발급할 수 있다(법 §23의3). 금전등록기를 설치한 자가 금전등록기에 의하여 계산서(영수증)를 교부하고, 감사테이프를 보관한 때에는 현금 수입금액을 과세표준으로 할 수 있다.

다. 무상 또는 외상의 유흥음식행위(영 §14의2 단서)

유흥음식행위를 무상 또는 외상으로 하게 한 경우에는 다음에 따라 과세표준을 계산한다.

1. 무상으로 유흥행위를 하게 한 것은 해당 월분의 과세표준에 합산한다.
2. 외상으로 유흥음식행위를 하게 한 것으로서 경영을 폐지한 때의 외상매출금 잔액은 폐업에 따른 과세표준 신고의 과세표준에 합산한다.

1) 일반과세자

⑥ 유흥음식 요금			
④ 부가가치세 과세표준			⑤ 부가가치세 (④×10%)
① 개별소비세 과세표준	② 개별소비세 (①×10%)	③ 교육세 (②×30%)	

☞ 계산사례(유흥음식요금이 100만원인 경우)

⑥ 유흥음식 요금(100만원)			
④ 부가가치세 과세표준(909,091원)			⑤ 부가가치세 (90,909원)
① 개별소비세 과세표준 (804,506원)	② 개별소비세 (80,450원)	③ 교육세 (24,135원)	

* 부가가치세 과세표준 = 개별소비세 과세표준 × 1.13

2) 간이과세자

개별소비세 과세표준 = (요금 − 부가가치세납부액) ÷ 1.13

(7) 세율

과세유흥장소의 세율은 유흥음식요금의 100분의 10으로 한다.

(8) 신고 · 납부

과세유흥장소의 경영자는 매월 과세유흥장소의 종류별로 인원, 유흥음식 요금, 산출세액, 면제세액, 공제세액, 납부세액 등을 적은 신고서를 유흥음식행위를 한 날이 속하는 달의 다음 달 25일까지 과세유흥장소의 관할 세무서장에게 제출하여야 한다. 과세유흥장소의 영업을 폐업한 경우에는 그 사유가 발생한 날이 속한 달의 다음 달 25일까지 해당 신고서를 제출하여야 한다.

(9) 유흥음식행위의 면제

주한 국제연합군이나 미국군이 주둔하는 지역의 과세유흥장소의 경영자로서 관할 세무서장의 지정을 받은 자가 외국 군인에게 외화를 받고 제공하는 유흥음식행위에 대하여는 개별소비세를 면제한다.

유흥음식행위에 대하여 개별소비세를 면제받으려는 과세유흥장소의 경영자는 외국군인에게 판매한 영수증 등의 서류를 갖춰 두어 기록하고 해당 월분의 과세표준 신고서의 제출기한까지 외국환 매입증명서를 첨부하여 관할 세무서장에게 제출하여야 한다.

과세유흥장소는 매월분의 개별소비세를 과세표준 신고서 제출기한까지 관할 세무서장에게 납부하여야 한다.

(10) 납세담보

가. 제공 대상

과세유흥장소의 경영자에 대하여 관할 세무서장은 납세 보전을 위하여 필요하다고 인정하면 해당 개별소비세액에 상당하는 담보의 제공을 요구할 수 있다(법 §10 ⑤). 개별소비세 과세유흥장소 경영자에 대한 납세성실도를 합리적으로 판단하여 납세담보에 의하지 아니하고는 세수일실 우려가 있다고 인정되는 경우 납세담보 제공대상자로 선정하여 납세담보 제공을 요구할 수 있다.

나. 담보제공 요건

과세유흥장소 경영자가 정당한 사유 없이 1회계연도에 2회 이상 개별소비세를 자진신고 납부하지 아니한 경우 해당 개별소비세액(교육세 포함)에 해당하는 납세담보의 제공을 요구할 수 있다(사무처리규정 §117 ②).

다. 담보제공 요구 통지

관할 세무서장이 과세유흥장소 경영자에게 납세담보 제공을 요구하려면 납세담보를 요구한 날부터 30일 이내에 관할 세무서장에게 납세담보를 제공하도록 통지하여야 한다(영 §17 ①).

라. 담보 금액

정상적인 영업활동으로 지난 분기에 납부한 개별소비세액(납부한 개별소비세가 없는 경우에는 그 분기에 정상적인 영업활동에 의하여 납부할 개별소비세액의 추정액)의 100분의 120(납세담보가 현금 또는 납세보험증권의 경우에는 100분의 110)에 상당하는 금액을 담보로 제공한다(영 §17 ②, 사무처리규정 §117 ③).

마. 납세담보의 충당

담보를 제공한 자가 납부기한까지 해당 개별소비세를 납부하지 아니하거나 해당 용도에 제공한 사실을 증명하지 아니한 경우에는 그 담보물로 해당 개별소비세에 충당한다. 이 경우 부족한 금액이 있을 때에는 이를 징수하며, 남은 금액이 있을 때에는 이를 환급한다(영 §17 ③).

(11) 관허사업의 제한

허가·인가·면허 및 등록과 그 갱신을 요하는 사업을 영위하는 납세자가 정당한 사유 없이 납세담보 요구에 따르지 아니하거나 개별소비세의 전부 또는 일부를 3회 이상 신고·납부하지 아니한 경우에는 세무서장은 사업의 주무관서에 당해 납세자에 대하여 사업의 정지 또는 허가 등의 취소를 요구할 수 있으며, 이 때 체납횟수는 기간의 제한이 없으며 납세고지서 1통을 1회로 보아 계산한다.

(12) 과세해석 사례

가. 과세사례

▪▪ 유흥종사자는 없으나 주류를 판매하고 전축을 틀어 춤을 추게 하는 영업(재세법 1265-3, 1983.5.25.)

유흥종사자를 두지 않고 주류를 판매하여 손님이 무도장에서 전축에 의한 음악에 따라 춤을 행할 수 있도록 영업하는 장소는 과세유흥장소 중 "기타 이와 유사한 장소"라 함은 "캬바레·나이트크럽·요정·외국인전용 유흥음식점"과 거래내용상 완전히 부합하지 않더라도 이들의 주된 요건을 갖춘 유사한 장소를 말하는 것으로 보아야 하므로 특별소비세법 제1조 제4항의 과세유흥장소 중 "기타 이와 유사한 장소"에 해당함.

※ 유흥종사자가 없더라도 주류를 판매하며 무도장을 설치하여 손님의 유흥을 위한 춤을 출 수 있는 장소이므로 카바레와 유사한 장소에 해당되어 개별소비세법상 "기타 이와 유사한 장소"로 과세

▪▪ 코미디언이 출연하여 토크쇼하는 영업(재소비 22641-32, 1992.3.20.)

특별소비세가 과세되는 과세유흥장소는 주류와 음식물을 조리·판매하여 유흥종사자를 둘 수 있는 영업으로서 식품위생법상의 허가와 관계가 없으며 세법의 적용은 행위 또는 거래의 명칭이나 형식에 불구하고 그 실질내용에 따라 적용하여야 함.

허가종목이 대중음식점으로 되어 있으나 영업내용으로 볼 때 주류판매가 우선이고 음식물은 안주를 위주로 하고 있어 대중음식점으로 보기 어려운 점 및 유흥종사자라고 볼 수 있는 코미디언(만담을 하는 자의 범위에 해당)이 출연하여 "토크쇼"도 하므로 유흥종사자를 둘 수 없는 대중음식점과는 구별되는 바, 코메디클럽은 특별소비세 과세유흥장소 중 "기타 이와 유사한 장소"에 해당함.

※ 식품위생법상 대중음식점 허가를 받아 주류와 음료수 및 음식물을 조리·판매하면서 무도장·객실과 유흥접객원·댄서·가수·무용수·곡예사·유흥사회자 및 악기 연주자 없이 2평 정도의 무대 위에서 코메디언이 계속 출연하여 토크쇼를 하는 일명 "코미디 클럽"인 경우이다.

▪▪ 무대를 설치하고 오르간을 연주하면서 주류를 판매(소비 22641-9835, 1991.7.26.)

특별소비세법 규정에 의한 과세유흥장소 해당 여부는 식품위생법상의 허가구분에 따르는 것이 아니라 영업의 실질내용에 따라 결정하는 것이므로, 무대를 설치하고 오르간을 연주하면서 주류를 판매하는 스탠드바 또는 칸막이 룸을 설치하고 접객원을 두고서 주류를 판매하는 업소는 특별소비세법상의 과세유흥장소에 해당함.

※ 대중음식점 허가를 취득한 자가 무대설치, 오르간, 일인독주, 주류일절을 판매는 스탠드바 영업. 대중음식점 허가를 취득한 자가 칸막이 룸설치, 접대부 고용, 주류일절을 판매하는 영업

■ 이동식 노래방기기를 설치하여 운영할 경우(소비 46430-669, 1993.5.13.)

무도유흥음식업(Night-Club)을 하고 있는 업체에서 그 사업장내에 ₩500 동전을 투입하여 노래할 수 있는 이동식 노래방 기기 2대를 설치하여 운영할 경우 그 수입금액도 특별소비세법 시행령 제2조 제1항 제11호의 "유흥음식요금"에 해당하여 특별소비세 과세대상이 되는 것임.

■ 무료입장객에 유흥음식행위를 하게 할 경우(소비 12653-1685, 1982.6.24.)

나이트클럽 형편상 일부 단골고객이나 VIP고객을 무료로 입장시키고 유흥음식행위를 하게 한 후 유흥음식요금(입장료 포함)의 전부 또는 일부를 영수하지 아니한 경우에는 그 전액을 영수한 것으로 보아 특별소비세를 과세하는 것임.

■ 과세유흥장소는 허가가 아니라 실질내용으로 판정(소비 47430-372, 1994.2.24.)

특별소비세법 규정에 의한 과세유흥장소 해당 여부는 식품위생법상의 허가 구분에 따르는 것이 아니라 영업의 실질내용에 따라 결정하는 것이며, 종업원의 객실 고정배치 여부에 따라 과세유흥장소 해당 여부를 사실판단할 사안임.

■ 유흥종사자를 두거나 유흥시설을 둘 경우(소비 46430-1228, 1994.6.21.)

특별소비세법 규정에 의한 과세유흥장소는 식품위생법 시행령 제8조에서 규정한 유흥종사자를 두거나 유흥시설을 설치하고 주류·음료수·음식물을 판매하는 장소를 말하며, 과세유흥장소 해당 여부는 식품위생법상의 허가 구분에 따르는 것이 아니라 영업의 실질내용에 따라 판단하는 것임.

■ 영업의 포괄승계가 있는 경우 조세범 위반행위 승계 여부(소비 22641-250, 1992.2.26.)

특별소비세법상 영업의 포괄승계가 있는 경우에 피승계인의 조세범 처벌법 위반행위로 인한 책임까지 승계되는 것은 아님.

■ 허가내용에 유흥시설, 유흥종사자를 둘 수 없음에도 둘 경우(부가 46410-350, 2000.2.18.)

식품위생법 시행령 제8조에서 정하는 유흥종사자 또는 유흥시설이 없이 가요반주시설만을 설치하고 주류 등을 판매하는 장소는 과세유흥장소에 해당하지 아니하나, 허가관청으로부터 가요주점업 허가를 받았더라도 허가내용과 달리 실제로 유흥시설을 설치하거나 유흥종사자를 두고 유흥주점업을 영위하는 곳은 식품위생법에 의한 유흥주점허가 유무, 허가받은 영업의 종류, 사업장 규모에 관계없이 특별소비세가 과세되는 과세유흥장소에 해당하는 것임.

※ 과세유흥장소인 회관업(허가면적 45평)을 하다가 폐업한(폐업 후 몇 개월이 지난 공가상태임) 장소를
임차하여 관할 시청에 가요주점업(허가면적 35평) 허가를 받아 영업

■■ 유흥주점 허가받은 주점은 과세대상(재환경에너지 – 496, 2009.9.18.)

식품위생법에 따라 유흥주점 허가를 받아 주점업을 영위하는 장소는 개별소비세가 부과되는
과세유흥장소에 해당함.

■■ 실제 유흥주점업을 영위하는 곳은 과세대상(부가 46410 – 350, 2000.2.18.)

허가 관청으로부터 가요주점업 허가를 받았더라도 허가 내용과 달리 실제로 유흥시설을
설치하거나 유흥종사자를 두고 유흥주점업을 영위하는 곳은 식품위생법에 의한 유흥주점
허가 유무, 허가받은 영업의 종류, 사업장 규모에 관계없이 특별소비세가 과세되는 과세
유흥장소에 해당함.

나. 과세제외 사례

■■ 분위기 조성을 위한 실내연주(소비 12653 – 2549, 1984.11.30.)

고객에게 음식물의 제공을 목적으로 하는 관광호텔의 식당(양식당 등)은 실내 분위기
조성을 위하여 음악을 연주한다 하더라도 특별소비세 과세유흥장소에 해당하지 아니함.

※ 관광사업법에 의한 관광호텔업을 영위하고 있는 법인으로서 당사의 영업장인 전문음식점(양식당 등)
에서 국제적인 관광호텔의 분위기를 돋우고 정서를 함양할 목적으로 일평균 1~2시간씩 연주자가 피
아노 · 첼로 · 바이올린 등으로 외국의 민요, 우리나라의 가곡 등 고전음악 등을 들려주고 있는 바, 관광
호텔의 특수성에 의하여 동 영업장의 분위기 조성 및 출입고객의 정서안정을 위하여 음악을 연주.

■■ 호텔에서 개최하는 디너쇼 공연장(소비 22641 – 2325, 1987.11.6.)

호텔 등에서 개최되는 디너쇼 공연장은 특별소비세법 제1조 제4항 동법 시행령 제1조에
규정하는 과세유흥장소에 해당하지 않음.

■■ 주류판매 없이 전축(오르간)을 이용하여 춤을 추는 장소(소비 22641 – 766, 1987.4.21.)

특별소비세법상 카바레, 나이트클럽 또는 이와 유사한 장소라 함은 식품위생법 시행령
제9조 제1항 제3호에 규정한 바와 같이 밴드 등을 유흥종사자를 두고 주류와 음식물
판매하는 무도유흥음식점을 말하는 바, 주류와 음식물을 판매하지 아니하고 전축이나
오르간을 이용하여 춤을 추는 장소는 특별소비세가 과세되지 아니함.

※ 순수무도(사교댄스)법인을 설립하여 관청의 허가없이 무도장을 설치하고 낮 12시부터 대형앰프와 오
르간 연주로 남 · 녀 사교댄스를 주로 하는 영업을 영위하고 있으며, 주류 및 식음료를 취급치 아니하

고 오로지 입장료만 받는 영업장

주류와 음식물을 판매하지 않는 경우(소비 22641 –307, 1988.2.17.)

주류와 음식물의 판매가 없다면 특별소비세 과세대상에 해당하지 아니함.

※ 주류나 음식물 일체를 팔지 않는 순수무도장을 경영하고 있으며 업종은 서비스업으로 되어 있고 고객들
이 입장료 1,000원씩을 내고 무도를 즐기는 장소이며 음악은 1인독주(오르간)와 카세트테이프에 의한다.

해석사례

3개의 사업장이 소재한 쟁점건물 전체를 과세유흥장소로 보아 개별소비세를 과세한 처분의 당부(조심 –2019 – 전 –2319, 2020.8.20.)

- 무도유흥주점의 영업장소란 무도장이 설치된 모든 유흥주점의 영업장소를 의미하는 것이 아니라 영업형태나 춤을 출 수 있는 공간의 규모 등을 고려하여 **손님들이 춤을 추는 것을 주된 영업형태로** 하고 그에 **상응하는 규모로 객석과 구분된 무도장이 설치된** 유흥주점을 말한다(대법원 2005두197판결 참조). (중략)

- 「개별소비세법」 제1조 및 같은 법 시행령 제2조에 따르면 개별소비세 과세대상에 대하여 유흥주점은 물론, 사실상 그와 유사한 영업을 하는 장소도 함께 규정하고 있는바, 그렇다면 쟁점건물에 소재한 청구인들의 사업장을 유흥장소와 유사한 영업장소로 볼 수 있는지 여부를 판정하는 것이 이 건의 핵심쟁점이라 할 것이다.

- 특정 장소(사업장)의 성격을 판단함에 있어 명의와 실질 간에 괴리가 크기에 명의가 아닌 실질에 따라 판정하려면, 이는 그 사실(명의 ≠ 실질)을 주장하는 측에서 입증하여야 할 것인데, 명의와 실질이 다르다는 입증은 그 사실을 판단하는 자로 하여금 명의와 실질이 동일하다는 전제에 상당한 의문을 가지게 하는 정도면 족하며, 그 결과로 **명의와 실질이 같다는 확신을 가지기 어렵게 되었다면, 그로 인한 불이익은 명의와 실질이 같다고 주장하는 상대방이 부담**함이 타당하다(대법원 2014.5.16. 선고 2011두9935 판결 참조). (중략)

- 청구인들은 이에 대해 각 사업장은 독립적으로 서비스를 제공하였다면서, 동일한 건물 내에 위치한 정육매장과 식당의 경우에도 서로 구분되어 계산대가 별도로 설치되어 있다면 정육매장에서 공급한 재화(정육)에 대한 부가가치세는 과세할 수 없다는 판례(대법원 2015.1.29. 선고 2012두28636 판결로서 이하 "쟁점판결"이라 한다)를 제시하였으나, 쟁점판결은 정육점은 재화의 공급장소이고, 식당은 용역의 공급장소이어서 각 사업장의 재화·용역의 공급시기와 장소가 비교적 명확하게 구분된다 할 것이나, 쟁점건물의 각 사업장은 **전부 용역을 공급하는 장소로서 고객이 각 사업장을 자유롭게 오고가면서 혼합된 서비스를 제공**받았던 것으로 의심되고, 청구인들이 이러한 의심을 해소할 만한 다른 객관적인 근거나 정황을 제시하지 않은 이상, 쟁점판결과 동일한 사례로 보기 어렵다 할 것이고, 그 밖에 달리 **각 사업장이**

독립적으로 용역을 공급하였다는 확신을 갖기 어려운 이상, 처분청이 쟁점건물의 각 사업장들을 사실상 하나의 영업장소(과세유흥장소)로서 용역을 공급한 것이라고 판단한 이 건 처분에는 달리 잘못이 없다고 판단된다.

■ **쟁점사업장이 개별소비세 부과대상인 과세유흥장소에 해당하는 것으로 보아 과세한 처분의 당부**(조심－2020－부－1075, 2021.3.22.)

- 청구인들은 일반음식점인 쟁점사업장에 별도의 무대시설을 설치하거나 유흥종사자를 두고 있지 않았으므로 개별소비세 과세대상인 과세유흥장소에 해당하지 아니한다고 주장하나, 조사결과 청구인들은 쟁점사업장에서 **고객들에게 주류를 판매**하면서 **비록** 별도 무대가 설치되어 있지 않았다 하더라도 실제로는 DJ박스와 객석 사이의 공간에서 고객들이 춤을 추는 행위가 이루어졌고, 소위 '샴페인 걸'이 특정 고객에게 주류를 서빙하면서 그들과 함께 춤을 추거나 유흥을 돋우는 행위를 한 것으로 청구인들 및 고객들의 인터넷 블로그 게시물(사진, 동영상)이나 방문후기 등에 의해 확인된 점에서 쟁점사업장은 그 영업형태나 운영방식에 있어 '유흥주점과 사실상 유사한 영업장소'로 보이는 점 등에 비추어 처분청이 쟁점사업장을 개별소비세 과세대상인 과세유흥장소에 해당하는 것으로 보아 청구인들에게 개별소비세를 과세한 이 건 처분은 잘못이 없는 것으로 판단된다.

| 저 | 자 | 소 | 개 |

■ 저자 약력

이 은 규

- (현) 서울지방국세청 남대문세무서
  납세자보호실장
- 국세청 법인납세국 소비세과 근무
- 국세공무원교육원 소비제세 실무과정 겸임교수
- 서울지방국세청 조사1국, 조사3국 근무
- e-mail : kyou-2000@hanmail.net

김 경 희

- (현) 회계법인세종 세무사
- 국세청 징세법무국 법규과 근무
- 서울지방국세청 조사1국 근무
- 국세공무원교육원 부가가치세 실무 및 심화
  과정 외부강사
- e-mail : kimkh526@naver.com

■ 감수 약력

고 영 일

- (현) 대구지방국세청 조사1국장
- (전) 국세청 법인납세국 소비세과장
- (전) 국세공무원 교육원 교육기획과장
- (전) 중부지방국세청 법인납세과장

배 상 록

- (현) 국세청 법인납세국 소비세과장
- (전) 국세청 기획조정관실 국세데이터담당관
- (전) 관악세무서장
- (전) 동울산세무서장

최신판 **개별소비세법 해설과 실무**

2024년 6월 19일 초판 인쇄
2024년 7월 1일 초판 발행

저   자 이 은 규 · 김 경 희
발 행 인 이   희   태
발 행 처 **삼일인포마인**

서울특별시 용산구 한강대로 273 용산빌딩 4층
등록번호 : 1995. 6. 26 제3-633호
전   화 : (02) 3489-3100
F A X : (02) 3489-3141
I S B N : 979-11-6784-277-0 93320

저자협의
인지생략

♣ 파본은 교환하여 드립니다.

정가 80,000원